新選明文東洋古典大系

改訂增補版

新完譯

詩 經

金學主 譯著

明文堂

〔上〕**공자시교도**(孔子示敎圖) 단상(壇上)의 중앙이 공자.《시경》의 편찬자에 대해서는 여러 설(說)이 있으나 지금 우리가 보는 《시경》과 같은 체재로 정리한 것은 분명 공자의 손에 의한 것이었음은 의심할 여지가 없다는 것이 정설이다.
〔下〕**공자묘**(孔子墓) 산동성(山東省) 사수(泗水) 남안(南岸)에 있는 공림(孔林) 속에 있다.

〔上〕 **작책대**(作冊大)**의 정**(鼎) 서주(西周) 전기(前期). 높이 26.4cm. 명문(銘文)에는 대보(大保 : 召公奭)가 무왕(武王)·성왕(成王)의 제사를 지냈음을 기록하고 있다. 또 작책(作冊 : 서기관)인 대(大)는 대보(大保)의 신하이다. 대북(臺北) 중앙박물원 소장.

〔下左〕 **조형청동제유**(鳥形靑銅製卣) 서주(西周) 초기. 높이 23.5cm. 유(卣)는 술그릇. 대보주(大保鑄)란 명문이 있는 것으로 보아 소공석(召公奭)의 것임을 알 수 있겠다.

〔下右〕 **하준**(何尊) 서주(西周) 초기. 높이 39cm. 준(尊)은 술그릇. 명문은 주왕(周王)이 왕실의 집안인 하(何)에게 내린 훈계이다.

〔上左〕 **청동제준**(青銅製尊)　춘추시대. 준(尊)은 술그릇이란 뜻이다. 강소성 무진현(武進縣) 출토.

〔上右〕 **부**(獣)**의 종주종**(宗周鐘)　서주(西周) 소왕시대(昭王時代). 높이 65.6cm. 악기의 일종으로 서주에서 전국시대에 걸쳐 성행했는데 이 종은 가장 오래된 것 중 하나이다. 부(獣)는 제후의 한 사람으로서 소왕의 승전을 기념하여 도읍 사당에서 사용하는 종을 만들어 바쳤다. 고궁박물원 소장.

〔下〕 **호형준**(虎形尊)　서주(西周) 말기, 춘추시대 초기. 길이 75.2cm. 섬서성 옥계시(玉鷄市) 출토. 워싱턴 프리아 미술관 소장.

改訂增補版

新完譯

詩 經

서문(序文)

　유가(儒家)의 경전(經典)들 중에서도 삼경(三經)을 들거나 오경(五經)·육경(六經)·구경(九經) 또는 십삼경(十三經)을 들거나를 막론하고 대개의 경우 《시경(詩經)》은 첫머리에 꼽혀 왔다. 수많은 경전들 가운데에서도 《시경》을 첫째로 내세웠다는 것은, 《시경》이 수많은 경전들 가운데에서도 가장 유가(儒家)들의 존중을 받았음을 뜻한다.

　이와 같이 유가에서 가장 존중하여 온 《시경》은 다른 어떤 경전들보다도 중국 문화에 큰 영향을 끼치고 있다고 보아야 할 것이다. 한 걸음 더 나아가 이웃인 우리나라를 비롯하여 일본·베트남 같은 동양의 나라들은 중국의 문화적인 영향권 안에 있어 왔으므로 《시경》은 동양문화 또는 동양사상에 가장 크게 기여한 고전의 하나라고 보아야만 할 것이다.

　또한 《시경》은 중국에서도 가장 오래된 시가집(詩歌集)이어서 '중국문학(中國文學)의 조(祖)'라 일컬어진다. 따라서 중국문학을 이해하거나 공부하려는 사람이면 《시경》은 반드시 읽어야만 하는 책이다. 그리고 우리 고전문학(古典文學) 또한 중국문학의 많은 영향을 받았었다면, 우리 고전문학을 올바로 이해하기 위해서도 《시경》은 꼭 읽어야만 할 책이다.

　《시경》은 이처럼 동양문화 또는 동양문학에 중대한 영향을 끼친 가장 중요한 고전의 하나이다. 따라서 동양의 지성인은 물론 동양문화 또는 동양문학을 이해하려는 사람이라면 꼭 읽어야만 할 책이다.

　《시경》이 여러 경서(經書)들 가운데에서도 가장 존중되어 온 것은 중국인들이 시(詩)의 공용성(功用性)을 크게 평가하였기 때문이다. 즉 시는 이를 읽는 사람들의 성정(性情)을 순화(純化)시키어 이 세상을 살기 좋은 평화세계로 이룩할 수 있다고 믿었다.

덕(德)으로써 세상을 다스리려는 왕도정치(王道政治)에서는 이러한 시야말로 덕을 통한 교화(教化)를 이룩하는 가장 좋은 통치 수단이라고 인식되었다. 덕으로써 세상을 다스리는 데에는 권력을 바탕으로 한 강요나 인위적인 법령 같은 것은 모두 배제된다.

시라고 해서 모든 시가 왕도정치를 행하는 데 효용(效用)이 있다는 것은 아니다. 그 시는 사람들의 성정을 순화시킬 수 있는 훌륭한 작품이 아니면 안된다. 《시경》에는 지금으로부터 2500 내지 3천 년 전의 옛 사람들이 노래했던 시가(詩歌)들이 실려 있다. 순박한 옛 사람들의 생활과 감정을 노래한 시들은 후인들의 마음과 감정에 훌륭한 영향을 끼친다.

그래서 공자(孔子)도 《논어(論語)》 위정(爲政)편에서 '시경 3백 편은 한마디로 표현하면 생각에 사악(邪惡)함이 없는 것이다.'라고 하였고, 또 팔일(八佾)편에서는 '관저(關雎)는 즐거우면서도 음란(淫亂)하지 않고 슬프면서도 마음을 상(傷)케 하지 않는다.'고 하였다. 다시 말하면, 《시경》의 시들이야말로 덕으로써 세상을 다스리는 데 가장 효용이 크다는 것이다. 《시경》은 이처럼 왕도정치의 가장 효과적인 용구(用具)로 인정되었기 때문에 수많은 경서들 중에서도 가장 존중되어 온 것이다.

옛 사람들이나 마찬가지로 지금 사람들도 순박한 옛 사람들의 서정(敍情)이나 생활습성을 통하여 어지러운 성정을 순화시킬 수 있다. 현대인이란 개인적으로 볼 때에는 지나친 이해관계를 앞세우는 공리적(功利的)인 경향이 옛날보다 훨씬 뚜렷하고, 세계적으로 볼 적에는 지나치게 자기본위(自己本位)의 집단이나 종족(種族)의 이익만을 중시하는 경향이 두드러지고 있다.

아무리 발전한 나라라 하더라도 서양화한 근대국가에는 남의 나라나 남의 종족, 남의 종교를 자기 나라나 자기 종족, 자기 종교와 평등하게 본 나라나 민족은 찾아보기 어렵다. 자기 나라와 경제적으로나 정치적으로나 어떤 이해관계의 충돌이 생기기만 하면 평소에 주장하던 평등이나 박애(博愛)는 아랑곳없이 대포를 앞세우고 서슴치 않고 남의 나라를 짓밟았다.

그 결과 현대 국가들은 가상(假想)의 적(敵)에 대비하기 위하여 인류복지(人類福祉)에 쓰여지는 몇십 몇백 배의 노력과 경비를 들여가며 무비에 힘쓰게 되었다. 이렇게 발단된 무비(武備)의 경쟁은 극도로 발전하여 몇몇 강국(强國)들의 공격(攻擊) 수단은 하루아침에 전 인류를 멸망시킬 수 있는 능력을 보유(保有)하기에 이르렀다. 여기에 이른바 현대의 위기의식이 조성된 것이다. 현대의 위기의식이 절실하면 절실할수록《시경》을 비롯한 동양의 고전들은 그 의의가 더욱 두드러질 것이다.

그것은《시경》이 보여주는 옛 사람들의 서정이나 생활 또는《시경》을 존중하던 옛 사람들의 태도는 현대의 위기를 극복할 수 있는 유일한 길을 보여주고 있기 때문이다. 옛 사람들의 순박한 생활감정이나 인간과 자연에 대한 무한한 사랑은 우선 현대인의 공리적(功利的)인 개인주의를 초극(超克)할 수 있게 만들 것이다.

그리고 이러한 시를 통하여 사람들의 성정을 순화하고 치자(治者)의 덕을 자연스럽게 확충시켜 나가려던 덕치주의(德治主義)의 이상은 새로운 세계주의의 가능성을 보여준다. 현대 중국의 국부(國父)로 받들어지는 손문(孫文)이 지적했듯이 세계평화의 진정한 길은 이러한 왕도정치(王道政治)가 있을 따름인 것이다. 이렇게 본다면,《시경》은 현대에 있어서 더욱 존중되어야만 할 경서라 할 것이다.

우리는 한국인으로서 또는 동양인으로서의 자세를 오랫동안 저버려온 듯하다. 근래에 와서 자주의식(自主意識)이란 말이 흔히 얘기되는 것도 이 때문일 것이다. 동양을 모르고 동양의 지성인으로 행세할 수 없고 한국을 모르고 한국의 지성인으로 행세할 수 없다. 서양문화나 서양문학을 전공(專攻)하는 사람이라 하더라도 튼튼한 자아(自我)에 대한 인식을 바탕으로 하여야만 비로소 보람 있는 성과를 이룩할 수 있을 것이다.

여기서 자아를 얘기하면서 동양을 얘기하게 되는 것은 중국을 중심으로 한 동양의 여러 나라들은 같은 문화권 안에서 생활하여 왔기 때문이다. 따라서 진정한 한국의 것을 알기 위하여는 적어도 동양의 단위로 시야를 넓힌 다음 거기에서 어느 것이 한국인가를 가려내어야만 진정한 우리 것을 찾을 수 있겠기 때문이다.

따라서 《시경》을 읽는다는 것은 동양의 문학이나 사상을 이해하는 길잡이도 되지만, 올바른 우리 문학이나 사상을 파악케 하는 역할도 하는 것이다. 현대 지성인들에게 《시경》을 강력히 권하는 또 한 가지 이유가 여기에 있다.

《시경》은 수천년 전의 중국의 가요(歌謠)이므로 자구(字句)의 해석에서부터 대의(大意)의 파악에 이르기까지 여러 가지 문제가 많다. 역대로 수많은 학자들이 시경 자구의 훈고(訓詁) 또는 주석(註釋)에 종사하여 왔으나 아직도 해석상의 여러 가지 문제들은 수없이 해결되지 않은 채로 쌓여 있다.

평생을 《시경(詩經)》 연구에 바친 대학자(大學者)들이 그러하거늘 아직 미숙한 필자로서는 심혈을 기울였다 해도 불완전한 곳이 적지않으리라 믿는다. 그러나 적어도 근거없는 망해(妄解)만은 피하려고 애썼다. 강호제현(江湖諸賢)의 편달(鞭撻)을 빌 따름이다.

신해(辛亥)년 5월 1일
김학주(金學主) 씀

《시경(詩經)》 번역 주석 수정본 서문

필자의 《시경》 번역(明文堂 刊)은 1960년대 후반에 시작하여 1971년에야 완성되어 발간된 것이다. 어떻든 그것은 우리나라 최초의 현대적인 완역본이라고 여겨진다. 그리고 그것은 우리나라에 《시경》을 널리 읽히는 데에 적지 않은 공헌을 했을 것으로 믿는다.

본시 이 책은 대만대학(臺灣大學)에서 공부할 적의 굴만리(屈萬里, 1906~1979년) 교수의 《시경》 강의를 바탕으로 하고, 그분의 명저인 《시경석의(詩經釋義)》(中華文化出版事業委員會 刊, 1952)를 주로 참고하며 번역했던 것이다. 그러나 그 책이 나올 무렵은 국민당(國民黨) 정부가 대만으로 옮겨 온 지(1949년) 얼마 되지 않아 출판사정이 좋지 못했으므로 잘못 인쇄된 글자가 많았고, 학자들도 아직 학문연구를 위한 안정된 생활을 하지 못하고 있던 때여서 굴선생님 스스로도 소홀한 점이 적지 않았던 듯하다. 굴선생님은 강의시간이면 잘못 인쇄된 글자를 고쳐주느라 애쓰셨고 또 달라진 자신의 견해를 설명하는 데에도 적지 않은 시간을 소비하셨다.

굴만리 교수는 1983년에는 다시 《시경석의》를 수정하고 정리하여 《시경전석(詩經詮釋)》(《屈萬里全集》 ⑤)을 내셨다. 그 책을 보면서 필자 자신도 《시경》 번역의 수정판을 내어야겠다고 다짐하면서도 영 기회를 찾지 못하고 있었다. 그 사이 필자의 《시경》에 대한 관심은 《시경》의 시들의 정확한 해석이나 그 의의 같은 것보다도, 그것들이 옛날에는 실제로 어떤 양식으로 노래되었을까 하는 데 있었다.

〈서한(西漢) 학자들의 시경(詩經) 해설에 대한 새로운 이해〉·〈중국 고적(古籍)의 또다른 성격에 대하여〉(이상 《중국문학사론》 서울대학출판부, 2001 所載)·〈선진(先秦) 중국문학의 정전(正典)의 성격〉(이대 중문과

창설 20주년 기념 학술대회 발제 논문, 2001) 등의 논문은 그러한 관심의
소산이다.

　때문에 이제 와서 기왕의 《시경》 번역과 주석에 대한 수정본을 내면서
도 《시경전석》의 새로운 시에 대한 해석도 충분히 반영하지 못하고 말았
다. 얼마든지 다른 의견은 있을 수 있겠으나 시 본문의 이해를 위하여라
면 이 정도의 번역으로도 충분하다는 생각이 계속 머릿속에 맴돌고 있었
기 때문이다. 그래도 오랫동안 서울대학에서 《시경》 강의를 담당해 온지
라 본문의 번역과 주석에도 많은 수정이 가해졌다. 대체로 〈소아(小
雅)〉와 〈대아(大雅)〉에 가장 많은 수정이 가해진 듯하다.

　끝으로 어려운 우리나라 출판계 사정에도 불구하고 이런 번잡한 책의
출판을 흔쾌히 맡아준 명문당 김동구 사장의 출판에 대한 열의에 경의를
표한다.

2002년 4월 30일
김학주　인헌서실에서

신조(新組) 개정판(改訂版) 발간사

1960년대 중반을 지나면서 본사에서는 국내 최초로 사서삼경(四書三經)의 완역본(完譯本)을 탄생시켜, 학계(學界)는 물론 일반 독자들에게 대호평을 받았으며 곧이어 1970년대에 들어서면서는 사서오경을 완간시키니 이 또한 타의 추종을 불허하는 국내 최초 완역판의 쾌거였습니다.

그후 신정판(新訂版)으로 거듭 내면서 제자백가(諸子百家) 등을 속속 번역하여 목마른 우리 동양학(東洋學) 발전에 크게 공헌하였으며 1980년대 들어서서는 본격적으로 동양고전(東洋古典) 전반에 관한 작품들을 계속 출간하여 이를 '신완역(新完譯)' 또는 '신역(新譯)'이라는 체제로 간행해 왔습니다.

이 '신완역'이란 난해한 구절을 평이(平易)하게, 그리고 원전(原典)에 주석(註釋)을 완벽하게 달아 전문(全文)을 완전 번역했다는 뜻입니다. 또 '신역'은 원전에 애매모호하거나 정설에 합당치 않고 꼭 들어가지 않아도 될 부분은 일부 삭제하여 독자들에게 진수를 거의 완벽하게 전달되도록 하여 연구교재(研究敎材)에 불편함이 없도록 편찬한 것입니다. 한편 편(篇)의 순서를 더러 바꾸어 놓은 것이 있는데 그것은 독자들이 쉽게 이해하도록 배려한 것입니다.

따라서 동양고전 번역서 발간이란 측면에서는 우리나라 출판계에서 선구적·독보적 역할을 해왔음을 자부하며 그동안 본사의 출판물을 애용(愛用)해 주신 독자 제현께 이 기회를 빌어 심심한 감사의 말씀을 올립니다.

이제 새로운 21세기를 맞으면서 우리나라는 정치·경제·사회·문화의 모든 영역에서 눈부신 변천이 있었습니다. 출판계도 예외가 아니어서 조판 체계가 전산화되었고 활자의 모양이 바뀌었으며 본문 활자의 크기가 커졌고 편집 체제도 변하였습니다.

　무엇보다도 동양전래의 종조(縱組) 조판이 서양식 횡조(橫組) 조판으로 바뀌어진 것은 큰 변화가 아닐 수 없습니다. 이에 본사에서는 사서오경을 필두로 본사의 모든 종조로 조판된 동양고전들을 시대의 요구에 부응하여 횡조로 새로이 조판함과 동시에 역자 제현께서 추고(推稿)하시는 수고를 아끼지 아니 하시어 더욱 알찬 개정판(改訂版)을 내놓기에 이르렀습니다.

　독자 제현께서 배전(倍前)의 관심과 애용이 있으시기를 간절히 바라며 신조(新組) 개정판(改訂版) 발간의 인사 말씀을 올리는 동시에 신간(新刊)을 꾸준히 발간해 온 본사에서는 앞으로도 알찬 내용의 신간을 계속 발행할 것을 약속드리오니 관심을 가지시고, 혹시 미흡한 점이 있을 시 알려주시면 즉시 시정토록 다짐하며 거듭 인사의 말씀에 갈음합니다.

2002년 4월

發行人 識

차 례

·•● 제2편 소아(小雅) ●•·

·•● 제3편 대아(大雅) ●•·

· •● 제4편 송(頌) ●• ·

범 례(凡例)

1. 이 역주(譯註)의 참고서는 당(唐)나라 공영달(孔穎達 : 574~648)의 《모시정의(毛詩正義)》본(本)(그 속의 毛公의 傳은 '毛傳', 漢儒 鄭玄의 箋은 '鄭箋', 공영달의 疏는 '孔疏'라 약칭하였음)과 송대(宋代) 주희(朱熹 : 1130~1200)의 《시집전(詩集傳)》(약칭 集傳), 청대(淸代) 마서진(馬瑞辰)의 《모시전전통석(毛詩傳箋通釋)》(약칭 通釋) 및 전(前) 대만대학(臺灣大學) 굴만리(屈萬里 : 1906~1979) 교수의 《시경석의(詩經釋義)》(약칭 釋義)를 중심으로 하였다.

2. 그밖에 육조(六朝) 육기(陸璣)의 《모시초목조수충어소(毛詩草木鳥獸蟲魚疏)》(약칭 陸疏), 송대(宋代) 왕질(王質 : ?~1187)의 《시총문(詩總聞)》, 엄찬(嚴粲)의 《시집(詩緝)》, 청대(淸代) 진계원(陳啓源 : 1690 전후)의 《모시계고편(毛詩稽古篇)》, 최술(崔述 : 1740~1816)의 《독풍우지(讀風偶識)》, 호승공(胡承珙 : 1776~1832)의 《모시후전(毛詩後箋)》(약칭 後箋), 진환(陳奐 : 1786~1863)의 《모시전소(毛詩傳疏)》, 방옥윤(方玉潤)의 《시경원시(詩經原始)》와 근인 우성오(于省吾)의 《시경신증(詩經新證)》 및 왕인지(王引之 : 1766~1834)의 《경전석사(經傳釋詞)》와 《경의술문(經義述聞)》 등서(等書)를 문제가 생길 때마다 참고하였다. 그리고 국풍(國風) 1부의 역문(譯文)은 양주동(梁柱東) 선생의 《시경초(詩經抄)》도 참고하였다.

3. 본문과 시의 배열은 《모시정의》본을 바탕으로 청대(淸代) 완원(阮元 : 1764~1849)의 교정을 참작하였다. 그리고 시의 분단(分段)은 주로 《시집전》을 따랐다.

4. 필요한 주해에는 참고서를 표시하였으나, 그 책의 설을 근거로 하여 필자의 견해를 가미한 것이 있으므로 반드시 꼭 같은 것은 아니다.

5. 시의 번역은 우리말의 리듬에도 주의하였으나 무엇보다도 시 본문의 뜻을 살리기에 힘썼다.

시경 해설(詩經解說)

1. 시경(詩經)이란

《시경》은 중국의 가장 오래된 시가집(詩歌集)이다. 그 속에는 지금으로부터 2천5백여년 전 내지 3천 년 전의 4, 5백 년 동안 중국에서 노래 불리어진 민간의 민요(民謠)를 중심으로 하여 사대부들의 시가 및 신(神)을 제사지낼 때 부르던 송가(頌歌)들이 실려 있다. 우리는 《시경》을 통하여 옛 사람들의 정서와 생활에 접할 수 있다.

《시경》은 유가(儒家)의 중요한 경전인 '삼경(三經)'의 하나로서 우리나라에서도 옛부터 지식인들의 필독서(必讀書)였으므로, 《시경》에 담긴 정서와 사상은 중국의 것이라기보다는 '우리' 동양의 것이라 하여도 과언이 아니다. 따라서 '우리의 것'을 올바로 이해하기 위하여 《시경》은 지금도 우리가 꼭 읽어야만 할 고전(古典)의 하나인 것이다.

《시경》은 중국문학의 시조(始祖)라고 흔히 말한다. 중국의 시가(詩歌)와 중국문학은 《시경》에서 비롯되어 발전해 왔기 때문이다. 지금까지도 중국문학의 전통 속에는 《시경》이 끼친 영향이 맥맥히 흐르고 있다. 그리고 우리나라 국문학은 예부터 중국과의 긴밀한 영향관계 속에 발전하여 왔다.

따라서 우리의 고대문학(古代文學), 우리의 전통을 올바로 이해하기 위하여도 《시경》은 꼭 읽어야만 할 책이다. 지금까지도 우리 정서, 우리 생활, 우리 사상 속에는 적지않은 《시경》의 영향이 남아 있는 것이다.

중국의 오랜 기록으로는 《시경》보다 이른 것으로는 갑골문(甲骨文)이 있고 금석문(金石文) 등이 있으나 앞의 것은 점(占)을 친 결과를 간단히 적은 글이고, 금석문도 예기(禮器)나 돌에 특수한 목적 아래 새겨놓은 글이어서, 그 내용이 단순하다. 《시경》과 거의 같은 시대에 이루어진 책으로 《서경》이 있으나, 이것도 옛날의 사관(史官)이 정치에 관한 일을 적어놓은 글이어서, 그 내용이 정치를 벗어나지 않는 것이다.

그러나 《시경》은 낮은 백성들로부터 사대부(士大夫)를 거쳐 제후(諸侯)나 천자(天子)들이 연주하던 노래의 가사까지도 모아져있어, 그 내용이 다양하다. 옛 서민생활로부터 궁중의 의식(儀式)이나 제례(祭禮)까지도 엿볼 수 있는 내용이다. 곧 중국 고대의 정치·사회·종교·문화·민속 등 여러 면을 드러내 보여주는 기록이다.

따라서 《시경》은 문학뿐만이 아니라 중국 고대의 사회, 문화 전반에 걸쳐 무엇보다도 중요한 근거가 되는 기록이다. 《시경》의 중요성은 중국의 전통을 이해하는 데 있어서 어떤 면에서건 아무리 강조해도 지나칠 수가 없는 경전인 것이다.

2. 시교(詩敎)와 악교(樂敎)

중국 사람들은 옛부터 나라를 다스림에 있어서 언제나 덕치(德治)를 내세웠다. 세상을 다스리는 정치란 언제나 치자(治者)의 덕(德)을 바탕으로 하여, 그 덕을 확충시켜 세상 사람들을 교화시킴으로써 자연스럽게 인간의 본성에 따라 다스려야 한다는 것이다. 따라서 치자(治者)와 피치자(被治者)의 관계도 어떤 제도나 법 또는 권력구조(權力構造)에 의하여 이루어지는 것이 아니라 덕에 의하여 이루어진다.

덕의 수준을 바탕으로 하여 가장 완선(完善)한 덕을 지닌 사람이 천명(天命)을 받아 치자(治者)가 되어 백성들을 다스린다. 여기에선 인위적(人爲的)인 제도나 법령은 덕(德) 이하의 방편(方便)에 불과한 것이지 인간이나 사회를 규제하는 전칙(典則)이 될 수 없다.

중국에서 지금 국부(國父)로 모셔지는 손문(孫文 : 1865~1925)은 《삼민주의(三民主義)》에서 민족주의(民族主義)를 논하면서, '왕도(王道)'와 '패도(覇道)'를 다음과 같이 설명하고 있다. '왕도란 중국 사람들이 예부터 이상정치(理想政治)로 받들어 온 덕치주의(德治主義)를 말하며, 패도란 서양 사람들처럼 대포(大砲)와 무력(武力)을 앞세우고 남의 나라를 침략하고 남을 억누르는 정치방식을 말한다. 진정한 세계평화는 패도정치가 아니라 왕도정치를 통해서만 이루어질 수 있다'는 것이다.

그런데 이러한 덕치주의를 베푸는 데 있어서 최선의 수단이란 무엇일까? 덕치란 사람의 행위를 규제하여 다스리는 것이 아니라, 마음을 계발(啓發)시켜 올바른 본연의 성정(性情)을 되찾는 것이다. 그러므로 덕으로 사람을 다스리자면, 언제나 사람의 성정에 호소하여 이를 제대로 교화시켜야 한다. 그러기에 그 수단은 인위적인 규정이나 명령보다도 사람의 성정을 감화시킬 수 있는 것이어야만 된다.

그러면 사람의 성정을 가장 잘 움직일 수 있는 것은 무엇일까? 그것은 바로 음악(音樂)이라는 것이다. 음악이야말로 사람의 성정을 가장 잘 드러내고 또 그 성정을 가장 잘 움직일 수 있다고 본 것이다. 그러기에 민심(民心)의 향배(向背)를 가장 잘 대변(代辯)해 주는 것도 음악이요, 사람을 가장 올바로 교화시켜 줄 수 있는 것도 음악이라 본 것이다. 여기에서 유가(儒家)의 '악교사상(樂敎思想)'이 나왔지만, 실은 유가 이전부터도 중국의 옛 사람들 머릿속엔 이 악교사상이 뿌리박혀 있었던 것이다.

그러기에 한(漢)대에 이루어진 〈모시서(毛詩序)〉에 '치세(治世)의 음악은 편안하면서도 즐겁고 그 정치는 조화가 잘 되며, 난세(亂世)의 음악은 원망스러우면서도 노여운 듯하고 그 정치는 도리에 어긋나며, 망국(亡國)의 음악은 슬프면서도 선정적(煽情的)이고 그 나라 백성들은 곤경에 빠진다'고 하였다.

또 《예기(禮記)》 악기편(樂記篇)을 보면 '음악을 종묘(宗廟) 같은 데서 군신상하(君臣上下)가 함께 들으면 모두가 화경(和敬)하게 되고, 족당향리(族黨鄕里)에서 장유(長幼)가 함께 들으면 모두가 화순(和順)해지고, 집안에서 부자형제(父子兄弟)가 함께 들으면 모두가 화친해진다'고 하였다. 다시 《서경(書經)》 순전(舜典)이나 《주례(周禮)》 대사악(大司樂)을 보면 음악을 관장하는 사람이 국자(國子)들의 교육을 담당한다.

공자(孔子)도 《맹자(孟子)》 진심(盡心) 상편(上篇)에서 '인언(仁言)은 인성(仁聲)만큼 사람에게 깊이 들어가지 못한다'고 하였다. 인성은 어진 노래이다. 《서경(書經)》 대우모(大禹謨)를 보면, 또 순(舜)임금은 무력으로 굴복시키지 못한 묘족(苗族)을 문무(文舞)와 무무(武舞)로써 감복(感服)시켜 귀의케 한다. 이처럼 어진 덕을 지닌 치자가 음악을 통하여 덕화를 펴나갈 때 진실한 정치가 이루어진다는 것이다.

그런데 옛날의 '시'는 바로 '음악'의 가사(歌詞)였다. 따라서 악교(樂敎)와 같은 이론으로 시교(詩敎)가 성립된다. 그리하여 옛 임금들이 민심의 동향을 올바로 파악하기 위하여 전국의 노래 가사를 모아놓은 일부가 지금 《시경》으로 편찬되어 우리에게 전해지고 있는 것이다.

공자는 '실행하고 남는 힘이 있으면 그것으로써 문(文)을 배운다'(《논語》 學而篇)고 한 만큼 현실주의자였다. 그럼에도 불구하고 《시경》만은 유가들이 가장 존숭하는 경전(經典)의 하나가 된 것은 이러한 시교사상(詩敎思想)에 연유한다. 그리고 후세 중국의 정통문학이 시를 중심으로 발전하여 왔고, 시의 창작과 유행이 가장 성했던 것도 이러한 시교에 말미암은 것이다.

3. 《시경》의 명칭

《시경》은 본시 '시(詩)' 또는 '시삼백(詩三百)'이라고 불렀다. 역(易)·서(書)·춘추(春秋)·예(禮) 등 경전들과 함께 옛날에는 '경(經)'자를 붙여 부르지 않았다.

이러한 책들에 '경(經)'자가 붙여진 것은 전국시대(戰國時代 : B.C. 401~222) 말년의 일이다. 《예기(禮記)》에 '경해(經解)'편이 있고 《장자(莊子)》 천운편(天運篇)에는 육경(六經), 천도편(天道篇)에는 또 십이경

(十二經)이란 말이 나오지만, 이것들은 모두 전국(戰國) 말년 이후에 씌어진 부분으로 믿어지고 있다.

또 《맹자외서(孟子外書)》에는 설효경편(說孝經篇)이 있고, 위(魏)나라 문후(文侯)에게는 '효경전(孝經傳)'이 있었다 하나(漢 蔡邕 〈明堂論〉引) 모두가 위서(僞書)로 알려진 책들이다.

그러나 《장자》 천하편(天下篇)에는 '묵경(墨經)'이란 말이 보이고, 《여씨춘추(呂氏春秋)》 찰미편(察微篇)에는 '효경(孝經)'을 인용한 말이 나온다. 또 《순자(荀子)》에도 유교의 경전을 가리켜 '경'이란 말을 쓰고 있다. 이들은 모두가 전국 말년에 이루어진 책들이다.

그러나 전국 말년에는 '효경'이란 말만이 많이 사용되었고, 나머지는 모두 서술하는 문장 속에 산견(散見)되는 것들이다. 책의 이름으로서 '시(詩)' 밑에 '경(經)'자가 붙여진 것은 훨씬 뒤의 일로 남송(南宋) 초엽에 이루어진 요강(廖剛 : 1070~1143)의 《시경강의(詩經講義)》가 가장 빠른 듯하다.

그러나 한번 《시경》이란 말이 쓰이자 그 유행은 빨리 퍼져 명대(明代) 이후에는 시(詩)·서(書)·역(易) 등 경서에 '경'자가 붙여진 말이 더 흔히 쓰이게 된다. '경'자는 이들 책을 높이는 뜻에서 붙여진 것임은 두말할 나위도 없다. 이렇게 되어 지금은 외국에서까지도 보통 '경'자를 붙여 시경 또는 서경(書經)·역경(易經)이라 부르게 된 것이다.

4. 《시경》의 내용

《시경》에는 도합 305편의 시가 실려 있으며, 이들은 풍(風)·아 (雅)· 송(頌)의 세 부분으로 다시 나뉘어진다. 이밖에 '모시(毛詩)' 속에는 그 가사가 없어졌다고도 하고 본시가 가사 없는 금곡(琴曲)이라고도 하는 6편의 제목이 남아 있다. 이들을 모두 합치면 311편이 되는 셈이다. 그래서 옛날에는 그 개수(槪數)를 들어 흔히 '시삼백(詩三百)'이라 불렀다.

풍(風)은 여러 나라들의 민요(民謠)란 뜻에서 '국풍(國風)'이라 흔히 부른다. 풍(風)자의 뜻에 관하여는 여러 가지 다른 해석이 있지만, '풍요(風謠)' 곧 민간의 가요란 뜻으로 봄이 좋을 것이다. 국풍 속에는 주남(周南)·소남(召南)·패(邶)·용(鄘)·위(衛)·왕(王)·정(鄭)·제(齊)·위(魏)·당(唐)·진(秦)·진(陳)·회(檜)·조(曹)·빈(豳)의 15국의 민요가 실려 있다.

이들은 모두 작자를 알 수 없는 것들이나 《시경》의 편자(編者)가 이들을 편집할 때에는 이미 본시의 민요에 약간의 윤색(潤色)이 후인에 의하여 가해진 것이었다고 봄이 좋을 것이다. 어떻든 《시경》의 가장 값비싼 주옥편(珠玉篇)들은 대부분 이 풍에 들어 있다고 보아도 큰 잘못은 아닐 것이다.

'아(雅)'는 옛날에는 '하(夏)'와 음이 비슷하여 가끔 통용되었다. 《순자》영욕편(榮辱篇)에 '월나라 사람은 월에서 사는 게 편안하고, 초나라 사람은 초에서 사는 게 편안하며, 군자는 아(雅 : 곧 中夏)에서 사는 게 편안하다(越人安越, 楚人安楚, 君子安雅)'란 말이 있는데, 유효편(儒效篇)에는 '초나라에 살게 되면 초나라 풍습을 따르고, 월나라에 살게 되면 월나라 풍습을 따르며, 하(夏 : 中夏)나라에 살게 되면 하나라 풍습을 따른다(居楚而楚, 居越而越, 居夏而夏)'란 말이 있다.

이 두 구절을 아울러 볼 때 아(雅)도 나라 이름이며 바로 하(夏), 곧 중하(中夏) 또는 중국(中國)의 뜻임을 알 것이다. 《묵자(墨子)》 천지편(天志篇) 하(下)에선 '대아(大雅)'의 '황의(皇矣)' 시 '제위문왕(帝謂文王)……' 여섯 구를 인용하고 '대하(大夏)'라 말하고 있으니, '아'와 '하'가 통용되었음이 더욱 분명하다.

하(夏)는 우(禹)임금이 세웠던 나라로 문화가 가장 발달했던 황하(黃河) 유역 일대에 걸친 땅이다. 각국의 국풍들이 여러 나라에 유행하였던 토속적인 악조(樂調)임에 비추어 '아'는 중원(中原) 일대에 유행하여 왕조에서 숭상되던 정악(正樂)이었다(屈萬里 《詩經釋義》). 다시 말하면 국풍(國風)이 그 시대의 속악(俗樂)이라면, 이 아(雅)는 그때 궁전(宮殿)의

‘아악(雅樂)’과 같은 성격의 노래였다.

‘아’는 다시 ‘소아(小雅)’와 ‘대아(大雅)’로 구분된다. 소아와 대아의 차이에 대하여 주희(朱熹 : 1130~1200)는 그의 《시집전(詩集傳)》에서 다음과 같이 설명하고 있다.

‘지금 볼 것 같으면, 정소아(正小雅)는 연향(宴饗)의 음악이요 정대아(正大雅)는 회조(會朝)의 음악으로서 축복과 훈계(訓戒)를 노래한 가사인 것이다. ……사기(詞氣)가 같지 않으니 음절(音節) 역시 달랐을 것이다.’

여기서 소아와 대아에 ‘정(正)’자를 붙인 이유는 제6절에서 다시 설명하겠다. 그리고 이 대소아의 시들은 대부분이 사대부들의 작품이다. 그러나 소아 가운데에는 적지않은 ‘풍’에 가까운 ‘황조(黃鳥)’·‘아행기야(我行其野)’·‘곡풍(谷風)’·‘하초불황(何草不黃)’ 등 세상을 원망하거나, 행역(行役)하는 남자가 집을 그리는 내용의 시들이 있다. 이것들은 궁전에서 노래부르기에는 부적합한 내용의 가사들이다.

그러나 도성에 유행하던 것으로, ‘국풍’과 악조가 같지 않기 때문에 ‘아’ 속에 들어가게 된 것일 게다. 그리고 대아와 소아의 구별은 주희가 말했듯이 대체적인 용도에 따라 생겨난 것이라 보는 수밖에 없다.

‘송(頌)’은 다시 주송(周頌)과 노송(魯頌)·상송(商頌)의 세 부분으로 나뉘어진다. 송은 청대(淸代) 완원(阮元 : 1764~1849)의 ‘석송(釋頌)’이란 글에 의하면 바로 ‘용(容)’의 뜻이며, 용은 형용 또는 모습의 뜻을 지녀 노래에 춤을 겸한다는 뜻을 가지고 있다 하였다. 송의 내용은 제사(祭祀)지낼 때 신(神)을 송양(頌揚)하거나 조상들의 은덕을 찬송(讚頌)하는 것이다.

그러나 노송(魯頌) 4편은 모두가 살아 있는 희공(僖公)을 송양(頌揚)한 것이며, 상송(商頌) 가운데에도 그때의 임금에게 아부하는 작품들이 있다. 이것은 당시의 임금에게 아부하기 위하여 ‘송’이라는 음악과 체재(體裁)를 빌린 것일 게다. 그러나 이 ‘송’은 후세까지도 궁전의 묘당(廟堂)에서 조상들을 제사지낼 때 쓰는 제의(祭儀)의 음악으로 계승된다.

이들 작품의 창작연대는 문사(文辭)를 통해 볼 때 주송(周頌)이 가장 빠른 듯하다. 대부분이 서주(西周) 초년(初年 : B.C. 1110년 전후)의 작품일 것이다. 대아(大雅) 속에도 서주 초년의 작품인 듯한 것들이 있으나 대부분은 서주 중엽(B.C. 900년 전후) 이후의 작품일 것이다. 소아(小雅)는 대부분이 서주 중엽 이후의 시이며, 분명히 동주(東周) 초년(B.C. 760년 전후)의 작품이라 할 것들도 몇 편 들어 있다.

국풍(國風)은 가장 빠른 것이 서주 말년(B.C. 850년 전후) 무렵이며 늦은 것은 춘추(春秋) 중엽(B.C. 620년 전후) 무렵의 작품도 있다. 진풍(陳風)의 '주림(株林)', 조풍(曹風)의 '하천(下泉)' 같은 작품이 바로 그런 것이다. 노송(魯頌) 4편은 전부가 노(魯)나라 희공(僖公) 때(B.C. 659~627)의 작품이며, 상송(商頌)도 '은무(殷武)'는 송양공(宋襄公 : B.C. 650~637)을 기린 작품이다.

전목(錢穆)은 〈독시경(讀詩經)〉(新亞學報 제5권 제1기, 1960. 8)에서 다음과 같이 세 시기로 《시경》의 시들의 제작 시기를 구분하여 설명하고 있다.

제1기 : 문무(文武, B.C. 1122~1116)·주공(周公)·성왕(成王, B.C. 1115~1079)의 시대. 주송(周頌)과 대아(大雅)의 '대명(大明)'·'사문(思文)'·'천작(天作)' 등이 이 시기에 지어짐.

제2기 : 여왕(厲王, B.C. 878~828)·선왕(宣王, B.C. 827~782)·유왕(幽王, B.C. 781~771)의 시대. 주송(周頌)과 대아(大雅)의 '첨앙(瞻卬)' 등 많은 시 및 소아(小雅)의 '절남산(節南山)' 등 많은 시, 국풍(國風)의 '거린(車隣)' 등 일부 시가 이 시기에 지어짐.

제3기 : 평왕(平王, B.C. 770~720)의 동천(東遷) 이후. 노송(魯頌)·상송(商頌) 및 국풍 대부분의 시들이 이 시기에 지어짐.

5. 시경의 편자(編者)

반고(班固 : 32~92)의 《한서(漢書)》 예문지(藝文志)에,

'옛날에는 채시지관(采詩之官)이 있었는데, 왕자(王者)는 그것으로써 풍속을 살펴 보고 정치의 득실을 알아, 스스로 고정(考正)하였다.'
라고 하였다. 곧 채시지관이 각 지방의 시가(詩歌)를 모아오면, 임금은 그것을 보고 민심의 동향과 정치의 득실을 알아내어 행정에 참고하였다는 것이다. 《시경》은 이 채시지관이 모은 시를 바탕으로 하여 이루어진 것이라는 것이다.

그런데 옛날에는 이렇게 하여 채집(採集)된 시가 3천여 편이나 있었는데, 공자(B.C. 551~B.C. 479)에 이르러 그 중에서 잘된 것 3백여 편만을 가리어 지금의 《시경》을 편찬하였다는 것이다. 이것은 사마천(司馬遷, B.C. 145~B.C. 86?)의 《사기(史記)》 공자세가(孔子世家)의 기록인데, 《시경》에 실려 있는 305편은 예의(禮義)에 합당한 것을 중심으로 고른 것이고, 공자는 이것들을 모두 현가(弦歌)하였다 했다.

그러나 이 공자가 《시경》을 편집하였다는 설에 대하여는 옛날부터 많은 사람들이 의심을 품어왔다. 그 중요한 것은 다음과 같다.

첫째, 정현(鄭玄 : 127~200)의 《시보서(詩譜序)》에 있어서 공영달(孔穎達 : 574~648)은 다음과 같은 〈소(疏)〉를 쓰고 있다.

'옛글에 인용된 시들을 보면 지금 《시경》에 있는 것들이 대부분이고 없어진 것은 아주 적다. 그러니 공자가 시를 수록할 때 10분의 9를 버렸다고 보기는 어렵다. 사마천이 《사기》에서 고시(古詩)가 3백여 편이 있었다고 한 말은 믿을 수가 없다.'

《좌전(左傳)》에 인용된 것을 보면, 현재 《시경》에 보이는 것이 156개, 없는 것이 10개, 《국어(國語)》에는 남아 있는 것이 22개, 없는 것이 1개, 《예기》에는 남아 있는 것이 103개, 없어진 것이 3개 정도 인용되어 있다. 이렇게 보면, 공영달의 견해에도 일리가 있다.

둘째, 《좌전》 노양공(魯襄公) 29년(B.C. 544)에 계찰(季扎)이 노나라에 와서 주악(周樂)을 감상하는 기사가 있는데, 이때 계찰이 들은 음악의 내용은 이미 현재의 《시경》 내용과 비슷하다. 그때 공자는 겨우 여덟 살이었으니 공자가 《시경》을 편찬했을 가능성이 적다.

셋째, 《논어》에는 위정편(爲政篇)·자로편(子路篇) 등에 '시삼백'이란 말이 보인다. 공자가 이처럼 여러 번 '시삼백'이란 말을 자연스럽게 썼다는 것은 이때 노(魯)나라에 통행되던 《시경》이 3백 편 정도였음을 말해준다.

이상 세 가지 점에서 공자가 《시경》을 편찬했을 가능성은 적다고 볼 수 있을 것이다.

그러나 공자가 완전히 《시경》을 편찬하지는 않았을는지 모르지만, 지금 우리가 보는 《시경》과 같은 체재로 정리를 하였음은 의심할 여지가 없다. 《논어》 자한편(子罕篇)에서도 공자는,

"내가 위(衛)나라로부터 노(魯)나라로 돌아온 뒤에야 악(樂)이 바로잡히고 아송(雅頌)이 각각 제자리를 얻었다."

라고 하였다. 이곳의 '정악(正樂)'은 바로 '정시(正詩)'를 말하지는 않는다 하더라도 '아(雅)·송(頌)이 각득기소(各得其所)하였다'는 말과 아울러 생각할 때, 《시경》의 편차(編次)에 손댄 것을 말한다고 보아도 될 것이다.

또 계찰이 관악(觀樂)할 때에는 송(頌)에 주(周)·노(魯)·상(商)의 세 가지가 있었음을 말하지 않고 있다. 그리하여 정현은 그의 《시보》에서 노송(魯頌)과 상송(商頌)은 공자가 《시경》 속에 편입시킨 것이라 하였다. 노나라는 제후의 나라이며 송나라는 망한 은상(殷商)의 후손이니, 왕조(王朝)의 송(頌)과 함께 있을 수는 없는 것이다.

그리고 노송(魯頌)의 '경(駉)' 시와 '유필(有駜)' 시는 송(頌)이 아니라 국풍(國風)에 가깝고, 또 '반수(泮水)'·'비궁(閟宮)' 시와 상송(商頌)의 '은무(殷武)' 같은 시군(時君)에 아유(阿諛)하는 시는 그 체재가 아(雅)에 가깝다.

그런데 공자는 노나라 사람이었고, 또 "구야(丘也)는 은인(殷人)이라."(《예기》檀弓편 공자의 말)고 스스로 말하고 있으니, 노나라의 시와 은(殷)나라의 후손인 송나라의 시를 왕조의 송과 함께 넣어두게 된 것은 공자임이 분명하다.

이상을 간추려 말하면, 공자가 3천여 편의 고시(古詩)를 정리하여 305편의 《시경》으로 만든 것은 아니라 하더라도, 적어도 공자가 위나라에서 노나라로 돌아온 뒤(魯 哀公 11년, B.C. 484 이후), 육경(六經)을 편정(編定)하면서 《시경》도 지금의 형태로 편차(編次)를 정하였다고 보는 것이 옳을 것이다.

6.《시경》과 공자

《시경》은 옛날부터 공자가 직접 편찬한 것이라고 믿어 왔다. 그것은 《사기(史記)》의 공자세가(孔子世家)에,

'옛날부터 시(詩) 3천여(三千餘) 편이 전하여져 왔는데 공자께서 그 중 중복되는 것은 빼고 예의에 합당한 것만을 골라 305편의 《시경》으로 만드셨다.'

라고 기록하고 있는 데 근거를 둔 것이다.

그러나 이미 당대의 공영달을 비롯하여 많은 학자들이 그러한 《시경》의 공자 편찬설을 의심하여 왔음은 앞에서 논하였다. 그렇다고 해서《시경》이 공자의 손을 거치지 않고 지금의 모양으로 이루어졌다고 보는 것은 잘못이다.

공자는 상(商)나라의 후손이며 노나라 사람이어서, 일찍이 한대(漢代) 정현(鄭玄)이 《시보(詩譜)》에서 말한 것처럼 노송과 상송은 공자가《시경》속에 집어넣은 것일 가능성이 많다. 이것은 금문가(今文家)들이 말하는 '친주(親周)·고송(故頌)·왕노(王魯)'의 설과 꼭 들어맞기 때문이다.

따라서 《시경》은 〈소아〉·〈대아〉·〈송〉은 말할 것도 없고 15국풍(十

五國風)까지도 일단 공자의 손을 거쳐 다시 정리된 것임은 틀림없는 사실로 보여진다. 공자는 《시경》의 시들을 다시 정리하여 지금 우리가 보는 것과 같은 모양의 《시경》으로 만든 다음, 이것을 만인의, 만세의, 교과서로 삼으려 하였던 것이다.

그러나 후세의 도학자들은 《시경》을 통하여 공자의 이상을 파악하는 데 당혹스런 생각을 하였던 이가 많았다. 왜냐하면 《시경》의 시들을 읽어보면 음란한 연애시가 있는가 하면 세상을 원망하는 시들도 적지않기 때문이다. 이것들은 사람들에게 예(禮)와 인의(仁義)를 가르쳤던 공자의 이상에 들어맞지 않는 것들이라 여겨졌던 것이다.

그래서 도학자들은 이것은 문왕(文王)·무왕(武王) 같은 훌륭한 임금이 나라를 다스리던 시대부터 여왕(厲王)·유왕(幽王) 같은 어지러운 정치를 한 임금들의 시대에 이르는 동안의 시들을 모아놓은 것이기 때문에 그런 결과가 생긴 것이라고 생각하게 되었던 것이다.

그리고 문왕으로부터 성왕(成王)에 이르는 태평시대에 지어진 시들은 정시(正詩)이고, 그 나머지 어지러운 세상에 지어진 시들은 변시(變詩)라 하였다. 그런 생각에서 정현(鄭玄) 같은 학자는 〈국풍〉에서 주남(周南)과 소남(召南)만이 〈정풍〉이고 나머지는 모두 〈변풍〉이며, 〈소아〉에선 '녹명(鹿鳴)'으로부터 '청청자아(菁菁者莪)'에 이르기까지 〈정소아〉이고 나머지는 〈변소아〉이며, 〈대아〉에서는 '문왕(文王)'으로부터 '권아(卷阿)'에 이르기까지가 〈정대아〉이고 나머지는 모두가 〈변대아〉라 하였다. 물론 〈송〉만은 정변(正變)의 구별이 없다.

학자에 따라 '정변'의 개념이나 시의 범위에 대해 의견의 차이가 있지만 모두 그 원칙에 있어서는 같다. 그러나 이러한 정변설(正變說)은 자세히 따져보면 그들이 말하는 시대적인 개념에도 맞지 않고 시의 내용도 억지로 시의 뜻을 돌려서 이해하지 않는 이상 여기에 들어맞지 않는다. 다시 말하면 옛 학자들의 시에 대한 '정변설'은 공자의 뜻과도 관계가 없는 것일 뿐더러 시를 읽는 데 있어서도 전혀 무의미한 그릇된 생각에 불과한 것이다.

성인 공자께서 어찌하여 연애시나 세상을 원망하는 것 같은 예교(禮教)에 어긋나는 시들을 그대로 《시경》 속에 남겨놓았는가? 그위에 어째서 그러한 음시(淫詩)들이 많은 《시경》을 가지고 만인의 교과서로 삼으려 했는가? 이러한 문제는 쉽사리 해답하기 어려운 것이다. 그 해답은 《시경》에 대한 공자의 태도로부터 찾아내는 수밖에 없을 것이다.

《논어》에서 공자는,

"관저(關雎) 시는 즐거우면서도 지나치지 아니하고, 슬프면서도 마음을 상하게 하지 않는다."(八佾篇)

라고 평하고 있다. 이성에 대한 그리움을 노래한 이 시가 '즐거우면서도 지나치지 않다'고 평한 것은, 이 시들이 사람의 본성(本性)에 입각한 자연스러운 감정을 노래했다고 생각했기 때문일 것이다.

'슬프면서도 마음을 상하게 하지 않는다'고 한 것은, 애타는 젊은이의 상념이 슬프기는 하지만 사춘기의 자연스런 감정의 발로이기 때문에 마음을 상하게 하지 않는다고 생각했기 때문이다. 뒤의 학자들처럼 이 시가 '후비(后妃)의 덕'을 노래한 것이라 생각했다면 처음부터 공자는 시평에 '즐겁다, 슬프다'는 말이나 '지나치다, 마음을 상하게 하지 않는다'는 말을 쓰지 않았을 것이다. 다시 《논어》에서 공자는,

"《시경》을 한마디로 평한다면 곧, '생각에 사악함이 없는 것'이다."(爲政篇)

라고 말하고 있다.

이것은 《시경》의 노래들이 솔직하고 자연스런 사람들의 감정을 노래한 것이라고 생각하고 평한 말일 것이다. 후세 도학자들처럼 시를 정변(正變)으로 가리어 이해하였다면 공자는 절대로 '생각에 사악함이 없다'고 말하지는 않았을 것이다.

버림받은 여인이 남편을 원망한다던가, 백성들이 어지러운 세상이나 포악한 위정자를 원망하는 것 같은 내용의 작품들도 꾸밈없는 솔직한 사람들의 서정이라 보았을 것이다. 《시경》의 시들이 모두 예교에 맞는 내용의 작품들이라 생각했다면 구태여 평하는 말에 사악함이란 말을 썼을

리가 없는 것이다. 시의 내용에 남을 욕하거나 원망하는 것도 있지만, 이것들도 모두가 사람들의 자연스런 감정을 노래한 것이지, 사악한 마음에서 나온 것은 아니라는 것이다.

공자는, 후세의 도학자들이 생각했던 것보다는 훨씬 거시적인 입장에서 사람들을 가르치려 하였던 것이다. 공자는 갖가지 사람들의 솔직한 서정이나 여러 가지 시대의 반영 같은 것을 《시경》을 통하여 읽음으로써 사람들로 하여금 올바른 인간관을 지니게 하고자 하였을 것이다. 《논어》에서,

"사람이면서도 주남(周南)이나 소남(召南)을 공부하지 않으면 마치 벽을 마주보고 서 있는 사람 같을 것이다."(陽貨篇)

"시를 배우지 않았으면 말할 상대가 못된다."(季氏篇)

라고 공자가 말한 것도, 《시경》에는 참된 인간의 모습이나 감정을 접할 수 있는 다양한 노래들이 실려 있다고 생각했기 때문일 것이다. 다시 말하면 공자는 《시경》을 통하여 단정한 예교만을 가르치려 한 것이 아니라 넓은 뜻의 참된 인간의 모습 같은 것을 가르치려 하였던 것이다.

공자는 다시 시의 본질과는 관계없는 시의 실용성도 인정하고 있었다. 《논어》를 보면,

"시는 감정을 일깨울 수도 있고, 사회현상을 살피게 할 수도 있고, 사람들과 잘 어울리게 할 수도 있고, 남을 노여움 없이 원망할 수 있게도 한다. 가까이는 아버지를 잘 섬기게 하고 멀리는 임금을 잘 섬기게 한다. 그리고 풀과 나무와 새와 짐승의 이름을 많이 알게도 한다."(陽貨篇)

라고 말하고 있다. 이것은 시의 내용이 사람은 물론 사회나 자연과도 관계되는 다양한 생각을 담고 있는 것이라 생각하고 있었음을 뜻하는 것이라 할 수 있다.

《시경》을 읽음으로써 참된 인간을 이해하고 올바른 사람이 될 수 있을 뿐만이 아니라 많은 지식을 얻게 된다는 것이다. 이것도 시의 실용의 일면이라 할 수 있겠지만, 공자는 직접 정치에의 실용조차도 인정하고 있

었다.

《논어》에서 공자는,

"《시경》을 다 외웠다 하더라도 그것을 정치에 적용시켜 통달하지 못
하고 여러 나라의 사신으로 가서 시로써 응대(應對)하지 못한다면, 비
록 많이 안다 하더라도 무엇에 쓰이겠는가?"(子路篇)

라고 말하고 있다. 곧 《시경》은 그저 많이 외우고 알 뿐만 아니라 그
내용을 실제로 정치에 활용하고 외교에 응용할 수 있어야 된다는 것이다.

《좌전》을 보면 춘추시대에는 제후들끼리 만나거나 제후가 경대부(卿大
夫)들인 사신을 접견할 때에는 언제나 《시경》의 시를 한 수 또는 한 장
씩 서로 읊음으로써, 미리 자기의 뜻과 거기에 대한 상대방의 반응을 암
시해 주도록 하는 게 습관처럼 되어 있었다.

이때 인용하는 시들은 시의 본뜻과는 관계없이 단장취의(斷章取義)한
것이어서 상당한 시에 대한 지식을 필요로 하였다. 이러한 정치 또는
외교상의 시의 실용은 공자의 본뜻과는 관계없이 이룩된 기풍이었을 것
이다.

공자는 다만 이러한 시대적인 관습이 나쁘지는 않은 것이었으므로 정
치 외교상의 시의 실용을 승인했을 따름일 것이다. 아무래도 공자가 《시
경》을 가장 중요한 교과서로 내세운 본뜻은 《시경》을 통하여 인간의 참
모습을 사람들에게 가르치려는 것이었을 것이다.

7. 삼가시(三家詩)

중국의 경서(經書)에는 예부터 금문(今文)과 고문(古文)의 구별이 있
어 수천년 경학사상(經學史上)에 풍파를 일으켜 왔다. 본시 금문으로 된
경서란 한대(漢代)에 통용되던 예서(隸書)로 씌어진 것들을 말하며, 고
문이란 진(秦)나라 이전에 유행한 '고문자(古文字)'로 씌어진 경문(經文)
을 말하는 것이었다.

금문은 태반이 입으로 전해지던 것을 한초(漢初)에 기록한 것이며(秦始皇의 焚書 때문이라 한다) 고문이란 고가(古家)의 벽중(壁中)이나 그 밖의 민간에서 발견된 것들이다. 이 금문과 고문은 경문 자체에도 약간 차이가 있었지만 이것들을 근거로 한 경문의 해석에 있어서는 더욱 분쟁이 심해졌다.

《시경》에 있어서는 한초에 《시경》을 전한 사람으로 신배공(申培公)과 원고생(轅固生) 및 한영(韓嬰)이 있었는데, 이들은 모두가 금문이며 후세에 이들을 삼가시(三家詩)라 부르게 되었다.

신배공은 노(魯)나라 사람이어서 그의 시설(詩說)을 '노시(魯詩)'라 한다. 그는 순자(荀子)의 제자인 부구백(浮丘伯)에게 배운 일도 있으며, 한문제(漢文帝 : B.C. 179~B.C. 157 재위) 때에는 한영과 함께 시경박사(詩經博士)가 되었다. 이들은 한대(漢代)의 경학박사(經學博士) 가운데서도 가장 빠른 박사들이었다.

《한서》 예문지에는 '노고(魯故)' 25권, '설(說)' 28권이 저록(著錄)되었으나 이것들은 서진시대(西晉時代)에 이미 없어졌다. 지금도 《신배시설(申培詩說)》이란 책이 전해지고 있지만, 이는 명인(明人) 풍방(豐坊)의 위작(偽作)임이 밝혀졌다.

원고생은 제(齊)나라 사람이어서 그의 시설(詩說)을 '제시(齊詩)'라 한다. 그는 한경제(漢景帝 : B.C. 156~B.C. 141 재위) 때에 《시경》으로 박사가 되었었다. 《한서》 예문지에는 '제후씨고(齊后氏故)' 20권, '전(傳)' 39권이 저록되었다. 위 책의 작자인 후창(后蒼)이 〈제시(齊詩)〉를 지었다고 주장하는 학자도 있다(師古注, 引應劭). 제시(齊詩)는 이내 위대(魏代)에 없어져 노시(魯詩)와 함께 그 상세한 내용을 알 수 없다.

한영은 연(燕)나라 사람으로 한문제(漢文帝) 때에 박사가 되었으며, 경제(景帝) 때에는 상산왕(常山王)의 태부(太傅)를 지낸 사람이다. 그의 시설을 보통 '한시(韓詩)'라 부르며 《한서》 예문지에는 '한고(韓故)' 36권, '내전(內傳)' 4권, '외전(外傳)' 6권, '설(說)' 41권이 저록되어 있다. 한시(韓詩)는 삼가시 중에서 생명이 가장 길어 당대(唐代)까지 존재(혹은 北宋)하였으며, 지금도 '외전' 10권이 전해지고 있다.

이 삼가시에 대하여는 후인이 여러 전적(典籍)에서 그 유설(遺說)을 주워모아 대체적인 성격을 알려주고 있는데, 그중에서도 청인(淸人) 진교종(陳喬樅 : 1809~1869)의 《삼가시유설고(三家詩遺說考)》, 왕선겸(王先謙 : 1842~1917)의 《시삼가의집소(詩三家義集疏)》 등은 이미 '모시'와 함께 《시경》을 읽는 데의 필수적인 책이 되었다. '모시'와 함께 '삼가시'를 읽음으로써 좀더 올바른 경문의 이해를 꾀할 수 있으리라 믿는다.

8. 모시(毛詩)

앞에서 말한 것처럼 삼가시는 일찍이 실전(失傳)되어 송대(宋代) 이후로는 고문인 '모시'만이 세상에 행세하게 되었다. 지금 우리가 보통 읽고 있는 《시경》이란 모두가 '모시'를 통해서 전해진 것이다.

《한서》 예문지를 보면 삼가시를 서술한 뒤에,

'또 모공(毛公)의 학(學)이 있는데 스스로 자하(子夏)의 소전(所傳)이라 하여 하간헌왕(河間獻王)이 좋아했지만 학관(學官)에 채택되지 못했다.'

라고 말하고 《모시》 29권, 《모시고훈전(毛詩故訓傳)》 30권을 저록했는데 '모공소전(毛公所傳)'이라 하였다. 이중의 《모시고훈전(毛詩故訓傳)》이 바로 지금 우리가 읽는 《시경》인 것이다.

모공(毛公)이 어떤 사람인지는 알 수 없다. 《한서》에선 '모공은 조(趙)나라 사람이라'고만 유림전(儒林傳)에 밝혔다. 그런데 후한(後漢)의 정현(鄭玄)은 《시보》에서 '노인(魯人) 대모공(大毛公)이 〈고훈(詁訓)〉을 지었고 소모공(小毛公)은 박사가 되었다'고 하였고, 진인(晋人) 육기(陸璣)는 《모시초목조수충어소(毛詩草木鳥獸蟲魚疏)》에서 '모형(毛亨)이 고훈전(詁訓傳)을 지어 조(趙)나라 모장(毛萇)에게 전했다. 시인(時人)이 형(亨)을 대모공(大毛公), 장(萇)을 소모공(小毛公)이라 불렀다'고 하였다.

여기서 의심스러운 것은 전한(前漢)의 반고는 《한서》에서 '모공'만을 애기했는데, 후한 정현에 이르러는 '대모공·소모공'의 둘로 되고, 더 후 대의 육기에 이르러는 마침내 '대모공은 모형, 소모공은 모장'으로 이름 까지 밝혀진다는 것이다. 옛 일이 시대가 뒤질수록 더욱 자세하여진다는 것은 근거가 없는 이상 일단 의심해야 할 것이다. 모시를 전한 사람은 '모공'이라고만 알아두는 것이 가장 옳을 것이다.

'모시'에는 맨 앞머리에 자하(子夏) 작(作)이라는 '대서(大序)'가 있고 각 시의 앞머리에는 자하와 모공의 합작이라는 '소서(小序)'가 있어 시의 (詩意)를 설명하고 있다. 이 설은 정현의 《시보 서(序)》에 근거를 둔 것 이다. 그런데 육기의 《초목조수충어소》에선 자하는 시 3백 편 본래의 서 를 썼고(大序) 한대(漢代) 위굉(衛宏 : 25 전후)이 〈모시서(序)〉를 썼다 했다. 《후한서》 유림전(儒林傳)에서도 위굉이 〈모시서〉를 썼다 했다.

이밖에도 송대(宋代) 왕안석(王安石 : 1021~1086)은 '소서'는 시의 작 자들이 썼다 했고, 그밖에도 '대서(大序)'는 공자가 쓰고 '소서'는 국사(國 史)가 썼다느니(程頤說), 시서(詩序)는 유흠(劉歆 : B.C. 53?~A.D. 23) 과 위굉의 합작이라느니(康有爲說) 말이 많다. 어떻든 '시서'의 작자에 대하여는 아직도 정론이 없는 것이다.

〈모시서〉에서 풀이하는 각 시의 대의(大義)는 실지의 시의 내용과 거 리가 있는 것이 많다. 송대(宋代) 이전에는 어떻든 모두가 '시서'를 믿었 지만 구양수(歐陽修 : 1007~1072) 이후로 정초(鄭樵 : 1104~1160)의 《시변망(詩辨妄)》, 주희의 《시서변설(詩序辨說)》이 나오자 날이 갈수록 의심하는 이가 늘어났다. 본서에서도 시의 대의 파악에 있어 일단 '모시 서' 를 참고하기는 했지만 따르지 않은 편도 상당히 많다.

9. 《시경》의 새로운 방향의 해석

《시경》을 중국의 전통적인 방법과 다른 완전히 새로운 각도에서 읽고 해석한 최초의 업적은 서양에서 나왔다. 프랑스 사람 Marcel Granet가

1919년에 낸 'Fêtes et Chansons ancienes de la Chine'이다.

Granet는 사회학 연구에서 시작하여 중국학으로 들어간 학자여서, 《시경》을 통해서 중국 고대사회 연구에 획기적인 업적을 이룰 수가 있었던 것이다. 그는 《시경》을 대함에 있어서, 우선 경학(經學)으로부터 벗어나 《시경》의 시들을 중국 고대사회에 있어서의 의례(儀禮) 및 신앙과 결부시켜 해석하려 하였다. 그는 가요야말로 중국 고대의 계절적(季節的)인 의례(儀禮)를 드러내는 신앙의 연구자료로써 가장 적당한 문헌이라 생각했던 것이다.

그 결과 《시경》 중에서도 특히 국풍(國風)의 작품들은 대부분이 고대의 농민들이 전원적(田園的)인 계절제(季節祭)를 지냄에 있어서, 젊은 남녀들이 그 자리에서 주고받은 연가(戀歌) 또는 민요라는 입장에서 시를 해석하였다.

따라서 이전의 《모전(毛傳)》《정전(鄭箋)》을 비롯한 중국의 학자들이 풀이하던 것과는 전혀 다른 방향에서 시의 뜻을 파악하게 되었던 것이다. 그리고 자기의 해석을 정당화하기 위하여는 자신이 답사한 운남(雲南)·귀주(貴州) 등지의 소수민족(少數民族)의 풍습을 실증으로 이용하기도 하였다.

그의 연구에는 중국 고문헌에 대한 기초지식의 부족과 지나친 추단(推斷) 등이 있어, 시 해석에 적지않은 무리는 있지만 이 새로운 연구방법은 중국학계에 큰 반향을 일으켰다. 이전의 《시경》 연구는 경학(經學)의 범위를 벗어나지 못하여, 《시경》 해석에 혁신적인 성과라 평가되는 주희(朱熹)의 《시집권(詩集傳)》, 최술(崔述)의 《독풍우지(讀風偶識)》 등도 《시경》을 경학으로부터 독립시키지는 못하였다. 그러므로 Granet의 연구방법은 획기적이었다고 할 수 있다.

이 새로운 《시경》 연구방법은 일본 학자들에 의하여 먼저 계승되었다. 송본(松本雅明)의 《시경 제편(諸篇)의 성립에 관한 연구》(1958)를 비롯하여, 백천(白川靜)의 《시경연구(詩經研究)》(1967) 등이 그것이다. 그리고 많은 학자들이 《시경》을 중국 고대의 제의(祭儀)와 풍속 또는 가무희

(歌舞戲) 등과도 관련지으며, 새로운 해석을 시도하였다. C. H. Wang 의 'The Bell and The Drum'(1974, University of California Press, 1974)도 좋은 평가를 받은 연구 업적이다.

우리나라에 있어서는 〈서한(西漢)《시경》해설에 대한 새로운 이해〉〈중국 고적(古籍)의 성격〉 등 필자의 논문이(《중국문학사론》, 서울대출판부, 2001, 〈I. 고대 문학사의 문제들〉에 실림) 가장 두드러진 그 방면의 업적인 듯하다.

10. 어떻게 《시경》을 읽어야 하나

《시경》은 수천년 전의 글이므로 한문 가운데서도 읽기가 가장 어려운 글에 속한다. 이곳에 본문 현토(懸吐)와 대의(大意)·주해(註解)·해설(解說)을 붙여 놓았지만, 도저히 완벽할 수는 없는 것이다. 본시 시란 읽는이의 교양과 마음가짐에 따라 같은 시라도 읽는이에게 각기 다른 감흥을 안겨주는 것이다.

더욱이 이 《시경》의 시편(詩篇)들은 정허(靜虛)한 마음으로 대할 때 번역의 교졸(巧拙)에는 관계없이 옛사람들의 참마음과 생활에 접하고 또 지금까지 우리 혈관 속에 전해지고 있는 뿌리 깊은 생명을 느낄 것이다.

될수록 이 책을 통해서라도 한문에 대한 지식을 어느 정도 기른 다음 《시경》의 한자를 다 이해하지는 못하더라도 대가(大家)의 주해를 떠나 자기 나름대로 한번씩 본문을 음미하기 바란다.

11. 《시경》의 대표적인 주해서(註解書)

1. 《모시정의(毛詩正義》 40권 : 한(漢) 모형(毛亨) 전(傳), 정현(鄭玄) 전(箋). 당(唐) 공영달(孔穎達) 소(疏).

《십삼경주소(十三經注疏)》에 들어있으며, 가장 전통적인 《시경》 주해서임. 이른바 《모전(毛傳)》과 《정전(鄭箋)》을 공영달이 보충하여 자세한 해설을 한 책임.

2. 《모시초목조수충어소(毛詩草木鳥獸蟲魚疏)》 2권 : 오(吳) 육기(陸璣) 지음.

《시경》에 나오는 식물·동물·곤충·물고기 등에 대한 해설. 《시경》을 읽는 데에 꼭 참고해야 할 책이나, 공영달의 〈소(疏)〉에 거의 전부 인용됨.

3. 《시집전(詩集傳)》 8권 : 송(宋) 주희(朱熹) 지음.

《모시(毛詩)》에만 의거하지 않고, 새로운 시의 해석에 주력한 송학(宋學)을 대표하는 명저임.

4. 《시집(詩緝)》 36권 : 송(宋) 엄찬(嚴粲) 지음.

역시 《모시》만을 따르지 않고, 여조겸(呂祖謙)의 《여씨가숙독시기(呂氏家塾讀詩紀》 등 여러 학자들의 업적을 종합하며 시의 새로운 해설을 시도한 명저임.

5. 《모시계고편(毛詩稽古編)》 30권 : 청(淸) 진계원(陳啓源) 지음.

《시경》 해설에 관한 청대 고증학(考證學)의 뛰어난 업적 중의 하나. 저자는 14년 동안 세 번이나 원고를 고쳐 이룩한 책이라 한다.

6. 《모시후전(毛詩後箋)》 30권 : 청(淸) 호승공(胡承珙) 지음.

《모전(毛傳)》과 《정전(鄭箋)》을 고증학적인 방법으로 보충 해설한 명저. 고증에 뛰어났다는 평을 받고 있음.

7. 《모시전소(毛詩傳疏)》 30권 : 청 진환(陳奐) 지음.

《모전》만을 근거로 하여 고증학적인 방법으로 시를 해설한 명저임.

8. 《모시전전통석(毛詩傳箋通釋)》 32권 : 청 마서진(馬瑞辰) 지음.

《모전》과 《정전》을 보충 해설한 책으로, 고증이 해박(該博)하며 해설이 상세하여, 위 두 책과 함께 청대에 나온 〈삼대양저(三大良著)〉라 할만한 업적임.

9. 《시삼가의집소(詩三家義集疏)》 상·하 : 청 왕선겸(王先謙) 지음.
   《삼가시》 유설(遺說)을 모두 모아놓고, 시의 해설에 편의를 제공
한 명저임.
10. 《시경석의(詩經釋義)》 상·하 : 굴만리(屈萬里) 지음(臺北, 中華文
化出版事業社, 1953)
   청대 고증학의 업적과 현대 과학적인 연구성과를 총망라하여
《시경》을 해설한 현대의 가장 뛰어난 주해서임.
11. The Book of Songs ; Arther Waley, 1937, Allen & Urwin. 매
   끄러운 영문으로 번역된 가장 좋은 번역으로 평가되고 있음.
12. The Shi King ; James Legge, 1935, London, Oxford Univer-
   sity Press.
   주희의 《시집전(詩集傳)》을 위주로 하여 자세한 주석(註釋)과 함
께, 원문에 충실한 번역을 한 것으로 평가받는 명저임.

제1편
국풍(國風)

　국(國)이란 제후들의 나라를 말하며, 풍(風)은 풍요(風謠) 곧 가요(歌謠)의 뜻이다. 국풍(國風)에는 주남(周南)으로부터 빈(豳)에 이르는 열다섯 나라의 노래가 실려 있다. 풍(風)·아(雅)·송(頌) 가운데에서 이처럼 국풍을 《시경》의 앞머리에 내어놓은 것은 이들이 이때 백성들의 생활이나 정서를 아(雅)나 송(頌)보다 더 진솔하게 표현하고 있기 때문일 것이다.

　그러나 이 15국풍의 차례는 《좌전(左傳)》 노양공(魯襄公) 29년(B.C. 544)에 오(吳)나라 계찰(季札)이 《시경》의 음악을 듣는 기록이 나오는데 그곳의 차례와도 약간 다르고, 정현(鄭玄)의 《시보(詩譜)》와도 약간 다르다. 그러나 대체로 정현의 《시보》의 차례를 정씨(鄭氏) 개인이 주견(主見)에 따라 다시 배열한 것이라 본다면, 계찰의 순서와는 큰 차이가 없으니 지금의 국풍 차례는 많은 논의에도 불구하고 진한대(秦漢代) 이래로 전하여 온 옛 모습이라 하겠다.

　그리고 15국풍 가운데에서 옛날에는 맨 앞의 '주남'과 '소남'을 정풍(正風), 나머지 열세 나라의 것을 변풍(變風)이라 하여 구별하였으나, 우리는 그러한 도학자(道學者)적인 태도를 버리고 깨끗한 마음으로 선입감 없이 시(詩)를 대하여야 할 것이다.

제1　**주남**(周南)

　주남(周南)이 어느 곳을 가리키는가에 대하여는 예부터 이견이 많았다. 구설(舊說)에 따르면 '주(周)'는 나라 이름으로 주나라 문왕(文王)의 할아버지 태왕(太王) 곧 고공단보(古公亶父)가 도읍했던 땅으로 기산(岐山)의 남쪽(陝西省 岐山縣 부근)에 있었다.

　태왕의 아들 계력(季歷)을 거쳐 문왕에 이르러 도읍을 다시 풍(豐) 땅으로 옮기고(B.C. 1136 무렵) 옛 기주(岐周)의 땅을 나누어 주공 단(旦)

과 소공(召公) 석(奭)의 채읍(采邑)으로 하였다. '남(南)'은 남쪽에까지 주공이나 소공의 덕화(德化)가 행하여졌다는 뜻에서, 이를 '주남'과 '소남'으로 각각 구별하였다는 것이다(《鄭箋》).

이것은 아무래도 글자의 뜻을 따라 억지로 그럴싸한 해석을 한 것인 듯하다. 그래서 주희(朱熹)는 '주공으로 하여금 국내에서 정치를 하게 하고, 소공에게는 제후들을 다스리게 하여 덕화가 크게 이루어졌다. 주공이 주나라에서 모은 시에 남쪽 나라의 시가 섞여 있어 이를 주남이라 하고, 소공이 남쪽 여러 나라들에서 모은 시를 소남이 라 하였다'고 풀이하였다(《集傳》).

그러나 주남의 '여분(汝墳)' 시를 보면 '왕실이 불타는 듯하다(王室如燬)'는 구절이 있고, 소남의 '하피농의(何彼襛矣)' 시를 보면 '평왕(平王 : B.C. 770~B.C. 720 재위, 東周의 첫대 임금)의 손자(平王之孫)'란 구절이 있다. 이들은 분명히 '주남'이나 '소남'의 시들이 서주(西周) 말년 나라가 어지러울 때이거나 동주(東周) 초에 지어진 시임을 말해 주는 것이다. 구설(舊說)이 틀렸음이 분명하다. 근인(近人) 부사년(傅斯年)은 '남'은 남쪽의 나라를 뜻하며 '주남'은 주나라 왕조가 직할(直轄)하던 땅 남쪽의 나라들을 가리킨다 하였다(周頌說 : 釋義引).

주남의 시들을 보면 '한광(漢廣)'·'여분(汝墳)' 편이 있고, '관저(關雎)'에는 '재하(在河 : 黃河)지주(之洲)'란 구절이 있으니 '주남' 땅은 대략 북쪽은 황하로부터 남쪽은 여수(汝水)와 한수(漢水)에 이르는 지금의 하남성(河南省) 황하 이남의 서쪽 땅임을 알 수 있다. 주남시(周南詩) 열한 편은 모두 '주남' 땅의 노래이며, 그 음악은 남쪽 나라의 악조(樂調)였을 것이다.

1. 물수리 (關雎)

구욱구욱 물수리는 황하 섬 속에서 우는데,
대장부의 좋은 배필, 아리따운 고운 아가씨 그리네.

올망졸망 마름풀을 이리저리 헤치며 뜯노라니,
아리따운 고운 아가씨, 자나깨나 그리웁네.
그리어도 얻지 못해 자나 깨나 생각노니,
그리움은 가이 없어, 밤새 이리 뒤척 저리 뒤척.

올망졸망 마름풀을 여기저기 가려 뜯노라니.
아리따운 고운 아가씨와 금슬 즐기며 함께하고 싶네.
올망졸망 마름풀을 여기저기 뜯노라니,
아리따운 고운 아가씨와 풍악 울리며 즐기고 싶네.

原文 關關雎鳩는 在河之洲로다.
    窈窕淑女는 君子好逑로다.

    參差荇菜를 左右流之로다.
    窈窕淑女를 寤寐求之로다.
    求之不得하니 寤寐思服이라.
    悠哉悠哉라 輾轉反側하도다.

    參差荇菜를 左右采之로다.
    窈窕淑女를 琴瑟友之로다.
    參差荇菜를 左右芼之로다.
    窈窕淑女를 鐘鼓樂之로다.

註解 ㅇ關關(관관)―물수리의 울음소리를 적은 것. 그러나 그 울음소리가
어떤지 알 수 없어 '구욱구욱'이라 번역하였다. ㅇ雎鳩(저구)―왕저(王雎)라
고도 하며(鄭箋), 곽박(郭璞 : 276~324)은 《이아(爾雅)》의 주(注)에서 조
(鵰 : 수리)라 풀이하였다. 그밖의 구설(舊說)을 종합하면 수리 종류의 물고
기를 잡아먹는 새, 곧 '물수리'임을 알겠다(正義). ㅇ河(하)―황하(黃河), 옛
날에는 하(河)가 황하를 뜻하는 고유명사였다. ㅇ洲(주)―강물 속의 섬. ㅇ窈
窕(요조)―교양이 있고 아리따운 모습(通釋). ㅇ淑(숙)―선(善)자와도 통하며
(毛傳), 숙녀(淑女)는 곧고 훌륭한 여자(鄭箋)를 말한다. ㅇ君子(군자)―《시

경》에서는 대체로 높은 벼슬자리에 있는 사람을 가리킨다(부인들은 자기의 남편을 군자라 부르기도 하였다). 덕망(德望)이 있는 사람의 뜻으로는 후세(春秋時代 이후)에 쓰이게 되었다. 옛날에는 덕있는 사람이 벼슬을 하는 것이라 믿었기 때문이다. 소인(小人)도 본래는 평민의 뜻이었다. ㅇ逑(구)-짝, 배필. 술(述)자와 혼동하기 쉽다. ㅇ參差(참치)-가지런하지 못하고 들쭉날쭉한 모습. ㅇ荇菜(행채)-마름풀. 물속에 자라며, 먹을 수 있다. ㅇ左右(좌우)-이리저리. 여기저기. ㅇ流(류)-구(求)자와 통하여 좋은 마름풀을 따려고 물속에서 찾아다니는 것. ㅇ之(지)-조사. ㅇ寤寐(오매)-자나깨나. '오(寤)'는 잠에서 깨는 것, '매(寐)'는 잠자는 것. ㅇ服(복)-생각하다. 사복(思服)은 생각하는 것. ㅇ悠哉(유재)-생각이 끝없이 자꾸 나는 것. ㅇ輾轉(전전)-누워서 이리 뒹굴 저리 뒹굴 하는 것. ㅇ反側(반측)-반복(反覆). 곧 이리 뒤척 저리 뒤척 하는 것. ㅇ釆(채)-채취(採取)의 뜻. ㅇ琴(금)-중국의 옛 현악기로서 오현(五絃) 또는 칠현(七絃). ㅇ瑟(슬)-25현으로 된 중국의 옛 현악기. 금(琴)과 슬(瑟)은 중국의 대표적인 현악기로서, 이러한 악기를 연주하면서 아리따운 아가씨와 잘 살아보고 싶다는 뜻이다. 금슬좋게 지낸다는 말은 여기에서 생긴 말이다. ㅇ芼(모)-좋은 마름풀을 따려고 가려내는 것. ㅇ鐘鼓(종고)-왕국유(王國維)의 고증(考證)에 의하면, 옛날 음악에서 종(鐘)과 북[鼓]을 모두 쓴 것은 천자(天子)와 제후들이고, 사대부들은 북만을 썼다 한다(《觀堂集林》卷二 釋樂次). 이에 의하면 관저의 작자는 평민이 아니라 왕족이었던 것 같다.

解說 옛날에는 '관저(關雎)' 시는 '후비(后妃)의 덕(德)'을 노래한 것이라 보았다(毛詩·集傳). 그러나 아무런 선입감도 없이 이 시를 읽을 때 우리는 바로 이것은 이성을 그리는 시임을 직감할 수 있다. 굴만리(屈萬里) 교수는 '신혼(新婚)을 축하하는' 시라 보았으나(釋義) 여기서는 끝까지 아리따운 아가씨를 그리는 젊은이의 연시(戀詩)라 보았다.

 첫 장에서는 작자(作者)가 물가에서 물수리의 울음소리를 들으며 자기의 좋은 짝이 될 아리따운 아가씨를 생각한 것이다. 이 남자는 좋은 집안의 젊은이로서 종묘(宗廟)에 제사 지낼 때 쓸 마름풀(荇蔬)을 따러 강가로 나갔던 듯하다. 제2장에서는 마름풀을 찾으면서도 자기가 그리는 아리따운 아가씨를 생각한다. 자나 깨나 생각나는 절절한 연정(戀情)이 이 장에는 넘친다. 제3장에서는 공상(空想)으로 비약하여 자기가 얻고자 하던 아리따운 아가씨와 함께 즐겁게 살고픈 소망을 노래한 것이다.

이 시를 읽는 데 가장 문제되는 점이 '관관저구(關關雎鳩)는 재하지주(在河之洲)로다'하는 첫 구절과 '요조숙녀(窈窕淑女)는 군자호구(君子好逑)로다'하는 주제와의 연결이다. 옛날에는 저구(雎鳩)가 암수컷의 구별을 엄히 하는 새니(孔疏), 관관(關關)은 암수컷이 상화(相和)하는 소리이며 '저구(雎鳩)'는 나면서 정해진 짝이 있어 언제나 짝을 바꾸지 않고 함께 다닌다(集傳)고 하며, 저구를 통하여 요조숙녀를 생각하게 되는 것이라 하였다.

그러나 《모전(毛傳)》과 《집전(集傳)》 모두 이 첫 구절은 '흥(興)'이라 주를 달고 있다. '흥'이란 앞에서 이미 설명한 것처럼 작자의 주관적인 연상작용은 있을지언정 반드시 객관적으로 어떤 비유가 성립되는 것은 아니다. 독자는 독자대로 또 다른 연상을 할 수는 있을지언정 옛 사람들이 설명하는 것처럼 억지의 설명을 붙일 필요는 없다. 이러한 예는 현대시에도 있다. 김소월(金素月)의 '풀따기'라는 시의 앞 두 단을 읽어보자.

우리집 뒷산에는 풀이 푸르고
숲 사이의 시냇물 모랫바닥은
파아란 풀그림자 떠서 흘러요.

그리운 우리 님은 어디 계신고
날마다 피어나는 우리님 생각
날마다 뒷산에 홀로 앉아서
날마다 풀을 따서 물에 던져요.
……

이 '관저'뿐만 아니라 《시경》에 나오는 '흥(興)'이란 소월(素月) 시의 이 전단(前段)과 같은 것이라 생각하면 좋을 것이다.

2. 칡덩굴(葛覃)

칡덩굴은 길게 산골짜기에 뻗어
잎새 무성한데, 곤줄매기가 날아다니다가
떨기나무 위에 모여앉아 짹짹 지저귄다.

칡덩굴은 길게 산골짜기에 뻗어
잎새 더부룩한데, 그것을 잘라다가 쪄내어
고운 칡베 굵은 칡베 짜, 베옷 지어 입으니 좋을시고.

보모(保姆)께 아뢰고 근친(覲親)을 가려 할 제,
평복도 빨고 예복도 빨아
모두 깨끗이 입나니, 돌아가 부모님께 문안드리기 위함이라.

原文 葛之覃兮여 施于中谷하여
      維葉萋萋로다. 黃鳥于飛하여
      集于灌木하여 其鳴喈喈러라.

      葛之覃兮여 施于中谷하여
      維葉莫莫이로다. 是刈是濩하여
      爲絺爲綌하니 服之無斁이로다.

      言告師氏하여 言告言歸로다.
      薄汚我私여 薄澣我衣니
      害澣害否오? 歸寧父母하리라.

註解 ㅇ葛(갈)―칡, 칡덩굴. ㅇ覃(담)―뻗다. ㅇ兮(혜)―어조사. ㅇ施(이)―
길게 뻗다. 이(移)와도 통한다. ㅇ中谷(중곡)―곡중(谷中). 곧 골짜기 가운데.
ㅇ維(유)―발어사(發語詞)로 별 뜻이 없음. ㅇ萋萋(처처)―풀이 무성한 모양.
ㅇ黃鳥(황조)―단서(摶黍)라고 《모전(毛傳)》에 풀이하였는데 보통은 여황(驪

黃) 또는 황앵(黃鶯)이라 하여 꾀꼬리의 뜻으로 풀이하여 왔다(集傳). 그러나 청유(淸儒) 초순(焦循：1763~1820), 단옥재(段玉裁：1735~1815) 같은 이들은 이를 황작(黃雀), 곧 곤줄매기라 주장하여(通釋) 지금은 거의 통설로 믿어지고 있다. 참새처럼 생긴 들의 곤줄매기로 보아야만 뒤의 떨기나무 위에 모여 앉아 '집우관목(集于灌木)'하고 노래한 구절과도 어울리게 된다. ○灌木(관목)―키는 크게 자라지 않고 떨기를 이루어 자라는 나무들. ○喈喈(개개)―새들이 짹짹 우는 것. ○莫莫(막막)―《모전》은 '다 자란 모양(成就之貌)'이라 하였고 《공소(孔疏)》는 다시 '이를 잘라 쓸 수 있을 만큼 무성하게 자란 모습'이라 부연하였다. 그러나 《광아(廣雅)》에는 '막막은 무성한 것'이라 하였으니 처처(萋萋)와 비슷한 말로 보아도 될 것이다(通釋). ○是(시)―조사로 보아도 되나 왕인지(王引之：1766~1834)의 《경전석사(經典釋詞)》에서 '어시(於是)'와 같은 말로 보았다(釋義). ○刈(예)―칡덩굴을 자르는 것. ○濩(확)―칡 껍질의 섬유를 가려내기 위하여 불을 때어 이를 찌는 것. 칡을 쪄낸 다음 껍질을 벗겨 실을 뽑아가지고 칡베를 짰다. ○絺(치)―고운 칡베. 곧 세갈포(細葛布). ○綌(격)―굵은 칡베, 곧 조갈포(粗葛布). ○服(복)―곧 칡베로 옷을 지어 입는 것. ○斁(역)―싫증나다. 무역(無斁)은 싫지 않다, 곧 좋다는 뜻. ○言(언)―《모전》에선 나[我]의 뜻으로 보았으나, 조사(助詞)로 봄이 옳다(集傳). ○師氏(사씨)―여사(女師). 옛날의 대가(大家)집 규수는 여사가 있어 부덕(婦德)·부언(婦言)·부공(婦功)을 가르쳤다 한다. 후세의 궁전의 보모(保姆)와 성격이 비슷하다. ○歸(귀)―귀녕(歸寧), 곧 여인이 출가한 뒤 친부모를 뵈러 친정을 찾아가는 근친(覲親)을 말함. ○薄(박)―《집전》에서는 '소(少)'의 뜻으로 보았으나, 조사임. 《모전》에서도 뒤의 '부이(芣苢)' 시에서는 조사라 하였다. ○汚(오)―《모전》에는 번(煩)의 뜻으로 풀이하였는데 옷을 비벼 빠는 것(煩撋之以去其汚)이다(鄭箋·集傳). ○私(사)―연복(燕服)(毛傳·集傳), 또는 평복. ○澣(완)―옷을 빠는 것. ○衣(의)―예복(禮服)(集傳). ○害(해)―어찌, 하(何)의 뜻. 해한해부(害澣害否)는 '무엇은 빨고 무엇은 빨지 않겠는가?' 곧 모두 빨겠다는 뜻.

解說 〈모시서(毛詩序)〉에는 이 시를 '후비(后妃)의 근본을 노래한 것이다. 후비는 시집에 있어서는 여자가 할 집안일에 뜻을 두고 검소하고 절약하여 깨끗이 빤 옷을 입고, 그의 보모인 스승을 공경하여, 돌아가 친정 부모도 안심시키는 것이다'라고 설명하였다. 주희(朱熹)도 이에 바탕

을 두고 이 시를 이해하였다.

그러나 이 시는 시집간 부인이 근친(覲親)갈 날을 앞두고 설레는 마음을 노래한 것이라 봄이 좋겠다. 중국의 옛 풍속으로는 대부(大夫) 이하 신분의 사람들 부인은 1년에 적어도 한 번은 근친을 가는 것이 예였다 (《春秋公羊傳》莊公 27년 何休注). 부인은 친정에 간다는 기쁨에 괴로움도 잊고 칡덩굴을 잘라다 부지런히 칡베를 짜고, 자기의 옷을 모두 빨아 그날에 대비한다.

그런데 이 시의 작자도 보모인 사씨(師氏)가 있는 몸이니 후비는 아닐지언정 평민의 아내는 아니라고 보아야 할 것이다.

3. 도꼬마리(卷耳)

도꼬마리 뜯고 또 뜯어도 납작바구니에도 차지 못하네.
아아, 내 그리운 님 생각에 바구니도 행길 위에 내던지네.

높은 산에라도 오르려 하나 내 말 병이 났네.
에라, 금잔에 술이나 따라 기나긴 회포 잊어 볼까!

높은 언덕에라도 오르려 하나 내 말이 병들었네.
에라, 쇠뿔 잔에 술이나 부어 기나긴 시름 잊어 볼까!

돌산에라도 오르려 하나 내 말 지쳐 늘어졌고
내 하인 발병 났으니 어떻게 하면 그대 있는 곳 바라볼까나!

原文 采采卷耳로되 不盈頃筐이요
　　　嗟我懷人하여 寘彼周行이라.

　　　陟彼崔嵬나 我馬虺隤요
　　　我姑酌彼金罍하여 維以不永懷라.

　　　陟彼高岡이나 我馬玄黃이요

我姑酌彼兕觥하여 維以不永傷이라.

陟彼砠矣나 我馬瘏矣며
我僕痡矣니 云何吁矣리요!

註解 ○采采(채채)−나물을 뜯고 또 뜯는 것. ○卷耳(권이)−도꼬마리. 영
이(苓耳)라고도 하며(毛傳), 1년생 풀로 봄에는 부드러운 잎새를 뜯어먹고
약용으로도 쓰인다. ○頃筐(경광)−뒤는 높고 앞은 낮게 만든 대광주리(釋
義). ○嗟(차)−아아. 감탄사. ○懷(회)−마음속으로 그리는 것. ○寘(치)−놓
다. 내던지다. 치(置)자와 통함. ○周行(주행)−'주(周)나라의 국도(國道)'가
본뜻이나, '대도(大道)', '한길'의 뜻. ○崔嵬(최외)−《모전》에는 '꼭대기에 바
위가 있는 흙산'이라 풀이하였으나, '높은 산'이라 보면 된다. ○虺隤(회퇴)−말
이 지쳐서 나는 병. ○姑(고)−여기서는 고차(姑且), 곧 '잠깐 일을 미뤄 두
고'의 뜻, 또는 '에라!'와 같은 말. ○罍(뢰)−술잔. ○維(유)−조사. ○永懷(영
회)−오래오래 속에 품고 그리는 것. ○玄黃(현황)−'검은 말이 병나면 누렇
게 된다'고도 해석하나(毛傳·集傳), 그대로 말이 병든 모습이라 봄이 좋다
(釋義). ○兕觥(시굉)−흔히 쇠뿔로 만든 잔이라 풀이하나, 왕국유(王國維 :
1877∼1927)의 고증(考證)에 의하면 쇠머리같이 생긴 덮개가 달린, 발은 있
기도 하고 없기도 한 이(匜)류의 술잔이다(《觀堂集林》권 3 說觥). ○砠(저)−
《모전》에 흙이 꼭대기에 덮여 있는 돌산이라 하였다. ○瘏(도)−특히 말이
지쳐 못 걷는 병(孔疏). ○僕(복)−종, 하인. ○痡(부)−특히 사람이 지쳐 못
걷는 병(孔疏). ○云何(운하)−여하(如何), 곧 '어찌하면'의 뜻. ○吁(우)−소
아(小雅) 하인사(何人斯)에 '운하기우(云何其盱)'라는 구절도 있으니, 우(盱)
의 가차자(假借字)로서 '눈을 부릅뜨고 멀리 바라본다'는 뜻이라 보았다
(集傳).

解說 이것도 〈모시서〉에는 후비(后妃)의 뜻을 노래한 것이라 보았다.
그러나 이 시는 분명히 멀리 집을 떠난 사람이 두고 온 애인을 생각하며
읊은 노래라 봄이 자연스럽다. 첫 절은 여자가 나물 캐다 떠나간 님 생각
이 간절하여 나물 바구니조차 길가에 내던지는 애절한 그리움의 노래이
다. 이것은 남자가 멀리 있는 애인이 자기를 그토록 사모하고 있으리라
생각하며 부른 것이라 볼 수 있다.

둘째 절부터는 그토록 자기를 사랑하고 있을 애인에 대한 작자의 그리움을 노래한 것이다. 남자는 전쟁터에 있는 군인이 아닐까? 마음대로 사랑하는 사람에게로 돌아갈 수 없는 몸이기에, 높은 산이나 언덕에 올라가 그가 있을 고장을 바라보기라도 했으면 좋으련만 말도 병들고 부하들도 지쳐 있어 운신조차 할 수 없다. 아마 자기도 지쳐 있을 것이다. 애인이 있는 고장 쪽을 바라보지도 못하는 애틋함에 더욱 그리움이 간절하다. 이 시는 특히 젊은 남녀가 노래를 한 절씩 번갈아 부른 것인 듯도 하다.

4. 가지 늘어진 나무(樛木)

남쪽 가지 늘어진 나무에, 칡덩굴이 얽혔네.
즐겁다 우리 님이여, 복록 누리며 편안하시네.

남쪽 가지 늘어진 나무에, 칡덩굴이 덮였네.
즐겁다 우리 님이여, 복록이 그분 도와 드리네.

남쪽 가지 늘어진 나무에, 칡덩굴이 감겼네.
즐겁다 우리 님이여, 복록을 이룩하셨네.

[原文]　南有樛木하니 葛藟纍之로다.
　　　　樂只君子여 福履綏之로다.

　　　　南有樛木하니 葛藟荒之로다.
　　　　樂只君子여 福履將之로다.

　　　　南有樛木하니 葛藟縈之로다.
　　　　樂只君子여 福履成之로다.

[註解]　○南(남)—남산(集傳), 또는 남쪽. ○樛木(규목)—가지가 굽어 밑으로 축 늘어진 나무. ○藟(류)—칡[葛]과 한종류이나 약간 다르다 한다(孔疏). 등나무[藤]라 보는 이도 있으나 근거는 없다. ○只(지)—구중(句中)에 쓰이는

조사(王引之《經典釋詞》). ㅇ君子(군자)−남편이나 가까운 남자일 것이다.
ㅇ履(리)−녹(祿)의 뜻(毛傳). ㅇ綏(수)−편안한 것. ㅇ荒(황)−엄(掩), 곧 덮
였다는 뜻(毛傳). ㅇ將(장)−돕다. ㅇ縈(영)−얽히다.

[解說] 〈모시서〉에서는 후비(后妃)가 질투하지 않고 밑의 여러 첩(妾)들을
두루 돌보아 줌을 읊은 시라 하였다. 가지가 밑으로 늘어진 나무는 밑의
여러 첩들을 감싸주는 후비의 덕을 상징한 것이라 본 것이다. 그러나 이
것은 군자(君子)를 축복한 시에 지나지 않는다. 잘 자라서 칡덩굴까지 감
겨 올라간 무성한 가지가 처진 나무를 보고, 작자는 군자의 부귀영화를
생각한 것이다.
　　그러나 그 나무나 칡덩굴이 반드시 무엇을 상징하고 있는가 따질 필요
는 없다. 여기에서 군자는 벼슬하고 있는 자기의 남편이나 애인일 수도
있다. 남편 또는 애인의 성공을 비는 한편 자기 가정의 부귀와 행복을 비
는 노래로도 볼 수 있다.

5. 여치(螽斯)

　　여치의 날개 소리 쓰륵쓰륵 울리는데,
　　그대의 자손들도 여치처럼 번성하기를.

　　여치 날개 소리 붕붕 울리는데,
　　그대의 자손들도 여치처럼 끊임없기를.

　　여치 날개 소리 직직 울리는데
　　그대의 자손들도 여치처럼 많아지기를.

[原文]　　螽斯羽이 詵詵兮니
　　　　　宜爾子孫이 振振兮로다.

　　　　　螽斯羽이 薨薨兮니

宜爾子孫이 **繩繩兮**로다.

螽斯羽이 **揖揖兮**니
宜爾子孫이 **蟄蟄兮**로다.

註解 o螽(종)−여기서는 메뚜기와 같은 종류인 여치. 여치는 날개를 비벼 소리를 내며, 한 번에 많은 알을 낳아 번식시킨다. o斯(사)−어조사(姚際恒 《詩經通論》). o詵詵(선선)−여치의 날개 소리가 많이 나는 모습(通釋). o宜 (의)−앞의 새끼를 많이 치는 여치에서 자손이 많아질 '그대'와의 연결을 위하여 붙인 것이다. 여치처럼 그대도 자손을 많이 낳아 기름이 '의당(宜當)'하다는 뜻을 지니고 있다. o振振(진진)−중성(衆盛)한 모양(通釋). o薨薨(홍홍)−여치의 날개 소리의 많음을 형용한 말(通考). o繩繩(승승)−자손이 끊이지 않고 대대로 번창하는 모습. o揖揖(집집)−여치의 요란한 날개 소리를 형용한 말임(通釋). o蟄蟄(칩칩)−화집(和集)한 모습, 많이 모여있는 모습.

解說 앞의 '규목(樛木)' 시는 자기 집의 부귀를 축복한 것임에 비하여, 이 시는 자기 집안의 자손이 번성할 것을 축복한 시이다. 옛 사람들의 행복의 요건은 부귀와 함께 자손이 많은 것이었다. 〈모시서〉에서는 후비(后妃)의 자손이 많음을 노래한 것이라 하였다. 이처럼 시를 예교사상(禮敎思想)에 꼭 맞추려고 애쓸 필요는 없다. 후비뿐만 아니라 옛 사람들은 누구나 많은 자손을 갖게 되기 바랐던 것이다.

6. 복숭아나무(桃夭)

싱싱한 복숭아나무여! 화사한 꽃 피었네.
시집가는 아가씨여! 한 집안을 화락케 하리.

싱싱한 복숭아나무여! 탐스런 열매 열렸네.
시집가는 아가씨여! 온 집안을 화락케 하리.

싱싱한 복숭아나무여! 푸른 잎새 무성하네.

시집가는 아가씨여! 온 집안 식구 화목케 하리.

原文   桃之夭夭여 灼灼其華로다.
之子于歸여 宜其室家로다.

桃之夭夭여 有蕡其實이로다.
之子于歸여 宜其家室이로다.

桃之夭夭여 其葉蓁蓁이로다.
之子于歸여 宜其家人이로다.

註解   ○夭夭(요요)—《모전》은 ‘소장(少壯)한 모습’, 《집전》은 ‘소호모(少好貌)’라 하였는데, 《설문해자(說文解字)》에는 ‘요요(枖枖)’라 인용하고 ‘나무가 젊어서 싱싱한 모습’이라 하였다. ○灼灼(작작)—꽃이 활짝 피어 곱고 환한 모습. ○華(화)—꽃. ○子(자)—시집가는 아가씨. 지자(之子)는 ‘이 아가씨’의 뜻. ○于(우)—어(於)와 통하는 조사. ○歸(귀)—시집가다. 우귀(于歸)라 할 때 ‘우(于)’는 현재진행의 뜻을 지니고 있다. ○宜(의)—집안을 ‘마땅하게’ 곧 ‘화락하게’ 한다는 뜻. ○室家(실가)—집안. ○蕡(분)—《집전》에 ‘열매가 성한 모습’이라 하였다. 또 마서진(馬瑞辰)은 분(蕡)의 가차자(假借字)로 보았는데 (通釋) 여하튼 탐스럽게 열린 복숭아를 형용한 말이라 보면 된다. ○有(유)—조사로 유분(有蕡)은 분연(蕡然)과 같은 말. ○蓁蓁(진진)—잎새가 무성한 모양. ○家人(가인)—시집의 집안 사람들.

解說   이것은 결혼을 축하하는 시이다. 첫단의 화려한 복숭아꽃에서는 시집가는 아름다운 아가씨가, 둘째 단의 주렁주렁 탐스럽게 달린 복숭아에서는 무르익은 아가씨의 아름다움이, 셋째 단의 싱싱한 복숭아나무 잎에서는 훌륭한 교양을 쌓은 아가씨의 앞날이 보이는 듯하다.

7. 토끼 그물(兎罝)

얼기설기 토끼 그물 치는, 말뚝 박는 소리 쩡쩡 울린다.

늠름한 군인은 나라의 방패.

얼기설기 토끼 그물이 언덕 위에 처져 있다.
늠름한 군인은 임금님의 좋은 신하.

얼기설기 토끼 그물이 숲속에 처져 있다.
늠름한 군인은 임금님의 심복(心腹).

原文 肅肅兎罝여 椓之丁丁이로다.
     赳赳武夫여 公侯干城이로다.

     肅肅兎罝여 施于中逵로다.
     赳赳武夫여 公侯好仇로다.

     肅肅兎罝여 施于中林이로다.
     赳赳武夫여 公侯腹心이로다.

註解 ○肅肅(숙숙)-축축(縮縮)의 가차(假借)로서(通釋), 그물이 얼기설기한 모양. ○兎(토)-토끼. ○罝(저)-그물. ○椓(착)-말뚝을 쳐서 박는 것. ○丁丁(쟁쟁)-나무를 베거나 말뚝을 박을 때 나는 소리. ○赳赳(규규)-무모(武貌), 곧 군인의 늠름한 모습. ○武夫(무부)-무인(武人), 곧 군인. ○公侯(공후)-제후들의 작위(爵位)로서, 제후 또는 제후의 나라를 가리킨다. ○干城(간성)-방패와 성처럼 나라를 지켜 주는 것. ○施(시)-그물을 치는 것. ○逵(규)-큰 길. 보통 구달(九達)의 길이라 하나(毛傳) 그런 곳에 토끼 그물을 친다는 것은 생각할 수도 없는 일이다. 굴만리(屈萬里)는 고음(古音)은 구(九)·구(龜) 등과 같아서 '높은 곳'의 뜻이 아닌가 싶다고 하였다(釋義). 한길보다는 산언덕으로 봄이 좋다. ○中逵(중규)-규중(逵中)의 뜻. ○仇(구)-함께 일할 만한 친구의 뜻. 따라서 호구(好仇)는 좋은 신하를 말한다. ○中林(중림)-임중(林中). 곧 숲 가운데. ○腹心(복심)-마음이 같은 사람, 곧 심복(心腹)이 될 사람.

解說 이 시는 늠름한 군인을 칭송한 것이다. 토끼 그물을 보면서 군인들이 나라를 지켜 주는 공을 생각했을 것이다. 작자의 남편이나 애인이

군인이었는지도 모른다. 늠름한 그 님은 토끼 같은 외적(外敵)을 쳐부수는 토끼 그물 같은 나라의 방패이며 임금님의 훌륭한 신하라는 것이다. 〈모시서〉처럼 '후비(后妃)의 덕화(德化)를 읊은 시'라고 본다면 시의 맛이 싹 가셔진다.

8. 질경이(芣苢)

질경이를 캐고 캐세, 캐어 오세.
질경이를 캐고 캐세, 듬뿍 캐세.

질경이를 뜯고 뜯세, 뜯어 오세.
질경이를 뜯고 뜯세, 듬뿍 뜯세.

질경이를 캐고 캐어, 치마 앞에 싸 오세.
질경이를 캐고 캐어, 앞치마에 싸 오세.

原文 采采芣苢를 薄言采之하라.
采采芣苢를 薄言有之하라.

采采芣苢를 薄言掇之하라.
采采芣苢를 薄言捋之하라.

采采芣苢를 薄言袺之하라.
采采芣苢를 薄言襭之하라.

註解 ○采(채)―채취의 뜻. ○芣苢(부이)―마작(馬舃) 또는 차전(車前)이라고도 하며(毛傳) 임신했을 때 난산을 고치는 약용초라 한다. 잎새가 크고 이삭이 길게 나며 길가에 흔히 난다. 그리고 봄에는 잎새를 나물로 뜯어 먹기도 한다. 이(苢)는 이(苡)로도 쓴다. ○薄言(박언)―두 자 모두 조사. ○有(유)―취(取)의 뜻(廣雅). ○掇(철)―떨어진 질경이 열매를 줍는 것(陳奐《毛詩傳疏》). ○捋(랄)―열매를 따는 것(集傳). ○袺(결)―치마에 물건을 담고

양끝을 붙잡고 오는 것(集傳). ㅇ襭(헐)—앞치마에 물건을 담고 양끝을 허리 띠에 끼는 것(集傳).

解說 나물 캐는 아낙네들의 노래. 봄날 아낙네들이 들판에서 나물을 뜯으며 부른 노래일 것이다. 앞치마에 나물을 뜯어 싸 가지고 돌아오는 우리나라 농촌의 나물 뜯는 여인들을 방불케 한다.

9. 한수는 넓어서(漢廣)

남녘에 우뚝 솟은 나무 있다마는 그늘이 있어야 쉬어 보지.
한수에는 노니는 여인 있다마는 만날 수가 있어야지.
한수는 넓어서 헤엄쳐 갈 수 없고
강수는 길어서 뗏목 타고 갈 수 없네.

더부룩한 잡목 틈에서 싸리나무만을 베어 오리.
저 아가씨 시집갈 때 그의 말에 꼴이라도 먹여 주리.
한수는 넓어서 헤엄쳐 갈 수 없고
강수는 길어서 뗏목 타고 갈 수 없네.

더부룩한 잡목 중에서 물쑥만을 베어 오리.
저 아가씨 시집갈 때 그의 망아지에 풀이라도 먹여 주리.
한수는 넓어서 헤엄쳐 갈 수 없고
강수는 길어서 뗏목 타고 갈 수 없네.

原文 南有喬木이로되 不可休息이로다.
漢有游女로되 不可求思로다.
漢之廣矣니 不可泳思며
江之永矣니 不可方思로다.

翹翹錯薪에 言刈其楚하리라.

之子于歸에 言秣其馬하리라.

漢之廣矣니 不可泳思며

江之永矣니 不可方思로다.

翹翹錯薪에 言刈其蔞하리라.

之子于歸에 言秣其駒하리라.

漢之廣矣니 不可泳思며

江之永矣니 不可方思로다.

註解 o喬木(교목)—가지가 별로 벌어지지 않고 위로만 솟은 나무(集傳). o息(식)—한시(韓詩)에서는 이를 '사(思)'로 쓰고 조사라 보았다. o漢(한)—한수(漢水). 섬서성(陝西省) 영강현(寧羌縣)에서 시작, 동쪽으로 흘러 양수(漾水)·면수(沔水)로 불리다가 다시 동쪽 포성현(褒城縣)을 거치면서 포수(褒水)를 합쳐 비로소 한수(漢水)라 불리게 된다. 여기서부터 꾸불꾸불 여러 현(縣)을 거치면서 여러 지류(支流)를 합쳐 한양현(漢陽縣)에 이르러 장강(長江)으로 합류된다. 곧 장강의 대지류(大支流) 중의 하나임. o游女(유녀)—나가 노니는 여자. 주희의 《집전》에 의하면 강수(江水)와 한수(漢水) 근처의 습속은 여자들이 나와 노닐기를 잘하였다 한다. o求(구)—구하여 자기 처로 삼는 것. o思(사)—어조사(毛傳). o泳(영)—헤엄치다. o江(강)—강수(江水). 지금의 장강의 본 이름. o方(방)—떼(毛傳·孔疏). 옛날에는 흔히 뗏목을 타고 먼 곳을 갔다. o翹翹(요요)—신(薪)의 모습(毛傳), 곧 섶나무들이 길고 짧게 더부룩이 자란 모습. o錯薪(착신)—잡신(雜薪), 곧 여러 가지 섶나무들. o言(언)—조사. o刈(예)—베다. 여기서는 잘라오는 것. o楚(초)—싸리나무. o之子(지자)—앞 단의 유녀(游女)를 가리킴. o歸(귀)—시집가는 것. o秣(말)—말에게 꼴을 먹여 주는 것. o蔞(루)—물쑥. o駒(구)—망아지.

解說 〈모시서〉에 이 시는 '덕이 널리 미침을 노래한 것이다. 문왕(文王)의 도(道)가 남쪽 나라에까지 펼쳐져, 강수(江水)와 한수(漢水) 유역까지도 아름다운 교화가 행하여졌다. 그리하여 예를 범하여서 여자를 구하여 봤자 되지 않음을 노래한 것이다'라고 하였다.

　그러나 이것은 나와 노니는 여인들을 사모하면서도 근처에도 가지 못

하는 안타까운 젊은 남자의 노래라고 봄이 좋을 것이다. 나와 노니는 여
자들은 양가(良家) 처녀들인데 이 시를 노래한 남자는 천한 신분의 사나
이인지도 모른다. 여하튼 한수가 넓고 강수가 길어 여자들에게로 못간다
는 것은 구실에 불과하다. 신분의 차이 때문에 여인에게 달려갈 용기가
없는 안타까움을 강물에 미룬 것이다.

둘째 단과 끝단에서 땔나무로 싸리나무와 물쑥만을 베어 오겠다는 것
은, 한편 이 시의 작자가 낮은 신분인 것을 암시하며, 다른 한편으로는
장가를 들기만 하면 성의를 다하여 알뜰히 가정을 돌보겠다는 소망을 읊
은 것이다. 싸리나무와 물쑥은 땔나무로 가장 편리한 나무이다.

그리고 시집가는 날, 당신의 수레를 끌고 갈 말과 망아지에게 풀이라
도 먹여 주겠다는 것은, 당신을 위해서 무슨 짓이라도 하여야만 하겠다는
처절한 소망을 노래한 것이다. 그러나 그녀와 남자의 사이에는 넓고 긴
강이 가로막혀 있다.

10. 여수 방죽(汝墳)

저 여수 가 방죽 따라 잔 나뭇가지 베고 있는데
당신 뵙지 못하니 주린 아침의 음식처럼 그리웠소.

저 여수 가 방죽 따라 움돋은 나뭇가지 베고 있는데
당신 만나게 되었으니 나를 버리진 않으셨구려.

방어 꼬리 붉어지도록 수고하고 왕실은 불타는 듯한데,
타는 듯하더라도 부모님 계시니 다시는 안 떠나시겠지.

原文   遵彼汝墳하여 伐其條枚로다.
　　　未見君子니 惄如調飢로다.

　　　遵彼汝墳하여 伐其條肄로다.
　　　旣見君子하니 不我遐棄로다.

魴魚頳尾어늘 **王室如燬**로다.

雖則如燬나 **父母孔邇**시니라.

註解 ㅇ遵(준)-따르다. 쫓다. ㅇ汝(여)-여수(汝水). 여하(汝河)라고도 하며 하남성 경계를 동남으로 흘러 하남성 신채현(新蔡縣)에서 회수(淮水)와 합치었다. 그러나 이 강은 물길이 여러 번 바뀌어 옛날의 물길이 어떻게 흘렀었는지 확언하기 어렵다. ㅇ墳(분)-《모전(毛傳)》엔 대방(大防), 곧 방죽이라 하였는데, 마서진은 《설문해자(說文解字)》에 대방이라고도 풀이된 분(坋)자의 가차자로 보았다(通釋). ㅇ伐(벌)-베다. ㅇ條(조)-《설문해자》엔 소지(小枝), 곧 작은 가지라 하였다. ㅇ枚(매)-《광아(廣雅)》에는 매(枚)는 조(條)의 뜻이라 하였다. ㅇ君子(군자)-작자인 여인의 남편. ㅇ惄(녁)-주린 사람이 음식을 생각하듯 무슨 일을 간절히 생각하는 것. ㅇ調(주)-아침. ㅇ飢(기)-배고픈 것. ㅇ肄(이)-움이 돋아난 새 나뭇가지(毛傳). ㅇ遐(하)-'멀리'로 풀이해도 되지만 《시경》 가운데에는 '불하(不遐)'(遐를 간혹 瑕로도 씀)라는 두 글자를 구(句) 머리에 붙이는 경우가 많은데(간혹 '……不……遐'로 된 것도 있음) 이런 경우 모두 뜻이 없는 어조사이다. 이곳에서는 '멀리'로도 뜻은 통하나 통례에 따라 조사로 봄이 좋겠다(釋義). ㅇ棄(기)-버리다. ㅇ魴魚(방어)-편어(鯿魚)라고도 하며(通釋) 몸이 납작한 방형(方形)이고 기름기가 배에 많고 맛이 있다 한다. 한수(漢水)・면수(沔水) 등에서 많이 나며 노고(勞苦)를 많이 하면 꼬리가 붉어진다 한다(孔疏).《설문해자》에는 방(魴)을 적미어(赤尾魚)라 하였으니 노고를 많이 하면 꼬리가 붉어진다는 것은 이 고기에 대한 전설인 듯하다. ㅇ頳(정)-붉은 것. 방어정미(魴魚頳尾)는 자기의 남편이 군대에 끌려가 방어의 꼬리가 붉어질 만큼 이미 많은 노고를 하였다는 뜻. ㅇ燬(훼)-불타다. 왕실은 주나라 만년의 왕실을 가리키며(옛날에는 모두 殷나라 왕실을 가리키는 것이라 보았는데 옳지 않다. 작자 당대의 왕실을 가리킨다) 여훼(如燬), 곧 '타는 듯하다'는 것을 시국이 극히 어지러운 것을 비유한 말임. ㅇ孔(공)-매우. ㅇ邇(이)-가까운 것. 부모공이(父母孔邇)는 부모님에게는 효도를 해야 한다, 몸 가까이 부모님이 계시니 다시는 멀리 떠나지 말아 달라는 뜻이다.

解說 이것은 여인이 전쟁터에 나갔다 돌아온 남편을 반기는 시이다.

여인의 집은 여수(汝水) 가. 여인은 남편을 전쟁터에 내보내고 몸소 땔나무를 하는 고초를 겪으면서도 남편이 무사히 하루 빨리 돌아오기만을 간절히 바랐다(1절). 그 결과 남편은 무사히 자기 뜻을 저버리지 않고 돌아왔다. 여인의 마음은 기쁨을 가누지 못했을 것이다(2절). 남편은 이미 고생을 하면 꼬리가 붉어진다는 방어의 꼬리가 붉어질 만큼 전쟁터에 나가서 많은 고난을 겪고 왔다. 그러나 나라는 안정되지 못하고 여전히 어지럽다. 나라가 아무리 어지럽다 하더라도 부모님이 계시니 다시는 집을 떠나지 말라는 것이다(3절). 부모님을 파는 것은 동양 여인들의 부덕(婦德)이며 사실은 다시는 자기 곁을 떠나지 말아 달라는 바람인 것이다.

　이 시도 〈모시서〉에서는 문왕의 덕화가 여수 가의 나라에까지 미쳤음을 노래한 것이라 하였는데 취할 바가 못된다. 시대를 보더라도 '왕실이 불타는 듯하다' 하였으니 주나라 말년경에 지어진 시인 것이다.

11. 기린의 발(麟之趾)

　기린의 발이여! 여러 제후의 아드님들은 아아, 바로 기린이로세.

　기린의 이마여! 여러 제후의 자손들은 아아, 바로 기린이로세.

　기린의 뿔이여! 여러 훌륭한 제후의 일가들은 아아, 바로 기린이로세.

原文　麟之趾여 振振公子는 于嗟麟兮로다.

　　　麟之定이여 振振公姓은 于嗟麟兮로다.

　　　麟之角이여 振振公族은 于嗟麟兮로다.

註解　ㅇ麟(린)-기린(麒麟). 중국 고대의 전설적인 동물로 인수(仁獸)·성수(聖獸)라 불린다. 태고 때의 황하 유역은 지금보다 기후가 따뜻해서 가끔 기린이 나타났었는데 차차 소멸된 것인지도 모른다.　ㅇ趾(지)-기린은 발로 산 벌레나 산 풀을 밟지 않는다 한다.　ㅇ振振(진진)-모전에서는 신후(信厚)한

모습이라 보았으나, '종사(螽斯)' 시에서와 마찬가지로 중성(衆盛)한 모습(通釋)이라 봄이 좋겠다. 곧 '여러 훌륭한'의 뜻. ㅇ公子(공자)―공후(公侯)인 제후의 아들. ㅇ于(우)―우(吁)와 통하는 감탄사. 차(嗟)도 같은 뜻. 곧 우차(于嗟)는 '아아'. ㅇ定(정)―정(顁)과 통하는 글자. ㅇ公姓(공성)―공후의 자손들(通釋). ㅇ角(각)―뿔. ㅇ公族(공족)―공후의 친족들.

解說 이 시는 임금[諸侯]의 집안에 훌륭한 자손들이 많음을 기린 시이다. 지금도 재주가 뛰어나고 용모가 수려한 사람을 가리켜 기린아(麒麟兒)라 한다. 〈모시서〉처럼, 세상에 덕화(德化)가 행하여져 천하에 예를 범하는 이가 없게 되었고, 세상은 어지럽지만 제후의 자손들은 모두 기린이 나타나는 태평시대처럼 신후(信厚)함을 노래한 것이라 볼 필요는 없겠다. 못난 자식만 두었대도 임금 앞에서는 이런 노래를 불렀을 것이다.

제2 소남(召南)

소남(召南)이 어느 곳을 가리키는가에 대한 옛날 설들이 억지가 많음을 이미 앞의 주남(周南) 해설에서 대강 지적하였다. 근인 부사년(傅斯年)은 소남은 소목공(召穆公) 호(虎)가 다스리던 남쪽의 나라를 가리킨다 하였는데 근리(近理)하다(周頌說). 소호(召虎)는 강수와 한수 지방을 개척한 사람으로 대아(大雅) 강한(江漢)편은 그의 공적을 읊은 것이다.

그는 주(周)나라 선왕(宣王 : B.C. 827~B.C. 782 재위)의 명을 받들어 회남(淮南)의 오랑캐들을 평정하였다 한다(集傳 江漢편 注). 소남의 시 열네 편 가운데에는 '강유사(江有氾)' 시가 있고 앞에 든 대아의 강한편과 아울러 생각할 때, 그 땅은 주남의 남쪽으로부터 장강 유역에 이르는 지역이었음을 알겠다. 또 '감당(甘棠)' 시에는 소백(召伯)이 나오는데 이것도 소공 석(奭)이 아니라 소호(召虎)를 가리키는 것이다(甘棠편 召伯 注 참조).

또 옛날에는 소남의 시들을 모두 주초(周初)의 작품이라 보았지만, 주나라 선왕 이전에는 소남 지역을 평정한 일이 없고 '하피농의(何彼襛矣)' 시에는 '평왕지손(平王之孫)'이란 구절이 보이니, 빨라야 주선왕 때로부터 늦은 것은 동주(東周) 초엽에 걸친 시기(약 B.C. 837~B.C. 720)의 작품임을 알 수 있다.

1. 까치집(鵲巢)

까치집이 있는데 구욕새가 살고 있네.
아가씨 시집가는데 백대의 수레로 마중하네.

까치집이 있는데 구욕새가 들고 있네.
아가씨 시집가는데 백대의 수레로 배웅하네.

까치집이 있는데 구욕새가 차지했네.
아가씨 시집가는데 백대의 수레로 예를 갖추네.

[原文] 維鵲有巢에 維鳩居之로다.
之子于歸에 百兩御之로다.

維鵲有巢에 維鳩方之로다.
之子于歸에 百兩將之로다.

維鵲有巢에 維鳩盈之로다.
之子于歸에 百兩成之로다.

[註解] ○維(유)―발어사(發語詞)(胡適 《談談詩經》). ○鵲(작)―까치. ○巢(소)―새집. ○鳩(구)―비둘기. 《모전(毛傳)》에는 시구(鳲鳩) 또는 길국(桔鞠)이라 하였는데 엄찬[詩緝]·마서진[通釋]·굴만리[釋義] 제씨는 구욕(鴝鵒) 새라고 주장하였다. 구욕새는 팔가(八哥)라고도 하며, 모색(毛色)은 순흑(純

黑), 머리와 배는 약간 녹색의 빛이 나며 머리 위에 가늘고 긴 우모(羽毛)가 달렸다. 까치는 매년 시월 뒤에는 새끼를 치고 나가는데 구욕새는 그 까치가 비운 집에 들어와 산다 한다. o百兩(백량)-백승(百乘)(毛傳), 수레 백 대. 그러나 백은 개수(槪數)로서 많은 것을 형용한 말이다. o兩(량)-량(輛)의 뜻. o御(아)-영(迎)의 뜻(鄭箋). o方(방)-유지(有之), 곧 그것을 차지하여 갖는 것(毛傳). o將(장)-배웅하는 것. o盈(영)-까치집을 구욕새들이 가득히 차지하고 있는 것. o成(성)-결혼 의식이 완전히 이루어졌음을 뜻한다.

解說 이것은 아가씨가 시집가는 것을 축하하는 시이다. 백량(百輛)의 수레로 맞이하고 배웅하고 하였다니 백량이 많은 수레를 형용하는 말이라 보더라도 평민의 혼인은 아닌 듯하다. 〈모시서〉에서는 '부인의 덕을 읊은 것이다. 나라의 임금은 많은 공을 쌓아 작위를 얻어 제후가 되었는데, 부인은 시집을 와서 그 집안을 차지하게 되었다. 그리하여 덕이 구욕새와 같아 나라 임금의 짝이 될 만하다는 것이다.'라고 하였다.

　부인의 덕의 여하는 모르지만 다른 집안(혹은 제후)의 딸이 제후에게 시집가는 것을 축하한 시일 가능성도 많다. 여하튼 까치집은 남자가 쌓아 놓은 공적을 비유하고, 구욕새는 다 이루어놓은 남의 집안에 주부로 들어가는 여인에게 견준 것일 것이다.

2. 다북쑥 뜯어(采蘩)

연못가 물가에서 다북쑥 뜯어
임금님의 제사에 그것을 쓰네.

산골짜기 시냇가에서 다북쑥 뜯어
임금님의 묘당에 그것을 쓰네.

낭자 머리의 깨끗함이여, 새벽부터 밤까지 묘당에서 일하네.
낭자 머리의 단정함이여, 이제야 돌아오는가!

原文　于以采蘩을 于沼于沚로다.

于以用之를 公侯之事로다.

于以采蘩을 于澗之中이로다.
于以用之를 公侯之宮이로다.

被之僮僮이여 夙夜在公이로다.
被之祁祁에 薄言還歸로다.

[註解] ㅇ于以(우이)─진풍(陳風) '동문지분(東門之枌)' 시에 나오는 '월이
(越以)'와 같이 어조사, '원내(爰乃)'와 같은 성질의 말임(釋義). ㅇ蘩(번)─
파호(皤蒿)(毛傳)·백호(白蒿)(孔疏)라고도 하는데 이것은 우리나라에도 흔
한 다북쑥이다. 쑥나물을 바쳐 제사에 썼다 한다(鄭箋). ㅇ沼(소)─연못. ㅇ沚
(지)─모래톱·물가. 쑥은 물풀이 아니므로 '우소(于沼)'는 '못가에서', '우지
(于沚)'는 '물가'에서로 보았다. ㅇ用(용)─제사에 쓰는 것. ㅇ公侯(공후)─제
후. 사(事)는 제사를 가리킴. 옛날에는 임금의 일로서 가장 중요한 것이 하늘
과 땅 및 선왕에 대한 제사였다. ㅇ澗(간)─산골짜기의 시냇물. '우간(于澗)'
은 '산골짜기의 시냇가에서'. ㅇ宮(궁)─묘당(廟堂)(毛傳). ㅇ被(피)─《모전》
에 수식(首飾), 곧 머리를 장식한 것이라 하였는데, 남의 머리타래를 합쳐 쪽
을 찌고 장식한 것이라 한다(通釋). ㅇ僮僮(동동)─《모전》에서는 '굽실거리며
공경하는 모습'이라 하였는데,《광아(廣雅)》에 동동(童童 : 僮僮과 통함)은 성
(盛)한 것이라 하였고 대아(大雅) '한혁(韓奕)'편의 '기기여운(祁祁如雲)'의
'기기(祁祁)'가 구름의 성한 모습을 형용한 것이라 하였다. '동동'이나 뒤의
'기기' 모두 머리의 성한 모습을 형용한 것이라 봄이 좋겠다(王引之《經義述
聞》). ㅇ夙夜(숙야)─새벽부터 밤까지. ㅇ公(공)─공소(公所)의 뜻으로(集傳)
역시 묘당을 가리킨다. ㅇ薄言(박언)─조사. ㅇ還歸(환귀)─제삿일을 끝내고
집으로 돌아오는 것.

[解說] 부인이 남편인 제후를 받들어 제삿일을 돕는 것을 노래한 것이다.
제후의 부인이라면 귀한 신분이지만 제사에 쓸 제물을 마련하기 위하여
는 몸소 들로 나가 쑥을 뜯어온다(1절, 2절). 그리고 몸을 단정히 하고는
이른 새벽부터 제사지내는 묘당에 나가 저녁 늦게까지 제삿일을 돌본다
(3절).

이 시는 제후의 부인의 훌륭한 행실을 읊은 것이다. 혹 쑥을 누에 칠 때 쓰는 것으로 보고, 궁(宮)과 공(公)을 잠실(蠶室)로 취하여 제후의 잠실의 잠부(蠶婦)의 일을 노래한 것이라 보는 이도 있으나 옳지 않다.

3. 베짱이(草蟲)

베짱이는 울고 메뚜기는 뛰노는데,
님 뵐 수 없으니 시름마음 뒤숭숭하네.
뵙게만 된다면 만나게만 된다면
이 마음 놓이련만.

저 남산에 올라가 고사리나 뜯어 볼까.
님을 뵐 수 없으니 시름마음 어수선하네.
뵙게만 된다면 만나게만 된다면
이 마음 기쁘련만.

저 남산에 올라 고비나 뜯어 볼까.
님을 뵐 수 없으니 내 마음 서글프네.
뵙게만 된다면 만나게만 된다면
이 마음 편해지련만.

原文 喓喓草蟲이요 趯趯阜螽이로다.
未見君子하니 憂心忡忡이로다.
亦旣見止하고 亦旣覯止면
我心則降이리라.

陟彼南山하여 言采其蕨이로다.
未見君子하니 憂心惙惙이로다.
亦旣見止하고 亦旣覯止면

我心則說이리라.

陟彼南山하여 言采其薇로다.
未見君子하니 我心傷悲로다.
亦旣見止하고 亦旣覯止면
我心則夷리라.

註解 ○喓喓(요요)―벌레 우는 소리를 형용한 말. ○草蟲(초충)―《모전》에 '상양(常羊)'이라 하였는데, 《공소(孔疏)》에 의하면 크기가 메뚜기와 같고 이상한 울음소리를 내고 몸은 푸른 빛깔이며, 풀밭 속에 많다고 하였다. '베짱이'인 듯하다. ○趯趯(적적)―뛰는 모습. ○阜螽(부종)―《모전》에 번(蠜)이라 하였고, 《공소》에는 황(蝗)자라 하였다. '메뚜기'의 뜻임. ○憂心(우심)―시름 마음. ○忡忡(충충)―근심하는 모습(孔疏). ○亦(역)―약(若)의 뜻(吳昌瑩《經詞衍釋》). 그러나 여러 곳에 뜻없는 발어사(發語詞)로 쓰이고 있으니 조사로 보아도 좋다. ○止(지)―조사(毛傳). ○覯(구)―만나다. ○降(강)―마음이 놓인다는 뜻. ○言(언)―조사. ○蕨(궐)―고사리. ○惙惙(철철)―근심하는 모양. 우결모(憂結貌)(釋義). ○說(열)―기쁜 것. ○薇(미)―《모전》에는 채(菜)라 하였고 《설문해자》에는 채(菜)인데 곽(藿)과 비슷하다 하였는데, 《공소》에는 또 산채(山菜)라 하였다. 대동(戴侗)은 《육서고(六書故)》에서 항안세(項安世)의 말을 인용하여 지금 말로는 야완두(野豌豆)로서 줄기와 잎·꽃·열매가 모두 완두와 비슷하면서도 작다 하였다. 그렇다면 고비가 아니라 '들완두'가 아닐까? 불확실하기에 《집전(集傳)》에 따라 통설대로 '고비'라 해두었다. ○夷(이)―곧 '편해진다' 또는 '기뻐하다'의 두 뜻으로 새겨진다.

解說 이 시는 먼 곳(전쟁 또는 부역 때문에)에 가 있는 남편을 그리워하는 여인의 마음을 읊은 것이다. 〈모시서〉에서는 '대부(大夫)의 처가 예(禮)로서 스스로를 지킬 수 있음을 노래한 것'이라고 하였다.
  주희는 견해가 퍽 진보하였으나 역시 도학자적인 탈을 못벗고 '남국(南國)이 문왕의 교화를 입어 제후나 대부들이 밖으로 행역(行役)을 하게 되었는데, 그 처가 홀로 집에 있으면서 철에 따른 만물의 변화를 느끼고 그의 남편을 이처럼 그리워한 것'이라고 하였다. 그러나 나물을 뜯는 이 시의 작자는 반드시 제후나 대부의 부인이었다고 말하기 힘들다.

4. 개구리밥 뜯어(采蘋)

개구리밥 뜯으러 남녘 산골 시냇가로 가세.
마름풀 뜯으러 저 길가 개울로 가세.

어디다 담을까? 둥근 바구니 모난 바구니에 담지.
어디다 삶을까? 가마솥 옹솥에 삶지.

그것을 담아 종묘 대청에 차려놓네.
누가 그것을 차려놓나? 어여쁜 막내딸이지.

原文 于以采蘋을 南澗之濱이로다.
于以采藻를 于彼行潦로다.

于以盛之를 維筐及筥로다.
于以湘之를 維錡及釜로다.

于以奠之를 宗室牖下로다.
誰其尸之오? 有齊季女로다.

註解 ○蘋(빈)―《본초(本草)》에 수평(水萍)에는 세 가지가 있는데 큰 것
은 빈(蘋)이라 하고, 중간 것을 행채(荇菜), 작은 것을 부평(浮萍)이라 한다
했다. 물풀의 일종으로 먹을 수 있는 것임. ○澗(간)―산골짜기의 시냇물.
○濱(빈)―물가. ○藻(조)―마름풀.《모전》엔 취조(聚藻)라 하였는데 조(藻)는
수초(水草)로서 두 가지가 있으며, 그 하나는 줄기의 크기가 비녀 다리 같고 잎
은 쑥과 같으며 한데 몰려나기를 잘하여 취조라 한다(陸疏)고 한다. ○行(행)―
길(孔疏). ○潦(노)―빗물. ○行潦(행노)―길 옆에 흐르는 도랑물. 행노를 유
노(流潦)(毛傳・集傳), 곧 '흐르는 도랑물'로 보아도 된다. ○盛(성)―담다.
○維(유)―조사. ○筐(광)―모난 광주리. ○筥(거)―둥근 광주리. 노시(魯詩)
에 의하면 바닥이 모난 것이 광, 바닥이 둥근 것이 거라 하였는데 근리(近理)
하다. ○湘(상)―삶다. ○錡(기)―발이 달린 솥. ○釜(부)―발이 없는 솥(毛傳).

ㅇ奠(전)-그릇에 수초로 만든 음식을 담아놓는 것. ㅇ宗室(종실)-종묘(毛傳). ㅇ牖下(유하)-문과 창 사이의 앞(鄭箋). 종묘의 대청에 해당하는 곳이다. ㅇ尸(시)-《이아(爾雅)》《설문(說文)》에서는 모두 '진열하다[陳]'의 뜻으로 풀이하고 있다. 곧 차려놓는 것. ㅇ齊(제)-《모전》에서는 경(敬)의 뜻이라 하였다. 그러나 《한시(韓詩)》에서는 '재(齋)'로 쓰고, '호(好)'의 뜻이라 하였다. 따라서 '유제(有齊)'는 '제연(齊然)'으로 '아름다운', '어여쁜'의 뜻.

解說 이것은 제사에 관한 시이다. 〈모시서〉에는 '대부의 처가 법도를 잘 따르고 있음을 읊은 것이다. 그래서 선조를 받들어 함께 제사를 지낼 수 있는 것이다'라고 풀이하였다. 집안의 주부가 선조의 제사를 받들기 위하여 제1절에서는 개울로 나가 물풀들을 캐오고, 제3절에서는 이것을 갖다가 요리를 하고, 제2절에서는 이것을 제사상에 차려놓는 것을 읊은 것이다. 이 시는 여인의 훌륭한 행실을 읊은 것이 확실하다.

5. 팥배나무(甘棠)

무성한 팥배나무를 자르지도 베지도 마라
소백님이 멈추셨던 곳이니.

무성한 팥배나무를 자르지도 꺾지도 마라
소백님이 쉬셨던 곳이니.

무성한 팥배나무를 자르지도 휘지도 마라
소백님이 머무셨던 곳이니.

原文 蔽芾甘棠을 勿翦勿伐하라.
召伯所茇이니라.

蔽芾甘棠을 勿翦勿敗하라.
召伯所憩니라.

蔽芾甘棠을 勿翦勿拜하라.

召伯所説나라.

[註解] ㅇ蔽芾(폐비)—나무가 무성하게 자라 땅 위를 가지가 덮고 있는 모습. ㅇ甘棠(감당)—두(杜)라고도 하고(毛傳), 두리(杜梨)(集傳) 또는 당리(棠梨)(釋義)라고도 한다. 《본초강목(本草綱目)》에도 그 이름이 보이는데 낙엽아교목(亞喬木). 나무는 배나무 비슷하면서도 작다. 2월에 흰 꽃이 피어 배보다 작은 열매가 열리며 서리가 내릴 때쯤 먹을 수 있다. 예부터 당리나무에 배나무접을 붙여 왔다. 팥배나무. ㅇ勿(물)—'……마라'는 금지사. ㅇ翦(전)—자르다. ㅇ伐(벌)—베다. 그 지엽(枝葉)을 자르는 것을 전(翦), 조간(條幹)을 자르는 것을 벌(伐)이라 한다고 한다(集傳). ㅇ召伯(소백)—옛날에는 소공(召公) 석(奭)이라 보아 왔으나 앞의 소남을 해설할 때 언급한 것처럼 소목공(召穆公) 호(虎)로 봄이 옳다. 옛날 경적(經籍)에서 소백 호는 가끔 공이라 부르기도 하였으나, 소공 석을 '백(伯)'이라 부른 일은 없다. 소백은 또 소아 '서묘(黍苗)' 편과 대아 '숭고(崧高)'에도 보이는데 모두가 소호(召虎)를 가리킨다. 그리고 대아 '강한(江漢)'편을 보면 호에 대하여는 소호, 석에 대하여는 소공이라 하여 분명히 구별을 하고 있다. 옛날에는 이 시를 소공 석을 기린 것이라 보았으나 옳지 않다(釋義). ㅇ茇(발)—《모전》에 초사(草舍)라 하였으나 여기서는 풀 위에 앉아 쉬는 것. ㅇ敗(패)—나뭇가지를 함부로 꺾는 것. ㅇ憩(게)—쉬다. ㅇ拜(배)—《집전(集傳)》에는 굴(屈)의 뜻이라 하였으니, 절을 할 때 몸이 굽혀진다는 데서 '굽힌다' '휜다'는 뜻이 나온 것이다. ㅇ說(세)—쉬다.

[解說] 앞의 소백주(召伯註)에서도 말한 것처럼 〈모시서〉 같은 데서는 소공(召公) 석(奭)을 기린 것이라 보았다. 그러나 이 시는 남쪽 나라의 사람들이 소목공(召穆公) 호(虎)를 경애하여 지은 시인 것이다. 팥배나무 밑에서 소목공 호가 백성들을 위하여 일하다 쉬었대서, 그 나무를 건드리지도 말라는 것이다. 잠깐 쉰 나무에 대한 사랑이 이러하니 백성들이 그를 얼마나 따랐던가 짐작이 간다.

6. 이슬길(行露)

이슬길이 촉촉하다지만 어찌 밤낮으로 찾아오진 않고,

길에 이슬이 많다 말하오?

누가 참새에 부리가 없다 했소? 그렇다면 어떻게 우리 지붕을 뚫었겠소?

누가 그대에게 집이 없다 했소? 그렇다면 어떻게 나를 옥으로 불러들였겠소?

비록 나를 옥으로 불러들인다 해도 당신 집안엔 부족한 게 있소.

누가 쥐에 이빨이 없다 했소? 그렇다면 어떻게 우리 담을 뚫었겠소?

누가 그대에게 집이 없다 했소? 그렇다면 어떻게 나를 송사로 불러들였겠소?

비록 나를 송사로 불러들인다 해도 역시 나는 그대를 따르지 못하겠소.

原文 厭浥行露에 豈不夙夜리요?
　　　謂行多露오?

　　　誰謂雀無角고? 何以穿我屋고?
　　　誰謂女無家고? 何以速我獄고?
　　　雖速我獄이나 室家不足이라.

　　　誰謂鼠無牙오? 何以穿我墉고?
　　　誰謂女無家오? 何以速我訟고?
　　　雖速我訟이나 亦不女從하리라.

註解 ○厭浥(엽읍)-젖어서 축축한 모습. ○行(행)-길. ○夙夜(숙야)-밤낮으로 부지런히 찾아오는 것. ○謂(위)-핑계 대는 것. 나는 그대에게 가고 싶지만 길에 이슬이 많아 옷이 젖을까 못 간다는 것이다. ○雀(작)-참새. ○角(각)-뿔. 여기서는 훼(喙)의 뜻(釋義). ○屋(옥)-여기서는 지붕의 뜻. 참새들은 인가의 지붕을 뚫고 들어가 속에 둥우리를 만든다. ○女(여)-너. 그대. ○速(속)-재촉하는 것. 불러들이는 것. ○獄(옥)-감옥 또는 옥사(獄事). 두

뜻이 다 통한다. ㅇ室家(실가)―집. 실가가 부족하다는 것은 그대 집안은 혼인을 할 만한 충분한 예를 갖추지 못하였다는 뜻(毛傳). ㅇ鼠(서)―쥐. ㅇ牙(아)―어금니. 여기서는 '이빨'의 뜻. ㅇ穿(천)―뚫다. ㅇ墉(용)―담. ㅇ訟(송)―송사(訟事) 또는 소송의 뜻. ㅇ女從(여종)―'종여(從汝)'의 뜻. 곧 '그대를 따른다' '그대에게 시집간다'는 뜻.

解說 〈모시서〉에는 '행로(行露)는 소백(召伯)의 청송(聽訟)을 읊은 것이다. 쇠란(衰亂)한 풍속이 사라지고 정신(貞信)한 가르침이 일어나서 강폭한 남자들이 정숙한 여자들을 침범할 수 없게 된 것이다'라고 하였다. 소백의 청송은 차치하고 이 시는 여자가 남자와의 혼약을 강력히 거절하는 시이다.

1절에서 길 위의 이슬을 핑계로 찾아오지도 않는 그대를 믿지 못하겠다는 뜻을 노래하고 있다. 2절에서 참새가 자기집 지붕을 뚫었다는 것은, 3절의 쥐가 자기집 담벽을 뚫었다는 말과 함께 자기에게 청혼하여 왔던 지난 일에 비유한 것이다. 그대는 나에게 청혼을 하여 허혼(許婚)한 일이 있지만 나는 그대에게 시집 못가겠다는 것이다. 그대에게 훌륭한 집이 없어서가 아니라 그대의 집은 갖출 것을 다 갖추지 못하였기 때문이라는 것이다. 옛날부터 이 부족한 것은 바로 '예(禮)'를 말한다고 하였다. 약간의 의심은 나지만 그대로 믿어 두기로 한다.

7. 양 갖옷(羔羊)

양 털가죽을 흰실 다섯 타래로 꾸몄네.
관청으로부터 퇴근하니 당당하고 유유하네.

양 안가죽을 흰실 다섯 겹으로 꿰맸네.
당당하고 유유하게 관청으로부터 퇴근하네.

양 갖옷 솔기를 흰실 다섯 겹으로 꾸몄네.
당당하고 유유하게 퇴근을 관청으로부터 하네.

[原文] 羔羊之皮를 素絲五紽로다.

退食自公하니 委蛇委蛇로다.

羔羊之革을 素絲五緎이로다.

委蛇委蛇하니 自公退食이로다.

羔羊之縫을 素絲五總이로다.

委蛇委蛇하니 退食自公이로다.

[註解] ○羔羊(고양)―어린 양을 고(羔), 큰 양을 양(羊)이라 부르는데(毛傳), 여기서는 '어린 양'의 뜻. 옛날에 대부들은 어린 양[羔羊]의 가죽으로 갖옷[裘]을 지어 입었다 한다(毛傳). ○皮(피)―털이 붙어 있는 가죽(通釋). ○素(소)―흰 것. ○紽(타)―실 다섯 겹을 한 타(紽)라 한다(王引之《經義述聞》). 옛날 갖옷은 가죽과 가죽을 잇대고 꿰맨 옷솔기를 보기좋게 꾸미기 위하여 흰실을 꼬아 그 위에 대고 꿰맸다 한다. 오타(五紽)에 대하여는 설이 많으나 여하튼 여러 겹의 실을 꼬아 가죽옷 솔기에 댄 것으로 보면 된다. ○退食(퇴식)―퇴근(退勤). 관청으로부터 집으로 돌아와 식사하고 쉬는 것을 뜻한다. ○公(공)―관공서 또는 조정(朝廷). ○委蛇(위이)―《한시》에 '위이(逶迤)'로 되어 있는데 길을 어슬렁어슬렁 걷는 모습이다. 여기서 '위이위이(委蛇委蛇)'라 한 것은 대부가 당당한 풍모에다 여유있는 모습으로 천천히 걸어 퇴근하는 모습을 형용한 것이다. ○革(혁)―보통 피(皮)와 같은 뜻으로 보나, 마서진은 털이 없는 안쪽 가죽이라 하였다(通釋). ○緎(역)―타(紽)와 비슷한 뜻으로 왕인지는 4타(紽)가 1역(緎)이라 하였다(經義述聞). ○縫(봉)―꿰매다. 여기서는 꿰맨 옷솔기. ○總(총)―타(紽)나 역(緎)과 비슷한 뜻으로 4역(緎)이 1총(總)이라 한다(經義述聞).

[解說] 이것은 태평시대에 나라의 관리 노릇하는 대부들의 안적(安適)한 모습을 읊은 시이다. 부드럽고 흰 염소 가죽으로 만든 갖옷을 입고 어슬렁어슬렁 퇴근하는 태평성세의 관리가 눈앞에 선하다. 〈모시서〉에서는 '작소(鵲巢) 시의 공이 이루어졌음을 읊은 것이다. 소남(召南)의 나라는 문왕의 정치에 교화되어, 벼슬하는 사람들이 모두 절약하고 검소하며 정직하여 덕이 양과 같았다'고 풀이하고 있다. 작소의 공이 이루어졌다든가,

문왕의 덕화가 이루어졌다는 것은 지나친 설명인 것 같다.

8. 천둥 소리(殷其靁)

우르릉 천둥 소리 남산 남녘에 울리는데,
어찌하여 님은 이곳을 떠나가 돌아올 틈도 못 내시는가?
늠름한 우리 님이여! 어서 돌아오소서.

우르릉 천둥 소리 남산 곁에서 울리는데,
어찌하여 님은 이곳을 떠나 쉬러 올 틈도 없으신가?
늠름한 우리 님이여! 어서 돌아오소서.

우르릉 천둥 소리 남산 밑에서 울리는데,
어찌하여 님은 이곳을 떠나가 전혀 틈을 내지 못하시는가?
늠름한 우리 님이여! 어서 돌아오소서.

原文 殷其靁이 在南山之陽이로다.
何斯違斯하여 莫敢或遑고?
振振君子여 歸哉歸哉어다!

殷其靁이 在南山之側이로다.
何斯違斯하여 莫敢遑息고?
振振君子여 歸哉歸哉어다!

殷其靁이 在南山之下로다.
何斯違斯하여 莫或遑處오?
振振君子여 歸哉歸哉어다!

註解 ㅇ殷(은)─천둥 소리(毛傳). ㅇ其(기)─조사로서 은기(殷其)는 은연(殷然)의 뜻(釋義). ㅇ靁(뢰)─뢰(雷)와 같은 글자. ㅇ陽(양)─햇볕이 잘 쬐는

산의 남쪽 기슭. ㅇ斯(사)—윗것은 '이 사람'의 뜻으로 군자인 님을 가리키며
(鄭箋), 아랫것은 이곳, 곧 집을 가리킨다(集傳). ㅇ違(위)—거(去), 곧 떠난
다는 뜻(鄭箋). ㅇ莫(막)—부정사. ㅇ敢(감)—여자의 소망을 나타낸다. '감히'.
ㅇ或(혹)—'전혀', '조금도'의 뜻을 지니고 있다. 마서진은 혹은 옛날에는 '유
(有)'자와 통함을 논증하였는데(通釋) 좋은 견해이다. ㅇ遑(황)—겨를. 자기에
게로 돌아올 틈을 가리킨다. ㅇ振振(진진)—신후(信厚)한 모습, 늠름하고 믿
음직한 것. ㅇ歸哉(귀재)—'돌아오라!'는 뜻. 남편의 귀가를 바라는 강렬한 여
인의 소망을 나타낸다. ㅇ遑息(황식)—돌아와 집에서 쉴 틈. ㅇ處(처)—거
(居)의 뜻(毛傳), 또는 지(止)의 뜻(通釋). 황처(遑處)는 집으로 돌아와 자기
와 함께 머물 틈을 가리킨다.

[解說] 이 시는 먼 곳(전쟁터 또는 부역 때문)에 가 있는 남편을 그리는
여인의 마음을 읊은 것이다. 천둥 소리는 남편이 가 있는 전쟁터나, 여름
의 신호로서 계절의 변화를 생각하게 하였을 것이다. 문득 남편 생각이
나자 남편이 하루 속히 돌아오기를 바라는 간절한 마음에 불이 붙는다.
　〈모시서〉에서는 '소남의 대부가 정사(政事)를 좇아서 멀리 가 편히 몸
을 쉴 틈이 없는데, 그의 처가에서 그의 수고를 동정하여 의(義)로써 권
한 것이다'라고 풀이하였는데 절실(切實)하지 못하다.

9. 매실 따기(摽有梅)

매실 다 떨어지고 그 열매 일곱 개 남았네.
날 맞을 임자는 좋은 날 놓치지 말기를!

매실 다 떨어지고 그 열매 세 개 남았네.
날 맞을 임자는 이 때를 놓치지 말기를!

매실 다 떨어져 대바구니에 주워 담았네.
날 맞을 임자는 말 난 이 때를 놓치지 말기를!

[原文]　摽有梅하니 其實七숙로다.

求我庶士는 迨其吉兮인저!

摽有梅하니 其實三兮로다.
求我庶士는 迨其今兮인저!

摽有梅하니 頃筐墍之로다.
求我庶士는 迨其謂之인저!

註解 ㅇ摽(표)―《모전》에서는 떨어지다. 곧 락(落)의 뜻이라 하였다. ㅇ七(칠)―매실을 다 따고 일곱 개만 나무에 남겼다는 뜻. ㅇ求我庶士(구아서사)―내게 장가들기를 바라는 여러 선비. ㅇ迨(태)―급(及)의 뜻인데, 다시 말하면 어떤 기회를 놓치지 않는다는 뜻이다. ㅇ吉(길)―길일의 뜻. 태기길혜(迨其吉兮)는 곧 길일을 놓치지 말고 자기에게 장가들어 달라는 뜻. ㅇ今(금)―《모전》에는 서두르는 말, 《집전》에는 금일(今日)의 뜻이라 하였다. '이때'의 뜻. ㅇ頃筐(경광)―뒤가 높고 앞이 낮은 대바구니(周南 '卷耳' 詩 註 참조). ㅇ墍(히)―취(取)의 뜻으로 주워담는 것. ㅇ謂(위)―'말 났을 때', 곧 지금 당장의 뜻. 《모전》에 의하면 30세를 넘은 남자나 20세를 넘은 여자는 예를 가릴 것 없이 멋대로 장가들고 시집갈 수 있다고 하였다.

解說 〈모시서〉에선 '표유매(摽有梅)는 남녀들이 제때에 결혼하는 것을 읊은 시이다. 소남의 나라는 문왕의 교화를 입어 남녀가 제때에 결혼할 수 있었던 것이다'고 하였다. 그러나 우리가 이 시를 자세히 읽어보면 '남녀급시(男女及時)'가 아니라 시집 못간 노처녀를 비꼰 시임을 알 수 있다. 매실을 따는데 1절에서는 나무에 일곱 개가 남았고 2절에서는 세 개가 남았는데 3절에서는 다 따서 광주리에 담아 버렸다. 이는 하루하루 나이 먹어가는 노처녀를 풍자한 것이다. 시간이 흐름에 따라 나무에 달린 매실이 없어져 버리듯이 시집갈 가망성도 나날이 줄어드는 것이다.

　　그러기에 1절에서는 좋은 날을 놓치지 말고 자기를 데려가랬다가, 2절에서는 이 때를 놓치지 말고 데려가라 하고, 3절에서는 말 난 김에 지금 당장 데려가라는 것이다. 그러나 《모전》에 의하면 스무 살만 넘으면 노처녀였었다니 지금의 올드미스와는 사정이 다르다.

10. 작은 별(小星)

반짝반짝 작은 별이 동녘에 네댓 개.
잽싸게 밤에 가서 새벽부터 밤까지 관청에 있으니
정말 팔자가 글렀구나!

반짝반짝 작은 별은 삼성과 묘성인가.
잽싸게 밤에 가서 이부자리 안고 일하니
정말 팔자가 글렀구나!

原文   嘒彼小星이 三五在東이로다.
　　　　肅肅宵征하여 夙夜在公하니
　　　　寔命不同이로다.

　　　　嘒彼小星은 維參與昴로다.
　　　　肅肅宵征하여 抱衾與裯하니
　　　　寔命不猶로다.

註解   ㅇ嘒(혜)-반짝반짝 별이 빛나는 모습(通釋). 대아 '운한(雲漢)'시 '유혜기성(有嘒其星)'의 혜(嘒)와 같은 뜻임. ㅇ肅肅(숙숙)-잽싼 모습(毛傳). ㅇ宵(소)-밤. ㅇ征(정)-가다. ㅇ夙夜(숙야)-새벽부터 밤까지. 이른 아침에 물러나오고 밤에 출근함을 말한다고 보는 이도 있다(胡承珙《毛詩後箋》). ㅇ公(공)-군(君)의 거소(鄭箋). ㅇ寔(식)-한시에는 '실(實)'로 되어 있다. ㅇ命(명)-운명, 곧 팔자. '식명부동(寔命不同)'은 운명이 남과 같지 않다. 곧 운명이 이미 글렀다는 뜻. ㅇ參(삼), 昴(묘)-28수(宿) 가운데 서방(西方) 2 수의 이름(集傳). ㅇ抱(포)-안다. ㅇ衾(금)-이불. ㅇ裯(주)-홑이불. 금여주 (衾與裯)는 이부자리 전체를 가리키는 말. ㅇ猶(유)-불유(不猶)는 부동(不同)과 같은 말.

解說   〈모시서〉에 '소성(小星)은 은혜가 밑에까지 미침을 노래한 것이

다. 부인은 투기하는 행동 없이 은혜를 밑의 첩(妾)들에게까지도 미치게
하여 임금의 잠자리를 모시게 한다. 그래서 천첩(賤妾)들은 그들의 팔자
에 귀천이 있음을 알고 그의 마음을 다하게 되는 것이다'라고 하였다. 그
러나 한시(韓詩)에서는 '소성'을 조정의 소인들로 보고 낮은 사환자(仕宦
者)의 노고를 읊은 시로 보았다.

11. 강수는 갈라져 흐르고(江有汜)

강수는 갈라졌다 다시 합쳐지는데, 아가씨는 시집가면서 나를 거들
떠보지 않네.
나를 거들떠보지 않지만 뒤에는 후회하게 되리라.

강수에는 작은 섬 있는데, 아가씨는 시집가면서 나와 함께하려 하지
않네.
나와 함께하려 하지 않지만, 뒤에는 함께 살게 되고 말리라.

강수는 갈라졌다 또 만나는데, 아가씨는 시집가면서 내게 들리지도
않네.
내게 들리지도 않지만, 결국 탄식하며 슬픈 노래 부르게 되리라.

原文 江有汜어늘 之子歸에 不我以로다.
　　　不我以나 其後也悔리라.

　　　江有渚어늘 之子歸에 不我與로다.
　　　不我與나 其後也處리라.

　　　江有沱어늘 之子歸에 不我過로다.
　　　不我過나 其嘯也歌리라.

註解 ○汜(사)-강물이 갈라졌다 다시 합치는 것(毛傳). 강수가 갈라져 흐

르다 다시 합침은 애인들의 이회(離會)를 상징한 듯하다. ㅇ之子(지자)—애인
인 아가씨를 가리킴. ㅇ歸(귀)—시집가다. ㅇ不我以(불아이)—거들떠보지도
않는 것. ㅇ渚(저)—작은 섬(毛傳). 강물의 섬도 물이 갈라졌다 다시 합쳐지게
만든다. ㅇ與(여)—함께 지내는 것. ㅇ處(처)—함께 사는 것(釋義). ㅇ沱(타)—
《모전》에는 강물이 갈리는 것이라 하였다. 갈라진 강물은 반드시 다시 합쳐진
다. ㅇ過(과)—집에 '들러가는 것'. ㅇ嘯(소)—휘파람. 여기서는 탄식하는 소리
를 내는 것. ㅇ歌(가)—슬픈 노래를 부르는 것.

解說 이것은 남자가 자기의 애인이 자기를 버리고 시집가는 것을 보고
읊은 시이다. 〈모시서〉에서나 《집전》에서는 이를 부인과 첩의 관계로 보
고 '강유사(江有氾)'는 첩을 찬미한 것이라 보았는데 납득이 잘 가지 않
는다.

12. 들판에서 잡은 노루(野有死麕)

들판에서 잡은 노루고기를 흰 띠풀로 싸다 주었네.
아가씨 봄을 그리워하기에 미남이 유혹한 거지.

숲의 잔 나무 베고, 들판에서 사슴 잡아
흰 띠풀로 싸가지고 가 보니 아가씨는 구슬 같데요.

'가만가만 천천히, 내 행주치마는 건드리지 마세요.
삽살개 짖지 않게 해요!'

原文 野有死麕이어늘 白茅包之로다.
有女懷春이어늘 吉士誘之로다.

林有樸樕하며 野有死鹿이어늘
白茅純束하나니 有女如玉이로다.

舒而脫脫兮하여 無感我帨兮하여

無使尨也吠하라.

[註解] o麕(균)－고라니. 《모전》과 《설문해자》에는 장(麞 : 노루)이라 하였
는데, 사슴 비슷하나 약간 작으며 뿔이 없다 한다. 사균(死麕)은 사냥해서 잡
은 노루를 말하며, 선물로 그 고기를 여인에게 싸다 준 것이다. o茅(모)－
띠풀. 백아(白茅)는 흰 띠풀로서 높이 자라는 다년생초. 잎새는 가늘고 길며
끝이 뾰죽하고 봄이 되면 잎새가 나기 전에 줄기 끝에 꽃이 핀다. 옛날에는
예물을 싸거나 제사에 쓸 술을 받쳐 거르는 데 쓴 정결하다고 믿은 식물이다.
o懷春(회춘)－사춘(思春)의 뜻. o吉士(길사)－미사(美士)(集傳), 곧 멋진 남
자. o誘(유)－유혹의 뜻. o樸樕(복속)－《모전》에 소목(小木), 작은 나무들이
라 하였다. 땔나무를 말하는 것이다(傳疏). o鹿(록)－사슴. o純(돈)－묶다.
o束(속)－묶다. o舒(서)－서서히, 찬찬히. o脫脫(태태)－일을 천천히 진행시
키는 모양. o感(감)－‘움직이는 것’ 또는 ‘손을 대는 것’. o帨(세)－패건(佩巾)(毛
傳).《예기(禮記)》 내칙(內則)편에 의하면 ‘자식이 부모를 섬기고, 며느리가
시부모를 섬길 때에는 모두 분세(紛帨)를 찼다’고 하였다. 허리에 차는 길이
가 무릎 밑에까지 내려오는 앞가리개. 결국은 ‘행주치마’와 비슷한 것이었던
것 같다. o尨(방)－삽살개. o吠(폐)－개가 짖는 것.

[解說] 이것은 젊은 남녀의 연애시이다. 회춘한 아름다운 처녀를 미남인
길사(吉士)가 유혹하여 서로 정을 통하게 된다는 것이 이 시의 대의이다.
사냥해서 잡은 노루나 사슴의 고기를 깨끗한 백모(白茅)로 싸서 애인에
게 보내주는 것은 원시 수렵시대의 유풍(遺風)이다. 3절은 여자의 말투인
것이다. 개가 짖어 동네 사람들이나 집안 식구들에게 들키지 않도록 슬며
시 내왕하여 살살 자기를 다뤄 달라는 것이다. 〈모시서〉에서는 무례함을
싫어한 것이라 말하여, 주희도 이를 근거로 해서 이 시를 풀이하였는데
옳지 못하다.

13. 어쩌면 저렇게 고울가(何彼襛矣)

어쩌면 저렇게 고울까? 산매자꽃 같구나.

얼마나 위엄 있고 부드러운가? 공주님의 수레는.

어쩌면 저렇게 고울까? 복사꽃 오얏꽃 같구나.
평왕의 손녀가 제나라 왕자에게 시집가네.

낚시질을 어떻게 하지? 실 꼬아 낚싯줄을 만들어야지.
제나라 왕자에게 평왕의 손녀가 시집가네.

原文　何彼襛矣오? 唐棣之華로다.
　　　曷不肅雝이리요? 王姬之車로다.

　　　何彼襛矣오? 華如桃李로다.
　　　平王之孫과 齊侯之子로다.

　　　其釣維何오? 維絲伊緡이로다.
　　　齊侯之子요 平王之孫이로다.

註解　ㅇ襛(농)―농(穠)으로 쓰기도 하며,《한시》에는 융(莪)자로 되어 있다.《모전》에서는 융융(戎戎)이라 풀이한 것을《공소》에서 꽃을 형용하는 말이라 이를 설명하고 있다. ㅇ唐棣(당체)―《모전》에 체(棣)라 하였는데《육소(陸疏)》에서는 오리(奧李)라 하였다. 작매(雀梅) 또는 차하리(車下李)라고도 하며 야산에 흔하다. 그 꽃은 흰 것과 붉은 것 두 가지가 있는데, 6월에 오얏[李] 비슷한 빨간 맛있는 열매가 열린다.《광아(廣雅)》에 의하면 작리(雀李) 또는 욱리(郁李)라고도 부른다. 이를 당체(棠棣) 곧 '아가위나무'와 흔히 혼동하나 다른 것이다. '산매자나무'라 옥편의 풀이를 따랐지만 '자두'와 비슷한 과일나무가 아닐까 한다. ㅇ華(화)―꽃. ㅇ曷不肅雝(갈불숙옹)―'어찌 공경하고 화하여지지 않겠느냐?'는 뜻인데, 말을 바꾸면 '얼마나 공경을 받을 만한 위엄이 있고 화하여지게 하는 부드러움을 지녔느냐?'는 뜻. ㅇ王姬(왕희)―주왕의 성이 희성(姬姓)이었으므로 주나라 천자의 공주란 뜻으로 쓰인 것이다(集傳). ㅇ車(거)―시집갈 때 타고 가는 수레를 가리킴. ㅇ桃李(도리)―복숭아와 오얏인데 여인의 아름다움에 흔히 비유된다. ㅇ平王(평왕)―평(平)자를 옛날에는 정(正)(毛傳) 또는 태평의 평의 뜻으로 보았다.《집전》에서는 평왕은 주나라를 동천(東遷)시킨 평왕 의구(宜臼)라 하였다. 그 뒤로 명대

(明代)의 하해(何楷), 청대(淸代)의 고염무(顧炎武)·육규훈(陸奎勳) 등도 모두 주나라의 평왕으로 보아 그 설이 유력하여졌다. 이곳에서는 평왕의 손녀가 제후(齊侯)의 아들에게 출가하는 것이라 보았다(釋義). ㅇ齊侯之子(제후지자)—제후(齊侯)는 누구를 가리키는지 확실치 않다. 《춘추(春秋)》에 왕희(王姬)가 제나라로 출가한 기록이 두 군데 있다. 하나는 노장공(魯莊公) 원년, 곧 제양공(齊襄公) 5년이고, 하나는 노장공 11년, 곧 제환공(齊桓公) 3년인데 이 시는 어느 때의 일인지 모른다. 앞의 제양공을 가리킬 가능성이 더 많다(釋義). ㅇ釣(조)—낚시. ㅇ伊(이)—유(維)와 같은 조사(毛傳). ㅇ緡(민)—《집전》에서는 실을 모아 꼬아서 낚싯줄을 만든 것이라 하였다.

解說 이 시는 주나라 천자의 공주가 제나라 제후의 아들에게 시집가는 것을 보고 읊은 시이다. 이 시에서 가장 이해하기 힘든 제3절의 낚싯줄 얘기는 실을 모아 낚싯줄을 만들 듯이 이성(二姓)의 남녀가 합하여 한쌍의 부부가 됨을 비유한 것 같다.

14. 몰이꾼(騶虞)

저 싱싱한 갈대밭에 화살 한 대 쏘는데 다섯 마리 암퇘지,
아아 몰이꾼이여!

저 싱싱한 다북쑥밭에 화살 한 대 쏘는데 다섯 마리 새끼돼지,
아아 몰이꾼이여!

原文 彼茁者葭에 壹發五豝로다.
于嗟乎騶虞여!

彼茁者蓬에 壹發五豵이로다.
于嗟乎騶虞여!

註解 ㅇ騶虞(추우)—《모전》에서는 추우(騶虞)를 생물(生物)은 안 먹는 의수(義獸)라 하였고, 구양수(歐陽修)는 추(騶)는 추유(騶圉)로서 임금의 어렵

지(御獵地)이며, 우(虞)는 우관(虞官)으로서 조수(鳥獸)를 관리하는 사람이라 보았다. '삼가시(三家詩)'에서는 모두 '추우'는 천자의 조수를 관리하는 관원이라 하였는데, 후자를 따른다. '추우'는 천자가 사냥을 나가면 몰이꾼을 이끌고 짐승들을 천자가 활쏘기 좋도록 몰아 주었다. ㅇ茁(절)—풀이 새로 돋아난 모습(毛傳·孔疏). ㅇ葭(가)—갈대. 여기서는 갈대밭으로 보아야 할 것이다. ㅇ壹發(일발)—화살 한 대를 쏘는 것. ㅇ豝(파)—암퇘지. 일발오파(壹發五豝)는 추우가 짐승의 관리를 잘하고 몰이를 잘하여 한 번 화살을 쏘려고 보니 저쪽 갈대밭 속에 다섯 마리의 암퇘지가 나타났다는 것이다. ㅇ于嗟乎(우차호)—탄사(歎詞). ㅇ蓬(봉)—다북쑥. 여기서도 다북쑥밭으로 보아야 할 것이다. ㅇ豵(종)—낳은 지 1년밖에 안 되는 돼지.

解說 〈모시서〉에서는 '온 천하가 문왕의 교화를 순수히 입어 동물들이 번식하고 때에 알맞게 사냥을 하여 어질기가 추우(騶虞) 같다는 것이다. 곧 왕도가 이루어졌음을 읊은 시이다'고 하였다.

그러나 이것은 단순히 임금의 사냥을 찬미한 시라 봄이 좋겠다. 임금이 한 대의 화살을 쏘려 하며 보니 저쪽 갈대밭에 다섯 마리의 암퇘지가 나타났다. 몰이꾼은 어쩌면 그렇게도 몰이를 잘하느냐는 것이다. 2절에서는 새끼돼지가 다섯 마리 나타났다. 이 돼지들을 쏘아 잡았는지 안 잡았는지는 모른다. 임금의 사냥은 짐승을 잡는 데 목적이 있던 것은 아니었기 때문이다.

제 3 패(邶)

주나라 무왕(武王 : B.C. 1122~1116 재위)은 은나라를 쳐부순 뒤, 주(紂)임금의 아들 무경(武庚 : 祿父)을 은나라 유민들이 사는 땅에 세워 은나라의 제사를 받들게 하였다. 그리고 다시 그 땅을 삼분(三分)하여 무왕의 아우인 관숙(管叔)과 채숙(蔡叔)·곽숙(霍叔)을 세워 은나라 신하들을 감독케 하였다(《逸周書》 作雒편).

그리하여 무경이 다스리던 곳을 패(邶), 관숙이 다스리던 곳을 용(鄘), 채숙이 다스리던 곳을 위(衛)라 부르게 되었는데, 이들을 '삼감(三監 : 세 은나라 백성을 감독하는 사람)'이라 불렀다(《漢書》地理志). 곧 주임금의 도읍이었던 조가(朝歌 : 殷墟라고도 하며 지금의 하남성 淇縣 동북쪽)의 북쪽을 패(邶)라 하고, 남쪽을 용(鄘), 동쪽을 위(衛)라 부른 것이다(鄭玄《詩譜》).

그런데 진(晉)나라 초 때 사람인 황보밀(皇甫謐)의 《제왕세기(帝王世紀)》에는 '은나라 도읍의 동쪽을 위라 부르고 관숙이 감독하였으며, 서쪽을 용이라 부르고 채숙이 감독하였고, 북쪽을 패라 하여 곽숙이 감독하였는데 이들을 삼감이라 한다'고 하였다(張守節《史記正義》引). 어느 것이 옳은지 알 수 없다.

성왕(成王 : B.C. 1115~1079 재위) 때 주공(周公)이 무경과 관채(管蔡)의 난을 평정한 뒤에는 강숙(康叔 : 이름은 封)을 위에 봉하고 패·용의 땅까지도 다스리게 하였다. 강숙은 조가(朝歌)에 도읍하여 은나라 유민을 다스렸는데, 그의 자손대에 이르러는 패·용의 국경은 유야무야되어 버리고 통틀어 위(衛)라 불렀었다. 의공(懿公) 때에는 오랑캐〔狄〕들에게 멸망하여 대공(戴公)이 황하를 건너 동쪽으로 옮아와 조읍(漕邑 : 지금의 河北省 滑縣)에 도읍하였고, 문공(文公) 때에는 다시 초구(楚丘 : 지금의 山東省 武縣)로 옮아갔으나 모두 위의 본토를 벗어나지는 않는 것이다.

그렇기 때문에 패·용·위의 삼풍(三風)은 실은 모두가 위풍(衛風)이라 할 수 있다. 이들 시의 성읍이나 하류(河流) 이름이 같은 고장의 것들이며, 거기에서 읊은 내용도 모두가 위나라 일인 것이다. 《좌전》을 보면 위나라의 북궁문자(北宮文子)가 패풍의 '위의체체(威儀棣棣)'를 인용하면서 위시(衛詩)라 하였고, 오(吳)나라 계찰(季札)이 관악(觀樂)할 때도 악공들이 패·용·위의 노래를 부르니까 계찰은 이를 위풍이라 하였다.

그래서 마서진(馬瑞辰) 같은 사람은 숫제 옛날에는 패·용·위가 한 편이었던 것을 후인이 셋으로 나눈 것이라 주장하였는데(通釋) 근리(近

理)하다. 처음에는 시를 편집한 이가 패·용의 옛 이름을 보존하려고 이들을 통틀어 '패용위'라 하였는데 후세에 셋으로 나뉘어진 것이다(釋義). 그러므로 패풍은 패에서, 용풍은 용에서, 위풍은 위에서 채집하였다고 보는 것은 잘못이다.

1. 잣나무배(柏舟)

둥실둥실 잣나무배는 하염없이 떠내려가는데,
밤새도록 잠 못 이룸은 뼈저린 시름 때문인가.
술이나 마시면서, 나가 노닐지 못할 것도 아니건만.

내 마음 거울 아니어니, 남이 알아줄 리 없고,
형제도 있다 하나 의지할 곳 못되네.
가서 하소연 하다가 그들의 노여움만 산 것을.

내 마음 돌이 아니니 굴릴 수도 없고,
내 마음 돗자리 아니니 말 수도 없네.
용모와 행동 의젓하지만 믿을 수 없는 그이일세.

시름은 그지없어 뭇것들의 미움만 사고,
근심걱정 많다 보니 수모도 적지않게 당했네.
가만히 생각해보니 가슴만 두드리게 되네.

해여 달이여! 어째서 번갈아 이지러지느냐?
마음의 시름은 빨지 않은 옷 입은 듯.
가만히 생각해보니 훨훨 날아가고만 싶네.

原文   汎彼柏舟여 亦汎其流로다.
　　　耿耿不寐이 如有隱憂로다.
　　　微我無酒하여 以敖以遊로다.

我心匪鑒이니 不可以茹로다.

亦有兄弟나 不可以據로다.

薄言往愬이면 逢彼之怒로다.

我心匪石이니 不可轉也며

我心匪席이니 不可卷也로다.

威儀棣棣나 不可選也로다.

憂心悄悄하니 慍于羣小로다.

覯閔旣多니 受侮不少로다.

靜言思之하니 寤辟有摽로다.

日居月諸여 胡迭而微오?

心之憂矣여 如匪澣衣로다.

靜言思之하니 不能奮飛로다.

註解　○汎(범)－물 위에 둥둥 뜨는 모양. 《모전》에는 범류모(汎流貌)라 하였는데, 윗 범자는 뜨는 모습이고, 둘째 구절의 범자는 떠내려가는 모습(通釋). ○柏舟(백주)－잣나무로 만든 배. ○亦(역)－조사. 《시경》에서는 흔히 앞의 말을 받지 않는 순전한 조사로 쓰인다(通釋). ○流(류)－물결대로 떠내려가는 것(釋義). ○耿耿(경경)－《광아(廣雅)》에 불안한 모습이라 하였다. ○寐(매)－잠자다. ○隱(은)－속 아픈 것(毛傳・集傳). ○隱憂(은우)－숨겨진 남모르는 시름. ○微(미)－비(非)와 같은 뜻이며, 다음 구절인 '이오이유(以敖以遊)'에까지 걸린다. ○敖(오)－소아 '녹명(鹿鳴)'의 《모전》에는 오(敖)는 유(遊)의 뜻이라 하였고, 이곳에서도 유와 같은 뜻으로 풀이하였다. 《석의(釋義)》에서는 출유(出遊)의 뜻이라 하였다. ○匪(비)－비(非)와 같은 자. ○鑒(감)－거울. ○茹(여)－헤아리다, 곧 거울처럼 형상을 비춰내어 남이 그것을 보고 자기의 진심을 알아주지 않는다는 뜻. ○據(거)－믿고 의지한다는 뜻. ○薄言(박언)－조사. ○愬(소)－하소연하는 것. 소(訴)와 같은 뜻. ○逢(봉)－만나다. 당하다. ○轉(전)－마음을 전환시키어 시름을 않는 것. ○席(석)－자리・돗자리. ○卷(권)－말다. ○威儀(위의)－용모와 행동. ○棣棣(체체)－'부이

한습(富而閑習)’(毛傳). 곧, 용모가 엄전하고 행동이 의젓한 모습. ㅇ選(선)—
《후한서(後漢書)》 주목전주(朱穆傳注)에 절교론(絶交論)이 실려 있는데, 이 시를 인용함에 ‘위의체체(威儀棣棣), 불가산야(不可算也)’라 하였다.《삼가 시》에서도 선(選)을 산(算)으로 쓰기도 하였다. 옛날에는 선과 산은 쌍성(雙 聲)으로 뜻이 통용되었던 것이다. 따라서 ‘불가선(不可選)’은 현대 중국어의 ‘불능산(不能算)’과 비슷한 말로서, 작자가 옛날에는 남자의 엄전한 용모와 의젓한 행동을 보고 시집을 갔었는데 오늘날 와서 생각해 보니 용모나 행동 의 의젓함은 아무것도 아니라는 뜻이다. ㅇ悄悄(초초)—근심하는 모습. ㅇ慍 (온)—성내다. ㅇ羣小(군소)—여러 소인(小人)들(毛傳). 온우군소(慍于羣小) 는 여러 아는 소인들로부터 미움을 받게 되었다는 뜻. ㅇ覯(구)—만나다. ㅇ閔 (민)—민(憫)과 통하여 근심 걱정의 뜻으로 볼 수도 있고, 병의 뜻으로 볼 수 도 있다. ㅇ受侮(수모)—남들로부터 업신여김을 당하는 것. ㅇ寤(오)—옛날에 는 잠에서 깨어나면의 뜻으로 보았으나 조사로 봄이 옳다(釋義). ㅇ辟(벽)— 가슴을 두드리는 것(毛傳). 원통할 때 하는 행동이다. ㅇ有摽(유표)—가슴을 두 드리는 모양(毛傳). ㅇ居(거)—저(諸)와 함께 모두 조사(集傳). 일거월저(日居 月諸)는 ‘해여! 달이여!’의 뜻. ㅇ胡(호)—하(何)의 뜻. ㅇ迭(질)—‘서로 번갈 아’의 뜻. ㅇ微(미)—해와 달이 작아진다는 것은 해와 달의 일식과 월식을 뜻 한다. 일식이나 월식은 흉조라 여겼다(小雅 ‘十月之交’ 시 참조). ㅇ澣(한)— 빨래하다. 비한의(匪澣衣)는 때묻은 옷을 빨래하지 않고 그대로 입은 것. ㅇ奮 飛(분비)—새가 날개를 떨치고 날아가는 것(毛傳). 불능분비(不能奮飛), 곧 훨훨 날아갈 수도 없다는 것은 날아갔으면 하는 소망을 나타낸다.

解說 〈모시서〉에서는 ‘백주(柏舟)는 어질면서도 등용되지 못함을 노래 한 것이다’라고 하였고,《집전》에서는 ‘부인이 그의 남편에게서 소박을 맞 고 자기를 잣나무배에 비유하여 노래한 것’이라 하였다. 주희의 설이 더 옳은 듯하다. 제1절에서 흐르는 물에 둥실둥실 떠내려가는 잣나무배는 어 떻게 될지 모르게 된 불안한 여인의 처지를 연상케 한다. 여인은 잠못 이 루며 소박맞은 자신을 괴로워한다.

　　제2절에서 ‘가서 하소연을 해보려도 그의 노여움만 사게 된다’고 했으 니, 남자는 퍽 사나운 사람이었던 것 같다. 그렇기 때문에 여인은 자기의 진정을 알아주지 못하는 남편을 원망한다. 제3절에서는 외모만 보고 반해 서 시집갔던 옛날을 뉘우친다. 자기의 이러한 불행은 결국 자기가 씨를

심은 것이라 하여 기분을 전환시켜 보려 하지만, 마음이란 돌멩이처럼 쉽사리 굴리거나 돗자리처럼 걷어 치울 수 있는 것이 아니라는 것이다.

제4절에서는 공연히 괴로워하다가 남의 욕만 먹고 수모한 것을 뉘우친다. 남편에게 소박맞은 것만도 억울한데 남들조차 업신여기니 가슴을 치며 한탄할 수밖에 없었으리라. 제5절에서는 일식이 일어나고 월식이 일어나 흉조를 나타내듯 세상은 어지럽게만 느껴진다. 답답한 마음은 때문은 옷을 그대로 입고 있는 듯하다. 여전히 시름은 씻을 길 없어 새처럼 하늘을 훨훨 날며 답답한 마음을 식혀 봤으면 하고 생각한다.

2. 녹색 옷(綠衣)

녹색 옷이라니! 녹색 옷에 황색 안을 대었네.
마음의 시름이여! 언제나 그치려는가?

녹색 옷이라니! 녹색 저고리에 황색 치마네.
마음의 시름이여! 언제나 없어지려는가?

녹색으로 흰실을 물들이다니! 그대가 한 짓이지.
나는 옛사람들이나 생각하며, 허물 없도록 힘쓰려네.

모시옷 베옷이라니, 찬바람이 불어오는데.
나는 옛사람을 생각하노니, 정말로 내 마음 잡아 주네.

原文　綠兮衣兮여 綠衣黃裏로다.
　　　心之憂矣여 曷維其已오?

　　　綠兮衣兮여 綠衣黃裳이로다.
　　　心之憂矣여 曷維其亡고?

　　　綠兮絲兮여 女所治兮로다.
　　　我思古人하여 俾無訧兮로다.

　　　　絺兮綌兮여 凄其以風이로다.
　　　　我思古人하니 實獲我心이로다.

註解　○兮(혜)―조사. 녹혜의혜(綠兮衣兮)는 녹색 천으로 옷을 만드는 것.
《모전》에 녹색은 간색(間色)이라 하였는데, 곧 녹색은 파랑과 노랑의 중간색
으로 천한 빛깔을 말한다(集傳). 천한 빛깔로 옷을 만든다는 것은 천한 첩이
본처보다 남편의 사랑을 받고 있음을 비유한 것이다. ○黃(황)―중앙. 흙의
정색(正色)(集傳). ○裏(리)―옷의 안. 녹의황리(綠衣黃裏)는 녹색 천으로 옷
을 만들고 귀한 빛깔인 노란색 천으로 안을 대었다는 것이다. 이것은 천한
첩이 득세하고 본처인 자기가 밀려나 있음에 비유한 것이다. 또 처음부터 의
(衣)자를 제2절에서처럼 ‘저고리’ 또는 ‘윗옷’의 뜻으로 보고, 천한 녹색으로
저고리를 만들어 입었다는 것은 위아래의 질서가 뒤집혔음을 뜻하는 것으로
보아도 좋다. ○曷(갈)―언제나의 뜻. ○維其(유기)―조사이며 미래를 나타낸
다. ○已(이)―그치다. ○裳(상)―치마. 상(裳)과 대(對)가 될 때 의(衣)는 저
고리, 곧 윗옷을 의미한다. ○亡(망)―없어지는 것. ○綠兮絲兮(녹혜사혜)―
엄찬(嚴粲)에 의하면, ‘본래 이 천한 녹색 옷은 흰 실을 그대(첩을 가리킴)가
물들여 지은 것이다. 그대는 이 흰실을 녹색으로 물들이고 또 그것으로 저고
리를 만들어 황색의 위에 입는가?’의 뜻을 나타낸다 하였다(詩緝). ○女(여)―
여(汝)의 뜻. ○治(치)―옷을 짓는 것. ○古人(고인)―옛날의 훌륭한 사람. 중
국에서는 옛날부터 옛사람들 가운데에는 훌륭한 사람들이 많았다고 믿어 왔
다. 고인을 생각한다는 것은 옛 훌륭한 분들의 어진 행동을 생각하고 그것
을 따르겠다는 뜻이다. ○俾(비)―하여금. 사(使)의 뜻. ○訧(우)―과오의 뜻.
○絺(치)―고운 갈포. ○綌(격)―굵은 갈포. 여기서는 치(絺)는 모시, 격(綌)
은 베로 편의상 번역하였다. ○凄其(처기)―처연(凄然)과 같이 찬바람이 부
는 모습. 정실(正室)은 남편에게 버림받고 찬바람이 불어오는 겨울이 닥쳐오
는 데도 여름에 입는 베옷을 그대로 입고 있다. ○實獲我心(실획아심)―옛 사
람의 어진 행동은 정말 자기의 마음이 구하는 바를 얻게 하였다(集傳). 곧 자
기의 마음을 붙들어 준다는 뜻.

解說　〈모시서〉에 ‘녹의(綠衣) 시는 위(衛)나라 장강(莊姜 : 衛莊公의
부인으로 齊나라 제후의 딸)이 자기 자신을 슬퍼한 시이다. 첩(莊公의 첩
으로 곧 州吁의 어머니)이 남편의 총애를 받아 부인이 자기의 자리를 잃

고 이 시를 지은 것이다.'라고 하였다. 이 시의 작자가 장강인지 아닌지는
확인할 길이 없다. 그러나 이 시가 첩에게 밀려난 정실(正室)이 자기 마
음의 시름을 달래기 위하여 노래부른 것이라 보아도 좋을 듯하다.

3. 제비(燕燕)

제비들은 펄펄 앞서거니 뒤서거니.
누이 시집가는데 멀리 들에서 전송하고,
바라보아도 보이지 않게 되자 눈물 비오듯 흐르네.

제비들은 펄펄 올라갔다 내려왔다.
누이 시집가는데 멀리 그를 전송하고
바라보아도 보이지 않게 되자 멍청히 서서 눈물 흘리네.

제비들은 펄펄 위아래서 짹짹.
누이 시집가는데 멀리 남쪽으로 전송하고,
바라보아도 보이지 않게 되자 내 마음 정말 괴로워지네.

누이는 믿음직하며 마음은 진실하고 깊고,
온순하고 부드러워 그의 몸을 잘 삼가,
아버님 생각 받들어 나를 격려하더니.

原文　燕燕于飛여 差池其羽로다.
　　　之子于歸에 遠送于野하고
　　　瞻望弗及하니 泣涕如雨로다.

　　　燕燕于飛여 頡之頏之로다.
　　　之子于歸여 遠于將之하고
　　　瞻望弗及하니 佇立以泣이로다.

　　　燕燕于飛여 下上其音이로다.

之子于歸에 遠送于南하고
瞻望弗及하니 實勞我心이로다.

仲氏任只하며 其心塞淵하고
終溫且惠하여 淑愼其身이요
先君之思로 以勗寡人이로다.

[註解] ㅇ燕(연)―제비. 예부터 중국 사람들은 흔히 같은 말을 중첩(重疊)하여 썼다. 연연(燕燕)도 제비의 뜻. ㅇ于飛(우비)―재비(在飛), 곧 '날고 있다'는 뜻. ㅇ差池(치지)―참치(參差)와 같이 가지런하지 않은 모습. 치지기우(差池其羽)는 제비의 날개 자체가 가지런하지 않다기보다는 날고 있는 제비의 날개들이 앞서거니 뒤서거니 하여 가지런하지 않다는 뜻으로 보아야 할 것이다. ㅇ歸(귀)―시집가다. ㅇ瞻望(첨망)―먼 곳을 바라보는 것. ㅇ泣涕(읍체)―소리없이 눈물 흘리는 것. ㅇ頡之頏之(힐지항지)―제비가 높이 올라갔다 내려왔다 하며 나는 것. ㅇ將(장)―전송하다. ㅇ之(지)―지자(之子)를 가리킴. ㅇ佇立(저립)―오랫동안 멍청히 서 있는 것. ㅇ下上(하상)―내려왔다 올라갔다 하는 것. ㅇ其音(기음)―제비들이 날며 지저귀는 소리. ㅇ南(남)―이 아가씨는 남쪽 나라로 시집가는 것이다. ㅇ勞(노)―마음이 수고로워진다는 것은 곧 괴로워진다는 뜻. ㅇ仲氏(중씨)―시집가는 아가씨의 자(字). 부인들을 부를 때엔 자를 썼다(孔疏). ㅇ任(임)―신후(信厚)의 뜻. ㅇ只(지)―조사. 재(哉)와 성격이 비슷하다. ㅇ塞(색)―진실로. ㅇ淵(연)―깊은 것. ㅇ終(종)―차(且)와 호응하여, 《시경》에선 '종(終)……차(且)……'는 '기(旣)……차(且)……'의 뜻으로 쓰인다. ㅇ溫(온)―온화. ㅇ惠(혜)―여기서는 순(順)의 뜻. ㅇ淑(숙)―선(善)과 뜻이 통하여, '잘'의 뜻. ㅇ愼(신)―삼가다. ㅇ先君(선군)―돌아가신 아버지. ㅇ勗(욱)―힘쓰다. 격려하다. ㅇ寡人(과인)―임금의 자칭(自稱).

[解說] 이 시는 위(衛)나라 제후의 누이동생이 남쪽 나라로 시집갈 때, 위나라 제후인 그의 오빠가 누이를 전송하며 부른 것이다. 제비는 고신씨(高辛氏)의 비(妃)인 간적(簡狄)이 제비가 준 알을 삼키고 은(殷)나라의 조상인 설(契)을 낳았다는 '현조고매(玄鳥高楳)'의 전설이 있으니, 결혼을 상징하는 새이다.

  1절·2절·3절에서는 정든 누이를 떠나 보내는 슬픔을, 4절에서는 어질었던 누이의 행실을 돌이켜 생각한다. 그처럼 현숙한 누이이니 멀리 시집을 가서도 잘살겠지 하는 심정이었을 것이다.

〈모시서〉에서는 위나라 장강(莊姜)이 돌아가는 첩 대규(戴嬀)를 보내는 시라 하였다. 장강은 아들이 없어 대규가 낳은 아들 완(完)을 자기 아들로 삼았었다. 그런데 장공(莊公)이 죽은 뒤 완이 뒤를 이어 환공(桓公)이 되었으나, 주우(州吁)가 그를 죽여 버려 대규는 친정인 진(陳)나라로 쫓겨갔다. 이때 장강이 대규를 들에까지 따라나가 전송하며 읊은 것이 이 시라 한다(毛傳).

4. 해와 달(日月)

해와 달은 아래 땅을 비추고 있는데,
우리 님은 옛날처럼 위해 주지 않네요.
어쩌면 마음을 잡을 수 있을까요? 나를 거들떠보지도 않으니.

해와 달은 땅을 덮어 주고 있는데,
우리 님은 사랑해 주지 않네요.
어쩌면 마음을 잡을 수 있을까요? 내 뜻에 보답하려 하지도 않으니.

해와 달은 동녘에서 뜨고 있는데,
우리 님은 말씀이 부드럽지 않네요.
어쩌면 마음을 잡을 수 있을까요? 거친 말을 않게 되어야 할 텐데.

해와 달은 동녘에 뜨고 있는데,
아버님! 어머님! 그이는 끝내 나를 좋아하지 않네요.
어쩌면 마음을 잡을 수 있을까요? 내게 무도한 짓만 하니.

原文   日居月諸여 照臨下土로다.

　　　　　乃如之人兮여 逝不古處로다.

　　　　　胡能有定고? 寧不我顧로다.

日居月諸여 下土是冒로다.
乃如之人兮여 逝不相好로다.
胡能有定고? 寧不我報로다.

日居月諸여 出自東方로다.
乃如之人兮여 德音無良이로다.
胡能有定고? 俾也可忘이로다.

日居月諸여 東方自出이로다.
父兮母兮여 畜我不卒이로다.
胡能有定고? 報我不述이로다.

[註解]　○居(거)―저(諸)와 함께 조사. 일거월저(日居月諸)는 '해야! 달아!'의 뜻. ○照(조)―비추다. ○下土(하토)―아래. 땅. ○乃如(내여)―전어사(轉語詞). ○之人(지인)―사람, 곧 자기의 남편을 가리킴. ○逝(서)―발어사(通釋). ○古處(고처)―'이고구상처(以故舊相處)', 곧 옛날처럼 잘 지내는 것(通釋). ○胡(호)―어찌. ○定(정)―마음을 안정시키는 것. ○寧(녕)―내(乃)와 같은 조사(通釋). ○冒(모)―여기서는 뒤덮는 것. ○相好(상호)―사랑해 주는 것. ○報(보)―보답의 뜻으로(集傳) 자기의 뜻에 보답하는 것. ○德音(덕음)―학자들에 따라 여러 가지 다른 해석을 내리고 있다. 덕은 남의 말을 높이기 위하여 붙인 것이며, 음은 말의 뜻. 덕이 있는 소리가 아니다(略從 孔疏). ○俾(비)―하여금. ○忘(망)―망(亡)·실(失)·거(去)의 뜻이며, 앞의 '덕음무량(德音無良)'을 없앤다는 뜻(釋義). ○父兮母兮(부혜모혜)―큰 일을 당했을 때 호천호부모(呼天呼父母)하는 것으로 '아버지! 어머니!'의 뜻. 부모가 '축아부졸(畜我不卒)'했다는 말이 아니다(釋義). ○畜(훅)―기르다. 여기서는 《맹자》의 '훅군자하우(畜君者何尤)'의 훅(畜)자처럼 '호(好)'의 뜻(通釋). ○卒(졸)―'끝내'의 뜻. ○述(술)―옛날에는 홀(遹)자와 통용되었으며, 불술(不述)은 부도(不道)·무도(無道)의 뜻(通釋).

[解說]　남편에게 버림받은 부인의 시름과 탄식을 읊은 시이다. 매절마다 해와 달을 노래한 것은, 영원히 변함없는 해와 달을 통하여 남편의 변심

을 생각했기 때문일 것이다. 〈모시서〉에서는 위(衛) 장강이 자신의 처지
를 노래한 것이라 하였는데 알 수 없다.

5. 바람(終風)

바람이 사납게 몰아치듯 하다가도, 나만 보면 히죽 웃는 그이.
함부로 농담하고 장난만 치니, 내 마음 슬퍼지네.

바람 불며 흙비 날리듯 하는데, 다소곳이 찾아오겠는가?
오도 가도 않으니, 내 시름 그지없네.

바람 불고 날 음산한데, 하루도 갤 날이 없네.
깨면은 다시 잠 안 오고 생각하면 가슴 메네.

어둑어둑 음산한 날씨에 우르릉 천둥 울리네.
깨면은 다시 잠 안 오고, 생각하면 마음만 아파지네.

原文 終風且暴이나 顧我則笑하나니
　　　謔浪笑敖라 中心是悼로다.

　　　終風且霾니 惠然肯來오?
　　　莫往莫來라 悠悠我思로다.

　　　終風且曀요 不日有曀로다.
　　　寤言不寐하며 願言則嚏로다.

　　　曀曀其陰이며 虺虺其靁로다.
　　　寤言不寐하며 願言則懷로다.

註解 ○終(종)……且(차)…… ─앞의 '연연(燕燕)' 시에서 설명했듯이 '기
(旣)……차(且)……', 곧 '……하고도……하라'의 뜻. ○顧(고)─돌아보다. ○笑
(소)─히죽 비웃는 것. ○謔(학)─쓸데없는 농담을 하는 것(集傳). ○浪(랑)─

함부로 지껄이는 것. 소(笑)도 여기서는 희롱(戱弄)의 뜻(通釋). ○敖(오)-곧
조롱(嘲弄)의 뜻(通釋). ○中心(중심)-심중(心中). ○悼(도)-슬픔. ○霾(매)-
흙비. 중국의 북부 황하 유역에 흔한 현상으로 바람에 흙먼지가 날려와 비오
듯 떨어지는 것. ○惠(혜)-순(順)과 통하여 혜연(惠然)은 순연(順然), 곧 '다
소곳이'. ○肯來(긍래)-'오려 들겠는가?'의 뜻. ○莫(막)-여기서는 불(不)과
같은 뜻. ○悠悠(유유)-그지없는 모양. ○思(사)-단순한 생각이 아니라 시
름. ○曀(에)-흐리고 바람불다. ○不日(불일)-하루도 넘기지 못하는 것. 불
일유에(不日有曀)는 날이 갠 듯하다가도 하루도 못 넘기고 곧 다시 바람 불
고 음산해진다는 뜻. ○願(원)-여기서는 '생각한다'는 뜻(集傳). ○嚏(체)-정
현(鄭玄)은 체(嚏)라고 쓰고 있는데, 체(嚏)는 《설문해자》에 '막히어 나가지
못하는 것'이라 풀이하고 있다. 숨이 막히듯 가슴이 답답해진다는 뜻으로 봄
이 좋겠다(通釋). ○曀曀(에에)-바람불고 날이 흐린 모습. ○虺虺(훼훼)-우
레 소리가 울리는 모양. ○懷(회)-여기서는 마음 아파지는 것(毛傳).

解說 남편에게 학대받는 부인이 읊은 시이다. 사납게 부는 바람이란
남편의 기질에 비유한 것일 게다. 함부로 농담하고 장난치고 하는 남편이
니 그렇게 봐도 된다. 〈모시서〉에서는 이 시도 장강(莊姜)이 지었다고 했
다. 주우(州吁)가 자기의 아들삼아 기른 대규(戴嬀)의 아들 완(完)을 죽
이고 난폭한 짓을 함부로 하자 장강이 이를 슬퍼하며 부른 노래라는 것
이다. 《집전》에서는 난폭한 것을 바로 장공(莊公)의 광혹(狂惑)으로 보았
다. 모두 그대로 믿기 어렵다.

6. 북소리(擊鼓)

북소리 둥둥 울리니, 무기 들고 뛰어 나서서
도읍의 흙일과 조땅의 성쌓기 한창인데 나홀로 남쪽으로 싸우러 왔네.

손자중 장군을 따라, 진나라 송나라와 강화를 맺게 했는데,
나를 돌려보내지 않으니, 마음의 걱정으로 하염없네.

이곳에 잤다 저곳에 머물렀다, 말[馬]조차 잃어버리고

말을 찾아 숲속을 헤매이네.

죽음과 삶과 만남과 헤어짐을 그대와 함께하기로 언약하였지.
그대의 손 잡고, 그대와 죽도록 해로하려 했는데!

아아 멀리 떠나와, 우리 함께 못살게 되다니!
아아 멀리 떨어져 우리 언약 어기게 되다니!

原文 擊鼓其鐘하니 踊躍用兵이로다.
土國城漕어늘 我獨南行이로다.

從孫子仲하여 平陳與宋이로다.
不我以歸니 憂心有忡이로다.

爰居爰處하여 爰喪其馬로다.
于以求之를 于林之下로다.

死生契闊은 與子成說이로다.
執子之手하고 與子偕老로다.

于嗟闊兮여 不我活兮로다.
于嗟洵兮여 不我信兮로다.

註解 ○鼓(고)─북. 옛날 군대에서 북은 진군의 호령으로 쓰였다(毛傳). ○其鐘(기당)─당연(鐘然). 북이 울리는 소리. ○踊躍(용약)─도약(跳躍)과 같은 말. 뛰어나서는 것. ○兵(병)─병기, 용병을 전쟁의 뜻으로 풀이하는 것은 후세의 일이다. ○土(토)─토공(土功)(鄭箋), 곧 토목공사. ○國(국)─옛날에는 도성(都城)·국도(國都)의 뜻으로 쓰였다. ○城(성)─성을 보수하는 것(鄭箋). ○漕(조)─위(衛)나라의 고을 이름. 지금의 하남성 골현(滑縣)에 있었다. ○南行(남행)─전쟁하러 남쪽으로 가는 것. ○孫子仲(손자중)─공손문중(公孫文仲)(毛傳)으로 위(衛)나라의 장군 이름. ○平(평)─화(和), 곧 강화(講和)의 뜻(集傳). 위나라는 주우(州吁) 때에 진(陳)나라나 송나라를 평정한 일이 없다. 《춘추(春秋)》은공(隱公) 4년에 주우(州吁)가 자립할 때 송

(宋)·위(衛)·진 (陳)·채(蔡)의 군대들이 정(鄭)나라를 친 일이 있는데, 이로 말미암아 숙원(宿怨)이 있던 송·진 두 나라의 사이가 좋아졌다. 호승공(胡承珙)의 《모시후전(毛詩後箋)》에는 강병장(姜炳璋)의 설을 인용하여 '주우는 진나라와 연합하여 정나라를 치고 송나라를 맹주(盟主)로 밀었다. 평진여송(平陳與宋)이라 한 것은 진·송을 연합시킨 일을 말한다'고 하였다. ○以(이)―여(與)의 뜻으로 이귀(以歸)는 '사귀(使歸)', 돌려보내 준다는 뜻. ○有忡(유충)―충연(忡然)과 같은 말로 우심(憂心)을 형용한다. ○爰居爰處(원거원처)―'어시거(於是居), 어시처(於是處)', 곧 '여기서 잤다 저기서 머물렀다'의 뜻(集傳). ○喪(상)―잃다. ○于以(우이)―원내(爰乃)와 같은 말로 '이에', '그래서'. ○林之下(임지하)―임중(林中), 숲속의 뜻. ○契闊(계활)―손혁(孫奕)의 《시아편(示兒編)》에 '계(契)는 합(合)의 뜻이고, 활(闊)은 이(離)의 뜻'이라 하였으니, 계활은 이합(離合)의 뜻(釋義). 보통은 오랜 이별을 뜻하는 말로 쓰인다. ○子(자)―그대. 집에 두고 온 아내를 가리킴. ○成說(성설)―성약(成約). 언약을 하였다는 뜻(通釋). ○偕老(해로)―죽도록 함께 늙는 것. ○闊(활)―앞의 계활에서나 마찬가지로 이별의 뜻. ○活(활)―함께 사는 것. ○洵(현)―멀리 떠나 있는 것. ○信(신)―백년해로 하자는 언약을 지키는 것.

解說 〈모시서〉에서는 '격고(擊鼓)는 주우(州吁)를 원망한 시이다. 위나라 주우는 군사를 일으켜 난폭한 짓을 하고 공손문중(公孫文仲)을 장수로 삼아 진나라와 송나라를 강화케 하였다. 나라 사람들은 그의 용감하면서도 무례함을 원망한 것이다.'라고 풀이하였다. 이것이 《좌전》 은공 4년의 주우의 전쟁을 배경으로 하고 있는지는 모르지만, 내용은 전쟁에 나간 병사가 사랑하는 아내를 생각하며 읊은 시이다.

　제1절에서 이 사람은 북소리를 신호로 용감하게 전쟁터로 나간다. 제2절에서는 손자중(孫子仲) 장군을 따라 큰 공을 세웠음에도 집으로 돌려보내 주지 않는 전쟁의 무자비함을 원망한다. 제3절에서는 전쟁의 고달픔을 읊었다. 제4절에서는 사랑하는 자기의 아내를 생각한다. 그리고 끝의 제5절에서는 전쟁 때문에 이루어지지 못하는 자기 부부의 사랑을 슬퍼하고 있다. 옛날이나 지금이나 전쟁 속에서 군인들이 흔히 느낄 만한 집에 두고 온 아내에 대한 슬픈 사랑과 전쟁에의 저주이다.

7. 남풍(凱風)

따스한 남풍이 대추나무 새싹에 불어와
대추나무 새싹 파릇파릇하니, 어머님의 노고를 생각케 하네.

따스한 남풍이 대추나무 가지에 불고 있네.
어머님은 예지 있고 훌륭한 분이신데 우리 형제엔 훌륭한 자 없네.

맑은 샘물이 준(浚) 고을 아랫녘에 흐르네.
아들 칠형제를 두셨으니 어머님 고생하셨겠네.

아름다운 누룩제비가 고운 소리로 지저귀네.
아들 칠형제가 있으나, 어머님 마음 위로해 드리지 못하네.

原文 凱風自南으로 吹彼棘心이로다.
棘心夭夭하니 母氏劬勞하셨도다.

凱風自南으로 吹彼棘薪이라.
母氏聖善이시나 我無令人이로다.

爰有寒泉이 在浚之下로다.
有子七人하니 母氏勞苦하셨도다.

睍睆黃鳥는 載好其音이로다.
有子七人이나 莫慰母心이로다.

註解 ○凱風(개풍)－남풍의 뜻(毛傳). ○棘(극)－《설문해자》에 '극(棘)은 작은 대추로 떨기나무'라 하였고, 《명물초(名物鈔)》에는 '극은 대추 같으면서도 가시가 많고, 나무는 딱딱하고 빛깔은 빨가며 총생(叢生)한다' 했다. 이들을 종합컨대 '매추'라는 나무가 아닌가 생각된다. 그러나 '매추'는 흔치 않으므로 '대추'라 하여 둔다. ○心(심)－가늘고 작은 것을 뜻하며, 여기서는 대추

나무의 어린 새 가시를 가리킨다(集傳·通釋). ○夭夭(요요)-어린 나무가 파릇파릇 자라는 모습. 이 어린 새 대추나무 싹이 파릇파릇 자라는 데서 자기들 형제들의 성장을 생각하고, 이에 따른 어머님의 노고를 생각한 것이다. ○劬勞(구로)-노고의 뜻. ○薪(신)-여기서는 땔나무로 할 만큼 다 자란 대추나무를 가리킨다. 여기서도 남풍은 어머님의 사랑, 대추나무는 다 자란 자기들 형제에 비유한 것이다. ○聖(성)-예지(叡智)의 뜻(孔疏). ○令(령)-선(善)과 통하여 영인(令人)은 선인(善人), 곧 어머님께 충분한 효도를 할 만한 훌륭한 사람. ○寒泉(한천)-맑은 샘물. 맑은 샘물은 청령(淸泠)하기 때문에 한천이라 한 것이다. 《방여기요(方輿紀要)》에 의하면, 복양성(濮陽城) 동쪽에 준성(浚城)이 있고 또 한천도 있다고 하여, 한천을 흔히 샘물 이름으로 보기도 하나 이는 후인이 부회(附會)한 것이다. ○浚(준)-여기서는 위나라의 고을 이름. 지금의 산동성 복현(濮縣) 근처에 있었다. 한천으로부터 흐르는 물이 모여 준읍(浚邑) 밑을 흘러 준읍 사람들은 이 물을 먹고 산다. 이 형제들은 맑은 샘물을 어머님의 노고에, 이를 마시고 사는 준읍 사람들에 자기들 형제를 견준 것이다. 이 시의 작자도 준읍 근처 사람이었을 것이다. ○睍睆(현환)-아름다운 것. ○黃鳥(황조)-누룩제비. 꾀꼬리가 아님(앞 周南 '葛覃' 시 참조). ○載(재)-조사. 즉(則)과 비슷한 뜻의 글자. 누룩제비의 아름다운 노래를 자식들의 흐뭇한 효도에 비유한 것이다. 작자는 흐뭇하게 효도를 다하시 못함을 끝내 자책한다.

解說 〈모시서〉에서는 이 시를 '효자를 기린 것'이라 하였다. 그러나 오히려 효자들이 어머님의 은혜를 생각하며 읊은 시라고 봄이 좋겠다. 제1절에서는 따스한 남풍이 어린 대추나무를 자라게 하듯, 어머님이 고생하시며 자기들을 안아 길러주셨음을 노래했다. 제2절에서도 남풍이 대추나무를 성장시켰듯이 어머니는 훌륭하게 자기들을 길러주셨으나, 자기 형제들은 똑똑히 효도를 다하는 이가 없음을 자책한 것이다.

제3절에서는 자기들 칠형제를 길러준 어머님의 은혜는 한 고을 사람들을 먹여 살리는 맑은 샘물처럼 위대함을 노래한 것이다. 제4절에서는 아름다운 누룩제비의 노래처럼 흐뭇한 효도를 어머님께 다하고 싶다. 그러나 아직도 자기 형제들은 어머님께 충분한 효도를 다하지 못함을 노래한 것이다.

8. 수꿩(雄雉)

수꿩이 날아가며 푸덕푸덕 날개짓하네.
나의 그리움이여! 스스로 마련한 시름인 것을.

수꿩이 날아올라 오르락내리락하며 우네.
진실로 내 님이여! 내 마음 정말 괴롭히네.

저 해와 달 바라보니 내 시름은 그지없네.
길은 먼데 언제면 오시게 되나?

여러 군자들이여! 덕행을 모르지는 않겠지요?
남 해치지 않고 탐내지 않으면, 무슨 일이나 잘 되지 않겠소?

原文　雄雉于飛여 泄泄其羽로다.
　　　我之懷矣여 自詒伊阻로다.

　　　雄雉于飛여 下上其音이로다.
　　　展矣君子여 實勞我心이로다.

　　　瞻彼日月하니 悠悠我思로다.
　　　道之云遠이니 曷云能來리요?

　　　百爾君子여 不知德行가?
　　　不忮不求면 何用不臧이리요?

註解　○雄(웅)—수컷. ○雉(치)—꿩. ○泄泄(예예)—꿩이 날개를 치는 모양(毛傳). ○懷(회)—그리워하는 것. ○詒(이)—주다. ○伊(이)—기(其)와 같은 뜻. ○阻(조)—우환(憂患)·우사(憂思)의 뜻. 자이이조(自詒伊阻)는 '스스로 그러한 걱정을 끼치게 하였다'는 뜻. ○展矣(전의)—진실로, 군자(君子) 이하를 강조한 말. ○瞻(첨)—해와 달을 바라본다는 것은 쉴새없는 해와 달의 운행을 통하여 세월의 흐름을 느낀 것이다. ○云(운)—구중(句中)에 쓰이는 어조사.

도지운원(道之云遠)은 남편이 가 있는 곳에서 집으로 오는 길이 멀다는 뜻.
ㅇ曷(갈)—특히 '언제'의 뜻. ㅇ百爾(백이)—'여러' '모든'의 뜻. ㅇ君子(군자)—
자기 남편처럼 벼슬하고 있는 사람들. ㅇ忮(기)—남을 해치는 것(毛傳). ㅇ求
(구)—탐구하는 것(集傳). ㅇ臧(장)—선(善)과 통하여, 일이 잘 되는 것.

解說 이 시는 잘못을 저질러 귀양가 있는 남편을 생각하며 그의 처가
지은 시인 듯하다. 펄펄 날아가는 수꿩에서는 귀양가기 전 자기 남편의
화려했던 관리 생활을 연상했을 것이다. 즐거웠던 지난날을 생각하니 귀
양가 있는 남편을 그리는 마음 더욱 간절해진다. 그런데 자기들이 이렇게
된 것은 남편이 잘못을 저질렀기 때문이다. 그러기에 제4절에서는 여러
벼슬하는 사람들에게 다시는 자기들 같은 비극을 겪지 않도록 올바르게
행동해 달라고 충고하는 것이다.

〈모시서〉에서는 위나라 선공(宣公)을 풍자한 시라 하였다. 선공은 전쟁
을 자주 일으키어 오랫동안 집을 나가 종군하는 남편들이 많았으므로 국
민들이 이를 걱정하고 이 노래를 불렀다는 것이다. 또 주희의 《집전》에서
는 오래 종역(從役)하고 있는 남편을 생각하며 부인이 지은 시라 하였다.
여하튼 그러면 끝장의 여러 군자들에 대한 충고를 억지로 풀이하는 수밖
에 없게 된다.

9. 박의 마른 잎(匏有苦葉)

박에는 마른 잎이 달려 있고, 제수(濟水)에는 깊은 나루가 있네.
깊으면 옷 입은 채 건너고 얕으면 옷 걷고 건너지.

홍건히 제수(濟水) 물 넘쳐흐르고, 꿩꿩 암꿩이 우네.
제수 넘쳐흐르는데도 수레바퀴통도 안 젖고, 암꿩이 우는 것은 수컷
을 구함이네.

기럭기럭 기러기 울며 가고, 환히 아침 햇살 비치네.
총각이 장가들려면, 얼음이 다 녹기 전에 해야 하네.

뱃사공 손짓하여, 남들은 물을 건너도 나는 안 가려네.
남은 건너도 나 안가는 것은, 내 벗을 기다리기 때문이네.

原文 匏有苦葉이요 濟有深涉이로다.
深則厲요 淺則揭니라.

有瀰濟盈이요 有鷕雉鳴이로다.
濟盈不濡軌하며 雉鳴求其牡로다.

雝雝鳴鴈이요 旭日始旦이로다.
士如歸妻인댄 迨氷未泮이니라.

招招舟子에 人涉卬否로다.
人涉卬否는 卬須我友니라.

註解 ㅇ匏(포)-박. ㅇ苦(고)-고(枯)와 통하여 고엽(苦葉)은 고엽(枯葉)
(王先謙說, 據釋義). 박에 마른 잎새가 달려 있음은 박이 다 여문 것이며, 이
는 젊은 남녀의 성숙함을 비유한 것이다. ㅇ濟(제)-물이름. 뒤의 '천수(泉
水)' 시 '출숙우제(出宿于泲)'의 제수(泲水)를 가리킨다(張文虎說, 據釋義).
ㅇ涉(섭)-여기서는 물을 건너는 곳, 곧 나루의 뜻이다(釋義). 제수(濟水)에
깊은 나루가 있다는 것은 젊은 남녀가 나이를 먹으면 결혼을 해야 할 터인
데, 그 앞에는 깊은 나루와 같은 건너야만 할 어려움이 가로막혀 있다는 뜻.
ㅇ厲(려)-옷을 입은 채 물을 건너는 것(毛傳). ㅇ揭(게)-옷자락을 걷고 물
을 건너는 것. ㅇ瀰(미)-물이 철철 넘쳐흐르는 것. 유미(有瀰)는 미연(瀰然),
곧 물이 가득히 흐르는 모양. ㅇ有鷕(유요)-요연(鷕然)의 뜻으로, 암꿩이 우
는 모양. ㅇ雉(치)-여기서는 암꿩을 가리킨다. ㅇ濡(유)-젖다. ㅇ軌(궤)-수
레바퀴 굴대가 달린 바퀴통(왕인지 《經典釋文》). 제수는 가득히 넘쳐흘러도
건너보면 수레바퀴통도 젖지 않는다는 것은, 결혼에는 어려움이 많은 듯하지
만 실지로 남녀가 하려 들면 아주 간단함에 비유한 것이다. ㅇ牡(무)-암꿩
이 울면서 수컷을 찾는다는 것은 사춘기의 여인에 비유한 것이다. ㅇ雝雝(옹
옹)-기러기가 화답하며 우는 모양(毛傳). ㅇ鴈(안)-기러기. 기러기는 납채
(納采)로서 결혼을 신청할 때 보냈다. 그리고 기러기는 꼭 짝을 지어 다니므

로 원만한 남녀의 결혼에 비유한 것이다. ○旭(욱)—햇빛이 비치는 것. ○旦(단)—아침. 옛날 결혼을 신청하는 납채의 의식은 햇살이 비치기 시작하는 대흔(大昕)의 시(時)에 행하여졌다. 밝은 햇살은 결혼한 남녀의 앞날을 상징하는 것일 게다. ○如(여)—약(若)의 뜻. ○歸妻(귀처)—여자로 하여금 시집오게 하는 것(鄭箋). 곧 장가드는 것. ○迨(태)—미치다. 급(及)의 뜻. ○泮(반)—얼음이 녹는 것. 얼음이 풀리는 것은 음력 정월 중순. 얼음이 풀리기 전에 장가들라는 것은 농사일이 시작되어 바빠지기 전 한가할 때 장가들라는 뜻(姚際恒《詩經通論》). ○招招(초초)—소리쳐 부르는 모습(毛傳). 또는 손짓해 부르는 모양(魯詩). ○舟子(주자)—뱃사공. ○人(인)—딴사람, 곧 남. ○卬(앙)—나. 앙부(卬否)는 나는 건너지 않겠다는 뜻. ○須(수)—기다리다. 남이 다 제수를 건너도 자기는 건너지 않고 친구를 기다리겠다는 것은, 아무리 장가가라고 중매인이 권하고 또 남들은 전부 장가간다 하더라도 벗처럼 뜻이 맞는 사람이나 적당한 시기가 당도하지 않으면 자기는 함부로 장가들지 않겠다는 뜻이다.

[解說] 이 시는 〈모시서〉에는 위나라 선공(宣公)이 그의 부인 이강(夷姜)과 함께 음란함을 풍자한 것이라 하였다. 《집전》에서도 역시 음란함을 풍자한 시라고 하였는데, 아무래도 납득이 되지 않는다. 이 시는 결혼을 노래한 시일 것이다. 일찍이 여조겸(呂祖謙)이 '이 시는 모두 사물로 비유를 하였지 바로 읊으려고는 하지 않았다'고 하였다(王先謙《詩三家義集疏》引). 옛날부터 이 시 해석에 의견이 많았던 것은 이러한 이유가 크게 작용하였다.

　제1절은 나이가 차면 어떻게든 남녀는 결혼하게 된다는 것을 읊었다. 제2절에서는 결혼은 어려운 것 같지만 실제로는 젊은 남녀들이 뜻만 맞으면 간단하다는 내용이다. 제3절은 장가를 든다는 것은 젊은 남녀에게 중요한 대사(大事)며, 이런 대사는 바쁘지 않은 늦은 가을부터 겨울에 걸친 철에 치르는 것이 좋다는 내용이다. 제4절은 남이 아무리 권하더라도 함부로 결혼해서는 안된다는 것이다. 이러한 내용을 모두 비유로 노래했기 때문에 이 시는 이해하기 어렵고 학자들에 따라 견해가 구구하다.

10. 동풍(谷風)

살랑살랑 동풍에, 흐렸다 비가 왔다,
한마음으로 힘써 살아 왔으니, 성내어서는 안되지요.
순무나 무를 캠은 뿌리만을 위한 것이 아니니,
언약을 어기지 않았을진댄, 그대와 죽도록 함께하려 했어요.

가는 길 차마 발이 안 떨어짐은, 마음의 원한 때문,
당신은 멀리 나오기는커녕, 나를 문안에서 내보냈지요.
누가 씀바귀를 쓰다 했나요? 내 처지엔 냉이보다도 달아요.
그대는 신혼 재미에, 형제처럼 그 각시와 즐기겠지요.

경수 때문에 위수가 흐려진다 해도, 파랗게 맑을 때가 있거늘,
그대는 신혼 재미에, 나를 거들떠보지도 않네요.
내가 놓은 어살에는 가지 마오, 내 통발도 다치지 마오!
내 몸도 받아들여지지 않거늘, 뒷걱정할 겨를이 있겠어요?

깊은 물이 닥치면 뗏목이나 배 타고 건너고
얕은 물이 닥치면 자맥질이나 헤엄쳐 건넜지요.
부한지 가난한지 모르며, 그저 애써 장만했었지요.
남의 집에 큰일 생기면 힘을 다해 도와주고요.

그런데도 나를 좋아하지 않고, 오히려 나를 원수로 삼는구려.
내 좋은 점은 물리치시니, 팔리지 않는 물건 같은 나예요.
옛날 살림할 때엔 궁해질까 애태우며 그대와 함께 고생했더니,
살림살이 할 만하니깐 나를 독벌레처럼 여기는군요.

우리가 맛있는 마른 나물 장만함은 겨울철 막기 위한 것이라더니,
이제 그대는 신혼 즐기고 있으니, 나는 궁할 때나 필요한 거였던가요.
우악스럽고 퉁명스럽게 내게 고생만을 시키고

옛날에 나만을 사랑하던 일 잊었나요?

[原文] 習習谷風에 以陰以雨로다.
黽勉同心이니 不宜有怒니라.
采葑采菲는 無以下體니
德音莫違인댄 及爾同死니라.

行道遲遲는 中心有違니
不遠伊邇하고 薄送我畿로다.
誰謂荼苦오? 其甘如薺로다.
宴爾新昏하여 如兄如弟하도다.

涇以渭濁이나 湜湜其沚어늘
宴爾新昏하여 不我屑以하도다.
毋逝我梁하고 毋發我笱하라.
我躬不閱이어늘 遑恤我後아!

就其深矣면 方之舟之오
就其淺矣면 泳之游之니라.
何有何亡고 하여 黽勉求之니라.
凡民有喪이면 匍匐救之니라.

不我能慉이요 反以我爲讎하도다.
旣阻我德하니 賈用不售로다.
昔育恐育鞫하여 及爾顚覆이러니
旣生旣育하여 比予于毒이로다.

我有旨蓄은 亦以御冬이니라.
宴爾新昏이여 以我御窮이로다.
有洸有潰하여 旣詒我肄하니

不念昔者에 伊余來塈로다.

註解 ○習習(습습)—부드러운 모양(毛傳). ○谷風(곡풍)—동풍(東風)의 뜻. 곡(谷)은 곡(穀)과 통하여 곡식을 자라게 하는 바람이라 하여, 곡풍을 동풍이라 부르게 되었다 한다(孔疏). 엄찬(嚴粲)은 전씨설(錢氏說)을 좇아 '곡중지풍(谷中之風)'이라 풀이했다. ○以(이)—내(乃)의 뜻(王引之《經典釋詞》). 이음이우(以陰以雨)는 흐렸다가 비가 온다는 뜻. 이 구절은 동풍처럼 부드러워야 할 부부 사이에 파탄이 생겼음을 비유한 것. ○黽勉(민면)—힘쓰다, 노력하다. ○不宜有怒(불의유노)—성을 내는 것이 당연한 일이 아니라는 뜻. ○采(채)—채(採)의 뜻. ○葑(봉)—순무. ○菲(비)—순무.《공소》에 의하면 봉(葑)과 비(菲)는 무와 순무의 종류로서 아래위를 다 먹을 수 있는 것이라 하였고,《집전》에서는 봉은 만정(蔓菁), 곧 순무, 비는 무와 비슷한데 줄기가 약간 굵고 잎새가 두꺼우며 길고 털이 달렸다(陸璣《毛詩草木鳥獸蟲魚疏》도 대략 같음). 여기서는 봉은 순무, 비는 무로 했다. ○無(무)—불(不)의 뜻. ○下體(하체)—뿌리로서, 무이하체(無以下體)는 뿌리만을 보고 위 잎새까지 맛이 없다고 내버리지 않는다는 뜻. 이것은 자기의 처가 나이들어 얼굴이 시든 것만 생각하고, 옛날에 고생했던 일이나 그의 미덕까지 버리고 딴 여자에게 다시 장가가면 안된다는 뜻을 지녔다. ○德音(덕음)—앞의 '일월(日月)' 시 참조. 여기서는 남편의 언약을 가리킨다. ○違(위)—어기다. ○及(급)—여(與)의 뜻. ○同死(동사)—죽도록 함께 사는 것. ○行道(행도)—남편에게 쫓겨나 가는 길. ○遲遲(지지)—발걸음이 떼어지지 않는 모양. ○違(위)—원(怨), 또는 원한(怨恨)의 뜻(韓詩). ○伊(이)—조사. 유(維)의 뜻(鄭箋). ○邇(이)—가까운 것. 불원이이(不遠伊邇)는 남편이 자기가 떠남에 멀리는커녕 집 안에서 전송한 것을 강조한 말임. ○薄(박)—조사. ○畿(기)—문안. ○荼(도)—씀바귀. 쓴 나물의 일종. ○苦(고)—쓴 것. ○薺(제)—냉이. 맛이 단 나물의 일종. 기감여제(其甘如薺)는 세상 사람들이 쓴 나물 같다는 괴로움은 지금의 자기 처지에서 보면 모두 달기가 냉이와 같을 것이라는 뜻. 자기의 현재 고민을 강조한 말이다. ○宴(연)—즐기는 것. ○昏(혼)—혼(婚)과 통하는 글자로서, 신혼(新昏)은 신혼(新婚)의 뜻. ○涇(경)—경수(涇水)로서 감숙성(甘肅省) 경계에서 남북 두 갈래로 흘러내리는 물이 융덕현(隆德縣)과 평량현(平涼縣)에서 합치어 경천현(涇川縣)에서 섬서성(陝西省) 경계로 들어가 동남쪽으로 빈현(邠縣)・예천현(醴泉縣)・경양현(涇陽縣)을 거쳐 고릉현(高陵縣)에서 위수

(渭水)와 합쳐진다. ○渭(위)―위수로서 감숙성에서 시작, 동남쪽으로 흘러 청수현(淸水縣)에 이르러 섬서성 경계로 들어와, 고릉현에서 경수와 합친 뒤 다시 동쪽으로 흘러 조읍현(朝邑縣)에서 낙수(洛水)와 합쳐 황하로 합류된다. 옛날부터 경수는 흐리고 위수는 맑아서 '경위(涇渭)를 분명히 따진다'는 말이 생겨났다. ○湜湜(식식)―물이 맑은 모양(集傳). ○沚(지)―《설문해자》에는 이를 인용함에 '지(止)'로 썼고, 마서진은 '수지즉청(水止則淸 : 물이 멈추면 곧 맑아진다)'의 뜻으로 풀이하였다(通釋). 여하튼 이 구절은 위수는 경수 때문에 흐려지지만 흘러가다 보면 또 맑아지는 일도 있는데, 자기의 남편은 한번 신혼 재미에 빠져 자기를 버리더니 영영 자기를 거들떠보지 않는다는 뜻으로 쓴 것이다. ○屑(설)―혈(絜), 곧 헤아리다의 뜻(毛傳). ○以(이)―용(用)의 뜻(鄭箋). 설이(屑以)는 '거들떠보는 것'. ○毋(무)―금지사(禁止詞). ○梁(양)―돌로 냇물에 보를 막고 가운데를 틔어 고기를 통하게 하여 놓은 것(集傳). 적당한 말이 없어 어살[魚箭]이라 번역하였다. ○發(발)―물건을 드는 것. ○笱(구)―통발. 앞의 양(梁)의 물이 통하는 곳에 대어놓고 고기를 잡는 발. 앞의 어살은 이 시를 읊은 여인이 이룩하여 놓은 남편의 집안을, 통발은 자기가 하던 그 집안의 살림살이를 비유한 것이다. 쫓기어는 났지만 시집에 대한 미련을 지워버리지는 못한다. ○躬(궁)―몸. 아궁(我躬)은 자기 자신. ○閱(열)―받아들여지다, 용납되다. ○遑(황)―겨를. ○恤(휼)―근심하다. ○就(취)―나아가다. 취기심(就其深)은 '나아가다 깊은 물이 닥치면'의 뜻. ○方(방)―앞의 주남 '한광(漢廣)' 시에 나왔던 것처럼 '뗏목'. 방지(方之)는 '그것을 뗏목으로 건너는 것'. ○泳(영)―자맥질하는 것. ○游(유)―헤엄치다. 이 구절은 살림살이의 단맛 쓴맛을 다 보았음에 비유한 말이다. ○有(유)―부유(富有). ○亡(무)―무(無)와 통하여 빈(貧)의 뜻. '하유하무(何有何亡)'는 부하건 가난하건 상관 않는 것. ○求之(구지)―살림 늘이기에만 애썼다는 뜻. ○民(민)―이웃의 동네 사람들을 가리킴. ○喪(상)―상사(喪事), 곧 궂은 일을 가리킴(孔疏). ○匍匐(포복)―팔다리를 다 쓰며 힘을 다하는 것(鄭箋). 기어다니는 것. ○慉(휵)―축(畜)(《孟子》에 畜君이 好君의 뜻으로 쓰였음), 휵(嬌)과 통하는데, 《광아(廣雅)》에 휵(嬌)은 호(好)의 뜻이라 하였고 《설문해자》에는 미(媚)의 뜻이라 하였다. 이 '미'도 호(好), 곧 '좋아한다'는 뜻으로 봄이 옳다(通釋). ○讎(수)―원수. ○阻(조)―막히다. 여기서는 각(卻)의 뜻(鄭箋). ○德(덕)―자기의 좋은 점(釋義). ○賈(고)―여기서는 물건을 파는 것. ○用(용)―이(以)·이(而)의 뜻. ○售(수)―팔리는 것. ○育(육)―위의 것은 가족

을 양육하는 것, 곧 생활의 뜻. 아랫것은 장육(長育)의 뜻. ㅇ鞫(국)-궁한
것. 육국(育鞫)은 궁하게 되는 것. '석육공육국(昔育恐育鞫)'은 '옛날 가족을
양육할 때엔 궁하게 될까 두려워하였다'는 뜻. 촉(蜀)의 《석경(石經)》에는 밑
의 육(育)자가 없이 이 구절을 '석육공국(昔育恐鞫)'이라 하였다. ㅇ及爾(급
이)-'그대와 더불어'. ㅇ顚覆(전복)-환난(患難)과 괴로움을 맛보는 것(鄭
箋). ㅇ生(생)-생업(生業), 재업(財業)을 이루는 것. ㅇ育(육)-장성하는 것.
곧 '기생기육(旣生旣育)'은 '살림살이를 재물이나 신체면에서 할 만하게 된
것'. ㅇ予(여)-나. ㅇ毒(독)-독 있는 벌레의 뜻(鄭箋). ㅇ旨(지)-맛있는 것.
ㅇ蓄(축)-축채(蓄菜), 곧 건채(乾菜)를 뜻한다. ㅇ御(어)-어(禦)와 통함. 어
동(御冬)이란 겨울 나물 없을 때를 대비하는 것임. 겨울에 먹기 위하여 마른
나물을 장만한다. 이것은 바로 뒷구절 '신혼을 위하여 자기로서 궁함을 막은
셈이라'는 말에 비유한 것임. ㅇ洸(광)-무모(武貌)라 하였으니(集傳), 우악스
러운 것. ㅇ潰(궤)-노색(怒色)이라 하였으니(集傳), 퉁명스러운 것. '유광유
궤(有洸有潰)'는 광연궤연(洸然潰然)과 같은 말. ㅇ詒(이)-주다. 끼치다. ㅇ肄
(이)-노고의 뜻. ㅇ伊(이)-조사. 유(維)와 같은 글자. ㅇ來(래)-조사로 시
(是)와 같은 글자. ㅇ塈(기)-쉬다. 《모전》엔 식(息)의 뜻이라 하였고, 정현은
이를 안식(安息)으로 풀이하였다(鄭箋). 마서진은 기(塈)는 은(愍)의 가차자
이며, 은(愍)은 애(愛)의 고자(古字)라 보았다. 따라서 '이여래기(伊余來塈)'
는 유여시애(維余是愛)의 뜻(通釋). 후설(後說)을 취한다.

解說 이 시는 남편에게 버림받은 아내가 읊은 것이다. 남편은 새색시
에게 장가들어 신혼 재미에 빠져 정실(正室)은 거들떠 볼 줄도 모른다.
제1절에서는 자기를 버린 남편을 원망하면서도 옛날의 은애(恩愛)를 생
각한다.

　제2절에서는 남편에게 쫓겨나던 쓰라림을 되새겨 본다. 제3절에서는
아직도 버리지 못하는 시집에 대한 미련을 노래한다. 제4절에서는 부지런
히 집안 살림하며 이웃들과도 잘 지내던 옛일을 되새겨 본다. 제5절에서
는 자기의 노고로 살 만하게 되자 자기를 버리는 남편을 원망한다. 끝절
에서는 옛날 사랑했던 시절을 잊어버린 남편을 원망한다.

11. 쇠미하였도다 (式微)

쇠미하고 쇠미해졌거늘 어째서 돌아가시지 않나이까?

임금님 자신 때문이 아니라면 어찌하여 이슬 맞으며 지내고 계십
니까?

쇠미하고 쇠미해졌거늘 어째서 돌아가시지 않나이까?

임금님 한몸을 위해서가 아니라면 어찌하여 진흙 속에 지내고 계십
니까?

[原文] 式微式微어늘 胡不歸오?
　　　　微君之故면 胡爲乎中露리요?

　　　　式微式微어늘 胡不歸오?
　　　　微君之躬이면 胡爲乎泥中이리요?

[註解] ○式(식)―발어사(鄭箋). ○微(미)―《집전》에 쇠(衰)의 뜻이라 하였
으니 쇠미(衰微)의 뜻. 여(黎)나라 제후가 오랑캐들에게 쫓기어 위(衛)나라에
와 있으나 아무런 구원도 없으니, 지위가 쇠미해졌다는 말(孔疏). '식미식미
(式微式微)'라 거듭 말한 것은 미쇠(微衰)해지고 또 미쇠해졌다고 강조하는
것이다(毛傳). ○胡(호)―어찌. ○微(미)―비(非)의 뜻. ○故(고)―'때문'. '미
군지고(微君之故)'는 '임금님 자신을 위하려는 때문만이 아니라면'의 뜻. ○胡
爲(호위)―하위(何爲)의 뜻. ○中露(중로)―위나라의 들판 이슬 속에서 지내는
것. ○微君之躬(미군지궁)―'임금님 자신만을 생각하는 것이 아니라면'의 뜻.
○泥中(니중)―빠져나오기 힘든 진흙 속같이 구원(救援) 없는 어려운 환경을
가리킴.

[解說] 〈모시서〉에 따르면 '식미(式微)는 여(黎)나라 제후가 위나라에 머
물러 있었는데, 그의 신하가 돌아가기를 권하는 뜻으로 읊은 것'이라고
한다. 정현은 또 '여나라 제후는 적인(狄人)들에게 쫓기어 그 나라를 버

리고 위나라에 기탁(寄託)하고 있었다'고 《전(箋)》에서 설명했다. 여나라
는 대략 지금의 산서성 장치현(長治縣) 서쪽 근방에 있었던 제후의 나라
이며, 여나라 제후는 위나라의 동경(東境)인 지금의 하남성(河南省) 준현
(濬縣)에 머물러 있었다.

12. 높은 언덕(旄丘)

높은 언덕의 칡덩굴은, 얼마나 마디 사이가 넓어졌는가?
위(衛)나라 대부들이여! 얼마나 여러 날이 갔는가?

어째서 그렇게 속 편히 있을까? 반드시 딴 나라 군사와 함께 오려
는 게지.
어째서 그렇게 오래 걸릴까? 반드시 무슨 까닭이 있겠지?

여우 갖옷도 너덜너덜해졌는데, 그들의 수레는 동쪽으로 오지 않네.
위나라 대부들이여! 함께 협력하지 않으려는 것이구려.

쇠약해졌도다, 떠돌아다니는 이들이여!
위나라 대부들이여! 꽉 귀를 막고 있는 듯하네.

原文　旄丘之葛兮여 何誕之節兮오!
　　　叔兮伯兮여 何多日也오?

　　　何其處也오? 必有與也로다.
　　　何其久也오? 必有以也로다.

　　　狐裘蒙戎이어늘 匪車不東이로다.
　　　叔兮伯兮여 靡所與同이로다.

　　　瑣兮尾兮로다 流離之子여!

叔兮伯兮여 褎如充耳로다.

註解 ○旄丘(모구)—앞이 높고 뒤가 낮은 언덕(毛傳). ○葛(갈)—칡. ○誕(탄)—넓은 것. 탄지절(誕之節)은 마디와 마디 사이가 넓은 것. 칡덩굴은 처음 날 때엔 마디와 마디 사이가 좁지만 자랄수록 마디 사이가 넓어진다. 마디 사이가 넓다는 것은 세월이 흘렀음을 뜻하는 것이다(嚴粲《詩緝》). ○叔伯(숙백)—위(衛)나라의 여러 신하들, 곧 대부들을 가리킨다. ○多日(다일)—여러 날이 된 것. 여(黎)나라 제후가 위나라에 몸을 기탁한 지 오래 되었다는 것이다. ○處(처)—여기서는 안처(安處)의 뜻으로(集傳), 위나라 대부들이 여나라 제후를 도와줄 생각은 않고 속 편히 지내고 있음을 말한다. ○與(여)—여국(與國)의 뜻으로(集傳), 친한 나라들의 군사들과 함께 오려는 것인가 보다라는 뜻. ○以(이)—까닭·원인의 뜻. ○狐裘(호구)—여우 털가죽 옷으로 대부들이 입는 옷. 여기서는 여나라 제후와 신하들이 입고 있는 옷을 가리킨다. ○蒙戎(몽융)—《모전》에 난모(亂貌)라 하였는데, 주희는 해어져 어지러운 모습이란 뜻을 보충하였다(集傳). 곧 너덜너덜한 것. ○匪(비)—《광아(廣雅)》에 피(彼)의 뜻이라 하였고, 비(匪)와 피(彼)자는 옛날에 통용되었다(通釋). 비거(匪車)는 위나라의 수레를 가리킴. ○東(동)—동쪽으로 오는 것. 여나라 제후는 앞 '식미(式微)' 시 해설에서 설명한 것처럼 위나라 동경(東境)에 와 있었다. 따라서 동(東)은 위나라에서 여나라 제후를 구원하러 수레를 타고 동쪽으로 오는 것. ○靡(미)—불(不)자와 같은 부정사임. ○同(동)—동력(同力), 곧 동심(同心), 협심(協心)의 뜻(釋義). ○瑣(쇄)—세(細)의 뜻(集傳). ○尾(미)—《설문해자》에 미(微)의 뜻이라 하였다. 따라서 쇄(瑣)나 미(尾)나 모두 여나라 제후와 그의 일행의 몸이 쇠약해진 것을 뜻한다. ○流離(유리)—자기의 고장을 떠나 떠돌아다니는 것. 유리지자(流離之子)는 여나라 제후와 그의 일행을 가리킨다. ○褎(유)—《모전》에는 성복(盛服)의 뜻이라 하고, 《집전》에는 다소모(多笑貌)라 하였는데, 뜻이 잘 통하지 않는다. 굴만리는 마서진이 척학표(戚學標)의 《한학해성설(漢學諧聲說)》을 인용하여 유(褎)는 의(衣)자에 채(采)자 음을 합쳐 이루어진 것이라 한 주장을 시인하고, 유(褎)는 부(裒)와 통하여 충만의 뜻이 있다고 하였다. ○如(여)—연(然)과 같은 조사이니 유여(褎如)는 유연(褎然)으로 충이(充耳)한 모양을 형용한 말이다(釋義). ○充耳(충이)—색이(塞耳), 곧 귀를 막고 모르는 체 하는 것.

解說 이 시는 여(黎)나라 제후의 신하들이 위(衛)나라 제후를 힐책(詰責)한 것이다. 여나라 제후는 적인(狄人)들에게 쫓겨나 위나라에 와 머물고 있었는데 위나라는 방백(方伯)으로서 제후들을 연합하고 거느리는 직책을 다하여 여나라 제후를 돕지 않았다. 그래서 여나라 신하가 위나라를 힐책하는 노래를 한 것이다(《모시서》).

13. 춤(簡兮)

익숙하고 익숙하게 막 춤을 추려는데,
해는 한낮이고, 그이는 앞줄 첫머리에 서 있네.

키 헌칠한 그이가 궁전 뜰에서 춤을 추는데
힘은 호랑이 같고 비단끈을 짜듯 고삐 쥐고 있네.

왼손엔 피리 들고 오른손엔 꿩깃 들고,
붉게 얼굴 상기되니, 임금께서 술잔 내리시네.

산에는 개암나무, 진펄엔 감초,
누가 그리워지나? 서쪽의 고운 님이지.
그 고운 님은 서쪽 사람이라네.

原文 簡兮簡兮여 方將萬舞로다.
日之方中에 在前上處로다.

碩人俁俁하니 公庭萬舞로다.
有力如虎로 執轡如組로다.

左手執籥하고 右手秉翟이라.
赫如渥赭어늘 公言錫爵하시다.

山有榛이며 隰有苓이로다.

云誰之思오? **西方美人**이로다.

彼美人兮여 **西方之人兮**로다.

[註解] ○簡(간)-《모전》엔 대(大), 《공소》엔 대덕(大德), 《집전》엔 간이(簡易)의 뜻으로 각각 풀이하였으나 합당치 않다. 《국어(國語)》 오어(吳語) 위소주(韋昭注)에 간(簡)은 습(習)의 뜻이라 하였으니 이를 취하였다(釋義). '간혜간혜(簡兮簡兮)'는 곧 춤을 익히고 익히었다는 뜻. ○方將(방장)-차장(且將), 곧 '……하려 하고 있다'는 뜻. ○萬舞(만무)-춤의 총명(總名)(孔疏). 방패나 도끼를 들고 추는 무무(武舞)와 꿩깃과 피리를 들고 추는 문무(文舞)를 통틀어 일컫는 말. ○方中(방중)-해가 막 정남(正南)에 온 것. 한낮을 가리킴. ○在前上處(재전상처)-앞줄 맨 첫머리에 있는 것(鄭箋). ○碩人(석인)-대인(大人)의 뜻. 키가 큰 사람. ○俁俁(우우)-사람의 키가 큰 모양. ○公庭(공정)-종묘의 뜰이라 하였다. 그러나 왕질(王質)의 《시총문(詩總聞)》에서는 이는 제소(祭所)가 아니라 술마시고 즐기는 연악(燕樂)인 듯하니 '제후의 궁정'을 말한다 하였다. 여기서는 위나라의 궁정을 말한다. ○組(조)-《모전》에는 직조(織組)라 하였으니 비단 실로 인끈[綬]을 짜는 것임. '집비여조(執轡如組)'는 말고삐를 잡고 춤을 추는 폼이 비단 실로 끈을 짜듯 익숙하다는 뜻. 이 구절은 무무(武舞)를 형용한 것이다. ○籥(약)-피리. ○秉(병)-손으로 잡는 것. ○翟(적)-여기서는 꿩의 깃(毛傳). ○赫如(혁여)-혁연(赫然)으로 붉게 상기되어 오는 모양. ○渥赭(악자)-춤추는 사람의 얼굴이 상기되어 붉게 물드는 것. ○公(공)-위나라 제후를 가리킴. ○言(언)-조사. ○錫(석)-하사(下賜)의 뜻. ○爵(작)-술잔. 이 제3절은 문무(文舞)를 형용한 것이다. ○榛(진)-개암나무. ○隰(습)-진펄. ○苓(령)-풍냉이. 한약재에 쓰이는 복령(茯苓). 그러나 《모전》에선 대고(大苦 : 씀바귀?)라 하고 《정전》에선 《본초(本草)》에 감초(甘草)라 하였다 했다. 여하튼 '산에는 개암나무가 있고 진펄에는 감초가 있다'는 말은 주위 환경에 따라 그곳에 알맞은 식물이 자라듯이 나라의 환경에 따라 올바른 정치가 이루어진다는 것이다. 그런데 이 춤이라는 것도 나라의 환경을 이룩하는 중요한 요건의 하나이다. 그러면 이 춤은 무엇을 지향하고 있는가? 다음에 그 해답이 나온다. ○云(운)-조사. ○誰之思(수지사)-그 춤은 '누구를 생각케 하는가?' '누가 그리워지나?'의 뜻. ○西方美人(서방미인)-주초(周初)의 훌륭한 임금을 가리킨다. 중국에선 일찍부터 시에서 미인을 임금에 비유하였다(예 屈原《離騷》, 說據《集傳》). 곧 이 춤은 주

나라 문왕이나 무왕 같은 성군의 훌륭한 정치를 상징하고 있다는 뜻이다.

解說　이 시는 어떤 훌륭한 무인의 춤을 읊은 것이다. 제1절에서는 춤을 추려는 때이고, 제2절은 무무(武舞)를 추는 것, 제3절은 문무(文舞)를 추는 것, 제4절에서는 이러한 무무나 문무는 주나라 문왕이나 무왕의 정치를 형용하는 것이라는 것이다. 이 시는 《모전》에선 3절로 나누었으나 《집전》을 따라 4절로 나누었다. 〈모시서〉에서는 나라가 어지러워져 현인이 뜻을 못 얻고 무인(舞人)이란 천한 지위에 있음을 탄식한 것이라 하였는데 합당치 않다.

14. 샘물(泉水)

콸콸 흐르는 저 샘물도 기수로 흘러드는데,
위나라가 그리워 하루도 생각 않는 날 없으니
예쁜 내 하녀들과 돌아갈 일을 의논해 보네.

제수 가에 와서 묵고, 예수 가에서 작별했었지.
여자가 시집을 가면 부모형제와도 멀어지는 것.
고모들에게 안부 여쭙고 언니들도 만나고 싶네.

간땅에 가서 묵고 언땅에서 작별하고,
기름치고 굴대빗장 꽂고 수레를 돌려 달려가면
바로 위나라에 다다를 테니 안될 것도 없으련만.

나는 비천을 생각하고 긴 한숨 짓고,
수땅과 조땅을 생각하니 시름만이 그지없네.
수레 타고 나가 놀며 내 근심이나 풀어 볼까!

原文　毖彼泉水도 亦流于淇로다.

　　　有懷于衛하여 靡日不思하니

　　　孌彼諸姬와 聊與之謀하도다.

出宿于泲하고 飮餞于禰로다.
女子有行이면 遠父母兄弟니
問我諸姑코 遂及伯姉로다.

出宿于干하고 飮餞于言하여
載脂載舝하여 還車言邁면
遄臻于衛하여 不瑕有害로다.

我思肥泉하여 茲之永歎이로다.
思須與漕하니 我心悠悠로다.
駕言出遊하여 以寫我憂아!

註解   ○毖(비)-《모전》엔 샘물이 처음 흐르기 시작하는 모습이라 하였으니 '졸졸 흐르는 것'. 그러나 《설문해자》에는 비(泌)라 인용하고 협류(俠流)의 뜻이라 하였다. 협류라면 물이 빠르게 콸콸 흐르는 모양. 후자를 취한다. ○淇(기)-기수(淇水)로 지금의 하남성 양음현(湯陰縣)·기현(淇縣) 등을 거쳐 흘러 위하(衛河)에 합쳐진다. 이 구절은 샘물도 모두 콸콸 흘러 이 시의 작자의 고향인 기수(淇水)로 합쳐 들어가는데 자기만은 고향에 가 보지도 못하고 있음을 말한다.   ○靡(미)-불(不)과 같은 부정사임.   ○孌(연)-예쁘다. 곱다.   ○諸姬(제희)-위나라의 여인이 시집올 때 데려온 여러 몸종들을 가리킨다.   ○聊(요)-차(且)의 뜻.   ○謀(모)-어떻게 하면 위나라의 고향에 돌아가 볼 수 있을까 모의(謀議)하는 것.   ○泲(제)-《수경주(水經注)》에 의하면 형양현(滎陽縣) 이동(以東)은 이수(二水)로 되어 있다. 그 지류를 북제(北泲)라 하는데 양무현(陽武縣)·제양현(泲陽縣)·정도현(定陶縣)의 북쪽을 거쳐 남제(南泲)에 합쳐진다. 남제는 양무현·제양현·정도현의 남쪽을 거치는데 여기서는 북제를 가리키는 듯하다(《釋義》引朱右曾說).   ○餞(전)-옛날 길을 떠나는 사람은 길의 신에게 제사지낸 뒤, 전송하는 사람들과 이별의 술잔을 들고 떠났다. 그래서 음전(飮餞)이라 한 것이다. 시간적으로 볼 때 음전이 먼저고 출숙(出宿)이 뒤이지만 출숙을 먼저 든 것은 음전은 출숙할 길 떠나는 사람을 위한 것이기 때문이라 한다(孔疏).   ○禰(녜)-수명(水名)으로 대녜구(大禰溝) 또는 원수(冤水)라고도 부르며, 지금의 산동성 하택현(荷澤縣) 서남쪽을 흘렀다(《釋義》引朱右曾說). 구설에는 여(黎)와 녜(禰)를 모두 지명이

라 하였다(毛傳). 이것은 위나라로부터 시집올 때에 경과했던 땅이다. ○行(행)―시집가는 것. ○問(문)―문안드리고 싶다는 뜻. ○姑(고)―고모, 부지자매(父之姊妹)(毛傳). ○遂及(수급)―'그런 뒤에는 ……에게로 문안드리고 싶다'는 뜻. ○伯姊(백자)―언니들. 백형(伯兄)과 같은 용법(嚴粲《詩緝》). ○干(간)―지명. 지금의 하북성 청풍현(淸豐縣) 서남쪽에 있었다(《釋義》引朱右曾說). ○言(언)―지명으로《방여기요(方輿紀要)》에 나오는 섭성(聶城)인 듯하며 청풍현 북쪽에 있었다(《釋義》引朱右曾說). 이것은 위나라로 돌아가는 노정을 머리에 그려 본 것. ○載(재)―조사. 즉(則)과 같은 글자. ○脂(지)―수레바퀴 굴대에 기름을 치는 것. ○舝(할)―할(轄)과 같은 글자. 차축의 끝머리 바퀴통 옆에 꽂는 쇠로 수레를 안쓸 때엔 빼어 두었다가 수레를 탈 때 이것을 꽂는다. ○還車(선거)―수레를 몰아 위나라로 돌아가는 것. ○言(언)―조사로 이(以)와 같은 뜻. ○邁(매)―달려가는 것. ○遄(천)―빠른 것. ○臻(진)―이르다. ○瑕(하)―불하(不瑕, 或作遐)라는 말을 구수(句首)에 쓸 때 하(瑕)자는 모두 어조사이다(周南 '汝墳' 시 참조). '불하유해(不瑕有害)'는 '해로울 것도 없다', '안될 것도 없다'는 뜻. ○肥泉(비천)―위나라 조가(朝歌) 부근에 있던 물이름(水經注). 이 아가씨가 시집올 때 지나온 곳을 추억하는 것이다. ○須(수)―조(漕)와 함께 모두 위나라 고을 이름. 수(須)는 지금의 하남성 골현(滑縣) 동남쪽, 조는 조(曹)라고도 쓰며 곧 백마현(白馬縣)으로 골현 동쪽에 있었다(胡承珙《毛詩後箋》). ○悠悠(유유)―시름이 그지없는 모양. ○駕(가)―수레를 타는 것. ○言(언)―조사. 이(以) 또는 이(而)의 뜻. ○寫(사)―쏟다. 사(瀉)와 통하는 글자.

[解說] 딴 나라에 시집간 위(衛)나라 출신 여자가 친가에 돌아가고 싶은 마음을 읊은 것이다(〈모시서〉略同). 옛날에 여자가 한번 출가하면 아무리 친정에 가보고 싶어도 마음대로 길을 떠날 수가 없었다. 고향의 본가를 그리는 여인의 마음이 잘 나타나 있다.

15. 북문(北門)

북문을 나서니 근심 걱정 태산일세.
궁하고 가난하거늘 내 어려움 아무도 몰라주네.

아서라!
실은 하늘이 하시는 일이거늘 말해 무엇하리!

나랏일 내게 돌아오고 정사도 모두 내게 밀려지네.
내가 밖에서 돌아가니 집사람들은 번갈아 모두 나를 책하네.
아서라!
실은 하늘이 하시는 일이거늘 말해 무엇하리!

나랏일 내게 던져지고 정사도 모두 내게 맡겨지네.
내가 밖에서 돌아가니 집사람들은 번갈아 모두 나를 핀잔하네.
아서라!
실은 하늘이 하시는 일이거늘 말해 무엇하리!

[原文]　出自北門하니 憂心殷殷하도다.
　　　　終窶且貧이어늘 莫知我艱이로다.
　　　　已焉哉라!
　　　　天實爲之시니 謂之何哉리요!

　　　　王事適我어늘 政事一埤益我로다.
　　　　我入自外하니 室人交徧讁我로다.
　　　　已焉哉라!
　　　　天實爲之시니 謂之何哉리요!

　　　　王事敦我어늘 政事一埤遺我로다.
　　　　我入自外하니 室人交徧摧我로다.
　　　　已焉哉라!
　　　　天實爲之시니 謂之何哉리요!

[註解]　ㅇ殷殷(은은)－근심하는 모양(鄭箋). ㅇ終(종)……且(차)…… －'기
(旣)……차(且)……'의 뜻. ㅇ窶(구)－가난한 것. 여기서는 궁한 것. ㅇ艱(간)－
어려운 것. ㅇ已焉哉(이언재)－'아서라!', '두어라!'의 뜻. ㅇ王事(왕사)－공사

(公事)·나랏일. ㅇ適(적)—지(之)의 뜻이며(毛傳), '돌아온다', '닥친다'의 뜻. ㅇ一(일)—일체, 모두. ㅇ埤益(비익)—더 할 일이 밀려진다는 뜻. ㅇ室人(실인)—집 사람들. ㅇ交(교)—번갈아, 교대로(鄭箋). ㅇ徧(편)—모두. ㅇ讁(적)—꾸짖다, 곧 책(責)하는 것. ㅇ敦(퇴)—내던져지는 것(鄭箋). ㅇ埤遺(비유)—더 맡겨지는 것. ㅇ摧(최)—빈중거리는 것(鄭箋). 또는 꾸짖고 욕하는 것(通釋).

解說 이 시는 뜻을 얻지 못하고 낮은 벼슬로 가난하게 사는 위나라의 충신이 정사가 올바로 되지 않는 것과 자기의 불우한 처지를 읊은 것이다〈모시서〉略同). 그는 공무(公務)는 힘에 겹게 처리하면서도 집안이 가난하여 매일 퇴근하면 집안식구들의 공격을 받는다. 이것은 나라의 정사가 바로서지 않았기 때문이다. 그렇지만 이것은 하늘의 뜻인 걸 어쩌랴고 체념한다.

16. 북풍(北風)

북풍은 쌀쌀하고 눈이 펑펑 내린다.
점잖고 나를 좋아하는 이와 손잡고 함께 떠나 버릴까?
어이 우물쭈물하랴! 빨리 떠나야지.

북풍은 씽씽 불고 눈이 펄펄 날린다.
점잖고 나를 좋아하는 이와 손잡고 함께 도망쳐 버릴까?
어이 우물쭈물하랴! 빨리 떠나야지.

붉다고 보면 모두 여우고 검다고 보면 모두 까마귀다.
점잖고 나를 좋아하는 이와 손잡고 수레타고 떠나 버릴까?
어이 우물쭈물하랴! 빨리 떠나야지.

原文 北風其涼하고 雨雪其雱하도다.
　　　惠而好我로 攜手同行하리라.
　　　其虛其邪아! 旣亟只且로다.

北風其喈하고 雨雪其霏하도다.
惠而好我로 攜手同歸하리라.
其虛其邪아! 旣亟只且로다.

莫赤匪狐며 莫黑匪烏로다.
惠而好我로 攜手同車하리라.
其虛其邪아! 旣亟只且로다.

註解　o其涼(기량)−양연(涼然)으로 쌀쌀한 것. o雨(우)−동사로 비나 눈이 내리는 것. o其雱(기방)−방연(雱然)으로 눈이 많이 내리는 모양(毛傳). o惠(혜)−성질이 인애(仁愛)한 사람. 곧 점잖은 사람(鄭箋). o攜手(휴수)−서로 손잡고 끄는 것. o行(행)−위(衛)나라를 도망쳐 버리는 것. o虛(허)−서(舒)의 동음가차(同音假借)이며, 사(邪)는 서(徐)의 동음가차. 따라서 '기허기사(其虛其邪)'는 '천천히 해도 되겠는가? 천천히 해도 되겠는가?'의 뜻. 빨리 위나라를 벗어나자는 뜻을 나타낸다. o亟(극)−빨리. 속히. o只且(지차)−모두 조사. o其喈(기개)−빠른 모양(毛傳), 곧 씽씽 부는 것. o霏(비)−눈이나 비가 내리는 것. 여기서는 눈이 심한 모양(毛傳). 또는 바람에 날리는 모양(集傳). o歸(귀)−위풍(魏風) '석서(碩鼠)'에서 살기 좋은 나라를 찾는 것처럼 어디든 즐겁게 살 수 있는 곳으로 가 버리자는 뜻(傳疏). o狐(호)−여우. o烏(오)−까마귀. 이 두 구절은 위나라 사회는 붉게 보면 모두가 여우 같은 인간들이고, 검게 보면 모두 까마귀 같은 인간들이라는 뜻이다. 여우나 까마귀는 사람들이 상서롭지 못한 짐승이라 여기고 있었다(集傳). o車(거)−수레를 타고 도망하는 것.

解說　위나라에서 포학한 정치를 하게 되자 백성들은 위나라를 버리고 딴 나라로 도망치려는 사람이 많았다. 이 시는 이러한 때 위나라의 학정을 풍자하며 살기 좋은 나라를 그리는 사람의 마음을 읊은 것이다(略從 〈모시서〉). 씽씽 부는 북풍과, 펄펄 날리는 눈은 위나라의 학정을 비유한 말일 것이다.

17. 얌전한 아가씨(靜女)

아리따운 얌전한 아가씨가 나를 성 모퉁이에서 기다리기로 하였는데,
사랑하면서도 만나지 못하니 머리 긁적이며 서성거리네.

예쁜 얌전한 아가씨가 내게 빨간 피리를 선사했는데,
빨간 피리 더욱 고운 것은 아가씨 아름다움 좋아하기 때문이네.

들판에서 삘기 뽑아다 선사하니 정말 예쁘고도 특이한데,
삘기 네가 예쁘다기보다도 고운 님 선물이라 좋은 거지.

原文　靜女其姝이 俟我於城隅러니
　　　愛而不見하여 搔首踟躕로다.

　　　靜女其孌이 貽我彤管이로다.
　　　彤管有煒하니 說懌女美로다.

　　　自牧歸荑하니 洵美且異로다.
　　　匪女之爲美요 美人之貽니라.

註解　○靜(정)—《모전》엔 정정(靜貞)이라 풀이하였으니, 정녀(靜女)는 얌전한 아가씨. ○姝(주)—아리따운 것. 곧 미색(毛傳). 기주(其姝)는 주연(姝然)으로 여자의 모습이 아리따움을 형용한 말. ○俟(사)—기다리다. ○隅(우)—모퉁이. ○搔首(소수)—머리를 긁다. 마음이 언짢을 때 사람들은 흔히 머리를 긁적긁적한다. ○踟躕(지주)—머뭇거리다, 서성이다. ○其孌(기연)—예쁜 모양. ○貽(이)—선사하는 것. ○彤(동)—빨간 것. ○管(관)—여자들이 바늘 같은 것을 넣어두는 통이라기도 하고, 붓통 또는 악기라고도 하며 정론이 없다. 여기서는 편의상 대나무로 만든 악기라 보고 피리라 번역하였으나, 주희도 무슨 물건인지 확실치 않다고 했다(集傳). 여하튼 여자가 남자 애인에게 선물한 정표임에는 틀림없다. ○有煒(유위)—위연(煒然)으로 빨간 모양. ○說懌(열역)—기쁘다. ○牧(목)—외야(外野)(集傳). 목소(牧所)의 뜻(釋義). ○歸

(귀)—역시 선물을 보내는 것(集傳). ○荑(제)—띠풀의 처음 돋아나는 부드러운 순(毛傳). 삘기. ○洵(순)—신(信)자와 통하여 '진실로'의 뜻(鄭箋). ○異(이)—특이한 것. ○女(여)—'너 여'자로 띠풀을 가리킴(集傳). 그러나 비(匪)를 피(彼)와 통하는 글자로 보고 비녀(匪女)를 피녀(彼女), 곧 '그 아가씨'로 풀이하기도 한다(釋義). ○美人之貽(미인지이)—띠풀이 그토록 곱고 특이하게 보이는 것은 띠풀 자체가 아름답기보다도 '미인이 보낸 것이기 때문'이라는 뜻.

解說 이것은 아름다운 연인을 가진 남자가 지은 사랑의 노래다. 그는 만나기로 약속한 장소에서 그녀가 나타날 때까지 기다리는 시간이 마음 졸이고, 그 여자가 보내준 선물을 보며 연정을 불태운다. 〈모시서〉에서는 위나라 제후가 무도(無道)하고 부인이 무덕(無德)한 것을 읊은 시라고 했으니, 견해는 다르지만 역시 연애시로 본 것이다.

18. 새 누대(新臺)

새 누대는 산뜻하고 황하물은 질펀하다.
고운 님 찾아왔건만 형편없는 더러운 자 만났네.

새 누대는 솟아 있고 황하물은 평평하다.
고운 님 찾아왔건만 죽지도 않을 더러운 자 만났네.

고기 그물을 쳤는데 큰 기러기가 걸렸네.
고운 님을 찾았는데 이런 꼽추 같은 자가 걸렸네.

原文 新臺有泚하고 河水瀰瀰로다.
燕婉之求러니 籧篨不鮮이로다.

新臺有洒하고 河水浼浼이로다.
燕婉之求러니 籧篨不殄이로다.

魚網之設에 鴻則離之로다.

燕婉之求에 得此戚施로다.

註解 ㅇ臺(대)—누대. ㅇ泚(자)—선명모(鮮明貌)(毛傳). 유자(有泚)는 차연
(泚然)의 뜻. ㅇ瀰瀰(미미)—물이 성한 모양(毛傳). 이 두 구절은 위나라 선
공(宣公)이 새로 지은 누대가 황하 옆에 솟아 있는 모습을 노래한 것이다.
ㅇ燕婉(연완)—《문선(文選)》의 서경부(西京賦) 이선주(李善注)에는《한시(韓
詩)》를 인용하여 '연완(嬿婉)'이라 쓰고 있는데 미색(美色)의 뜻. 여기서는
선공의 아들 급(伋)을 가리킨다. ㅇ之(지)—시(是)의 뜻. ㅇ籧篨(거저)—몸을
굽히지 못하는 보기 흉한 병(毛傳)으로, 선공을 욕하는 말이다. ㅇ洒(최)—
높은 것. ㅇ浼浼(매매)—물이 땅과 거의 같은 높이로 평평한 것(毛傳). ㅇ殄
(진)—없어지다, 멸하다, 죽다. ㅇ鴻(홍)—큰 기러기. ㅇ離(리)—걸리다. ㅇ戚施
(척시)—몸을 뒤로 젖히지 못하는 병(毛傳). 역시 선공을 욕하는 말임. 꼽추
병일 것이다.

解說 위나라 선공은 자기 아들 급을 위하여 제(齊)나라 제후의 딸을
며느리로 삼기로 했다. 그러나 제나라 여인을 보고는 선공 자신이 반해버
리어 그를 자기 처로 삼아버렸다. 그때 선공은 황하 가에 새로운 누대를
쌓고 여기서 제나라 여인이 오는 것을 기다렸다. 이 시는 선공의 이러한
악덕을 풍자한 것이라 한다(毛詩序). 위나라 선공은 이름이 진(晉)이고
환공의 아우이다. 그리고 이때 위나라로 시집온 제나라 제후의 딸은 선강
(宣姜)이었다.

19. 두 아들(二子乘舟)

두 아들이 배를 타고 두둥실 멀리 갔네.
그들을 생각할 때마다 마음이 언짢아지네.

두 아들이 배를 타고 두둥실 떠나갔네.
그들을 생각할 때마다 탈 없기만 바랐네.

原文 二子乘舟하여 汎汎其景이로다.

願言思子하니 中心養養이로다.

二子乘舟하여 汎汎其逝로다.
願言思子하니 不瑕有害로다.

註解 ㅇ二子(이자)―위(衛)나라 선왕(宣王)의 두 아들 급(伋)과 수(壽). ㅇ乘舟(승주)―배를 타고 황하를 건너가는 것(해설 참조). 이들은 같은 배를 타고 건넌 것이 아니라 수(壽)가 먼저 갔었다. ㅇ汎汎(범범)―둥둥 물위에 떠 다니는 모양. ㅇ景(경)―경(憬)과 통하며, 노송(魯頌) '반수(泮水)' 시의 '경역회이(憬役淮夷)'의 《모전》에 멀리 떠나가는 형용이라 하였다(王引之《經義述聞》). ㅇ願(원)―《모전》엔 매(每)의 뜻이라 하였으니 '……할 때마다'의 뜻. ㅇ言(언)―조사. ㅇ養養(양양)―마음을 못잡고 걱정하는 모양(毛傳). ㅇ逝(서)―가다. ㅇ不瑕(불하)―하(瑕)는 하(遐)로도 쓰며 조사(앞의 '泉水' 시 참조). 단 바람이나 소망을 나타내고 있다.

解說 위나라 선공은 자기 아버지 장공(莊公)의 첩, 곧 자기의 서모(庶母)인 이강(夷姜)과 통하여 급(伋 : 一作 急子)이라는 아들을 낳았다. 앞의 '신대(新臺)' 시에서 말한 급의 부인으로 맞아들이려다 선공이 차지해 버린 선강(宣姜)은 수(壽)와 삭(朔)의 두 아들을 낳았다. 이강은 선강에게 사랑을 빼앗기고 목매어 죽었다. 이에 선강은 수와 함께 급을 없애버리려는 계획을 세웠다. 그 결과 선공은 급을 제나라에 사자로 보내고, 중간에 도적들로 하여금 그를 죽여 버리도록 하였다.

이 계획을 수가 알고 딴 곳으로 몸을 피할 것을 권했으나 급은 '아버지의 명을 저버릴 수 없다'하여 그대로 제나라를 향해 떠나기로 하였다. 이에 수는 급을 보내는 전별연(餞別宴)에 술을 취하게 만들고, 급의 사자(使者)의 표지인 기를 가지고 수 자신이 제나라로 가다 도적의 손에 죽어 버렸다. 뒤에 급도 이를 알고 뒤쫓아가 '너희들은 수를 나로 오인하고 죽였으니 나를 죽여 달라'고 하였다. 도적들은 이에 급을 죽여 버렸다. 《좌전》 환공 20년과 《모전》에 대략 이러한 얘기가 적혀 있다.

이 시는 서로 앞다투어 황하를 건너 제나라로 가는 길에서 죽음을 택했던 급과 수의 두 이복형제들을 애도하여 지은 것이다. 이때 위나라에는 이미 이러한 의인(義人)들은 대단히 드물었다.

제 4 용풍(鄘風)

용(鄘)에 대하여는 앞의 패풍(邶風) 해제(解題)에서 이미 설명하였음.

1. 잣나무배(柏舟)

두둥실 잣나무배가 황하물 가운데 떠 있네.
늘어진 다팔머리 총각이 실로 내 배필이었으니,
죽어도 딴 마음 안 가지리이다.
어머님은 하늘 같으신 분, 저를 몰라주시나이까!

두둥실 잣나무배가 황하물 가에 떠있네.
늘어진 다팔머리 총각이 실로 내 남편이었으니,
죽어도 허튼 마음 안 가지리이다.
어머님은 하늘 같으신 분, 저를 몰라주시나이까!

原文 汎彼柏舟이 在彼中河로다.
　　　髧彼兩髦이 實維我儀니
　　　之死矢靡他하리라.
　　　母也天只시니 不諒人只아!

　　　汎彼柏舟이 在彼河側이로다.
　　　髧彼兩髦이 實維我特이니
　　　之死矢靡慝하리라.
　　　母也天只시니 不諒人只아!

註解 ㅇ汎(범)—여기서는 물에 떠있는 형용. ㅇ中河(중하)—하중(河中), 하

(河)는 황하(黃河). ㅇ髧(담)―머리가 늘어뜨려진 모양. ㅇ髦(모)―머리를 눈썹 위에까지 늘어뜨린 다팔머리(毛傳). 옛날 중국에서 부모를 모시고 있는 사람들은 다팔머리를 하고 있었다 한다(毛傳). 양모(兩髦)라 한 것은 이마 양쪽으로 늘어뜨렸기 때문이며, 부모가 돌아가신 뒤에야 이 다팔머리를 없앴다(集傳). 이 다팔머리 총각은 이 시를 지은 공강(共姜)의 약혼자 공백(共伯)을 가리킨다. ㅇ維(유)―조사. ㅇ儀(의)―짝, 곧 배필의 뜻. ㅇ之(지)―지(至)의 뜻(毛傳). ㅇ矢(시)―맹세하다. ㅇ靡他(미타)―무타심(無他心)의 뜻. ㅇ只(지)―조사. ㅇ母也天(모야천)―어머님은 자식을 보살피시는 은혜가 하늘과 같은 분이라는 뜻. 또 사람이 어려움에 닥쳤을 때 호천호부모(呼天呼父母)하는 '어머니! 하느님!'의 뜻으로 보기도 한다(釋義). ㅇ諒(량)―여기서는 양해해주는 것. 이 구절은 어째서 수절하려는 자기의 마음을 알아주지 않으시느냐는 뜻. ㅇ特(특)―의(儀)나 마찬가지로 배필 또는 약혼자의 뜻. ㅇ慝(특)―사악한 것. 미특(靡慝)은 개가(改嫁)하겠다는 허튼 마음은 갖지 않겠다는 뜻.

解說 아직 출가하지 않은 처녀의 약혼자가 죽었다. 그 여자의 어머니는 다시 다른 남자에게로 출가시키려 하지만, 처녀는 죽은 약혼자를 잊지 못한다. 다른 남자에게는 죽어도 시집가지 않겠다는 여자의 마음을 읊은 것이 이 시이다. 〈모시서〉에서는 그 약혼자를 위나라 세자였던 공백(共伯), 시를 지은 그의 약혼녀를 공강(共姜)이라 하였다. 공백은 위나라 희후(僖侯)의 아들이며 이름을 여(餘)라 하였다.

2. 담장의 찔레(牆有茨)

담장에 찔레가 났는데 쓸어 버릴 수도 없네.
방 안의 얘기는 말할 수도 없는 것,
말해도 된대서 말해 봤자 더러운 것뿐일 것을!

담장에 찔레가 났는데 치워 버릴 수도 없네.
방 안의 얘기는 자세히 말할 수도 없는 것,

자세히 말해도 된대서 말해 봤자 길어만 질 것을!

담장에 찔레가 났는데 뭉어다 버릴 수도 없네.
방 안의 애기는 떠들 수도 없는 것,
떠들어도 된대서 떠들어 봤자 욕이나 될 것을!

原文　牆有茨하니 不可埽也로다.
　　　中冓之言이여 不可道也로다.
　　　所可道也인댄 言之醜也로다.

　　　牆有茨하니 不可襄也로다.
　　　中冓之言이여 不可詳也로다.
　　　所可詳也인댄 言之長也로다.

　　　牆有茨하니 不可束也로다.
　　　中冓之言이여 不可讀也로다.
　　　所可讀也인댄 言之辱也로다.

註解　○牆(장)―담. ○茨(자)―질려(蒺藜)로서(毛傳),《이아(爾雅)》의 곽주(郭注)에 의하면 덩굴로 자라고 잎새가 가늘며 열매가 세모꼴로 생기어 사람들이 찔린다고 하였다.《옥편(玉篇)》에 '납가새'라 하였는데 '찔레'가 아닌가 한다. ○埽(소)―소(掃)의 본 글자. 담장에 찔레가 났는데 이를 당장 쓸어 없앨 수가 없다. 찔레엔 가시가 있어 찔리기도 쉽지만 담장도 이에 따라 무너지기 쉽다. 위(衛)나라의 선강(宣姜)이 선공(宣公)이 죽자 그의 서자(庶子)인 공자(公子) 완(頑)과 통정(通情)하였다. 이런 음란한 남녀들은 없애 버리고 싶지만 나라가 이에 따라 어지러워질까봐 손을 못 대겠다는 뜻을 지녔다. ○冓(구)―구(構)와 통하여 집 또는 방의 뜻. 따라서 중구(中冓)는 방 안(胡承珙《毛詩後箋》). ○道(도)―말하다. ○醜(추)―더러운 것. ○襄(양)―양(攘)과 통하여 제거의 뜻. ○詳(상)―상세한 것. ○束(속)―뭉어다 버리는 것(毛傳). ○讀(독)―읽어 주듯 애기하는 것(集傳).

解說　패풍(邶風)의 '신대(新臺)'와 '이자승주(二子乘舟)'에서 본 것처럼

위나라 선공은 음탕하고 불륜한 임금이었다. 그런데 그 부인이 된 선강도 불륜을 행하였다. 선공이 죽은 뒤 선강의 아들 삭(朔)이 임금이 되었는데, 이가 혜공(惠公)이며 아직 나이가 어렸다. 그래서 선강은 군모(君母)가 되었는데도 자기의 배다른 서자(庶子) 소백(昭伯), 즉 공자 완(頑)과 정을 통하였다. 이 완은 선강의 남편이 될 뻔한 급(伋)의 형이다. 이 시는 선강의 이러한 불륜을 노래한 것이라 한다(〈모시서〉·《孔疏》).

3. 낭군과 해로해야지(君子偕老)

낭군과 해로해야지, 쪽찌고 여섯 개 구슬박은 비녀 꽂았으니,
얌전한 걸음걸이에 산처럼 무겁고 황하처럼 넓은 기품
왕후의 예복이 딱 어울리는데,
그대의 정숙하지 못함은 어떻게 된 일이요?

빛나고 고운 것은 그의 꿩깃 그린 예복이요.
검은 머리 구름 같으니 가발이 필요없네.
옥돌 귀막이 달고 상아 머리꽂개 꽂고
넓은 이마는 깨끗하고 희네.
어찌 그렇게 천신(天神) 같으며, 어찌 그렇게 천제 같은가?

곱고 흰 것은 그의 흰 예복이요,
고운 모시 걸친 것은 여름 속적삼이라.
그의 눈은 청명하고 훤한 이마 시원하네.
정말 이러한 사람이야말로 나라의 미인일세.

原文 君子偕老이니 副笄六珈며
　　　委委佗佗하고 如山如河하여
　　　象服是宜어늘
　　　子之不淑은 云如之何오?

玼兮玼兮하니 其之翟也로다.
鬒髮如雲하니 不屑髢也로다.
玉之瑱也며 象之揥也여
揚且之晳也로다.
胡然而天也며 胡然而帝也오?

瑳兮瑳兮하니 其之展也로다.
蒙彼縐絺하니 是紲袢也로다.
子之淸揚이며 揚且之顔也로다.
展如之人兮여 邦之媛也로다.

註解　○君子(군자)―지위 있는 사람을 가리키며, 한편 선강(宣姜)의 남편을 가리킨다. ○偕老(해로)―한 남편과 늙어 죽기까지 함께 사는 것. ○副(부)―후부인(后夫人)의 머리장식으로 머리털을 짜서 만든다 한다(毛傳). 그러니 쪽을 찐 것이 아닐까 한다. ○笄(계)―비녀. ○珈(가)―《정전(鄭箋)》엔 가(加)하는 것이라 풀이했고, 《공소》엔 다시 구슬을 비녀에 박아 장식하는 것이라 했다. 육가(六珈)는 여섯 개의 구슬로서 장식한 것일 거라 《공소》에 설명했는데, 후인들은 석연치는 않게들 여기면서 별다른 해석을 못내렸다. ○委委佗佗(위위타타)―소남(召南) '고양(羔羊)'의 '위사(委蛇) 곧 위이(委迤)'와 같은 말. 옛날에는 겹친 글자들을 그대로 겹쳐 쓰지 않고 수자(首字) 밑에 작게 이(二)자를 덧붙여, '위이타(委二佗)'로 썼으니 '위위타타'로 읽어야 한다. 따라서 위타(委佗)는 위사(委蛇), 곧 위이(逶迤)와 같은 말로서 점잖고 얌전하게 걷는 모습이다(釋義). ○如山如河(여산여하)―옹용자득(雍容自得)한 모양(集傳)으로, 그 미인의 기품이 산처럼 안중하고 황하처럼 홍광(弘廣)하다는 것이다. ○象服(상복)―적의(翟衣)라고도 하며 문채가 그려 있는 왕후나 제후 부인의 예복의 하나. ○宜(의)―딱 어울린다는 뜻. ○淑(숙)―정숙(貞淑)의 뜻. ○云(운)―조사. ○如之何(여지하)―'그것은 어떻게 된 것이냐는 뜻. ○玼(차)―고움이 성한 모양(毛傳).《설문해자》에는 새 옥빛이 고운 것이라 했다. ○翟(적)―궐적(闕翟)으로서, 꿩깃이 그려진 왕후 육복(六服)의 하나(通釋). ○鬒(진)―《모전》에는 검은 머리라 하였으나, 《설문해자》에는 머리숱이 많은 것이라 하였다. 양쪽 다 통한다. ○不屑(불설)―소용없다, 필요없다

는 뜻. ㅇ髢(체)-가발의 뜻. ㅇ瑱(진)-《모전》엔 색이(塞耳), 충이(充耳)라 하였다. 《주례(周禮)》진사(進師)의 주에 형계(衡笄) 밑에 끈으로 진(瑱)을 매어 단다고 하였다. 이에 따르면 귀를 덮게 된 귀장식이라 하겠다. ㅇ象(상)-상아. ㅇ揥(체)-머리를 긁는 데 쓰이던 머리 꽂이개로서 장식으로도 쓰였다(毛傳). ㅇ揚(양)-눈썹 위 이마가 넓은 것(毛傳). ㅇ且(저)-조사. ㅇ晳(석)-사람의 피부가 흰 것. ㅇ胡(호)-어찌. 앞에 나온 진(瑱)과 천(天), 체(揥)와 제(帝)는 옛날에는 동음이었으며, 같은 뜻을 나타냈다. 곧 앞의 귀막이인 진(瑱)은 하늘과 같은 선강의 지위를, 체(揥)는 그의 천제와 같은 권세를 나타낸다. ㅇ瑳(차)-《설문해자》에 옥색이 선백(鮮白)한 모양이라 하였다. ㅇ展(전)-전의(展衣)로서 왕후육복(王后六服)의 하나이며 흰 빛이었다(通釋). ㅇ蒙(몽)-입다. ㅇ縐絺(추치)-고운 갈포로 된 옷. ㅇ絏袢(설반)-더운 때 입는 반연(袢延)(毛傳). '반연'은 여름에 입는 속적삼 같은 것(通釋). ㅇ子(자)-선강을 가리킴. ㅇ淸揚(청양)-눈이 청명한 것(後箋). 《모전》엔 청(淸)은 눈이 청명한 것, 양(揚)은 이마가 넓은 것으로 보았으나 전자(前者)의 설이 좋다. ㅇ且(저)-조사. ㅇ顔(안)-얼굴. ㅇ展(전)-진실로. ㅇ邦(방)-나라. ㅇ媛(원)-미인의 뜻.

解說 이 시도 위(衛)나라 선강(宣姜)을 풍자한 시라 한다. 부인은 음란해서 남편 선공(宣公)을 바르게 섬기지 못하고 불륜을 행하였다. 그래서 선강의 화려한 복식(服飾)과 아름다운 용모를 들어, 마땅히 남편인 군자(君子)와 해로하여야 함을 노래한 것이라 한다(〈모시서〉).

4. 상중(桑中)

새삼을 캐러 매고을로 갔었네.
누구를 생각하고 갔던고? 어여쁜 강씨네 맏딸이지.
상중에서 나와 만나 상궁으로 나와 갔었는데,
기수 가까지 바래다 주더군.

보리를 베러 매고을 북쪽엘 갔었네.
누구를 생각하고 갔던고? 어여쁜 익씨네 맏딸이지.

상중에서 나와 만나 상궁으로 나와 갔었는데,
기수 가까지 바래다 주더군.

순무를 뽑으러 매고을 동쪽엘 갔었네.
누구를 생각하고 갔던고? 어여쁜 용씨네 맏딸이지.
상중에서 나와 만나 상궁으로 나와 갔었는데,
기수 가까지 바래다 주더군.

原文 爰采唐矣를 沬之鄕矣로다.
云誰之思오? 美孟姜矣로다.
期我乎桑中하며 要我乎上宮하고
送我乎淇之上矣로다.

爰采麥矣를 沬之北矣로다.
云誰之思오? 美孟弋矣로다.
期我乎桑中하며 要我乎上宮하고
送我乎淇之上矣로다.

爰采葑矣를 沬之東矣로다.
云誰之思오? 美孟庸矣로다.
期我乎桑中하며 要我乎上宮하고
送我乎淇之上矣로다.

註解 ○爰(원)—이에. 조사임. ○唐(당)—몽채(蒙菜)(毛傳)·여나(女蘿)(爾雅 釋草)라고도 하며 우리말로는 새삼. 토사자과(菟絲子科)의 일년생 기생(寄生) 식물로 산야(山野)에 남. 잎이 없고 줄기는 가늘며 덩굴짐. 싹이 터 좀 자라면 다른 초목에 감기어 숙주에서 양분을 취하여 자람. 한약재로도 쓰인다. ○沬(매)—위(衛)나라 고을 이름. 매방(妹邦)이라고도 하며, 하남성 기현(淇縣) 근방에 있었다. ○鄕(향)—고을. ○云(운)—조사. ○誰之思(수지사)—'누구를 생각하고 갔었느냐'는 뜻. ○孟(맹)—맏딸의 뜻(鄭箋). ○姜(강)—저명한 집안의 성(姓)(毛傳). 제(齊)나라의 성으로, 본시 강태공(姜太公)이 그

곳에 봉해졌다. ㅇ期(기)—약속을 하고 만나는 것. ㅇ桑中(상중)—매(沬) 땅에 있는 작은 땅이름(毛傳). ㅇ要(요)—영(迎)과 같은 뜻(集傳). 곧 맞아들이는 것. 데리고 가는 것. ㅇ上宮(상궁)—《모전》에 지명이라 하였으나, 상중(桑中)이 지명이니 상궁(上宮)은 집이름일 것이다. 마서진은 《맹자(孟子)》 조기주(趙岐注)를 인용하여 상궁(上宮)은 누명(樓名)이라 하였다(通釋). ㅇ淇(기)—기수(淇水). 하남성 임현(林縣)·탕음현(湯陰縣) 등지를 거쳐 기현에서 위하(衛河)와 합쳐진다. 기지상(淇之上)은 기수 가의 뜻. ㅇ弋(익)—익(弋)을 《춘추》에서는 사(姒)로도 쓰며(公羊傳·穀梁傳), 하후씨(夏后氏)의 후예로 역시 귀족이었다 한다(集傳). ㅇ葑(봉)—순무. ㅇ庸(용)—역시 성(姓)인데, 주희는 '그런 성은 들어보지 못했으나 역시 귀족'이라고 하였다(集傳). 호승공(胡承珙)과 마서진(馬瑞辰)은 용(庸)은 염(閻)의 가차(假借)인 것 같다고 하였다(毛詩後箋·通釋).

解說　이것은 남녀의 밀회를 읊은 시이다. 〈모시서〉에서는 위(衛)나라의 공실(公室)이 음란해져서 세족(世族)의 남녀들까지도 마구 연애하는 것을 풍자한 것이라 하였다.

5. 메추리(鶉之奔奔)

메추리도 쌍쌍이 날고 까치도 짝지어 노는데,
옳지 못한 그 사람을 나는 형으로 받들어야 하나!

까치도 짝지어 놀고, 메추리도 쌍쌍이 나는데,
옳지 못한 그 사람을 나는 소군(小君)으로 모셔야 하나!

原文　鶉之奔奔이며 鵲之彊彊이어늘.
　　　人之無良을 我以爲兄가!

　　　鵲之彊彊이며 鶉之奔奔이어늘
　　　人之無良을 我以爲君가!

註解　ㅇ鶉(순)—메추라기라고도 부르는 꿩과의 새. ㅇ奔奔(분분)—언제나

짝지어 살고 쌍쌍이 날아다니는 모양(鄭箋).《좌전(左傳)》·《예기(禮記)》·
《여씨춘추(呂氏春秋)》에서는 이를 인용하여 '분분(賁賁)'이라 쓰고 있다. ㅇ鵲
(작)-까치. ㅇ彊彊(강강)-분분(奔奔)과 비슷한 말(鄭箋).《예기》에서는 이를
인용 '강강(姜姜)'이라 쓰고 있다. ㅇ無良(무량)-'옳음이 없는 것', 곧 '옳지
못한 것'. ㅇ我(아)-《모전》이나 《집전》 모두 공자 완(頑)의 동생뻘인 혜공(惠
公)이 자기를 지칭한 것이라 하였으나, 일반적인 위나라 사람을 가리키는 것으
로 봄이 무난한 듯하다. ㅇ君(군)-소군(小君)의 뜻임(毛傳). 소군이란 군(君)
의 부인이며 곧 선강(宣姜)을 가리킨다.

解說 이 시도 위나라 선강(宣姜)이 자기의 서자(庶子)인 공자 완(頑)
과 음란한 짓을 한 것을 풍자한 것이라 한다. 곧 앞절은 공자 완을, 뒷절
은 선강을 풍자한 것이다. 메추리와 까치를 든 것은 선강은 그러한 새들
만도 못하다는 뜻에서이다(〈모시서〉).

6. 정성(定之方中)

정성(定星)이 남녘 하늘 가운데 빛나는데, 초구(楚丘)에 궁실을 짓네.
해로서 방위를 재어 초구에 궁실을 짓네.
그곳에 개암나무 밤나무와 의나무 오동나무 가래나무 옻나무 심는데,
이를 베어 금(琴)과 슬(瑟)을 만든다네.

저쪽 큰 언덕에 올라 초구를 바라보네.
초구 땅과 당읍(堂邑)과 큰 산 높은 언덕을 살피고
내려와 뽕나무밭을 둘러보며 거북점 치니 길하다 했는데
끝내 정말 좋구려.

단비가 부슬부슬 내리는데 수레몰이에게 명하기를
'날 개어 별 나오면 일찍이 수레내어 뽕나무밭에 나가 쉬자' 하였으니
저 곧은 양반은 마음가짐이 성실하고 깊어서
큰 말 암말 모두 수천 마리 되었네.

原文　定之方中이어늘 作于楚宮이로다.
揆之以日하여 作于楚室이로다.
樹之榛栗과 椅桐梓漆하니
爰伐琴瑟이로다.

升彼虛矣하여 以望楚矣로다.
望楚與堂과 景山與京하고
降觀于桑하며 卜云其吉이러니
終焉允臧이로다.

靈雨旣零이어늘 命彼倌人하되
星言夙駕하여 說于桑田이라 하도다.
匪直也人은 秉心塞淵이라
騋牝三千이로다.

註解　○定(정)－별이름. 북방지수(北方之宿)로 영실성(營室星)이라고노 한다(毛傳). ○方中(방중)－저녁때 사방에 바른 위치에 있는 것(毛傳). 중(中)이란 정남(正南)쪽 하늘 위에 오는 것을 말하며, 이 별이 중(中)하는 것은 소설(小雪) 때라야 하는데(鄭箋), 소설은 양력 11월 22, 23일에 해당한다. 이때쯤 되면 농사가 거의 끝나 노동력이 남기 때문에 궁실을 짓는 것 같은 토목공사를 하기에 알맞았다. 그래서 이 정성(定星)을 영실성(營室星)이라고도 부른다. ○楚(초)－초구(楚丘)로서(毛傳), 땅이름. ○宮(궁)－궁실(集傳).《모전》에선 종묘(宗廟)라 풀이하고 있다. ○揆之以日(규지이일)－해의 위치로서 방위를 재어 결정하는 것(毛傳). 옛날에는 8척(尺)의 얼(臬)을 세워 해가 뜨고 지는 그림자로서 동서를 정하고, 해가 가운데 왔을 때의 그림자를 참작하여 남북을 정하였다(集傳). ○楚室(초실)－초궁(楚宮)과 비슷한 말로 초구(楚丘)의 궁실. ○榛(진)－밤과 비슷하나 약간 작은 열매가 달린다. ○栗(율)－밤나무. ○椅(의)－자(梓)와 같은 종류의 좋은 목재가 되는 나무인데(毛傳) 어떻게 다른지 알 수 없어 '의나무'라 했다. ○桐(동)－오동나무. ○梓(자)－가래나무. ○漆(칠)－옻. 옻나무. ○琴(금)－5현 또는 7현의 악기. ○瑟(슬)－25현

의 악기. 앞에 든 진(榛)・율(栗)・의(椅)・자(梓)・동(桐)・칠(漆)의 여섯 가지 나무는 모두 금(琴)과 슬(瑟)을 만드는 데 적합한 목재가 된다고 한다. ○升(승)-오르다. ○虛(허)-허(墟)와 통하여 '큰 언덕'의 뜻. 혹은 이를 고성(古城)의 뜻으로 보고 조(漕)땅의 고성이라 보기도 한다(毛傳). ○望楚(망초)-초구 근방을 바라보며 지세를 살피는 것. ○堂(당)-그 곁의 당읍(堂邑)(孔疏). ○景山(경산)-큰 산(毛傳). ○京(경)-높은 언덕(毛傳). 초구 근방의 지세를 살피어 나라를 세울 준비를 하는 것이다. ○降(강)-'내려오다가'의 뜻. ○觀(관)-시찰의 뜻. ○桑(상)-뽕나무밭(孔疏). 지세가 누에를 쳐 백성들이 정착할 만한 곳인가를 본 것이다(毛傳). ○卜(복)-마른 거북 껍질을 지져 그 균열(龜裂)로서 일의 길흉을 판단하는 점. 옛날 중국에선 나라의 모든 큰 일을 이 점복(占卜)으로 결정하였다. ○云(운)-조사. 이곳이 도읍지로서 적합한가 어떤가 점을 쳐 본 것이다. ○終焉(종언)-끝내・마침내의 뜻. 종연(終然)이라 된 책도 있으나 《당석경(唐石經)》이나 《상태본(相台本)》에는 모두 언(焉)으로 되어 있으니 연(然)은 잘못 쓴 것이다(後箋). ○靈(령)-선(善)자와 통하여(鄭箋), 영우(靈雨)는 식물이 자라는 데 좋은 비, 곧 '단비'의 뜻. ○零(령)-빗방울이 후둑후둑 떨어지는 것. ○倌人(관인)-수레를 관리하는 사람(毛傳). ○星(성)-비가 개이고 밤에 별이 나오는 것(鄭箋). 정자(正字)로는 姓이라 씀이 옳은데, 姓은 청(晴)의 옛글자(通釋). 《설문해자》에 '姓은 비가 오다 밤에 개여 별이 나오는 것'이라 하였다. ○言(언)-조사. ○夙(숙)-이른 새벽. ○駕(가)-수레를 내어 타는 것. ○說(세)-머물러 쉬며 농사일을 살피는 것(集傳). ○匪(비)-피(彼)와 통하며 위(衛)나라 문공을 가리킨다. ○秉心(병심)-마음가짐. ○塞(색)-성실한 것(鄭箋). ○淵(연)-깊은 것. ○騋(내)-키가 7척이 넘는 큰 말(毛傳). ○牝(빈)-빈마(牝馬). 따라서 내(騋)는 수말을 가리킨다. ○三千(삼천)-개수(槪數)로서 정확한 숫자가 아니며, 말 수 천 마리는 나라의 부성(富盛)을 뜻한다.

解說 정지방중(定之方中)은 위(衛)나라 문공(文公)을 기린 시이다. 위나라는 적인(狄人)들에게 멸망되어 동쪽으로 황하를 건너가 조읍(漕邑)들에 머물렀는데, 제(齊)나라 환공(桓公)이 이적(夷狄)들을 물리치고 그를 이곳에 봉하였다. 문공은 초구(楚丘)로 옮아와 성시(城市)를 비로소 세우고 궁실을 지었다. 그것은 때에 알맞았으므로 백성들이 기뻐했다. 그

리고 나라도 강성하여졌다〈〈모시서〉〉.

정현은 그의 《전(箋)》에서 이를 또 다음과 같이 보충 설명하였다. '춘추 민공(閔公) 2년 겨울 적인(狄人)이 위나라에 침입하여 의공(懿公)은 적인과 형택(熒澤)에서 싸우다 패하였다. 송(宋)나라 환공(桓公)은 위나라의 유민을 맞아 황하를 건너게 하고 대공(戴公)을 세워 조(漕)땅에 움막 짓고 살게 했다. 대공은 즉위한 지 1년 만에 죽었다. 노(魯) 희공(僖公) 2년에 제나라 환공은 초구에 성을 쌓고 위를 이에 봉하였다. 이에 문공이 즉위하여 나라를 세웠던 것이다.'

7. 무지개(蝃蝀)

무지개가 동녘에 떠 있어도 아무도 감히 손가락질 않네.
여자는 시집을 가면 부모형제를 멀리하게 되는 것을.

아침에 무지개가 서쪽에 떠 있는데 식전 내내 비가 오네.
여자는 시집을 가면 형제부모를 멀리하게 되는 것을.

이 사람은 혼인할 생각만 하지만,
너무 신의가 없고 올바른 도리를 모르는 사람일세.

原文　蝃蝀在東이로되 莫之敢指로다.
　　　女子有行은 遠父母兄弟니라.

　　　朝隮于西하니 崇朝其雨로다.
　　　女子有行은 遠兄弟父母니라.

　　　乃如之人也여 懷昏姻也로다.
　　　大無信也하니 不知命也로다.

註解　○蝃蝀(체동)—무지개.　○莫之敢指(막지감지)—아무도 이것을 감히 손가락질 않는다는 뜻. 지금도 중국의 북방 풍습에 아이들이 무지개를 손가

락질하면 손가락이 썩는다, 또는 손이 굽어진다 하여 무지개에 손가락질을 못하게 한다고 한다. 옛날 풍습에도 이런 것이 있었던 듯하다(釋義). 여기서 무지개는 한번 시집갔던 과부를 비유한 것이다. 수절하는 과부는 아무리 예뻐도 아무도 건드리지 않는 법이라는 뜻. ○有行(유행)-시집을 가는 것. 패풍(邶風) '천수(泉水)' 시에도 이미 나왔다. ○隮(제)-무지개. ○崇朝(숭조)-종조(終朝)로서 해뜰 때부터 식전까지를 말함(毛傳). 중국 속담에도 '동쪽 무지개는 천둥이 치고 서쪽 무지개는 비가 온다'는 말이 있다. 여기서 비가 온다는 것은 과부인 자기에게 구혼하는 자들이 있음을 비유한 듯하다. ○乃如(내여)-전어사(轉語詞). 패풍 '일월(日月)' 시에도 나왔음. ○之(지)-시(是)의 뜻. ○懷(회)-생각하는 것. ○昏(혼)-혼(婚)과 통하는 글자. ○姻(인)-혼인. ○大(대)-태(太)와 통하여 '너무나'의 뜻. ○命(명)-올바른 도리. 정리(正理)(集傳).

解說 이 시는 젊은 과부가 자기에게 구혼하는 남자를 거절하는 것이다. 제1절은 무지개를 아무도 손가락질 못하듯 과부도 건드려서는 안되며, 또 부모형제 곁도 떠나기 싫다는 내용이다. 제2절은 서쪽에 무지개가 뜨듯이 젊은 자기가 과부가 되자 비오는 것처럼 짓궂게 남자들이 보챈다. 그렇지만 자기는 부모형제 곁은 떠나지 않겠다는 내용이다.

　제3절은 자기에게 구혼하는 이 사람은 덮어놓고 혼인이나 하려들지 너무나 믿음이 없는 남자이며(이 남자도 전에 혼인한 일이 있었던 듯하다), 여자가 시집 다시 갈 수 없는 과부라는 사실도 모르는 사람이란 뜻이다. 〈모시서〉에서는 음분(淫奔)한 여자를 풍자한 시로 보았으나 합당치 못한 듯하다.

8. 쥐를 보라(相鼠)

쥐를 보아도 가죽이 있는데, 사람이면서도 체모가 없네.
사람이 체모가 없다면 죽지 않고 무얼 하는가!

쥐를 보아도 이빨이 있는데 사람이면서도 버릇이 없네.

사람이 버릇이 없다면 죽지 않고 무얼 기다리나!

쥐를 보아도 몸집이 있는데, 사람이면서도 예의가 없네.
사람이 예의가 없다면 어째서 빨리 죽지 않는가!

原文 相鼠有皮어늘 人而無儀로다.
人而無儀면 不死何爲아!

相鼠有齒어늘 人而無止로다.
人而無止면 不死何俟오!

相鼠有體어늘 人而無禮로다.
人而無禮면 胡不遄死오!

註解 ○相(상)—보다. ○鼠(서)—쥐. ○皮(피)—가죽. 체모를 비유한 것이다.
○儀(의)—체모·위의(威儀)의 뜻. ○齒(치)—분별 있게 행동하여야 하는 사
람의 버릇에 비유했음. ○止(지)—용지(容止)(集傳). 《한시(韓詩)》에서는 절
(節), 곧 예절이라 하였다. 여하튼 우리말로는 '버릇없다'는 '버릇' 정도의 뜻.
○俟(사)—기다리다. ○體(체)—사람의 체면에 비유한 것. ○胡(호)—어찌. ○遄
(천)—빠른 것.

解說 〈모시서〉에 '상서(相鼠)는 무례함을 풍자한 것이다. 위나라 문공
은 그의 여러 신하들을 바로잡을 수 있었으니, 벼슬을 하는 사람들이 선
공(宣公)의 영향으로 예의가 없는 자들이 있어 이를 풍자한 것이라'고 하
였다.

9. 깃대(干旄)

나풀나풀 깃대 끝의 쇠꼬리가, 준고을 교외에 나부끼고 있네.
흰 비단실로 깃발을 시쳤고, 좋은 말 네 마리가 수레를 끄네.
저 어진 양반은 어떻게 답례를 할까?

나풀나풀 새매 그린 깃대가, 준고을 아랫마을에 나부끼고 있네.
흰 비단실 수실을 깃발에 달았고 좋은 말 다섯 마리가 수레를 끄네.
저 어진 양반은 무엇으로 보답을 할 건가?

나풀나풀 깃대 끝의 꿩깃이 준고을 도성에 나부끼고 있네.
흰 비단실을 꼬아 깃발에 매었고 좋은 말 여섯 마리가 수레를 끄네.
저 어진 양반은 무엇을 말씀드릴 건가?

原文　孑孑干旄여 在浚之郊로다.
　　　素絲紕之코 良馬四之로다.
　　　彼姝者子는 何以畀之오?

　　　孑孑干旟여 在浚之都로다.
　　　素絲組之코 良馬五之로다.
　　　彼姝者子는 何以予之오?

　　　孑孑干旌이여 在浚之城이로다.
　　　素絲祝之코 良馬六之로다.
　　　彼姝者子는 何以告之오?

註解　○孑孑(혈혈)－깃발의 모양(毛傳). 《집전(集傳)》엔 특출한 모습이라 하였다. 깃대가 우뚝 솟은 모양, 또는 깃발이 나부끼는 모양. ○干(간)－간(竿)과 통하여 깃대의 뜻. ○旄(모)－모우(旄牛)의 꼬리로 만든 장목을 깃대 위에 꽂은 것이며, 이것은 대부들의 깃발(毛傳). 그것을 수레 뒤에 꽂고 다녔다(集傳). 간모는 깃대 위에 쇠꼬리를 꽂은 것. ○浚(준)－위나라 고을 이름. 패풍(邶風) '개풍(凱風)' 시 참조. ○郊(교)－고을의 밖을 말함(爾雅). ○素(소)－흰 것. ○絲(사)－비단실. ○紕(비)－깃발의 가를 흰 비단실을 꼬아 시쳐놓은 것(鄭箋). ○之(지)－깃발을 가리킴. ○四之(사지)－네 마리의 말이 수레를 끄는 것. 옛날의 차제(車制)는 안쪽에 두 마리의 복마(服馬), 바깥 앞쪽에 두 마리의 참마(驂馬), 도합 네 마리의 말이 수레를 끄는 게 표준이었다(孔疏). ○姝(주)－본래는 미녀의 뜻이었으나 여기서는 대부가 수레를 타고 찾아가는 현자(賢者)를 가리킨다(鄭箋). ○子(자)－현자(賢者)를 가리킴. 상대방에 대

한 미칭(美稱)임. ㅇ畀(비)-주다, 곧 여(與)의 뜻으로 대부의 방문에 대한 현자의 답례를 말함. ㅇ旟(여)-새매가 그려져 있는 깃발. ㅇ都(도)-하읍(下邑) (毛傳). 흔히 도거(都居)라고도 하며(《穆天子傳》·《管子》水地편) 백성들이 모여 사는 곳(釋義). ㅇ組(조)-깃발의 장식으로 흰 비단실로 만든 수실이 달려 있는 것. ㅇ五之(오지)-뒤의 육지(六之)와 함께 순서대로 운을 맞추기 위하여 써넣은 숫자이며 실은 모두 사마(四馬)라 봄이 옳다(釋義). ㅇ予(여)- 주다, 곧 여(與)의 뜻. 곧 보답을 말한다. ㅇ旌(정)-오채(五采)의 꿩깃을 모아 깃대 끝에 꽂은 깃발(集傳). ㅇ城(성)-도성(都城)의 뜻(毛傳). ㅇ祝(축)- 촉(囑)으로 씀이 옳으며(鄭箋), 장식으로 흰 비단실을 꼬아 깃발에 매어 단 것.

解說 이 시는 위(衛)나라의 대부가 위나라 제후의 사자(使者)로서 초야(草野)에 묻혀 있는 어진 사람의 집을 찾아가는 모습을 읊은 것이라 한다. 〈모시서〉에서는 위나라 문공의 신하에는 훌륭하고 어진 사람을 좋아하는 이가 많아서 그들이 훌륭한 도리를 얘기하는 것을 듣기 좋아하였다고 했다.

10. 달려라(載馳)

달리고 달리어 위(衛)나라 임금을 위문하고저.
멀리 말을 달리어 조(漕)땅에 이르고저.
대부는 산 넘고 물 건너가련만, 내 마음은 근심에 차네.

나를 잘한다고 하는 이 없으니, 나는 돌아갈 수 없네.
그대들은 좋지 않게 여김을 알지만, 내 생각은 위나라를 떠나지 못하네.
나를 잘한다고 하는 이 없으니, 나는 강물 건너 돌아갈 수 없네.
그대들은 좋지 않게 여김을 알지만 나는 생각지 않을 수가 없네.

저 언덕에 올라가 패모(貝母)나 캐어볼까.
여자는 생각이 많다 하나, 그래도 모두 이유는 있는 것.

허(許)나라 사람들 내 행동 탓하지만, 유치하고도 어리석은 짓이네.

내가 위나라 들에 가면, 보리가 더부룩히 자라 있으련만.
큰 나라에 호소하고도 싶지만 누구를 믿을 것이며 누가 와줄 건가?
대부와 군자들이여, 나를 탓하지 말아 주오!
여러분들 생각은, 내 생각에 미칠 수 없는 것이네.

原文　載馳載驅하여 歸唁衛侯하리다.
　　　驅馬悠悠하여 言至於漕로다.
　　　大夫跋涉이나 我心則憂로다.

　　　旣不我嘉하니 不能旋反이로다.
　　　視爾不臧이나 我思不遠이로다.
　　　旣不我嘉하니 不能旋濟로다.
　　　視爾不臧이나 我思不閟로다.

　　　陟彼阿丘하여 言采其蝱이로다.
　　　女子善懷나 亦各有行이라.
　　　許人尤之하니 衆穉且狂이로다.

　　　我行其野하니 芃芃其麥이로다.
　　　控于大邦이나 誰因誰極고?
　　　大夫君子여 無我有尤하라.
　　　百爾所思는 不如我所之니라.

註解　ㅇ載(재)—조사. 즉(則)과 같은 글자. ㅇ馳(치)—달려가다. ㅇ唁(언)—
조상하다.　ㅇ衛侯(위후)—위나라 제후.《정전(鄭箋)》에선 대공(戴公)을 가리킨
다고 하였다. 이 시는 선강(宣姜)의 딸(頑과의 사이에 난)인 허(許)나라 목공
(穆公)의 부인이 위나라가 적인(狄人)들의 공격을 받아 멸망한 것을 걱정하
며 노래한 것이라 한다(해설 참조).　ㅇ悠悠(유유)—먼 형용(毛傳). ㅇ言(언)—
조사. ㅇ漕(조)—위나라 고을 이름. 패풍 '천수(泉水)' 시 참조. ㅇ大夫(대부)—

허(許)나라 목공(穆公) 부인이 위나라를 위문하기 위하여 보내는 사자(使者). ○跋涉(발섭)—《모전(毛傳)》엔 초행(草行)이 발(跋)이고, 수행(水行)이 섭(涉)이라 하였으니, '발섭'은 산 넘고 물 건너는 것. ○嘉(가)—선(善)과 통함. '기불아가(旣不我嘉)'는 허나라 사람들이 목공 부인이 위나라를 위문하는 행동을 잘하는 일이라 여기지 않는 것(鄭箋). ○旋反(선반)—위나라로 돌아가는 것(集傳). ○視(시)—보아 알고 있다는 뜻. ○爾(이)—허나라 사람들을 가리킴(鄭箋). ○臧(장)—선(善)과 통하여 부장(不臧)은 불선(不善). ○我思不遠(아사불원)—위나라로부터 생각이 멀리 떠나지 못한다는 뜻(毛傳). ○濟(제)—물을 건너가다. 선제(旋濟)는 강물을 건너 위나라로 돌아가는 것. ○閟(비)—폐지(閉止)하는 것, 그만두는 것. ○陟(척)—오르다. ○阿丘(아구)—한쪽은 높고 한쪽은 낮게 생긴 언덕(毛傳). ○蝱(망)—등에, 패모(貝母)(毛傳). 패모는 백합과의 다년생 풀이며, 잎은 좁고 길고, 몇개씩 윤생(輪生)함. 3, 4월에 꽃이 피고, 뿌리는 기침·담을 다스리는 데 흔히 쓰이는 한약재, 또는 마음이 울결(鬱結)한 병을 고치는 데도 쓰인다 한다(集傳). 여기서는 위나라 걱정으로 응결된 자기의 마음을 고치기 위하여 패모나 캐러 가자는 뜻. ○善(선)—잘하는 것, 많은 것(鄭箋). ○懷(회)—생각. ○行(행)—도(道)(毛傳), 곧 도리·이유의 뜻. ○尤(우)—탓하다. ○衆(중)……且(차)…… —'종(終)… 차(且)', 곧 '기(旣)… 차(且)'의 뜻. ○穉(치)—치(稚)와 같은 자로 유치하다는 뜻(毛傳). ○狂(광)—마음의 득실을 잘 모르는 것(傳疏), 곧 어리석은 것. ○其野(기야)—위나라의 들. ○芃芃(봉봉)—성장한 모양(毛傳). ○控(공)—공소(控訴)·호소(呼訴)의 뜻. 위나라의 구원을 호소한다는 뜻. ○誰(수)—어느 나라의 뜻. ○因(인)—사람의 힘에 말미암는 것. 남의 힘을 믿는 것(《通釋》). ○極(극)—와주는 것. ○大夫(대부)—군자(君子)와 함께 허나라의 높고 낮은 모든 관리들을 가리킨다. ○百爾(백이)—여러분. 백(百)은 여러 사람, 이(爾)는 그대들의 뜻을 지녔다(鄭箋). 위풍(衛風) '웅치(雄雉)' 시에도 나왔다. ○所之(소지)—소사(所思), 곧 생각하는 것, 걱정하는 것.

[解說] 이 시는 허(許)나라 목공(穆公)의 부인이 지은 것이다〈모시서〉〉. 패풍(邶風)의 '신대(新臺)'·'이자승주(二子乘舟)' 시 해설에서 설명한 것처럼 위나라 선공(宣公)은 그의 아들 급(伋)과 수(壽)를 죽여, 삭(朔)이 그의 뒤를 이어 혜공(惠公)이 되었다. 혜공은 선공과 선강(宣姜) 사이의 아들이다. 혜공이 죽은 뒤에는 그의 아들 의공(懿公)이 뒤를 이었다. 이

때 곧 노(魯) 민공(閔公) 2년 12월에 적인(狄人)이 위나라를 공격하여 의공은 죽음을 당하였다.

그 뒤를 대공(戴公 : 이름은 申)이 이었으나 1년 만에 죽고, 문공(文公 : 이름은 燬)이 뒤를 이었다. 이들은 혜공의 서형(庶兄)인 완(頑)이 선강과 통하여 낳은 아들들이다. 완과 선강의 사이에는 이들 이외에도 또 세 명의 자식이 있었는데 허나라 목공의 부인도 그 중의 한 사람이다.

이 시는 목공 부인이 그의 친정인 위나라가 망하는 것을 걱정하고 지은 시이다. 《모전》에서는 대공 때의 시라 하였으나 의공 때인지 확실치 않아 학자에 따라 설이 구구하다. 《모전》에선 5절로 이 시를 나누었으나 《집전(集傳)》에선 4절로 나누었다. 여기서는 주희의 분절(分節)을 따랐다.

제 5 위풍(衛風)

위(衛)나라에 대하여는 이미 패풍(邶風)에서 설명하였으니 참조하기 바란다.

1. 기수 물굽이(淇奧)

저 기수 가 물굽이를 바라보니, 왕골과 마디풀이 우거져 있네.
훌륭하신 우리 님이여! 깎고 다듬고
쪼고 간 듯하시네.
묵직하고 위엄 있고 훤하고 의젓하시니,
훌륭하신 우리 님이여! 내내 잊을 수 없겠네.

저 기수 가 물굽이를 바라보니, 왕골과 마디풀이 푸르르하네.
훌륭하신 우리 님이여! 귀막이는 아름다운 옥돌이오

관의 구슬 장식은 별처럼 반짝이네.
묵직하고 위엄 있고 훤하고 의젓하시니,
훌륭하신 우리 님이여! 내내 잊을 수 없겠네.

저 기수 가 물굽이를 바라보니, 왕골과 마디풀이 쌓인 듯 우거졌네.
훌륭하신 우리 님이여! 금과도 같으시고 주석과도 같으시며
옥 홀(笏)과도 같으시고 옥벽(玉璧)과도 같으시네.
너그럽고 여유 있으신 모습으로 수레 옆 나무에 기대셨네.
우스갯소리도 잘하시지만 도가 지나치지는 않으시다네.

原文　瞻彼淇奧하니 綠竹猗猗로다.
有匪君子여 如切如磋하며
如琢如磨로다.
瑟兮僩兮며 赫兮咺兮니
有匪君子여 終不可諼兮로다.

瞻彼淇奧하니 綠竹靑靑이로다.
有匪君子여 充耳琇瑩이며
會弁如星이로다.
瑟兮僩兮며 赫兮咺兮니
有匪君子여 終不可諼兮로다.

瞻彼淇奧하니 綠竹如簀이로다.
有匪君子여 如金如錫하며
如圭如璧이로다.
寬兮綽兮며 猗重較兮로다.
善戲謔兮나 不爲虐兮로다.

註解　ㅇ瞻(첨)-바라보는 것. ㅇ淇(기)-물이름. 하남성에 있다(패풍 '泉
水' 시 참조). ㅇ奧(욱)-《좌전(左傳)》·《예기(禮記)》·《대학(大學)》에 이

시를 인용했는데 욱(澳)으로 되어 있다. 물굽이진 안쪽을 욱(奧)이라 한다(毛傳 引 孫貴語). ㅇ綠(록)―왕추(王芻)(毛傳). 물가에 나며, 잎은 대나무같이 가늘고 얇고, 줄기는 둥글고 작고, 찐 뒤 노란 물감을 만들 수 있으며, 녹욕초(菉蓐草)라고도 흔히 부른다(多隆阿《毛詩多識》) 한다. 왕골의 일종인 듯하다. ㅇ竹(죽)―편죽(萹竹)(毛傳). 호승공(胡承珙)에 의하면 편죽, 편축(萹蓄)이라고도 하며(後箋), 우리말로는 마디풀. 여과(蔾科)의 일년생 풀로 길옆 같은 데 흔하다. 줄기와 잎은 황달·곽란·복통 등에 약재로 쓰인다. 주희는 '녹죽(綠竹)'을 '푸른 대'라 하였으나 중국의 북방 기수 근처엔 우거진 대나무가 없다고 한다. ㅇ猗猗(의의)―아름답게 무성한 모양(毛傳). ㅇ匪(비)―비(斐)와 통하여 유비(有匪)는 비연(斐然)의 뜻. 문채나는 모양. 결국 사람이 훌륭한 것. ㅇ君子(군자)―여기서는 위나라의 무공(武公)을 가리킨다고도 한다(毛詩序). ㅇ切(절)―여기서는 깎는 것. ㅇ磋(차)―가는 것. 절(切)과 차(磋)는 뼈나 뿔 같은 것을 칼로 깎고 줄로 갈아 다듬는 것. 차(磋)는 차(瑳)로도 쓴다. ㅇ琢(탁)―돌이나 옥을 쪼아 다듬는 것. ㅇ磨(마)―옥이나 돌을 가는 것. '절차탁마(切磋琢磨)'는 《모전(毛傳)》에서는 그의 배움이 이루어진 것을 말한다고 보았고, 《집전(集傳)》에서는 그의 덕을 끊임없이 닦는 것을 말한다고 하였다. 학문을 포함한 자기수양에 비유한 것이라 보면 될 것이다. ㅇ瑟兮(슬혜)―긍장지모(矜莊之貌)(毛傳), 곧 무게 있고 당당해 보이는 것. ㅇ僩(한)―위엄이 있는 모양(集傳). ㅇ赫(혁)―사람이 훤해 보이는 것. 《모전》엔 밝은 덕이 혁혁연(赫赫然)한 것이라 했는데 지나치다. ㅇ咺(훤)―의젓한 모양. ㅇ終(종)―끝내. 아무래도. ㅇ諼(훤)―잊다. ㅇ靑靑(청청)―푸릇푸릇한 것. 청(菁)과 통하여 무성한 모양으로 보아도 좋다(集傳). ㅇ充耳(충이)―진(瑱), 곧 귀를 덮도록 관 양편에 구슬을 매단 장식(鄘風 '君子偕老' 시 참조). ㅇ琇瑩(수영)―옥돌. 미석(美石)(毛傳). 천자만이 옥으로 진(瑱)을 만들었고 제후들은 옥돌로 만들었다 한다(集傳). ㅇ會(괴)―봉(縫), 곧 옷 같은 것을 꿰맨 솔기. ㅇ弁(변)―피변(皮弁)으로 가죽으로 만든 주(周)나라 관(冠)의 일종. ㅇ如星(여성)―관의 솔기는 오색 구슬로 장식하였으므로 별처럼 그 구슬들이 반짝반짝하는 것. ㅇ簀(책)―《모전》에 적(積)이라 하였으니 풀이 쌓이듯이 무성한 것. ㅇ錫(석)―주석. 금과 석은 고급 금속으로서 무공의 덕에 비유한 것이다. ㅇ圭(규)―제후가 조회나 제사 때 지녔던 기물로서 옥으로 만들었다. 위쪽은 둥글고 아래쪽은 방형(方形)의 모양이었다. ㅇ璧(벽)―평평하고 둥글며 중간에 구멍이 있는 구슬로 만든 기물(器物). 규벽(圭璧)은 그의 온윤한 성

품에 비유한 것이다. ○寬(관)—관대한 것. ○綽(작)—여유가 있는 것. ○猗(의)—의지하다, 곧 의(倚)와 통하는 글자. ○較(교)—수레 양쪽 가에 가로 세워놓은 나무. 그 높이가 식(軾)보다 높기 때문에 중교(重較)라 한다(阮元《考工記》車制圖解說). ○戱謔(희학)—농담 또는 우스갯소리를 하는 것. ○虐(학)—극(劇)자와 통하여 지나치거나 너무 심한 것.

解說 〈모시서〉에 의하면 이 시는 위나라 무공(武公)의 덕을 칭송한 것이라 한다. 서간(徐幹)의 《중론(中論)》에도 '옛날 위나라 무공은 나이가 90이 넘었는데도(《國語》에는 年九十五라 했음) 밤낮으로 게을리하지 않고 훈도(訓道)를 들을 것을 생각하였다.…… 위인(衛人)이 그 덕을 칭송하여 '기욱(淇奧)'을 읊었다'고 하였다. 여하튼 훌륭한 군자를 칭송한 시임에는 틀림이 없다.

2. 은거(考槃)

산골 시냇가에 움막을 이룩하니 어진 은자(隱者)의 마음은 넓네.
혼자 자다 깨어나 말하노니, 이 생활 못잊겠다 언제나 다짐하네.

울퉁불퉁한 언덕에 움막을 이룩하니 어진 은자의 마음은 크네.
혼자 자다 깨어나 노래하노니, 딴 생각 안하겠다 언제나 다짐하네.

높고 평평한 땅에 움막을 이룩하니 어진 은자의 마음은 한가롭네.
혼자 자다 깨어도 그대로 누워, 이 즐거움 남에게 얘기 않겠다 언제나 다짐하네.

原文 考槃在澗하니 碩人之寬이로다.
　　　獨寐寤言하니 永矢弗諼이로다.

　　　考槃在阿하니 碩人之薖로다.
　　　獨寐寤歌하니 永矢弗過로다.

考槃在陸하니 碩人之軸로다.
獨寐寤宿하니 永矢弗告이로다.

註解　ㅇ考(고)―이루다, 곧 성(成)의 뜻(毛傳).　ㅇ槃(반)―《모전》에선 즐기는 것, 《집전》에선 머뭇거리는 것. 곧 은거(隱居)를 가리킨다 풀이하였다. 그러나 윤계미(尹繼美)는 《시지리공략(詩地理攻略)》에서 '나무를 걸치어 집을 만드는 것' 곧 '움막을 지은 것'이라 보았다.　ㅇ碩人(석인)―패풍 '간혜(簡兮)'에도 나왔듯이 석(碩)이 대(大)의 뜻이므로 '대덕(大德)의 인(人)' 곧 '어진 은자'의 뜻이다.　ㅇ寬(관)―마음이 넓은 것.　ㅇ寐(매)―자다.　ㅇ寤(오)―잠을 깨는 것.　ㅇ言(언)―혼잣말을 하는 것.　ㅇ永(영)―언제나.　ㅇ矢(시)―맹세하다.　ㅇ諼(훤)―잊는 것.　ㅇ阿(아)―곡릉(曲陵)의 뜻(毛傳)으로, 꾸불꾸불 울퉁불퉁한 언덕.　ㅇ薖(과)―마음이 관대한 모양(毛傳).　ㅇ弗過(불과)―《모전》에서는 다시는 입조(入朝)하여 벼슬하지 않겠다는 뜻으로 보았고, 《집전》에서는 이 생활을 버리지 않고 이대로 종신하겠다는 뜻으로 보았다.　ㅇ陸(육)―높고 평평한 땅(集傳).　ㅇ軸(축)―서성대며 가지 않는 모습이라 《집전》에선 보았는데, 앞절들의 뜻에서 볼 때 서성대며 가지 않을 수 있는 마음의 한가로운 모습이라 봄이 좋겠다.　ㅇ宿(숙)―자다 깨어 그래도 누워 있는 것.　ㅇ告(고)―은거(隱居)의 즐거움을 남에게 얘기하는 것.

解說　어진 사람이 은퇴하여 한가로이 살고 있는 모습을 노래한 것이다. 옛날부터 세상이 어지러울 때에는 세상에서 물러나 숨어 살면서 자기의 덕을 닦는 것이 어진 사람의 도(道)라고 믿어왔다. 〈모시서〉에서는 위나라 장공(莊公) 때 정치를 잘 못하여 어진이들이 은퇴하여 숨어 사는 것을 풍자한 것이라 보았다.

3. 높으신 님(碩人)

높으신 님은 훤칠한데, 비단옷 위에 엷은 겉옷 입으셨네.
제나라 임금의 따님이요, 위나라 임금님의 아내요,
태자님의 누이시고, 형(邢)나라 임금의 처제시고,

담(譚)나라 임금은 형부가 되신다네.

손은 부드러운 삘기 같고 살갗은 엉킨 기름처럼 매끄럽고,
목은 흰 나무벌레 같고, 이는 박씨 같으며,
매미 이마에다 나방의 수염 눈썹.
생끗 웃을 때의 어여쁜 입 모습, 아름다운 눈은 맑기도 하네.

높으신 님은 훤칠한데, 도읍 근교(近郊)에 머물렀었지.
장대한 네 필 말이 수레를 끄는데 붉은 천을 감은 말재갈이 고왔고,
꿩깃으로 장식한 포장친 수레로 입조(入朝)했었네.
대부들은 일찍 물러나며 임금님을 번거롭게 하지 말자고 했었지.

황하물은 넘실넘실 북쪽으로 콸콸 흘러가고
철석철석 걷어올리는 고기 그물에서는 잉어 붕어가 팔딱거리고,
갈대랑 달이랑 살랑살랑 나부꼈지.
여러 시녀(侍女)들 성장하고 뒤따르고, 여러 관원들은 늠름한 모습
으로 전송했었지.

原文　碩人其頎하니 衣錦褧衣로다.
　　　齊侯之子요 衛侯之妻요
　　　東宮之妹요 邢侯之姨요
　　　譚公維私로다.

　　　手如柔荑요 膚如凝脂요
　　　領如蝤蠐요 齒如瓠犀요
　　　螓首蛾眉로다.
　　　巧笑倩兮며 美目盼兮로다.

　　　碩人敖敖하니 說于農郊로다.
　　　四牡有驕하고 朱幩鑣鑣하며
　　　翟茀以朝로다.

大夫夙退하여 無使君勞러니다.

河水洋洋하여 北流活活이어늘

施罟濊濊하면 鱣鮪發發하며

葭菼揭揭로다.

庶姜孼孼하며 庶士有朅이러니라.

註解 ㅇ碩人(석인)―앞의 '고반(考槃)' 시와 패풍 '간혜(簡兮)'에도 나왔다. 석(碩)은 대(大)의 뜻으로 대덕(大德)의 인(人)이라 앞에서는 풀이하였으나, 여기서는 존귀한 사람을 가리키는 말로서(嚴粲《詩緝》) 위나라 장공(莊公)의 부인 장강(莊姜)을 가리킨다고 한다. ㅇ頎(기)―장모(長貌)(毛傳). 기기(其頎)는 기연(頎然)으로 장강의 키 크고 아름다운 모습을 형용한 것이다. ㅇ錦(금)―비단, 곧 문의(文衣)(毛傳). 문채가 있는 옷. ㅇ褧(경)―홑옷, 곧 단의(禪衣)의 뜻.《설문해자》에 경(褧)은 경(檾)이라 하였고 경(檾)은 모시 종류의 옷감이며, 경의(褧衣)는 모시같이 얇은 천으로 만든 홑옷(《後箋》). 비단옷의 문채가 너무 드러남을 꺼리어 겉에 또 '경의'를 입었다 한다(集傳). ㅇ子(자)―딸의 뜻. ㅇ東宮(동궁)―태자의 궁으로 제(齊)나라 장공(莊公)의 태자 득신(得臣)을 가리킨다. 장강은 태자의 누이동생이었다. ㅇ邢(형)―형(邢)은 지금의 하북성 형태현(邢台縣)에 있던 나라 이름(《釋義》). 주공(周公)의 아들이 봉하여졌던 나라라 하나, 형후(邢侯)가 누구인지는 확실치 않다. ㅇ姨(이)―처의 자매를 이(姨)라 한다 하였으니(毛傳), 여기서는 처제의 뜻. ㅇ譚(담)―담(覃)이라고도 쓰며, 지금의 산동성 제남(濟南) 동쪽에 있던 나라 이름(《釋義》). 담공(譚公)이 누구인지도 모른다. ㅇ私(사)―자매의 남편이라 하였으니(毛傳), 여기서는 형부(兄夫)의 뜻이다. ㅇ荑(제)―삘기. 띠풀이 처음 나는 부드러운 싹을 뜻한다(集傳). ㅇ膚(부)―살갗, 곧 피부. ㅇ凝脂(응지)―지방이 하얗게 엉긴 것. 그처럼 피부가 희고 매끈하다는 뜻. ㅇ領(령)―목. 경(頸)과 같은 뜻. ㅇ蝤蠐(추제)―나무 속에서 나무를 갉아먹는 희고 긴 굼벵이 같은 벌레(孔疏). 목이 그처럼 희고 부드럽다는 뜻. ㅇ瓠犀(호서)―박 속의 씨(毛傳), 곧 이가 박 속의 씨가 박혀 있듯 가지런하다는 뜻. ㅇ蠹(진)―《정전(鄭箋)》엔 청청(蜻蜻)이라 하였는데《공소》에선 청청(蜻蜻)은 매미 같으면서도 약간 작은 아름다운 무늬가 있는 곤충이며, 이마가 넓고 사각(四角)이라 하였다. 매미의 일종인 듯하다. 진수(蠹首)는 매매의 머리처럼 넓은 이마

를 가진 얼굴. 용풍 '군자해로(君子偕老)' 시에서도 미인의 조건으로 넓은 이마가 나왔으니 옛날에는 이마가 넓어야 미인으로 알았던 모양이다. o蛾眉(아미)—나방의 촉각처럼 가늘고 길게 굽어 있는 고운 눈썹. o巧笑(교소)—방긋 예쁘게 웃는 것. o倩(천)—여기서는 입매가 예쁜 것(毛傳). o盼(반)—눈의 흑백이 분명한 맑은 눈(毛傳). o敖敖(오오)—키 크고 날씬한 모양. o說(세)—머무는 것(孔疏). o農郊(농교)—근교의 뜻(毛傳). o四牡(사무)—수레를 네 마리의 말이 끄는 것(毛傳). o有驕(유교)—교연(驕然)으로 말이 장대한 모양(毛傳). o朱幩(주분)—붉은 천. 임금의 말은 붉은 천으로 재갈을 감아 장식하였다(毛傳). o鑣鑣(표표)—장식이 성한 모양(毛傳). o翟茀(적불)—적(翟)은 꿩깃으로 수레를 장식한 것, 불(茀)은 수레에 포장을 친 것(毛傳). 《공소》에 의하면 수레에 친 포장을 꿩깃으로 장식한 것이 적불(翟茀)이다. o朝(조)—조견(朝見)(傳疏). 제후를 정식으로 뵙는 것. o大夫(대부)—결혼식장에 모였던 높은 관원들을 가리킨다. o夙退(숙퇴)—신혼(新婚)한 임금 부부를 위하여 일찍 물러나는 것이다. o君(군)—임금. 위나라 장공을 가리킨다. o勞(로)—수고롭기보다는, 번거롭게 만드는 것. o洋洋(양양)—성대한 모양(毛傳). 진풍(陳風) '형문(衡門)' 시의 《모전(毛傳)》에서는 광대한 모양이라 하였다. o北流(북류)—황하는 제나라 서쪽, 위나라 동쪽에서 북쪽으로 흘러가 바다로 들어갔다. o活活(괄괄)—흘러가는 모습이라(毛傳) 하였으나, 《설문해자》에 의하면 물이 흘러가는 소리. o施罛(시고)—강물에 고기그물을 쳐놓는 것. o濊濊(활활)—흐름이 장애를 받는 모양(《설문해자》), 곧 그물을 쳐놓아 흐름이 장애를 받는 것이다. o鱣(전)—《모전》엔 리(鯉 : 잉어)라 하였으나, 정현은 《전(箋)》에서 '전(鱣)은 큰 고기로 입이 턱 밑에 붙었고 길이가 2, 3장(丈)이나 되며 강남(江南)에서는 황어(黃魚)라고도 부른다. 잉어와는 전연 다르다'고 하였다. 또 주희는 '용같이 생긴 고기이며…… 큰 것은 천여 근(斤)'이라 하였다(集傳). 그러나 강물에 이런 고기가 날 것 같지 않아서 《모전》을 따른다. o鮪(유)—《집전(集傳)》에 전(鱣)과 비슷하면서도 작다 하였으니 '붕어'라 해두었다. o發發(발발)—고기가 그물에 걸리어 꼬리치는 모양(陸德明 《經典釋文》). o葭(가)—갈대. o菼(담)—갈대 비슷하면서도 약간 작은 달의 싹. o揭揭(게게)—길게 자란 모습(毛傳). o庶姜(서강)—제(齊)나라 성(姓)을 지닌 사람으로 장강을 따라 위나라로 온 동성(同姓)의 몸종들. o孽孽(얼얼)—장식이 성한 것(毛傳). o庶士(서사)—장강의 출가를 전송하는 중사(衆士), 곧 여러 관원들(毛傳). o揭(걸)—무장(武壯)한 모양(毛傳).

解說 〈모시서〉에선 '석인(碩人)은 장강(莊姜)을 동정한 것이다. 장공이 첩들에게 빠져 첩들이 손위를 넘보게 되었으나 장강은 어질어 응대하지 않았다. 그러나 끝내 자식이 없어 나라 사람들이 동정하고 걱정한 것이다'라고 하였다.

《좌전(左傳)》 은공(隱公) 3년에도 '위나라 장공은 제나라 태자 득신의 누이동생 장강에게 장가들었다. 장강은 아름다우면서도 자식이 없어 위인(衛人)들이 석인을 읊은 것이다'라고 하였다. 그러나 내용을 음미할 때 이는 장강이 제나라로부터 위나라로 시집올 때의 성대하고 아름답던 장면을 되새기며 시인이 노래한 것이다. 제1절은 장강을 소개한 것이고, 제2절은 장강의 아름다움을 노래한 것이고, 제3절은 시집오는 날 위나라의 풍경을 읊은 것이고, 제4절은 떠나오는 제(齊)나라의 광경을 읊은 것이다.

4. 한 남자(氓)

어수룩한 한 남자가 돈 갖고 실을 사러 왔었는데
실을 사러 온 게 아니라 와서는 바로 내게 수작을 걸었다네.
결국 그이를 전송하러 기수를 건너 돈구(頓丘)까지 갔었지.
내가 기약을 미뤘던 게 아니라 그대에게 변변한 중매인이 없어 결혼 못했던 것.
그래서 그대에게 성내지 말고 가을을 기약하자고 했었지.

무너진 담에 올가서서 그대 있는 복관(復關)을 바라보아도
복관의 그대는 나타나지 않아 눈물만 줄줄 흘렸었네.
그러나 복관의 그대를 만나자, 웃고 얘기했었지.
그대는 거북점·역점을 다 쳤는데 점괘에 나쁘다는 말이 없자
그대의 수레 몰고 와 나를 혼수와 함께 데려갔었지.

뽕나무잎이 떨어지기 전엔 그 잎새 싱싱하였지.
아아, 비둘기야! 오디는 따먹고 취하지 마라.

아아, 여자들이여! 남자에게 빠지지 마라!
남자가 빠지는 것은 그래도 할 말이 있지만
여자가 빠지는 것은 말할 수도 없는 거라네.

뽕나무잎 시들어서 누렇게 떨어졌네.
나는 그대에게로 가서 삼년을 가난에 굶주렸지.
기수물은 넘실넘실 수레 포장을 적셨었지.
여자로서 잘못이 없는데도 남자인 그대는 처음과 행동이 달라졌네.
남자란 믿을 수 없는 것, 마음이 이리저리 흔들리네.

삼년을 부인으로 방에서 쉴새없이 수고하였고,
새벽 일찍 일어나 밤늦게 자면서 아침도 모르고 일했지.
언약이 이루어지자 그는 난폭해졌으나
형제들은 알지도 못하고 나를 보고 허허 웃기만 했네.
가만히 생각해 보니 내 자신이 더욱 슬퍼지네.

그대와 해로하겠더니 늙을수록 나로 하여금 원망케 하네.
기수도 물가 언덕이 있고 진펄도 가가 있건마는!
처녀적 즐길 때엔 말하고 웃고 하여 부드럽기만 했으니
믿음으로 맹세할 때에도 성실하던 그가 이렇게 바뀔 줄은 생각 못
했지.
바뀔 줄은 생각도 않았는데, 이제는 끝장이 났는가!

原文　氓之蚩蚩이 抱布貿絲러니
　　　匪來貿絲라 來卽我謀러라.
　　　送子涉淇하여 至于頓丘러라.
　　　匪我愆期요 子無良媒니라.
　　　將子無怒어다 秋以爲期하니라.

　　　乘彼垝垣하여 以望復關이로되
　　　不見復關하여 泣涕漣漣이러니

旣見復關하여 載笑載言이라.

爾卜爾筮하여 體無咎言하니

以爾車來하여 以我賄遷이로다.

桑之未落엔 其葉沃若이라.

于嗟鳩兮여 無食桑葚하라.

于嗟女兮여 無與士耽하라.

士之耽兮는 猶可說也어니와

女之耽兮는 不可說也니라.

桑之落矣니 其黃而隕이로다.

自我徂爾하여 三歲食貧이로다.

淇水湯湯하니 漸車帷裳이니라.

女也不爽이로되 士貳其行이니라.

士也罔極하니 二三其德이로다.

三歲爲婦하여 靡室勞矣며

夙興夜寐하여 靡有朝矣로다.

言旣遂矣어늘 至于暴矣로되

兄弟不知하여 咥其笑矣로다.

靜言思之하니 躬自悼矣로다.

及爾偕老러니 老使我怨이로다.

淇則有岸이며 隰則有泮이로다.

總角之宴엔 言笑晏晏하며

信誓旦旦하여 不思其反이로다.

反是不思하니 亦已焉哉로다.

註解 ○氓(맹)-《모전(毛傳)》엔 민(民)이라 풀이했는데, 여기서는 누군지도

모르는 남자(集傳), 또는 야민(野民)의 뜻(通釋). ㅇ蚩蚩(치치)—어리석은 모양(通釋), 또는 무지(無知)한 모양. 남자를 원망하고 욕한 것이다(集傳). ㅇ布(포)—돈, 곧 폐(幣)의 뜻(毛傳). 옛날에는 포(布)로서 돈을 대용하였다. 돈은 유포(流布)한다는 뜻에서 '포'라 한다고도 한다. ㅇ貿(무)—여기서는 사는 것(孔疏). ㅇ匪(비)—아닌 것. 비(非)와 통함. ㅇ謀(모)—여기서는 결혼할 것을 꾀하는 것(鄭箋), 곧 수작을 거는 것이다. ㅇ涉淇(섭기)—기수를 건너다. 여기에 이르르는 남자와 이미 정을 통하고 난 뒤 헤어질 때 전송한 것이다. ㅇ頓丘(돈구)—지명(集傳). 지금의 하북성 청풍현(淸豊縣) 서남쪽 25리 되는 곳에 있었다(釋義). ㅇ愆(건)—과(過)와 통하여, 건기(愆期)는 기약을 거저 지나치는 것. ㅇ媒(매)—옛날 중국의 예법에 결혼은 반드시 중매를 통하여 혼인을 진행시켰다. 따라서 그대에게 매인(媒人)이 없었다는 것은, 나 때문이 아니라 너 때문에 결혼을 못하였다는 뜻이 된다. ㅇ將(장)—발어사(發語詞). ㅇ期(기)—결혼을 기약하는 날짜. ㅇ垝(궤)—무너진 것. ㅇ垣(원)—담. ㅇ復關(복관)—남자가 살던 지명. 역시 지금의 하북성 청풍현에 있었다. ㅇ漣漣(연련)—눈물이 줄줄 흘러내리는 모양. ㅇ載(재)—조사로 즉(則)의 뜻. ㅇ卜(복)—거북의 껍질을 지져 치는 점. ㅇ筮(서)—시초(蓍草)로 만든 점가치로 역괘를 따져 치는 점. ㅇ體(체)—귀조서괘(龜兆筮卦)(孔疏), 곧 점괘. ㅇ咎言(구언)—나쁘다는 말. ㅇ車來(거래)—수레를 몰고 오는 것. ㅇ賄(회)—재물. 회천(賄遷)은 혼수인 재물을 싸가지고 남자를 따라 시집가는 것. ㅇ桑(상)—뽕나무잎을 가리킴. ㅇ沃若(옥약)—무성한 모습(鄭箋), 또는 윤택한 모습(集傳). ㅇ于嗟(우차)—아아. ㅇ鳩(구)—《모전》에 골구(鶻鳩)라 하였는데, 산작(山雀) 비슷하면서도 작고 꼬리는 청흑색이며 다성(多聲)이라 하였다(集傳). 이 새는 오디를 잘 따먹으며, 많이 먹으면 취하여 그 성(性)을 해치게 된다 한다. 여기서 구는 비둘기와 다른 새인 듯하나 알 수 없어 번역에선 그대로 '비둘기'라 하였다. ㅇ葚(심)—오디. ㅇ耽(탐)—과히 즐기는 것. ㅇ說(설)—얘기하고 설명하는 것. ㅇ隕(운)—떨어지다. ㅇ徂(조)—가다. ㅇ食貧(식빈)—가난하게 먹을 것도 제대로 못먹고 고생하는 것. ㅇ湯湯(상상)—물이 성한 모양(毛傳). ㅇ漸(점)—젖다. ㅇ帷(유)—부인들의 수레 가장자리에 친 휘장. 유상(帷裳)은 그것을 치마처럼 늘어뜨려 장식한 것(孔疏). 이 구절을 《모전》에선 어려움을 무릅쓰고 수레타고 시집가던 때를 말한 것이라 하였고, 《집전(集傳)》에서는 시집에서 쫓겨 올 때를 읊은 것이라 하였는데 《모전》 쪽을 따른다. ㅇ爽(상)—차(差)의 뜻, 곧 어긋남, 잘못됨. ㅇ貳其行(이기행)—그의 행동이 두 가지다,

곧 옛날의 행동과 지금이 다르다는 뜻. ○罔極(망극)－무량(無良), 곧 옳지
못함, 믿을 수 없음의 뜻. 《시경》에 나오는 모든 망극은 모두 이러한 뜻을 지
녔다(釋義). ○二三(이삼)－이랬다저랬다 하는 것. ○德(덕)－행동 또는 마음.
○爲婦(위부)－처노릇을 하는 것. ○靡室(미실)－방에 들어가 쉴 새도 없는
것. ○靡有朝(미유조)－아침도 모르고 부지런히 일했다는 뜻. ○言(언)－언약.
○遂(수)－이루다. ○咥(희)－웃는 모양. ○躬自(궁자)－자기 자신. ○悼(도)－
슬픈 것. ○岸(안)－언덕. ○隰(습)－진펄. ○泮(반)－반(畔)과 통하여 가의
둔덕의 뜻(鄭箋). 기수(淇水)에도 물가 언덕이 있고 진펄에도 가의 둔덕이
있다는 것은 모든 일이 끝이 있으되 자기의 시름만이 끝이 없다는 뜻. ○總
角(총각)－옛날에 남녀들이 결혼하기 전에는 머리를 양쪽으로 땋아 놓아 이
를 총각(總角)이라 하였다. 후세에는 남자를 가리키는 말로 쓰이게 되었으
나, 여기서는 처녀의 뜻으로 쓰인 것이다. ○宴(연)－즐기다. ○晏晏(안안)－
화유(和柔)한 모양(毛傳). ○誓(서)－맹세. ○旦旦(단단)－달달(怛怛)과 통하
며(孔疏), 정성되고 간곡한 것(鄭箋). ○反(반)－형편이 반대로 바뀌어지는
것. ○亦已焉哉(역이언재)－'역시 끝장이 났는가!'의 뜻.

解說 남자에게 버림받은 여인의 설움을 노래한 것이 이 시이다. 첫절
에서는 연애하고 약혼한 과정을 노래했고, 제2절에서는 시집갔던 때의
일을 읊었고, 제3절에서는 시집가서 고생했던 일을 후회했고, 제4절에서
는 고생 끝에 남편의 마음이 변하여졌음을 노래했고, 제5절에서는 일만
하다 결국 남편에게 쫓겨난 일을 노래했고, 제6절에서는 옛날을 회고하
며 지금의 자기를 슬퍼한 것이다.

〈모시서〉에서는 시세를 풍자한 시라 하였다. 나라가 어지러워지면 자
기들끼리 눈이 맞아 결혼했다 이런 결과를 가져오는 일이 더 많아질 것
이니 그렇게 볼 수도 있을 것이다.

5. 낚싯대(竹竿)

기다란 대막대 들고 기수에서 낚시질을 하고 있으나,
어찌 그대 생각지 않겠는가? 멀어서 데려올 수가 없는 거지.

천원(泉源)은 왼편에 흐르고, 기수는 오른편에 흐르고 있네.
여자란 시집을 가면 부모형제와도 멀어진다더니!

기수는 오른편에 흐르고 천원은 왼편에 흐르고 있네.
생긋 웃을 때의 고운 흰 이며, 딩동거리는 허리에 찬 구슬 모두가 그
립네.

기수는 넘실넘실 흐르고, 전나무 노 달린 소나무배가 떠 있네.
수레나 타고 나가 놀면서 내 시름 씻어 볼까!

原文 籊籊竹竿으로 以釣于淇로다.
豈不爾思리요? 遠莫致之로다.

泉源在左요 淇水在右로다.
女子有行이면 遠父母兄弟로다.

淇水在右하고 泉源在左로다.
巧笑之瑳며 佩玉之儺로다.

淇水悠悠하니 檜楫松舟로다.
駕言出遊하여 以寫我憂하리라.

註解 ㅇ籊籊(적적)―대가 길고 휘청거리는 모습(毛傳). ㅇ竿(간)―장대.
ㅇ釣(조)―낚시. 이 첫 두 구는 이 시를 쓴 사람의 눈에 비치고 있는 정경이
다(釋義). ㅇ爾(이)―그대. 시집간 옛날의 애인을 가리킨다(釋義). ㅇ致(치)―
지(至)의 뜻(集傳). 막치지(莫致之)는 이곳에 데려오지 못한다는 뜻. ㅇ泉源
(천원)―위주(衛州) 공성(共城)에 있는 백천(百泉)으로 물이름(嚴粲《詩緝》).
ㅇ行(행)―시집가는 것. 패풍(邶風) '천수(泉水)' 시에도 이 구절이 나왔다.
여자란 시집을 가면 부모형제와도 멀어진다 하였으니 하물며 자기야 말해
무엇하겠느냐는 뜻. ㅇ巧笑(교소)―예쁜 웃음(앞의 '碩人' 시 참조). ㅇ瑳
(차)―《모전(毛傳)》에는 교소모(巧笑貌)라 하였고, 《집전(集傳)》에선 웃을
때 이가 옥처럼 나와 빛나는 것을 형용한 것이라 했다. 이것은 옛 애인의
아름다운 모습을 상상한 것이다. ㅇ佩玉(패옥)―부인들이 허리 양편에 차던

구슬. ○儺(나)—걸음걸이에 따라 절도있게 패옥이 부딪쳐 뎅그렁거리는 것.
《모전》에선 행유도(行有度)라 하였다. ○濔濔(유유)—물이 흐르는 모양(毛
傳). ○檜(회)—전나무. ○楫(즙)—노. ○駕(가)—수레를 도는 것. 이 구절도
패풍 '천수(泉水)' 시에 나왔음.

解說 이 시는 시집을 가버린 옛 애인을 그리는 남자의 노래다. 제1절
에서는 기수(淇水)에서 낚시질을 하다 옛 애인 생각을 한다. 제2절에서는
그가 시집가 버려 자기를 지금도 생각하고 있을는지 모른다는 안타까움
을 노래하였다. 제3절에서는 그의 아름다운 옛 모습을 회상하였다. 끝 절
에서는 이미 돌이킬 수 없게 된 관계이니 시름을 잊어라도 보자는 것이
다. 〈모시서〉에서는 시집간 위나라 여자가 친정인 고향을 그리는 시라 하
였는데 잘 맞지 않는다.

6. 환란(芄蘭)

환란 덩굴 가지여, 아이가 뼈 송곳 찼네.
비록 뼈 송곳은 찼어도, 우리를 알아보지 못하네.
흔들흔들 느슨히 늘어진 띠만이 덜렁거리네.

환란 덩굴 잎새여, 아이가 깍지를 찼네.
비록 깍지는 찼어도 우리와 어울리지 못하네.
흔들흔들 느슨히 늘어진 띠만이 덜렁거리네.

原文 芄蘭之支여 童子佩觿로다.
　　　雖則佩觿나 能不我知로다.
　　　容兮遂兮하니 垂帶悸兮로다.

　　　芄蘭之葉이여 童子佩韘이로다.
　　　雖則佩韘이나 能不我甲이로다.
　　　容兮遂兮하니 垂帶悸兮로다.

[註解]　ㅇ芄蘭(환란)－나마(蘿摩)라고도 부르는 식물로서 원야(原野) 가운데 나는 다년생 덩굴풀. 줄기가 다른 식물에 감기어 자라며 잎새는 대생(對生)한다. 그 줄기나 잎새를 자르면 흰 즙이 나오며 여름에 겉은 희고 속은 자색(紫色)인 꽃이 핀다. 열매는 씨에 흰 긴 털이 나서 솜에 대용할 수 있으며 인주를 만드는 데도 쓴다. 줄기 껍질에서도 섬유를 채취할 수 있으며 부드러운 잎새는 식용으로 쓰인다.　ㅇ支(지)－《당석경(唐石經)》과 《설원(說苑)》에서는 이 시를 인용함에 지(枝)로 썼다.　ㅇ童子(동자)－위나라 혜공(惠公)을 가리킨다고도 하며, ‘아이’의 뜻.　ㅇ觿(휴)－상골(象骨)로 만든 송곳같은 물건으로 실의 매듭을 푸는 데 쓰였다(孔疏). 그것을 장식으로 허리에 차고 다녔는데 성인들이 차는 거지 아이들이 차는 것은 아니다.　ㅇ能(능)－이(而)와 같은 뜻(王引之 《經義述聞》).　ㅇ容兮(용혜)－용용(容容)의 뜻으로 흔들흔들하는 모양(《史記》 淮陰侯列傳).　ㅇ遂(수)－추(墜)와 통하여 밑으로 늘어진 모양(釋義).　ㅇ帶(대)－패(佩)를 다는 혁대와 옷을 묶는 대대(大帶)가 있는데 ‘대대’가 밑으로 늘어진다(傳疏).　ㅇ悸(계)－이리저리 움직이는 것(釋義). ‘대대’를 늘어뜨리는 것도 아이들은 해서 안될 짓이다.　ㅇ韘(접)－활을 쏠 때 끼는 깍지. 상골(象骨)로 만들고 가죽끈으로 오른쪽 엄지손가락에 끼웠다 한다(傳疏). 그리고 말타기 활쏘기를 할 때엔 이를 허리에 찼다(毛傳).　ㅇ甲(갑)－압(狎)과 통하여(毛傳), 친하게 어울리는 것.

[解說]　환란(芄蘭)은 위(衛)나라 혜공(惠公)을 풍자한 것이다. 그는 어려서 임금자리에 올랐으나 교만하고 무례하여 대부들이 그를 풍자한 것이라 한다(〈모시서〉).

7. 넓은 황하(河廣)

누가 황하를 넓다고 했나? 한 개의 갈대로도 건널 수 있는 것을.
누가 송나라 멀다고 했나? 발돋움만 해도 바라볼 수 있는 것을.

누가 황하를 넓다고 했나? 칼조차 들어갈 틈이 없는 것을.
누가 송나라를 멀다고 했나? 아침 전에 갈 수가 있는 곳을.

原文 誰謂河廣고? 一葦杭之로다.
　　　誰謂宋遠고? 跂予望之로다.

　　　誰謂河廣고? 曾不容刀로다.
　　　誰謂宋遠고? 曾不崇朝로다.

註解 ○葦(위)－갈대의 한 종류(集傳). ○一(일)－《공소(孔疏)》에선 1을 한다발로 보았지만 그대로 ‘한 개’ 또는 ‘한 잎’으로 봄이 좋다. ○杭(항)－건너다. 도(渡)의 뜻(集傳). ○跂(기)－발뒤꿈치를 드는 것. ○予(여)－나. ○刀(도)－《정전(鄭箋)》에선 소선(小船)이라 하였으나 그대로 칼로 보고, 이 구절은 자기 마음으로는 황하라도 칼도 받아들이지 못할 만큼 아주 좁게 느껴진다는 뜻으로 봄이 좋겠다(釋義). ○崇朝(숭조)－종조(終朝), 곧 아침 식전 동안에 걸으면서 갈 거리도 안될 듯하다는 뜻. 용풍(鄘風) ‘체동(蝃蝀)’ 시에도 나왔음.

解說 〈모시서〉에는 ‘송(宋)나라 자보(茲父 : 襄公)의 어머니가 위나라로 돌아와 송나라에 남기고 온 아들 자보를 생각하며 지은 노래’라 하였다. 양공(襄公)의 어머니는 위나라 대공(戴公)과 문공(文公)의 누이동생이며 송나라 환공(桓公)의 부인이었다.

　　그러나 송나라 양공 때에 위나라는 이미 도읍을 황하의 남쪽으로 옮겨와 있었으니, 송나라를 가려면 황하를 건널 필요가 없었다. 따라서 〈시서〉의 해설은 믿을 수가 없다. 송(宋) 왕질(王質)은 《시총문(詩總聞)》에서 위나라에 와서 사는 송나라 사람이 가지 못하는 고향을 생각하며 부른 노래라 하였는데 그럴듯하다(《釋義》).

8. 내 님(伯兮)

내 님은 용감한 나라의 영걸.
내 님은 긴 창 들고 임금님 앞장서네.

내 님이 동으로 가시쟈, 머리는 나부끼는 쑥대 같네.

어찌 기름 바르고 머리 감지 못하랴마는 누구를 위해 화장할꼬?

비 좀 와라 비 좀 와라 해도 쨍쨍 햇빛이 나네.
님 생각에 머리 아픈들 뉘를 탓하리.

어데서 망우초(忘憂草) 얻어다 그것을 뒤꼍에 심어 봤으면.
님 생각에 내 마음만 병드네.

原文　伯兮朅兮하니 邦之桀兮로다.
　　　伯也執殳하고 爲王前驅로다.

　　　自伯之東하여 首如飛蓬이라.
　　　豈無膏沐이리오마는 誰適爲容고?

　　　其雨其雨여 杲杲出日이로다.
　　　願言思伯이라 甘心首疾이로다.

　　　焉得諼草하여 言樹之背로다.
　　　願言思伯이라 使我心痗로다.

註解　○伯兮(백혜)―군자(君子), 곧 남편의 호칭(鄭箋). ○朅(흘)―무모(武貌)(毛傳), 곧 용감한 것. ○桀(걸)―걸(傑)과 통하여 영걸(英傑)의 뜻. ○殳(수)―길이 1장(丈) 2척(尺)의 날 없는 창(毛傳). ○前驅(전구)―선구(先驅). 앞장서는 사람. ○之(지)―전쟁에 나간 것. ○首(수)―머리. ○飛蓬(비봉)―가을에 바람에 날리는 엉클어진 다북쑥. ○膏(고)―머리에 기름 바르는 것. ○沐(목)―머리감는 것. 고목(膏沐)은 여자의 화장을 통틀어 대표한 것이다. ○適(적)―마서진은 〈일절경음의(一切經音義)〉를 인용, 적(適)을 기쁘다, 곧 열(悅)의 뜻으로 보았다(通釋). ○容(용)―화장하는 것. 중국의 속담에 '여자는 자기를 좋아하는 사람을 위하여 화장한다'는 말이 있다(集傳). ○其雨(기우)―비가 왔으면 하는 뜻(集傳). ○杲(고)―고(杲)는 나무 위에 해가 떠 있는 모양으로, 고고(杲杲)는 햇빛이 쨍쨍 나는 것. ○言(언)―조사. ○甘心(감심)―마음속으로 달게 여기는 것. ○首疾(수질)―두통. ○諼草(훤초)―사람으로 하여금 근심을 잊게 하는 풀. 어딘가 그런 풀이 있었으면 하는 뜻(孔疏).《집전

(集傳)》에선 합환(合歡)이라고도 하며 이걸 먹으면 걱정이 없어지는 풀이라
하였다. ○言(언)―조사. ○背(배)―집의 북쪽 옆.《모전(毛傳)》에선 북당(北
堂)이라 하였는데 부인은 북당에 산다. 우리말로는 뒤꼍일 것이다. ○痗(매)―
병들다.

解說 부인이 전쟁에 나가 오랫동안 돌아오지 않는 남편을 생각하며 노
래한 것이다. 〈모시서〉의《정전(鄭箋)》에 의하면 '위나라 선공(宣公) 때
에 채인(蔡人)·위인(衛人)·진인(陳人) 들이 임금을 따라 정(鄭)나라 제
후를 쳤다. 이때 이 남자는 임금의 선구(先驅)로서 오랫동안 종군하여 집
사람이 그를 생각한 것이다'라고 하였다.

9. 여우(有狐)

여우가 어슬렁어슬렁 기수 돌다리 위를 어정거리네.
마음의 근심은 그이 바지가 다 떨어지지나 않았을까 하는 것.

여우가 어슬렁어슬렁 기수가 언덕을 어정거리네.
마음의 근심은 그이 띠도 없지 않을까 하는 것.

여우가 어슬렁어슬렁 기수 물가를 어정거리네.
마음의 근심은 그의 옷이 다 떨어지지나 않았을까 하는 것.

原文 有狐綏綏하니 在彼淇梁이로다.
　　　心之憂矣는 之子無裳이니라.

　　　有狐綏綏하니 在彼淇厲로다.
　　　心之憂矣는 之子無帶니라.

　　　有狐綏綏하니 在彼淇側이로다.
　　　心之憂矣는 之子無服이니라.

註解 ○狐(호)—여우. ○綏綏(수수)—천천히 걸어다니는 모양(通釋). 《집전》에선 홀로 짝을 찾아다니는 모습이라 하였다. ○淇(기)—강이름. ○梁(양)—돌다리. 다리. ○裳(상)—여기서는 남자이니 아랫바지. 무상(無裳)은 결국 바지가 다 떨어진 것. 알뜰한 아내의 마음이 이 구절에서 느껴진다. ○厲(여)—명(明) 하해(何楷)의 《시경세본고의(詩經世本古義)》에선 물가의 높은 언덕이라 하였다. ○帶(대)—띠. ○服(복)—옷. 제1절에서는 바지, 2절에서는 띠를 근심하고 3절에서는 전체적으로 옷이 떨어지지 않았을까 근심한 것이다.

解說 이 시도 멀리 나가 있는 남편을 그리는 여자의 노래이다(崔述 《讀風偶識》). 기수(淇水) 언저리를 홀로 어슬렁거리고 있는 여우에서 이 여인은 자기의 외로움을 느끼고 남편을 생각했을 것이다. 〈모시서〉에서는 위나라의 남녀들이 때를 놓치어 늦게 결혼함으로써 그의 짝을 잃고 가정을 못이루게 되는 일이 많으므로 이를 풍자한 것이라 하였는데 합당치 못하다.

10. 모과(木瓜)

나에게 모과를 보내주었으나 아름다운 패옥으로 보답하나니,
보답이 아니라 영원히 친하게 지내자는 거요.

나에게 복숭아를 보내주었으나 아름다운 옥으로 보답하나니,
보답이 아니라 영원히 친하게 지내자는 거요.

나에게 오얏을 보내주었으나 아름다운 옥돌로 보답하나니,
보답이 아니라 영원히 친하게 지내자는 거요.

原文 投我以木瓜에 報之以瓊琚니
匪報也요 永以爲好也니라.

投我以木桃에 報之以瓊瑤니
匪報也요 永以爲好也니라.

投我以木李에 報之以瓊玖니

匪報也요 永以爲好也니라.

註解 ○投(투)-던져 주는 것. 곧 물건을 보내주는 것. ○木瓜(목과)-모과나무 열매. 모과나무는 능금나뭇과의 낙엽 교목. 중국이 원산지이며 껍질은 갈색, 과실은 큰 타원형으로 큰 배와 비슷한데 가을에 누렇게 익으며 약제로 쓰인다. ○瓊(경)-붉은 옥돌. ○琚(거)-패옥.《모전(毛傳)》엔 경(瓊)은 미옥(美玉), 거(琚)는 패옥(佩玉) 이름이라 했다. 여하튼 이 구절은 남이 값싼 물건을 보내주면 값진 물건으로 그 뜻에 보답한다는 뜻이다. ○匪(비)-부정사. ○爲好(위호)-친하게 잘 지내는 것. 이 구절은 그렇게 값진 물건을 답례로 보내주는 것은 보답은 고사하고 그 사람과 친하게 잘 지내자는 뜻에서라는 것이다. ○木桃(목도)-목리(木李)와 함께 학자에 따라 설이 구구하다. 여기서는 그대로 '복숭아'라 하였으나 마서진(馬瑞辰)은 목과(木瓜)의 별종이라 하였다(通釋). ○瑤(요)-아름다운 옥돌. ○玖(구)-왕풍(王風) '구중유마(丘中有麻)' 시의 《모전》에 구(玖)는 옥돌 다음가는 돌이라 하였으니, 역시 보석의 일종이다.

解說 이 시는 친구 사이 또는 애인 사이에 물건을 주고받으며 부른 노래이다(崔述《讀風偶識》). 〈모시서〉에서는 이는 제(齊)나라 환공(桓公)을 기린 시라 하였다. 용풍(鄘風) '재치(載馳)' 시에서 설명했듯이 위나라가 적인(狄人)의 침략을 받아 멸망하고 대공(戴公)이 조(漕)땅에 움막을 짓고 머무르고 있을 때 제 환공은 군대를 보내어 그를 보호하며 거마기복(車馬器服)을 보내주었다. 대공이 죽은 뒤에 문공(文公)이 뒤를 잇자, 환공은 또 초구(楚丘)에 성을 쌓고 그를 이곳에 봉하며 많은 물건을 보내주었다. 위나라 사람들이 이를 생각하고 그의 은혜를 갚으려는 뜻을 노래한 것이라 한다.

제 6 왕풍(王風)

주(周)나라의 11대 임금인 유왕(幽王 : B.C. 781~771 재위)은 신(申)

나라 강씨(姜氏)에게 장가들어 태자 의구(宜臼)를 낳았다. 그뒤 유왕은 포사(褒姒)에게 빠져 그가 백복(伯服)을 낳자 강씨와 의구를 쫓아내어 의구는 신나라로 도망하였다. 강씨의 아버지 신나라 제후는 이를 알고 오랑캐 견융(犬戎)을 시켜 주 무왕 이래의 도읍지인 종주(宗周), 곧 호경(鎬京)을 공격케 하여 유왕을 여산(驪山) 기슭 희(戲)땅에서 죽였다. 진(晋)나라 문공(文公)과 정(鄭)나라 무공(武公) 등은 이에 의구를 신나라로부터 모셔다 주왕으로 세우니 이가 평왕(平王 : B.C. 770~720 재위)이다.

평왕은 제후들의 힘으로 천자가 되었기 때문에 왕조의 위엄이 떨어지고 오랑캐들의 힘이 날로 세어져, 이를 피하여 도읍을 낙읍(洛邑 : 지금의 河南省 洛陽縣 東北郊)으로 옮겼다. 낙읍은 성왕(成王) 때 주공이 이룩한 도시이며, 이로부터 주나라를 동주(東周)라 하여 앞의 서주(西周)와 구별한다. 이 낙읍에선 평왕의 뒤로 환왕(桓王)·장왕(莊王)·희왕(僖王)·혜왕(惠王)·양왕(襄王)·경왕(頃王)·광왕(匡王)·정왕(定王)·간왕(簡王)·영왕(靈王)·경왕(景王)의 12대가 도읍하여 주나라의 명맥을 지탱하였다.

이 왕풍(王風)은 이들 중 앞의 평왕과 환왕(B.C. 719~697 재위)·장왕(B.C. 696~680 재위) 3대에 걸친 시대의 시가 채록된 것이라 전하여진다. 주나라가 천자의 나라라고는 하지만, 이때에는 이미 제후들과 마찬가지로 정교(政敎)가 그들의 왕기(王畿)에서만 행하여지고 그 밖에는 영향을 끼치지 못하였다. 이들 시도 주풍(周風)이라 할 만한 것이나 그대로 주실(周室)을 존중하는 뜻에서 왕풍이라 한 것이다.

1. 기장은 더부룩이(黍離)

기장은 더부룩히 자라고 피 싹도 돋았구나.
걸음걸이 맥없고 마음속 허전하네.
나를 아는 이는 내 마음에 시름 있다 하지마는,
나를 모르는 이는 내게 무얼 하고 있느냐고 말하리라.

끝없이 푸른 하늘이여! 이건 누구 때문입니까?

기장은 더부룩히 자라고 피 이삭도 돋았구나.
걸음걸이 맥없고 마음은 술취한 듯.
나를 아는 이는 내 마음에 시름 있다 하지마는,
나를 모르는 이는 내게 무얼 하고 있느냐고 말하리라.
끝없이 푸른 하늘이여! 이건 누구 때문입니까?

기장은 더부룩히 자라고 피 이삭도 여물었네.
걸음걸이 맥없고 마음속은 막히는 듯.
나를 아는 이는 내 마음에 시름 있다 하지마는,
나를 모르는 이는 내게 무얼 하고 있느냐고 말하리라.
끝없이 푸른 하늘이여! 이건 누구 때문입니까?

原文 彼黍離離어늘 彼稷之苗로다.
　　　行邁靡靡하나니 中心搖搖하도다.
　　　知我者는 謂我心憂어늘
　　　不知我者는 謂我何求오 하나니
　　　悠悠蒼天이여! 此何人哉오?

　　　彼黍離離어늘 彼稷之穗로다.
　　　行邁靡靡하나니 中心如醉로다.
　　　知我者는 謂我心憂어늘
　　　不知我者는 謂我何求오 하나니
　　　悠悠蒼天이여! 此何人哉오?

　　　彼黍離離어늘 彼稷之實이로다.
　　　行邁靡靡하나니 中心如噎이로다.
　　　知我者는 謂我心憂어늘
　　　不知我者는 謂我何求오 하나니

悠悠蒼天이여! **此何人哉**오?

註解　o黍(서)-메기장.　o離離(이리)-이삭이 나와 늘어진 모양(孔疏). o稷(직)-피. 서직(黍稷)은 곡식을 대표한 것임. o苗(묘)-곡식 싹. o行邁 (행매)-걸어가는 것. o靡靡(미미)-지지(遲遲)와 같은 뜻으로(毛傳), 걸음 이 잘 나아가지 않는 것. o搖搖(요요)-근심이 있어도 호소할 곳 없는 모양 (毛傳). o何求(하구)-무엇을 구하는가? 곧 무얼 하고 있는가의 뜻. o悠悠 (유유)-먼 모양(毛傳). 아득히 끝없는 것. o蒼天(창천)-푸른 하늘. 시름을 하늘에 호소하는 것이다. o此(차)-나라가 이렇게 된 것. o何人哉(하인재)- 누가 이렇게 만든 것이냐는 뜻. o穗(수)-곡식 이삭. o實(실)-이삭이 여무 는 것. o噎(열)-숨이 막히는 것(孔疏), 가슴이 막히듯이 답답해지는 것.

解說　주나라 평왕(平王 : B.C 770~720 재위) 때 도읍을 낙읍(洛邑 : 王城 또는 東都라고도 부름)으로 옮긴 뒤, 주나라의 대부가 행역(行役)으 로 집을 나가 호경(鎬京 : 宗周 또는 西都라고도 부름)에 갔다. 그곳에서 그는 옛날의 종묘궁실(宗廟宮室)은 간데없고 흥망성쇠도 아랑곳없이 그 땅에 기장과 피만이 수북히 자라고 있는 것을 보았다. 주나라 쇠멸을 절 감하며 이 시를 지은 것이다(〈모시서〉).

2. 역사에 나가신 님(君子于役)

우리 님은 역사에 나가, 돌아올 날 속절없네.
언제나 오시려나? 닭은 홰에 오르고
해 저물자 소와 양도 돌아오는데,
역사에 나간 우리 님이여! 그 어이 그립지 않으리!

우리 님은 역사에 나가 몇날 몇달인지 속절없네.
언제면 만나게 되려나? 닭은 우리에 들고
해 저물자 소와 양도 내려오는데,
역사에 나간 우리 님이여! 목마름 굶주림이나 겪지 않으시기를!

原文 君子于役하여 不知其期로다
君子于役하여 不知其期로다
曷至哉오? 鷄棲于塒며
日之夕矣니 羊牛下來로다
君子于役이요 如之何勿思리요!

君子于役하여 不日不月이로다.
曷其有佸고? 鷄棲于桀이며
日之夕矣니 羊牛下括이로다.
君子于役이여 苟無飢渴이어다!

註解 ㅇ君子(군자)—부인이 남편을 부르는 말. ㅇ役(역)—행역(行役). 나라의 명으로 토목공사나 멀리 국경을 지키는 일에 나가는 것. ㅇ于役(우역)—재역(在役). 역사에 나가 있다는 뜻. ㅇ其期(기기)—돌아올 날짜(集傳). ㅇ曷(갈)—언제의 뜻. 갈지(曷至)는 언제면 돌아오나. ㅇ棲(서)—새가 깃드는 것. ㅇ塒(시)—《이아(爾雅)》 곽주(郭注)에는 '담을 뚫어 닭을 깃들게 하는 곳'이라 하였다. 여하튼 서우시(棲于塒)는 닭이 홰에 오르는 것이라 보면 될 것이다. ㅇ如之何(여지하)—여하(如何)를 강조한 말. ㅇ勿思(물사)—생각하지 않는 것, 곧 그리워하지 않는 것. ㅇ不日不月(불일불월)—행역에서 돌아올 날도 달도 모른다는 뜻(鄭箋). ㅇ佸(활)—와서 만나는 것(毛傳). ㅇ桀(걸)—닭이 홰에 오르는 것(毛傳). ㅇ下括(하괄)—앞의 하래(下來)와 같은 뜻. ㅇ苟(구)—어떤 일을 바라는 소망이 포함되어 있다. ㅇ飢(기)—굶주리다. ㅇ渴(갈)—목마른 것.

解說 대부가 오랫동안 행역에 나가 있어 그의 처가 남편을 그리며 읊은 노래이다(《集傳》). 〈모시서〉에서는 평왕 때의 절도 없는 행역을 풍자한 것이라 하였다.

3. 즐거운 우리 님(君子陽陽)

즐거운 우리 님은 왼손에 생황 들고
오른손으로 나를 방으로 부르니 정말 즐겁네.

흥겨운 우리 님은 왼손에 새깃 들고
오른손으로 나를 춤자리로 부르니 정말 즐겁네.

原文　君子陽陽하여　左執簧하고
　　　右招我由房하나니　其樂只且여!

　　　君子陶陶하여　左執翿하고
　　　右招我由敖하나니　其樂只且여!

註解　ㅇ陽陽(양양)―양양(揚揚)과 통하여 득지(得志)한 모습(集傳). ㅇ左 (좌)―왼손. ㅇ簧(황)―생황(笙簧). 관악기의 일종으로 13 내지 19개의 가는 대를 바가지로 만든 바탕에 묶어 세우고 주전자 귀대 비슷한 부리로 분다. ㅇ右(우)―오른손. ㅇ招(초)―부르다. ㅇ由(유)―종(從)의 뜻(鄭箋). ㅇ房(방)― 거실. ㅇ只且(지저)―조사. ㅇ陶陶(도도)―화락(和樂)한 모습(毛傳). ㅇ翿(도)― 춤추는 사람이 드는 새깃으로 만든 일산[翳] 같은 물건(孔疏). ㅇ敖(오)―연 무지위(燕舞之位)(鄭箋), 곧 춤추는 자리.

解說　이 시는 부부의 화락함을 노래한 것이다. 《집전(集傳)》에는 행역 에서 돌아온 남편을 맞이하여 즐기는 모습으로 보았다. 〈모시서〉에서는 군자들이 어지러운 세상을 당하여 적당히 녹이나 받아먹으며 몸을 보전 하고 해를 멀리함을 노래한 것이라 보았는데, 수긍되지 않는다.

4. 잔잔한 물결(揚之水)

잔잔한 물결은 나무 다발도 떠내려 보내지 못하네.
집사람을 멀리 두고 나는 신(申)땅에 수자리 사네.
그립고 그리운지고! 어느 달이면 나는 돌아가게 되나?

잔잔한 물결은 싸리 다발도 떠내려 보내지 못하네.
집사람을 멀리 두고 나는 보(甫)땅에 수자리 사네.
그립고 그리운지고! 어느 달이면 나는 돌아가게 되나?

잔잔한 물결은 개버들 다발도 떠내려 보내지 못하네.

집사람을 멀리 두고 나는 허(許)땅에 수자리 사네.

그립고 그리운지고! 어느 달이면 나는 돌아가게 되나?

原文 揚之水여 不流束薪이로다.

彼其之子여 不與我戍申이로다.

懷哉懷哉니 曷月予還歸哉오!

揚之水여 不流束楚로다.

彼其之子여 不與我戍甫로다.

懷哉懷哉니 曷月予還歸哉오!

揚之水여 不流束蒲로다.

彼其之子여 不與我戍許로다.

懷哉懷哉니 曷月予還歸哉오!

註解 ○揚(양)―격양(激揚)의 뜻으로(毛傳) 보기도 하나, 유양(悠揚)의 뜻으로 보아 물이 잔잔히 흐르는 모습이라 한 《집전(集傳)》을 취하였다. ○束薪(속신)―묶어놓은 땔나무 다발. 힘이 없어 나무 한다발도 떠내려 보내지 못하는 잔잔한 물은 주나라 왕실의 무력함을 비유한 것이라 한다. 주 왕실이 무력하기 때문에 주나라 사람이 제후의 나라에까지 와서 수자리를 살게 된 것이다. ○其(기)―조사. ○之子(지자)―시자(是子)로서 집에 두고 온 작자의 아내를 가리킴. 정풍(鄭風) '고구(羔裘)' 시, 위풍(魏風) '분저여(汾沮洳)' 시에도 같은 구가 있으니 참고 바란다. ○戍(수)―수자리, 곧 변경 수비. ○申(신)―나라 이름. 강성(姜姓)이며 평왕의 어머니 친정 나라. 지금의 하남성 신양현(信陽縣)에 있었다(釋義). ○懷(회)―그립다는 뜻. ○曷(갈)―하(何)의 뜻으로 갈월(曷月)은 '어느 달'. ○楚(초)―싸리나무. 역시 땔나무[薪]의 일종이다. ○甫(보)―나라 이름. 역시 강성(姜姓)의 나라로서 바로 여(呂)나라이다. 선왕(宣王) 때에 여를 보(甫)라 고쳤다 한다. 지금의 하남성 남양(南陽) 근처(釋義). ○蒲(포)―포류(蒲柳)(鄭箋), 곧 갯버들로서 역시 땔나무의 일종. ○許(허)―나라 이름. 역시 강성(姜姓)이었으며 지금의 하남성 허창(許昌) 근처에 있었다(釋義).

解說 멀리 수자리 가 있는 주나라 사람이 그의 집 생각을 노래한 것이
이 시이다. 〈모시서〉에서는 이것은 주나라 평왕을 풍자한 것이라 하였다.
평왕이 동천(東遷)한 뒤로는 남방의 초(楚)나라가 강성하여져 이를 막아
야 했다. 그러나 제후의 나라에는 이미 주왕의 정령(政令)이 행하여지지
않고 있어 제후들로 하여금 지키게 할 수 없었으므로, 주나라 사람들이
직접 남쪽의 신(申)·보(甫)·허(許)나라의 국경을 지켜야만 하였다.

　그리고 주나라 환왕·장왕 이전에는 신나라와 보나라 땅이 초나라의
압력을 받지 않았으며, 환왕·장왕 이후에는 신나라와 보나라는 멸망
하였으니, 이것은 환왕과 장왕 때의 노래로 보아야 한다(《釋義》引 傅斯
年說).

5. 골짜기의 익모초(中谷有蓷)

골짜기에 익모초가 있는데, 가뭄에 말라 있네.
집 떠나온 여인이 있어, 깊은 한숨 짓네.
깊은 한숨 짓는 것은 남편으로 말미암은 고난 때문이라.

골짜기에 익모초가 있는데, 가뭄에 시들었네.
집 떠나온 여인이 있어, 긴 한숨 몰아쉬네.
긴 한숨 몰아 쉬는 것은 남편으로 말미암은 불행 때문이라.

골짜기에 익모초가 있는데, 가뭄에 말라가네.
남편과 이별한 여인이 있어, 훌쩍이며 우네.
훌쩍이며 울고 한탄한들 무엇하리!

原文 中谷有蓷하니 暵其乾矣로다.
　　　有女仳離라 嘅其嘆矣로다.
　　　嘅其嘆矣는 遇人之艱難矣니라.

　　　中谷有蓷하니 暵其脩矣로다.

有女仳離라 條其歗矣로다.

條其歗矣는 遇人之不淑矣니라.

中谷有蓷하니 暵其濕矣로다.

有女仳離라 啜其泣矣로다.

啜其泣矣나 何嗟及矣리요!

[註解] ㅇ中谷(중곡)—곡중(谷中). ㅇ蓷(퇴)—《모전(毛傳)》엔 추(雜)라 하였는데, 잎새가 환(萑) 같고 모가 난 줄기에 흰꽃이 피며, 꽃은 마디 사이에서 나며 바로 지금의 익모초라 한다(集傳). 익모초는 '암눈비앗'이라고도 부르며 잎과 줄기를 약재로 쓰는데 특히 줄기를 익모초라 부른다. 길가에도 흔하다. ㅇ暵(한)—마른 것. ㅇ其(기)—조사. 한기(暵其)는 한연(暵然), 곧 가뭄에 마른 모습. 골짜기에까지 가뭄이 들어 익모초가 말랐다면 이것은 굉장한 가뭄이다. 이것은 자기가 겪은 고난에 비유한 것이다. ㅇ仳離(비리)—별리(別離)와 같은 말. 남편과 이별한 것. ㅇ嘅(개)—탄식하는 소리(集傳). 개기(嘅其)는 개연(嘅然). ㅇ嘆(탄)—탄식하다. ㅇ遇(우)—당한 것. 《정전(鄭箋)》에 인(人)은 남편을 가리킨다고 하였으나, 집안 사람으로 보아도 되겠다. ㅇ艱難(간난)—궁액(窮厄)(鄭箋). 고난의 뜻. ㅇ脩(수)—소(翛)와 통하여, 점점 시들어 가는 모습(郝敬《詩經原解》). ㅇ條(조)—긴 모양(毛傳). ㅇ歗(소)—소(嘯)의 고자(古字)로서, 휘파람 부는 소리 같은 긴 한숨을 짓는 것. 《집전》에는 歗는 비탄이 깊어 한숨이 끊이지 않는 것이라 하였다. ㅇ淑(숙)—선(善)과도 통하며, 불숙(不淑)은 부조(不弔)와 같은 뜻으로 불행의 뜻(王國維《觀堂集林》). ㅇ濕(습)—급(隰)과 같은 뜻으로(王引之《經義述聞》) 말라들어가고 있는 것. ㅇ啜(철)—훌쩍거리며 우는 것. ㅇ泣(읍)—울다. 이곳의 소(歗)는 1절의 탄(歎)보다 심하고, 읍(泣)은 소(歗)보다도 심한 것이다. ㅇ嗟(차)—탄식하다. 하차급(何嗟及)은 '차하급(嗟何及)'의 도문(倒文)으로 '탄식을 해 봤자 무엇이 되겠는가'의 뜻.

[解說] 이 시는 고난을 견디다 못해 남편과 이별한 여인이 읊은 시이다. 〈모시서〉에서는 그 고난이란 바로 흉년기근(凶年饑饉)을 말하며, 매절 첫머리의 말라가는 익모초는 그가 겪은 흉년에 비유한 것이라 보았다. 그러나 그 고난은 단순한 부부 사이의 불화였다고 보는 게 더 좋을 듯하다.

6. 토끼는 깡총깡총(兎爰)

토끼는 깡총깡총 뛰는데 꿩이 그물에 걸렸네.
내가 처음 났을 때엔 아무 탈도 없었는데
내가 자란 뒤에는 이런 숱한 어려움 만나니
아예 꼼짝 않고 잠이나 내내 들었으면.

토끼는 깡총깡총 뛰는데 꿩이 그물에 걸렸네.
내가 처음 났을 때엔 아무렇지도 않았는데
내가 자란 뒤에는 이런 숱한 걱정 생기니
아예 깨지 말고 잠이나 내내 들었으면.

토끼는 깡총깡총 뛰는데 꿩이 그물에 걸렸네.
내가 처음 났을 때엔 아무런 일도 없었는데
내가 자란 뒤에는 이런 숱한 흉한 일 일어나니
아예 귀 막고 잠이나 내내 들었으면.

原文 有兎爰爰이어늘 雉離于羅로다.
我生之初에 尚無爲러니
我生之後에 逢此百罹하니
尚寐無吡로다.

有兎爰爰이어늘 雉離于罦로다.
我生之初에 尚無造러니
我生之後에 逢此百憂하니
尚寐無覺이로다.

有兎爰爰이어늘 雉離于罿이로다.
我生之初에 尚無庸이러니

我生之後에 逢此百凶하니
尙寐無聰로다.

註解 ○兎(토)—토끼. ○爰爰(원원)—구제당하지 않고(孔疏), 자유롭게 서서히(毛傳) 뛰어다니는 모습. ○雉(치)—꿩. ○離(리)—걸리다. ○羅(라)—그물. ○尙(상)—'그래도'의 뜻. ○無爲(무위)—아무 탈도 없는 것, 무사한 것(集傳). ○逢(봉)—만나다. ○百罹(백리)—여러 가지 걱정(毛傳). ○尙(상)—바라다, 원하다. ○寐(매)—잠자다. ○吪(와)—움직이다. ○罦(부)—복거(覆車)(毛傳) 또는 번거(翻車)(孔疏)라고도 하며, 수레채에다 그물을 달아 수레바퀴의 회전에 따라 그물이 퍼져 새를 잡도록 만들어진 그물(孔疏). ○無造(무조)—무위(無爲)의 뜻. 《모전(毛傳)》에 조(造)는 위(爲)의 뜻이라 하였다. ○罿(충)—《모전》엔 철(罬)이라 하였는데 《공소》에선 《이아(爾雅)》를 인용. 철(罬)은 부(罦)의 뜻이라 하였다. 첫절의 라(羅)와 2장의 부(罦) 및 3장의 충(罿)은 종류가 각각 다른 그물일 것이나, 토끼나 새를 잡는 그물임에는 모두 틀림없다. 옛날에는 토끼나 꿩은 모두 같은 그물로 잡았다(通釋). ○庸(용)—사(事)와 통하여(釋義), 무용(無庸)은 무사(無事)의 뜻. ○凶(흉)—흉사. ○無聰(무총)—아무것도 듣지 않는 것. 모든 세상일을 모른 체할 수 있었으면 좋겠다는 뜻.

解說 이 시는 어지러운 세상을 만난 것을 개탄한 것이다. 걸어다니는 토끼도 그물에 안 걸리고 자유롭게 뛰노는데 날아다니는 꿩은 그물에 걸려 있다. 못나고 간사한 사람은 출세하는데 올바른 사람은 박해를 당하는 것이 난세(亂世)의 공통된 특징이다. 그러기에 이 시의 작자는 어지러운 세상을 견딜 수 없어 차라리 잠이라도 영영 들어 버렸으면 하고 바라는 것이다.

〈모시서〉에는 주나라 환왕(桓王 : B.C. 719~697 재위)이 믿음을 잃어 제후들이 배반하고, 원한을 사 재난이 연이었고, 전쟁과 부역에 백성들은 시달렸다. 그래서 군자들은 그들의 삶을 즐겁게 여기지 않았다고 하였다.

7. 칡덩굴(葛藟)

길게 뻗은 칡덩굴이 황하 언덕 위에 자라고 있네.
끝내 형제들은 멀리하고 남을 아버지라 부르고 있네.
남을 아버지라 부르고는 있지만, 그는 나를 돌보아주지 않네.

길게 뻗은 칡덩굴이 황하 물가에 자라고 있네.
끝내 형제들은 멀리하고 남을 어머니라 부르고 있네.
남을 어머니라 부르고는 있지만, 그는 나를 가까이 않네.

길게 뻗은 칡덩굴이 황하 언덕에 자라고 있네.
끝내 형제들은 멀리하고 남을 형이라 부르고 있네.
남을 형이라 부르고는 있지만 그는 나를 못본 체하네.

原文　　縣縣葛藟여　在河之滸로다.
　　　　終遠兄弟하고　謂他人父로다.
　　　　謂他人父나　亦莫我顧로다.

　　　　縣縣葛藟여　在河之涘로다.
　　　　終遠兄弟하고　謂他人母로다.
　　　　謂他人母나　亦莫我有로다.

　　　　縣縣葛藟여　在河之漘이로다.
　　　　終遠兄弟하고　謂他人昆이로다.
　　　　謂他人昆이나　亦莫我聞이로다.

註解　　○縣縣(면면)―길게 끊이지 않고 뻗어있는 모양(毛傳).　○葛藟(갈류)―
주남(周南) ‘규목(樛木)’ 시에도 나왔듯이 칡덩굴. 칡덩굴은 뿌리와 줄기가 끊
이지 않고 길게 뻗어 있는데, 자기는 난세를 당하여 집안 사람들과 헤어져 객
지살이를 하고 있음을 상기한 것이다.　○滸(호)―주희는 언덕 위를 호(滸)라

한다고 했다(集傳). o終(종)-'마침내 지금은'의 뜻. o他人(타인)-남. 위타
인부(謂他人父)는 남을 아버지라 부르는 것. o顧(고)-돌보아주는 것. o涘
(사)-물가. o有(유)-우(友)와 뜻이 가까워 친애의 뜻.《좌전》소공(昭公)
25년 두주(杜注) 의거(釋義). o脣(순)-《모전(毛傳)》엔 수엄(水陳)이라 하였
는데, 수엄은 물가의 층진 언덕의 뜻. o昆(곤)-형(兄)의 뜻. o聞(문)-들은
체하는 것, 곧 알은 체하는 것.

解說 이 시는 객지에 유랑하는 나그네가 집생각을 하며 부른 노래이다.
객지에서 생활방편상 의부모·의형제를 맺어 보지만 아무래도 친 골육
같은 정은 가지 않는다. 〈모시서〉에서는 주실(周室)의 도가 쇠하여 평왕
이 그의 구족(九族 : 자기를 중심으로 한 前後 9대에 걸친 親族들)을 버
렸음을 왕족이 풍자한 것이라 하였는데, 아무래도 부회(附會)한 해설인
듯하다.

8. 칡 캐러 가세(采葛)

칡 캐러 가세.
하루 못보면 석달이나 못본 듯.

쑥 캐러 가세.
하루 못보면 세 해나 못본 듯.

약쑥 캐러 가세.
하루 못보면 삼년이나 못본 듯.

原文 彼采葛兮여
　　　一日不見이 如三月兮로다.

　　　彼采蕭兮여
　　　一日不見이 如三秋兮로다.

彼采艾兮여
一日不見이 如三歲兮로다.

註解 ㅇ蕭(소)—적호(荻蒿)·소적(蕭荻)·우미호(牛尾蒿)라고도 하며 흰
잎새에 대가 굵고 수십대가 포기로 나며, 촛불을 이것으로 만들면 향기가 있으
며 제사 때에는 기름으로 이를 태워 향으로 쓴다(孔疏). ㅇ三秋(삼추)—세 가
을. 실제로는 3년이나 같은 말임. ㅇ艾(애)—약쑥(毛傳).

解說 이것은 젊은이의 사랑 노래이다. 여자에게 애인이 있어 여자는 칡
캐러 가느니 쑥 뜯으러 가느니 하고 남자 애인을 만나러 간다. 잠깐을 못만
나도 하루가 여삼추(如三秋)라 가만히 있지를 못한다. 〈모시서〉에서 참언
(讒言)을 두려워한 것이라 한 것은 당치도 않은 듯하다.

9. 큰 수레(大車)

큰 수레가 덜컥덜컥 가는데 부드러운 파란 털옷 입은 이 탔네.
어찌 그대를 생각 않으리? 그대가 두려워 감히 못가는 거지.

큰 수레가 덜컹덜컹 가는데 부드러운 붉은 구슬빛 털옷 입은 이 타
고 가네.
어찌 그대를 생각 않으리? 그대가 두려워 달려가지 못하는 거지.

살아서는 딴 집이라 하더라도, 죽어서는 같은 구덩이에 묻히리라.
나를 미덥지 않다고 한다면, 밝은 해를 두고 맹세하리라.

原文 大車檻檻하니 毳衣如菼이로다.
    豈不爾思리요? 畏子不敢이니라.

    大車嘽嘽하니 毳衣如璊이로다.
    豈不爾思리요? 畏子不奔이니라.

穀則異室이나 死則同穴하리라.

謂予不信인댄 有如皦日이니라.

註解 ㅇ大車(대거)—대부(大夫)의 수레(毛傳). ㅇ檻檻(함함)—수레가 가는 소리(毛傳). ㅇ毳(취)—솜털, 짐승의 부드러운 털. 이것으로 짠 천을 취포(毳布). 취포로 만든 옷이 취의(毳衣)로, 이것은 천자의 대부 옷이라 한다(鄭箋). ㅇ如菼(여담)—갈싹처럼 파랗다는 뜻(集傳). ㅇ不敢(불감)—감히 내가 옛 애인이라고 나서지 못하는 것. 옛날 애인은 출세하여 임금의 대부로서 대거를 타고 지나가고 있다. ㅇ啍啍(톤톤)—수레가 무거운 듯 천천히 가는 모양(毛傳). ㅇ璊(문)—붉은 옥. 여문(如璊)은 취의가 붉은 옥처럼 붉다는 뜻. ㅇ奔(분)—옛 애인 앞으로 달려 나가는 것. ㅇ穀(곡)—생(生)의 뜻(毛傳). ㅇ異室(이실)—딴 집에 따로따로 떨어져 사는 것. ㅇ穴(혈)—묘혈(墓穴)의 뜻(鄭箋). ㅇ同穴(동혈)—한구덩이에 묻히는 것. ㅇ謂(위)—'……라 한다' '……라 생각한다'는 뜻. ㅇ皦(교)—흰 것(毛傳). '유여교일(有如皦日)'은 나의 맹세는 희고 밝은 해처럼 뚜렷하다는 뜻(孔疏).

解說 이것은 출세를 하여 대부의 수레를 타고 지나가는 옛 애인을 보고 여자가 부른 노래이다. 옛 애인은 이미 자기와 신분이 달라져 자기는 감히 옛 애인에게 달려가거나 그를 부를 수도 없는 입장이 되어 있다. 그러나 자기의 사랑은 영원히 변함없을 거라는 것이다. 대부는 이미 이 여자를 까맣게 잊고 있을 것이다. 그러나 죽어서라도 한무덤에 묻히고 싶다는 것이다.

〈모시서〉에는 남녀의 송사(訟事)를 처결 못하는 대부들을 풍자한 것이라 하였고, 《집전》에선 대부들이 법으로써 사색(私色)을 다스리어 음분(淫奔)한 남녀들이 두려워하며 노래한 것이라 하였는데 자연스러운 해설이 못되는 듯싶다.

10. 언덕 위의 삼밭(丘中有麻)

언덕 위에 삼이 자라고 있네. 저 유(留)씨댁 아드님이여, 아아!

저 유씨댁 아드님이여, 아아! 바라건대 다시 선정을 베푸시기를.

언덕 위에 보리가 자라고 있네. 저 유씨댁 아드님의 고을이여!
저 유씨댁 아드님의 고을이여! 바라건대 다시 다스리러 오시기를.

언덕 위에 오얏나무 자라고 있네. 저 유씨댁 아드님이여!
저 유씨댁 아드님이여! 당신은 우리에게 패옥 같은 선정을 베풀어
주셨거니.

原文 丘中有麻하니 彼留子嗟여!
彼留子嗟여! 將其來施施로다.

丘中有麥하니 彼留子國이여!
彼留子國이여! 將其來食이로다.

丘中有李하니 彼留之子여!
彼留之子여! 貽我佩玖로다.

註解 ○丘中(구중)―언덕 위의 메마른 자갈 땅(毛傳). ○麻(마)―삼이 자라고 있는 것. 이 구절은 유씨네 아들이 와서 선정을 베풀어 메마른 언덕 위의 땅에도 삼이나 보리·오얏이 무성하게 자라 살기좋게 되었음을 나타낸다. ○留(류)―대부의 성(姓)(毛傳), 곧 후세의 유씨(劉氏)라 한다(釋義). 유(留)와 유(劉)는 옛날엔 통용되었다(通釋). ○嗟(차)―탄사(嘆詞). 《모전》에선 자차(子嗟)를 유씨의 자(字)로 보았다. ○其(기)―조사. ○施(시)―선정을 베푸는 것. 안지추(顏之推)의 《안씨가훈(顏氏家訓)》 서증(書證)편에는 하북(河北)의 《모시(毛詩)》에는 '시시(施施)'라 되어 있으나 강남(江南)의 구본(舊本)에는 '시'가 한 자만 있다고 하였다. 한 자만 있는 것이 본래의 모습일 것 같다. ○國(국)―유자(留子)가 옛날 다스렸던 고을. 《모전》엔 자국(子國) 역시 유씨의 자(字)이며 자차(子嗟)의 부(父)라 하였다. ○食(식)―식읍(食邑)의 식으로 고을을 다스리는 것(張敍 《詩貫》). ○貽(이)―주다. ○佩(패)―허리에 차다. ○玖(구)―《모전》에선 옥 다음가는 보석이라 하였다. 패구(佩玖)는 허리에 차는 장식으로 유씨의 선정에 비유한 것이다.

解說 〈모시서〉에 '이 시는 어진 이를 생각하며 노래한 것이다. 장왕(莊

王 : B.C. 696~682 재위)이 밝지 못하여 어진 이들이 쫓기어나니 국인 (國人)들이 그들을 생각하며 이 시를 지은 것이다.'라고 설명하였다. 그 지방을 다스리던 유씨의 선정을 생각하며 그 고을 사람들이 그를 흠모하여 부른 노래일 것이다.

제7 정풍(鄭風)

주(周)나라 선왕(宣王 : B.C. 827~782 재위)이 그의 서제(庶弟) 우(友)를 종주(宗周)의 기내(畿內) 함림(咸林) 땅에 봉하였는데, 그 사람이 정(鄭)나라 환공(桓公)이다. 함림은 뒤에 섬서성 동주부(同州府)의 화주(華州)가 되었고 지금은 섬서성 화현(華縣) 근처의 땅이다. 환공은 주나라 유왕(幽王 : B.C. 781~771 재위)의 대사도(大司徒)를 지냈는데 서쪽의 견융(犬戎)이 침입하여 유왕은 죽음을 당했고 환공도 죽었다. 그래서 그의 아들 굴돌(掘突)이 뒤를 이어 정나라의 무공(武公)이 되었다.

정무공은 진(晋)나라 문후(文侯)와 함께 평왕(B.C. 770~720 재위)의 동천(東遷)에 공을 세워 괵(虢)·회(鄶) 등 10읍(邑)의 땅을 얻었다. 그리고 도읍을 회(檜 : 하남성 開封府 新鄭縣) 땅으로 옮겼다. 무공 뒤로 장공(莊公)·소공(昭公)·여공(厲公)—자미(子亹)—자의(子儀)—여공(厲公)·문공(文公)·목공(繆公) 등으로 대가 이어진다. 이 정풍(鄭風) 21편은 모두가 동주(東周 : B.C. 770~256) 시대의 작품으로 보여진다. 그리고 정풍은 연애시가 대부분이어서 예부터 대표적인 음풍(淫風)이라 불리어졌다.

1. 검은 옷(緇衣)

검은 옷이 참 잘 어울리네, 해어지면 내 다시 지어 드리지요.

당신이 등청(登廳)하셨다가, 돌아오면 내 당신에게 음식을 차려 올리지요.

검은 옷이 참 좋네, 해어지면 내 다시 만들어 드리지요.
당신이 등청하셨다가, 돌아오면 내 당신에게 음식을 차려 올리지요.

검은 옷이 참 점잖네, 해어지면 내 다시 맞추어 드리지요.
당신이 등청하셨다가 돌아오면 내 당신에게 음식을 차려 올리지요.

原文　緇衣之宜兮여 敝予又改爲兮리로다.
　　　適子之館兮여 還予授子之粲兮리로다.

　　　緇衣之好兮여 敝予又改造兮리로다.
　　　適子之館兮여 還予授子之粲兮리로다.

　　　緇衣之蓆兮여 敝予又改作兮리로다.
　　　適子之館兮여 還予授子之粲兮리로다.

註解　○緇衣(치의)—검은 옷. 《모전》엔 경사(卿士)들이 청조(廳朝)할 때 입는 정복(正服)이라 하였다. ○宜(의)—잘 어울리는 것. 그의 덕(德)이 그의 옷과 잘 어울린다는 뜻(孔疏). ○敝(폐)—옷이 해어지는 것. ○改爲(개위)—다시 옷을 만드는 것. ○適(적)—나아가다. ○館(관)—《공소(孔疏)》에 의하면 천자의 궁전 안에는(路寢의 밖) 구경(九卿)들이 여러 가지 공사를 처리하는 집이 아홉 개 있었다. 이것을 관이라 한다. 따라서 적자지관(適子之館)은 당신이 공사를 처리하는 사무실로 등청한다는 뜻. ○還(환)—등청했다 돌아오는 것, 곧 퇴청. ○授(수)—여기서는 올리는 것. ○粲(찬)—찬(餐)과 통하여 (毛傳), 맛있는 음식. ○改造(개조)—1절의 개위(改爲), 3절의 개작(改作)이나 마찬가지로 '다시 만드는 것'. ○蓆(석)—《집전》에선 정자(程子)의 설을 인용하여 안서(安舒)의 뜻으로, 옷이 그의 덕과 어울리면 안서해진다고 설명하였다. 약간 다르지만 '점잖게 보인다'는 뜻으로 잡았다.

解說　〈모시서〉에 '치의(緇衣)는 무공(武公)을 기린 것이다. 무공 부자(父 桓公)는 다같이 주실(周室)의 사도(司徒)로서 그들의 직책을 잘 처

리하여 국인(國人)이 이들을 옳게 여기어 그들의 덕을 기린 것이다. 그리
하여 나라를 다스리는 데 훌륭한 직책을 다 잘한 공을 밝히었다.'라고 하
였다. 시에서 조복(朝服)인 검은 옷이 해어지면 그것을 다시 지어 주겠
다, 퇴청하면 맛있는 음식을 차려 올리겠다고 한 것은 국인의 그에 대한
지극한 애호를 나타내는 것이다. 그러나 여자가 멋진 남편이나 애인을 두
고 노래한 것이라 볼 수도 있다.

2. 둘째 도령(將仲子)

둘째 도련님, 우리 마을에 넘어들어와
우리집 산버들 꺾지 마세요.
어찌 나무가 아깝겠어요? 저의 부모님이 두려워서지요.
도련님도 그립기는 하지만 부모님의 말씀도
역시 두려워요.

둘째 도련님, 우리집 담을 넘어와
우리집 뽕나무 꺾지 마세요.
어찌 나무가 아깝겠어요? 저의 손윗분들이 두려워서지요.
도련님도 그립기는 하지만 손윗분들의 말씀도
역시 두려워요.

둘째 도련님, 우리집 뜰안으로 넘어와
우리집 박달나무 꺾지 말아요.
어찌 나무가 아깝겠어요? 남의 말 많음이 두려워서지요.
도련님도 그립기는 하지만 남의 말 많음도
역시 두려워요.

原文 將仲子兮여 無踰我里하며
    無折我樹杞이다.

豈敢愛之리요? 畏我父母니라.

仲可懷也나 父母之言은

亦可畏也니라.

將仲子兮여 無踰我牆하며

無折我樹桑이어다.

豈敢愛之리요? 畏我諸兄이니라.

仲可懷也나 諸兄之言은

亦可畏也니라.

將仲子兮여 無踰我園하며

無折我樹檀이어다.

豈敢愛之리요? 畏人之多言이니라.

仲可懷也나 人之多言은

亦可畏也니라.

註解 ㅇ將(장)－발어사. 《모전》에선 청(請)의 뜻으로 보았다. ㅇ仲子(중자)－둘째 아들. 여자편에서 하는 말이니 '둘째 도련님'(釋義). 《모전》에서는 제중(人名)이라 보고, 《집전》에서는 남자의 자(字)라 하였다. ㅇ踰(유)－넘다. ㅇ里(리)－옛날에는 오가(五家)를 인(鄰), 오린(五鄰)을 리(里)라 하였으니 곧 스물다섯 집이 리가 되었다 한다(孔疏). 그 리의 주위에는 경계에 도랑 이 있거나 나무가 심어져 있었는데 그 경계를 넘어오지 말라는 것이다. ㅇ杞(기)－산버드나무. 아수기(我樹杞)는 내가 심은 산버들. ㅇ愛(애)－아끼다. ㅇ之(지)－버드나무를 가리킴. ㅇ可懷(가회)－그리워지는 것. ㅇ牆(장)－집 주위에 두른 담. ㅇ諸兄(제형)－일족(一族)의 연장자들, 곧 집안의 손윗분들. ㅇ園(원)－뜰 가에 두른 울. 그 안에 나무를 심는데, 원(園)은 앞의 장(牆) 안에 있어 더욱 집에 접근한 것이다. ㅇ檀(단)－박달나무.

解說 이것은 남의 눈을 피해 사랑을 속삭이는 젊은 남녀들의 밀회를 노래한 것이다. 밀회의 어려움은 짜릿한 밀회의 기쁨과도 통한다. 〈모시 서〉에서는 정나라 장공(莊公)이 그의 어머니[武姜]에 못이겨 그의 아우

[共叔段]를 해치게 되었음을 풍자한 것이라 하였다. 장공의 일은 《좌전》 은공(隱公) 원년에 보인다. 아무래도 부회인 듯하다.

3. 숙의 사냥(叔于田)

숙이 사냥 나가니 거리에 사는 사람이 없는 듯.
어찌 사는 사람이 없을까마는
숙처럼 정말 아름답고 어진 이가 없기 때문이라.

숙이 사냥 나가니 거리엔 술 마시는 사람이 없는 듯.
어찌 함께 술 마시는 이 없을까마는
숙처럼 정말 아름답고도 좋은 이가 없기 때문이라.

숙이 들에 나가니 거리에 말 탄 사람이 없는 듯.
어찌 말 탄 사람이 없을까마는
숙처럼 정말 아름답고도 늠름한 이가 없기 때문이라.

原文   叔于田하니 巷無居人이로다.
      豈無居人이리요?
      不如叔也의 洵美且仁이니라.

      叔于狩하니 巷無飮酒로다.
      豈無飮酒리요?
      不如叔也의 洵美且好니라.

      叔適野하니 巷無服馬로다.
      豈無服馬리요?
      不如叔也의 洵美且武니라.

註解   ○叔(숙)－이 시에 나오는 여자가 사랑하는 남자의 자(字)(崔述《讀

風偶識》). ㅇ田(전)—사냥. 우전(于田)은 재전(在田), 곧 사냥하고 있다는 뜻. ㅇ巷(항)—마을 안의 길(毛傳). ㅇ無居人(무거인)—사는 사람이 없듯이 허전하다는 뜻. ㅇ洵(순)—신(信)과 통하여 '진실로' '정말로'의 뜻. ㅇ狩(수)—사냥하는 것. ㅇ好(호)—정의(情意)가 통하는 좋은 사람. ㅇ服(복)—말 타는 것. 복마(服馬)는 승마(鄭箋). ㅇ武(무)—무위(武威)가 있는 것, 곧 늠름한 것.

解說 여자가 사랑하는 남자를 기린 시이다. 사랑하는 여인의 눈에는 자기의 애인이 세상에서 가장 훌륭해 보인다. 숙(叔)이라는 그 애인이 마을에 없다는 소리만 들어도 온 마을이 텅빈 듯이 허전하게 느껴진다(崔述《讀風偶識》참조).

〈모시서〉에서는 숙은 장공의 아우 공숙단(共叔段)을 가리키며, 숙이 경성(京城)에 있으면서 군사를 이끌고 사냥을 나가니 국인들이 기뻐하며 그에게로 모여들었다. 그래서 장공을 이 시로서 풍자한 것이라 하였다. 《집전》도 대체로 이 설을 따르면서도 남녀상열(男女相悅)의 시가 아닐는지도 모르겠다 하였다.

4. 대숙의 사냥(大叔于田)

숙이 사냥을 가는데 네 필 말이 끄는 수레를 탔네.
고삐 잡은 솜씨는 비단실을 다루듯 하고, 두 참마(驂馬)는 춤추는 듯하네.
숙이 늪에 드니 불꽃이 활활 한꺼번에 오르네.
웃통을 벗고 맨손으로 범 잡아 임금님께 바쳤다네.
숙께서는 너무 자주 마시기를, 당신 다칠까 조심스럽네요.

숙이 사냥을 가는데 네 필 누런 말이 끄는 수레를 탔네.
두 복마(服馬)가 앞에서 끌고 두 참마는 나란히 가네.
숙이 늪에 드니 불꽃이 활활 한꺼번에 타오르네.
숙은 활 잘 쏘시고 말 잘 타신다더니,

말을 달렸다 멈췄다 활을 쐈다 새를 쫓았다 하시네.

숙이 사냥을 가는데 네 필 얼룩말이 끄는 수레를 탔네.
두 복마는 머리가 가지런하고 두 참마는 양손처럼 움직이네.
숙이 늪에 드니 불꽃이 훨훨 한꺼번에 번지네.
숙의 말은 느려지고 숙의 활쏘기가 뜸해지더니,
화살통 뚜껑을 풀고 활을 활집에 넣으시네.

原文 叔于田하니 乘乘馬로다.
　　　執轡如組하니 兩驂如舞로다.
　　　叔在藪하니 火烈具擧로다.
　　　襢裼暴虎하여 獻于公所로다.
　　　將叔無狃어다 戒其傷女하노라.

　　　叔于田하니 乘乘黃이로다.
　　　兩服上襄이요 兩驂鴈行이로다.
　　　叔在藪하니 火烈具揚이로다.
　　　叔善射忌며 又良御忌시러니
　　　抑磬控忌며 抑縱送忌로다.

　　　叔于田하니 乘乘鴇로다.
　　　兩服齊首요 兩驂如手로다.
　　　叔在藪하니 火烈具阜로다.
　　　叔馬慢忌며 叔發罕忌시러니
　　　抑釋掤忌며 抑鬯弓忌로다.

註解 ○乘(승)－위의 것은 '탈 승'자, 승가(乘駕)의 뜻으로 말수레를 모는 것(孔疏). 아래 승마(乘馬)는 네 필의 말이 끄는 수레(釋義). 육덕명(陸德明)은 《경전석문(經典釋文)》에서 첫 구 '숙우전(叔于田)'은 '대숙우전(大叔于田)'이라 쓴 책도 있으나 잘못이라 하였다. 제목은 똑같은 '숙우전'이 두 개

겹치게 되기 때문에, 이를 구별하기 위하여 긴 쪽에 '대'자를 하나 더 붙이어 '대숙우전'이라 한 것이다(嚴粲《詩緝》). ○轡(비)—말고삐. ○組(조)—도장이 든 주머니를 허리띠에 매다는 데 쓰는 인끈, 곧 수(綬)를 실로 짜는 것. '집비여조(執轡如組)'는 고삐를 잡고 말을 모는 솜씨가 비단실로 인끈을 짤 때 실을 다루듯 날래 보인다는 뜻. ○驂(참)—네 필이 끄는 마차는 수레의 멍에를 중심으로 하여 복마(服馬) 두 마리는 안쪽, 참마(驂馬) 두 마리는 밖에 서서 수레를 끌었다. 양참(兩驂)은 바깥쪽에서 수레를 끄는 두 필의 말. ○如舞(여무)—말을 잘 몰아 잘 절조되어 춤추는 듯하다는 뜻. ○藪(수)—큰 늪. 늪에는 새나 짐승이 많이 모인다(毛傳). ○烈(열)—활활 타오르는 것(釋義). ○具(구)—구(俱)의 뜻(毛傳). ○擧(거)—일어나는 것. '화열구거(火烈具擧)'는 짐승을 몰기 위하여 늪의 사방에서 한꺼번에 불을 지르는 것. ○襢裼(단석)—웃통을 벗어젖히는 것(孔疏). ○暴虎(폭호)—빈 손으로 싸워 호랑이를 때려잡는 것(毛傳). ○公所(공소)—임금이 있는 곳, 곧 정나라 장공의 궁전을 가리킴. ○將(장)—바라다. ○狃(유)—익숙하도록 자주 하는 것. ○戒(계)—경계하다. ○女(여)—너. 숙(叔)을 가리킴. ○乘黃(승황)—네 마리의 누런 말이 끄는 수레(毛傳). ○兩服(양복)—두 복마(服馬). ○襄(양)—《정전(鄭箋)》에선 가(駕)의 뜻이라 하였는데, 상가(上駕)는 앞선 말의 뜻으로 상사(上駟)와 같다(集傳). 복마가 참마보다 약간 앞서게 됨을 뜻한다. ○鴈行(안행)—기러기가 줄지어 날아가듯 두 참마는 복마의 약간 뒤에 나란히 달려간다는 뜻(集傳). ○具揚(구양)—앞절의 구거(具擧)처럼 짐승 몰이 불이 사방에서 한꺼번에 타오르는 것. ○忌(기)—조사. ○御(어)—수레를 모는 것. 어(馭)와 통함. ○抑(억)—발어사(集傳). ○磬(경)—말을 달리게 하는 것. ○控(공)—말을 멈추게 하는 것(毛傳). ○縱(종)—화살을 쏘는 것(毛傳). ○送(송)—새를 뒤쫓는 것(毛傳). ○駜(보)—검고 흰색에 잡모(雜毛)가 섞인 얼룩말(毛傳). ○齊(제)—가지런한 것. ○首(수)—머리. ○如手(여수)—자기의 두 손처럼 마음대로 움직이는 것. ○阜(부)—성한 것. ○慢(만)—말의 동작이 느려졌다는 것은 사냥이 다 끝나감을 뜻한다. ○發(발)—활을 쏘는 것. ○罕(한)—드물게 되다. ○釋掤(석붕)—메었던 화살통을 풀어놓는 것(嚴粲《詩緝》). ○鬯(창)—활집. 여기서는 동사로 쓰여 창궁(鬯弓)은 활을 활집에 거두어 넣는 것(集傳).

解說 이 시도 앞의 숙우전(叔于田)과 마찬가지로 사냥하는 용감한 애

인의 모습을 여인이 노래한 것이다. 〈모시서〉에서는 이것도 '공숙단(共叔段)이 다재(多才)하면서도 용감하여 불의(不義)로서 백성의 신망을 모음으로 장공을 풍자한 것'이라 하였다.

5. 청고을 사람(淸人)

청(淸)고을 사람이 팽(彭)땅에 와 있는데, 갑옷 걸친 네 말이 버젓이 수레를 끌고

겹으로 붉은 칠한 두 창을 세우고, 황하 기슭을 왔다갔다 노니네.

청고을 사람이 소(消)땅에 와 있는데 갑옷 걸친 네 말이 늠름히 수레 끌고

겹으로 꿩깃 단 두 창을 세우고, 황하 기슭을 왔다갔다 하네.

청고을 사람이 축(軸)땅에 와 있는데, 갑옷 걸친 네 말이 신나게 수레를 끌고

왼손으로 기를 돌렸다 오른손으로 칼을 뺐다 하며, 군중(軍中)에서 즐기고 있네.

原文 淸人在彭하니 駟介旁旁이로다.
　　　二矛重英으로 河上乎翶翔이로다.

　　　淸人在消하니 駟介麃麃로다.
　　　二矛重喬로 河上乎逍遙로다.

　　　淸人在軸하니 駟介陶陶로다.
　　　左旋右抽하여 中軍作好로다.

註解 ㅇ淸(청)―정(鄭)나라 고을 이름. 지금의 하남성 중모현(中牟縣) 서쪽에 있었다(釋義). 청인(淸人)은 청고을 사람들로 고극(高克)이 거느렸던 사람들. ㅇ彭(팽)―정나라의 고을 이름. 뒤에는 위나라로 들어가 미자하(彌子

瑕)의 채읍(采邑)이 되었었다. 지금의 하남성 연진현(延津縣)과 골현(滑縣) 경계 근처였으며, 황하 기슭에 있다(《釋義》引朱右曾說). ㅇ駟(사)-사마. ㅇ介(개)-갑옷. ㅇ旁旁(방방)-소아(小雅) '북산(北山)' 시, 대아(大雅) '증민(蒸民)'·'한혁(韓奕)' 시의 '방방(彭彭)'과 같이 성모(盛貌)(《通釋》). '사개방방(駟介旁旁)'은 갑옷을 입은 네 마리 말이 버젓이 수레를 끈다는 뜻. ㅇ矛(모)-창. 《정전(鄭箋)》에는 이모(二矛)는 추모(酋矛)와 이모(夷矛)의 두 가지 창이라 하였으나, 두 개의 '추모'라 봄이 옳다(說詳《通釋》). '추모'는 길이 4척의 창(孔疏). ㅇ重(중)-겹. ㅇ英(영)-영식(英飾), 곧 화식(畫飾)으로서 창대를 조각하고 붉은 칠을 하는 것. 한 창에 겹으로 영식을 하였다. 《공소》엔 '이모'의 장단이 달라 겹으로 보이기 때문에 중영(重英)이라 했다고 하였는데 잘못이다(通釋). ㅇ河上(하상)-황하 기슭. ㅇ翶翔(고상)-그렇게 무비(武備)를 하고도 할 일 없이 왔다갔다 노니는 것. '하상호고상(河上乎翶翔)'은 '고상호하상(翶翔乎河上)'의 도문(倒文)이다. ㅇ消(소)-황하 기슭에 있는 땅 이름(毛傳). ㅇ麃麃(표표)-무모(武貌)(毛傳). ㅇ喬(교)-꿩. 교(鷮)가 생략된 것으로 《한시》에서는 교(鷮)라 적고 있다. 교는 꿩의 일종이며, 창자루 위쪽과 창날 바로 밑에 꿩깃으로 장식한 것을 말한다. 아래 위로 두 번 장식했기 때문에 중교(重喬)라 하였다(通釋). ㅇ逍遙(소요)-놀며 거니는 것. ㅇ軸(축)-황하 기슭의 땅 이름(毛傳). ㅇ陶陶(도도)-신나는 모양, 왕풍(王風) '군자양양(君子陽陽)' 시 참조. ㅇ旋(선)-깃발을 흔들면서 지휘하는 것. ㅇ抽(추)-칼을 뽑는 것. ㅇ左右(좌우)-좌수(左手)와 우수(右手)를 가리킴. 따라서 '좌선우추(左旋右抽)'는 왼손으론 기를 휘두르고 오른손으론 칼을 빼어들고 지휘하는 형용을 하는 것. '추(抽)'는 《삼가시(三家詩)》엔 '도(搯)'로 되어 있는데, 《설문해자》에 의하면 '도(搯)'는 칼을 뽑아 칼질을 익히는 것이다. '추'를 '도'의 뜻으로 보면 더욱 좋다(通釋). 《모전》엔 '선(旋)'은 수레를 돌리는 것, '추'는 화살을 뽑아 쏘는 것이라 했다. ㅇ中軍(중군)-군중(軍中)(通釋). ㅇ好(호)-악(樂)과 통하여(釋義), 작호(作好)는 작락(作樂), 곧 즐기는 것.

解說 〈모시서〉에 '청인(淸人)' 시는 문공(文公)을 풍자한 것이라 하였다. 정나라 문공에겐 고극(高克)이라는 장수가 있었는데 재리(財利)를 탐내고 그의 임금은 돌보지 않았다. 그래서 문공은 그를 싫어하고 멀리 보내려 하였으나 뜻대로 못하고 있었다. 때마침 하북(河北)의 위나라를 적인(狄人)이 침공하였다. 정나라는 하남에 있었으나 적인의 내침을 두려워

하여, 문공은 고극으로 하여금 군사를 거느리고 가서 황하 기슭을 지키게
하였다.

　고극은 청(淸)고을 부하들을 이끌고 가서 방비하였으나 아무리 지나도
소환하지 않아 그의 군대가 흩어져 버렸다. 고극은 이어 진(陳)나라로 도
망하였다(孔疏). 《좌전》 민공(閔公) 2년에도 이러한 기사를 싣고 정인(鄭
人)이 그래서 '청인' 시를 읊었다고 하였다. 어떤 군인을 기린 시로 보아
도 좋을 것이다.

6. 염소 갖옷(羔裘)

염소 갖옷은 윤기가 나고, 정말 부드럽고도 아름답게 보이네.
우리 님은 명을 받아 변함 없이 일하시네.

염소 갖옷에 표피(豹皮)로 소매깃 다니 정말 늠름하고 힘있게 보이네.
우리 님은 나라의 백성 바로 다스리는 일 맡으셨네.

염소 갖옷은 산뜻하고 세 가지 장식이 선명하네.
우리 님은 나라의 인재이시네.

原文　　羔裘如濡하니 洵直且侯로다.
　　　　彼其之子여 舍命不渝로다.

　　　　羔裘豹飾하니 孔武有力이로다.
　　　　彼其之子여 邦之司直이로다.

　　　　羔裘晏兮요 三英粲兮로다.
　　　　彼其之子여 邦之彦兮로다.

註解　　ㅇ羔裘(고구)―치의(緇衣)와 함께 제후의 조복(朝服)으로(鄭箋), 부
드러운 염소 털가죽으로 만든 옷. ㅇ濡(유)―젖은 듯이 윤기가 나는 것. ㅇ洵

(순)-신(信)과 통하여 '정말로'. ○直(직)-순(順)의 뜻으로(集傳), 부드러워 뵈는 것. ○侯(후)-아름다운 것(集傳). ○其(기)-조사. ○之子(지자)-시자(是子)(鄭箋). '피기지자(彼其之子)'는 이 갖옷을 입고 있는 사람을 가리킨다(集傳). ○舍命(사명)-금문(金文)에 자주 보이며, 부명(敷命) 또는 포명(布命)의 뜻으로 명령을 실행하는 것. ○渝(유)-변하는 것. ○豹飾(표식)-표범 가죽으로 소매깃을 다는 것(毛傳). ○孔(공)-매우. ○武(무)-늠름한 것. ○有力(유력)-힘있어 보이는 것. ○司(사)-주관의 뜻. ○直(직)-사람들의 잘못을 바로잡는 것(王引之《經義述聞》). ○晏(안)-산뜻한 것. ○英(영)-영식(英飾). '삼영(三英)'이란 세 가지 장식으로 꾸민 것. ○粲(찬)-선명한 것. ○彦(언)-뛰어난 인재.

[解說] 누군지는 알 수 없는 한 대부를 기린 것이다(《集傳》). 대부는 염소 갖옷을 입고 다니는데, 이에 어울리는 많은 훌륭한 일들을 하였다. 〈모시서〉에서는 조정을 풍자한 것이라 보았는데 옳지 않은 듯하다.

7. 한길 위에 나서서(遵大路)

한길 위에 따라 나서서 님의 소매 부여잡곤,
나를 싫어 마시고 옛정 버리지 말아 달라고 하네.

한길 위에 따라 나서서 님의 손을 부여잡곤,
나를 미워 마시고 옛 사랑 버리지 말아 달라고 하네.

[原文] 遵大路兮하여 摻執子之袪兮로다.
　　　　無我惡兮며 寋不故也어다.

　　　　遵大路兮하여 摻執子之手兮로다.
　　　　無我魗兮며 不寋好也어다.

[註解] ○遵大路(준대로)-한길에 따라 나서는 것. ○摻執(삼집)-부여잡는 것. ○袪(거)-옷소매. ○惡(오)-싫어하다. ○寋(잠)-갑자기 버린다는 뜻.

ㅇ故(고)-고구(故舊)로서 옛정. ㅇ醜(추)-《집전》에선 추악(醜惡),《모전》에선 기(棄)의 뜻으로 보았다. 첫절의 오(惡)와 비슷한 뜻일 것이다. ㅇ好(호)-옛 사랑.

解說 남자에게 버림받은 여자가 떠나가는 애인을 부여잡고 옛사랑을 호소하는 노래이다. 〈모시서〉에서는 정나라 장공(莊公)이 실도(失道)하여 군자들이 나라를 떠나므로 국인(國人)들이 군자들을 말리는 노래로 부른 것이라 하였다.

8. 닭이 우네요(女曰雞鳴)

아내가 말하기를 '닭이 우네요', 남편이 말하기를 '아직 어두운데'
'일어나 밖을 좀 보세요.' '샛별이 반짝이고 있으니
나가 돌아다니며 오리나 기러기 주살로 쏘아 볼까.'

'주살로 잡아오시면, 당신 위하여 안주를 만들지요.
안주 만들어 놓고 술 마시며 당신과 해로해야지요.
금(琴)과 슬(瑟)도 손닿는 데 있으니 모두 즐겁고 행복하지 않겠어요?'

'당신이 오시는 것을 알면 여러 가지 패옥을 드리리이다.
당신이 제게 알뜰하심을 알면 온갖 패옥으로 문안드리리이다.
당신이 저를 좋아하심을 알면 온갖 패옥으로 보답하리이다.'

原文 女曰鷄鳴이어늘 士曰昧旦이니라.
　　　子興視夜하라 明星有爛이니
　　　將翱將翔하여 弋鳧與鴈하리라.

　　　弋言加之하여 與子宜之리니
　　　宜言飮酒하여 與子偕老하리라.
　　　琴瑟在御니 莫不靜好로다.

知子之來之면 雜佩以贈之하리라.

知子之順之면 雜佩以問之하리라.

知子之好之면 雜佩以報之하리라.

[註解] ㅇ士(사)-앞에 나온 '여(女)'의 남편. ㅇ昧旦(매단)-'컴컴한 새벽'. 《집전》에선 단(旦)을 '밝을 단'자로 보고 날이 밝으려 하면서도 아직 어두운 것을 말한다고 하였다. ㅇ子(자)-처가 남편을 가리키는 말. ㅇ興(흥)-일어나다. 기(起)의 뜻. ㅇ視夜(시야)-밤이 어떻게 되었는가, 곧 날이 얼마나 밝았는가를 보는 것. ㅇ明星(명성)-샛별. 금성(金星)으로 계명성(啓明星)·효성(曉星)이라고도 하며 새벽에 동쪽 하늘에 크게 빛난다. ㅇ有爛(유란)-난연(爛然)으로 밝게 빛나는 모양. ㅇ將(장)-조사. ㅇ翶翔(고상)-왔다갔다 노니는 것(앞의 '淸人' 시 참조). ㅇ弋(익)-주살. 격사(繳射)라고도 하며(鄭箋). 실로 화살을 매고 나는 새를 쏘는 것(孔疏). ㅇ鳧(부)-오리. ㅇ鴈(안)-기러기. ㅇ言(언)-조사. ㅇ可(가)-화살이 오리나 기러기에 맞는 것(集傳). ㅇ宜(의)-적당히 맛을 내어 요리하는 것(集傳). ㅇ宜(의)-앞의 의(宜)자와 마찬가지로 안주를 만드는 것. ㅇ御(어)-쓰다, 곧 용(用)의 뜻. '재어(在御)'는 바로 언제나 쓸 수 있도록 손 닿는 데 있는 것. 《공소》에는 《곡례(曲禮)》를 인용하여 사(士)는 무고(無故)하면 금슬을 거두지 않는다 하였다. 따라서 '금슬재어(琴瑟在御)'는 온 집안이 편안하다는 뜻도 나타낸다고 보았다. ㅇ莫不(막불)-'……아님이 없다'로서 곧 '모두'의 뜻. ㅇ靜好(정호)-가호(嘉好)의 뜻으로(通釋), 즐겁고 행복한 것. ㅇ來之(내지)-집으로 돌아오는 것. ㅇ雜佩(잡패)-허리에 차는 여러 가지 패옥. 《모전》에 의하면 형(珩)·황(璜)·거(琚)·우(瑀)·형아(衡牙) 등이 있었다. ㅇ贈(증)-대진(戴震)의 《정모시고정(鄭毛詩考正)》에 '운(韻)으로 보아 증은 이(貽)로 씀이 옳다'고 하였다. ㅇ順之(순지)-자기와 화순한 것, 곧 자기에게 알뜰한 것. ㅇ問(문)-보내주는 것. ㅇ好(호)-애호의 뜻. 《공소》에서는 그에게 덕이 있어 좋아하는 것이라 설명하고 있다. ㅇ報(보)-보답의 뜻으로, 그의 덕과 애정에 보답하는 것을 말한다.

[解說] 이 시는 부부의 안은(安隱)한 사랑을 노래한 것이다. 제1절은 부부가 새벽 잠에서 깨어나 주고받는 대화이며, 제2절은 남편이 아내에게 알뜰한 사랑과 행복을 일러준 것이다. 제3절은 이해하기가 어려워 학자들에 따라 여러 가지로 해석이 다르다. 여기에서는 여인이 남편에게 한 말

로 취하였다. 곧 제3절은 아내가 남편의 따뜻한 사랑을 요청한 것이다.
자기를 아껴 주고 사랑해 주기만 하면 자기도 그에 못지않게 알뜰한 정
성으로 남편을 섬기겠다는 말이다. 남편이 손님을 모셔오면 대접을 잘하
겠다는 뜻으로 풀이하기도 하나 아무래도 지나친 듯하다.

9. 함께 수레 탄 여자(有女同車)

한 여인이 나와 함께 수레 타고 있는데, 얼굴이 무궁화 같네.
왔다갔다 거닐면 아름다운 패옥이 달강달강.
어여쁜 강(姜)씨댁 맏딸이여, 정말 아름답고 예쁘네.

한 여인이 나와 함께 길을 가는데 얼굴이 무궁화 같네.
왔다갔다 거닐면 패옥 소리 잘강잘강.
어여쁜 강씨댁 맏딸이여, 칭송하는 말 끊임없겠네.

原文　有女同車하니 顔如舜華로다.
　　　將翶將翔하나니 佩玉瓊琚로다.
　　　彼美孟姜이여 洵美且都로다.

　　　有女同行하니 顔如舜英이로다.
　　　將翶將翔하나니 佩玉將將이로다.
　　　彼美孟姜이여 德音不忘이로다.

註解　○有女同車(유녀동거)―한 여인이 자기와 함께 수레를 탄 것. 주자
(朱子)는 이를 음분시(淫奔詩)로 보고 음분한 남녀가 같은 수레를 타고 간다
고 보았으나(集傳), 옛날에 음분한 자들이 공공연히 한 수레를 탔을 리가 없
다. 부부가 한 수레를 타고 가는 것으로 봄이 좋을 것이다(釋義). ○舜華(순
화)―목근(木槿)(毛傳)으로, 무궁화. ○將(장)―조사. ○翶翔(고상)―왔다 갔
다 노니는 것(앞의 '女曰雞鳴' '淸人' 및 齊風 '載驅' 시 참조). ○佩玉瓊琚
(패옥경거)―경거(瓊琚)라는 아름다운 옥으로 만든 패옥을 찼다는 뜻(衛風

'木瓜' 시에도 瓊琚가 나왔음). ㅇ孟姜(맹강)-강씨(姜氏)집 맏딸(鄘風 '桑中' 시 참조). 강씨는 제나라 제후 집안의 딸일 가능성이 많다(毛傳). ㅇ洵(순)- 신(信)과 통하여 '진실로'. ㅇ都(도)-미(美)의 뜻.《전국책(戰國策)》에 '처자 의복려도(妻子衣服麗都)'란 말이 있는데, 여도는 여미(麗美)의 뜻(釋義). ㅇ同行(동행)-수레를 타고 함께 길을 가는 것. ㅇ舜英(순영)-순화(舜華)와 같이 무궁화꽃. ㅇ將將(장장)-구슬이 달랑거리는 소리(集傳). ㅇ德音(덕음)-《시경》의 여러 곳에 보이는데, 이들을 종합해 보면 두 가지 뜻으로 쓰임을 알 수 있다. 곧 하나는 남의 말을 높이어 말하는 것이고, 다른 하나는 성예(聲譽), 곧 기리는 말을 뜻한다. 이곳에서는 아름다운 맹강을 기리는 말을 가리킨다(釋義). ㅇ不忘(불망)-불이(不已)의 뜻, 곧 끊임없는 것(釋義).

解說 이것은 결혼하는 남자가 신부의 아름다움을 노래한 것이다(釋義). 〈모시서〉에서는 정나라 장공의 세자 홀(忽)이 제나라에 공을 세워 제나라 제후가 그의 딸을 주려 하였으나, 홀은 제나라 임금의 딸이 어질었음에도 장가들지 않았다. 그리하여 끝내는 제나라의 도움을 얻지 못하여 쫓겨났는데 국인이 그것을 풍자한 것이라 하였다. 또《집전》에선 음분시라 보았는데 모두 옳지 못한 듯하다.

10. 산에는 무궁화(山有扶蘇)

산에는 무궁화가 있고 늪에는 연꽃이 있는데,
만나기 전에는 미남이라더니 만나 보니 미친 못난 녀석이네.

산에는 큰 소나무가 있고 늪에는 하늘거리는 말여뀌가 있는데,
만나기 전에는 호남이라더니 만나 보니 능구렁이 같은 녀석이네.

原文 山有扶蘇며 隰有荷華어늘
不見子都러니 乃見狂且로다.

山有橋松이며 隰有游龍이어늘

不見子充이러니 **乃見狡童**이로다.

[註解] ㅇ扶蘇(부소)—부서(扶胥)라고도 한다(毛傳). 부소는 부목(扶木)·부상(扶桑)이라고도 하며 금규과(錦葵科)에 속하는 낙엽 관목. 무궁화의 별종으로 꽃은 홍·백·황의 세 가지가 있는데 그중에서도 붉은 것을 치며 여름에서 가을에 이르는 사이에 핀다. 주근(朱槿) 또는 적근(赤槿)이라고도 부른다. 이곳에서는 편의상 '무궁화'라 번역하였으나, 무궁화와는 비슷하면서도 약간 다른 꽃나무이다. ㅇ隰(습)—여기서는 '늪'의 뜻. ㅇ荷華(하화)—연꽃, 곧 연화(蓮花).《설문해자》에 의하면 하(荷)는 그 잎새, 연(蓮)은 그 열매를 뜻한다 한다. '부소'와 '하화'는 자기가 처녀 때 그리던 멋진 배필을 비유한 것이다. ㅇ不見(불견)—만나지 못하고 중매쟁이의 말만 들었을 때. ㅇ子(자)—남자를 가리킴. ㅇ都(도)—미(美)의 뜻(앞의 '有女同事' 시 참조). 따라서 자도(子都)는 미남의 뜻. ㅇ乃見(내견)—시집가서 남편을 만나 본 것. ㅇ狂(광)—여기선 광혹(狂惑)의 뜻. ㅇ且(차)—저(伹)의 가차로서 졸(拙), 곧 못난 것(通釋). ㅇ橋(교)—교(喬)의 뜻으로 큰 것.《경전석문(經典釋文)》엔 '교(喬)'로 되어 있다. ㅇ游(유)—가지와 잎이 하늘거리는 것(集傳). ㅇ龍(용)—마요(馬蓼 : 말여뀌)로서 잎새가 크고 빛이 희며, 물 가운데 자란다(集傳). 왕부지(王夫之)의 《시경패소(詩經稗疏)》에 의하면 '마요'는 수초가 아니며, 유용(游龍)은 홍요(紅蓼)라 하였다. 홍요는 수홍화·홍초(毛傳)라고도 한다. 우리말로는 무어라 해야 좋을지 알 수 없어 양주동 교수 번역을 따라 '말여뀌'라 하였으나 약간 다른 것인 듯하다. ㅇ子充(자충)—자도(子都)와 비슷한 말(集傳).《공소》엔 충량충실(忠良充實)한 사람이라 하였다. ㅇ狡童(교동)—'교활한 아이', 곧 '능구렁이 같은 녀석'.

[解說] 여자가 결혼을 후회하는 시이다. 시집가기 전에는 남편 될 사람이 미남이란 말을 들었는데 가서 보니 못나고 교활한 남자더라는 것이다(王質 《詩總聞》). 〈모시서〉에서는 앞의 '유녀동거(有女同車)'와 같이 정나라 세자 홀(忽)을 풍자한 것으로, 홀이 아름답다는 여자는 아름다운 여자가 아니라는 내용이라는 것이다. 주희는 음녀(淫女)가 그의 애인에게 농담하는 내용을 읊은 것이라 보았다.

11. 낙엽(蘀兮)

마른 나무 잎새야 마른 나무 잎새야, 바람이 너를 날려보낼라.
여러 남자님들아! 그대들이 노래부르면 내 화답할게.

마른 나무 잎새야 마른 나무 잎새야, 바람이 너를 날려보낼라.
여러 남자님들아! 그대들이 노래부르면 내 받아 부를게.

原文 蘀兮蘀兮여 風其吹女리라.
　　　叔兮伯兮여 倡予和女리라.

　　　蘀兮蘀兮여 風其漂女리라.
　　　叔兮伯兮여 倡予要女리라.

註解 ㅇ蘀(탁)—낙엽 또는 고엽(枯葉). 여기서는 마르기만 하고 아직 떨어
지지 않은 나무 잎새(集傳). ㅇ女(여)—너. ㅇ叔(숙)—백(伯)과 함께《집전》
에 남자의 자(字)라 하였는데, 여러 남자들을 가리키는 말. ㅇ倡(창)—창
(唱)과도 통하여 먼저 노래를 시작하는 것(釋義). ㅇ漂(표)—떠가다, 날리다.
표(飄)와 같은 뜻(集傳). ㅇ要(요)—성(成)의 뜻으로(集傳), 노래를 받아 끝맺
어 주는 것.

解說 이 시는 이성을 그리는 음녀(淫女)의 노래이다(集傳). 낙엽이 바
람에 날린다는 것은 남자들이 자기로부터 멀어질 것을 걱정하는 것이다.
자기는 남자들이 끌기만 하면 얼마든지 응하겠다는 것이다. 〈모시서〉에서
는 이것도 홀(忽)을 풍자한 것이라 보았다. 임금은 약하고 신하가 강하여
창도(倡導)하지 않아도 화(和)하게 되었기 때문이라 한다.

12. 능구렁이 같은 녀석(狡童)

저 능구렁이 같은 녀석은 나와 말도 않네.

자기 때문에 나는 밥도 먹히지 않는데.

저 능구렁이 같은 녀석, 나와 음식도 함께 안 먹네.
그대 때문에 나는 잠도 못자게 되었는데.

原文　彼狡童兮여　不與我言兮로다.
　　　維子之故로　使我不能餐兮로다.

　　　彼狡童兮여　不與我食兮로다.
　　　維子之故로　使我不能息兮로다.

註解　ㅇ狡童(교동)―교활한 능구렁이 같은 녀석(앞의 ‘山有扶蘇’ 시 참조).
ㅇ與我言(여아언)―나와 함께 얘기하는 것.　ㅇ維(유)―조사.　진환(陳奐)은
‘위(爲)’의 뜻으로 보았다(傳疏).　ㅇ子(자)―교동을 가리킴.　ㅇ故(고)―연고·
까닭.　ㅇ餐(찬)―여기서는 음식을 먹는 것. 이 구절은 근심 때문에 먹을 경황
이 없다는 뜻(毛傳).　ㅇ不與我食(불여아식)―앞 절의 ‘불여아언(不與我言)’과
같은 내용으로 나와 함께 음식을 먹지 않는다, 곧 남자에게 버림받은 것을
나타낸다.　ㅇ息(식)―안식·안면(安眠)의 뜻.

解說　남편에게 버림받은 여자가 전 남편을 그리워하며 원망하는 노래
이다. 주희는 버림받은 음녀가 그 남자를 희롱하는 말로 보고 끝 구를
‘그대 때문에 내가 밥을 못먹겠는가?’라고 읽었는데 좋지 않은 듯하다.
〈모시서〉에서는 이것도 홀(忽)이 현인(賢人)과 일을 꾀하지 못하여 권신
(權臣)이 나랏일을 멋대로 처리하는 것을 풍자한 것이라 부회하였다.

13. 치마 걷고(褰裳)

그대가 날 사랑한다면 치마 걷고 진수(溱水)라도 건너가리라.
그대가 날 생각 않는다면야 세상에 사내가 그대뿐일까?
바보 같은 미친 녀석아!

그대가 날 사랑한다면 치마 걷고 유수(洧水)라도 건너가리라.

그대가 날 생각 않는댜면야 세상에 남자가 그대뿐일까?
바보 같은 미친 녀석아!

原文　　子惠思我면　褰裳涉溱이어니와
　　　　子不我思면　豈無他人이리요?
　　　　狂童之狂也且여!

　　　　子惠思我면　褰裳涉洧이어니와
　　　　子不我思면　豈無他士리요?
　　　　狂童之狂也且여!

註解　　○惠(혜)-애(愛)의 뜻. 혜사(惠思)는 애모(愛慕). ○褰(건)-옷자락을 걷는 것. ○裳(상)-치마. ○涉(섭)-건너다. ○溱(진)-정나라에 있는 강 이름(集傳). ○豈無他人(기무타인)-'어찌 딴 사람이 없겠느냐?' 곧 '어찌 세상에 남자가 너뿐이겠느냐?'는 뜻. ○狂童(광동)-미친 녀석(앞의 '狡童' 시 참조). 아래 광(狂)은 미친 것같이 바보짓을 하는 것. ○且(저)-어조사. ○洧(유)-정나라에 있는 강물 이름(集傳). ○士(사)-미취자(未娶者)를 일컫는 말(集傳).

解說　　사랑이 식어가는 애인을 둔 여인이 남자의 식어가는 애정을 꾸짖은 것이다. 그대가 나를 사랑해 준다면 나는 무슨 짓이라도 하겠다. 치마 걷고 넓은 강이라도 건너라면 건너겠다. 그렇지만 그대가 끝내 마음이 변한다면 나도 딴 남자를 고를 테니 알아서 하라는 내용이다(集傳). 〈모시서〉에서는 광동(狂童)이 자행(恣行)하여, 국인(國人)이 큰 나라에서 자기네들을 바로잡아 줄 것을 생각한 것이라 했다.

14. 의젓한 님(丰)

그대의 의젓함이여! 나를 길거리에서 기다렸거늘,
나는 그대 따라가지 않았음을 뉘우치네.

그대의 씩씩함이여! 나를 동리 어귀에서 기다렸거늘,
나는 그대 좇아가지 않았음을 뉘우치네.

비단 저고리 위에 홑저고리 걸치고, 비단 치마 위에 홑치마 걸치고,
여러 남자들이여! 수레만 몰고 오면 나는 따라가리라.

비단 치마 위에 홑치마 걸치고 비단 저고리 위에 홑저고리 걸치고,
여러 남자들이여! 수레만 몰고 오면 나는 그대에게 시집가리라.

原文 子之丰兮여 俟我乎巷兮어늘
　　　悔予不送兮하노라.

　　　子之昌兮여 俟我乎堂兮어늘
　　　悔予不將兮하노라.

　　　衣錦褧衣하고 裳錦褧裳하며
　　　叔兮伯兮여 駕予與行하리라.

　　　裳錦褧裳하고 衣錦褧衣하며
　　　叔兮伯兮여 駕予與歸하리라.

註解 ㅇ丰(봉)-《모전》엔 풍만한 모습이라 하고 《옥편(玉扁)》엔 용모가 좋은 모양이라 하였다. 남자의 풍채가 좋은 모양을 나타내는 말이다. ㅇ俟(사)-기다리다. ㅇ巷(항)-옛날에는 25가(家)를 여(閭)라 하였는데 1항(巷)을 함께 사용하였으며, 항의 입구에는 문이 있고 문가에 숙(塾)이 있었다. 이 숙에서 자제를 교육하였다(後箋). 《모전》엔 문외(門外)를 항이라 한다 하였으나, 문외란 항 입구의 문외를 말한다. ㅇ送(송)-본래 보내주는 것이나, 여기서는 따라가는 것(釋義). ㅇ昌(창)-《모전》에 성장한 모양이라 했으니, 씩씩한 것. ㅇ堂(당)-항의 문 곁의 숙(塾). ㅇ將(장)-앞의 송(送)과 같은 뜻. ㅇ衣(의)-상의. ㅇ褧衣(경의)-비단옷 위에 걸치는 얇은 천으로 된 홑저고리(衛風 '碩人' 참조). ㅇ褧裳(경상)-얇은 홑치마. 비단옷에 얇은 홑옷을 걸치는 것은 서민 여자들이 시집갈 때 보통 입는 옷차림(鄭箋). ㅇ叔(숙)-백(伯)과 함께 남자들을 가리키는 말(앞의 '蘀兮' 참조). ㅇ駕(가)-남자가 장가

들려고 수레를 몰고 오는 것. ㅇ與行(여행)―함께 따라가는 것. ㅇ與歸(여귀)―
함께 따라 시집가는 것.

解說 이 시는 여자가 어느 남자의 구혼을 거절했다가 후회하는 노래이
다(集傳). 〈모시서〉에서는 여자가 남자를 따르지 않는 어지러움을 풍자한
시로 보았다.

15. 동문 밖의 마당(東門之墠)

동문 밖엔 마당이 있고, 언덕에는 꼭두서니가 자라는데,
그의 집은 가까이 있지만 그이와는 퍽 먼 듯하네.

동문 밖엔 밤나무 있고, 집들이 늘어서 있는데,
어찌 그대가 그립지 않으리? 그대는 내게 와주지도 않는걸!

原文 東門之墠이여 茹藘在阪이로다.
其室則邇나 其人甚遠이로다.

東門之栗이여 有踐家室이로다.
豈不爾思리요? 子不我卽이로다.

註解 ㅇ墠(선)―《모전》엔 '땅을 닦아 평평하게 만들어 놓은 것'이라 하였
고, 《공소》엔 '땅을 닦고 풀을 뽑아 놓은 곳'이라 설명하였다. 제사를 지내기
위하여 땅을 깨끗이 치워놓은 마당일 것이다. 이곳의 '동문지선(東門之墠)'과
뒤에 나오는 '출기동문(出其東門)'을 아울러 생각할 때 정나라 도읍의 동문
밖은 행락(行樂)하는 곳이었던 듯하다(王質 詩總聞). ㅇ茹藘(여려)―모수(茅
蒐)(毛傳) 또는 천초(茜草)(孔疏)라고도 하며, 붉은 염료를 만드는 '꼭두서
니'. 꼭두서니는 다년생 덩굴풀로 산과 들에 난다. 초가을에 꽃이 피고 동그란
열매가 달린다. ㅇ阪(판)―언덕. 동문 밖 선(墠)의 곁에 있는 것이며, 그 옆에
애인의 집이 있는 것이다. 이 시를 쓴 여인은 애인과 이 언덕에서 사랑을 속
삭인 일이 있었을 것이다. ㅇ其室(기실)―그이의 집. ㅇ邇(이)―가까운 것. ㅇ其

人甚遠(기인심원)—그 사람과 만나기가 힘들어 가까이는 있지만 심히 멀리 있는 듯하다는 뜻. ㅇ栗(율)—밤나무. 《모전》에선 길가의 밤나무로 보았다. ㅇ有踐(유천)—천연(踐然)과 같은 말로 빈풍 '벌가(伐柯)' 시의 《모전》에 '행렬의 형용'이라 하였다. 여기서는 집들이 줄지어 있는 것. ㅇ家室(가실)—가옥의 뜻. 이 집들 속에 애인의 집이 섞여 있었을 것이다. ㅇ卽(즉)—취(就)와 통하여(毛傳), 남자가 여인을 찾아오는 것.

解說 사랑하는 남자를 그리는 여인의 노래이다. 〈모시서〉에는 '어지러움을 풍자한 것이다. 남녀가 예(禮)를 갖추기를 기다리지 않고 서로 정을 통하는 자들이 있었던 것이다.'라고 설명하고 있다.

16. 비바람(風雨)

비바람 쌀쌀히 몰아치는데, 닭의 울음 교교히 들려오네.
우리 님을 만났으니 어이 마음 편치 않으리?

비바람 횡횡 몰아치는데, 닭의 울음 꼬꾜하고 들려오네.
우리 님을 만났으니, 어이 마음병 낫지 않으리?

비바람 컴컴하게 몰아치는데, 닭의 울음 그치지 않네.
우리 님을 만났으니, 어이 마음 기쁘지 않으리?

原文 風雨凄凄어늘 鷄鳴喈喈로다.
　　　旣見君子하니 云胡不夷리요?

　　　風雨瀟瀟어늘 鷄鳴膠膠로다.
　　　旣見君子하니 云胡不瘳리요?

　　　風雨如晦어늘 鷄鳴不已로다.
　　　旣見君子하니 云胡不喜리요?

註解 ㅇ凄凄(처처)—쌀쌀한 모양(孔疏). ㅇ喈喈(개개)—닭이 우는 형용(周

南 '葛覃' 시에도 보임). ㅇ君子(군자)—기다리던 남편을 가리킴. ㅇ云胡(운호)—여하(如何)의 뜻(周南 '卷耳' 시에도 보임). ㅇ夷(이)—평(平)의 뜻으로(集傳), 마음이 편한 것. ㅇ瀟瀟(소소)—비바람이 사납게 몰아치는 소리.《모전》엔 폭질(暴疾)이라 하였다. ㅇ膠膠(교교)—닭이 우는 모양(毛傳). ㅇ瘳(료)—마음의 병이 낫는 것(毛傳). '추'로도 읽는다. ㅇ如晦(여회)—컴컴한 모양. ㅇ已(이)—그치다.

[解說] 오랫동안 행역(行役)으로 멀리 떠나가 있다 돌아온 남편을 맞아들인 아내의 기쁨을 노래한 것이다. 비바람 몰아치는 이른 새벽 닭울음에 잠이 깨었어도 남편을 맞아들인 여인의 마음은 마냥 즐겁기만 하다. 전에 남편이 멀리 가 있을 때 같았으면, 이건 쓸쓸한 새벽이면 외로움에 베갯잇을 눈물로 적셨을 것이다. 〈모시서〉에서도 이 시는 '군자를 생각한 것이라'고 하였다.

17. 님의 옷깃(子衿)

파란 님의 옷깃이여! 내 마음에 시름 안기네.
비록 나는 못 간다 해도 님은 어찌 소식도 없나?

파란 님의 패옥 끈이여! 내 마음에 시름 안기네.
비록 나는 못 간다 해도 님은 어찌하여 오지도 않나?

왔다갔다하며 성 누각에 오르는 마음
하루를 못만나면 석달을 못본 것 같네.

[原文] 靑靑子衿이여 悠悠我心이로다.
縱我不往이라도 子寧不嗣音오?

靑靑子佩여 悠悠我思로다.
縱我不往이라도 子寧不來오?

挑兮達兮하며 在城闕兮로다.

一日不見이면 如三月兮로다.

註解 ㅇ靑靑(청청)－파랗기만 한 것(孔疏). ㅇ子(자)－남자를 가리킴(集傳). ㅇ靑衿(청금)－《모전》에선 학자의 옷이라 하고, 이 시는 '학교가 폐한 것을 풍자한 것'이라 하였다. 그러나 《예기(禮記)》 심의(深衣)에는 '부모님이 다 계시면 옷깃을 파란 천으로 단다'고 하였다. 그러므로 학자뿐만 아니라 부모님을 모신 사람은 모두 푸른 옷깃을 달았다 한다. ㅇ悠悠(유유)－생각이 긴 모양(集傳). 따라서 생각을 길게 하도록 한다는 것은 시름을 안겨준다는 뜻. ㅇ縱(종)－비록. ㅇ寧(영)－어찌. ㅇ嗣音(사음)－성문(聲問)을 잇는 것(集傳), 곧 소식을 전하는 것. ㅇ佩(패)－패옥(毛傳). 청패(靑佩)는 패옥을 매어 다는 파란 수실 달린 끈. ㅇ挑達(도달)－왕래하며 상견하는 모습(毛傳). 그러나 《경전석문(經典釋文)》에는 상(相)자가 빠지고 '왕래견모(往來見貌)'라 하였다. 옛날에는 모(貌)자를 모(皃)라 썼는데 천학(淺學)한 사람이 이를 견(見)자로 보고 그 밑에 모자를 하나 더 붙인 것이라 하였다. 따라서 《모전》도 본래는 이를 '왕래하는 모양'이라 풀이한 것이라 한다(後箋). ㅇ城闕(성궐)－성문 위에 있는 망루.

解說 여자가 사랑하는 남자의 모습을 그리며 보고 싶은 그리움을 노래한 것이다(釋義). 〈모시서〉에서는 '학교가 폐함을 풍자한 것이라'고 하였다. 앞의 주에서도 설명했듯이 '청금(靑衿)'은 학자만의 옷이 아니므로 이는 옳지 못한 해석이다.

18. 잔잔한 물결(揚之水)

잔잔한 물결은 싸리 다발도 떠내려 보내지 못하네.
형제는 많지 않고 오직 나와 너뿐,
남의 말은 듣지 마라, 남이란 정말 너를 속이려는 것이니.

잔잔한 물결은 땔나무 다발도 떠내려 보내지 못하네.
형제는 많지 않고 오직 우리 둘뿐,

남의 말은 듣지 마라, 남이란 정말 믿을 수 없는 거니.

原文　揚之水여 不流束楚로다.

終鮮兄弟요 維予與女니

無信人之言이어다 人實迋女니라.

揚之水여 不流束薪이로다.

終鮮兄弟요 維予二人이니

無信人之言이어다 人實不信이니라.

註解　ㅇ揚之水(양지수)−유양(悠揚)한 물결. 왕풍에도 '양지수'가 나왔으니 참고 바람. ㅇ束楚(속초)−싸리나무 다발. ㅇ終(종)−기(旣)의 뜻(傳疏). ㅇ鮮(선)−많지 않다. 적다는 뜻. ㅇ予(여)−형(兄) 자신. ㅇ女(여)−형이 동생을 가리킨 말. ㅇ迋(광)−속이다. 광(誑)과 같은 글자(毛傳). ㅇ束薪(속신)−땔나무 다발. ㅇ予(여)−'우리'의 뜻으로 앞절의 '여여여(予與女)'를 가리킨다.

解說　남들의 이간(離間)으로 말미암아 뜻이 안맞는 형제의 형이 이를 슬퍼하며 아우에게 한 노래이다(王質《詩總聞》). 〈모시서〉에서는 충신과 양사(良士)가 없어 죽고 만 정나라의 홀(忽)을 가엾게 여기고 부른 노래로 보았다. 그리고 《집전》에선 형제를 남녀 사이에 비유한 것으로 보았다.

19. 동문을 나서니(出其東門)

동문을 나서니 여자들이 구름 같네.

비록 구름같이 많다 하나 나의 마음 둔 여자는 없네.

흰 옷에 파란 수건 쓴 여자만이 나를 즐겁게 해줄 것인데.

성문 밖을 나서니 여자들이 삘기 같네.

비록 삘기처럼 많다 하나 나의 마음 쏠리는 여자는 없네.

흰 옷에 꼭두서니 수건 쓴 여자만이 함께 즐길 만한데.

原文 出其東門하니 有女如雲이로다.
　　雖則如雲이나 匪我思存이로다.
　　縞衣綦巾이여 聊樂我員이로다.

　　出其闉闍하니 有女如荼로다.
　　雖則如荼나 匪我思且로다.
　　縞衣茹藘여 聊可與娛로다.

註解 ○東門(동문)—정나라 성 동쪽 문(孔疏). 앞의 '동문지선(東門之墠)' 참조. ○如雲(여운)—구름처럼 많다는 뜻(毛傳). ○匪(비)—아님. 비(非)의 뜻. ○思存(사존)—생각이 있는 것, 곧 마음을 둔 것. ○縞衣(호의)—흰 옷. ○綦(기)—《모전》에 파란 쑥색이라 하였다. ○巾(건)—패건(佩巾) 또는 두건이며, '기건(綦巾)'은 쑥색의 수건. 이 '호의'와 '기건'은 출가하지 않은 처녀들의 복색이었다 한다(通釋). 그리고 '호의기건'을 한 처녀는 작자의 애인을 뜻한다. ○聊(료)—어조사(語助辭). 차(且)의 뜻. ○員(원)—운(云)과 같은 조사(孔疏). 따라서 '요락아원(聊樂我員)'은 '아차락운(我且樂云)'의 뜻. ○闉(인)—곡성(曲城)으로, 성문 밖에 다시 둥글게 성벽을 쌓아 성문을 막은 것(孔疏). ○闍(도)—성문의 대(臺)(孔疏). 따라서 '출기인도(出其闉闍)'란 성문 밖으로 나가는 것. ○荼(도)—띠꽃(集傳), 곧 삘기가 패어 흰 꼬리를 내민 것(鄭箋). '여도(如荼)'는 여자들이 삘기처럼 곱고 많은 것을 가리킨다. 이곳의 '도'는 패풍 '곡풍(谷風)' 시의 도(荼 : 씀바귀)와는 다른 것이다. ○且(저)—어조사. 또 조(徂)자와 통하여, '사저(思且)'는 '생각이 가는 것', 곧 '마음이 쏠린다'는 뜻으로 보기도 한다(鄭箋). ○茹藘(여려)—꼭두서니로 물들인 빨간 수건을 말한다(鄭箋).

解說 한 여자만을 사랑하는 남자의 연가(戀歌)이다. 정나라 유흥지인 동문 밖을 나가 보면 아름다운 여인들이 많이 있기는 하나 자기 마음을 즐겁게 하여 주는 이는 단 한 사람, 흰 옷에 파란 수건 쓴 여자뿐이라는 것이다.

　〈모시서〉에서는 정나라의 공자(公子)들이 여러 번 서로 다투어 전란(戰亂)이 끊이지 않았으므로, 남녀가 서로 떨어지게 되어 백성들이 그의 집안을 보전하려 하였다. 이 시는 나라의 어지러움을 슬프게 여긴 것이라 하였다. 《집전》에선 어느 사람이 음분한 여자를 보고 노래한 것이라 하였다.

20. 들판의 덩굴풀(野有蔓草)

들판에 덩굴풀, 이슬이 방울방울 맺혀 있네.
아름다운 한 사람이 있는데 맑은 눈에 넓은 이마가 이쁘기도 하네.
뜻밖에 서로 만나니 내 소원대로 들어맞았네.

들판에 덩굴풀, 이슬이 흥건히 내려 있네.
아름다운 한 사람이 있는데 예쁜 맑은 눈과 넓은 이마를 가졌네.
뜻밖에 서로 만나니 그대나 나나 다 좋게 된 걸세.

[原文] 野有蔓草하니 零露溥兮로다.
有美一人하니 淸揚婉兮로다.
邂逅相遇하니 適我願兮로다.

野有蔓草하니 零露瀼瀼이로다.
有美一人하니 婉如淸揚이로다.
邂逅相遇하니 與子偕臧이로다

[註解] ㅇ蔓草(만초)—덩굴풀. ㅇ零(영)—물방울이 떨어지는 것. ㅇ溥(단)—《경전석문(經典釋文)》엔 단(團)으로 되어 있으며, 곧 '이슬이 방울방울 맺힌 모양'(通釋). 이런 들에서 남녀가 만난 것이다. ㅇ淸(청)—눈이 맑은 것. ㅇ揚(양)—이마가 넓은 것(鄘風 '君子偕老' 시에 나왔음). ㅇ婉(완)—예쁜 것. ㅇ邂逅(해후)—우연히 만나는 것(毛傳). ㅇ適(적)—꼭 들어맞는 것. ㅇ瀼瀼(양양)—소아 '요소(蓼蕭)' 시의 《모전》에 '이슬이 많이 내린 모양'이라 하였다. ㅇ婉如(완여)—완연(婉然). 예쁜 모양. ㅇ子(자)—여자를 가리킴. ㅇ偕(해)—함께 하는 것. ㅇ臧(장)—선(善)의 뜻으로, 잘된 것. '여자해장(與子偕臧)'은 '그대와 함께 나까지 모두가 좋게 되었다'는 뜻.

解說 남녀가 들판에서 우연히 만나 서로 사랑하게 되는 것을 노래한 것이다(集傳). 〈모시서〉에서는 남녀가 우연히 만나게 될 것을 상상하고 읊은 노래라 보았는데, 이미 만나 사랑하게 된 것으로 본 주희의 견해가 좋다.

21. 진수와 유수(溱洧)

진수와 유수는 넘실넘실 흐르고 있는데,
남자와 여자는 난초를 들고 있네.
여자가 '가 볼까요?' 하니 남자 대답이 '벌써 갔다 왔는걸.'
'그래도 유수 가로 구경 가요, 정말 재미있고 즐거울 텐데.'
남자와 여자는 희희덕거리며
작약을 서로 꺾어 주네.

진수와 유수는 파랗게 맑은데,
남자와 여자가 수없이 나와 있네.
여자가 '가 볼까요?' 하니 남자 대답이 '벌써 갔다 왔는걸.'
'그래도 유수 가로 구경가요, 정말 재미있고 즐거울 텐데.'
남자와 여자는 희희덕거리며
작약을 서로 꺾어 주네.

原文 溱與洧이 方渙渙兮어늘
　　　士與女이 方秉蘭兮로다.
　　　女曰 '觀乎잇가?' 士曰 '旣且로다.'
　　　'且往觀乎洧之外인저 洵訏且樂이라.'
　　　維士與女이 伊其相謔하며
　　　贈之以勺藥이로다.

　　　溱與洧이 瀏其淸矣어늘

士與女이 殷其盈矣로다.

女曰 ‘觀乎잇가?’ 士曰 ‘旣且로다.’

‘且往觀乎洧之外인저 洵訏且樂이라.’

維士與女이 伊其將謔하여

贈之以勺藥이로다.

註解 ㅇ溱(진)―유(洧)와 함께 정나라에 있는 강물 이름. 앞의 ‘건상(褰裳)’ 시에 나왔음. ㅇ方(방)―현재를 나타내는 조사. ㅇ渙渙(환환)―봄 물이 성한 모양(毛傳). ㅇ士(사)―남자. ㅇ秉(병)―잡다. 손에 드는 것. ㅇ蘭(간)― 들에 나는 난초. 정나라 풍속으로 삼월 상사(上巳)날이 되면 진수와 유수 위에서 초혼속백(招魂續魄)을 하고, 난초를 들고 불상(不詳)을 불제(拂除)하였다 한다(韓詩). ㅇ觀乎(관호)―진수와 유수 가로 가서 초혼속백을 하고 불상을 불제하는 행사를 구경하였느냐는 뜻. ㅇ且(저)―조(徂)와 통하여, 기저(旣且)는 벌써 가 봤다는 뜻(釋義). ㅇ洧之外(유지외)―유수 가를 말한다. 이 구절은 여자가 남자에게 권하는 말이다. ㅇ洵(순)―진실로. ㅇ訏(우)―《한시(韓詩)》엔 우(訏)를 우(盱)라 쓰고 즐거운 모습이라 하였다(三家詩義集疏). 따라서 ‘순우차락(洵訏且樂)’은 ‘정말 재미있고 또 즐겁다’는 뜻. ㅇ伊(이)―이(咿)와 통하여, 이기(伊其)는 이연(咿然)과 같은 말로, 웃는 소리를 형용한 말(釋義). ㅇ謔(학)―희롱하다. ㅇ勺藥(작약)―《한시》에 이초(離草)라 하였는데, 이별할 때 이 풀을 주었다 한다(三家詩義集疏). 진계원은 작약은 강리(江蘺), 곧 ‘궁궁이’라 하였는데(稽古編), 확실치 않아 그대로 ‘작약’이라 번역하였다. 이는 헤어질 때 작약을 꺾어 애인에게 준 것이다(孔疏). ㅇ瀏其(유기)―물이 맑은 모양. ㅇ殷(은)―많은 것. ㅇ盈(영)―진수와 유수 사이에 가득 차 있다는 뜻. ㅇ將(장)―《정전》에 ‘대(大)’의 뜻으로 보았으나, 주희는 ‘상(相)’의 오(誤)라 보았다(集傳). 주희의 견해가 그럴듯하다.

解說 사랑하는 남녀가 들에 나와 즐기는 모습을 노래한 것이 이 시이다. 《한시》에 의하면 3월 상사(上巳)날 진수와 유수에 나와 초혼속백(招魂續魄)하고 난초를 손에 들고 불상을 불제(祓除)할 때 애인끼리 물가로 나간 것이다(集傳). 〈모시서〉에서는 나라에 음풍(淫風)이 크게 성행하여 어지러움을 풍자한 것이라 하였다.

제 8 제풍(齊風)

주(周)나라 무왕(武王 : B.C. 1122~1116 재위)이 은(殷)나라를 쳐부
순 뒤 아버지인 문왕(文王) 때부터의 대공신인 태공망(太公望) 여상(呂
尙)을 봉한 곳이 이 제나라이다. 제나라는 동쪽은 바다로부터 서쪽은 황
하, 남쪽은 산동(山東) 목릉(穆陵)에서부터 북쪽은 산동 무체(無棣)에 이
르는, 곧 지금의 산동성 동북부에 해당하는 땅이었다. 태공은 영구(營
丘 : 지금의 산동성 昌樂縣 동남쪽)에 도읍하였는데, 5세 호공(胡公)에
이르러는 박고(薄姑, 一作 蒲姑 : 지금의 산동성 博興縣 근처)로 옮겼고,
다시 그의 아들 헌공(獻公)은 임치(臨菑 : 지금의 산동성 臨淄縣)로 도읍
을 옮겼다. 전국시대 초기에 전화(田和)가 제나라 임금자리를 뺏고 여전
히 제(齊)라 하였으나 이미 그것은 태공의 강씨(姜氏) 나라가 아니다.

1. 닭이 우네요(鷄鳴)

'닭이 우네요, 조정엔 대신들이 모였겠어요.'
'닭 울음소리가 아니라 쉬파리 소리 아니요?'

'동녘이 밝았네요, 조정엔 대신들이 많이 모였겠어요?'
'동녘이 밝은 것이 아니라 달빛 비치는 것 아니요?'

'뭇 벌레 윙윙 날아도 당신과 누워 단꿈 즐기고 싶지만,
대신들 모였다 돌아갈 테니, 나 때문에 당신 미움사는 일 없어야지요.'

原文   '鷄旣鳴矣니 朝旣盈矣라'하니
      '匪鷄則鳴이요 蒼蠅之聲이로다.'

‘東方明矣니 朝旣昌矣라’하니
‘匪東方則明이요 月出之光이로다.’

‘蟲飛薨薨이니 甘與子同夢이언만
會且歸矣라 無庶予子憎이로다.’

[註解] ○鷄旣鳴(계기명)—새벽 닭이 우는 것. ○朝(조)—조정(朝廷), 조회(朝會)하는 곳. ○盈(영)—군신들이 조회하러 가득히 모인 것(孔疏). 이 구절은 어진 비(妃)가 임금인 남편에게 조회에 나가기를 재촉하는 말이다. ○蒼蠅(창승)—쉬파리. 이 구절은 남편이 일찍 일어나지 않으려고 핑계대는 말이다. ○昌(창)—앞절의 영(盈)과 마찬가지로 백관(百官)들이 조회에 많이 모인 것.《공소(孔疏)》에선 영(盈)보다 더욱 성(盛)하다는 뜻에서 창(昌)이라 하였다고 했다. ○薨(홍)—주남 ‘종사(螽斯)’ 시에도 보였음. 새벽이 되어 벌레들이 윙윙 날기 시작한 것이다. ○甘(감)—‘……하고 싶다’ ‘……즐기고 싶다’는 뜻. ○同夢(동몽)—함께 누워 단꿈을 즐기는 것으로 말할 수 없이 친애함을 나타낸다(鄭箋). ○會且歸(회차귀)—백관들이 조회하러 모였다가 임금이 나오지 않으므로 그대로 돌아가는 것(集傳). ○庶(서)—서기(庶幾)의 뜻. ○予(여)—나 때문에(集傳). ○子憎(자증)—백관들이 임금을 미워하게 되는 것.

[解說] 〈모시서〉엔 ‘계명’ 시는 제나라 애공(哀公)이 여색에 빠져 정사(政事)를 돌보지 않음에, 어진 비(妃)가 밤낮으로 경계하여 올바로 되는 것을 읊은 것이라 하였다. 애공(哀公) 때의 작품인지는 모르지만 어진 비가 남편인 임금으로 하여금 정사를 올바로 돌보도록 재촉하는 내용임이 틀림없다. 시인이 그러한 어진 부인을 기린 것이 이 시이다(集傳).

2. 날랜 솜씨(還)

그대는 날래기도 했지. 나와 노산 골짜기에서 만나
나란히 달리며 두 마리 큰 짐승을 뒤쫓았는데,
그대는 내게 인사하며 나보고 날쌔다 했지.

그대는 멋지기도 했지. 나와 노산 산길에서 만나

나란히 달리며 두 마리 수짐승을 뒤쫓았는데,

그대는 내게 인사하며 나보고 멋지다 했지.

그대는 잘하기도 했지. 나와 노산 남쪽 기슭에서 만나

나란히 달리며 두 마리의 이리를 뒤쫓았는데,

그대는 내게 인사하며 나보고 잘한다 했지.

原文 子之還兮여 遭我乎猱之間兮라.

並驅從兩肩兮러니 揖我謂我儇兮라 하다.

子之茂兮여 遭我乎猱之道兮라.

並驅從兩牡兮러니 揖我謂我好兮라 하다.

子之昌兮여 遭我乎猱之陽兮라.

並驅從兩狼兮러니 揖我謂我臧兮라 하다.

註解 ○還(선)—날랜 모양(毛傳). ○猱(노)—제(齊)나라에 있던 산이름. ○間(간)—산골짜기의 뜻. ○並驅(병구)—그대[子]와 내[我]가 나란히 말을 달리는 것(孔疏). ○從(종)—뒤쫓는 것. ○肩(견)—세살 된 짐승(毛傳), 곧 큰 짐승. ○揖(읍)—손을 맞잡고 허리를 약간 굽히는 간단한 경례. ○儇(현)—여기서는 앞의 선(還)과 비슷한 뜻으로, 역시 날렵한 것. ○茂(무)—미(美)와 통하여, 사냥하는 솜씨가 멋지다는 뜻. ○牡(무)—수컷. ○好(호)—사냥을 잘한다는 뜻으로, 앞의 미(美)와 비슷한 말. ○昌(창)—역시 여기서는 사냥을 잘한다는 뜻. ○陽(양)—산의 남쪽 기슭. ○狼(랑)—이리. ○臧(장)—선(善)과 통하여 사냥하는 재주가 좋다는 말. 앞의 창(昌)과 비슷한 뜻.

解說 사냥의 즐거움을 노래한 것이다. 사냥길에 만난 친구는 사냥하는 솜씨가 놀라운 멋진 남자였다. 그래도 그는 사냥이 끝난 뒤에 자기더러 오히려 어쩌면 그렇게 사냥을 멋지게 하느냐고 칭찬한다. 은연중 사냥하는 씩씩한 기상이 시 속에 느껴진다. 이들은 물론 평민(平民)이 아니라 사대부들이었을 것이다. 〈모시서〉에선 제나라 애공(哀公)이 너무 지나치

게 사냥을 즐기어 이를 바로잡으려고 풍자한 것이라 하였다.

3. 문간에서(著)

나를 문간에서 기다리셨는데, 귀막이는 흰 실끈에다
꽃 새긴 옥돌을 달으셨었거니.

나를 뜰에서 기다리셨는데, 귀막이는 파란 실끈에다
꽃같은 옥돌을 달으셨었거니.

나를 대청에서 기다리셨는데, 귀막이는 누런 실끈에다
꽃 모양의 옥돌을 달으셨었거니.

原文　俟我於著乎而니 充耳以素乎而요
　　　尚之以瓊華乎而로다.

　　　俟我於庭乎而니 充耳以青乎而요
　　　尚之以瓊瑩乎而로다.

　　　俟我於堂乎而니 充耳以黃乎而요
　　　尚之以瓊英乎而로다.

註解　o俟(사)—기다리다. o著(저)—문병(門屛)의 사이(毛傳), 곧 정문 안의 양쪽 숙(塾) 사이를 저(宁)라 하는데, 저(著)는 저(宁)와 통한다(孔疏). 숙(塾)은 문간 양쪽에 있는 방. 따라서 저(著)는 '문간'의 뜻. o乎而(호이)—조사. o充耳(충이)—귀를 덮도록 만들어진 장식, 곧 진(瑱)(위풍 '淇奧' 시 참조). 귀막이. o素(소)—소사(素絲). 이소(以素)는 흰 실로 충이(充耳)의 끈을 만든 것. 그 끈으로 옥돌을 매달아 진(瑱)으로 쓴다(孔疏). o尚(상)—가(加)의 뜻(集傳). o瓊(경)—위풍 '목과(木瓜)' 시 《모전》에 '옥돌로 빛이 아름다운 것'이라 하였다. 경화(瓊華)는 옥돌을 꽃 모양으로 조각한 것. 이것을 소사에 매달아 충이(充耳)가 되는 것이다(釋義). o庭(정)—대문에서 안문까지 이르는 사이(集傳). ○靑(청)—청사(靑絲). ○瑩(영)—영(榮)의 가차(假借)로서, 역시 꽃의 뜻. 《이아(爾雅)》에 '나무는 화(華)라 하고 풀은 영(榮)이라 한다' 하였다. 따라서 경영(瓊瑩)은 앞의 경화(瓊華)와 같은 말. ○堂(당)—대청. ○黃(황)—황사(黃絲). 충이의 끈을 처음엔 소(素), 다음엔 청(靑), 여기서는 황(黃)이라 하였는데, 귀막이의 끈이 잡채(雜綵)로 만들어졌었기 때문이다. 《공소》에 인군(人君)은 오색(五色), 경대부(卿大夫)는 삼색(三色)이라 하였다. ○瓊英(경영)—경화(瓊華)와 같은 말(毛傳).

[解說] 출가한 여자가 시집올 때의 일을 되새기며 노래한 것이다. 여기에서 저(著)에서 기다리고, 정(庭)에서 기다리고, 또 당(堂)에서 기다렸다는 것은 친영(親迎)의 예에 따라 신랑이 신부를 기다린 것이다. 《의례(儀禮)》에 '신랑은 수레를 타고 먼저 돌아와 문외(門外)에서 기다린다' 하였다. 곧 친영의 예는 신랑이 혼례 뒤 한발짝 먼저 자기 집으로 돌아와 신부가 시집오는 것을 문밖에서부터 마중하였던 것이다.

그런데 이 시에서는 문밖에서 신랑이 기다리지 않고 문간 안에서 기다린다. 그러기에 〈모시서〉에서는 친영하지 않음을 풍자한 것이라 하였다. 이는 지나친 천착(穿鑿)인 듯하며, 《의례》와 약간 다르기는 하지만 지방에 따른 습속의 차이를 인정할 때 역시 친영 때 남편의 인상을 노래한 것이라 봄이 좋겠다. 자신의 애인을 기린 시라 보아도 좋을 것이다.

4. 동녘의 해(東方之日)

동녘의 해 같은
저 아름다운 여인이, 내 방에 와 있네.
내 방에 와서는, 내 뒤만 붙어 다니네.

동녘의 달 같은
저 아름다운 여인이, 우리집 안에 와 있네.
우리집 안에 와서는, 내 뒤만 따라다니네.

[原文] 東方之日兮여

　　　　*彼姝者子*이 *在我室兮*로다.
　　　　*在我室兮*하여 *履我卽兮*로다.

　　　　*東方之月兮*여
　　　　*彼姝者子*이 *在我闥兮*로다.
　　　　*在我闥兮*하여 *履我發兮*로다.

註解　ㅇ姝者子(주자자)—이 시를 읊은 남자의 애인인 '아름다운 여인'. ㅇ在我室(재아실)—내 방에 놀러 와 있다는 뜻. ㅇ履(리)—발자국을 밟으며 뒤에 붙어 다니는 것(集傳). ㅇ卽(즉)—바싹 붙어 남녀가 행동하는 것을 말한다. ㅇ闥(달)—여기서는 문안[門內]의 뜻(毛傳). ㅇ發(발)—행(行)의 뜻(毛傳). 이아발혜(履我發兮)는 이아즉(履我卽)과 같은 말로 늘 바싹 붙어 다니는 것. 1절의 즉(卽)은 오는 것, 발(發)은 돌아가는 것으로 보고 낮에 왔다 밤에 돌아가는 것이라 풀이하기도 하지만 지나친 해석인 듯하다. 해와 달은 단순히 여인의 아름다움에 견준 것이다.

解說　이 시는 남녀의 사랑을 노래한 것이다. 여자가 남자 집에 찾아와 정답게 노는 모습을 읊은 것이다. 〈모시서〉에서는 군신(君臣)이 실도(失道)하고 남녀가 음분(淫奔)함을 풍자한 것이라 부회(附會)하였으나, 아무래도 연애하는 남녀를 노래한 것이 틀림없는 듯하다.

5. 동녘이 밝지도 않았는데(東方未明)

　동녘이 밝지도 않았는데, 옷을 허둥지둥 거꾸로 입네.
　거꾸로 입을 정도로 허둥지둥 하는 것은, 임금님 처소에서 부르기 때문.

　동녘에 동이 트지도 않았는데, 옷을 거꾸로 허둥지둥 입네.
　거꾸로 입을 정도로 허둥지둥 하는 것은, 임금님 처소에서 명이 내렸기 때문.

　　버들가지 꺾어 채전에 울을 치면, 어리석은 자도 경계를 알고 조심
하거늘,

　　아침 저녁도 분별 못하여, 너무 이르지 않으면 너무 늦게 부르시네.

原文　東方未明이어늘 顚倒衣裳이로다.

顚之倒之는 自公召之로다.

東方未晞어늘 顚倒裳衣로다.

倒之顚之는 自公令之로다.

折柳樊圃면 狂夫瞿瞿어늘

不能辰夜하여 不夙則莫로다.

註解　○顚倒(전도)―허둥지둥 거꾸로 입는 것. 전도의상(顚倒衣裳)은 곧
저고리를 아래, 바지를 위에 입는 것(孔疏). ○公(공)―공소(公所). 임금의 처
소. ○召(소)―조회에 부르는 것. ○晞(희)―동이 트는 것. ○圃(포)―채소밭.
○樊(번)―울타리. ○狂夫(광부)―광우(狂愚)한 남자(孔疏), 곧 어리석은 자.
○瞿(구)―구(懼)와 통하는 글자. 구구(瞿瞿)는 두려워하며 조심하는 모양.
이 구절은 버들가지를 꺾어 채전에 울타리를 만들어 놓으면, 아무리 약하기
짝이 없다 하더라도 누구나 보면 바로 채전의 경계를 알고 조심하게 된다는
뜻. 이렇게 어리석은 자도 간단한 한계를 분별하는데 임금은 아무것도 분별
할 줄 모른다는 말이다. ○辰(신)―신(晨)과 통하여, 불능신야(不能辰夜)는
'아침저녁의 한계도 분별 못하는 것'(集傳). ○不夙則莫(불숙즉모)―임금이
신하들을 '너무 일찍 소집하지 않으면 너무 늦게 소집한다'는 뜻.

解說　〈모시서〉에 ' '동방미명'은 절도(節度)가 없음을 풍자한 것이다.
조정의 기거(起居)에 절도가 없고 때 없이 명령이 내리어 시간을 알리는
일을 맡은 관리는 그의 직책을 수행할 수 없었던 것이다'라고 설명하고
있다. 첫 절과 둘째 절은 너무 이른 새벽에 명령이 갑자기 내리어 신하가
허둥지둥하며 옷을 거꾸로 주워 입는 모양을 노래한 것이고, 끝 절은 그
처럼 절도 없이 아무 때나 명을 내리는 임금을 비난한 것이다.

6. 남산(南山)

남산은 높다란데 수여우가 어슬렁거리고 있네.
노나라로 가는 길 평평한데, 제나라 임금의 딸이 이 길로 시집갔다네.
이미 시집가 버린 것을 어째서 또 그리워하는가!

칡신 다섯 켤레가 모두 짝이 있고, 갓끈도 두 가닥이 한 벌이네.
노나라로 가는 길 평평한데, 제나라 임금의 딸이 이 길로 시집갔다네.
이미 가 버린 것을 어째서 또 뒤따라가는가!

삼을 심자면 어떻게 하지? 종횡으로 밭을 갈아야지.
장가를 들려면 어떻게 하지? 반드시 부모님께 아뢰야지.
이미 아뢰고 데려간 것을 어째서 또 괴롭히는가!

장작을 쪼개려면 어떻게 하지? 도끼가 없으면 하는 수 없지.
장가를 들려면 어떻게 하지? 중매가 없으면 안되는 거지.
이미 중매넣어 장가들었거늘 어째서 또 곤란하게 만드는가!

原文　南山崔崔어늘 雄狐綏綏로다.
　　　魯道有蕩이어늘 齊子由歸로다.
　　　旣曰歸止어늘 曷又懷止오?

　　　葛屨五兩이요 冠綏雙止니라.
　　　魯道有蕩이어늘 齊子庸止로다.
　　　旣曰庸止어늘 曷又從止오?

　　　蓺麻如之何오? 衡從其畝니라.
　　　取妻如之何오? 必告父母니라.
　　　旣曰告止어늘 曷又鞠止오?

　　　析薪如之何오? 匪斧不克이니라.

取妻如之何오? 匪媒不得이니라.

旣曰得止어늘 曷又極止오?

註解 o南山(남산)-제(齊)나라의 남산(毛傳). o崔崔(최최)-고대(高大)
한 모양. o雄(웅)-수컷. o狐(호)-여우. o綏綏(수수)-서서히 왔다갔다하
는 모양(衛風 '有狐' 시 참조).《정전(鄭箋)》엔 수여우가 짝을 찾아 남산 위
를 어슬렁거리고 있는 것이며, 노(魯)나라 환공(桓公)의 부인이며 자기 누이
인 문강(文姜)과 정을 통한 제나라 양공(襄公)에 비유한 것이라 하였다. 자
기 누이와 정을 통한 양공의 짓은 수여우가 짝을 찾아다니는 것처럼 수치스
럽고도 가증하다는 것이다. o魯道(노도)-노나라로 가는 길(集傳). 문강(文
姜)은 노나라 환공에게 출가하였다. o蕩(탕)-여기서는 평탄(平坦)의 뜻으로
유탕(有蕩)은 탄연(坦然), 곧 평평한 모양(釋義). o齊子(제자)-제나라 제후
의 자녀, 곧 문강을 가리킴(孔疏). o由(유)-종(從)의 뜻으로(集傳), '이 길
을 따라서'의 뜻. o歸(귀)-시집가는 것. o曰(왈)-지(止)와 함께 조사. o曷
(갈)-어찌. 하(何)의 뜻. o懷(회)-잊지 않고 사모하는 것. 이 구절은 문강
은 이미 출가하여 남편이 있는데 양공은 어째서 또 잊지 못하고 쫓아가 정을
통하였느냐는 뜻. o葛屨(갈구)-칡 껍질로 만든 신. o兩(양)-둘로 짝의 뜻.
이 구절은 이해하기 어렵다.《집전(集傳)》을 따라 '칡신이 다섯 개 있어도 모
두 짝이 있다'는 뜻으로 번역하여 둔다. o冠綏(관유)-얼굴 양편으로 늘어져
맬 수 있도록 된 갓끈. o庸(용)-용(用)의 뜻으로, 앞의 유(由)와 마찬가지
로(通釋), 이 길을 사용하여 노나라로 시집갔다는 뜻. o從(종)-뒤쫓아가 음
란한 짓을 하는 것(孔疏). o蓺(예)-곡식을 심는 것. o衡(횡)-횡(橫)과 통
함. o衡從其畝(횡종기묘)-가로 세로 밭을 가는 것.《제민요술(齊民要術)》에
'삼을 심는 데에는 많이 갈수록 좋으며, 가로 세로 일곱 번 이상 갈면 삼대에
잎새도 없이 잘 자란다'고 하였다. o取妻(취처)-장가드는 것. o必告父母
(필고부모)-부모님에게 아뢰는 것. 부모님께 말씀드려 의견을 따르는 것. o鞠
(국)-궁(窮)의 뜻으로 문강의 처지를 궁곤(窮困)하게 만드는 것. o析(석)-
쪼개다. o薪(신)-장작. o匪(비)-비(非)와 같은 뜻. o斧(부)-도끼. o克
(극)-능(能)의 뜻. o媒(매)-중매. 옛날에는 반드시 중매인을 사이에 두고
혼인을 하였다. o不得(부득)-불능(不能)의 뜻, 곧 결혼하지 못하는 것. o極
(극)-궁(窮)과 통하여 곤액(困扼)의 뜻.《맹자(孟子)》이루(離婁)편 '우극지
어기소왕(又極之於其所往)'이라 할 때의 극(極)도 곤액(困扼)의 뜻이다.

解說 〈모시서〉에 "'남산' 시는 양공(襄公)을 풍자한 것이다. 조수(鳥獸)와 같은 짓으로 그의 누이와 간통하여, 대부들은 이러한 악행을 보자 이 시를 짓고 떠나간 것이다'라고 하였다. 제나라 양공은 희공(僖公)의 아들이며, 그 누이란 바로 문강이다. 문강은 노나라 환공(桓公)에게 출가하였지만 오빠인 양공과 뒤에 간음(姦淫)하였다. 《좌전(左傳)》환공 18년에도 이에 관한 기록이 있으니 참고 바란다.

7. 큰 밭(甫田)

큰 밭은 갈지 마라, 가라지만 무성할 걸.
멀리 간 사람 생각마라, 마음만 뜨끈뜨끈 괴로운 것을.

큰 밭은 갈지 마라, 가라지만 덥수룩할 걸.
멀리 간 사람 생각마라, 마음만 시끈시끈 괴로운 것을.

어리고 예쁜 떠꺼머리 총각도,
얼마간 헤어졌다 만나니 갑자기 관 쓴 어른 되었더라던데!

原文 無田甫田이어다 維莠驕驕리라.
　　　無思遠人이어다 勞心忉忉리라.

　　　無田甫田이어다 維莠桀桀이리라.
　　　無思遠人이어다 勞心怛怛하리라.

　　　婉兮孌兮여 總角丱兮를
　　　未幾見兮면 突而弁兮리라.

註解 ○田(전)─밭을 갈다. ○甫田(보전)─큰 밭(毛傳). ○莠(유)─가라지, 밭에 많이 나는 잡초의 일종. ○驕驕(교교)─양자(揚子)《법언(法言)》에 이를 '교교(喬喬)'라 인용하고 있다. 따라서 교교(驕驕)는 높이 무성하게 자란

모양. 큰 밭은 힘에 겨워 제대로 관리 못하므로 잡초만 무성하게 될 거라는 것이다. 이것은 쓸데없이 분수에 넘치는 짓은 안하는 것이 좋다는 뜻. ㅇ忉忉 (도도)-근심하는 모양(毛傳). ㅇ桀桀(걸걸)-앞의 교교(驕驕)와 비슷한 뜻의 말(毛傳). ㅇ怛怛(달달)-앞의 도도(忉忉)와 비슷한 뜻(毛傳). ㅇ婉孌(완련)- 소호모(少好貌)(毛傳), 곧 나이 어리고 예쁜 모양. ㅇ總角(총각)-남자가 장가 들기 전에 두 가닥으로 땋아 올린 머리. ㅇ丱(관)-총각(總角)의 모양. ㅇ未幾 (미기)-얼마간의 기간. 그 동안 이별하는 것. ㅇ見(견)-만나는 것. ㅇ突而(돌 이)-돌연(突然), 갑자기. ㅇ弁(변)-고깔. 관(冠)의 일종. 옛날에는 남자는 20세에 가관(加冠)의 예를 행하였다.

解說 멀리 가 있는 남편을 생각하는 여인의 노래이다. 첫 절과 제2절 에서 멀리 있는 사람을 생각하지 말라는 것은, 여인의 가눌 수 없는 깊은 시름 때문이다. 생각지 않으려 할수록 님의 모습은 더욱 그리워만진다. 제3절에서는 남편의 바뀌었을 모습을 생각한 것이다. 더 늙지나 않았을 까? 더 여위지는 않았을까? 떠꺼머리 총각을 한참 만에 만나 보면 관을 쓴 어른이 되어 있어 잘 몰라보는 일이 있는데, 하물며 자기 남편이야 옛 모습을 그대로 지니고 있겠느냐는 것이다.

〈모시서〉에서는 '제나라 양공(襄公)이 예의없이 큰 공(功)을 추구하고, 덕을 닦지 아니하고도 제후들이 따르기를 바라며, 뜻만이 커서 마음을 수고 롭게 하여 구하는 것이 도리에 맞지 않는 것을 풍자한 것이다'라고 하였다.

8. 사냥개 방울(盧令)

사냥개 방울 달랑달랑하고, 그 사람 멋지고 어질기도 하지.

사냥개 큰 고리 작은 고리 달았고, 그 사람 멋지고 씩씩하기도 하지.

사냥개는 두 고리 달랑달랑하고, 그 사람 멋지고 억세기도 하지.

原文 盧令令이요 其人美且仁이로다.

　　　盧重環이요 其人美且鬈이로다.

盧重鋂요 其人美且偲로다.

[註解] o盧(노)-사냥개. 《공소(孔疏)》에선 《전국책(戰國策)》을 인용, 한 (韓)나라의 노(盧)는 천하의 준견(駿犬)이라 했다. o令令(영령)-개 목에 단 고리가 울리는 소리(毛傳). 옛날에는 방울 대신 둥근 고리를 두 개 이상 달 았다. o其人(기인)-개를 데리고 사냥하는 사람. o美且仁(미차인)-외모가 멋지고 마음씨는 어질어 뵌다는 뜻. o重環(중환)-《모전(毛傳)》에 '자모환 (子母環)'이라 하였는데, 《공소》에 의하면 큰 고리가 작은 고리를 꿰고 있는 것. 역시 개의 목에 방울처럼 달던 것이다. o鬈(권)-《정전(鄭箋)》에 '용장 (勇壯)한 것'이라 풀이하였다. o重鋂(중매)-하나의 큰 고리에 두 개의 작 은 고리가 꿰어 있는 것(孔疏). o偲(시)-《경전석문(經典釋文)》에선 《설문 해자(說文解字)》를 인용, '시(偲)는 강한 것'이라 풀이하고 있다.

[解說] 사냥하는 사람의 멋진 모습을 노래한 것이 이 시다. 〈모시서〉에 서는 양공이 지나치게 사냥을 좋아함을 풍자한 것이라 보았는데 역시 부 회(附會)가 지나친 듯하다.

9. 해진 통발(敝筍)

해진 통발을 어살에 대어 놓았더니, 방어 환어가 멋대로 들락날락. 제나라 임금 딸이 시집을 가니, 따라가는 이 구름 같네.

해진 통발을 어살에 대어 놓았더니, 방어 연어가 멋대로 들락날락. 제나라 임금 딸이 시집을 가니, 따라가는 이 비오듯 많네.

해진 통발을 어살에 대어 놓았더니, 고기들이 거침없이 들락날락. 제나라 임금 딸이 시집을 가니, 따라가는 이 강물과 같네.

[原文] 敝筍在梁하니 其魚魴鰥이로다.
     齊子歸止하니 其從如雲이로다.

     敝筍在梁하니 其魚魴鱮로다.

齊子歸止하니 其從如雨로다.

敝筍在梁하니 其魚唯唯로다.

齊子歸止하니 其從如水로다.

☐註解 ○敝(폐)—해진 것. ○筍(구)—통발. 대나 싸리를 엮어 봇물 막은 가운데를 트고 거기에 대어 놓아 흘러 내려오는 고기를 잡는 물건. ○梁(양)—고기를 잡기 위해 막아 놓은 어살. 가운데를 트고 통발을 대어 놓는다. 구(筍)와 양(梁)은 패풍(邶風) '곡풍(谷風)' 시에도 나왔으니 참고 바란다. ○魴(방)—방어. 주남 '여분(汝墳)' 시에 나왔음. ○鰥(환)—고기 이름일 것이나 무슨 고기인지 알 수 없다. 왕인지(王引之)는 환(鰥)은 곧 흔(鰥)으로 양주(揚州) 지방에서 흔자어(鰥子魚)라 하는 고기라 하였다(經義述聞). 잉어 종류의 큰 고기인 듯하다. 이렇게 봇물 가운데 통발이 해져 있어 큰 고기들이 마음대로 들락날락거리는 것을 출가하는 행렬의 성대함에 비유한 것이다. ○齊子(제자)—문강(文姜). 앞의 '남산' 시 참조 ○歸(귀)—《집전(集傳)》에선 일단 출가했다 제나라로 돌아오는 것이라 보았으나, 출가하는 것으로 봄이 타당하다. ○止(지)—조사. ○如雲(여운)—구름처럼 성(盛)하다는 뜻(毛傳). ○鱮(서)—연어. ○如雨(여우)—빗방울이 떨어지듯 많다는 뜻(毛傳). ○唯唯(유유)—멋대로 들락날락하는 모양(毛傳). ○如水(여수)—강물처럼 중성(衆盛)하다는 뜻.

☐解說 이것은 제나라의 문강(文姜)이 노나라 환공(桓公)에게 시집갈 때의 모양을 노래한 것이다(釋義). 그러나 〈모시서〉에서는 해진 통발을 자기 부인 문강의 음행을 못 막은 노나라 환공에 비유한 것이라 보고, 이 시를 문강을 풍자한 것이라 하였다. 주희(朱熹)는 또 문강이 양공을 만나러 제나라로 오는 모양을 읊은 것이라 보았다. 문강은 남편 환공이 권위 없음을 기화로 염치도 없이 많은 종자를 몰고 제나라로 돌아와 양공과 음행을 하였다는 것이다. 아무래도 부회가 심한 듯하다.

10. 수레 타고(載驅)

수레 타고 달각달각 오는데, 대로 엮은 가리개에 붉은 가죽 장식했네.

노나라로부터 오는 길은 평평한데, 제나라 임금 딸은 새벽에 떠나왔
다네.

멋진 네 마리 검은 말이 수레를 끄는데, 늘어진 고삐가 치렁치렁하네.
노나라로부터 오는 길은 평평한데, 제나라 임금 딸은 태연히 즐거워
하네.

문수는 넘실넘실 흐르고, 길가는 사람들은 웅성웅성하네.
노나라로부터 오는 길은 평평한데, 제나라 임금 딸은 의젓이 수레
타고 노닐 듯하네.

문수는 출렁출렁 흐르고, 길가는 사람들은 벅적벅적하네.
노나라로부터 오는 길은 평평한데, 제나라 임금 딸은 버젓이 수레
타고 노닐 듯 오네.

[原文]　載驅薄薄하니 簟茀朱鞹이로다.
　　　　魯道有蕩이어늘 齊子發夕이로다.

　　　　四驪濟濟하니 垂轡濔濔로다.
　　　　魯道有蕩이어늘 齊子豈弟로다.

　　　　汶水湯湯이어늘 行人彭彭이로다.
　　　　魯道有蕩이어늘 齊子翶翔이로다.

　　　　汶水滔滔어늘 行人儦儦로다.
　　　　魯道有蕩이어늘 齊子遊敖로다.

[註解]　ㅇ載(재)-조사. ㅇ驅(구)-수레를 타고 달리는 것. ㅇ薄薄(박박)-수
레가 빨리 달리는 소리(毛傳). ㅇ簟(점)-《모전(毛傳)》에 방문(方文)의 자리
라 하였는데, 《공소(孔疏)》엔 대나무로 만든 자리로 그 무늬[文]가 방형(方
形)이라 방문의 자리라 한 것이라고 풀이하였다. ㅇ茀(불)-수레의 가리개
(毛傳). 부인들의 수레에는 앞뒤에 발을 쳐서 안이 보이지 않도록 하였다(衛
風 '碩人' 시 참조). 점불(簟茀)은 대나무를 방형 무늬가 되도록 엮어 수레

가리개로 한 것. ㅇ朱鞹(주곽)―붉은 가죽으로 만든 수레 장식.《모전(毛傳)》에 제후의 노거(路車)는 주혁(朱革)의 질(質)에 우식(羽飾)을 하였다 했다. 노거는 제후들의 수레이며 그 차체(車體)를 붉은 가죽으로 싸고 그 위에 꿩깃으로 장식을 하였다. ㅇ魯道(노도)―노나라로 가는 길, 또는 노나라에서 오는 길. ㅇ有蕩(유탕)―탕연(蕩然)으로 평탄한 것(앞의 '南山' 시 참조). ㅇ齊子(제자)―문강(文姜)(앞의 '南山'·'敝笱' 시 참조). ㅇ發夕(발석)―《모전(毛傳)》에 석(夕)에 발(發)하여 아침에 도착하는 것이라 하였는데, 마서진(馬瑞辰)에 의하면 발석(發夕)은 단석(旦夕)의 뜻으로 이른 새벽에 출발하여 저녁에 도착하는 것(通釋). 문강이 염치도 없이 빨리 양공을 만나려고 서둘렀음을 말한 것이다. ㅇ四驪(사려)―수레를 끄는 복마(服馬)와 준마(駿馬)의 네 마리 말. ㅇ濟濟(제제)―아름다운 모양(毛傳). ㅇ轡(비)―고삐. ㅇ瀰瀰(니니)―부드러운 모습(集傳). 수효가 많이 늘어져 있는 것. ㅇ豈(개)―개(愷)와 통하여 낙(樂)의 뜻(毛傳). ㅇ弟(제)―제(悌)와 통하여 이(易), 곧 평이(平易)의 뜻(毛傳). 따라서 개제(豈弟)는 평이함을 즐기며 태연히 수레를 타고 오는 것. ㅇ汶水(문수)―강물 이름. 본류(本流)를 대문하(大汶河)라고 하는데 제나라 남쪽 노나라 북쪽 경계를 흘렀다. 지금의 내무현(萊蕪縣) 동북쪽 원산(原山)에서 시작 서남쪽으로 흘러 태안현(泰安縣) 동쪽을 거치며 석문(石汶)·모문(牟汶)·북문(北汶)·소문(小汶) 등 지류(支流)를 합쳐 문상현(汶上縣)에 이르러 서쪽 운하(運河)로 합치었다. ㅇ湯湯(상상)―물이 성한 모양(集傳). 위풍 '맹(氓)' 시에도 나왔음. ㅇ彭彭(방방)―많은 모양(毛傳). ㅇ行人(행인)―동행인, 곧 문강의 종자(從者)이며, 음행을 하러 오는 문강의 종자가 많다는 것은 그의 뻔뻔스러움을 말한다. ㅇ翱翔(고상)―수레를 타고 유유히 노닐 듯이 오는 것. 역시 문강의 부끄러움 모르는 행동을 말한 것이다(鄭風 '淸人' 시 참조). ㅇ滔滔(도도)―물이 흐르는 모양(毛傳). ㅇ儦儦(표표)―사람이 많은 모양(毛傳). ㅇ遊敖(유오)―노니는 것. 오유(敖遊), 고상(翱翔)과 비슷한 뜻이다(集傳).

解說 노나라 환공에게 시집간 문강이 그의 친오빠인 제나라 양공과 밀회하기 위하여 달려오는 모습을 노래한 것이다. 문강은 염치도 없이 거복(車服)을 성대히 하고 많은 종자(從者)를 거느리고 한길을 달려 제나라로 음행을 하러 온다. 〈모시서〉에서는 그러한 문강과 음행을 한 양공을 풍자하는 시라 하였다.

11. 아아 멋지다(猗嗟)

아아 멋지다! 헌칠하게 큰 키에
화살을 위아래로 겨누는데, 아름다운 눈에 넓은 이마!
잽싸게 교묘히 움직이며 활도 참 잘 쏘누나.

아아 훌륭하다! 아름다운 눈은 맑기도 하지.
활 쏘는 의식을 다 갖추고 하루 종일 과녁을 쏘는데,
한번도 표적에서 빗나가지 않으니, 정말 우리 임금의 조카실세.

아아 잘났다. 맑은 눈에 넓은 이마 곱기도 하지.
거동은 가락에 맞고 쏘며는 과녁을 뚫는데,
네 화살이 똑같은 곳에 꽂히니, 세상의 어지러움 막고도 남겠네.

[原文] 猗嗟昌兮여 頎而長兮며
　　　　抑若揚兮며 美目揚兮며
　　　　巧趨蹌兮로 射則臧兮로다.

　　　　猗嗟名兮여 美目淸兮요
　　　　儀旣成兮하여 終日射侯하되
　　　　不出正兮하니 展我甥兮로다.

　　　　猗嗟孌兮여 淸揚婉兮로다.
　　　　舞則選兮며 射則貫兮며
　　　　四矢反兮니 以禦亂兮로다.

[註解] ○猗(의)-의(猗)와 통하는 탄미사(歎美詞). ○嗟(차)-감탄사. ○昌 (창)-성한 모양(毛傳), 곧 용모가 뛰어난 것. ○頎(기)-키가 헌칠한 것. 기이 장(頎而長)은 기연(頎然)히 헌칠하게 키가 큰 것. ○抑(억)-누르다. ○揚 (양)-들어올리다. ○若(약)-조사. 이 구절은 활을 쏠 때 화살을 겨누는 모 습이다. 《노자(老子)》77장에도 '하늘의 도(道)는 활을 잡아당기는 것과 같

다. 높으면 누르고[抑之] 낮으면 든다[擧之].'고 하였으니 '누르는 것[抑之]과 드는 것[揚之], 곧 억약양(抑若揚)은 화살을 올렸다 내렸다'하며 겨냥하는 것이 분명하다(釋義). ○揚(양)─이마가 넓은 것(鄘風 '君子偕老' 시에 나왔음). ○趨(추)─빠른 걸음으로 움직이는 것(孔疏). ○蹌(창)─교추(巧趨)하는 모양(毛傳). 이 구절도 활을 쏠 때의 잽싼 동작을 말한 것이다. ○射(사)─활쏘기. ○臧(장)─선(善)과 통하여, 잘하는 것(鄭箋). ○名(명)─창성의 뜻. 이 시의 각 절 첫 구는 모두 용모의 성대함을 서술한 것이다(通釋). ○儀(의)─사의(射儀). 활쏘기를 할 때에는 일정한 의식이 있었다. ○成(성)─비(備)의 뜻으로(鄭箋), 사의(射儀)가 다 갖추어진 것. ○射(석)─맞히다. ○侯(후)─천이나 가죽을 쳐서 만든 과녁. ○正(정)─후(侯) 가운데의 까만 표적(標的)(孔疏). ○展(전)─진실로. ○我甥(아생)─우리 임금의 생질. 노나라 장공(莊公)은 환공과 문강 사이에 난 아들이므로 양공의 생질뻘이다. 이 시는 장공을 기린 것이다. ○孌(연)─예쁜 것. 장호(壯好)한 모양(毛傳). ○淸(청)─눈이 청명한 것. ○揚(양)─이마가 넓은 것(鄘風 '君子偕老' 시 참조). ○選(선)─가지런하다는 뜻(毛傳)으로, 여기서는 춤과 음악의 가락이 잘 맞는 것(孔疏). 여기의 춤은 활을 쏘는 사람이 활과 화살을 들고 추는 홍무(興舞)로서 사의(射儀)의 하나(王引之《周禮述聞》). ○貫(관)─과녁을 뚫는 것(孔疏), 표적에 들어맞는 것(毛傳). ○四矢(사시)─한 벌의 화살(毛傳). 활쏘기 할 때면 승시(乘矢)라 하여 네 대의 화살을 한 벌로 하여 한꺼번에 쏘았다. ○反(반)─반복의 뜻(鄭箋)으로, 네 대의 쏜 화살이 거듭하여 똑같은 표적에 들어맞는 것. ○禦亂(어란)─사방의 어지러움을 막는 것. 사의에서 네 대의 화살을 한 벌로 하여 한꺼번에 쏘는 것은 사방을 지킨다는 뜻을 지녔다 한다(鄭箋).

解說 이 시는 제나라 사람들이 노나라 장공(莊公)의 뛰어난 용모와 사술(射術)을 찬양한 것이다. 장공은 환공과 문강의 사이에서 난 아들인데 제나라 양공의 아들이라는 소문도 있었던 듯하다. 그래서 〈모시서〉에서는 노나라 장공이 이처럼 훌륭한 위의와 사술을 지니고 있으면서도 예(禮)로써 어머니의 음행을 막지 못하여 자식의 도를 잃은 것을 풍자한 것이라 하였다. 그러나 시를 통해 볼 때 별로 풍자의 기미는 느껴지지 않는다.

제9 위풍(魏風)

《좌전(左傳)》 양공(襄公) 29년에 '숙후(叔侯, 晋나라)가 말하기를 우(虞)·곡(虢)·초(焦)·활(滑)·곽(霍)·양(揚)·한(韓)·위(魏)는 모두 희성(姬姓)이라고 하였다'는 기사가 있다. 이로써 위(魏)나라는 주실(周室)과 같은 희성의 나라임을 알겠다. 위나라는 주초(周初)에 시작된 듯하나 처음에 누구를 봉(封)하였고 어떻게 대가 이어졌는지 알 수가 없다.

그 땅은 남쪽은 하곡(河曲 : 黃河가 山西省 永濟縣에서 동쪽으로 구부러져 芮城縣으로 들어가는 근방)으로부터 북쪽은 분수(汾水)에 이르는 청(淸)나라 해주(解州) 땅과 비슷하였다. 노(魯)나라 민공(閔公) 2년(周惠王 17년 : B.C. 660)에 진(晋)나라 헌공(獻公)이 위나라를 쳐부수고 대부 필만(畢萬)의 채읍(采邑)으로 삼아 위나라는 망해 버렸다. 그 뒤 필만의 후손이 한(韓)나라·조(趙)나라와 진(晋)나라를 셋으로 쪼개어 그 중 하나를 다시 위나라라 하였는데, 이것은 바로 칠웅(七雄) 중의 위(魏. 戰國)이며 이곳에 나오는 위나라가 아니다.

주희는 《집전(集傳)》에서 소식(蘇軾)의 말을 인용하여 '위나라 땅은 오랫동안 진(晋)나라에 합쳐 있어, 위풍의 시들은 모두 진나라 작품인 것 같다. 그래서 당풍(唐風)의 앞에 놓였으니, 패풍(邶風)과 용풍(鄘風)이 위풍(衛風) 앞에 놓인 거나 마찬가지다'라고 하였다. 그리고 다시 '시 가운데 공행(公行)·공로(公路)·공족(公族)은 모두가 진관(晋官)이니 실은 모두 진시(晋詩)인 듯하나, 위나라에도 이런 벼슬이 있었는지 알 수 없는 일이다'라고 하였다.

그러나 위시(魏詩)엔 원노(怨怒)의 노래가 많으니 정치가 어지럽고 나라가 위태롭던 때의 작품인 듯하다. 필만이 이곳에 봉해진 때(閔公 2년 : B.C. 660)부터 계찰(季札)이 관악(觀樂)한 사이(魯 襄公 29년 : B.C. 544. 國風의 시들은 이보다 뒤에 나온 작품은 없다) 백여 년 동안에는 이러한 현상이 없었다고 보아야 할 것이다. 정현(鄭玄)의 《시보(詩譜)》에는 위풍을 주나라 평왕(平王 : B.C. 770~720 재위)과 환왕(桓王 : B.C. 719~697 재위) 때의 작품, 곧 희성(姬姓)의 위나라 시라 하였는데 근리(近理)한 설이다(釋義).

1. 칡신(葛屨)

엉성한 칡신으로 서리 땅이라도 밟겠네.
갓 시집온 고운 손으로 바지라도 깁게 하겠네.
바지 허리 달고 저고리 깃 달아 좋은 님 입으셨네.

좋은 님은 점잖아 공손히 왼편으로 비켜 다니며
상아 족집게 차셨네.
다만 마음이 급하고 편협하여 풍자를 하게 되네.

原文　糾糾葛屨여 可以履霜이로다.
　　　掺掺女手여 可以縫裳이로다.
　　　要之襋之하여 好人服之로다.

　　　好人提提하여 宛然左辟하나니
　　　佩其象揥로다.
　　　維是褊心이니 是以爲刺하노라.

註解　ㅇ糾糾(규규)—동여맨 모양(毛傳), 엉성히 얽어놓은 모양(孔疏). ㅇ葛屨(갈구)—칡 껍질로 엮어 만든 신. ㅇ履霜(이상)—서리 온 땅을 밟고 다니는 것. 여름에 신는 칡신을 겨울에 신게 한다는 것은 위(魏)나라 사람들의 편협한 행동을 말함. ㅇ掺掺(섬섬)—섬섬(纖纖)과 같은 말로(毛傳), 곱고 가는 모양(孔疏). ㅇ女手(여수)—시집와 석 달도 안된 여자의 손. 옛날에는 시집가 석 달이 되어야 묘당(廟堂)에 인사드리고 바느질 같은 여공(女工)을 하였다(集傳). ㅇ裳(상)—치마. 여기서는 남자의 하의. ㅇ要(요)—요(褄)와 통하여 '바지허리'

(孔疏). ○襋(극)—저고리의 깃(孔疏). ○好人(호인)—좋은 님. 남편을 가리킨다. ○提提(제제)—안서(安舒)한 모양(集傳). 행동이 점잖게 뵈는 것(通釋). ○宛然(완연)—사양하는 모양(集傳), 곧 공손한 것. ○辟(피)—피(避)와 통하여 '좌피(左辟)'는 길에서 만나면 공손히 왼편으로 비켜 서는 것(集傳). ○佩(패)—허리에 차는 것. ○象揥(상체)—상아로 만든 족집게. 용풍(鄘風) '군자해로' 시에서는 귀부인의 머리장식의 일종으로 나왔으나 여기에서는 남자가 허리에 차는 장식이라 한다(成僎의 《詩說考略》). ○褊心(변심)—마음이 급하고 좁은 것(鄭箋), 곧 성급하고 편협한 것. ○刺(자)—풍자의 뜻. '시이위자(是以爲刺)'는 이 시를 지은 목적을 말하는 것이다.

解說 〈모시서〉에 ' '갈구(葛屨)' 시는 마음이 조급하고 좁은 것을 풍자한 것이다. 위(魏)나라는 땅이 비좁아 백성들은 잔꾀가 많고 이(利)를 탐하고 임금은 검소하나 인색하고 마음이 조급하고 좁아서 덕으로 다스리지 못하였다'고 했다. 이 시는 주석서(註釋書)마다 거의 해설이 모두 다르고 이해하기도 어려운 내용의 시이다. 그러나 이 시는 임금보다도 대부를 여자가 풍자한 것이라 봄이 좋을 것이다.

2. 분수 가의 진펄(汾沮洳)

분수 가의 진펄에서 나물을 캐네.
우리 님은 아름답기는 하나 도량이 없네.
아름다우면서도 도량이 없으니 임금님 수레 맡은 대부답지 않으시네.

분수 한쪽 가에서 뽕을 따네.
우리 님은 아름답기 꽃 같네.
아름답기 꽃 같다지만 임금님 병거(兵車) 맡은 대부답지 않으시네.

분수 한 모퉁이에서 쇠귀나물을 뜯네.
우리 님은 아름답기 옥과 같네.
아름답기 옥과 같다지만 임금님 집안 맡은 대부답지 않으시네.

原文　彼汾沮洳에 言采其莫로다.

彼其之子여 美無度로다.

美無度니 殊異乎公路로다.

彼汾一方에 言采其桑이로다.

彼其之子여 美如英이로다.

美如英이나 殊異乎公行이로다.

彼汾一曲에 言采其藚이로다.

彼其之子여 美如玉이로다.

美如玉이나 殊異乎公族이로다.

註解　○汾(분)─강 이름. 지금의 산서성 영무현(寧武縣) 서남쪽 관잠산(管涔山)에서 시작하여 서남쪽으로 정낙현(靜樂縣)·옛 태원부(太原府)·분주(汾州)·곽주(霍州)·평양(平陽)·강주(絳州) 등 여러 부(府)와 주(州)의 경계(境界)를 거쳐 형하현(滎河縣) 북쪽에서 황하(黃河)로 들어간다(釋義). ○沮洳(저여)─물이 들어와 낮고 습한 땅(集傳), 곧 진펄. ○言(언)─기(其)와 함께 조사. ○莫(모)─나물. 《모전(毛傳)》엔 그저 채(菜)라고만 하였는데 《집전(集傳)》에는 '버드나무처럼 잎새가 두껍고 길며 털이 달렸고 국을 끓여 먹을 수 있는 나물'이라 하였으니, 고유명사인 듯하다. ○之子(지자)─시자(是子)로(鄭箋) '우리 님', 곧 대부를 가리킨다. ○度(도)─도량(度量), 기량(器量). 《모전》이나 《집전》에선 뒤의 '미여영(美如英)'이나 미여옥(美如玉)과 말씨를 맞추려고, '미무도(美無度)'를 '잴 수 없을 만큼 아름답다'는 뜻으로 보았다. ○殊異(수이)─특이하다, '……답지 않다'는 뜻. ○公路(공로)─제후의 노거(路車)를 관장하는 관리로 거수(居守)를 위주로 하여 대부들이 맡았다(釋義). ○一方(일방)─한편, 한쪽. ○英(영)─꽃. 화(華)의 뜻(集傳). ○公行(공행)─공로(公路)와 비슷한 관리로서 제후의 병거를 관장하였으며 종행(從行)을 위주로 하여 대부들이 맡았다(釋義). ○曲(곡)─물이 굽이쳐 흐르는 곳(集傳). ○藚(속)─쇠귀나물. 수석(水舄)·우순(牛脣)이라고도 하며(毛傳), 마디풀로 된 식물(孔疏). ○公族(공족)─제후의 종족들을 관장하는 관리. 역시 대부들이 임명되었다(釋義).

解說 〈모시서〉에서는 '검소한 것을 풍자한 시'라고 보았는데, 역시 앞의 '갈구(葛屨)' 시와 마찬가지로 위나라 대부들의 '미무도(美無度)', 곧 겉은 멋지고 아름답지만 속에는 아무런 도량(度量)도 없음을 풍자한 것이라 봄이 좋을 것이다. 이들 대부는 이처럼 도량이 없는데도 공로(公路)나 공행(公行)·공족(公族) 같은 높은 벼슬을 하고 있다. 그러나 이런 관리들은 외양은 좀 초라하더라도 도량이 있어야만 한다는 내용이다.

3. 동산의 복숭아나무(園有桃)

동산의 복숭아나무 있어 그 열매 따먹네.
마음에 시름 있으니 노래나 실컷 불러 볼까.
나를 모르는 사람들은 내게 당신은 교만하다면서,
그분은 곧으신 분인데 당신은 왜 그러느냐네.
마음의 시름을 그 누가 알아주리?
그 누가 알아주리, 생각을 말야야지.

동산의 대추나무 있어 그 열매 따먹네.
마음에 시름 있으니 바람이나 쏘여 볼까.
나를 모르는 사람들은 내게 당신이 옳지 못하다면서,
그분은 곧으신 분인데 당신은 왜 그러느냐네.
마음의 시름을 그 누가 알아주리?
그 누가 알아주리, 생각을 말아야지.

原文 園有桃하니 其實之殽로다.
　　　心之憂矣니 我歌且謠로다.
　　　不知我者는 謂我士也驕로다.
　　　'彼人是哉니 子曰何其오?' 하나니
　　　心之憂矣를 其誰知之리요?

其誰知之리요 蓋亦勿思로다.

園有棘하니 其實之食이로다.
心之憂矣니 聊以行國이로다.
不知我者는 謂我士也罔極이로다.
‘彼人是哉는 子曰何其오?’ 하나니
心之憂矣를 其誰知之리요?
其誰知之리요 蓋亦勿思로다.

註解　○其實(기실)―복숭아.　○殽(효)―먹는 것(集傳). 효(肴)와도 통한다. ○歌且謠(가차요)―가요로 노래하는 것. 시름을 풀기 위해 노래라도 불러 볼까의 뜻. 《모전(毛傳)》엔 반주에 맞추어 노래하는 것을 가(歌), 거저 목소리로만 노래하는 것을 요(謠)라 한다고 했다. ○士也驕(사야교)―‘부지아자(不知我者)’가 하는 말로, 사(士)는 바로 아(我)를 가리켜 하는 말로 ‘당신’ 정도의 뜻. 교(驕)는 교만한 것. ○彼人(피인)―임금을 가리키는 말(鄭箋). 피인시제(彼人是哉)는 임금은 잘못하는 일이 없다는 뜻. ○子(자)―그대. ○其(기)―조사.　○曰何其(왈하기)―‘어째서, 그런 말을 하는가’의 뜻. 곧 이 구절은 앞의 ‘부지아자(不知我者)’가 임금은 잘못하는 일도 없는데 어째서 당신은 불평하고 근심하는가의 뜻. ○蓋(개)―발어사. ○勿思(물사)―생각을 말자, 근심을 말자는 뜻. ○棘(극)―대추 비슷한 야생 관목으로, 대추보다 작은 열매가 열리는 나무. 패풍(邶風) ‘개풍(凱風)’ 시에도 나왔음. ○聊(요)―또한·잠시·차(且)의 뜻. ○行國(행국)―나라 안을 돌아다니는 것(集傳). 옛날에는 도성(都城)도 국(國)이라 하였으니 ‘바람을 쐬는 것’ 정도로 이해하여도 된다. ○罔極(망극)―‘무량(無良)’, 곧 ‘좋지 못한 것’의 뜻. 위풍(衛風) ‘맹(氓)’ 시 참조(釋義).

解說　〈모시서〉에도 이 시는 ‘시국을 풍자한 것이다’라고 하였다. 정치가 제대로 안됨을 걱정하는 어진 사람이 자기의 불우함을 노래한 것이다. 그러나 여기의 ‘피인(彼人)’을 임금이 아니고 남자가 사랑하던 여자로 보아도 좋을 듯하다. 그렇다면 이 시는 애인과 갈등이 생긴 남자의 노래가 된다.

4. 민둥산에 올라(陟岵)

민둥산에 올라 아버지 계신 곳 바라보노라니
아버님 말씀 떠오르네.
‘아아, 내 아들 전장에 나가 밤낮으로 쉴새도 없을 테지.
부디 조심하였다가 지체 없이 돌아오너라.’

푸른 산에 올라 어머니 계신 곳 바라보노라니
어머님 말씀 떠오르네.
‘아아, 내 막둥이 전장에 나가 밤낮으로 잠잘 틈도 없을 테지.
부디 조심하였다가 우릴 버리지 말고 돌아오너라.’

산마루에 올라 형님 계신 곳 바라보노라니
형님 말씀 떠오르네.
‘아아, 내 아우 전장에 나가 밤낮으로 여럿이 고생하고 있을 테지.
부디 조심하였다가 죽지 말고 돌아오너라.’

|原文| 陟彼岵兮하여 瞻望父兮로다.

　　　　父曰 ;

　　　　‘嗟予子行役하여 夙夜無已로다.

　　　　上愼旃哉하여 猶來無止하라.’

　　　　陟彼屺兮하여 瞻望母兮로다.

　　　　母曰 ;

　　　　‘嗟予季行役하여 夙夜無寐로다.

　　　　上愼旃哉하여 猶來無棄하라.’

　　　　陟彼岡兮하여 瞻望兄兮로다.

　　　　兄曰 ;

'嗟予弟行役하여 夙夜必偕로다.
上愼旃哉하여 猶來無死하라.'

註解 ○陟(척)—오르다. ○岵(호)—민둥산. 초목이 없는 산(毛傳). ○瞻望(첨망)—멀리 바라보는 것. ○父(부)—실제로는 아버지 계신 곳을 말함. ○父曰(부왈)—아버님의 목소리가 들리는 듯하다는 말(集傳). ○嗟(차)—아아. ○行役(행역)—나라의 토목일이나 군사(軍事)로 멀리 끌려나가는 것. ○夙夜(숙야)—이른 새벽부터 밤 늦게까지. 결국은 '밤낮'이나 비슷한 말. ○無已(무이)—부득지식(不得止息)(集傳), 곧 쉬지 못하는 것. ○上(상)—상(尚)과 통하여 '부디'의 뜻(集傳). ○愼(신)—조심하는 것. ○旃(전)—'지언(之焉)'의 소리가 합친 것으로(經典釋詞) 지(之)와 같은 조사. ○無止(무지)—머물러 있지 마라, 곧 우물쭈물 말라는 뜻. ○屺(기)—초목이 있는 산(毛傳). 따라서 '푸른 산'의 뜻. ○季(계)—막둥이. ○無寐(무매)—잠도 못자고 일하는 것. ○無棄(무기)—어머니인 당신을 '저버리지 마라'는 뜻. ○岡(강)—산등성이. ○偕(해)—여러 부역하는 사람과 같이 고생하는 것.

解說 〈모시서〉에 이 시는 효자가 행역(行役)을 나가 부모형제를 생각하는 노래라 하였다. 위나라는 워낙 미약하여 자주 전쟁을 겪었고 큰 나라를 위하여 백성들이 부역하는 일이 많았기 때문에 군사(軍事)로 인한 행역으로 부모형제가 이산(離散)하는 일이 많았다 한다.

5. 십묘의 땅(十畝之間)

십묘 넓이의 땅이지만 뽕따는 이들이 유유히 지내는 곳이니
그대와 더불어 그리 돌아갈까.

십묘의 땅 근처는 뽕따는 이들이 한가히 지내는 곳이니
그대와 더불어 그리 갈까.

原文 十畝之間兮여 桑者閑閑兮니

行與子還兮로다.

十畝之外兮여 桑者泄泄兮니
行與子逝兮로다.

註解 ○十畝之間(십묘지간)—십묘 되는 넓이의 땅 사이. 묘(畝)는 땅 넓이의 단위로서 6척 사방을 보(步 : 우리나라의 坪)라 하고, 100보를 묘(畝)라 하였다. 따라서 10묘는 1천 평(坪) 넓이의 땅. ○桑者(상자)—뽕따는 사람. ○閑閑(한한)—왕래하는 사람들의 자득(自得)한 모양(集傳). ○行(행)—장차. 장(將)의 뜻(集傳). ○子(자)—'그대'. 뜻이 맞는 친구(集傳). ○還(선)—벼슬을 집어치우고 전원(田園)으로 돌아가는 것(集傳). ○外(외)—밖이지만 '근처'의 뜻. ○泄泄(예예)—한한(閑閑)과 비슷한 말로(集傳), 한가로운 모양. ○逝(서)—벼슬을 버리고 그곳 전원으로 가 버릴까 하는 것.

解說 어진 사람이 벼슬을 그만두고 친구와 함께 전원으로 돌아갈 뜻을 노래한 것이 이 시이다. 후세 도연명(陶淵明)의 '귀거래(歸去來)'와 비슷한 시상이라 할 것이다. 〈모시서〉에선 '시국을 풍자한 시'로 보았다. 나라가 점차 어지러워져 백성들은 살 곳이 없어졌다. 그래서 전원으로 돌아가려 한 것이라는 것이다.

6. 박달나무 베어(伐檀)

쾅쾅 박달나무 베어 황하 가에 놓고 보니
황하물 맑게 물놀이 치고 있네.
씨뿌리고 거두지도 않거늘 어째서 수백 호의 전세(田稅) 곡식을 거두어들이며,
짐승 사냥도 않거늘 어째서 그대 집 뜰엔 걸려 있는 담비가 보이는가?
진실한 군자란 일 않고 밥먹지 않는 법인데.

쾅쾅 바퀴살 감 베어 황하 곁에 놓고 보니

황하물 맑고 평평히 흐르네.

씨뿌리고 거두어들이지도 않거늘 어째서 곡식 수억 다발을 거두어
들이며,

짐승 사냥도 않거늘 어째서 그대 집 뜰엔 걸려 있는 큰 짐승이 보
이는가?

진실한 군자란 놀면서 밥먹지 않는 법인데.

쾅쾅 수레바퀴 감 베어 황하 물가에 놓고 보니

황하물 맑게 잔물결 지우고 있네.

씨뿌리고 거두어들이지도 않거늘 어째서 수백 창고의 곡식을 거두
어들이며,

짐승 사냥도 않거늘 어째서 그대 집 뜰엔 걸려 있는 메추리가 보이
는가?

진실한 군자란 하는 일 없이 밥먹지 않는 법인데.

原文 坎坎伐檀兮하여 寘之河之干兮하니
　　　河水淸且漣猗로다.
　　　不稼不穡이어늘 胡取禾三百廛兮며
　　　不狩不獵이어늘 胡瞻爾庭有縣貆兮오?
　　　彼君子兮여 不素餐兮로다.

　　　坎坎伐輻兮하여 寘之河之側兮하니
　　　河水淸且直猗로다.
　　　不稼不穡이어늘 胡取禾三百億兮며
　　　不狩不獵이어늘 胡瞻爾庭有縣特兮오?
　　　彼君子兮여 不素食兮로다.

　　　坎坎伐輪兮하여 寘之河之漘兮하니
　　　河水淸且淪猗로다.
　　　不稼不穡이어늘 胡取禾三百囷兮며

不狩不獵이어늘 胡瞻爾庭有縣鶉兮오?
彼君子兮여 不素飧兮로다.

註解   ㅇ坎坎(감감)—나무를 찍는 소리(毛傳).   ㅇ伐檀(벌단)—박달나무를
베다. 제2절과 3절에선 폭(輻)과 윤(輪) 감을 베는 것으로 보아, 여기서는
수렛감으로 박달나무를 벤 것으로 봄이 좋겠다. ㅇ寘(치)—놓다. 치(置)와 통
하는 글자. ㅇ干(간)—물가. ㅇ漣(연)—바람이 불어 물에 잔물결이 이는 것
(毛傳). ㅇ猗(의)—조사. ㅇ稼穡(가색)—곡식을 씨뿌리고 거두어들이고 하는
것, 곧 농사짓는 것. ㅇ胡(호)—어찌. ㅇ禾(화)—곡식. ㅇ廛(전)—《모전(毛
傳)》엔 일부지거(一夫之居)의 뜻이라 했는데, 《정전(鄭箋)》에서 1부(夫)는 땅
100묘(畝)를 받는데 이것을 1전(廛)이라 한다 했다. 화삼백전(禾三百廛)은 3
백 부(夫)가 받는 땅, 곧 삼백호분(三百戶分)의 땅에 대한 전부(田賦)를 받
아들이는 것을 말한다(釋義). 정현(鄭玄)의 《주역(周易)》 송괘(訟卦) 92 효
사(爻辭) 주(注)에도 ‘하대부채지방일성(下大夫采地方一成), 기세삼백가(其
稅三百家)’라 했다. 여기에서 ‘3백’은 정수가 아니라 많은 것을 형용하는 숫
자이다. ㅇ狩(수)—사냥하다. ㅇ獵(렵)—사냥. 엄격히 따지면 겨울 사냥을 수
(狩), 밤에 하는 사냥을 렵(獵)이라 하는데(鄭箋), 수렵(狩獵)을 그대로 ‘사냥’
이라 봄이 좋다. ㅇ爾(이)—너. 탐욕(貪慾)한 관리를 가리킴. ㅇ縣(현)—매달다.
현(懸)과 통함. ㅇ貆(원)—담비. 동물 이름. ㅇ君子(군자)—정말 덕이 있고 높
은 지위에 있는 사람. ㅇ素餐(소찬)—아무런 하는 일 없이 밥먹고 지내는 것.
ㅇ輻(폭)—수레바퀴 살. 여기서는 바퀴살을 만들 재목(材木)으로, 벌폭(伐輻)은
앞의 벌단(伐檀)과 실제로는 같은 말임. ㅇ直(직)—직파(直波)(毛傳) 또는 직
류(直流)(釋義)의 뜻으로 흔히 보는데, 물이 평평하면 흐르는 물이 곧게 보
인다고 한 엄찬(嚴粲)의 설을 취한다(詩緝). ㅇ億(억)—만만(萬萬)으로(毛
傳), 여기서는 곡식을 묶은 다발 수를 말한다(鄭箋). ㅇ特(특)—세살 된 짐승
으로(毛傳), 결국은 다 자란 큰 짐승의 뜻. ㅇ輪(륜)—여기서는 ‘바퀴 감’의
뜻. ㅇ漘(순)—물가. ㅇ淪(륜)—바람에 물이 작은 무늬를 이루어 구르는 것
같은 것(毛傳). ㅇ囷(균)—방형으로 지은 창고를 ‘창(倉)’, 둥글게 지은 창고
를 ‘균(囷)’이라 한다. ㅇ鶉(순)—메추리. ㅇ素飧(소손)—앞의 소찬(素餐), 소
식(素食)과 같은 말.

解說   〈모시서〉에 ‘ ‘벌단(伐檀)’은 탐함을 풍자한 것’이라 하였다. 그러

나 시를 풀이함에 있어 옛날에는 각 절 앞의 박달나무를 베어다 황하 가에 놓는다는 것은 유능한 인재를 등용치 않음을 풍자한 것이라 하고, 또 수레를 만들려고 박달나무를 베는 것은 뒤에 보이는 '군자'라 하였다. 그러나 앞의 세 구는 '흥(興)'으로서 그토록 직접적인 비유를 하고 있는 것은 아니다.

박달나무를 베고 있는 것은 이 노래를 지은 시인이거나 그와 비슷한 백성들인 것이다. 박달나무를 베어 짊어지고 오다 황하 가에 내려놓고 바라보니 강물은 맑기만 하더라. 그런데 우리나라는 이 강물처럼 맑지 못하고 어째서 탐욕한 소인들이 많은 것일까? 이 탐욕한 소인들은 농사도 안 짓고 사냥도 않는데도 그들 집에는 언제나 산더미 같은 곡식과 많은 짐승들이 있다. 이러니 나라꼴이 제대로 될 게 무언가.

진정한 벼슬하는 군자라면 하는 일 없이 녹(祿)만 먹어서는 안되는 것이라는 게 이 시의 대의(大意)인 것이다. 뒤의 '석서(碩鼠)' 시와 아울러 볼 때 극도로 어지러웠던 위(魏)나라의 실정이 눈에 보이는 듯하다.

7. 큰 쥐(碩鼠)

큰 쥐야 큰 쥐야 우리 기장 먹지 마라.
삼년 너를 섬겼건만 날 아니 돌보긴가.
이제란 너를 떠나 저 즐거운 땅으로 가련다.
즐거운 땅 즐거운 땅, 거기 가면 내 편히 살리라.

큰 쥐야 큰 쥐야 우리 보리 먹지 마라.
삼년 너를 섬겼건만 날 아니 봐주긴가.
이제란 너를 떠나 저 즐거운 나라로 가련다.
즐거운 나라 즐거운 나라, 거기 가면 내 곧게 살리라.

큰 쥐야 큰 쥐야 우리 곡식 먹지 마라.
삼년 너를 섬겼거늘 날 아니 위해 주나.

이제란 너를 떠나 저 즐거운 들로 가련다.
즐거운 들 즐거운 들, 거기엔 긴 한숨 없으리라.

原文　碩鼠碩鼠여 無食我黍어다.
　　　三歲貫女어늘 莫我肯顧로다.
　　　逝將去女하여 適彼樂土하리라.
　　　樂土樂土여 爰得我所로다.

　　　碩鼠碩鼠여 無食我麥이어다.
　　　三歲貫女어늘 莫我肯德이로다.
　　　逝將去女하여 適彼樂國하리라.
　　　樂國樂國이여 爰得我直이로다.

　　　碩鼠碩鼠여 無食我苗어다.
　　　三歲貫女어늘 莫我肯勞로다.
　　　逝將去女하여 適彼樂郊하리라.
　　　樂郊樂郊여 誰之永號리요!

註解　ㅇ碩鼠(석서)―《공소(孔疏)》에 의하면 들에 있는 큰 쥐의 일종으로, 가렴주구(苛斂誅求)하는 관리에 비유한 것. ㅇ黍(서)―기장. ㅇ三歲(삼세)―여러 해의 뜻. 삼(三)은 정수가 아니다. ㅇ貫(관)―여기서는 섬긴다[事·仕]는 뜻(毛傳). 관(慣)과 통하여 익혔다[習]는 뜻으로 보아도 좋다(集傳). ㅇ女(여)―너. 그대. ㅇ顧(고)―생각해 주는 것(集傳). ㅇ逝(서)―발어사(經傳釋詞). ㅇ去女(거녀)―'네가 있는 곳을 떠나'의 뜻. ㅇ適(적)―가다. ㅇ樂土(낙토)―즐거운 땅. 살기 좋은 땅. ㅇ得我所(득아소)―'득안신지소(得安身之所)', 곧 내 몸을 편히 할 곳을 얻는다는 뜻(釋義). ㅇ肯德(긍덕)―덕혜(德惠)를 베풀려 하는 것. ㅇ得我直(득아직)―나의 곧은 삶을 얻는다. 곧 올바르게 살게 된다는 뜻. ㅇ苗(묘)―곡식 싹. ㅇ勞(로)―노래(勞來) 또는 위로(慰勞)의 뜻. ㅇ郊(교)―도성의 밖, 곧 교외. ㅇ樂郊(낙교)―낙토(樂土)·낙국(樂國)과 같은 말이다. ㅇ之(지)―기(其)와 같은 뜻으로 통하여(通釋), 수지(誰之)는 수기(誰其). ㅇ永(영)―장(長)의 뜻. ㅇ號(호)―호호(號呼), 곧 아파서 울부짖

는 것.

解說 〈모시서〉에도 '석서(碩鼠)는 강제로 거두어들임을 풍자한 것이다'
라고 하였다. 여기의 큰 쥐는 가렴주구(苛斂誅求)하는 위정자에게 비유한
것이다. 위나라의 위정자들은 백성들을 착취(搾取)하기만 했지 백성들을
전혀 위하지 않았다. 그러기에 백성들은 그토록 살기 힘든 위나라를 떠나
어디엔가 있을 살기 좋은 낙토(樂土)를 찾아가고 싶다는 것이다. 낙토는
실제로 이 세상에 없었는지도 모른다.

　그러나 고된 착취 밑에 신음하는 백성들의 머릿속에는 있을지도 모를
즐거운 이상향이 아물거리는 것이다. 앞의 '벌단(伐檀)' 시에서 본, 놀면
서도 산더미 같은 곡식과 많은 짐승을 거두어들이는 탐욕한 관리들이 많
은 이상 백성들은 이처럼 도탄(塗炭)에 빠지지 않을 수가 없을 것이다.

제 10 당풍(唐風)

《좌전(左傳)》과 《사기(史記)》의 기록에 의하면 주나라 성왕(成王 :
B.C. 1115~1079 재위)이 그의 아우 숙우(叔虞)를 당(唐)에 봉하였다
한다. 당나라는 지금의 산서성(山西省) 태원(太原) 일대(太行山·恆山의
서쪽 太原·太岳 평야 일대)에 걸쳐 있었으며 진양(晋陽 : 지금의 산서성
태원)에 도읍하였다. 《사기》 진세가(晋世家)에 보면 '당숙자섭(唐叔子燮)
이 진후(晋侯)가 되었다'는 기록이 있어, 후인들은 이를 근거로 당을 진
(晋)이라 고쳐 부르게 되었다.

　그러나 마서진(馬瑞辰) 같은 이는 《국어(國語)》와 《여씨춘추(呂氏春
秋)》의 기록을 근거로 숙우 때부터 당을 진이라 부르기도 하였다고 주장
하였다(《通釋》). 그 뒤로 무후(武侯)를 거쳐 성후(成侯) 때엔 곡옥(曲
沃 : 지금의 산서성 聞喜縣)으로 도읍을 옮겼고, 다시 여공(厲公)·정후
(靖侯)·이후(釐侯)·헌후(獻侯)로 이어져 오다가 다음 목후(穆侯) 때

엔 도읍을 강(絳 : 지금의 산서성 絳縣)으로 옮겼고, 다시 상숙(殤叔)·문후(文侯)를 거쳐 소후(昭侯) 때엔 익(翼 : 지금의 산서성 翼城縣 동남쪽)으로 천도(遷都)했다.

그리고 소후는 그의 아버지 문후의 동생 성사(成師)를 곡옥에 봉하여 환숙(桓叔)이라 불렀다. 그 뒤로 효후(孝侯)·악후(鄂侯)·애후(哀侯)로 대가 이어지는데 환숙의 손자인 무공(武公)이 애후의 아우 진후(晉侯) 민(緡)을 쳐부수고 진나라를 병탄(倂呑)하였다. 그 다음이 헌공(獻公)인데 그는 앞에 나온 위나라를 병합시켰으며 진나라의 세력은 이후로 더욱 세어졌다. 당풍은 실은 이러한 진나라의 시인 것이다.

1. 귀뚜라미(蟋蟀)

귀뚜라미 집에 드니, 이 해도 저무는구나.
지금 우리 못 즐기면 세월은 덧없이 흘러가리.
다만 지나치게 즐기지만 말고, 언제나 집안일도 생각해야지.
즐김은 좋아하되 지나치지 않도록 훌륭한 선비는 조심하지.

귀뚜라미 집에 드니, 이 해도 다 가누나.
지금 우리 못 즐기면 세월은 덧없이 가 버리리.
다만 지나치게 즐기지만 말고, 언제나 밖의 일도 생각해야지.
즐김은 좋아하되 지나치지 않도록 훌륭한 선비는 정신차리지.

귀뚜라미 집에 드니, 짐수레도 일 없어지누나.
지금 우리 못 즐기면 세월은 덧없이 지나가리.
다만 지나치게 즐기지만 말고, 언제나 걱정도 생각해야지.
즐김은 좋아하되 지나치지 않도록 훌륭한 선비는 편안히 즐기지.

　　　原文　蟋蟀在堂하니 歲聿其莫로다.
　　　　　 今我不樂이면 日月其除리라.

無已大康하고 職思其居하라.

好樂無荒히 良士瞿瞿니라.

蟋蟀在堂하니 歲聿其逝로다.

今我不樂이면 日月其邁리라.

無已大康하고 職思其外하라.

好樂無荒히 良士蹶蹶니라.

蟋蟀在堂하니 役車其休로다.

今我不樂이면 日月其慆리라.

無已大康하고 職思其憂하라.

好樂無荒히 良士休休니라.

註解　o蟋蟀(실솔)―귀뚜라미.　o在堂(재당)―방문 가까이 문 밖에 있는 것(孔疏). 빈풍(豳風) '칠월(七月)' 시에 '십월실솔입아상하(十月蟋蟀入我牀下)'라 하였으므로, 《모전(毛傳)》에 '재당(在堂)'은 음력 9월이라 하였다.　o歲(세)―'이 해'의 뜻.　o聿(율)―조사.　o莫(모)―저물다.　o日月(일월)―세월의 뜻. o除(제)―가다. 거(去)의 뜻(毛傳).　o已(이)―옛날에는 이(以)자와 통하여 용(用)의 뜻(經詞衍釋).　o大(대)―태(太)와 통하여 '너무나'의 뜻.　o康(강)― 낙(樂)과 뜻이 통함. 즐기는 것.　o職(직)―《이아(爾雅)》 석고(釋詁)에 '직(職)은 상(常)의 뜻'이라 하였다. 상(常)은 '언제나'.　o居(거)―살고 있는 곳의 일, 곧 집안일을 말한다.　o荒(황)―지나치게 즐기는 것.　o良士(양사)―훌륭한 사람.　o瞿(구)―구(懼)와도 통하여, '구구(瞿瞿)'는 너무 즐기다 본분에 어긋남이 없을까 '조심하는 모양.　o逝(서)―가다.　o邁(매)―지나가다.　o其外 (기외)―집 밖의 일(釋義), 곧 남을 위한 일이나 나랏일.　o蹶蹶(궤궤)―놀라 일어나는 모양. 《예기(禮記)》에도 '자하(子夏)가 궤연(蹶然)히 일어났다'는 말이 있다(釋義). 여기서는 놀라 일어나듯 정신 바짝 차리는 것.　o役車(역거)―백성들이 짐을 실어 나르는 데 쓰는 수레. 곡식을 거두어들일 때에도 이 수레를 썼다(孔疏).　o休(휴)―쉬게 되는 것. 일이 없어지는 것. 역거기휴(役車其休)는 따라서 농사일이 끝나 한가해진 것을 말한다.　o慆(도)―지나다. 과(過)의 뜻(毛傳).　o思其憂(사기우)―근심스런 일이 닥칠 것을 생각하여 조심하는 것. ㅇ休休(휴휴)―도(道)를 즐기는 마음(毛傳), 편안하고 여유있는 모양(集傳).

解說 당나라의 풍속은 부지런하고 검소하여 백성들은 1년 내내 조금도 쉬지 않고 부지런히 일한다. 세모(歲暮)의 한가한 때가 되어야 서로 음식을 차려놓고 술마시며 즐겼다. 이때 일이 끝났음을 기뻐하여 너무나 지나치게 본분에 어긋나도록 즐겨서는 안된다고 경계하는 뜻을 노래한 것이 이 시이다(集傳). 〈모시서〉에서는 진(晉)나라 희공(僖公)을 풍자한 것이라 하였다.

2. 산에는 스무나무(山有樞)

산에는 스무나무 있고 진펄엔 느릅나무 있네.
그대는 옷을 두고도 걸치지도 끌지도 않고,
그대 수레와 말을 두고도 타지도 달리지도 않지만,
만약 그대 죽어 버리면 딴 사람 좋은 일만 되리.

산에는 복나무 있고 진펄엔 박달나무 있네.
그대는 집을 두고도 물뿌리고 쓸지 않고,
그대는 종과 북을 두고도 치지도 두드리지도 않지만,
만약 그대 죽어 버리면 딴 사람이 모두 차지하리.

산에는 옻나무 있고 진펄에는 밤나무 있네.
그대는 술과 음식이 있는데 어이 날마다 슬을 타고
재미있게 즐기며 날을 보내지 않는가?
만약 그대 죽어 버리면 딴 사람이 그대 집 차지하리.

原文 山有樞며 隰有楡로다.
子有衣裳이로되 弗曳弗婁하며
子有車馬로되 弗馳弗驅로다.

宛其死矣면 他人是愉리라.

山有栲며 隰有杻로다.
子有廷内하되 弗洒弗埽하며
子有鐘鼓하되 弗鼓弗考로다.
宛其死矣면 他人是保리라.

山有漆하며 隰有栗이로다.
子有酒食하되 何不日鼓瑟하며
且以喜樂하여 且以永日고?
宛其死矣면 他人入室하리라.

[註解] ○樞(추)−스무나무.《모전(毛傳)》엔 치(荎)라 하였으나,《공소(孔疏)》에 '자유(刺楡)'라 하였다. 자유는 느릅나뭇과의 낙엽교목으로 '스무나무'. ○隰(습)−진펄. ○楡(유)−느릅나무. ○曳(예)−옛날 옷은 길어서 입고 다니면 땅에 끌렸다(孔疏). ○婁(루)−끌다. 예(曳)의 뜻(毛傳). ○馳(치)−달리다. ○驅(구)−수레나 말을 모는 것. ○宛(완)−약(若)과 같은 뜻. 만약(經詞衍釋). ○愉(유)−기쁘게 해 줄 따름이라는 뜻. ○栲(고)−산저(山樗)로서(毛傳), 가죽나무와 비슷하면서도 빛이 좀 흰 복나무(孔疏). ○杻(뉴)−《모전(毛傳)》엔 억(檍), 곧 박달나무라 했다. ○廷(정)−정(庭)과 통하여, 정내(廷內)는 정중(庭中), 곧 '집안'을 가리킨다. ○洒(쇄)−쇄(灑)와 같은 자. 물뿌리다. ○埽(소)−쓸다. 소(掃)의 본자. ○鐘(종)−악기인 종. ○鼓(고)−북. 두드리다. ○考(고)−치다. ○保(보)−보유의 뜻(孔疏), 곧 가져 버리는 것. ○漆(칠)−옻나무. ○栗(율)−밤나무. ○瑟(슬)−현악기의 일종(周南 '關雎' 시 참조). 고슬(鼓瑟)은 슬(瑟)을 타는 것. ○喜樂(희락)−재미있게 즐기는 것. ○永(영)−종(終)과도 통하여 영일(永日)은 종일(終日)의 뜻(釋義). ○入室(입실)−방으로 들어가는 것인데, 이것은 온 집안을 몽땅 차지해 버리는 것을 뜻한다.

[解說] 검약(儉約)이나 하다 제때에 즐기지 못하고 보면, 죽을 때에는 후회나 하게 될 거라는 내용이다. 대부들이 친구에게 급시행락(及時行樂)하라는 뜻으로 노래부른 것이라 봄이 좋을 것이다(集傳). 거마(車馬)나 종

고(鐘鼓) · 슬(瑟)은 서민들이 가질 물건은 못되기 때문이다. 〈모시서〉에서는 이것도 진나라 소공(昭公)을 풍자한 것이라 했다.

3. 잔잔한 물결(揚之水)

잔잔한 물결 속에 흰 돌이 깨끗하네.
흰 옷에 붉은 수놓은 깃 달아 곡옥(曲沃)으로 가 님께 바치리.
우리 님을 뵈옴은 정말 즐거운 일.

잔잔한 물결 속에 흰 돌이 새하얗네.
흰 옷에 수놓은 붉은 깃 달아 곡(鵠)땅으로 가 님께 바치리.
우리 님 뵙는다면 아무런 걱정도 없어지리.

잔잔한 물결 속에 흰 돌이 빛나네.
나는 명령 내리셨음 알고 있으나 감히 남에게 고하지는 못하네.

原文　揚之水여 白石鑿鑿이로다.

素衣朱襮으로 從子于沃하리라.

旣見君子하니 云何不樂이리요?

揚之水여 白石皓皓로다.

素衣朱繡로 從子于鵠하리라.

旣見君子하니 云何其憂리요?

揚之水여 白石粼粼이로다.

我聞有命이나 不敢以告人이로다.

註解　ㅇ揚之水(양지수)—왕풍(王風)과 정풍(鄭風)에도 이미 나왔다. 흔히 격양된 물이라 보지만, 여기서는 유양(悠揚)한 물, 잔잔한 물이라 보았다. ㅇ鑿鑿(착착)—선명한 모양(毛傳). ㅇ素衣(소의)—흰 옷. ㅇ朱襮(주박)—붉은 수를 놓은 깃을 단 것. 소의주박(素衣朱襮)은 제후의 옷(毛傳). ㅇ沃(옥)—곡옥

(曲沃 : 지금의 山西省 聞喜縣). 여기서는 자(子)는 환숙(桓叔)을 가리키며 (孔疏), 이 구절은 제후의 옷을 만들어 가지고 곡옥으로 가서 환숙에게 바치고 그를 따르겠다는 뜻임. ○旣見君子(기견군자)―곡옥에 가서 환숙을 만난 것. ○云(운)―조사. 운하(云何)는 여하(如何)와 비슷한 뜻(주남 '卷耳' 시 참조). ○皓皓(호호)―결백한 것(毛傳). ○朱繡(주수)―주박이나 마찬가지로 옷깃에 붉은 수를 놓은 것(集傳). ○鵠(곡)―곡옥의 고을 이름(毛傳). ○云何其憂(운하기우)―어째서 근심이 있겠느냐, 곧 아무런 걱정도 없게 될 것이라는 뜻. ○粼粼(인린)―물이 맑아 돌이 보이는 모양(集傳). ○命(명)―명령·정명(政命)으로 환숙이 진나라를 차지하려는 계획을 가리킨다. 그렇기 때문에 뒷구에 '감히 사람들에게 고하지 못한다'고 한 것이다. 비밀이 누설되면 큰일이기 때문이다.

解說 진(晉)나라 소후(昭侯)는 곡옥(曲沃) 땅을 떼어 숙부인 성사(成師)를 그곳에 봉하였다. 이가 환숙(桓叔)이다. 그 뒤로 환숙은 덕이 있어 날로 강성하여지고 반대로 소후는 덕이 없어 미약해졌다. 진나라 사람들은 이에 소후를 배반하고 환숙을 따르려는 사람이 많아졌다. 이 시는 그러한 경향을 노래한 것이다. 《좌전(左傳)》 환공(桓公) 2년에 이에 관한 기록이 있다.

　〈모시서〉에서는 그렇게 만든 진나라 소공을 풍자한 것이라 보았다. 그리고 첫 구 '잔잔한 물결 속에 흰 돌이 깨끗하다'는 것은, 물은 소후에, 돌은 환숙에 비유한 것이라 보았으나 이것은 '흥(興)'으로 직접적인 비유를 한 것은 아니다.

4. 산초(椒聊)

산초나무 열매가 알알이 열어 한 됫박이 넘겠네.
우리 님은 위대하기 이를 데 없네.
산초야! 가지가 길게 뻗었구나.

산초나무 열매가 알알이 열어 두 줌이 넘겠네.

우리 님은 위대하고 독실하시네.
산초야! 가지가 길게 뻗었구나.

原文 椒聊之實이여 蕃衍盈升이로다.
彼其之子여 碩大無朋이로다.
椒聊且여 遠條且로다.

椒聊之實이여 蕃衍盈匊이로다.
彼其之子여 碩大且篤이로다.
椒聊且여 遠條且로다.

註解 ㅇ椒(초)—산초. 후추나 산초일 것 같은데 어느 쪽인지 알 수 없다. ㅇ聊(료)—어조사. ㅇ蕃(번)—번성하다. 많다. ㅇ衍(연)—넓다. 번성하다. 번연(蕃衍)은 열매가 알알이 많이 맺힌 것. ㅇ盈升(영승)—그 열매를 따 담은 것이 됫박에 넘치는 것. ㅇ彼其(피기)—조사로 강조의 뜻을 나타냄. ㅇ之子(지자)—시자(是子)로 환숙을 가리킨다(鄭箋). ㅇ碩大(석대)—위대한 것. ㅇ無朋(무붕)—무비(無比)의 뜻(毛傳). 비길 데가 없는 것. ㅇ且(저)—어조사. ㅇ遠條(원조)—가지가 길게 멀리 뻗은 것(集傳). ㅇ匊(국)—국(掬)과 통하여 두 손으로 받들어 드는 것. ㅇ篤(독)—행동이 독실(篤實)한 것.

解說 〈모시서〉에 곡옥의 환숙(桓叔)이 강성하여지고 정치를 잘해 나가는 것을 보고, 그의 후손들이 성대하여져 진나라를 차지하게 될 것을 알고 노래한 것이라 하였다. 산초의 열매는 환숙의 자손이 번성함에 비유하고, 끝의 산초나무 가지가 멀리 뻗었다는 것은 국운의 발전에 비유한 것이다.

5. 땔나무 묶어놓고(綢繆)

땔나무 다발을 묶어놓고 나니, 삼성이 하늘에 반짝이네.
오늘 저녁이야말로 우리 님을 만났네.

아아 기쁠시고! 이 님을 어이할까?

꼴 다발을 묶어놓고 나니, 삼성이 동남쪽에 반짝이네.
오늘 저녁이야말로 어찌된 저녁인가? 우리 님을 만났네.
아아 기쁠시고! 이렇게 만났으니 어이할까?

싸리 다발을 묶어놓고 나니, 삼성이 문 위에 반짝이네.
오늘 저녁이야말로 어찌된 저녁인가? 어여쁜 님을 만났네.
아아 기쁠시고! 이 어여쁜 님을 어이할까?

原文 綢繆束薪일새 三星在天이로다.
今夕何夕고? 見此良人이로다.
子兮子兮여! 如此良人何오?

綢繆束芻일새 三星在隅로다.
今夕何夕고? 見此邂逅로다.
子兮子兮여! 如此邂逅何오?

綢繆束楚일새 三星在戶로다.
今夕何夕고? 見此粲者로다.
子兮子兮여 如此粲者何오?

註解 ○綢繆(주무)─전면(纏綿)의 뜻(毛傳)으로 나무 다발을 얽어 묶는 모양(孔疏). ○薪(신)─땔나무. ○三星(삼성)─삼성(參星)(毛傳).《정전(鄭箋)》엔 심성(心星)이라 하였는데 모두 28수(宿) 중의 하나.《공소(孔疏)》에 의하면 삼성은 10월, 심성은 2월에 나타난다 한다. 별이 나타남은 저녁을 뜻하며, 옛날에는 결혼을 밤에 하였다. ○何夕(하석)─어찌된 저녁인가. 얼마나 즐거운 저녁이냐의 뜻. ○良人(양인)─《모전(毛傳)》엔 미실(美室), 곧 아름다운 처(妻)라 하고,《집전(集傳)》엔 남편을 가리킨다고 했다. 남자건 여자건 '좋은 님', 곧 애인을 가리키는 말임에는 틀림없다. ○子(자)─자(咨)의 가차로서 탄사(歎詞). 아아. 여기서는 기쁨을 나타내는 탄사이다. ○芻(추)─마소에게 먹일 풀. ○隅(우)─하늘의 동남쪽 모퉁이(毛傳). ○邂逅(해후)─의외로 만나는

것(鄭風의 '野有蔓草' 시에 보임). ○楚(초)―싸리. ○戶(호)―방문(集傳). 재호(在戶)는 방문 위 하늘에 있다는 뜻. ○粲(찬)―미(美)와 통하여(集傳), 찬자(粲者)는 미인으로 애인을 가리킨다.

解說 〈모시서〉에서는 진(晉)나라가 어지러워 제때에 남녀가 혼인하지 못함을 노래한 것이라 하였고, 주희는 때를 놓쳤다가 결혼함을 노래한 것이라 보았다. 그러나 이 시는 분명히 사랑하는 남녀들의 밀회의 즐거움을 노래한 것이다. 땔나무나 꼴·싸리다발을 묶는다는 것은 낮이면 누구나 하던 일인 것이다.

　그러나 해가 진 뒤 저녁에 애인을 만났다. 애인을 만난 연인들의 기쁨은 말로 다 표현할 수도 없다. 그러기에 '이 밤은 얼마나 즐거운 밤이냐?'고 하였고, '아아 즐겁다! 이 님을 어이할까?'라고 한 것이다. 더구나 결혼한 사이라면 해후란 표현이 당치 않으며, 이러한 감동이 솟아오르기 힘들 것이다.

6. 우뚝 선 아가위나무(杕杜)

우뚝 선 아가위나무, 잎새만 더부룩하네.
홀로 외로이 길을 가노니, 어이 남이야 없으랴만
모두 내 형제만은 못하네.
아아, 길가는 사람들은 어째서 내게 친하게 굴지 않나?
나는 형제도 없거늘 어째서 도와주지 않나?

우뚝 선 아가위나무, 잎새만 무성하네.
홀로 쓸쓸히 길을 가노니, 어이 남이야 없으랴만
모두 내 형제만은 못하네.
아아, 길가는 사람들은 어째서 내게 친하게 굴지 않나?
나는 형제도 없거늘 어째서 도와주지 않나?

原文 有杕之杜여 其葉湑湑로다.

獨行踽踽하니　豈無他人이리오만

不如我同父니라.

嗟行之人은　胡不比焉고?

人無兄弟어늘　胡不佽焉고?

有杕之杜여　其葉菁菁이로다.

獨行睘睘하니　豈無他人이리오만

不如我同姓이니라.

嗟行之人은　胡不比焉고?

人無兄弟어늘　胡不佽焉고?

註解　○杕(체)─나무가 외로이 우뚝 선 모양(毛傳). 유체(有杕)는 체연(杕然). ○杜(두)─과일 빛이 붉은 아가위〔赤棠〕를 두(杜)라 하고(毛傳), 흰 것을 당(棠)이라 한다. ○菁菁(서서)─무성한 모양(孔疏). ○踽踽(우우)─외로운 모양(毛傳). ○他人(타인)─남들. ○同父(동부)─아버지를 같이한 형제의 뜻(集傳). ○嗟(차)─감탄사. ○行之人(행지인)─행인. ○比(비)─친근의 뜻. ○人(인)─자기는 '사람으로서' 형제가 없다는 뜻. ○佽(차)─돕다. ○菁菁(청청)─무성한 모양. ○睘睘(경경)─의지할 곳 없는 모양(毛傳). ○同姓(동성)─성(姓)이 같은 일가들. 그러나 여기서는 형제를 중심으로 말한 것이라 본다.

解說　이 시는 형제 없는 쓸쓸하고 외로운 심정을 노래한 것이다. 첫 구에 나오는 아가위나무도 외로운 작자의 모습을 상징한 것일 게다. 길에 오가는 사람들은 많지만 모두가 남이요, 자기의 외로움을 덜어 줄 형제나 혈육은 하나도 없다는 것이다. 〈모시서〉에선 이 외로운 사람을 진(晉)나라 임금으로 보고 있다.

7. 염소 갖옷(羔裘)

표범가죽 소매 달린 염소 갖옷 입고, 우리 백성을 악독하게 부리네.

어찌 딴 사람이 없을까만, 그대와의 옛 정 때문에 그대로 일하는
거지.

표범가죽 소매 달린 염소 갖옷 입고, 우리 백성을 지독하게 부리네.

어찌 딴 사람이 없을까만, 그대와의 정의(情誼) 때문에 그대로 일하
는 거지.

原文　羔裘豹袪로 自我人居居로다.
岂無他人이리요? 維子之故니라.

羔裘豹褎로 自我人究究로다.
岂無他人이리요? 維子之好니라.

註解　ㅇ羔裘(고구)―염소 털가죽으로 만든 옷으로 경대부들이 입었다. 소
남(召南) '고양(羔羊)' 시, 정풍(鄭風) '고구(羔裘)' 시 참조. ㅇ豹(표)―표범.
ㅇ袪(거)―소매. 표거(豹袪)는 표범가죽으로 소매를 단 것. ㅇ自(자)―용(用)
의 뜻(毛傳)으로, 부리는 것(鄭箋). ㅇ我人(아인)―우리 백성. ㅇ居居(거거)―
악한 마음을 품고 친하게 굴지 않는 모양(毛傳). ㅇ我人(아인)―이곳의 백성
들. 경대부 채읍(采邑)의 백성들이다. 그러므로 타인은 다른 경대부들을 가리
킨다(鄭箋). ㅇ故(고)―고구(故舊)의 뜻(鄭箋)으로, 옛 정. 옛 정을 저버릴 수
없어 딴 고을로 가지 못한다는 말. ㅇ褎(수)―옷소매. 거(袪)와 같은 뜻(毛
傳). ㅇ究究(구구)―앞의 거거(居居)와 같은 말(毛傳). ㅇ好(호)―은호(恩好)
(孔疏). 옛날에 잘 지내며 은혜지고 한 일.

解說　진(晋)나라 사람들이 그들을 지배하는 사람들이 백성들의 괴로움
을 생각하여 주지 않음을 원망한 것이다(〈毛詩序〉). 자세히 말하면 지배
자란 채읍(采邑)을 가지고 있는 진나라의 어느 경대부이며 백성들은 그
채읍에 살고 있는 사람들이다. 백성들은 몰인정한 대부의 행동을 생각할
때 딴 고을로 떠나가 살고도 싶지만 여러 가지 옛날의 은의(恩誼)에 매
어 못 떠나는 것이다.

8. 넉새 깃(鴇羽)

푸드득 넉새 깃 날리며 상수리나무 떨기에 내려앉네.
나랏일로 쉴 새 없어 차기장 메기장 못 심었으니
부모님은 무얼 믿고 사시나?
아득한 푸른 하늘이여! 언제면 안정될 수 있을 건가!

푸드득 넉새 날개치며 대추나무 떨기에 내려앉네.
나랏일로 쉴 새 없어 메기장 차기장 못 심었으니
부모님은 무얼 잡숫고 사시나?
아득한 푸른 하늘이여! 언제면 끝장이 나게 될 건가?

푸드득 넉새 줄지어 날아 뽕나무 떨기에 내려앉네.
나랏일로 쉴 새 없어 벼 수수 못 심었으니
부모님은 무얼 잡숫고 지내시나?
아득한 푸른 하늘이여! 언제면 제대로 잘살게 될 건가?

原文 肅肅鴇羽여 集于苞栩로다.
　　　王事靡盬라 不能蓺稷黍하니
　　　父母何怙오?
　　　悠悠蒼天이여 曷其有所오?

　　　肅肅鴇翼이여 集于苞棘이로다.
　　　王事靡盬라 不能蓺黍稷하니
　　　父母何食고?
　　　悠悠蒼天이여 曷其有極고?

　　　肅肅鴇行이여 集于苞桑이로다.
　　　王事靡盬라 不能蓺稻粱하니

父母何嘗고?

悠悠蒼天이여 **曷其有常**고?

註解 ㅇ肅肅(숙숙)—넉새가 날개치는 소리. ㅇ鴇(보)—날개 길이 60cm, 꽁지 길이 2, 30cm가량이나 되는 기러기 비슷하면서도 큰 새. 부리와 다리는 닭과 같으나 뒷발톱이 없다. ㅇ集(집)—새들이 나무 위에 내려앉는 것. 집(集)의 본자는 雧으로 새[隹]가 세 마리 나무 위에 내려앉은 형상을 나타낸 것이다. ㅇ苞(포)—나무떨기. ㅇ栩(상)—상수리나무. ㅇ王事(왕사)—나랏일. ㅇ靡盬(미고)—불식(不息), 곧 쉬지 않는 것. 고(盬)는 식(息)의 뜻(經義述聞). ㅇ蓺(예)—곡식을 심는 것. ㅇ稷(직)—차기장. ㅇ黍(서)—메기장. ㅇ怙(호)—믿다. 의지하다. ㅇ曷(갈)—여기서는 '언제면'의 뜻. ㅇ所(소)—안신지소(安身之所). 몸 편히 둘 곳. ㅇ棘(극)—대추 같으면서도 작은 나무(邶風 '凱風' 시에 보임). ㅇ極(극)—역사(役事)의 끝장. ㅇ行(행)—기러기 같은 새들이 행렬을 지어 나는 것. ㅇ粱(량)—고량(高粱) 종류의 곡식, 곧 수수. ㅇ嘗(상)—맛보다, 곧 잡숫는 것. ㅇ常(상)—평상(平常). 유상(有常)은 옛날 평상 때와 같이 안정되어 역사(役事)가 없어지는 것.

解說 〈모시서〉에 의하면 진나라는 소공(昭公) 뒤로 5세 동안 더욱 정사가 어지러워졌다. 그리하여 행역(行役)에 나가는 일이 잦았는데, 이때 행역에 가 있던 사람이 부모님을 생각하며 부른 노래가 이 시이다. 넉새라는 보(鴇)는 나뭇가지에 내려앉지 못하는 새라 한다(集傳). 따라서 넉새가 나무 위에 내려앉았다는 사실부터가 부조리한 사회를 풍자한 것이라 한다.

9. 어찌 옷이 없으리(無衣)

어찌 일곱 가지 무늬옷이 없으리오? 당신 옷의
편안하고 좋음만은 못해서지요.

어찌 여섯 가지 무늬옷이 없으리오? 당신 옷의
편안하고 따스함만은 못해서지요.

原文 豈曰無衣七兮리요마는 不如子之衣의
安且吉兮로다.

豈曰無衣六兮리요마는 不如子之衣의
安且燠兮로다.

註解 ○七(칠)-《모전(毛傳)》에서 후백(侯伯)의 예는 7명(命)이고 면복(冕服)은 7장(章)이라 하였다. 7장이란 화의삼장(畫衣三章 : 雉・火・宗彝), 수상사장(繡裳四章 : 藻・粉米・黼・黻)의 일곱 가지 옷에 수놓는 무늬를 뜻한다. 이는 제후 중에서도 후백의 옷인데, 천자의 명에 의하여 입게 되는 것이다. 무공은 이제까지 이 옷을 입을 자격이 없었던 것이다. ○子(자)-천자를 가리키며, 자지의(子之衣)는 천자의 명복(命服)을 말한다. ○六(육)-《모전(毛傳)》에 천자의 경(卿)은 6명(命)으로 거기의복(車旗衣服)을 여섯 가지로 장식한다 하였다. 《정전(鄭箋)》에서는 앞절에서는 7이라 하고 여기에서 6으로 내려온 것은 겸양하는 것이다. 감히 후백이 꼭 될 수는 없으면 6명(命)의 옷이라도 받아 천자의 경(卿)들 속에 끼이게 되는 것이 좋겠다는 뜻을 나타낸다 하였다. ○燠(욱)-따스한 것.

解說 〈모시서〉에 '무의(無衣)는 진나라 무공(武公)을 기린 것이다. 무공이 진나라를 차지했을 때 그의 대부가 천자의 사신(使臣)에게 임명하기를 청하면서 이것을 지은 것이다.'고 하였다. 시에서 후백(侯伯)들이 입는 7명(命)의 옷이나 천자의 경(卿)들이 입는 6명(命)의 옷을 내려 줬으면 좋겠다는 뜻을 나타낸 것은 곧 후백이나 적어도 경(卿)에 임명해 달라는 뜻을 말한 것이다.
  무공의 이름은 칭(稱), 곡옥(曲沃)의 환숙(桓叔)의 손자이다. 진나라를 합병하고는 보기(寶器)로 주(周)나라 이왕(釐王)에게 뇌물을 써서 천자인 주왕은 그를 진나라 제후로 명하였다(《史記》晉世家). 이 시는 무공을 기리거나 풍자한 것이라기보다 주왕에게 뇌물을 보내면서 무공의 사신이 왕명을 청한 시라고 봄이 좋을 것이다.

10. 우뚝한 아가위(有杕之杜)

우뚝한 아가위가 길 왼쪽에 자라 있네.
저 어진 군자님 내게로 와 주었으면!
마음속으로 그를 좋아하는데, 어쩌면 그와 음식을 함께할까?

우뚝한 아가위가 길 오른쪽에 자라 있네.
저 어진 군자님 놀러와 주었으면!
마음속으로 그를 좋아하는데 어쩌면 그와 음식을 함께할까?

[原文]　有杕之杜여 生于道左로다.
　　　　彼君子兮여 噬肯適我로다.
　　　　中心好之나 曷飲食之리요?

　　　　有杕之杜여 生于道周로다.
　　　　彼君子兮여 噬肯來遊로다.
　　　　中心好之나 曷飲食之리요?

[註解]　ㅇ有杕(유체)―나무가 우뚝히 자란 모양. 체연(杕然)의 뜻. ㅇ杜(두)―
아가위. 앞의 '체두(杕杜)' 시 참조. ㅇ彼君子(피군자)―작자가 그리는 훌륭한
사람. ㅇ噬(서)―《한시(韓詩)》엔 서(逝)로 되어 있으며, 발어사. ㅇ適我(적
아)―내게로 오는 것. ㅇ曷(갈)―어찌하면. ㅇ飲食(음식)―함께 음식을 먹는
것. ㅇ周(주)―《한시(韓詩)》에 우(右)라 하였으니 오른쪽의 뜻(通釋).

[解說]　〈모시서〉에서는 진나라 무공(武公)이 어진이를 등용하지 않음을
풍자한 시라 하였다. 그러나 여기에서는 일반적으로 쓸쓸할 때 자기가 좋
아하는 사람을 그리는 시로 풀이하였다(釋義).

11. 칡이 자라(葛生)

칡은 자라 싸리나무를 덮었고, 가위톱 덩굴은 들에 뻗어 있는데,
내 님 여기 없으니, 그 누구와 함께 지내나?

칡은 자라 대추나무를 덮었고, 가위톱 덩굴은 무덤 위에 뻗어 있는데,
내 님 여기 없으니, 그 누구와 함께하나?

소뿔 베개는 반들반들, 비단 이불은 곱기만 한데,
내 님은 여기 없으니, 그 누구와 이 밤을 보내나?

긴 여름날, 긴 겨울밤의 외로움이여!
백년 뒤 그의 무덤에라도 함께 묻히리.

긴 겨울밤, 긴 여름날의 외로움이여!
백년 뒤 그의 무덤 속에서라도 함께 살리.

原文 葛生蒙楚하며 蘞蔓于野로다.
予美亡此하니 誰與獨處오?

葛生蒙棘하며 蘞蔓于域이로다.
予美亡此하니 誰與獨息고?

角枕粲兮며 錦衾爛兮로다.
予美亡此하니 誰與獨旦고?

夏之日과 冬之夜여!
百歲之後에라도 歸于其居하리라.

冬之夜와 夏之日이여!
百歲之後에라도 歸于其室하리라.

註解 ○葛(갈)—칡. ○蒙(몽)—덮다. ○楚(초)—싸리나무. ○蘞(렴)—가위톱.

한약재로 쓰이는 덩굴풀로 잎이 가늘고 무성하며 까만 열매가 달리지만 먹지는 못한다. ○蔓(만)—덩굴. 갈(葛)과 렴(薟)은 모두 덩굴풀로 다른 나무에 의지하여 자란다. 이는 여자가 남편에 의지하는 삶을 비유한 것이다. ○美(미)—미인으로 그의 남편을 가리킨다(鄭箋). ○亡此(무차)—무차(無此). 이곳에 없다는 뜻. ○誰與獨處(수여독처)—'수여(誰與)오? 독처(獨處)로다'로 이해함이 빠르다. 곧 '누구와 함께 지내는가? 홀로 지낸다'는 뜻(鄭箋). 다시 말하면 아무도 없이 홀로 지내는 것. ○棘(극)—대추나무 비슷한 나무(邶風 '凱風' 시, 唐風 '鴇羽' 시에도 보임). ○域(역)—영역(塋域)(毛傳), 곧 무덤 위. ○息(식)—머물러 있는 것. ○角枕(각침)—소뿔로 장식된 베개. ○粲(찬)—선명한 것. ○衾(금)—이불. ○爛(란)—찬란한 것. 이곳의 금침(衾枕)은 시집올 때 해가지고 온 물건들이다. ○旦(단)—새벽까지 밤을 새우는 것(集傳). ○百歲之後(백세지후)—결국은 죽은 뒤의 뜻. ○居(거)—무덤을 가리킨다(鄭箋). ○室(실)—묘실(墓室), 곧 무덤 속을 가리킨다.

解說 〈모시서〉에 진나라 헌공(獻公)은 전쟁을 좋아하여 국인(國人)에 집안 식구들과 헤어져야만 하게 된 사람들이 많았다고 하였다. 이 시는 전쟁으로 말미암아 멀리 행역하여 살아 돌아올 기약도 없는 남편을 그리는 여인의 마음을 노래한 것이다.

12. 감초 캐러(采苓)

감초를 캐러 수양산 꼭대길 가나?
남의 말은 절대로 믿지를 마소.
말을 들어도 흘려 버리고, 절대로 그렇게 여기지 않는다면
남의 말이 어쩔 수 있을 건가?

쓴바귀를 캐러 수양산 밑엘 가나?
남의 말은 절대로 알은체도 마소.
말을 들어도 흘려 버리고, 절대로 그렇게 여기지 않는다면
남의 말이 어쩔 수 있을 건가?

순무를 캐러 수양산 동쪽엘 가나?
남의 말은 절대로 따르지 마소.
말을 들어도 흘려 버리고, 절대로 그렇게 여기지 않는다면
남의 말이 어쩔 수 있을 건가?

原文 采苓采苓을 首陽之巓가?
人之爲言을 苟亦無信이어다.
舍旃舍旃하여 苟亦無然이면
人之爲言이 胡得焉이리요?

采苦采苦를 首陽之下아?
人之爲言을 苟亦無與어다.
舍旃舍旃하여 苟亦無然이면
人之爲言이 胡得焉이리요?

采葑采葑을 首陽之東가?
人之爲言을 苟亦無從이어다.
舍旃舍旃하여 苟亦無然이면
人之爲言이 胡得焉이리요?

註解 ○苓(령)─복령. 감초(甘草)(毛傳). 패풍(邶風) '간혜(簡兮)' 시에 보임. ○首陽(수양)─산 이름. 중국의 고적(古籍)에 나오는 수양산은 다섯 개가 있는데, 이곳의 수양은 포판(蒲阪)의 수양산으로 뇌수산(雷首山)이라고도 불렀다. 지금의 산서성 영제현(永濟縣) 경계에 있다. ○巓(전)─산 꼭대기. 감초는 야산에도 흔한 풀인데 하필 높은 수양산 꼭대기로 그것을 캐러 갈 이유가 없다. 이것은 터무니없는 얘기니 이러한 남의 말은 듣지 말라는 것이다. ○苟(구)─차(且)의 뜻. 역(亦)과 합쳐 강조의 뜻을 나타냄. ○無信(무신)─물신(勿信). 믿지 말라는 뜻. 윗 구(句)의 '위(爲)'는 어떤 책에는 '위(僞)'로도 되어 있어 위(爲)와 위(僞)는 통하므로 '위언(爲言)'을 '거짓말'이라 보기도 한다. ○舍(사)─사(捨)와 통함. ○旃(전)─지언(之焉)의 합성으로 조사. 위풍(魏風) '척호(陟岵)' 시에도 보임. 사전(舍旃)은 남의 말을 들으면 '흘려

버려라'는 뜻. ㅇ無然(무연)―그렇다고 인정하지 않는 것. ㅇ胡(호)―어찌. ㅇ得 (득)―마음을 얻는 것. 거짓말을 하여 마음을 얻으면 농간을 부리게 되는 것 이다. ㅇ苦(고)―고채(苦荣)(毛傳), 씀바귀. 패풍(邶風) '곡풍(谷風)' 시의《모 전》에선 도(荼)를 고채라 풀이하였다. ㅇ與(여)―용(用)과 통하여 무여(無與) 는 무용(無用)(毛傳). 아는 체도 않는 것. ㅇ葑(봉)―순무. 패풍(邶風) '곡풍 (谷風)' 시에 보였음.

解說 〈모시서〉에선 진나라 헌공이 참언(讒言)을 듣기 잘하였으므로 그 것을 풍자한 것이라 하였다. 일반적으로 남의 허튼 말을 잘 듣는 사람들 을 경계하는 노래로 봄이 좋을 것이다.

제11 진풍(秦風)

신(秦)나라는《서경(書經)》우공(禹貢)편에 보이는 옹주(雍州)의 땅으 로 조서산(鳥鼠山) 근처에 있었다. 옛날에 백익(伯益 : 伯翳라고도 함)이 하(夏)나라 우(禹)의 치수(治水)를 도와 공을 세워 영(嬴)이라는 성을 받 았다. 그 뒤 중휼(中潏)이 서융(西戎) 땅에 살며 서쪽 변경을 지켰다. 6 세손 대락(大駱)은 성(成)과 비자(非子)의 두 아들을 낳았는데, 비자는 주나라 효왕(孝王) 때(B.C. 909~895 재위)에 주나라를 섬기어 효왕은 그를 부용(附庸 : 諸侯에 속하는 작은 나라)으로 삼아 진(秦)땅(甘肅省 天水縣 부근)을 채읍(采邑)으로 내리었다.

선왕(宣王) 때(B.C. 827~780 재위)에 견융이 성(成)의 일족(一族)을 멸하자 선왕은 비자의 증손 진중(秦仲)을 대부로 삼아 서융을 치게 하였 다. 그러나 그는 서융에게 패하여 죽음을 당하였다. 그러나 지금의 감숙 성(甘肅省)은 서융에 가까운 미개지였던 것을 진나라가 비로소 거마(車 馬)와 예악(禮樂) 제도 같은 문화생활을 심어놓은 것이다.

진중의 아들 장공(莊公)은 견구(犬丘 : 陝西省 興平縣 동남)로 옮겨갔

고, 또 그 아들 양공(襄公)은 서융 때문에 주나라가 동쪽 낙읍(洛邑)으로
옮길 때 군사로서 평왕(平王 : B.C. 770~720 재위)을 호송하였다. 그리
하여 평왕은 양공을 제후로 봉하고 기산(岐山) 이서(以西)의 땅을 떼어
주었다. 이에 비로소 진나라는 제후의 나라가 된 것이다. 다시 현손 덕공
(德公) 때에는 옹(雍 : 지금의 陝西省 興平縣)으로 도읍을 옮기었다.

1. 수레 소리(車鄰)

수레 소리 덜컹덜컹 이마에 흰털 난 말이 끄네.
우리 님을 뵈려면 내시(內侍)들을 통하면 되지.

언덕엔 옻나무 진펄엔 밤나무.
우리 님을 만나면 나란히 앉아 슬(瑟) 뜯지.
지금 즐기지 못하면 세월은 흘러 덧없이 늙을걸.

언덕엔 뽕나무 진펄엔 버드나무.
우리 님을 만나면 나란히 앉아 생황(笙簧) 불지.
지금 즐기지 못하면 세월은 흘러 덧없이 죽을걸.

原文 有車鄰鄰이며 有馬白顚이로다.
　　　未見君子하니 寺人之令이로다.

　　　阪有漆이며 隰有栗이로다.
　　　旣見君子라 並坐鼓瑟이로다.
　　　今者不樂이면 逝者其耋이리라.

　　　阪有桑이며 隰有楊이로다.
　　　旣見君子라 並坐鼓簧이로다.
　　　今者不樂이면 逝者其亡이리라.

註解 ㅇ鄰鄰(린린)-여러 수레가 가는 소리(毛傳). ㅇ白顚(백전)-적상(的

顙)(毛傳)으로, 이마에 흰 털이 있는 말(孔疏), 대성마(戴星馬)라고도 한다.
○君子(군자)—진중(秦仲)을 가리킨다(集傳). 진나라는 양공(襄公)의 조부인
진중 때에 비로소 주나라 선왕(宣王)의 명으로 대부(大夫)가 되어 주나라를
섬겼다. ○未見君子(미견군자)—진중을 아직 안 만난 것으로, '그를 만나려면'
의 뜻. ○寺人(시인)—시인(侍人)·내시. ○令(령)—사(使)와 뜻이 통하여, 시
인지령(寺人之令)은 내시를 시켜 통하면 군자는 뵐 수 있게 된다는 말. ○阪
(판)—언덕. ○漆(칠)—옻나무. ○隰(습)—진펄. ○栗(율)—밤나무. 언덕엔 옻
나무가 있고 진펄엔 밤나무가 있다는 것은 이 나라의 화평과 부를 말한다.
○瑟(슬)—25현의 악기. ○鼓瑟(고슬)—슬을 뜯는 것이나, 풍악을 울리며 연
음(燕歙)함을 뜻한다. ○逝者(서자)—흘러가는 것, 곧 세월의 흐름. ○耊(질)—
80세 노인, 곧 늙음을 뜻한다. ○楊(양)—가지가 늘어지지 않는 것을 양(楊),
늘어지는 것을 유(柳)라 한다. ○簧(황)—생황(笙簧)(王風의 '君子陽陽'에 보
임). 생황은 부는 것이나 앞의 고슬(鼓瑟)과 마찬가지로 풍악을 울림을 뜻하
므로 고황(鼓簧)이라 해둔 것이다. ○亡(망)—사망의 뜻.

解說 진나라는 서융(西戎) 가까운 땅에 살고 있어 낮은 문화정도를 지
니고 있었으나, 주나라 대부가 된 진중(秦仲)에 이르러 비로소 거마와
예악 및 시어(侍御) 제도를 갖추었다(〈毛詩序〉). 이 시는 이처럼 진나라
의 문화수준을 높인 진중을 찬미한 것이다. 이 때는 중화(中華)의 제도를
따르기는 하였지만 군신 사이에 별로 번잡한 예절 없이 간단히 서로 즐
길 수가 있었다.

　그렇기 때문에 준마가 끄는 수레를 몰고 가는 높으신 진중을 뵈올 사
람은 반드시 내시만 통하면 언제나 만날 수가 있었던 것이다. 한편 애인
을 만나 즐기려는 일반적인 연정을 노래한 것이라 볼 수도 있다.

2. 검정 사마(駟驖)

커다란 검정 사마가 수레 끄는데, 여섯 고삐를 한손에 쥐었네.
공(公)이 사랑하는 사람들도, 공 따라 사냥 가네.

암놈 수놈 짐승들 몰아오는데, 그 암놈 수놈들 모두 크기도 하네.

공이 '왼편으로 몰아라'고 말하며, 화살을 쏘아 잡네.

북쪽 동산에 노니는데, 사마는 길도 잘 들었네.
가벼운 수레 끄는 말재갈에 달린 방울 소리 나고, 사냥개는 수레에
실리어 의젓이 쉬고 있네.

原文 駟驖孔阜하니 六轡在手로다.
　　　公之媚子이 從公于狩로다.

　　　奉時辰牡하니 辰牡孔碩이로다.
　　　公曰左之하며 舍拔則獲이로다.

　　　遊于北園하니 四馬旣閑이로다.
　　　輶車鸞鑣로 載獫歇驕로다.

註解 ○駟(사)－수레를 끄는 두 마리 복마(服馬)와 두 마리 참마(驂馬).
○驖(철)－검붉은 말. ○孔阜(공부)－매우 큰 것. ○轡(비)－고삐. 사마(四馬)
의 고삐는 본래 여덟이나, 양쪽 참마의 안쪽 고삐는 수레에 매어 두어 여섯
줄만이 수레 모는 손에 쥐어진다. 그러므로 육비(六轡)라 하는 것이다(孔疏).
○公(공)－진나라 양공. ○媚(미)－사랑하다. 애(愛)와 통함(孔疏). ○子(자)－
공의 신하들. ○狩(수)－사냥하는 것. ○奉(봉)－두 손을 펴고 짐승을 몰아 한
곳에 모아놓고 임금이 쏘기를 기다리는 것(何楷《詩經世本古義》). ○時(시)－
시(是)와 같은 조사. ○辰(신)－《모전》에선 그때그때에 나는 짐승들이라 하
였으나, 마서진(馬瑞辰)은 신(麎)과 통하여 무(牡)에 대가 되는 암짐승을 뜻
한다고 하였다(通釋). 마씨의 설이 근리하다. ○碩(석)－크다. ○左之(좌지)－
'왼쪽으로 몰아라'는 뜻. 옛날에 짐승을 쏠 때에는 짐승의 왼쪽을 맞히는 것
이 예의 상법이었다(孔疏). 그래서 이는 짐승을 왼편에서 쏠 수 있도록 몰아
라는 말이다. ○舍(사)－방(放)의 뜻, 곧 화살을 쏘는 것. ○拔(발)－화살을
쥐고 뽑는 화살 끝, 곧 괄(括)의 뜻(孔疏). ○遊于北園(유우북원)－사냥이 끝
나고 북쪽 원유(園囿)로 놀러가는 것. ○四馬(사마)－사철(駟驖)을 뜻함. ○閑
(한)－조습(調習)의 뜻으로 길이 잘 든 것(集傳). ○輶(유)－가벼운 수레. 유
거(輶車)는 공이 탄 수레가 아니라 사냥할 때에 짐승을 뒤쫓고 쏘고 할 때
타는 가벼운 수레(孔疏). ○鸞(란)－봉황새 비슷한 전설적인 새. ○鑣(표)－

말재갈. 난표는 말재갈에 단 난새의 소리를 닮은 방울. ○獫(렴)—사냥개의
일종. ○歇(헐)—쉬다. 헐교(歇驕)는 뽐내며 뛰던 다리를 쉬는 것(嚴粲《詩
緝》).

解說 〈모시서〉에 의하면 이 시는 진나라 양공을 기린 것이다. 진나라
는 양공 때에 이르러 비로소 제후가 되어 사냥과 놀이를 즐길 수가 있었
다 한다. 전체적으로 볼 때 임금의 사냥을 찬미한 시임에는 틀림없다.

3. 병거(小戎)

  병거(兵車)의 앞뒤 턱은 나지막한데, 다섯 군데 가죽 감은 멍에의
수레채 끝은 구부정했네.
  고삐 낀 가죽 고리, 복마(服馬)와 참마(驂馬) 사이의 가죽 끈, 앞턱
판 위에 맨 가슴걸이 끈은 흰 쇠고리로 이었고,
  범가죽 방석에 커다란 바퀴통, 청흑색 말과 발목 흰 준마가 수레를
끌었네.
  우리 님 생각하니, 온유하기 옥과 같은데,
  오랑캐 판자집에 계실 것이니, 내 마음속 어지러워지네.

  큼직한 네 수말이 수레 끌고, 여섯 고삐를 한손에 쥐었네.
  청흑색 말과 검은 말갈기의 붉은 말이 가운데서 끌고, 검은 입의 누
런 말과 검은 말이 밖의 참마였네.
  용 그린 방패를 여러 개 합쳐 세우고, 흰 쇠고리에 참마의 안고삐를
매었었네.
  우리 님 생각하니, 온유한 모습으로 오랑캐 고을에 계시겠지.
  언제나 돌아오시려나? 어찌하여 나는 이토록 그리울까?

  엷은 갑옷 걸친 네 필 말은 서로 잘 어울리고, 세모 창은 흰 쇠를
밑에 댔었네.

여러 새깃이 그려진 방패가 고왔고, 호랑이 가죽 활집엔 중간에 조각한 쇠가 박혀 있었네.

엇갈리게 활집엔 두 활이 꽂혀있고, 활대엔 활도지개 대고 줄로 묶어놓았었네.

우리 님을 생각하니, 자나깨나 그립네.

점잖은 님의 모습, 가지가지 사랑의 말 잊을 수 없네.

原文 小戎俴收요 五楘梁輈로다.

游環脅驅며 陰靷鋈續이며

文茵暢轂이요 駕我騏馵로다.

言念君子하니 溫其如玉이로다.

在其板屋하니 亂我心曲이로다.

四牡孔阜하니 六轡在手로다.

騏駵是中이요 騧驪是驂이로다.

龍盾之合이요 鋈以觼軜이로다.

言念君子하니 溫其在邑이로다.

方何爲期오? 胡然我念之오?

俴駟孔群이어늘 厹矛鋈錞로다.

蒙伐有苑이어늘 虎韔鏤膺이로다.

交韔二弓하니 竹閉緄縢이로다.

言念君子하여 載寢載興하도다.

厭厭良人이여 秩秩德音이로다.

註解 ○小戎(소융)—병거(兵車)(毛傳). 신하들이 타는 병거이기 때문에 소융이라 한다. 대융(大戎)이 있어 군의 앞장을 서고 그 뒤에 소융이 따랐다 한다(孔疏). ○俴(천)—얕은 것. 천(淺)과 통함. ○收(수)—짐을 수재(收載)하는 수레턱나무, 진[軫](毛傳). 병거는 짐을 많이 싣지 않고 가볍도록 턱나무가 얕게 되어 있다. 대거(大車)의 안 턱나무는 앞 턱나무에서 뒤 턱나무까

지 길이가 8척인데 병거는 4척4촌에 불과하므로 천진(淺軫)이라 한다(孔疏). ㅇ五楘(오목)―멍에의 다섯 군데를 가죽으로 감은 것. ㅇ梁輈(양주)―수레채의 앞쪽이 다리 모양 구부정한 것을 말한다(孔疏). 수레채는 대거는 원(轅), 병거와 전거(田車) 및 승거(乘車)는 주(輈)라 한다. ㅇ游環(유환)―양 복마의 등 위에 가죽으로 만든 고리를 전후로 이동하도록 달아놓고, 여기에 양 참마의 바깥쪽 고삐를 꿰어 수레 모는 사람이 손에 쥐어 참마가 밖으로 빠져나가지 않도록 한 것(集傳). ㅇ脅驅(협구)―가죽으로 만들어 앞은 멍에의 양 끝에 매고 뒤는 수레 턱나무 양쪽에 매어 복마의 옆구리 바깥쪽에 늘어져 참마가 달릴 때 안으로 들어옴을 막는 역할을 하는 것(集傳). ㅇ陰(음)―암범(揜軓)이라 하여(毛傳), 수레 앞 턱나무를 덮어 막은 판(板)이며(集傳), 턱나무를 감춘다는 뜻에서 음이라 한 것이다. ㅇ靷(인)―두 가닥의 가죽으로 만든 끈으로 앞쪽은 참마의 목에 걸고, 뒤끝은 음판(陰版) 위에 매어둔다(集傳). ㅇ鋈(옥)―흰 쇠(毛傳). 옥속(鋈續)은 흰 쇠로 가슴걸이 끈을 잇는 고리를 만든 것(鄭箋). 흰 쇠란 백동·백철·백은 등을 모두 말한다. ㅇ文茵(문인)―문채 있는 자리, 곧 호피를 깐 것(毛傳). ㅇ暢(창)―장(長)의 뜻(毛傳). ㅇ轂(곡)―바퀴통. 창곡(暢轂)은 긴 바퀴통. 대거의 바퀴통은 1척 반, 병거의 바퀴통은 3척 2촌이었다 한다(集傳). ㅇ騏(기)―청흑색의 말(孔疏). ㅇ騜(주)―왼편 발목이 흰 말. ㅇ言(언)―조사. ㅇ君子(군자)―여인이 남편을 가리키는 말. 이 앞 구절까지는 여인이 남편이 종군할 때의 위세 있던 군 대열을 생각한 것이고, 여기서부터 지금의 그리움을 말하는 것이다. ㅇ溫其如玉(온기여옥)―남편의 모습이 옥처럼 온유하다는 뜻. ㅇ板屋(판옥)―서융(西戎)의 판옥(毛傳). 《한서》 지리지(地理志)에 의하면 천수(天水)·농서(隴西 : 甘肅省)의 산에는 나무가 많고 주민들은 판자로 집을 짓는다 하였다(孔疏). ㅇ心曲(심곡)―마음의 깊은 곳. 그리워도 만날 수 없으니 마음이 어지러워지는 것이다(釋義). ㅇ四牡(사무)―수레를 끄는 사마가 모두 수말임을 뜻함. ㅇ孔阜(공부)―심히 크다는 뜻. 앞의 '사철(駟驖)' 시에도 보임. ㅇ六轡(육비)―여섯 줄의 고삐. '사철' 시에 보임. ㅇ騏(기)―청흑색 말. ㅇ騮(유)―검은 갈기의 붉은 말. 유(駵)라고도 쓰며 적마흑렵(赤馬黑鬣)(鄭箋). ㅇ是中(시중)―사마 중에서 가운데 쪽의 두 마리 복마를 뜻한다(鄭箋). ㅇ騧(과)―주둥이가 검고 털이 누런 말. ㅇ驪(여)―검은 말. '사철' 시에도 보임. ㅇ驂(참)―복마 바깥쪽의 두 마리 참마. ㅇ龍盾(용순)―용이 그려져 있는 방패(毛傳). ㅇ合(합)―합쳐서 수레에 싣는 것(毛傳). 수레의 넓이는 한 개의 방패로 막을 수 없기 때문에 여러 개의 방패를 합쳐 벌리어 화살을 막는다, 곧 차전패(遮箭牌)라 하는 것이다. ㅇ鋈(옥)—도금을 하는 것. ㅇ觼(결)—참마의 안쪽 고삐를 매어놓는 고리. 이 고리는 수레 앞턱나무에 달려 있다(孔疏). ㅇ軜(납)—참마의 안쪽 고삐. ㅇ在邑(재읍)—서쪽 변경 오랑캐들의 고을에 계시다는 뜻(集傳). ㅇ方(방)—장(將)의 뜻(通釋). ㅇ期(기)—귀기(歸期). 돌아올 날. ㅇ胡然(호연)—'어쩌면 그렇게도'의 뜻. ㅇ儇(천)—엷은 갑옷을 입힌 것(鄭箋). ㅇ羣(군)—네 마리 말이 잘 어울리는 것(鄭箋). ㅇ厹(구)—세모창. ㅇ矛(모)—창. ㅇ鋈錞(옥순)—세모창 밑을 흰 쇠로 입혀 놓은 것. ㅇ蒙(몽)—잡(雜)의 뜻(鄭箋). ㅇ伐(벌)—중간(中干)(毛傳). 중간 크기의 방패. 몽벌(蒙伐)은 잡우(雜羽)의 무늬를 그린 중간 크기의 방패. ㅇ苑(원)—무늬가 고운 모양(集傳). 유원(有苑)은 원연(苑然). ㅇ韔(창)—활집. 호창(虎韔)은 호랑이 가죽으로 만든 활집(毛傳). ㅇ鏤(루)—쇠에 조각하여 장식으로 붙이는 것. 누응(鏤膺)은 활집의 중간 앞쪽(가슴)에 쇠에 조각한 것을 장식으로 붙인 것(嚴粲《詩緝》). ㅇ交韔二弓(교창이궁)—활집에 두 활을 엇갈리게 꽂아놓는 것(毛傳). ㅇ竹閉(죽폐)—비(柲)로, 활도지개라고도 하며, 궁경(弓檠). 활대 안쪽에 대나무로 만든 활도지개를 대고 묶은 다음 활집에 활을 넣어둔다(孔疏). ㅇ緄(곤)—《모전》에 줄이라 하였다. ㅇ縢(등)—묶다. ㅇ載(재)—조사. 즉(則)의 뜻(釋義). ㅇ載寢載興(재침재흥)—자나깨나 남편이 그립다는 뜻. ㅇ厭厭(염염)—안정의 뜻(釋義)으로, 점잖은 것. ㅇ良人(양인)—좋은 님. 남편을 가리킨다. ㅇ秩秩(질질)—차례가 있는 모양(集傳). ㅇ德音(덕음)—애정의 말. 질질덕음(秩秩德音)은 한마디 한마디 얘기한 여러 가지 애정의 기약.

解說　〈모시서〉에서는 진나라 양공을 기린 시라 하였다. 여기에 나오는 군자나 양인(良人)은 부인이 임금인 양공을 흠모하여 그렇게 부른 것이란다. 그러나 이 시를 음미해 보면 이것은 전쟁에 나간 남편을 그리는 여인의 노래임을 알 수 있다. 그의 남편은 졸병이 아니라 경대부(卿大夫)로서 장군이었을 것이다.

　그러기에 무위(武威)도 당당하게 그이가 출정하던 광경이 눈에 선하지만 돌아오지 않는 그가 사무치게 그리운 것이다. 진나라 양공은 주나라 평왕(平王)의 명으로 서융을 정벌하였다. 이 시의 작자의 남편은 양왕을 따라 서융 정벌에 참가한 사람 중의 하나일 가능성은 많다.

4. 갈대(蒹葭)

갈대는 푸르른데, 흰 이슬은 서리가 되어 가네.
바로 그이는, 강물 저쪽에 있는데.
물결 거슬러 올라가 그를 따르려니, 길이 험하고도 멀고,
물결 따라 건너가 그를 따르려니, 여전히 강물 가운데 있네.

갈대는 무성한데, 흰 이슬 촉촉하네.
바로 그이는, 강물 가에 있는데.
물결 거슬러 올라가 그를 따르려니, 길 험하고 가파르며,
물결 따라 건너가 그를 따르려니, 여전히 강물 속의 섬에 있네.

갈대는 더부룩한데, 흰 이슬 멎지 않네.
바로 그이는, 강물 기슭에 있는데.
물결 거슬러 올라가 그를 따르려니, 길 험하고 꾸불꾸불하며,
물결 따라 건너가 그를 따르려니, 여전히 강물 가 모래톱에 있네.

原文　蒹葭蒼蒼하니 白露爲霜이로다.
所謂伊人이 在水一方이로다.
遡洄從之나 道阻且長이며
遡游從之나 宛在水中央이로다.

蒹葭淒淒하니 白露未晞로다.
所謂伊人이 在水之湄로다.
遡洄從之나 道阻且躋며
遡游從之나 宛在水中坻로다.

蒹葭采采하니 白露未已로다.
所謂伊人이 在水之涘로다.

遡洄從之나 道阻且右며

遡游從之나 宛在水中沚로다.

註解 ○蒹(겸)-갈대. ○葭(가)-갈대. 엄격히 따지면 겸은 갈과는 약간 다른 달이다. 그러나 겸가(蒹葭)로 합치면 갈대 종류의 풀을 통칭한 것으로 봄이 좋을 것이다. ○所謂(소위)-'바로 그' '찾으려는 그'의 뜻. ○伊人(이인)-'그 이'. ○一方(일방)-저쪽, 가기 힘든 곳을 말함(毛傳). ○遡洄(소회)-물결을 거슬러 올라가는 것. ○從之(종지)-그를 따르는 것이 본뜻이나, 여기서는 그에게로 가는 것. ○阻(조)-험한 것. ○長(장)-멀다는 뜻. ○遡游(소유)-물결 따라 건너가는 것(毛傳). ○宛(완)-저 멀리 여전히 보이는 것. ○凄(처)-처(萋)라고도 된 곳이 있으니, 처처(凄凄)는 곧 처처(萋萋)로, 풀이 무성한 모양. ○晞(희)-마르다. ○湄(미)-물가. ○躋(제)-가기 힘든 오르막 길로 되어 있는 것(鄭箋). ○坻(지)-강물 가운데의 섬을 말함(孔疏). ○采采(채채)-처처(萋萋)와 같은 말(毛傳). 무성한 모양. ○涘(사)-물가. ○右(우)-우회, 곧 빙 돌아가게 됨을 뜻한다(鄭箋). ○沚(지)-모래톱.

解說 사랑하는 사람을 두고도 가까이 할 수 없는 안타까운 연인의 마음을 노래한 것이다. 여기서 강물은 그와 연인 사이의 간격을 상징하는 것이며, 험하고도 먼 길은 그에게 가까이 할 방법의 어려움을 말하는 것이다. 〈모시서〉에서는 주나라 예로서 나라를 굳히지 못하는 진나라 양공을 풍자한 것이라 하였다.

5. 종남산(終南)

종남산에 무엇이 있나? 산추나무 매화나무가 있지.
우리 님이 오셨는데, 비단옷에 여우 갖옷,
얼굴은 붉은 물 들인 듯하니, 정말 우리 임금일세.

종남산에 무엇이 있나? 산버들 아가위가 있지.
우리 님이 오셨는데, 불무늬 저고리에 수놓은 바지,
허리에 찬 옥이 잘강잘강하니, 만수무강하시리라.

[原文]　終南何有오? 有條有梅로다.
　　　　君子至止하시니 錦衣狐裘며
　　　　顔如渥丹이시니 其君也哉로다.

　　　　終南何有오? 有紀有堂이로다.
　　　　君子至止하시니 黻衣繡裳이며
　　　　佩玉將將하시니 壽考不忘이로다.

[註解]　ㅇ終南(종남)－주나라의 명산(名山)으로, 중남(中南)이라고도 함. 지금의 섬서성 서안(西安) 남쪽에 있다. ㅇ條(조)－산추(山楸)나무. 껍질과 잎새는 희고 나무 빛깔도 희며 결이 고와서 거판(車板)의 좋은 재목으로 친다 (孔疏). ㅇ止(지)－조사. ㅇ錦衣(금의)－채색 있는 비단옷. ㅇ狐裘(호구)－흰 여우 털가죽으로 만든 옷(孔疏). 조정에서 입는 예복이었다 한다(毛傳). ㅇ渥 (악)－젖다. 물들다. ㅇ渥丹(악단)－얼굴에 '물을 들인 것같이 붉다'는 뜻. ㅇ其 (기)－야(也)·재(哉)와 함께 모두 조사이며, 강조의 뜻을 나타낸다. ㅇ紀 (기)－기(杞)와 통하여 산버들. ㅇ堂(당)－당(棠)과 통하여, 아가위(《經義述 聞》). ㅇ黻(불)－흑청색을 엇섞어가며 두 기(己)자를 맞붙어 이어놓은 것 같은 모양으로 만든 무늬. 불의(黻衣)는 불무늬를 놓은 상의. ㅇ繡(수)－수를 놓다. ㅇ裳(상)－치마. ㅇ將將(창창)－구슬이 부딪쳐 울리는 소리. 창창(鏘鏘) 과 같은 말(鄭風 '有女同車' 시에도 보임). ㅇ壽考(수고)－늙도록 오래 사는 것. ㅇ忘(망)－망(亡)과 통하여, 불망(不忘)은 불망(不亡)·불이(不已)의 뜻. 수고불망은 곧 만수무강(萬壽無疆)과 같은 말.

[解說]　이 시는 진나라 사람들이 그들의 임금을 기린 시이다. 〈모시서〉에는 진나라 양공이 서융을 친 공으로 주의 평왕으로부터 주나라의 고지 (故地)인 기서(岐西) 땅을 받아 제후가 되었다. 그때 주나라 노신(老臣)들이 한편으로 양공을 칭찬하며 한편 훈계를 한 것이 이 시라 하였다. 그러니 진나라 사람들이 기린 임금이 〈모시서〉의 설을 부정한다 하더라도 양공일 가능성은 많다.

6. 곤줄매기(黃鳥)

쨱쨱 곤줄매기가 울면서 대추나무에 앉았네.
누가 목공(穆公)을 따라갔나? 자거(子車)씨의 엄식이란 분이지.
이 엄식이란 분이야말로 백사람 몫의 훌륭하신 분이었지.
묘혈(墓穴)에 들어갈 때에는 두려움에 떨었으리라.
저 푸른 하늘이여! 어이 우리 훌륭한 분을 죽이셨는가!
만약 그분 몸을 살 수 있다면 백 사람으로도 그분을 되찾으련만.

쨱쨱 곤줄매기가 울면서 뽕나무에 앉았네.
누가 목공을 따라갔나? 자거씨의 중항(仲行)이란 분이지.
이 중항이란 분이야말로 백 사람을 당해내실 만한 분이었지.
묘혈에 들어갈 때에는 두려움에 떨었으리라.
저 푸른 하늘이여! 어이 우리 훌륭한 분을 죽이셨는가!
만약 그분 몸을 살 수 있다면 백 사람으로도 그분을 되찾으련만.

쨱쨱 곤줄매기가 울면서 싸리나무에 앉았네.
누가 목공을 따라갔던가? 자거씨의 침호(鍼虎)란 분이지.
이 침호란 분이야말로 백 사람을 막아내실 만한 분이었지.
묘혈에 들어갈 때에는 두려움에 떨었으리라.
저 푸른 하늘이여! 어이 우리 훌륭한 분을 죽이셨는가!
만약 그분 몸을 살 수 있다면 백 사람으로라도 그분을 되찾으련만.

原文　交交黃鳥이 止于棘이로다.

　　　誰從穆公고? 子車奄息이로다.

　　　維此奄息이여! 百夫之特이로다.

　　　臨其穴하여 惴惴其慄이로다.

　　　彼蒼者天이여! 殲我良人이로다.

如可贖兮인댄 人百其身이로다.

交交黃鳥이 止于桑이로다.
誰從穆公고? 子車仲行이로다.
維此仲行이여! 百夫之防이로다.
臨其穴하여 惴惴其慄이로다.
彼蒼者天이여 殲我良人이로다.
如可贖兮인댄 人百其身이로다.

交交黃鳥이 止于楚로다.
誰從穆公고? 子車鍼虎로다.
維此鍼虎여! 百夫之禦로다.
臨其穴하여 惴惴其慄이로다.
彼蒼者天이여 殲我良人이로다.
如可贖兮인댄 人百其身이로다.

註解 ○交交(교교)−교교(咬咬)와 통하여 새가 우는 소리(通釋). ○黃鳥(황조)−곤줄매기. 주남(周南) '갈담(葛覃)' 시 참조. ○棘(극)−대추와 비슷한 나무. ○從(종)−남의 죽음을 따라 죽는 것(集傳). 《좌전》 문공(文公) 6년에 의하면 진나라 목공(穆公)이 죽었을 때 그 유명(遺命)으로 자거씨(子車氏)의 세 아들, 곧 이 시에 나오는 엄식(奄息)과 중항(仲行)·침호(鍼虎)가 순사하였다. 진나라 사람들은 이들의 죽음을 슬퍼하고 '황조'를 노래불렀다 한다. ○子車(자거)−성. 엄식은 이름. ○特(특)−필(匹)의 뜻을 지녔고, 필은 당(當)과 통한다(通釋). 따라서 백부지특(百夫之特)은 백 사람을 당해낼 만한 사람. 《모전》엔 백부의 덕을 당해낼 만한 사람이라 하였다. ○穴(혈)−묘혈. 목공이 묻히는 무덤 구덩이(鄭箋). ○惴(췌)−두려워하는 것. 췌췌는 두려워하는 모습. ○慄(율)−떨다. ○蒼者(창자)−창연(蒼然), 푸르른 것. 창자천(蒼者天)은 창연한 하늘. ○殲(섬)−죽여 버리는 것(釋義). ○良人(양인)−선인(善人). 엄식을 가리킨다. ○如(여)−만약. ○贖(속)−무역(貿易)의 뜻(集傳), 곧 물건을 주고 다른 것을 바꾸는 것. ○人百其身(인백기신)−딴 사람 백 명으로라도 그의 한 몸과 바꾸겠다는 말. ○仲行(중항)−이름. ○防(방)−

당(當)의 뜻(鄭箋)으로, 그의 장용(壯勇)이 백 사람을 당한다는 말(嚴粲 《詩緝》). ㅇ楚(초)―싸리나무. ㅇ鍼(침)―바늘. 침호도 사람 이름. ㅇ禦(어)― 당(當)의 뜻(毛傳)으로, 그의 지혜가 백 사람을 당한다는 말.

[解說] 〈모시서〉에 '황조는 세 훌륭한 신하를 애도한 것이다. 진나라 사람들은 목공이 이 사람들을 종사(從死)케 하여 이를 풍자하는 뜻으로 이 시를 지었다.'고 하였다. 《좌전》 문공 6년에 자거씨의 엄식·중항·침호의 세 아들이 목공의 유명에 따라 죽을 때 따라 죽었음을 기록하고 있다. 그 밖에도 종사자가 17인이 있었다 하였는데 《사기》〈진본기(秦本紀)〉에 의하면 종사자가 177인이었다 한다. 《정전(鄭箋)》에 의하면 자거씨는 진나라 대부의 성이라 한다. 목공의 여러 종사자들 중에서도 이 자거씨의 3자가 가장 현명하였던 듯하다.

7. 새매(晨風)

씽씽 나는 새매가 우거진 북쪽 숲으로 날아가네.
님을 뵙지 못하여 마음의 시름 그지없네.
어째서 어째서 나를 그렇게도 잊어버리오?

산에는 도토리나무 떨기, 진펄에는 느릅나무 떨기.
님을 뵙지 못하여 마음의 시름 풀릴 날 없네.
어째서 어째서 나를 그렇게도 잊어버리오?

산에는 아가위 떨기, 진펄에는 팥배나무 떨기.
님을 뵙지 못하여 마음 시름 술취한 듯하네.
어째서 어째서 나를 그렇게도 잊어버리오?

[原文] 鴥彼晨風이여 鬱彼北林이로다.
　　　　未見君子라 憂心欽欽이로다.
　　　　如何如何로 忘我實多오?

山有苞櫟이며 隰有六駁이로다.
未見君子라 憂心靡樂이로다.
如何如何로 忘我實多오?

山有苞棣며 隰有樹檖로다.
未見君子라 憂心如醉로다.
如何如何로 忘我實多오?

註解　o鴥(율)—빠르게 날아가는 모양(毛傳).　o晨(신)—새매. 신풍(晨風)은 새매, 곧 전(鸇)으로(毛傳), 청황색이며 구부정한 부리로 비둘기·제비·참새들을 잡아먹고 산다(孔疏).　o鬱(울)—무성한 모양(集傳).　o北林(북림)—숲의 이름(毛傳).　o君子(군자)—부인이 남편을 지칭하는 말.　o欽欽(흠흠)—근심하여 잊지 못하는 모양(集傳).　o多(다)—심(甚)의 뜻(釋義). 실다(實多)는 정말 심하다는 뜻.　o櫟(력)—도토리나무.　o六(육)—육(梀)과 통하여 떨기로 난 것(釋義 引 兪樾說).　o駁(박)—본시는 준마(駿馬)의 뜻(一本作 駮). 그러나 여기서는 재유(梓楡)라는 나무 이름(陸疏·集傳). 가래나무〔梓〕나 느릅나무〔楡〕와 비슷한 나무로 생각되지만 알 수 없어 편의상 '느릅나무'라 번역였다. 《모전》을 비롯한 고설(古說)에는 모두 말과 비슷한 짐승 이름이라 하였으나 제3절과 아울러 생각할 때 나무 이름이라 봄이 옳을 것이다.　o靡(미)—미락(靡樂)은 즐거움이 없는 것.　o棣(체)—당체(唐棣): 아가위나무.　o檖(수)—팥배나무. 앞의 수(樹)는 '심어져 있다'는 게 본뜻이나, 포(苞)와 같은 뜻으로 썼을 것이다.

解說　부인이 그의 남편을 생각하며 부른 노래(集傳). 그의 남편은 집을 나가 자기를 생각하는 일 없이 멋대로 돌아다니고 있는 것이다. 〈모시서〉에서는 진나라 강공(康公)이 목공의 유업(遺業)을 저버리고 어진 신하들을 버림을 풍자한 것이라 보았는데 아무래도 억지 해석인 듯한 흠이 있다.

　매절의 앞 두 구는 흥(興)이다. 1절의 새매가 북림(北林)으로 날아가는 것을 보고 작자는 남편의 귀가를 생각했을 것이다. 그리고 제2절과 제3절의 산과 진펄에 있는 나무들은 풍성하고 행복한 집안을 생각하게 한 것일까?

8. 옷이 없다면(無衣)

어찌 옷이야 없을까만, 당신과 두루마기를 함께 입겠소.
왕께서 군사를 일으키신다면 나의 짧은 창 긴 창 닦아
당신과 원수를 함께 치리이다.

어찌 옷이야 없을까만, 당신과 속옷을 함께 입겠소.
왕께서 군사를 일으키신다면 나의 긴 창 갈래 창 닦아
당신과 함께 일어나리이다.

어찌 옷이야 없을까만, 당신과 바지를 함께 입겠소.
왕께서 군사를 일으키신다면 나의 갑옷과 무기를 닦아
당신과 함께 가리이다.

原文 豈曰無衣오? 與子同袍로다.
王于興師시어든 脩修戈矛하여
與子同仇하리라.

豈曰無衣오? 與子同澤이로다.
王于興師시어든 修我矛戟하여
與子偕作하리라.

豈曰無衣오? 與子同裳이로다.
王于興師시어든 修我甲兵하여
與子偕行하리라.

註解 ○袍(포)－두루마기, 겉에 입는 긴 옷. 당신과 두루마기를 함께 입겠
다는 것은 한마음 한뜻으로 생사고락(生死苦樂)을 함께 하겠다는 말이다. 제

2절의 속옷, 제3절의 바지를 함께 입겠다는 것도 마찬가지다. ㅇ王(왕)-주나라 평왕(平王)을 가리키는 것으로 보았다(釋義). ㅇ興師(흥사)-군사를 일으키는 것. ㅇ戈(과)-창. 길이 6척 6촌(毛傳). ㅇ矛(모)-창. 길이 2장(丈)의 긴 창(毛傳). ㅇ同仇(동구)-원수를 함께하고 대적하는 것. ㅇ澤(탁)-설의(褻衣)(鄭箋). 탁(襗)의 가차자(釋義). ㅇ戟(극)-거극(車戟)이라고도 하는(毛傳) 갈래진 창으로, 길이 1장 6척(孔疏). ㅇ偕(해)-함께하다. ㅇ作(작)-일어나다, 기(起)의 뜻. ㅇ裳(상)-남자의 하의. ㅇ行(행)-전쟁에 나가는 것.

解說 굴만리(屈萬里)는 진나라 양공이 주나라 평왕을 호위하여 동천(東遷)하던 때의 일을 읊은 것이 아닌가 한다고 했다. 퍽 근리한 설이라 여겨진다. 천자인 주나라 평왕이 동쪽으로 도읍을 옮겨 올 때 진나라의 장군인 대부나 진나라 양공의 입장에서 충성을 맹서하는 뜻으로 노래 불렀을 것이다. 〈모시서〉에서는 진나라 임금이 전쟁을 많이 함을 국인이 풍자한 것이라 하였다.

9. 위수의 북쪽 기슭(渭陽)

외숙을 전송하러 위수 북쪽 기슭까지 왔는데,
무엇을 선물로 드릴까? 수레와 누런 사마로 하지.

외숙을 전송하노라니 꼬리에 꼬리를 잇는 여러 가지 감회.
무엇을 선물로 드릴까? 아름다운 옥돌 패옥으로 하지.

原文 我送舅氏하여 曰至渭陽이로다.
何以贈之오? 路車乘黃이로다.

我送舅氏하니 悠悠我思로다.
何以贈之오? 瓊瑰玉佩로다.

註解 ㅇ舅(구)-외삼촌. 구씨(舅氏)는 외삼촌, 외숙(外叔). 외숙은 진나라 중이(重耳)이고 시를 읊는 사람은 진나라 강공(康公)이다(뒤의 해설 참조).

o渭(위)—위수(渭水). o陽(양)—강의 북쪽 기슭. 북쪽 기슭은 남향 경사로 햇볕이 잘 쬐이므로 양이라 한다. 진나라는 이때 옹(雍 : 지금의 陝西省 鳳翔縣 남쪽)에 도읍하고 있었다. 위양(渭陽)에 이른다는 것은 동쪽으로 가서 외숙을 함양(咸陽 : 지금의 陝西省 長安縣)으로 전송하는 것이다. 함양은 옹에서 보아 위수 북쪽 기슭에 있다(鄭箋). o贈(증)—이별의 선물을 주는 것. o路車(노거)—제후의 수레(集傳). o乘黃(승황)—정풍 '대숙우전(大叔于田)' 시의 《모전》에 수레를 끄는 사마가 모두 누런 것을 말한다고 하였다. o悠悠(유유)—긴 모습. 여기에선 외숙을 보내노라니 돌아가신 어머님 생각, 외숙이 겪은 여러 가지 고난 등이 꼬리에 꼬리를 물고 떠오른 것이다. o思(사)—감회, 생각. o瓊(경)—붉은 옥. o瑰(괴)—옥돌 이름. 경괴(瓊瑰)는 옥 다음가는 아름다운 돌. o玉佩(옥패)—허리에 차는 패옥.

解說 진(秦)나라 강공(康公)의 어머니인 목공(穆公)의 부인(곧 秦姬)은 진(晉)나라 헌공(獻公)의 딸로서, 목공 부인의 이모제(異母弟)에 중이(重耳 : 진나라 文公)가 있었다. 따라서 중이는 강공의 외삼촌이 된다. 진나라 헌공은 여희(驪姬)라는 여자에 빠져, 여희의 참언으로 헌공은 여러 공자들을 죽이려 하였다.

중이는 그러한 어려움을 피하여 여러 나라를 유랑한 끝에 마침내는 진(秦)나라로 망명하였다. 이것을 '여희의 난(難)'이라 한다. 뒤에 이 중이는 마침내 진(晉)나라로 돌아갈 수 있게 되었다. 그때 목공 부인은 이미 세상을 떠났고 태자였던 강공이 중이를 전송하였다.

이 시는 이때 강공이 중이를 전송하며 읊은 노래이다. 〈모시서〉에서는 강공이 어머니를 생각하며 부른 노래라 하였다. 외숙을 전송하며 돌아가신 어머님을 생각했을 것은 말할 것도 없겠지만, 그래도 주제는 중이의 전송이라 봄이 옳을 것이다.

10. 처음(權興)

나에게 커다란 집에 융숭한 대접하시더니
지금은 먹는 것도 근근히 끼니를 이을 정도.

아아! 처음과는 달라지셨구나.

나에게 끼니마다 성찬을 베푸시더니
지금은 먹을 때마다 배불러 보지도 못하네.
아아! 처음과는 달라지셨구나.

原文 於我乎夏屋渠渠러니
今也每食無餘로다.
于嗟乎라! 不承權輿로다.

於我乎每食四簋러니
今也每食不飽로다.
于嗟乎라! 不承權輿로다.

註解 ㅇ夏(하)—대(大)의 뜻(毛傳). 따라서 하옥(夏屋)은 큰 집. ㅇ渠渠(거거)—근근(勤勤)과 통하여 은근(殷勤)한 것. 여기서는 융숭히 대접하는 것. ㅇ每食無餘(매식무여)—끼니 때마다 남는 것이 없는 것, 곧 음식을 조금 주며 형편없이 대접하는 것. ㅇ于嗟(우차)—탄사, 아아. ㅇ權輿(권여)—처음의 뜻(集傳). 불승권여(不承權輿)는 처음과 같은 좋은 대접을 계속하지 않는다는 뜻. ㅇ簋(궤)—와기(瓦器)이며, 모난 것을 보(簠), 둥근 것을 궤(簋)라 한다. 보에는 도량(稻粱)을 담았고, 궤에는 서직(黍稷)을 담았다(孔疏). 그러나 여기서 궤는 밥과 반찬 그릇 전체를 대표한다. 그리하여 궤는 성찬을 대접하는 것을 말한다(集傳). ㅇ飽(포)—배부른 것.

解說 〈모시서〉에선 강공이 선공(先公)인 목공의 구신(舊臣)과 어진 이를 잊고, 처음에는 어진이를 모아 정치를 잘하려 하였으나, 끝내는 그들을 버렸음을 풍자한 것이라 하였다. 자칭 인재라 하는 사람들은 알고 보면 헛된 이름만 뒤쫓는 무치(無恥)한 무리였기 때문이라 한다. 그러나 이 시를 읽어보면 분명히 처음에는 융숭한 대접을 받던 사람이 쫓겨나 그의 불평을 노래한 것이라 봄이 좋겠다.

제 12 진풍(陳風)

진(陳)나라는 정현(鄭玄 : 127~200)의 《시보(詩譜)》에 의하면 복희씨(伏羲氏)의 유지(遺址)라 한다. 순(舜)임금의 후손에 우알보(虞閼父)라는 이가 있었는데 주나라 무왕(武王 : B.C. 1134~B.C. 1116)의 질그릇 굽는 일을 관장하는 도정(陶正)이란 벼슬을 지냈다. 무왕은 그의 재주가 뛰어난 데다가 순임금의 후손임을 참작하여 그의 아들 규만(嬀滿)을 진나라에 봉하여 완구(宛丘)땅 곁에 도읍하게 하고 맏딸 태희(太姬)를 처로 삼게 하였다. 이 규만을 이에 진나라 호공(胡公)이라 부르게 되었다.

진나라 땅은 우공(禹貢) 예주(豫州)의 동쪽(지금의 河南省 開封府 以東으로 남쪽은 安徽省 亳州에 이르는 일대)에 해당한다. 그곳은 땅이 광평(廣平)하고 명산대택(名山大澤)이 없으며, 서쪽엔 외방산(外方山 : 곧 嵩高山)이 바라보이고 동쪽은 맹저(盟豬 : 지금의 河南省 商丘縣 동북쪽에 있는 호수 이름)에 다다랐다. 태희는 자식이 없어 무당과 푸닥거리 및 귀신가무를 즐겼으므로 민속도 그 영향을 많이 받았다(以上 略據 《詩譜》).

그 뒤로 5세(世)인 유공(幽公)은 주나라 여왕(厲王 : B.C. 878~B.C. 828) 때에 해당하며, 이공(釐公)·무공(武公)·이공(夷公)·평공(平公)·문공(文公)·환공(桓公)·여공(厲公)·이공(利公)·선공(宣公 : 周나라 惠王 : B.C. 676~B.C. 652 시대)·목공(穆公)·공공(共公)·영공(靈公)으로 계속되어, 민공(閔公) 24년(魯 哀公 17년)에 초(楚)나라 혜왕(惠王)에게 멸망당하였다. 지금의 하남성(河南省) 회양현(淮陽縣)엔 진나라 도읍의 고지(故址)가 있다.

1. 완구(宛丘)

그대 거침없이 완구 위에 놀고 있는데,
정말 풍정(風情)있으나 가까이 할 가망은 없네.

덩덩 북을 치며 완구 밑에서 놀고 있는데,
겨울 여름 없이 백로깃 들고 춤을 추네.

통통 동이 두드리며 완구 길가에서 놀고 있는데,
겨울 여름 없이 백로깃 부채 들고 춤을 추네.

原文 子之湯兮여 宛丘之上兮로다.
洵有情兮나 而無望兮로다.

坎其擊鼓여 宛丘之下로다.
無冬無夏히 値其鷺羽로다.

坎其擊缶여 宛丘之道로다.
無冬無夏히 値其鷺翿로다.

註解 o湯(탕)―탕(蕩)과 통하여(毛傳), 방탕 또는 유탕(遊蕩)의 뜻. o宛丘(완구)―사방이 높고 가운데가 움푹 들어간 언덕(毛傳). 뒤에는 지명이 되어 나라 사람들의 유관(遊觀)하는 장소로 변하였다. 《수경주(水經注)》에 의하면 완구는 진(陳)나라의 성남, 길 동쪽에 있었으며, 동문에서 완구에 이르는 곳은 모두가 가무(歌舞)의 장소였으며, 이곳이 바로 완구의 도(道)라고 한다(顧鎭 《虞東學詩》). o洵(순)―신(信)과 통하여 '정말로' '진실로'의 뜻. o有情(유정)―풍정(風情)이 있는 것. o無望(무망)―가까이하기를 바랄 수는 없다는 뜻. o坎其(감기)―감연(坎然)으로 북소리를 형용한 말(毛傳). o値(치)―지(持)의 뜻(毛傳). o鷺羽(노우)―백로의 깃으로 만든 춤추는 사람이 손에 들고 지휘하던 부채같이 생긴 물건. 패풍의 '간혜(簡兮)' 시에는 꿩깃으로 만든 적우(翟羽)를 들고 춤을 추었다. o缶(부)―질그릇. 《모전》엔 앙(盎)

이라 하였는데, 《공소(孔疏)》에선 이 부를 두드린다 했으니 악기의 일종이라 하였다. 여하튼 질그릇으로 된 항아리 모양의 것을 두드리며 박자를 맞췄던 것이다. ㅇ宛丘之道(완구지도)-완구로 통하는 길. ㅇ翿(도)-새깃으로 만든 춤추는 사람이 손에 든 물건. 앞의 우(羽)와 같은 말.

解說 〈모시서〉에는 진(陳)나라 유공(幽公)이 방탕하고 무도하게 노는 것을 풍자한 것이라 하였다. 그러나 이 시의 대상이 꼭 유공이라 할 만한 확증이 없고, 완구지도는 유락(遊樂)의 장소였다 하니 유공이 아니라 상 층계급의 사람들이 절도 없이 방탕하게 노는 것을 노래한 것이라 봄이 좋을 것이다.

2. 동문에는 흰 느릅나무(東門之枌)

동문에는 흰 느릅나무 완구에는 도토리나무.
자중씨(子仲氏)네 따님이 그 밑에서 춤을 추네.

좋은 날을 가리어 남쪽 들에 모였는데,
삼베 길쌈은 아니하고 날렵하게 춤을 추네.

좋은 날에 놀러 여럿이 함께 가다가,
그대를 보니 금규화 같은데, 내게 한줌의 산초를 주네.

原文 東門之枌과 宛丘之栩여!
　　　子仲之子가 婆娑其下로다.

　　　穀旦于差하니 南方之原이로다.
　　　不績其麻하고 市也婆娑로다.

　　　穀旦于逝하니 越以鬷邁로다.
　　　視爾如荍하니 貽我握椒로다.

註解 ㅇ枌(분)-흰 느릅나무. 백유(白楡)(毛傳), 껍질인 흰 느릅나무. ㅇ栩

(허)―도토리나무, 참나무. 당풍(唐風) ‘보우(鴇羽)’ 시에도 보임. o子仲(자중)―진(陳)나라 대부의 성(姓)(毛傳). o之子(지자)―시자(是子)로서(孔疏), 《정전(鄭箋)》에선 남자로 보았으나, 주희는 여자, 곧 자중씨네 딸로 보았다(集傳). o婆娑(파사)―춤을 너울너울 추는 모양. o其下(기하)―동문의 느릅나무와 완구의 도토리나무 밑을 말한다. 앞의 ‘완구’ 시에서 지적했듯이 진나라 도성의 동문으로부터 남쪽의 완구에 이르는 일대는 행락의 장소였다. o穀(곡)―선(善)과 통함(毛傳). 곡단(穀旦)은 좋은 날 아침. o于(우)―조사. o差(채)―가리다. 택(擇)의 뜻(鄭箋). o南方之原(남방지원)―남쪽의 들, 곧 완구땅을 가리킨다. o不績其麻(부적기마)―그들이 늘 짜던 삼베도 짜지 않는 것. o市(시)―패(沛), 패(芾)와 통한다. 《한서(漢書)》〈예악지(禮樂志)〉에 ‘영지래(靈之來), 신재패(神哉沛)’라 하였는데, 주(注)에 ‘패(沛)는 질모(疾貌)’라 하였다. 이곳에서는 춤을 ‘날렵하게 추는 모양’(釋義). o逝(서)―놀러 가는 것. o越以(월이)―조사. o翢(종)―여러 사람들(集傳). o邁(매)―멀리 가는 것. 종매는 여럿이 함께 놀러 나가는 것. o荍(교)―금규화(錦葵花)로 형규(荊葵)라고도 하며 분홍색에 자줏빛 무늬가 있는 꽃이 핀다. o貽(이)― 사랑의 선물로 보내는 것. o握(악)―한줌의 뜻. o椒(초)―산초(山椒).

解說 젊은 남녀가 교외로 몰려나가 가무하며 즐기는 모습을 노래한 것이다(集傳). 〈모시서〉에서는 남녀들이 할 일을 제쳐놓고 어지러이 놀아남을 싫어한 나머지 이 시를 읊었다고 하였으나, 그대로 즐기는 노래라 봄이 옳을 것이다.

3. 오막살이(衡門)

오막살이집일망정 다리 뻗고 살리로다.
샘물이 넘쳐흐르고 있으니 주림은 면할 수 있는 것.

어찌 고기를 먹는데 꼭 황하의 방어라야만 할까?
어찌 장가를 드는데 꼭 제나라 강(姜)씨네 딸이어야 할까?

어찌 고기를 먹는데 꼭 황하의 잉어라야만 할까?

어찌 장가를 드는데 꼭 송(宋)나라 자(子)씨네 딸이어야 할까?

原文 衡門之下여 可以棲遲로다.

泌之洋洋이여 可以樂飢로다.

豈其食魚를 必河之魴이리요?

豈其取妻를 必齊之姜이리요?

豈其食魚를 必河之鯉리요?

豈其取妻를 必宋之子리요?

註解 ㅇ衡門(형문)―막대기를 세우고 위에다 가로대어 놓은 극히 초라한 문(毛傳). 형문지하(衡門之下)는 그러한 초라한 문이 달린 오막살이집을 뜻한다. ㅇ棲遲(서지)―유식(遊息)의 뜻으로(毛傳), 마음 편히 푹 쉬는 것. 여기서는 마음 편히 다리 뻗고 살아감을 뜻한다. ㅇ泌(비)―《모전》에 천수(泉水)라 하였다. 샘물. ㅇ洋洋(양양)―물이 넓은 모습이나, 샘물을 형용한 것이므로 넘쳐흐르는 모양이라 보았다. ㅇ樂(요)―요(療)와 통하여, 병을 고치는 것. 《한시외전(韓詩外傳)》, 《열녀전(列女傳)》 같은 데에는 이 시를 인용함에 모두 '료(療)'라 썼다. 《정전(鄭箋)》에선 瘵의 뜻이라 하였는데, 瘵는 료(療)와 같은 글자이다. 따라서 요기(樂飢)는 요기, 주림을 면하는 것(通釋). ㅇ魴(방)―황하의 방(魴)과 이(鯉)는 지금까지도 맛있기로 유명하다 한다. 고기를 먹는 데 꼭 황하의 방어가 맛있대서 그것만을 먹어야 할 필요가 없다는 것은, 사람은 반드시 출세하여 부귀영화를 누리고 살아야만 하는 것은 아니라는 뜻. ㅇ齊(제)―가장 큰 나라 이름. ㅇ姜(강)―제(齊)나라의 성(姓). 제강(齊姜)은 제나라의 강씨 성을 가진 여자로, 귀족의 아름다운 여자를 가리킨다. ㅇ宋(송)―오래된 큰 나라 이름. ㅇ子(자)―송나라의 성. 앞의 제지강(齊之姜)과 마찬가지로 아름다운 귀족의 딸을 가리킨다.

解說 《한시외전》에 '형문(衡門)' 시는 어진 사람이 세상에 나가지 않고 은거하는 생활을 노래한 것이라 하였다. 초라한 초막에 샘물 마시며 살아가도 즐거움은 그 속에 있다는 것이다. 하필 맛있는 좋은 고기만을 먹고, 귀족 집안의 아름다운 여자에게 장가들어 살아야만 할 게 무엇이 있느냐는 제2절과 3절을, 《모시》에서는 충신(忠臣)이면 됐지 성인(聖人)만을

찾을 게 무엇이 있느냐는 뜻으로 풀이하였다.

　그러나 좋은 음식에 미녀를 처로 두고 살아야만 꼭 즐거운 것이 아니라 소박한 은자의 생활 속에도 즐거움이 있는 것이라는 뜻으로 봄이 좋을 것이다.

4. 동문 밖 연못(東門之池)

동문 밖 연못은 삼 담그기 좋은 곳,
아름다운 좋은 아가씨와 짝지어 노래하고 있네.

동문 밖 연못은 모시 담그기 좋은 곳,
아름다운 좋은 아가씨와 짝지어 얘기하고 있네.

동문 밖 연못은 왕골 담그기 좋은 곳,
아름다운 좋은 아가씨와 짝지어 말하고 있네.

原文　　東門之池여　可以漚麻로다.
　　　　彼美淑姬여　可與晤歌로다.

　　　　東門之池여　可以漚紵로다.
　　　　彼美淑姬여　可與晤語로다.

　　　　東門之池여　可以漚菅이로다.
　　　　彼美淑姬여　可與晤言이로다.

註解　　ㅇ東門(동문)－진(陳)나라 도성의 동문으로 행락 장소. ㅇ池(지)－城池(毛傳). ㅇ漚(구)－물에 담그는 것(毛傳). 구마(漚麻)는 삼을 물에 담가두는 것. 삼을 물에 담가두면 껍질이 부드러워진다. 그러면 그 껍질을 벗기어 베를 짤 실을 만드는 것이다. ㅇ淑(숙)－선(善)과 통하여 훌륭한 것, 좋은 것. ㅇ姬(희)－원래 황제(黃帝)의 성. 자손이 염제(炎帝)의 손(孫)인 강씨와 함께 주나라와 제나라를 각각 세워 창성을 극하였다. 그리고 미녀들이 이 희씨(姬

氏)와 강씨네 집에서 많이 나, 이 희와 강이 부인의 미칭으로 변하였다(孔疏). ㅇ晤(오)-우(遇)와 뜻이 통하는데(毛傳), 우는 또 우(偶)와 통하여 '짝을 짓는 것' 곧 결혼을 뜻한다. 오가(晤歌)는 그 여자와 부부로 짝이 되어 함께 노래하는 것. ㅇ紵(저)-모시. ㅇ菅(관)-왕골.

解說 미인을 만나 춤추고 노래하며 즐기는 정경을 노래한 것이 이 시이다. 노래 부른 작자는 물론 남자이다. 삼이나 모시·왕골을 담그기 좋겠다는 동문 밖의 연못 근처는 대표적인 진나라의 즐기고 노는 장소. 〈모시서〉에서는 그의 임금이 음혼(淫昏)해서 어진 여자로서 군자의 짝이 되도록 하려는 것을 노래한 것이라 하였다.

5. 동문 밖의 버드나무(東門之楊)

동문 밖의 버드나무는 잎새가 더풀더풀,
저녁에 만나기로 했는데 샛별 반짝이도록 님은 안오네.

동문 밖의 버드나무는 잎새가 너풀너풀,
저녁에 만나기로 했는데 샛별 반짝이도록 님은 안오네.

原文　東門之楊이여　其葉牂牂이로다.
　　　昏以爲期하니　明星煌煌이로다.

　　　東門之楊이여　其葉肺肺로다.
　　　昏以爲期하니　明星晢晢이로다.

註解　ㅇ楊(양)-가지가 늘어지지 않는 버드나무. ㅇ牂牂(상상)-무성한 모양(毛傳). 애인과 만나기로 약속한 동문 밖 밀회장소에는 잎새 무성한 버드나무만이 서 있다. ㅇ期(기)-만나기로 애인과 기약한 것. ㅇ明星(명성)-계명성(啓明星), 샛별(鄭風 '女曰雞鳴' 시에도 보임). ㅇ煌煌(황황)-크게 반짝이는 모양(集傳). 샛별이 반짝이는 새벽까지 애인을 기다렸으나 그는 오지 않았다는 뜻. ㅇ肺肺(패패)-앞의 상상(牂牂)과 비슷한 말(毛傳). ㅇ晢晢(제제)-앞

의 황황(煌煌)과 비슷한 말(毛傳).

解說 밀회하기로 약속을 하고도 오지 않는 애인을 기다리는 연인의 노래이다. 〈모시서〉에서는 결혼 시간을 어기고 신부가 오지 않는 혼란한 예속(禮俗)을 풍자한 것으로 보았으나 《집전(集傳)》의 설을 따랐다.

6. 묘문(墓門)

묘문 밖의 대추나무를 도끼로 자르고 있네.
저이의 착하지 못함은 백성들이 다 알고 있네.
아는데도 그치지 않고 예대로 그 모양이네.

묘문 밖의 매화나무엔 올빼미가 모여들었네.
저이가 착하지 못하여 노래로서 알려주었네.
알려줘도 거들떠보지 않으니 신세 망치게 되어야 나를 생각하리.

原文 墓門有棘하니 斧以斯之로다.
夫也不良하니 國人知之로다.
知而不已하나니 誰昔然矣로다.

墓門有梅하니 有鴞萃止로다.
夫也不良하니 歌以訊之로다.
訊予不顧하나니 顚倒思予리라.

註解 ○墓門(묘문)―진(陳)나라 성문의 이름(後箋). 옛날에는 흔히 성 북쪽에 장사지냈으니 북문이 아닐까 한다. ○棘(극)―가시 달린 대추나무(邶風 '凱風' 시에 보임). ○斧(부)―도끼. ○斯(사)―자르는 것. 가시 달린 대추나무를 자름은 악인이 나쁜 짓을 함을 뜻한다. ○夫(부)―저 사람. 애인이면서로 불량하여 지탄을 받고 있는 사람을 가리킨다. ○不良(불량)―불선(不善), 좋지 못한 것, 나쁜 짓을 하는 것. ○誰(수)―주(疇)와 통하여, 수석(誰昔)은 주석(疇昔), 곧 '옛날'의 뜻. ○鴞(효)―올빼미. 나쁜 새임. ○萃(취)―

보이다. ㅇ止(지)-조사. 매화나무는 살기 좋았던 진나라에, 올빼미는 이곳의 '불량한 사람'에 비유한 것이다. ㅇ訊(신)-고(告)의 뜻(毛傳). 잘못을 알려주는 것. ㅇ顧(고)-돌아보다, 거들떠보다. ㅇ顚倒(전도)-넘어지다, 실패하다, 곧 신세망치게 되는 것.

解說 이 시는 행실이 좋지 못한 자기 애인을 원망하는 시이다. 〈모시서〉에서는 진나라 타(佗)를 풍자한 것이라 하였다. 타는 문공의 아들로서 큰아들 면(免)을 죽이고 대신 임금자리에 올라간 사람이다. 그는 훌륭한 스승이 없어 그토록 나쁜 짓을 저질렀다는 것이다.

7. 방죽 위의 까치집(防有鵲巢)

방죽 위에는 까치집이 있고 언덕에는 맛있는 완두가 있네.
누가 나의 님 꾀어 내 마음을 괴롭히노?

뜰 가운데 길엔 오지 벽돌 깔렸고 언덕에는 고운 잡초가 났네.
누가 나의 님을 꾀어 내 마음을 아프게 하노?

原文　防有鵲巢며 邛有旨苕로다.
　　　誰侜予美하여 心焉忉忉오?

　　　中唐有甓하며 邛有旨鷊이로다.
　　　誰侜予美하여 心焉惕惕고?

註解　ㅇ防(방)-방축 또는 제방. ㅇ鵲(작)-까치. ㅇ巢(소)-새둥지. ㅇ邛(공)-언덕. 구(丘)의 뜻(毛傳). ㅇ旨(지)-맛있는 것. ㅇ苕(초)-초요(苕饒)라고도 하며 만생(蔓生). 줄기는 완두처럼 가늘고 잎새는 질여(蒺藜)처럼 파라며, 줄기와 잎새를 모두 먹을 수 있고 소두곽(小豆藿)과 비슷하다 한다(毛傳). 완두 비슷한 콩인 듯하다. 이 첫 두 구는 흥으로 자연의 질서대로 잘 되어가는 작자의 눈에 띈 현상을 노래한 것이다. 눈앞의 현상은 자연스러운데 자기만이 애인과의 사이에 갈등이 생겨 마음 아픈 것이다. ㅇ侜(주)-거짓말

로 남을 꾀는 것. ○予美(여미)-여소미지인(予所美之人)(孔疏), 곧 나의 사랑하는 사람. ○忉忉(도도)-근심하는 모양. 제풍 '보전(甫田)' 시에도 보였음. ○中(중)-중정(中庭)(毛傳). 가운데 뜰. ○唐(당)-당도(堂塗)라고도 하며 중정의 문에서 당하까지 이르는 길(孔疏). 당은 대청에 해당한다. ○甓(벽)-중국에서는 집이나 성을 쌓는 데 예부터 흙으로 구운 오지 벽돌을 많이 썼다. 집안의 뜰에는 지금도 거의 벽돌을 깐다. ○鷊(역)-《모전(毛傳)》에 수초(綬草)라 하였는데 작은 잡색의 수실 무늬 비슷한 풀(孔疏). ○旨(지)-맛있다는 뜻이나, 역이 아름다운 풀이니 '곱다'는 뜻으로 봄이 좋을 듯하다(後箋). ○惕惕(척척)-도도(忉忉)와 같이 근심하는 모양.

解說 마음이 흔들리고 있는 애인을 둔 연인의 노래. 그는 애인이 남의 꾀임수에 빠져 마음이 흔들리는 것이 아닐까 걱정하고 있다. 〈모시서〉에서는 진나라 선공(宣公)이 참언을 잘 들어 군자가 걱정한 노래라 하였는데 아무래도 자연스럽지 못하다.

8. 달이 떴네(月出)

달이 떠 환하게 비치니 아름다운 님의 얼굴 떠오르네.
아리따운 그대여! 마음의 시름 어이하리.

달이 떠 희게 비치니 아름다운 님의 얼굴 그립네.
얌전한 그대여! 마음의 시름 가이없네.

달이 떠 밝게 비치니 아름다운 님의 얼굴 보는 듯.
몸매 고운 그대여! 마음의 시름 한이 없네.

原文 月出皎兮어늘 佼人僚兮로다.
　　　舒窈糾兮여 勞心悄兮로다.

　　　月出皓兮어늘 佼人懰兮로다.
　　　舒懮受兮여 勞心慅兮로다.

月出照兮어늘 佼人燎兮로다.

舒夭紹兮여 勞心慘兮로다.

註解   ㅇ皎(교)-달이 환하게 비치는 것. ㅇ佼人(교인)-미인으로 애인을 가리킨다. ㅇ僚(료)-여기서는 아름다운 모양(毛傳). 달을 보니 아름다운 애인의 모습이 떠오른다는 뜻. ㅇ舒(서)-발성자(發聲字). 별 뜻이 없음(通釋). ㅇ窈糾(요교)-요조(窈窕)(周南 '關雎' 시 참조)와 같은 말(通釋). ㅇ勞(노)-《회남자(淮南子)》〈정신편(精神篇)〉고유주(高誘 注)에 의하면 우(憂)의 뜻. ㅇ悄(초)-근심하는 것. ㅇ晧(호)-달빛이 밝게 비치는 것. ㅇ懰(류)-예쁜 것, 아름다운 것. ㅇ懮受(유수)-《옥편(玉篇)》에 의하면 서지지모(舒遲之貌)(釋義), 곧 애인의 얌전한 거동을 형용한 말. ㅇ慅(초)-근심하는 모양(孔疏). ㅇ燎(료)-명(明)의 뜻(集傳)으로, 이 구절은 애인의 고운 모습이 밝게 떠오른다는 말. ㅇ夭紹(요소)-요소(要紹)와 같은 말로서 고운 자태와 얼굴 모습(《後箋》·《通釋》). ㅇ慘(참)-조(懆)라고도 쓰며《설문해자》에 의하면 '근심으로 불안한 모양'이다.

解說   밝은 달을 쳐다보며 애인을 생각하는 연인의 노래이다.《집전(集傳)》에도 남녀상열이상념지사(男女相悅而相念之詞)라 하였다. 그러나 〈모시서〉에서는 벼슬하는 사람들이 덕을 좋아하지 않고 미색을 좋아함을 풍자한 것이라 하였다. 아무래도 해석에 무리를 느낀다.

9. 주땅의 숲(株林)

무엇하러 주(株)땅의 숲에 갔나? 하남(夏南)에게 갔던 거지.
주땅의 숲에 간 게 아니라 하남에게 간 거야.

네 말 수레 타고 주땅의 들에 가 머물렀네.
네 망아지 수레 타고 주땅에서 조반도 먹었지.

原文   胡爲乎株林고? 從夏南이리라.

匪適株林이요 從夏南이니라.

駕我乘馬하여 說于株野로다.
乘我乘駒하여 朝食于株로다.

註解 ○胡(호)—어찌. ○株(주)—하씨(夏氏)의 고을. 지금의 하남성 자성현(柘城縣)에 해당한다(釋義). 주림은 주땅의 숲. 마서진(馬瑞辰)은 임(林)은 야(野)의 별칭으로 주림은 뒤의 주야(株野)와 같은 곳이라 하였다(通釋). 여기에 하희(夏姬)의 집이 있었다. ○夏南(하남)—하징서(夏徵舒)를 가리킴. 이 시는 진나라의 영공(靈公)이 그의 대부(大夫) 하숙경(夏叔卿)이 죽은 뒤 그의 처 하희와 정을 통하였다. 하징서는 하희의 아들로서 자가 자남(子南)이다. 하씨 성에 자남이란 자를 합쳐 하남이라 한 것이다. 어머니를 들지 않고 아들 이름을 댄 것은 그가 호주이기 때문이다(孔疏). ○匪(비)—아니다. 비(非). ○駕(가)—수레를 타는 것. ○我(아)—진나라 사람들이 영공의 입장에서 아(我)라 한 것이다(鄭箋). ○乘馬(승마)—사마(四馬). 네 마리의 수레를 끄는 말. 승(乘)은 사(四)의 뜻. ○說(세)—머무는 것. ○株野(주야)—하희의 집이 있는 곳을 말함. ○駒(구)—6척 이하의 말을 구라 한다(集傳). 위의 승(乘)은 앞의 가(駕)와 마찬가지로 수레를 타는 것. 아래 승(乘)은 사(四)의 뜻. ○朝食(조식)—아침 식사를 하는 것.

解說 〈모시서〉에 주림(株林)은 진(陳)나라 영공(靈公)을 풍자한 것이라 하였다. 영공은 그의 대부 하숙경이 죽자 그의 처 하희(夏姬)를 간음하러 아침저녁으로 쉴새없이 주땅을 왕래하였다. 하희는 대부 하징서의 어머니이다. 《좌전(左傳)》 선공(宣公) 9년과 10년에도 이에 대한 기록이 보인다.

10. 못 둑(澤陂)

저 연못 둑 너머엔 부들과 연잎.
아름다운 님이여! 이 시름 어이할꼬?
자나깨나 아무 일 못하고 눈물만 비오듯.

저 연못 둑 너머엔 부들과 들난초 잎.

아름다운 님이여! 멋지고 훌륭하고 어여쁜지고.
자나깨나 아무 일 못하고 마음속만 타는 듯.

저 연못 둑 너머엔 부들과 연꽃.
아름다운 님이여! 멋지고 훌륭하고 의젓한지고.
자나깨나 아무 일 못하고 뒹굴뒹굴하다간 베개에 머리 묻네.

[原文] 彼澤之陂엔 有蒲與荷로다.
        有美一人이여 傷如之何오?
        寤寐無爲하여 涕泗滂沱로다.

        彼澤之陂엔 有蒲與蕳이로다.
        有美一人이여 碩大且卷이로다.
        寤寐無爲하여 中心悁悁이로다.

        彼澤之陂엔 有蒲菡萏이로다.
        有美一人이여 碩大且儼이로다.
        寤寐無爲하여 輾轉伏枕하도다.

[註解] ○澤(택)―못, 호수. ○陂(파)―파(坡)와 통하여 방죽, 제방(堤防)의
뜻. ○蒲(포)―부들. 수초(水草)로 줄기를 말려 자리를 만드는 데 쓴다. ○荷
(하)―여기에서는 연잎. 정풍 '산유부소(山有扶蘇)' 시 참조. ○美一人(미일
인)―여자가 남자 애인을 가리키는 듯하다. ○無爲(무위)―아무 일도 손에 잡
히지 않아 못하는 것. ○涕(체)―눈물을 흘리는 것. ○泗(사)―콧물을 흘리는
것. ○滂沱(방타)―큰 비가 오듯 하는 것. ○蕳(간)―들난초. 산란(山蘭)이 아
니라 택란(澤蘭). 《모전》엔 난이라고만 하였다(鄭風 '溱洧' 시에도 보임). ○碩
(석)―외양이 멋진 것. ○大(대)―행동이 훌륭한 것. ○卷(권)―권(婘)이라 《석
문(釋文)》에 있으니, 어여쁘다는 뜻(釋義). ○悁悁(연연)―읍읍(悒悒)과 같은
말로(毛傳), 근심하는 모양. ○菡(함)―연꽃 봉오리. ○萏(담)―연꽃 봉오리.
함담은 연꽃 봉오리, 활짝 핀 연꽃은 부용(芙蓉)이라 한다. ○儼(엄)―긍장
(矜莊)한 모양(毛傳), 곧 의젓한 것. ○輾轉(전전)―이리 뒹굴 저리 뒹굴 잠
못이루는 것. 주남 '관저(關雎)' 시에 보임. ○伏枕(복침)―베개에 머리를 파

묻는 것. 마음의 괴로움이 극에 달하였을 때 눈물과 시름을 가눌 수 없어 하
는 행동.

解說 여자가 사랑하는 남자를 그리워하며 몸부림치는 연시(戀詩)이다.
〈모시서〉에는 진나라 영공으로 말미암아 어지러워진 진나라의 남녀 관계
를 풍자한 것이라 해석하였다.

제 13 회풍(檜風)

회(檜)는 회(鄶)라고도 쓰며 축융(祝融)의 후예로 운(妘) 성이었다 한
다. 그 세차(世次)는 지금 알 길이 없으며 주나라 평왕(平王 : B.C. 77
0~B.C. 720) 때 정(鄭)나라 무공(武公)에게 멸망당하였다. 그 영역은
하남성 숭산(嵩山)의 북쪽에서 영택현(滎澤縣) 남쪽에 걸친 땅이며, 진
수(溱水)와 유수(洧水) 사이에 도읍하고 있었다 한다. 그러나 정나라는
회나라를 차지하여 진수와 유수 사이에 도읍하고 있었고, 정풍(鄭風)에
는 여러 번 진수와 유수가 나왔다.
　여기에 또 따로 회나라 시를 모아놓았으니 그것은 지역과 악조(樂調)
가 정풍과 달랐기 때문이 아니라 정나라에 합병되기 이전의 시들이기 때
문일 것이다. 그러므로 회풍의 시 네 편은 모두가 주나라 평왕이 동천하
기 이전의 작품으로 보아야 할 것이다. 회나라 도성의 고지(故址)가 지
금의 하남성 밀현(密縣) 동북쪽에 있다(《釋義》).

1. 염소 갖옷(羔裘)

염소 갖옷 입고 노닐다간 여우 갖옷 입고 조회보시네.
당신 생각에 내 시름 그지없네.

염소 갖옷 입고 거닐다간 여우 갖옷 입고 공당에 계시네.
당신 생각으로 내 마음 걱정 태산 같네.

염소 갖옷은 윤기 흘러 햇빛에 번쩍이네.
당신 생각으로 마음이 슬퍼지네.

原文 羔裘逍遙하며 狐裘以朝로다.
豈不爾思리오? 勞心切切로다.

羔裘翱翔하며 狐裘在堂이로다.
豈不爾思리요? 我心憂傷이로다.

羔裘如膏하니 日出有曜로다.
豈不爾思리요? 中心是悼로다.

註解 ㅇ羔裘(고구)-소남(召南)의 '고양(羔羊)', 정풍(鄭風)의 '고구(羔裘)', 당풍(唐風)의 '고구(羔裘)' 제시(諸詩)에 보임. ㅇ逍遙(소요)-왔다갔다하며 마음내키는 대로 노니는 것. 고구는 제후가 조회를 할 때 치의(緇衣)와 함께 입는 것인데(集傳), 놀러다닐 때 고구를 입었음은 제후가 법도에 벗어나는 짓을 하는 것이다. ㅇ狐裘(호구)-금의(錦衣)와 함께 천자를 찾아가 뵐 때 입는 옷(集傳). 조회에 호구를 입는 것도 제후가 정치를 법도대로 하지 않음을 뜻한다. ㅇ朝(조)-조회. ㅇ爾(이)-그대, 자기가 사랑하는 사람. 고관인데 자기를 별로 생각해 주지 않는 듯하다. ㅇ勞(노)-우(憂)의 뜻. 앞의 진풍(陳風) '월출(月出)' 시에 보임. ㅇ切切(도도)-근심하는 모양, 진풍 '방유작소(防有鵲巢)' 시에 보임. ㅇ翱翔(고상)-왔다갔다 노니는 것. 소요(逍遙)와 비슷한 말(毛傳). ㅇ堂(당)-공당(公堂). 제후가 정사를 처리하는 곳(傳疏). ㅇ傷(상)-근심하는 것. ㅇ如膏(여고)-기름처럼 윤기가 나는 것. ㅇ曜(요)-빛나다. ㅇ悼(도)-슬퍼지다.

解說 〈모시서〉에 의하면 회나라 대부가 그의 제후가 옷이나 잘 입고 왔다갔다 노닐기만 좋아하므로 그 나라를 떠나려 하며 이 시를 읊은 것이라 하였다. 시를 읽어보면 그 나라를 떠나려는 기미는 보이지 않는다. 그러나 시를 읽어보면 여인이 높은 자리에 있는 자기 애인을 생각하며 자기

를 거들떠보아 주지 않음을 원망하는 내용인 듯 하다.

2. 흰 관(素冠)

흰 관 쓴 그이 보고파라, 병든 이 몸 여위고
괴로운 마음 이를 곳 없네.

흰 옷 입은 그이 보고파라, 내 마음은 서러워지노니
당신과 함께하고 싶네.

흰 폐슬 입은 그이 보고파라, 내 마음에 시름 쌓이노니
당신과 한 몸이 되고 싶네.

[原文]　庶見素冠兮여 棘人欒欒兮하여
　　　　勞心慱慱兮로다.

　　　　庶見素衣兮여 我心傷悲兮니
　　　　聊與子同歸兮로다.

　　　　庶見素韠兮여 我心蘊結兮니
　　　　聊與子如一兮로다.

[註解]　○庶(서)─서기(庶幾)로 바람[願]을 나타낸다.　○素冠(소관)─뒤의
소의(素衣)·소필(素韠)과 함께 상복으로 보고 3년상을 치르지 못함을 풍자
한 것이라 하였다(毛傳). 그러나 고인의 상복은 베올의 굵기로서 상의 경중
을 정하였지 반드시 흰색을 숭상한 것은 아니다. 옛날의 관례(冠禮)에도 소
관을 썼는데 《의례》 사관례(士冠禮) 시관(始冠)에 정현(鄭玄)은 '백포관(白布
冠)은 지금의 상관(喪冠)과 같은 것'이라 주하였다. '지금의 상관과 같다'고
하였으니 옛날에는 그렇지 않았음이 분명하다. 정풍의 '출기동문(出其東門)'
시에도 여자들이 평시에 입는 옷으로 호의(縞衣), 곧 흰옷이 나왔다(以上《釋
義》). 청나라 적호(翟灝)의 《통속편(通俗編)》 권25의 논증에 의하면 흰색을
흉식(凶飾)이라 싫어하게 된 것은 당대(唐代) 이후라 한다. 따라서 이곳의

소관은 깨끗하고 소박한 복장을 한 사람을 뜻하는 것으로 본다. ㅇ棘(극)-척(瘠)과 통하여, 극인(棘人)은 그리움에 병들어 몸이 여윈 사람(通釋). ㅇ欒欒(란란)-몸이 여윈 모양(毛傳). 이 구절은 여자가 자신을 노래한 것임. ㅇ勞(노)-우(憂)의 뜻(앞의 '羔裘' 시 및 陳風 '月出' 시에 보임). ㅇ慱慱(단단)-근심하는 모양. ㅇ聊(료)-차(且)의 뜻. ㅇ子(자)-소의(素衣)한 사람. 그리운 사람을 가리킴. ㅇ同歸(동귀)-다음 절의 여일(如一)과 비슷한 말로, 함께하는 것(通釋).《공소(孔疏)》에선 행동을 같이하는 것이라 하였다. ㅇ鞸(필)-폐슬(蔽膝)(集傳), 무릎 가리개. ㅇ薀結(온결)-마음에 한 같은 것이 쌓이고 맺히는 것. ㅇ如一(여일)-한몸처럼 마음과 행동을 같이하는 것.

解說　여자가 사랑하는 남자를 그리는 사랑의 노래이다. 〈모시서〉에서 3년상을 못 지키는 것을 풍자한 것이라 했음은 잘못이다(《釋義》).

3. 진펄의 양도(隰有萇楚)

진펄의 양도는 가지가 아름답기도 하네.
싱싱하고 어여쁜데도, 그대의 배필 없음이 즐겁네.

진펄의 양도는 꽃이 아름답기도 하네.
싱싱하고 어여쁜데도, 그대 아직 혼인 못한 것이 즐겁네.

진펄의 양도는 열매가 아름답기도 하네.
싱싱하고 어여쁜데도, 그대 아직 집안 이루지 못한 것이 즐겁네.

原文　隰有萇楚하니 猗儺其枝로다.
　　　夭之沃沃하니 樂子之無知하노라.

　　　隰有萇楚하니 猗儺其華로다.
　　　夭之沃沃하니 樂子之無家하노라.

　　　隰有萇楚하니 猗儺其實이로다.

天之沃沃하니 樂子之無室하노라.

註解   ○隰(습)−진펄.   ○萇楚(장초)−요익(銚弋)이라고도 하는데(毛傳), 《육소(陸疏)》엔 지금의 양도(羊桃)라 하였다. 잎은 길고 좁으며 꽃은 자적색(紫赤色), 가지와 줄기는 부드러워 한 자 넘게 자라면 덩굴이 져 풀위에 뻗는다 한다(孔疏). 우리나라에서 흔히 '보리수'라 하지만 분명히 다른 식물이어서 그대로 '양도'라 하였다.   ○猗儺(아나)−《모전》엔 유순(柔順), 《공소(孔疏)》엔 지조유약(枝條柔弱)이라 하였다. 그러나 《경의술문(經義述聞)》엔 아나(阿難)와 같은 미성(美盛)한 모양이라 하였는데 이를 따른다.   ○天(요)−소호모(少好貌)(集傳), 곧 싱싱하고 아름다운 것. 《공소》엔 '도지요요(桃之夭夭)'와 같은 뜻으로 싱싱한 것이라 했다.   ○沃沃(옥옥)−장교(壯佼)한 모양(毛傳), 곧 튼튼하고 아름다운 것.   ○無知(무지)−지는 필(匹)의 뜻으로(鄭箋), 배필이 없는 것.   ○華(화)−꽃.   ○無家(무가)−아직 결혼을 못하여 자기 집을 이루지 못하고 있는 것. 앞 장의 '무지(無知)' 뒷장의 '무실(無室)'과 같은 뜻임.   ○無室(무실)−앞의 '무가(無家)'와 같은 뜻.

解說   이 시는 오랜만에 다시 만난 옛 애인이 아직도 결혼 안한 몸임을 알고 기뻐하는 노래이다. 프랑스 학자 Marcel Granet는 구성상으로 보아 주남(周南)의 '도요(桃夭)'와 비슷한 성격의 시라 풀이하였다.

4. 바람(匪風)

큰 바람 몰아치는 속에 수레 달려가고 있네.
주(周)나라로 가는 길 돌아보니 마음 슬퍼지네.

회오리바람 속에 수레 뒤흔들리며 가고 있네.
주나라로 가는 길 돌아보니 마음 아파지네.

누가 물고기를 삶을 때 가마솥에 물을 부을 건가?
누가 서쪽 주나라로 가서 좋은 소식 갖고 올 건가?

原文 匪風發兮여 匪車偈兮로다.
　　　顧瞻周道하니 中心怛兮로다.

　　　匪風飄兮여 匪車嘌兮로다.
　　　顧瞻周道하니 中心弔兮로다.

　　　誰能亨魚에 漑之釜鬵오?
　　　誰將西歸에 懷之好音고?

註解 ○匪(비)-피(彼)와 통하는 조사. 뒤의 비(匪)자도 마찬가지이다(《經義述聞》). ○發(발)-바람이 크게 이는 것. 대풍(大風)은 풍발(風發)이라고도 한다(《詩緝》). ○偈(걸)-빨리 달리는 것(毛傳). 바람이 몰아치는 속을 수레가 달려가고 있다. ○顧瞻(고첨)-뒤돌아보는 것. ○周道(주도)-주나라로 가는 길(集傳). ○怛(달)-슬퍼하는 것. ○飄(표)-회오리바람. ○嘌(표)-수레가 흔들리며 가는 모양(集傳). ○弔(조)-마음 아파하는 것. ○亨(팽)-삶는 것. 팽(烹)의 본자. ○漑(개)-고기 넣은 가마솥에 물을 알맞게 붓는 것(《詩緝》). ○釜(부)-가마솥. ○鬵(심)-큰 가마솥. ○西歸(서귀)-서쪽의 주나라로 가는 것. 회나라는 주나라의 동쪽에 있었다. ○懷(회)-갖고 오는 것. ○好音(호음)-좋은 소식(釋義).

解說 옛사람들은 모두 어지러운 회(檜)나라 정치를 풍자한 시라 하였다. 시인이 정치가 잘 되던 서주(西周)시대를 그리워하고 있다는 것이다. 그러나 이 시는 분명히 주(周)나라에 가 있는 애인을 그리는 시이다. 3장에서 물고기를 삶는다는 것은 혼인이 이루어지는 데 비유한 것이다.

제 14 조풍(曹風)

《사기(史記)》의 조숙세가(曹叔世家)에 의하면 주나라 무왕(武王)이 은나라 주왕(紂王)을 쳐부순 뒤 아우 숙진탁(叔振鐸)을 조(曹)에 봉하였다. 그 영역은 지금의 산동성 가택현(荷澤縣)과 정도현(定陶縣) 일대에 해당한다. 지금의 정도현에 조나라 도읍터가 남아있다. 세계(世系)는 6세인 이백(夷伯)은 주나라 여왕(厲王 : B.C. 878~B.C. 828) 때, 8세인 대백(戴伯)은 주나라 선왕(宣王 : B.C. 827~B.C. 782) 때, 9세인 혜백(惠伯)은 주나라 유왕(幽王 : B.C. 781~B.C. 771) 때에 해당하며, 13세 장공(莊公) 때에는 제(齊)나라 환공(桓公)이 패자(覇者)가 되었고, 26세 백양(伯陽) 때에 송(宋)나라 경공(景公)에게 멸망당하였다.

1. 하루살이(蜉蝣)

하루살이 깃 같은 옷이나 깨끗이 입으려 하니,
마음의 시름이여! 어디로 나는 가 살아야 하나?

하루살이 날개 같은 화려한 옷이나 입으려 드니,
마음의 시름이여! 어디로 나는 가 쉬어야 하나?

하루살이 굴 파고 나올 때처럼 눈 같은 베옷이나 입으려 하니,
마음의 시름이여! 어디로 나는 가 머물러야 하나?

原文　蜉蝣之羽여 衣裳楚楚로다.
　　　心之憂矣여 於我歸處오?

　　　蜉蝣之翼이여 采采衣服이로다.
　　　心之憂矣여 於我歸息고?

　　　蜉蝣掘閱하니 麻衣如雪이로다.
　　　心之憂矣여 於我歸説오?

註解　○蜉蝣(부유)—하루살이. ○楚楚(초초)—선명한 모습(毛傳), 깨끗한 것. 하루살이는 덧없는 인생에 비유한 것이다. 사람들이 나라의 위망(危亡)을 걱정하고 훌륭한 일을 하려 들지 않으며 하루살이의 일생처럼 화려한 옷이나

입고 살다 죽으려는 듯하다는 말. o於我歸處(어아귀처)-《정전(鄭箋)》에선 '어하의귀호(於何依歸乎)?'라 하고 귀(歸)를 의귀(依歸)의 뜻이라 하였다. 그런데 근인 임의광(林義光)은 오(於)는 옛 오(烏)자로서, 어찌 오(烏)는 하처(何處)의 뜻이라 하였다(詩經通解). 따라서 이 구절은 '어느 곳으로 나는 돌아가 거처해야 하는가?'의 뜻임. o翼(익)-날개. o采采(채채)-《모전》에 중다(衆多)의 뜻이라 하였는데, 《소(疏)》에선 문채가 중다한 것이라 하였다. 곧 화려한 모양이다. o掘(굴)-파다. o閱(열)-혈(穴)과 통하니, 송옥(宋玉)의 《풍부(風賦)》의 '공혈내풍(空穴來風)'을 《장자(莊子)》에선 '공열내풍(空閱來風)'이라 함과 같다(通釋). 따라서 굴열(掘閱)은 구멍을 뚫고 하루살이 유충이 분토(糞土) 가운데로부터 처음 나올 때를 의미한다. o說(세)-사식(舍息)의 뜻(集傳). 쉬는 것.

[解說] 〈모시서〉에 사치함을 풍자한 것이 이 시라 하였다. 풍자의 대상을 조(曹)나라 소공(昭公)이라 한 것엔 찬동하지 않는다. 일반적으로 대부들이 나랏일에는 마음을 두지 않고 화려한 옷이나 걸치고 하루하루를 즐기려는 경향을 근심하여 노래한 것이라 할 것이다. 작자가 끝머리에서 '어디로 나는 가서 살까?' 한 것은 이러한 사치스러운 풍조에서 망국의 조짐을 예견했던 때문일 것이다.

2. 후인(候人)

저 후인들은 어깲에도 긴 창 짧은 창 메고 있는데,
저 간사한 자들은 대부(大夫) 행세하는 자 수백 명이라.

사다새가 어살에서 날개도 적시지 않네.
저 간사한 자들은 그들 옷이 행동과 안 어울리네.

사다새가 어살에서 부리도 적시지 않네.
저 간사한 자들은 그들 은총이 행동과 안 어울리네.

뭉게뭉게 구름 일더니 남산에 아침 무지개 떴네.

어리고 예쁜 소녀들이야 굶주리는 수밖에.

原文 彼候人兮는 何戈與祋어늘
　　　彼其之子여 三百赤芾이로다.

　　　維鵜在梁하니 不濡其翼이로다.
　　　彼其之子여 不稱其服이로다.

　　　維鵜在梁하니 不濡其咮로다.
　　　彼其之子여 不遂其媾로다.

　　　薈兮蔚兮여 南山朝隮로다.
　　　婉兮孌兮여 季女斯飢로다.

註解 ○候人(후인)—길에서 손님을 맞아들이고 전송하고 하는 관리(毛傳). 사방에서 오는 이를 조정으로 모시고 들어가거나 전송할 때, 무기를 들고 간도(姦盜)를 막는다(孔疏). 곧 호위병과 비슷한 천역(賤役)의 관리. 어진이가 이런 낮은 관리 노릇을 하고 있다는 것이다. ○何(하)—하(荷)와 통하여, 둘러메고 있는 것(毛傳). ○戈(과)—길이 6척 6촌의 창(孔疏). ○祋(대)—수(殳)와 통하여(毛傳), 길이 1장 2척의 창(孔疏). ○之子(지자)—시자(是子)로 소인들을 가리킨다(詩緝). ○三百(삼백)—3백 인. 3은 개수(槪數)로 수백 인, 곧 많은 인수(人數)를 나타냄. ○芾(불)—필(韠)의 뜻으로(毛傳), 회풍 ‘소관(素冠)’에 나온 ‘앞가리개’. 《공소》에 의하면 불과 필은 같은 것이나, 제복(祭服)일 경우에는 불, 다른 옷일 경우에는 필이라 한다고 한다. 《모전》에는 또 대부 이상은 ‘붉은 앞가리개에 큰 수레를 탄다(赤芾乘軒)’고 하였다. ○軒(헌)—대부의 수레를 말한다. 이곳의 적불(赤芾)은 적불승헌(赤芾乘軒)한 대부 차림을 하고 있는 사람들을 뜻한다. ○鵜(제)—사다새. 제호(鵜鶘)라고도 부르는 흰 물새. 부리는 길고 푸르무레하며 아랫부리 밑바닥에 큰 주머니가 있어 물고기를 잡아 넣었다가 새끼를 먹인다. ○梁(량)—돌과 나무로 물을 막아놓은 어살. 중간을 틔워놓아 물이 흘러내리게 하고 거기에 발을 대어 고기를 잡는다. ○濡(유)—젖다. 사다새는 물 가운데에서 날개를 적시며 고기를 잡아먹어야 하는 건데 보 둑 위에 앉아 있다. 할 일을 않고 감투만 쓴 소인

들에 비유한 것이다. ○稱(칭)-어울리다. 불칭기복(不稱其服)은 그 소인들의
행동이 그들이 입고 있는 관복과 어울리지 않는다는 말. ○咮(주)-새의 입부
리. ○遂(수)-칭(稱)의 뜻(集傳). 어울리는 것. ○媾(구)-총(寵)의 뜻(集傳)
으로, 총애, 은총. ○薈(회)-풀이 많이 난 것. ○蔚(위)-초목이 우거진 것.
회(薈)와 위(蔚)는 본래 초목이 우거진 모양이나, 여기서는 구름이 뭉게뭉게
일어나는 모양(毛傳). ○隮(제)-무지개. 조제(朝隮)는 아침에 무지개가 서편
으로 뜨는 것. 용풍 '체동(蝃蝀)' 시에 보임. 고인(古人)은 무지개를 요기(妖
氣)로 보았다. ○婉(완)-《모전》엔 나이 적은 모습이라 하였다. 어여쁜 모
양. ○孌(연)-예쁜 것. ○季女(계녀)-소녀. ○飢(기)-굶주리다. 소인들에게
는 시집을 가지 않아 굶주리는 것이다.

解說 이 시는 어진 군자는 멀리하고 소인만을 가까이함을 풍자한 것이
다. 〈모시서〉엔 조(曹)나라 공공(共公)이 그러므로 그를 풍자한 것이라
하였다.

3. 뻐꾸기(鳲鳩)

뻐꾸기가 뽕나무에 앉았는데 새끼가 일곱 마리.
훌륭한 군자님은 그의 언행 한결같네.
언행이 한결같으니 마음은 맺어놓은 듯 단단하네.

뻐꾸기가 뽕나무에 있는데, 그 새끼들은 매화나무에.
훌륭한 군자님은 흰 실 띠를 띠었네.
흰 실 띠를 띠고 관 솔기엔 구슬 달았네.

뻐꾸기가 뽕나무에 있는데, 그 새끼들은 대추나무에.
훌륭한 군자님은 언행 도에 어긋나지 않네.
언행 도에 어긋나지 않으니 온 세상이 그를 본뜨네.

뻐꾸기는 뽕나무에 있는데, 그 새끼들은 개암나무에.
훌륭한 군자님은 나라 사람들이 본뜨네.

나라 사람들이 본뜨니 어찌 만수무강 않으시랴.

原文　鳲鳩在桑하니 其子七兮로다.
淑人君子여 其儀一兮로다.
其儀一兮니 心如結兮로다.

鳲鳩在桑하니 其子在梅로다.
淑人君子여 其帶伊絲로다.
其帶伊絲니 其弁伊騏로다.

鳲鳩在桑하니 其子在棘이로다.
淑人君子여 其儀不忒이로다.
其儀不忒하니 正是四國이로다.

鳲鳩在桑하니 其子在榛이로다.
淑人君子여 正是國人이로다.
正是國人하니 胡不萬年이리요!

註解　ㅇ鳲鳩(시구)-포곡(布穀)이라고도 하는 '뻐꾹새'. ㅇ七(칠)-개수로 '여러 마리'의 뜻을 나타낸다. ㅇ淑(숙)-선(善)과 통하여, 숙인(淑人)은 선인(仙人), '훌륭한 사람'. 따라서 숙인과 군자는 동격으로 같은 사람이다. 소아(小雅) '종고(鐘鼓)' 시에도 이런 표현을 쓰고 있다. ㅇ儀(의)-거동. 의일(儀一)은 언행이 한결같은 것. ㅇ如結(여결)-물건을 꼭 매어둔 것처럼 분산되지 않는 것(集傳). ㅇ帶(대)-대대(大帶). 대대(大帶)란 천자로부터 사(士)에 이르기까지 모두가 착용하는 관복의 띠(孔疏). 이 대대는 소사(素絲)로 짜서 만들고 잡색의 장식을 한다(集傳). ㅇ伊(이)-조사. ㅇ絲(사)-소사(素絲). 흰실. ㅇ弁(변)-피변(皮弁)으로(毛傳) 제후가 조회할 때나 천자를 조알(朝謁)할 때 쓰던 주나라 관의 일종(孔疏). ㅇ騏(기)-기(璂)로 씀이 옳으며(鄭箋), 기는 피변의 솔기에 오채(五采) 구슬을 꿰어 장식한 것(孔疏). 제후의 피변이니, 사(士)의 피변에는 그런 장식이 없었다. ㅇ不忒(불특)-언동이 정도에 어긋남이 없다는 뜻이다. ㅇ正(정)-바로잡히게 된다는 뜻인데, 말을 바꾸면 '본뜬다'는 말(釋義). ㅇ四國(사국)-사방의 나라로 천하를 가리킴.

ㅇ榛(진)−개암나무. 패풍(邶風) ‘간혜(簡兮)’ 시에 보임. ㅇ正是國人(정시국인)−국인들이 본뜨게 되는 것. ㅇ胡(호)−어찌. ㅇ萬年(만년)−만세(萬歲), 만수무강의 뜻.

解說 이 시는 조(曹)나라 사람이 그들을 지배하는 높은 자리에 있는 어떤 사람을 찬미한 시이다. 〈모시서〉에서는 벼슬하는 사람에 군자가 없고 마음을 쓰는 것이 한결같지 않음을 풍자한 것이라 하였다. 그러나 풍자라기보다는 앙모(仰慕)하는 마음을 노래하였다고 봄이 좋을 듯하다.

4. 흘러내리는 샘물(下泉)

찬 샘물이 흘러내려 가라지 포기를 적시네.
퓨우 하고 자다 깨어 탄식하며 주나라 도읍을 생각하네.

찬 샘물이 흘러내려 쑥대 포기를 적시네.
퓨우 하고 자다 깨어 탄식하며 주나라 도성을 생각하네.

찬 샘물이 흘러내려 시초 포기를 적시네.
퓨우 하고 자다 깨어 탄식하며 저쪽 서울을 생각하네.

아름다운 기장 싹을 단비가 적셔 주네.
천하의 임금님 계신데 순백(郇伯)이 위로해 드리네.

原文 洌彼下泉이여 浸彼苞稂이로다.
　　　愾我寤嘆하며 念彼周京이로다.

　　　洌彼下泉이여 浸彼苞蕭로다.
　　　愾我寤嘆하며 念彼京周로다.

　　　洌彼下泉이여 浸彼苞蓍로다.
　　　愾我寤嘆하며 念彼京師로다.

芃芃黍苗를 陰雨膏之니라.
四國有王하여 郇伯勞之니라.

[註解] ㅇ冽(열)―찬 것. ㅇ下泉(하천)―샘물이 흘러내리는 것(毛傳). ㅇ浸 (침)―적시다. ㅇ苞(포)―떨기. 진풍(秦風) '신풍(晨風)' 시 등에 이미 보임. ㅇ稂(랑)―가라지. 유(莠)의 종류로(集傳) 벼와 비슷한 풀. 낭은 물속에선 잘 자라지 않으므로, 가라지 포기를 샘물이 흘러내려 적신다는 것은 나라의 정 치가 올바로 되고 있지 않음에 비유한 것이다. ㅇ愾(개)―탄식하는 소리(毛 傳). ㅇ寤(오)―자다가 깨어나는 것(孔疏). ㅇ周京(주경)―주나라 왕조의 도성 (都城). 제2절의 경주(京周), 제3절의 경사(京師)도 모두 같은 말임. 주나라 천자의 경사(京師)를 생각한다는 것은 조(曹)나라 같은 소국이 어지러워도 이를 잘 거느리지 못하도록 미약해진 왕조의 권위를 탄식하는 것이다. ㅇ蕭 (소)―쑥. ㅇ蓍(시)―시초. 점 대가치를 만드는 풀. ㅇ芃芃(봉봉)―아름다운 모양(毛傳). 소아(小雅) '서묘(黍苗)' 시의 《모전(毛傳)》에선 장대한 모양이 라 하였다. ㅇ膏之(고지)―단비가 내려 곡식을 적시었다는 뜻. ㅇ四國(사국)― 사방지국, 곧 천하(앞의 '鳲鳩' 시에 보임). ㅇ有王(유왕)―천자가 있어 천하 를 다스리고 있다는 말. ㅇ郇伯(순백)―순력(荀躒), 곧 지백(知伯)을 말한다. 《춘추》 소공(昭公) 22년에 '왕자 조(朝)가 난을 일으키어 진적담(晉籍談)과 순력(荀躒)이 구주(九州)의 군사를 거느리고 난을 평정하여 경왕(敬王)을 왕 성으로 맞아들였다'라고 하였고, 소공 26년에는 '지백 등이 다시 경왕을 보좌 하여 성주(成周)로 들어갔다'라고 하였다. 따라서 나라가 이처럼 어려운 때 지백(知伯)이 천자를 도와 많은 공을 이뤘음을 조나라 사람들이 찬미한 것이다 (釋義). ㅇ勞(노)―위로(慰勞)의 뜻(釋義).

[解說] 이 시는 조나라 사람들이 주나라 왕도의 쇠미함을 걱정하는 한편 주왕(周王)을 도와 많은 공을 세운 순백(郇伯)을 찬미한 것이다. 이 시 가 《시경》 3백 편 중에서 가장 늦게 지어진 것인 듯하다. 〈모시서〉에서는 공공(共公)의 폭정 아래에서, 명왕(明王)과 현백(賢伯)을 생각하며 부른 노 래라 하였다.

순백은 순후(郇侯)로서 주나라 문왕(文王)의 아들이며 주백(州伯)으로 서 제후들을 다스림에 공을 세운 사람(鄭箋)이라 보았기 때문이다. 순 백이 순력(荀躒)이라는 것은 명대(明代) 하해(何楷)의 《시경세본고의(詩

經世本古義)》와 마서진(馬瑞辰)의 《시경통석(詩經通釋)》에서 증명하고
있다.

제 15 빈풍(豳風)

빈(豳)은 나라 이름으로 기산(岐山)의 북쪽(지금의 陝西省 邠邑縣 부
근) 평평하고 낮은 들에 있었다. 옛날 우(虞)나라와 하(夏)나라 때에 기
(棄)라는 사람이 후직(后稷 : 농사일을 관장하는 관리)이 되어 태(邰 : 지
금의 섬서성 武功縣) 땅에 봉함을 받아, 후직이라 호(號)하였고 성이 희
(姬)씨였다.

기(棄)의 아들 불줄(不窋)은 맡은 직책을 완수하지 못하여 융적(戎狄)
들이 사는 땅으로 쫓겨났다. 불줄은 국요(鞠陶)를 낳았고 국요는 공류
(公劉)를 낳았는데, 공류는 후직의 일을 잘 발전시키어 백성들이 부(富)
하게 잘살도록 되었다. 그리고 지세의 이점을 따라 빈(豳)땅에 도읍을
하였다.

대아(大雅)의 '공류(公劉)'는 이러한 공류의 업적을 찬양한 시이다. 그
뒤로 8세를 지나 고공단보(古公亶父), 곧 태왕(太王)이 빈의 동남쪽, 기
산의 남쪽인 주(周 : 지금의 섬서성 鳳翔府 岐山縣)로 옮겨갔다. 이것을
기주(岐周)라 부른다. 다시 태왕의 손자 문왕(文王)은 풍(豐 : 지금의 섬
서성 鄠縣)으로 옮겨갔고, 그는 천명(天命)을 하늘로부터 받았다 한다.

다음의 무왕(武王)은 호(鎬 : 지금의 섬서성 長安縣)로 도읍을 옮겼으
며, 은(殷)나라 주왕(紂王)을 쳐부수어 천자가 되었다. 이상과 같이 빈
나라는 주나라로 발전하는데, 빈땅에는 공류로부터 고공단보에 이르는
10세에 걸쳐 도읍하고 있었다. 이 빈땅을 중심으로 유행하였던 노래가
빈풍(豳風)인 것이다.

1. 칠월(七月)

칠월엔 화성이 서쪽으로 내려오고, 구월엔 겹옷을 준비하네.
동짓달엔 찬바람 일고, 섣달엔 추위 매서워지네.
옷 준비 없다면 어떻게 이 해를 넘길 건가?
일월엔 쟁기 손질하고, 이월엔 밭 가는데,
아내는 자식들과 함께 남향 비탈 밭으로 밥을 날라오면
권농(勸農)은 매우 기뻐하네.

칠월엔 화성이 서쪽으로 내려오고, 구월엔 겹옷을 준비하네.
봄날 햇살 따스해지고 꾀꼬리 울기 시작하면
여인네들은 움푹한 대광주리 들고 오솔길 따라
부드러운 뽕잎 따러 가네.
봄날은 길어져 수북히 쑥 뜯노라면
여인네 마음 서글퍼지니, 공자(公子)님 따라 시집갈 것이기 때문이네.

칠월엔 화성이 서쪽으로 내려오고, 팔월엔 갈대를 베네.
누에치는 삼월 되면 뽕 따는데, 도끼를 가져다
멀리 위로 뻗은 가지는 자르고 부드러운 가지는 휘어잡고 뽕잎 따네.
칠월엔 왜가리가 울고, 팔월엔 길쌈을 하는데,
검은 천 누런 천 짜고 제일 고운 붉은 천으론
공자(公子)님 바지 지어 드리네.

사월엔 아기풀 꼬리 나고, 오월엔 매미가 우네.
팔월엔 이른 곡식 베고 시월달엔 낙엽이 지네.
동짓달엔 짐승사냥 하는데 여우와 살쾡이 잡아
공자님 갖옷 지어 드리네.
섣달엔 모두 사냥을 나가 무술도 함께 연마하는데,
작은 짐승은 개인이 갖고 큰 짐승은 임금에게 바치네.

오월엔 여치가 울고, 유월엔 베짱이가 울며
귀뚜라미는 칠월엔 들에, 팔월엔 처마 밑에
구월엔 문앞에 있다가, 시월엔 침상 밑으로 들어오네.
그러면 집안의 구멍 막고 쥐를 불로 그슬려 쫓으며
북향 창 막고 문을 진흙으로 바르네.
아아, 처자들이여! 해가 바뀌려 하고 있으니
방으로 들어와 편히 쉬기를!

유월엔 돌배와 머루 따먹고, 칠월엔 나물과 콩 삶아 먹으며,
팔월엔 대추 떨고, 시월엔 벼 베어,
약주 담아 노인들 장수 빌며 잔 올리네.
칠월엔 참외 따먹고, 팔월엔 박을 따며
구월엔 삼씨 줍고, 씀바귀 캐고 개똥나무 베어,
농사 일꾼 먹이네.

구월엔 채소밭에 마당 닦고, 시월엔 곡식 거두어들이는데,
메기장 차기장과 늦곡식 이른 곡식, 벼 삼 콩 보리라네.
아아 농부들이여! 우리 곡식 다 모아들였으니
고을로 들어가 집 일 하세!
낮에는 띠풀 거두어들이고 밤에는 새끼 꼬아
빨리 지붕 이어야지, 내년이면 여러 곡식 씨뿌려야 한다네.

섣달엔 탕탕 얼음 깨어
일월엔 그것을 얼음 창고에 넣네.
이월엔 이른 아침에 염소와 부추로 제사지내고 얼음 창고 문 여네.
구월엔 된서리 내리고, 시월엔 타작마당 치우는데,
두어 통 술로 잔치벌이고, 염소 잡아 안주 마련하네.
그리고는 임금 처소로 올라가 술잔 들어
만수무강을 비네.

原文 七月流火하고 九月授衣하니라.

一之日觱發하고 二之日栗烈하나니
無衣無褐이면 何以卒歲리요?
三之日于耜하고 四之日擧趾니
同我婦子하여 饁彼南畝하면
田畯至喜하니라.

七月流火하고 九月授衣하니라.
春日載陽하여 有鳴倉庚이어든
女執懿筐하여 遵彼微行하여
爰求柔桑하니라.
春日遲遲하니 采蘩祁祁하며
女心傷悲하여 殆及公子同歸로다.

七月流火하고 八月萑葦니라.
蠶月條桑이라 取彼斧斨하여
以伐遠揚이요 猗彼女桑이니라.
七月鳴鵙하고 八月載績하나니
載玄載黃하여 我朱孔陽이어든
爲公子裳하니라.

四月秀葽하고 五月鳴蜩며
八月其穫하고 十月隕蘀이니라.
一之日于貉하여 取彼狐狸하여
爲公子裘하니라.
二之日其同하여 載纘武功하여
言私其豵이요 獻豜于公하니라.

五月斯螽動股요 六月莎鷄振羽요
七月在野요 八月在宇요

九月在戶요 十月蟋蟀이
入我牀下하니라.
穹室熏鼠하며 塞向墐戶하니라.
嗟我婦子여 曰爲改歲니
入此室處어다!

六月食鬱及薁하며 七月亨葵及菽하며
八月剝棗하며 十月穫稻하여
爲此春酒하여 以介眉壽하니라.
七月食瓜하며 八月斷壺하며
九月叔苴하며 采荼薪樗하여
食我農夫하니라.

九月築場圃하고 十月納禾稼하나니
黍稷重穋과 禾麻菽麥이니라.
嗟我農夫여 我稼旣同이니
上入執宮功이니라.
晝爾于茅요 宵爾索綯하여
亟其乘屋이니 其始播百穀이니라.

二之日鑿氷沖沖하여
三之日納于凌陰이니라.
四之日其蚤에 獻羔祭韭하니라.
九月肅霜하고 十月滌場이어든
朋酒斯饗하여 曰殺羔羊하여
躋彼公堂하여 稱彼兕觥하니
萬壽無疆이로다.

註解 ㅇ七月(칠월)−지금의 음력 7월과 같다. 이 시에서는 모두 하력(夏

曆)을 쓰고 있는데, 주나라의 선조인 공류(公劉)가 하(夏)나라 사람이기 때문에 그렇게 쓴 것 같다. ㅇ流(유)-흘러내리는 것(毛傳). ㅇ火(화)-화성(火星)(鄭箋)·대화(大火) 또는 심성(心星)·남성(南星)이라고도 부른다. 이 별은 6월 초저녁엔 정남쪽에 보이다가 7월이 되면 점점 서쪽으로 내려간다. 유화(流火)는 화성이 서쪽으로 내려가는 것을 말한다. ㅇ授衣(수의)-겨울 준비로 가족에게 겹옷을 지어 주는 것. ㅇ一之日(일지일)-하력 11월. 주나라 역(曆)으로는 정월에 해당한다. 11월을 일지일(一之日)이라 한 것은 10을 단위로 할 때 11월은 다시 첫날로 접어드는 달이기 때문에 그렇게 말한 것이다. 따라서 뒤에 나오는 이지일(二之日)은 12월(周曆 2월), 삼지일(三之日)은 1월(주력 3월), 사지일(四之日)은 3월(주력 4월)에 각각 해당한다. ㅇ觱發(필발)-쌀쌀한 바람이 이는 것(毛傳). ㅇ栗烈(율렬)-한기(寒氣)의 뜻으로 (毛傳) 추위가 심해지는 것. ㅇ衣(의)-귀자(貴者)의 옷. ㅇ褐(갈)-털로 짠 천으로 만든 옷으로 천한 사람들이 입는 옷을 가리킨다(鄭箋). 따라서 무의무갈(無衣無褐)은 귀천을 막론하고 누구나 옷 준비가 없다면의 뜻. ㅇ卒歲(졸세)-한 해를 마치는 것. 동짓달과 섣달은 춥기 때문에 견디지 못할 것이라는 뜻에서이다. ㅇ耜(사)-여기서는 보습뿐만 아니라 쟁기를 전부 뜻한다. 우사(于耜)는 쟁기를 손질하는 것. 우(于)는 위(爲)와 통하여(通釋) 손질한다는 뜻. ㅇ擧趾(거지)-발을 들어 쟁기를 밟으며 밭을 가는 것. ㅇ婦子(부자)-처와 자식. ㅇ饁(엽)-들로 밥을 날라다 주는 것(集傳). ㅇ南畝(남묘)-남쪽 양지 비탈쪽 밭. ㅇ畯(준)-권농관(勸農官).《모전(毛傳)》엔 농사를 보살피는 관리라 했다. ㅇ載(재)-조사. ㅇ陽(양)-햇볕이 따뜻하게 내려쬐는 것. ㅇ倉庚(창경)-이황(離黃)이라고도 하며, '꾀꼬리'. ㅇ懿(의)-여기서는 깊다는 뜻(孔疏). ㅇ筐(광)-대광주리. 의광(懿筐)은 바닥이 깊은 대광주리(毛傳). ㅇ遵(준)-따르다. ㅇ微行(미행)-미세한 길(孔疏). 오솔길. ㅇ爰(원)-이에. 조사. ㅇ求(구)-뽕잎을 따러 간다는 뜻을 나타냄. ㅇ遲遲(지지)-더딘 것(毛傳). 해가 더디다는 것은 날이 '길어진 것'. ㅇ蘩(번)-백호(白蒿)라고도 하며(毛傳) 쑥의 일종. 소남(召南) '채번(采蘩)' 시에도 보임. ㅇ祁祁(기기)-많은 모양. ㅇ殆(태)-장(將)의 뜻. ㅇ及(급)-여(與). '더불어'의 뜻(毛傳). ㅇ公子(공자)-나라의 공자(公子). ㅇ歸(귀)-시집가는 것. ㅇ女心傷悲(여심상비)-묘령(妙齡)의 여인들이 봄철에 이성을 그리고 서글퍼지는 것이다. 그러나 옛분들은 공자(公子)를 따라 곧 시집가게 되어 있으므로 부모 곁을 떠날 것을 생각하여 마음이 서글퍼지는 것이라 풀이하였다. ㅇ萑葦(환위)-갈대를 베어 모으는 것. 뒤에 발 같은 걸 만드는 데 쓴다(毛傳·孔疏). ㅇ蠶月(잠월)−누에를 치는 달(集傳). 이는 3월을 뜻하며 '칠월' 시에 3월을 들지 않은 것은 잠월(蠶月)이 곧 3월이기 때문이다(顧東高《毛詩訂詁》). ㅇ條桑(조상)−가지를 잘라놓고 뽕잎을 따는 것(集傳). ㅇ斧(부)−도끼. ㅇ斨(장)−자루를 끼는 구멍이 사각형인 도끼(毛傳). ㅇ遠揚(원양)−가지가 멀리 뻗은 것과 위로 치뻗은 것. ㅇ猗(의)−기(掎)와 통하여 가지를 '휘어당기는 것'(後箋). ㅇ女桑(여상)−어리고 긴 뽕나무 가지(鄭箋). ㅇ鵙(격)−왜가리. 백로라고도 하며(毛傳), 머리끝이 희고 목밑 앞쪽에는 총상(總狀)의 흰빛 치레깃이 있는 새. ㅇ載(재)−조사. ㅇ績(적)−길쌈하는 것. ㅇ玄(현)−검은 것. 황(黃)과 아래의 주(朱)와 함께 각각 실에 물감을 들여 천을 짠 것. ㅇ孔(공)−매우. ㅇ陽(양)−밝은 것. ㅇ裳(상)−공자가 남자이므로 남자의 하의. ㅇ秀(수)−풀의 개꼬리 같은 이삭이 나는 것. ㅇ蘽(요)−아기풀. 원지(遠志)라고도 하며 맛이 써서 고요(苦蘽)라고도 한다. 4월에 뿌리와 잎새를 따 말렸다가 약으로 쓴다(《詩緝》). ㅇ蜩(조)−매미. ㅇ穫(확)−익은 곡식을 베는 것(集傳). ㅇ隕(운)−떨어지다. ㅇ蘀(탁)−낙엽지는 것. ㅇ于貉(우학)−여우 담비 같은 짐승들을 사냥하는 것(集傳). ㅇ狸(리)−살쾡이. ㅇ同(동)−임금과 신하 및 백성들이 다 함께 사냥하는 것(鄭箋). ㅇ纘(찬)−계속하여 익히는 것. ㅇ武功(무공)−무사(武事)·군사(軍事). 사냥은 짐승을 잡는 것보다도 무사를 익히는 데 큰 목적이 있었다. ㅇ言(언)−조사. ㅇ私(사)−사사로이 개인이 잡은 것을 가진 것. ㅇ豵(종)−한살 된 돼지. 그러나 여기서는 작은 짐승을 뜻한다. ㅇ豜(견)−세살 된 돼지(毛傳). 여기서는 종(豵)과 대(對)로 큰 짐승을 말한다. ㅇ公(공)−빈공(豳公), 빈(豳)나라 임금(集傳). ㅇ斯螽(사종)−주남(周南) '종사(螽斯)' 시의 종사(螽斯)와 같은 여치. ㅇ動股(동고)−두 다리를 비벼 소리를 내는 것. 여치가 운다는 뜻. ㅇ莎(사)−범메뚜기. 사계(莎雞)는 베짱이. ㅇ振羽(진우)−날개를 떨며 소리를 내는 것. 앞의 '동고'와 같은 말. ㅇ在野(재야)−뒤에 나오는 귀뚜라미가 들에 있다는 뜻. ㅇ在宇(재우)−집 처마밑에 있다는 뜻(集傳). ㅇ戶(호)−방문. ㅇ蟋蟀(실솔)−귀뚜라미. ㅇ牀(상)−방안의 침상. 귀뚜라미는 날씨가 추워짐에 따라 들에서 점점 사람 있는 곳으로 가까이 들어온다. 여기서는 귀뚜라미를 빌어 기온의 변화를 노래한 것이다(孔疏). ㅇ穹(궁)−궁(窮)과 통하고, 다시 공(空)과도 뜻이 통한다(釋義). 궁질(穹窒)은 집안의 벽이나 담 같은 데 난 구멍을 모두 막는 것. ㅇ熏鼠(훈서)−불을 때어 불기와 연기로 쥐구멍을 그슬려 쥐들을 쫓아내는 것. ㅇ向(향)−북쪽으로 향한 창(毛傳).

색향(塞向)은 북향 창을 막는 것. ○墐戶(근호)―일반 백성들은 대나 싸리를 짜서 만든 문을 썼으므로 그대로 두면 겨울에 찬바람이 많이 들어온다. 이에 진흙을 문에 발라 바람을 막는 것이다(孔疏). ○曰(왈)―조사. ○改歲(개세)― 해가 바뀌는 것. 해가 바뀌는 동짓달 섣달은 몹시 춥다. ○入此室處(입차실처)―밖에 있지 말고 방으로 들어와 편히 추운 겨울을 지내자는 뜻. ○鬱(울)― 체(棣), 곧 아가위 종류(毛傳). 열매는 크기가 오얏만 하며 빨갛고 맛이 있다. 그리고 《본초(本草)》에는 작리(雀李)·거하리(車下李)라고도 한다 했다(孔疏). 다른 과일인 듯하지만 '돌배'라 번역했다. ○薁(욱)―《모전(毛傳)》엔 '영욱(蘡薁)'이라 하였는데, 《공소(孔疏)》엔 울(鬱)과 비슷한 과일이라 하였다. 통설을 따라 '머루'라 번역했으나(釋義), 머루가 아닌 듯하다. 머루는 가을에 익는다. ○亨(팽)―삶다. 팽(烹)의 본자. ○葵(규)―아욱. 그러나 《집전(集傳)》에 채야(菜也)라 하였을 뿐이어서 무슨 나물인지 알 수 없다. ○菽(숙)― 콩. ○剝棗(박조)―나무에 달린 대추를 두드려 떠는 것. ○春酒(춘주)―겨울 동안 추울 때 담근 술(孔疏). ○介(개)―돕는 것. ○眉(미)―여기서는 눈썹이 긴 노인의 뜻. 개미수(介眉壽)는 술을 올리며 노인을 오래오래 사시도록 공경하는 것. ○瓜(과)―참외. ○壺(호)―호(瓠)와 통하여(毛傳) 단호(斷壺)는 박을 덩굴로부터 따내는 것. ○叔(숙)―줍다. ○苴(저)―여기서는 암삼의 씨를 말함(毛傳). 식용으로 쓰인다(孔疏). ○荼(도)―씀바귀. ○薪(신)―땔나무로 자르는 것. ○樗(저)―개똥나무. 땔나무밖에 안되는 악목(惡木). ○食(사)― 먹이다. ○場圃(장포)―여름에는 채소를 심었던 집 옆의 채전을 곡식을 타작할 마당으로 만드는 것(鄭箋). ○納(납)―추수를 하여 거두어들이는 것(鄭箋). ○禾稼(화가)―농사지은 곡식들. ○黍(서)―메기장. ○稷(직)―차기장. ○穋(륙)―올벼. 늦게 익는 곡식을 중(重), 일찍 익는 곡식을 륙(穋)이라 한다(毛傳). ○旣同(기동)―이미 다 모아들인 것(鄭箋). ○上入(상입)―들로부터 마을의 집으로 들어가는 것. ○執(집)―일하는 것. 작(作)의 뜻(釋義). ○宮功(궁공)―집 손질. ○爾(이)―조사. ○于茅(우모)―지붕을 이을 띠풀을 거두어들이는 것. ○宵(소)―밤. ○索(삭)―새끼. ○綯(도)―새끼꼬다. ○亟(급)―급히의 뜻(鄭箋). ○乘屋(승옥)―지붕에 올라가 지붕을 잇는 것. ○其始播百穀(기시파백곡)―좀 쉬었다가 내년에 다시 여러 곡식들을 씨뿌리고 농사지어야 될 터이니 일을 빨리 끝내라는 뜻. ○鑿(착)―얼음을 깨는 것. ○沖沖(충충)― 얼음을 깨는 소리. ○凌陰(능음)―얼음 창고(毛傳). ○蚤(조)―조(早)와 통하여 조조(早朝 : 이른 아침)의 뜻. ○獻羔祭韭(헌고제구)―염소를 잡아 제물로

바치고 부추로 제물을 장만하여 제사지내는 것. 얼음을 얼음 창고에 넣을 때
와 얼음을 처음 꺼낼 때엔 사한(司寒), 곧 사음(司陰)의 신(孔疏)에게 제사
를 지냈다(鄭箋). 여기서는 얼음 창고를 여는 제사임. ㅇ肅霜(숙상)―된서리.
ㅇ滌場(척장)―추수한 곡식의 타작이 다 끝나 마당을 깨끗이 치우는 것. ㅇ朋
(붕)―양준(兩樽)의 뜻(毛傳). 두 술통. 붕주(朋酒)는 두 술통의 술을 준비하
는 것. ㅇ斯(사)―조사. ㅇ饗(향)―잔치를 벌이다. ㅇ曰(왈)―조사. ㅇ殺羔羊
(살고양)―염소를 잡는 것. ㅇ躋(제)―오르다. ㅇ公堂(공당)―군지당(君之堂)
(集傳), 곧 빈(豳)나라 임금이 있는 곳. ㅇ稱(칭)―들다. ㅇ兕(시)―외뿔 난
들소. ㅇ觥(굉)―뿔술잔. ㅇ萬壽無疆(만수무강)―한없이 오래 사는 것. 만세
(萬歲).

解說 이 시는 빈(豳)나라 농민의 세시(歲時)생활의 모양과 전가(田家)
의 정경을 노래한 것이다. 굴만리(屈萬里)는 '칠월지시(七月之詩)는 주공
(周公)을 따라 동정(東征)한 빈나라 사람들이 향토를 생각하며 지은 것인
듯하다(釋義)'고 하였다. 〈모시서〉에서는 주공이 관숙(管叔)과 채숙(蔡叔)
이 그를 모함하는 허튼 소문을 퍼뜨리어 동도(東都)로 피하여 있으면서,
성왕(成王)에게 농사짓는 어려움을 알리기 위하여 조상으로부터 전해오
는 풍습을 읊은 것이라 하였다.

본래 빈이라는 나라 자체는 주공과 아무런 관계가 없다. 그런데도 〈모
시서〉에선 이 시부터 주공과의 관계 아래 시를 풀이하였고, 빈풍(豳風)의
모든 시들을 주공과 관련이 있는 것이라 하였다. 굴만리는 주공이 동정할
때 빈나라 옛땅 사람들이 많이 따라갔던 것 같다고 하였다. 그렇기 때문
에 이때 부른 노래는 모두가 빈땅의 성조(聲調)이며 주공의 동정과 관계
가 있다는 것이다(釋義). 굴만리의 설을 따른다.

2. 부엉이(鴟鴞)

부엉아 부엉아!
내 자식 잡아먹었으니 내 집은 헐지 마라.
알뜰살뜰 가꿔온 터라 어린애들 가엾단다.

　　장마비 오기 전에 뽕나무 뿌리 가져다가
　　창과 문 얽었거늘,
　　이제 너희들 낮은 백성이 누가 나를 업신여기겠는가!

　　나는 입과 발이 다 닳도록 갈대 꽃 날라 드리고
　　띠풀 모아들였으니,
　　그러노라 입병까지 난 것은 집이 없었기 때문일세.

　　내 날개깃 모지러지고 내 꼬리 닳아빠지게 일했건만
　　내 집은 아직도 흔들흔들 비바람에 흔들리니
　　쨋쨋 두려움에 소리쳐 운다.

原文　鴟鴞鴟鴞아!
　　既取我子어니 無毀我室이어다.
　　恩斯勤斯하여 鬻子之閔斯니라.

　　迨天之未陰雨하여 徹彼桑土하여
　　綢繆牖戸로다.
　　今女下民이 或敢侮予아!

　　予手拮据하며 予所捋荼며
　　予所蓄租로다.
　　予口卒瘏는 曰予未有室家니라.

　　予羽譙譙하며 予尾翛翛어늘
　　予室翹翹는 風雨所漂搖니
　　予維音嘵嘵로다.

註解　○鴟(치)—부엉이. ○鴞(효)—올빼미. 치효(鴟鴞)는 휴류(鵂鶹)라고도
하는 악조(惡鳥)로서 딴 새 새끼를 잡아먹고 산다 한다(集傳). 부엉이나 올
빼미일 것 같다. ○既取我子(기취아자)—무경(武庚)이 이미 관(管)나라와 채
(蔡)나라를 망쳐놓은 것에 비유한 것이다(集傳). 무경·관·채에 대하여는 해

설을 참조 바람. ㅇ毀(훼)-허물다. ㅇ我室(아실)-우리의 주(周)나라 왕실에 비유한 것임(集傳). ㅇ斯(사)-조사. 은사근사(恩斯勤斯)는 사랑을 기울이며 부지런히 집을 가꿨다는 뜻. ㅇ鬻子(국자)-아실(我室)에 있는 어린아이로 주나라의 어린 성왕(成王)을 가리킨다. ㅇ閔(민)-민(憫)자와 통하여 불쌍하게 여기는 것. ㅇ陰雨(음우)-장마비. ㅇ徹(철)-취(取)의 뜻. ㅇ桑土(상토)-상근(桑根)(毛傳), 뽕나무 뿌리. 토(土)는 두(杜)의 가차로서 뿌리의 뜻(傳疏). ㅇ綢繆牖戶(주무유호)-주(綢)와 무(繆)는 얽는다는 뜻. 유(牖)는 창, 호(戶)는 드나드는 문. 창과 문을 얽었다는 것은 새 둥우리를 만들었다는 뜻. ㅇ下民(하민)-하토(下土)의 낮은 백성들(集傳). ㅇ侮(모)-업신여기다. ㅇ拮据(길거)-손과 입을 움직여 수고하는 것(集傳). ㅇ捋(랄)-채취(採取)의 뜻. ㅇ茶(도)-환초(萑苕)로서(毛傳), 갈대꽃. 이것을 따라 새 둥우리에 깐다(傳疏). ㅇ租(조)-조(蒩)의 가차로서 띠풀. 새 둥우리에 띠풀을 뜯어다 까는 것(通釋). ㅇ卒(졸)-췌(瘁)와 통하여 병(病)의 뜻(集傳). ㅇ瘏(도)-병들다. ㅇ曰(왈)-원인을 말해 준다. ㅇ譙譙(초초)-새깃이 일하느라 모지러지는 것. ㅇ翛翛(소소)-새 꼬리가 일하느라 모지러진 것. ㅇ翹翹(교교)-위태로운 모습(毛傳). ㅇ漂搖(표요)-물에 떠있는 것같이 흔들거리는 것. ㅇ嘵嘵(효효)-두려워 소리치는 것.

解說　〈모시서〉에 '치효(鴟鴞)' 시는 주공(周公)이 난(亂)을 구하기 위하여 부른 노래라 하였다. 주나라 무왕(武王)은 은나라 주왕(紂王)을 멸한 뒤 그의 아들 무경(武庚:祿父)을 죽이지 않고 은나라 고지(故地)에 봉하여 제사를 잇게 하였다. 그리고 자기의 형제인 관숙·채숙·곽숙(霍叔)의 세 사람을 삼감(三監)이라 하여 무경을 감독하도록 하였다. 무왕이 죽자 어린 성왕(成王)이 즉위하여, 그의 숙부인 주공이 성왕을 보좌하였다. 이때 무경은 주공의 형제인 삼감을 꾀어 주공이 주나라 왕위를 탐내고 있다고 허튼 소문을 퍼뜨리게 하였다.

　그리하여 성왕을 섭정(攝政)하던 주공은 세상 사람들의 의혹을 피하기 위하여 동쪽 땅으로 갔었다. 그 뒤 2년 만에 누가 허튼 소문을 퍼뜨렸나 판명되었다. 주공은 이에 이 '치효' 시를 지어 성왕에게 보냄으로써 우국의 충정(衷情)을 밝혔다 한다. 이는 《서경(書經)》 금등(金縢) 편에 있는 기록을 근거로 한 것이다.

3. 동산(東山)

우린 산동에 가 오랫동안 돌아오지 못했는데
동쪽으로부터 돌아올 적엔 보슬비 보슬보슬 내렸었지.
우리는 동쪽에서 돌아갈 날 생각하며 서쪽 그리움에 슬퍼했었지.
돌아가 입을 평복 지으며, 다시는 군대에 종사하지 않겠댔지.
꿈틀꿈틀 뽕나무 벌레 기는 뽕나무밭에서
웅크리고 홀로 지새우던 수레 밑의 밤 꿈만 같네.

우린 산동에 가 오랫동안 돌아오지 못했는데
동쪽으로부터 돌아올 적엔 보슬비가 보슬보슬 내렸었지.
주렁주렁 하눌타리 덩굴이 처마밑에 뻗어 있고,
방안엔 쥐며느리 기고, 문에는 말거미 줄을 치고,
사슴 놀이터엔 여기저기 사슴 발자국, 밤길에는 도깨비불,
고향은 두렵기는커녕 그립기만 하였거니.

우린 산동에 가 오랫동안 돌아오지 못했는데
동쪽으로부터 돌아올 적엔 보슬비가 보슬보슬 내렸었지.
개미둑에선 황새가 울고, 아내는 집에서 한숨지으며,
쓸고 닦고 쥐구멍 막고 있을 때, 출정했던 내가 돌아왔지.
데굴데굴 쪽박이 쌓아논 밤나무 땔감 위에 뒹굴고 있었지.
그리고 보니 내가 떠난 지 3년 만에 왔구려.

우린 산동에 가 오랫동안 돌아오지 못했는데
동쪽으로부터 돌아올 적엔 보슬비가 보슬보슬 내렸었지.
꾀꼬리가 푸드득 고운 날개깃 자랑할 때,
아내는 시집왔는데, 누런 말 붉은 말이 수레 끌었었지.
장모는 아내 허리에 수건 매주며, 온갖 의식 갖추어 시집보내셨지.
신혼 때 그토록 즐거웠으니, 오래된 지금이야 더욱 어떠하랴!

原文 我徂東山하여 慆慆不歸러라.
　　　我來自東할새 零雨其濛이러라.
　　　我東曰歸에 我心西悲러라.
　　　制彼裳衣하여 勿士行枚로다.
　　　蜎蜎者蠋이여 烝在桑野로다.
　　　敦彼獨宿이여 亦在車下로다.

　　　我徂東山하여 慆慆不歸러라.
　　　我來自東할새 零雨其濛이러라.
　　　果臝之實이 亦施于宇며
　　　伊威在室하고 蠨蛸在戶며
　　　町畽鹿場하고 熠燿宵行이러라.
　　　不可畏也요 伊可懷也로다.

　　　我徂東山하여 慆慆不歸러라.
　　　我來自東일새 零雨其濛이러라.
　　　鸛鳴于垤하고 婦歎于室하며
　　　洒埽穹窒하고 我征聿至리라.
　　　有敦瓜苦여 烝在栗薪이로다.
　　　自我不見이 于今三年이로다.

　　　我徂東山하여 慆慆不歸러라.
　　　我來自東일새 零雨其濛이러라.
　　　倉庚于飛여 熠燿其羽로다.
　　　之子于歸여 皇駁其馬로다.
　　　親結其縭하니 九十其儀로다.
　　　其新孔嘉하니 其舊如之何오?

註解 ○徂(조)－전쟁에 나간 것. ○東山(동산)－산동(山東)의 뜻. 주(周)나

라 도읍은 서쪽 풍호(豐鎬 : 지금의 섬서성 鄠縣 동쪽)였고 무경(武庚)의 은 나라는 동쪽 조가(朝歌 : 지금의 하남성 淇縣 동북쪽)에 도읍하고 있었다. 무경과 관숙·채숙·곽숙의 삼감이 난을 일으키어 주공이 동쪽으로 갔다. 이들은 태항산(太行山) 동쪽에 있어 태항산 동쪽으로 정벌을 갔었기 때문에 산동으로 출정한 것이 된다. ㅇ慆慆(도도)—오랫동안을 말함. ㅇ零雨(영우)—보슬비. ㅇ其濛(기몽)—이슬비가 내리는 모양. ㅇ我東(아동)—우리가 산동에 있을 때. ㅇ曰歸(왈귀)—돌아갈 것을 생각하는 것. ㅇ西悲(서비)—서쪽의 집 생각을 하고 돌아가지 못하는 자기 처지를 슬퍼했다는 뜻. ㅇ裳衣(상의)—집에 돌아가 군복(軍服)과 바꿔 입을 평복. ㅇ士(사)—사(事)의 뜻(毛傳), 곧 종사(從事)하는 것. ㅇ行(행)—행진(行陣)(鄭箋). ㅇ枚(매)—옛날 군인이 행군을 할 때엔 떠들지 않기 위하여 젓가락 같은 대나무로 만든 매(枚)를 모두 입에 물었다. 따라서 행매(行枚)는 군사(軍事)를 말한다. 물사행매(勿士行枚)는 다시는 군대 일에 종사하지 않겠다고 마음먹었다는 뜻. ㅇ蜎(연)—벌레가 꿈틀거리는 것. ㅇ蠋(촉)—뽕나무벌레. 누에 비슷하게 생긴 벌레. ㅇ烝(증)—발어사. ㅇ桑野(상야)—들판의 뽕나무. 뽕나무밭. ㅇ敦(퇴)—홀로 자는 사람이 추워서 몸을 둥글게 웅크리고 새우잠을 자는 모양(釋義). ㅇ果臝(과라)—괄루(栝樓), 또는 천과(天瓜)라고도 하며, 잎은 외와 같고 덩굴이 뻗으며 청흑색이다. 6월에 꽃이 피고 7월에 열매가 열린다. 우리말로 ‘하눌타리(?)’. 열매는 과루인(瓜蔞仁), 뿌리는 과루근(瓜蔞根), 뿌리의 가루인 천화분(天花粉)은 한약재로 쓰인다. 이 구절부터는 종군했을 때의 상상을 노래한 것이다. ㅇ施(이)—뻗다. 주남(周南) ‘갈담(葛覃)’ 시에 보임. ㅇ宇(우)—집의 처마. 앞의 ‘칠월’ 시에 보임. ㅇ伊威(이위)—벌레 이름으로 위서(委黍)(毛傳), 또는 서부(鼠婦)라고도 하는 ‘쥐며느리’. 몸빛은 청회색, 썩은 나무나 마루밑 같은 습한 곳에 산다. 몸은 타원형이고 여러 개의 발이 달려 있다. ㅇ蠨蛸(소소)—다리가 긴 거미(傳疏). ㅇ町畽(정탄)—사슴의 발자국(通釋). ㅇ鹿場(녹장)—사슴이 나와 노는 장소. ㅇ熠燿(습요)—《모전(毛傳)》에선 인(燐)이라 하였는데,《설문해자(說文解字)》에 ‘인(燐)은 귀화(鬼火)’라 하였다. 귀화는 ‘도깨비불’. ㅇ宵(소)—밤. ㅇ伊(이)—그곳. 시(是)의 뜻. ㅇ懷(회)—그리운 것. ㅇ鸛(관)—물새로서 학(鶴)과 비슷하다고 했으니(集傳), ‘황새(?)’. ㅇ垤(질)—개미둑. ㅇ婦(부)—작자의 아내. ㅇ洒(쇄)—물로 닦는 것. ㅇ埽(소)—쓸다. ㅇ穹窒(궁질)—쥐구멍을 막는 것. 앞의 ‘칠월’ 시에 나왔음. ㅇ聿(율)—조사. 율지(聿至)는 마침 돌아왔다는 뜻. ㅇ有敦(유퇴)—퇴연(敦然)으로 데굴데굴한 것. ㅇ瓜苦(과고)—고

포(苦匏)로 맛이 쓴 조그만 박. 이 작은 쪽박들이 데굴데굴하게 널려 있다
는 것이다. ㅇ烝(증)—조사. ㅇ栗薪(율신)—땔나무로 하려고 밤나무를 잘라
쌓아놓은 밤나무더미. ㅇ倉庚(창경)—꾀꼬리. 앞의 '칠월' 시에 보임. ㅇ熠燿
(습요)—곱게 빛나는 모양. 앞의 제2절의 습요(熠燿)와는 뜻이 다르다. ㅇ之子
(지자)—시자(是子)로 자기의 아내를 가리킴. ㅇ于歸(우귀)—시집왔던 당시를
생각하는 것임. ㅇ皇(황)—황백색. ㅇ駁(박)—류(駵)의 뜻으로 검은 갈기가 달
린 붉은 말(集傳). 황백색의 말과 적흑색의 말이 신부가 탄 수레를 끌었었다는
뜻이다. ㅇ縭(리)—부인의 위(褘)(毛傳). 결혼할 때 부인이 허리에 차는 수건으
로 신부의 어머니가 그것을 채워 준다(孔疏). 따라서 친(親)은 신부의 어머
니를 가리킨다. ㅇ九十(구십)—구종십종(九種十種)의 뜻으로 여러 가지의 뜻
(孔疏). ㅇ儀(의)—예절. 시집가는 여자가 갖추는 여러 가지 의절(儀節). ㅇ新
(신)—신혼 때. ㅇ孔嘉(공가)—대단히 부부의 사이가 좋았다는 뜻. ㅇ如之何
(여지하)—그러했던 우리의 사이가 어떠하겠느냐, 말할 것도 없이 더욱 좋을
것이 아니겠느냐는 뜻.

解說 주공의 동정(東征)에 종군했던 사람이 3년 만에 귀가하여 그때의
사향(思鄕)을 술회(述懷)한 작품이다(〈모시서〉). 앞의 '치효(鴟鴞)' 시에
서도 약간 언급된 것처럼 은나라 주왕의 아들 무경은 관숙·채숙·곽숙
의 삼감을 꾀어 난을 일으키려 하였다. 이에 주공은 동정을 하여 3년 만
에 이들을 평정했던 것이다.
  제1절에선 정군(征軍)했을 때의 간절했던 집생각과 종군의 노고를 회
상하고 있다. 제2절에선 종군했을 때의 고향 생각을 노래한 것이다. 제3
절에선 귀가했을 당시의 정경을 노래한 것이다. 제4절에선 결혼 당시를
생각하며 아내에 대한 사랑을 노래한 것이다.

4. 깨어진 도끼(破斧)

내 도끼 깨어졌고 내 쌈도끼도 이가 다 빠졌으나,
주공의 동쪽 정벌은 온 세상 바로잡으셨으니,
우리 백성 아끼시는 마음 너무도 위대하시네.

내 도끼 깨어졌고 내 톱도 이가 다 빠졌으나
주공의 동쪽 정벌은 온 세상 교화하셨으니,
우리 백성 아끼시는 마음 너무도 훌륭하시네.

내 도끼 깨어졌고 내 연장자루도 부서졌으나
주공의 동쪽 정벌은 온 세상 평화롭게 하셨으니,
우리 백성 아끼시는 마음 너무도 아름다우시네.

原文　既破我斧요　又缺我斨이나
　　　周公東征은　四國是皇이시니
　　　哀我人斯이　亦孔之將이로다.

　　　既破我斧요　又缺我錡나
　　　周公東征은　四國是吪시니
　　　哀我人斯이　亦孔之嘉로다.

　　　既破我斧요　又缺我銶나
　　　周公東征은　四國是遒시니
　　　哀我人斯이　亦孔之休로다.

註解　○斧(부)―도끼. ○缺(결)―이가 빠진 것. ○斨(장)―자루 구멍이 모진 도끼. 부(斧)·장(斨)과 제2·3절의 기(錡)·구(銶)는 반드시 전부가 병기였다고 보기보다는 행군 때 길을 닦는 데 쓰는 연장을 위주로 든 것이라 봄이 좋겠다(詩緝). 그러나 장(斨)은 앞에 부(斧)가 나왔으니 날 넓은 무기로서의 도끼인 듯하다. 장은 앞의 '칠월' 시에도 나왔다. 그리고 도끼가 부서지고 이가 다 빠졌다는 것은 종군의 노고와 그 기간이 긴 것을 뜻하는 것이다. ○東征(동정)―무경과 삼감인 관숙·채숙·곽숙을 친 것. 앞의 '치효'·'동산' 두 시 참조. ○四國(사국)―사방지국(四方之國), 온 세상(集傳). ○皇(황)―광(匡)의 뜻(毛傳). 바로잡다. ○哀(애)―련(憐)과 통하여 '아끼고 사랑하는 것'. ○我人(아인)―우리 백성들. ○斯(사)―조사. ○孔(공)―매우. ○將(장)―큰 것. ○錡(의)―《집전(集傳)》엔 끌의 한 종류라 하였으나, 마서진(馬瑞辰)은 거(鋸), 곧 톱과 같은 것이랍고 하고 있다(通釋). ○吪(와)―화(化)와 통하여

(毛傳), 교화 또는 좋게 변화시키는 것. ○嘉(가)―훌륭한 것. ○銶(구)―《모전(毛傳)》엔 '목속(木屬)'이라 하였는데, 마서진은 끌자루라 하였다(通釋). 그러나 한걸음 더 나아가 여러 가지 연장의 나무로 된 자루를 뜻하는 것으로 보았다. ○遒(주)―모아서 단단하게 만드는 것(集傳). 곧 세상이 난리 없이 평화롭도록 만드는 것. ○休(휴)―아름다운 것.

解說   〈모시서〉에서 이 시는 주공을 기린 것이라 하였다. 단순히 주공 동정(東征)의 위대한 업적을 기렸을 뿐만 아니라 동정의 간난(艱難)도 아울러 노래한 것이라 봄이 좋을 것이다.

5. 도끼자루 베려면(伐柯)

도끼자루 베자면 어떻게 하지? 도끼 아니면 안되는 거지.
장가들려면 어떻게 하지? 중매인 아니면 안되는 거지.

나무 베어 도끼자루 만들려면, 그 본이 가까운 데 있는 것을.
내 님을 맞아 예를 갖추어 성혼하네.

原文   伐柯如何오? 匪斧不克이니라.
　　　取妻如何오? 匪媒不得이니라.

　　　伐柯伐柯여 其則不遠이로다.
　　　我覯之子하니 籩豆有踐이로다.

註解   ○伐柯(벌가)―도끼자루를 만들려고 나무를 베는 것. ○匪(비)―비(非)와 같은 부정사. ○不克(불극)―도끼자루 만들 나무를 벨 수 없다는 뜻, 곧 불능벌가(不能伐柯). ○媒(매)―중매쟁이. 중국에선 옛날에 반드시 중매인을 중간에 두고 혼사를 이루었다. ○則(칙)―규범(規範), 본보기의 뜻. 기칙(其則)은 도끼자루를 만들 나무를 벨 때 표준으로 삼을 만한 본보기. 그 본보기는 바로 나무를 베는 도끼에 자루가 있으므로 불원(不遠)이라 한 것이다. ○覯(구)―만나다. ○之子(지자)―시자(是子). 결혼하는 상대방을 가리킴. ○籩

(변)―대나무로 만든 뒤의 두(豆) 같은 모양의 제기(祭器). 과일이나 포 같은 것을 담는 데 쓴다(釋義). ㅇ豆(두)―질그릇이나 구리로 만든 굽 높은 제기로서 젓·부침 같은 음식을 담는 데 썼다(釋義). ㅇ踐(천)―행렬을 이룬 모양(毛傳). 이렇게 음식이 담긴 그릇을 벌여놓는다는 것은 의식에 따라 혼인성례(婚姻成禮)함을 뜻한다.

解說 이는 예(禮)에 따라 이루는 결혼을 노래한 것이다(釋義). 도끼자루와 도끼는 결혼과 혼례에 비유한 것이다. 〈모시서〉에서는 이 시까지도 주공을 기린 것이라 하였다. 그리고 주희(朱熹)는 동쪽 사람들이 주공을 만나는 기쁨을 결혼하는 데 비유하여 노래한 것이라 하였다.

6. 가는 고기그물(九罭)

가는 고기그물에 송어와 방어가 걸려 있네.
우리 님 뵈오니 용 그린 웃옷에 수놓은 바지 입으셨네.

기러기 날아와 모래톱에 노니네.
공께서 돌아가면 계실 곳 없으랴? 그대들에게 잠시 머무는 거지.

기러기 날아와 뭍에 노니네.
공께서 돌아가면 다시 오지 않으리니, 그대들에게 잠깐 머물러 계신 것이네.

그래서 용 그린 옷 입으신 분 여기 계시는 것,
우리 주공 돌아가게 하지 마오, 우리 마음 슬프게 만들지 마오!

原文 九罭之魚에 鱒魴이로다.

我覯之子하니 袞衣繡裳이로다.

鴻飛遵渚하나니

公歸無所아? 於女信處시니라.

鴻飛遵陸하나니

公歸不復이시니 於女信宿이시니라.

是以有袞衣兮니

無以我公歸兮하여 無使我心悲兮어다.

註解 ㅇ罭(역)—물고기 그물. 구역(九罭)에 대하여 《모전(毛傳)》엔 작은 고기 잡는 그물이라 했는데, 《공소(孔疏)》에선 어망으로 고기 들어가는 곳이 아홉 군데 있어 구역이라 한다고 했다. ㅇ鱒(준)—혼(鰥)과 비슷하면서도 비늘이 가늘고 눈이 빨간 고기(集傳). '송어(?)'. ㅇ魴(방)—주남(周南) '여분(汝墳)' 시에 보임. ㅇ覯(구)—만나다. ㅇ之子(지자)—시자(是子)로 주공을 가리킨다. ㅇ袞衣(곤의)—용(龍)을 그린 웃옷(孔疏). 《모전(毛傳)》엔 권룡(卷龍)이라 하였는데 천자의 옷에 그린 용은 하나는 올라가고 하나는 내려오는 두 마리 용임에 비하여, 상공(上公)의 옷에 그린 용은 내려오는 용으로서 몸이 둥글게 굽어 있기 때문이다. 곤의수상(袞衣繡裳)은 구장(九章)의 옷(畫衣五章, 繡裳四章)을 말한다. ㅇ鴻(홍)—기러기. ㅇ渚(저)—모래톱. 기러기가 모래톱에 날고 있음은 주공이 동쪽 땅에 머물고 있음에 비유한 것임. ㅇ公(공)—주공. ㅇ所(소)—거소 ㅇ女(여)—너. 동쪽 땅의 백성들을 범칭(汎稱)한 것. ㅇ信(신)—두 밤 자는 것(毛傳). ㅇ處(처)—머물고 있다는 뜻. 신처(信處)는 주공이 동쪽 땅에 임시로 잠깐 머물고 있음을 뜻한다. ㅇ陸(륙)—뭍. 높고 평평한 땅(集傳). ㅇ復(복)—동쪽 땅으로 되돌아오는 것. ㅇ信宿(신숙)—앞의 신처(信處)와 같은 말. ㅇ袞衣(곤의)—용 그린 옷을 입은 사람. 주공을 가리킴.

解說 주공이 동정하고 서쪽 주나라로 돌아가려 하자 동쪽 땅에 사는 사람들이 주공이 돌아감을 애석히 여기어 부른 노래이다. 〈모시서〉에서도 주공을 기린 것이라 하였다.

7. 늙은 이리(狼跋)

늙은 이리 앞으로 나아가려다 제 턱 밑의 늘어진 살 밟고, 뒤로 물러서려다 제 꼬리에 걸려 넘어지네.
　주공께서는 허우대 장하신데, 붉은 신이 잘 어울리시네.

　늙은 이리 뒤로 물러서려다 제 꼬리에 걸려 넘어지고, 앞으로 나아
가려다 제 턱 밑의 늘어진 살 밟네.
　주공께서는 허우대 크신데, 성덕 기리는 말 끊임없네.

原文　狼跋其胡요 載疐其尾로다.
　　　公孫碩膚하시니 赤舄几几로다.

　　　狼疐其尾요 載跋其胡로다.
　　　公孫碩膚하시니 德音不瑕로다.

註解　○狼(랑)－이리. ○跋(발)－밟다. ○胡(호)－턱 밑의 늘어진 살(集傳). 늙은 이리 턱 밑에는 늘어진 살이 붙는다(毛傳). 낭발기호(狼跋其胡)는 늙은 이리가 앞으로 가려다 그의 턱 밑에 늘어진 살이 밟히어 가지 못한다는 뜻. ○載(재)－조사. '곧'의 뜻. ○疐(치)－넘어지다. 치기미(疐其尾)는 늙은 이리가 뒤로 물러서려다 자기 꼬리에 걸려 넘어진다는 뜻. 이 구절은 주공이 유언(流言)으로 말미암아 동쪽 땅으로 피신했던 일에 비유한 것이다(集傳). ○公孫(공손)－왕손(王孫)과 비슷한 말로 주공을 가리킨다. ○碩膚(석부)－허우대가 좋은 것(釋義). ○赤舄(적석)－붉은 신. 상공(上公)의 복장인 면복(冕服)의 신(集傳). ○几几(궤궤)－안중(安重)한 모양(集傳), 곧 잘 어울리는 것. ○德音(덕음)－성덕(盛德)을 기리는 말, 또는 성예(聲譽). ○瑕(하)－이(已)의 뜻(大雅 '思齊'의 鄭箋)으로, 덕음불하(德音不瑕)는 소아(小雅) '남산유대(南山有臺)' 시의 덕음불이(德音不已)와 같은 말이다.

解說　〈모시서〉에 '낭발(狼跋)은 주공을 기린 것이다. 주공이 성왕을 대신하여 섭정(攝政)을 하자 멀리로는 네 나라[管·蔡·霍과 武庚]가 허튼 소문을 퍼뜨리고 가까이로는 임금이 알아주지도 않았다. 주대부(周大夫)가 그럼에도 그가 성(聖)됨을 잃지 않았던 것을 기린 것이다'라고 하였다.

제2편
소아(小雅)

주희는 《시집전(詩集傳)》의 주에서, 아(雅)는 정(正)의 뜻이며 정악(正樂)의 노래를 뜻한다 하였다. 옛날에는 또 아(雅)는 하(夏)나라의 하와 통하였으니 《순자(荀子)》 영욕(榮辱)편에 '월나라 사람은 월나라에서 사는 게 편하고, 초나라 사람은 초나라에 사는 게 편하며, 군자는 중국 땅에 사는 게 편하다(越人安越, 楚人安楚, 君子安雅).'고 하였고, 유효(儒效)편엔 '초나라에 살면 초나라 풍습을 따르고, 월나라에 살면 월나라 풍습을 따르며, 중국에 살면 중국 풍습을 따른다(居楚而楚, 居越而越, 居夏而夏).'고 하였다. 이 두 마디를 아울러 생각할 때 앞의 아(雅)는 바로 하(夏)임을 알 것이다. 또 《묵자(墨子)》 천지(天志) 하편에선 대아 황의(皇矣)편의 '제위문왕(帝謂文王)……' 여섯 구를 인용하고 이를 '대하(大夏)'라 하였으니 아가 하와 통하였음이 더욱 분명하다.

하나라는 옛날 문화수준이 높았던 황하 유역 일대의 땅이며, 아는 이 중원 일대에 유행하고 왕조에서 '정성(正聲)'이라 숭상하는 음악이었다(釋義). 여러 나라 민요인 국풍에 비하여 하나라로부터의 음악의 전통을 이어받은 정악이 아(雅)이다. 따라서 그 음악은 풍(風)보다 더 장중하고 우아하였을 것이다.

소아와 대아의 구별에 대하여 주희는 그의 《시집전》에서 다음과 같이 말하였다.

'정소아(正小雅)는 연향(宴饗) 때 연주하던 음악이고, 정대아(正大雅)는 회조(會朝) 때 연주하던 음악이며, 제사지낸 고기를 받고 음복(飮福)할 때 훈계하는 말을 노래한 것이다. ……그렇기 때문에 사기(詞氣)도 같지 않고 음절 또한 다르다.'

이처럼 아는 연향과 조회에 쓰인 음악이기 때문에 대부분이 사대부들의 작품이라 여겨진다. 그러나 소아 가운데에는 적지않은 국풍(國風)에 가까운 '황조(黃鳥)'·'아행기야(我行其野)'·'곡풍(谷風)'·'하초불황(何草不黃)' 같은 작품들이 들어 있다. 이들은 가사의 풍격으로 보아서는 풍(風)과 비슷하지만 악조가 다르기 때문에 아 속에 들어 있을 것이다.

아는 용도와 음절에 있어서는 소아와 대아로 구분되었지만, 가사의 풍격에도 차이가 있다 하여 옛날부터 이들을 '정소아(正小雅)'와 '변소아(變小雅)', '정대아(正大雅)'와 '변대아(變大雅)'로 다시 구별하였다. 앞에 인용한 주희의 말에 '정(正)'자를 소대아(小大雅) 위에 붙인 것도 그러한 뜻에서이다.

정현(鄭玄)은 '녹명(鹿鳴)'에서부터 '정정자아(菁菁者莪)'에 이르는 16편(笙詩 6편을 합치면 22편)을 정소아, '유월(六月)' 이하를 변소아라 하였고, 대아는 '문왕(文王)'부터 '권아(卷阿)'에 이르는 18편을 정대아, '민노(民勞)' 이하를 변대아라 하였다. 국풍도 정현은 주남과 소남을 정풍, 나머지를 변풍이라 하였다. 그리고 이들 정시(正詩)는 주나라 무왕·성왕의 성세(盛世 : B.C. 1134~B.C. 1079)의 작품이고, 변시(變詩)는 의왕(懿王 : B.C. 934~B.C. 910) 이후의 시라는 것이다. 국풍은 물론 소대아도 이들을 정변(正變)으로 나누어 다룬 것은 경학자들의 자기합리화를 위해서 나온 행동이므로 무시해도 좋을 것이다.

제1 녹명지습(鹿鳴之什)

아와 송에는 여러 나라의 구별이 없어 10편을 1권으로 묶어 습(什)이라 하였는데, 군법(軍法)에 10명을 1십(一什)이라 함과 같은 것이다(集傳).《공소(孔疏)》에선 또 아송은 편수가 많아서 한데 묶어놓기 어려우므로 10편을 한 권으로 나누어 묶고 권수의 편을 십장(什長)으로 하여 권중의 편을 모두 거느리게 한 것이라 하였다. 아와 송의 시들을 '……습(什)'이라 구분하여 묶어놓은 것은 편의상의 구분임을 알 수 있다.

1. 사슴이 울면서(鹿鳴)

메에메에 사슴이 울며 들의 다북쑥 뜯고 있네.
내게 좋은 손님 오시어 슬 뜯고 생황 불며 즐기네.
생황 불며 폐백 광주리 받들어 올리니,
나를 좋아하는 이가 내게 위대한 도(道)를 알려주네.

메에메에 사슴이 울며 들의 쑥을 뜯고 있네.
내게 좋은 손님 오셨으니 그분의 명성 매우 밝아
백성들에게 두터운 애정 보이시니 군자들도 본뜨고 따르네.
내게 맛있는 술 있어 좋은 손님 잔치 베풀어 즐기게 하여 드리네.

메에메에 사슴이 울며 들의 금풀 뜯고 있네.
내게 좋은 손님 오시어 슬 뜯고 금 타며 즐기네.
슬 뜯고 금 타며 즐기니 화락하게 즐기시네.
내게 맛있는 술 있어 잔치 베풀어 좋은 손님의 마음 즐겁게 해드리네.

原文　呦呦鹿鳴이여　食野之苹이로다.
　　　我有嘉賓하여　鼓瑟吹笙이로다.
　　　吹笙鼓簧하여　承筐是將하니
　　　人之好我이　示我周行이로다.

　　　呦呦鹿鳴이여　食野之蒿로다.
　　　我有嘉賓하니　德音孔昭하여
　　　視民不恌니　君子是則是傚로다.
　　　我有旨酒하니　嘉賓式燕以敖로다.

　　　呦呦鹿鳴이여　食野之芩이로다.
　　　我有嘉賓하여　鼓瑟鼓琴하니

鼓瑟鼓琴이여 **和樂且湛**이로다.
我有旨酒하여 **以燕樂嘉賓之心**이로다.

註解 ○呦呦(유유)―사슴 우는 소리(毛傳). ○苹(평)―뇌소(藾蕭)라고도 하며(鄭箋), 쑥의 일종. 다북쑥(?). 사슴들이 울면서 들의 다북쑥을 뜯어먹고 있다는 것은 친구와 화락하게 지냄에 비유한 것이다. ○嘉賓(가빈)―자기와 뜻이 맞는 좋은 손님. ○瑟(슬)―현악기(周南 ‘關雎’ 시 참조). ○笙(생)―생황(笙簧)이라 하는 취주악기(앞에 보임). 생이나 슬은 모두 연례(燕禮)에 쓰이는 악기임. ○簧(황)―생과 황을 구별할 때에 황은 생 속에 든 피리 혀 같은 것. 큰 생은 19황, 작은 생엔 13황이 있는데, 생황을 불면 황이 진동하여 소리를 낸다. 따라서 취생고황(吹笙鼓簧)은 생황을 부는 것. ○承(승)―받들다. ○筐(광)―폐백을 담는 광주리(孔疏). ○將(장)―진봉(進奉)의 뜻(釋義). 손님을 맞아 잔치를 베풀고 풍악을 울릴 뿐만 아니라 폐백까지 드린다. 손님을 극진히 환대하는 것이다. 폐백은 옛날 초견례(初見禮)에 주고받던 예물이다. ○周行(주행)―본시 주나라로 가는 길(毛傳). 주나라로 가는 길은 큰길이었으므로 대도(大道), 위대한 도의 뜻으로 전용된 것이다(孔疏). 손님은 덕이 있는 분이라 잔치를 즐기며 좋은 말을 하며 인륜의 올바른 훌륭한 도가 무엇인가를 말해 주는 것이다. ○蒿(호)―긴(菣)이라고도 하며(毛傳), 청호(靑蒿)라고도 한다 하니(集傳), 제1절의 평(苹)과 비슷한 쑥이면서도 더 파란 것인 듯하다. ○德音(덕음)―덕으로 말미암은 명성. 여기서는 손님의 명성. ○孔(공)―매우. ○視(시)―보여주다. 옛날 시(示)자(鄭箋). ○恌(조)―투박(偸薄)의 뜻(集傳). 불조(不恌)는 백성들에 대한 두터운 애정을 뜻함. ○則(칙)―시칙(是則)은 본받는 것. ○傚(효)―본받다. 효(效)와 통하여 방효(倣傚)의 뜻(孔疏). ○旨酒(지주)―맛좋은 술(孔疏). ○式(식)―조사(釋義). ○燕(연)―연(宴)과 통함(釋義). 잔치하는 것. ○敖(오)―오유(敖遊)의 뜻으로(孔疏), 즐겁게 노는 것. ○芩(금)―《모전(毛傳)》엔 초야(草也)라 하였는데, 《육소(陸疏)》에 의하면 줄기는 비녀대 같고 잎은 대나무 같은 덩굴풀로, 택지 낮은 개펄에 나며 마소도 이를 즐겨 먹는다 했다. ○湛(담)―오래 즐기는 것. ○燕樂(연락)―잔치로 즐기는 것.

解說 〈모시서〉에 ‘녹명(鹿鳴)’ 시는 여러 신하와 훌륭한 손님을 잔치하는 것이라 하였다. 《의례(儀禮)》만 보아도 향음주례(鄕飮酒禮)·연례(燕

禮) 등에서 모두 '녹명'을 노래하고 있다. 그리고 '향음주(鄕飮酒)'편 정현의 주에 '녹명'이란 임금과 신하 및 사방에서 온 손님들의 잔치에 도를 강(講)하고 덕을 닦는 악가(樂歌)라고 하였다. 이 시는 임금이 여러 신하와 훌륭한 손님을 모시고 잔치할 때 쓰는 것이었으나 뒤에는 향인(鄕人)들까지도 잔치에 쓰게 되었다.

2. 사마(四牡)

사마는 달리고 달리어도, 주나라로 가는 길은 꾸불꾸불 끝이 없네.
어찌 돌아가고 싶지 않으리? 나랏일이 끝나지 않으니,
내 마음 애달파지네.

사마가 달리고 달리니, 갈기 검은 흰 말들 헐떡헐떡 하네.
어찌 돌아가고 싶지 않으리? 나랏일이 끝나지 않으니,
편히 앉았을 틈도 없네.

펄펄 집비둘기는 날아가다 내려와서
상수리나무 떨기에 모여 앉네.
나랏일이 끝나지 않으니, 아버님 봉양할 틈도 없네.

펄펄 집비둘기는 날아가다 내려와
산버들 떨기에 모여 앉네.
나랏일이 끝나지 않으니, 어머님 봉양할 틈도 없네.

사마가 끄는 수레 몰고, 쏜살같이 달리고 있네.
어찌 돌아가고 싶지 않으리? 그래서 노래 지어 부르니,
어머님이 그립기만 하네.

原文　四牡騑騑하며 周道委遲로다.
　　　豈不懷歸리요? 王事靡盬니

我心傷悲로다.

四牡騑騑하니 嘽嘽駱馬로다.
豈不懷歸리요? 王事靡盬니
不遑啓處로다.

翩翩者鵻여 載飛載下하여
集于苞栩로다.
王事靡盬니 不遑將父로다.

翩翩者鵻여 載飛載止하여
集于苞杞로다.
王事靡盬니 不遑將母로다.

駕彼四駱하여 載驟駸駸하도다.
豈不懷歸리요? 是用作歌하니
將母來諗이로다.

註解 ○四牡(사무)—한 수레를 끄는 네 마리 수말. ○騑騑(비비)—쉬지 않고 달리는 모양(毛傳). ○周道(주도)—주행(周行)과 같은 말로 주나라로 가는 길(釋義). 회풍(檜風) '비풍(匪風)'에 보임. ○委遲(위지)—《한시(韓詩)》엔 왜이(倭夷)로 되어 있으며, 회원(回遠)한 모양(集傳), 곧 꾸불꾸불하고 먼 것. ○懷歸(회귀)—고향인 주나라로 돌아갈 것을 생각하는 것. ○靡盬(미고)—쉴 틈이 없다, 끝나지 않고 바쁘다. 《경의술문(經義述聞)》에 '고(盬)는 식(息)의 뜻이니, 왕사미고(王事靡盬)는 왕사(王事)가 부지식(不止息)이라는 뜻이다'고 하였다. 왕사는 곧 국사(國事). ○嘽嘽(탄탄)—숨이 차 헐떡거리는 모양(毛傳). ○駱(락)—검은 갈기의 흰말. 낙마(駱馬)는 사무(四牡)를 설명한 것이다. ○遑(황)—겨를. ○啓處(계처)—무릎을 땅에 대고 편히 앉아 쉬는 것. 계(啓)는 궤(跪)와 뜻이 통한다(毛傳). 처(處)는 거(居)의 뜻(毛傳). ○翩翩(편편)—펄펄 나는 모양. ○鵻(추)—부불(夫不)(毛傳), 또는 발구(鵓鳩)라고도 하며, '집비둘기'. ○載(재)—즉(則)과 같은 조사. ○苞(포)—떨기. ○栩(허)—상수리

나무, 참나무. 포허(苞栩)는 당풍(唐風) '보우(鴇羽)' 시에도 보임. 펄펄 집비둘기가 날아가다 내려와 상수리나무 떨기에 모여 앉는다는 것은, 사람도 오랜 정역(征役) 끝에 집으로 돌아와 안식할 날이 있다는 것이다. 그러나 작자는 아직도 집에 돌아오지 못하여 애태우고 있는 것이다. ㅇ將(장)—봉양(奉養)의 뜻. ㅇ杞(기)—산버들. ㅇ駕(가)—수레를 타는 것. ㅇ駱(락)—검은 갈기의 흰말. 사락(四駱)은 사무(四牡)·사마(四馬). ㅇ驟(취)—달리다. ㅇ駸駸(침침)—달리는 모양(毛傳). ㅇ諗(심)—《모전(毛傳)》에 염(念)의 뜻이라 하였다. 생각하다. 《경전석사(經傳釋詞)》에 의하면 '래(來)'는 '시(是)'와 통한다 했으니, 장모래심(將母來諗)은 유모시념(惟母是念), 곧 어머님 생각만 나는 것(釋義).

解說 〈모시서〉에 사신이 온 것을 위로하는 노래라 하였다. 그러나 본문을 보면 주나라 사람이 먼 곳으로 출정하여 부모님을 그리며 돌아갈 날을 생각하는 노래이다. 뒤에 와서 사신을 위로할 때 주로 쓰이는 노래로 변했을 것이다.

　《의례(儀禮)》의 향음주(鄕飮酒)·연례(燕禮)를 보면 모두 앞의 '녹명(鹿鳴)' 및 뒤의 '황황자화(皇皇者華)'와 함께 이 시가 노래 불리어진다. 《춘추좌전(春秋左傳)》에는 제후들이 사신을 맞아 이들을 노래한 기록이 여러 곳에 보인다. 이렇게 보면 '녹명'과 '사무(四牡)' 및 '황황자화' 시는 뒤에 본래의 성격을 벗어나 구별 없이 적당히 쓰였던 것 같다.

3. 화려한 꽃(皇皇者華)

화려한 꽃이 언덕에 진펄에 피어 있네.
말달리어 길가는 사람은 언제나 맡은 사명 다하지 못할까 걱정하네.

내 수레 모는 말은 망아지인데, 이를 모는 여섯 줄 고삐는 매끈하네.
이리 달리고 저리 달리면서도, 할 일을 두루 물어 계획을 짜네.

내 수레 모는 말은 검푸른색인데, 이를 모는 여섯 줄 고삐는 가지런하네.

달리고 달리면서도 할 일을 두루 물어 꾀하네.

내 수레 모는 말은 갈기 검은 흰말인데, 이를 모는 여섯 줄 고삐는
번지르르하네.
달리고 달리면서도 할 일을 두루 물어 헤아리네.

내 수레 모는 말은 얼룩말인데, 여섯 줄 고삐가 고르기도 하네.
달리고 달리면서도 할 일을 두루 묻고 생각하네.

原文　皇皇者華이　于彼原隰이로다.
　　　駪駪征夫여　每懷靡及이로다.

　　　我馬維駒니　六轡如濡로다.
　　　載馳載驅하여　周爰咨諏하도다.

　　　我馬維騏니　六轡如絲로다.
　　　載馳載驅하여　周爰咨謀하도다.

　　　我馬維駱이니　六轡沃若이로다.
　　　載馳載驅하여　周爰咨度하도다.

　　　我馬維駰이니　六轡旣均이로다.
　　　載馳載驅하여　周爰咨詢하도다.

註解　○皇皇(황황)―황황(煌煌)과 통하여(毛傳), 휘황(輝煌)한 것. 여기서
는 화려한 모양. ○華(화)―꽃. ○原(원)―높고 평평한 땅(毛傳). ○隰(습)―진
펄. ○駪駪(신신)―빨리 달리는 모양. 구설(舊說)엔 중행모(衆行貌)라 하였으
나 취하지 않는다. ○征夫(정부)―길을 가는 사람(毛傳). 사신 스스로를 가리
킨 말임. ○靡及(미급)―불급(不及)・미급(未及)의 뜻. 사신으로서의 사명에
미급함이 있을까 걱정하는 것임. ○駒(구)―망아지. ○六轡(육비)―사마(四
馬)의 여섯 줄 고삐(앞에 여러 번 보임). ○濡(유)―선택(鮮澤), 곧 곱게 윤이
나는 것(毛傳). ○載(재)―조사. ○馳(치)―말 달리다. ○驅(구)―수레를 몰다.
○周(주)―두루. ○爰(원)―조사. ○咨(자)―묻다. 자(諮)와 통함. ○諏(추)―

꾀하다. 자추(咨諏)는 사명에 미급함이 있을까 하여 여러 사람들에게 일을 묻고 상의하고 하며 그 나라에 가서 할 일을 예비하는 것.　○騏(기)-청흑색의 말.　○如絲(여사)-길쌈하는 실처럼 고르게 당기어 있는 것.　○謀(모)-꾀하다. 앞의 추(諏)와 비슷한 말(集傳).　○駱(락)-검은 갈기의 흰말.　○沃若(옥약)-여유(如濡)와 비슷한 말(集傳). 위풍(衛風) '맹(氓)' 시에 보임.　○度(탁)-헤아리다. 역시 앞의 모(謀)와 비슷한 말(集傳).　○駰(인)-엷은 흑색과 백색의 털이 섞인 말(毛傳).　○詢(순)-꾀하다. 앞의 추(諏)·모(謀)·탁(度)과 비슷한 말.

解說　〈모시서〉에 이 시는 임금이 사신을 보낼 때 부른 노래라 하였다. 내용을 보면 사신으로 가는 사람이 도중의 감회를 노래한 것이다. 뒤에 사신을 보낼 때 부르는 노래로 변한 것인 듯하다(釋義). 그러나 앞에서 이미 언급한 것처럼 '녹명'·'황황자화' 시와 함께 뒤에는 용도가 더 많아졌다.

4. 아가위(常棣)

아가위꽃은 꽃송이가 울긋불긋하네.
모든 사람들 중에 형제보다 더한 이는 없지.

죽고 장사지내는 두려운 일에는 형제를 가장 생각케 되고
들판과 진펄에 나가서도 형제를 서로 찾게 되네.

할미새가 들에서 호들갑 떨듯, 다급하고 어려울 적엔 형제가 돕게 되네.
좋은 벗은 있다 해도, 그저 긴 탄식이나 해줄 뿐이네.

형제가 집안에서는 다툰다 해도, 밖으로부터 침해가 있으면 함께 대적하네.
좋은 벗은 있다 해도, 서로 돕진 못하는 것.

장례 마치고 어려움 안정되어 편안해진 뒤에야
형제가 있다 해도 벗만 못하게 되는 거지.

성찬을 벌여놓고 배부르게 먹고 마실 때
형제가 다 있어야만 오래도록 화락할 수 있다네.

처와 자식들이 화합함이 금슬 같다 하더라도,
형제가 다 모여 있어야 언제까지나 화락할 수 있다네.

그대의 집안 화목케 하고 그대의 처자들 즐겁게 하며,
그 일만을 궁리하고 꾀하면, 정말 그렇게 될 것이네.

原文　常棣之華여 鄂不韡韡로다.
　　　凡今之人은 莫如兄弟니라.

　　　死喪之威에 兄弟孔懷하며
　　　原隰裒矣에 兄弟求矣하니라.

　　　脊令在原하니 兄弟急難이로다.
　　　每有良朋이나 況也永歎이니라.

　　　兄弟鬩于牆이나 外禦其務니라.
　　　每有良朋이나 烝也無戎이니라.

　　　喪亂旣平하여 旣安且寧하면
　　　雖有兄弟나 不如友生이로다.

　　　儐爾籩豆하여 飮酒之飫라도
　　　兄弟旣具라야 和樂且孺니라.

　　　妻子好合이 如鼓瑟琴이라도
　　　兄弟旣翕이라야 和樂且湛이니라.

　　　宜爾室家하고 樂爾妻帑하며

是究是圖면 亶其然乎인저!

註解 ○常(상)－당(棠)의 가차로서, 상체(常棣)는 당체(棠棣)・당체(唐棣), 아가위(通釋). ○鄂(악)－꽃받침. 악(萼)과 통하는 글자. ○不(부)－부(拊)로 씀이 옳으며, 부(拊)는 악족(鄂足), 곧 꽃받침대(鄭箋). 악부(鄂不)는 지금 말로는 악부(萼跗), 꽃받침. 부(跗)는 부(拊)와 통함. ○韡韡(위위)－꽃이 울긋불긋한 모양. ○凡今之人(범금지인)－모든 지금 세상의 사람들. ○死喪(사상)－사람의 죽음과 장례에 대한 것. ○威(위)－두려운 것. 외(畏)의 뜻(毛傳). ○孔(공)－매우. ○懷(회)－염려해 주는 것. ○裒(부)－들이나 진펄에 사람들이 모이는 것(鄭箋). ○求(구)－서로 찾고 돕는 것. ○脊令(척령)－척령(鶺鴒)이라고도 쓰며, 옹거(雝渠)라고도 한다(毛傳). 우리말로는 할미새. 참새 종류로서 다리와 꼬리가 길고 부리가 뾰죽하며, 등은 청회색, 배는 백색, 목 밑은 까만 무늬가 있다(陸疏). 날 때에는 울고 들까불고 하여(毛傳) 큰일이 난 듯이 날아다닌다. 이는 사람에게 어려운 사고가 생겼음에 비유한 것이다. ○急難(급난)－다급하고 어려운 일. ○每(매)－비록. 수(雖)의 뜻(鄭箋). ○良朋(양붕)－좋은 벗. ○況(황)－발어사(集傳). ○永歎(영탄)－길게 탄식하는 것. ○鬩(혁)－싸우다. ○于牆(우장)－담 안, 곧 집 안(孔疏). ○禦(어)－막다. ○務(무)－모(侮)와 통하여, 밖에서 모욕(侮辱)을 가해 오는 것(鄭箋).《좌전(左傳)》엔 이 구절을 인용함에 ‘모(侮)’로 쓰고 있다. ○烝(증)－발어사(集傳). ○戎(융)－돕는 것. 조(助)의 뜻(集傳). ○喪亂(상란)－앞의 사상(死喪)・급난(急難)・외모(外侮) 같은 것을 통틀어 하는 말. ○旣安且寧(기안차녕)－안녕하게 된 뒤. ○友生(우생)－붕우(朋友)와 같은 말. ○儐(빈)－진(陳)의 뜻으로(毛傳), 진열(陳列)하는 것, 차려놓는 것. ○籩(변)－과일 같은 것을 담는 대그릇. ○豆(두)－요리한 음식을 담는 나무 그릇. 변두(籩豆)는 본시 제기(祭器)이나, 음식을 잘 장만한 것을 뜻한다. ○飫(어)－배부른 것. ○具(구)－구(俱)의 뜻. 다 무고히 형제가 모여 있는 것. ○孺(유)－유(濡)의 가차자로, 즐거움이 ‘오래 가는 것’(釋義). ○好合(호합)－잘 화합하는 것. ○瑟琴(슬금)－합주할 때 가락이 조화(調和)되는 것처럼 잘 어울려 즐겁게 사는 것. ○翕(흡)－합(合)의 뜻(毛傳). ○湛(담)－즐거움이 오래 가는 것. 앞의 ‘녹명(鹿鳴)’ 시에 보임. ○宜(의)－잘 화합케 하는 것. ○帑(노)－처자. ○究(구)－궁리하다. ○圖(도)－꾀하다. ○亶(단)－신(信)과 통하여 ‘진실로’의 뜻(毛傳). ○其然(기연)－그렇게 된다. 화합하고 즐기게 된다는 뜻.

解說 〈모시서〉에 '상체(常棣)'는 형제들이 잔치할 때 부른 노래라 하고, 또 무왕의 형제인 관숙(管叔)과 채숙(蔡叔)이 올바른 도리에서 벗어남을 가엾게 여기어 이 시를 지었다고 하였다. 시의 내용은 8절을 통틀어 형제의 우애를 강조한 것이다.

5. 나무를 베네(伐木)

나무 베는 소리 쩡쩡 울리고, 새들은 삑삑 울면서
깊은 골짜기에서 날아와 큰 나무로 날아가네.
삑삑 우는 것은 자기 벗 찾는 소리지.
새들을 봐도 벗을 찾는 소리 내거늘,
하물며 사람이 친구를 찾지 않겠는가?
삼가 벗과 잘 어울리면 모두 화평케 되리라.

나무 베는 소리 탕탕 울리고, 맛좋은 전국술에
살진 어린 양 잡아, 여러 친족 중의 존경하는 이들 부르니,
마침 일 있어 오지 못하는 이 있으나, 나를 가벼이 보는 것은 아니네.
아아, 깨끗이 쓸고 닦은 방에 여러 그릇의 음식 차려놨네.
살진 수짐승 잡아 여러 성 다른 친구들도 부르니,
마침 일이 있어 오지 못하는 이 있으나, 나를 가벼이 보는 것은 아니네.

산비탈에선 나무를 베고 있고, 빛좋은 전국술에
가지런히 음식 차려놓으니, 형제 같은 벗들 친근히 즐기네.
사람들이 화합하지 못함은 시원찮은 음식 탓이니,
술 있으면 거르고 술 없으면 사오며,
둥둥 북치고 덩실덩실 춤추어
한가한 틈을 타서 거른 술 마셔보세.

原文　伐木丁丁이어늘　鳥鳴嚶嚶하나니

出自幽谷하여　遷于喬木하도다.

嚶其鳴矣여　求其友聲이로다.

相彼鳥矣라도　猶求友聲이어늘

矧伊人矣면　不求友生가?

神之聽之면　終和且平이니라.

伐木許許어늘　釃酒有藇하며

旣有肥羜하여　以速諸父하니

寧適不來언정　微我弗顧니라.

於粲洒埽에　陳饋八簋로다.

旣有肥牡하여　以速諸舅하니

寧適不來언정　微我有咎니라.

伐木于阪이어늘　釃酒有衍하여

籩豆有踐하니　兄弟無遠이로다.

民之失德은　乾餱以愆이니

有酒湑我며　無酒酤我며

坎坎鼓我며　蹲蹲舞我하여

迨我暇矣하여　飮此湑矣로다.

註解　ｏ丁(쟁)─쟁쟁(丁丁)은 도끼로 나무를 찍는 소리.　ｏ嚶(앵)─앵앵(嚶嚶)은 새가 우는 소리.　ｏ幽谷(유곡)─깊은 산골짜기.　ｏ喬木(교목)─큰 나무.　ｏ相(상)─보다.　ｏ矧(신)─하물며.　ｏ伊(이)─조사.　ｏ友生(우생)─친구. 앞의 '상체(常棣)' 시에 보임.　ｏ神(신)─《이아(爾雅)》 석고(釋詁)에 신(愼)의 뜻이라 하였다(通釋). 삼가는 것. 신지(神之)는 친구와의 관계를 삼가 잘 지키는 것.　ｏ聽(청)─청종(聽從)의 뜻. 좋은 말을 잘 듣고 잘 어울리는 것(通釋).　ｏ終(종)……且(차)─'……하고도 ……하다', 곧 '기(旣)……차(且)……'의 뜻(釋義).　ｏ許許(호호)─《설문해자(說文解字)》엔 '소소(所所)'

로 인용하고 '나무 베는 소리'라 하였다. 《옥편(玉篇)》에도 '소(所)는 벌목성(伐木聲)이라' 했으니 호호(許許)도 나무 베는 소리로 봄이 좋다(通釋). ㅇ釃(시)—술을 거르는 것. 그러나 《설문해자》에 '일왈순야(一曰醇也)'라 했으니 여기서는 순주(醇酒), 곧 전국술의 뜻으로 봄이 좋겠다(通釋). ㅇ有藇(유여)—서연(藇然)으로 술이 맛있어 뵈는 것. ㅇ羜(저)—어린 양. ㅇ速(속)—부르다, 초청하다. ㅇ諸父(제부)—친구 중에서 같은 성(姓)이면서도 존경하는 사람들(集傳). ㅇ寧(녕)—여기서는 '차라리'라는 뜻은 약하다. ㅇ適(적)—마침 일이 생기어의 뜻. ㅇ微(미)—비(非)의 뜻. ㅇ顧(고)—거들떠보는 것. ㅇ於(오)—탄사(歎詞). ㅇ粲(찬)—깨끗하고 밝은 것. ㅇ洒(쇄)—물을 뿌리는 것, 물 뿌리고 닦는 것. ㅇ埽(소)—쓸다. 쇄소(洒埽)는 친구들을 초청할 방을 깨끗이 쓸고 닦는 것. ㅇ饋(궤)—음식(釋義). ㅇ簋(궤)—음식을 담는 그릇(秦風 '權輿'에 보임). 팔궤(八簋)는 여러 그릇의 뜻(集傳). ㅇ牡(무)—수짐승. ㅇ諸舅(제구)—친구 중 성(姓)이 다르면서도 존경하는 사람들(集傳). ㅇ咎(구)—허물. ㅇ阪(판)—산비탈. ㅇ有衍(유연)—연연(衍然)으로 아름다운 모양(毛傳). 술빛이 좋은 것. ㅇ踐(천)—진열(陳列)한 모양(毛傳). 빈풍(豳風) '벌가(伐柯)' 시에도 보임. ㅇ兄弟(형제)—형제처럼 친한 친구. ㅇ無遠(무원)—가까이서 친근히 즐겁게 지내는 것. ㅇ德(덕)—혜(惠)·화(和)와 통하여, 실덕(失德)은 화(和)함을 잃는 것(釋義). ㅇ餱(후)—말린 밥. 건후(乾餱)는 식지박자(食之薄者)(集傳), 곧 형편없는 음식으로 대접함을 말한다. ㅇ愆(건)—허물. ㅇ湑(서)—술을 거르다. 서아(湑我)는 술을 '내게 걸러다오' '술을 걸러라'의 뜻. ㅇ酤(고)—술을 사오다. ㅇ坎坎(감감)—북치는 소리. ㅇ蹲(준)—준준(蹲蹲)은 덩실덩실 춤추는 모양. ㅇ迨(태)—미치다. ㅇ暇(하)—틈. ㅇ湑(서)—거른 술을 뜻함.

解說 〈모시서〉에 '벌목(伐木)'은 친구나 오래 사귄 사람들을 잔치할 때 부르는 노래라 하였다. 옛날 인군(人君)이 가례(嘉禮)로서 신하를 대접하는 사람들로 종족형제(宗族兄弟)·붕우고구(朋友故舊)·공경대부(公卿大夫)·공후백자남(公侯伯子男)이 있었다. 여기에서 말한 '친구나 오래 사귄 사람'이란 '붕우고구(朋友故舊)'의 번역이지만 다른 경우에도 쓰였다.

6. 하늘이 안정시키사(天保)

하늘이 당신을 안정시키사 매우 굳건케 하셨네.
당신을 크고 두터이 하시어 모든 복을 갖추게 하셨으며,
당신을 이롭게 하시어 많은 복을 받으셨네.

하늘이 당신을 안정시키사 당신에게 복록 누리게 하셨네.
모두가 합당하여 하늘이 내리시는 모든 복을 받으셨네.
당신에게 큰 복 내리심을 받는 날이 부족할세라 많이 내리시네.

하늘이 당신을 안정시키사 모든 것이 흥성하네.
높은 산과도 같고 큰 땅덩이와도 같고 높은 산등성이와도 같고 높은 언덕과도 같으며,
강물이 막 흘러오듯 불어나지 않는 것이 없네.

좋은 날 정결하게 음식 마련하여 조상께 바치려고
사철마다 제사를 선공과 선왕들께 드리는데,
선군께서 '너에게 만수무강케 보답하리라' 말씀하셨다네.

조상들의 신이 가상히 여기시어 당신께 많은 복 내리셨고,
백성들 안정되어 편히 살아가고 있으니,
여러 백성들과 관원들이 모두 당신의 덕분이라 하네.

달이 밝아지는 듯 해가 떠오르는 듯,
남산이 무궁함같이 이지러지지도 무너지지도 않으며,
소나무 잣나무가 무성하듯, 당신의 왕업 끊임없이 이어지네.

原文 天保定爾이 亦孔之固시로다.

俾爾單厚이시니 何福不除리요?

俾爾多益이시니 以莫不庶로다.

天保定爾하사 俾爾戩穀이로다.
罄無不宜하여 受天百祿이로다.
降爾遐福하시되 維日不足이니라.

天保定爾하사 以莫不興이라
如山如阜하며 如岡如陵하며
如川之方至하여 以莫不增이로다.

吉蠲爲饎하여 是用孝享하여
禴祠烝嘗을 于公先王하시니
君曰卜爾하시되 萬壽無疆이라 하시도다.

神之弔矣니 詒爾多福이며
民之質矣니 日用飮食이라
羣黎百姓이 徧爲爾德이로다.

如月之恒하며 如日之升하며
如南山之壽하며 不騫不崩하며
如松栢之茂하여 無不爾或承이로다.

[註解] ○保(보)-안(安)의 뜻으로(鄭箋), 보정(保定)은 안정의 뜻. ○爾 (이)-너, 당신. 임금을 가리킨다. ○孔(공)-'매우'. ○固(고)-굳건한 것. ○俾 (비)-……으로 하여금, 사(使)와 뜻이 같음. ○單(단)-《설문해자》에 '대 (大)'의 뜻이라 하였다(通釋). 단후(單厚)는 하늘이 당신에게 복록(福祿)을 크고 두터이 내리셨다는 뜻. ○除(제)-갖추다. 비(備)의 뜻.《역경(易經)》췌 괘(萃掛) 상전(象傳)에 '군자는 병기를 갖추어 놓고, 불의의 사고를 경계한다 (君子以除戎器, 戒不虞).'라는 구절에 대하여 우번(虞翻)은 '제(除)는 수(脩) 의 뜻이라'고 하였는데, '수융기(脩戎器)'는 '비융기(備戎器)'의 뜻이다(釋義). ○益(익)-이(利)의 뜻. ○庶(서)-중(衆)의 뜻으로(毛傳) 많은 복록을 받았 다는 뜻. ○戩穀(전곡)-복록의 뜻. ○罄(경)-진(盡), 곧 '모두'의 뜻(毛傳). ○百祿(백록)-여러 가지 모든 녹(祿). ○遐(하)-가(嘏)와 통하여 '대(大)'의

뜻(通釋). ㅇ維日不足(유일부족)－복록을 너무 많이 내리시어 받기에 시간이
모자랄 듯하다는 뜻. ㅇ興(흥)－모든 나랏일이 흥성하는 것. ㅇ阜(부)－대륙
(大陸)을 부(阜)라 한다고 한다(集傳). 곧 '큰 땅덩어리'. ㅇ岡(강)－산등성이.
ㅇ陵(릉)－큰 언덕. 산(山)·부(阜)·강(岡)·능(陵)은 모두 임금의 복록이
고대(高大)하고 풍부함을 형용한 것이다. ㅇ吉(길)－좋은 날을 가리는 것. ㅇ蠲
(견)－깨끗한 것. ㅇ饎(치)－주식(酒食)·음식(飮食)의 뜻. ㅇ孝享(효향)－효
도하는 마음을 가지고 조상들께 음식을 올리는 것(孔疏). ㅇ禴(약)－여름제사.
ㅇ祠(사)－봄제사. ㅇ烝(증)－겨울제사. ㅇ嘗(상)－가을제사. ㅇ公(공)－선공
(先公). 태왕(太王) 전 임금이 되지 못하였던 조상들. ㅇ先王(선왕)－태왕(太
王) 이후의 선대(先代) 임금들(孔疏). ㅇ君(군)－선군(先君). ㅇ卜(복)－보
(報), 곧 보답의 뜻(通釋). 복이(卜爾)는 너의 제사에 보답한다는 말. ㅇ弔
(조)－금문(金文) 숙(叔)자는 예서(隸書)의 조(弔)자와 모양이 비슷한데, 옛
날에는 숙(叔)은 숙(淑)과 통용되었다. 그래서 숙(淑：叔)자는 흔히 조(弔)자
로 잘못 쓰여졌다. 이 조(弔)자도 숙(淑)자가 잘못 쓰여진 것인 듯하며, 숙
(淑)은 선(善)과 통한다(釋義). 여기서는 신(神)이 임금을 '좋게 보는 것'. ㅇ詒
(이)－주다. 이(貽)와 통함. ㅇ質(질)－성(成)의 뜻(毛傳). '선성민이후치력어
신(先成民而後致力於神)'의 성(成)과 같은 뜻(傳疏). 여기의 성민(成民)은
백성들을 '안정시키는 것'(釋義). ㅇ日用飮食(일용음식)－백성들의 기본 욕망
을 가리키는 말로 편히 살아감을 뜻하는 것임. ㅇ羣黎(군려)－백성들. ㅇ百姓
(백성)－본시 백관(百官), 여러 관리의 뜻. 후대(東周 이후)에 인민(人民)을
가리키는 말로 바뀌었다. ㅇ徧(변)－모두. ㅇ爲爾德(위이덕)－'당신의 덕 때
문'. ㅇ恒(긍)－상현(上弦)의 뜻으로, 달이 밝아지는 것. ㅇ壽(수)－무궁(無窮)
함을 뜻한다. ㅇ騫(건)－이지러지다. ㅇ崩(붕)－무너지다. ㅇ栢(백)－잣나무.
송백지무(松栢之茂)는 소나무와 잣나무가 사철 언제나 무성한 것. ㅇ或(혹)－
조사(經傳釋詞). ㅇ承(승)－계승(繼承)의 뜻.

解說　〈모시서〉에 이 시는 신하가 임금에게 보답하는 뜻으로 노래하는
것이라 하였다. 그래서 내용을 보면 임금의 덕과 은총을 기린 것이다. 주
희는 또 '임금은 녹명(鹿鳴) 이하 다섯 가지 시로써 그의 신하들을 잔치
하고, 내리심을 받은 신하는 이 시를 노래함으로써 그의 임금에 보답한
것이다'라고 설명하였다(集傳).

7. 고사리 캐세(采薇)

고사리 캐세, 고사리 캐세, 고사리가 돋아났네.
돌아가세, 돌아가세, 이 해도 다 저물어 가네.
집도 절도 없는 것은 험윤 오랑캐들 때문일세.
편히 앉아 쉴 틈 없는 것도 험윤 오랑캐들 때문일세.

고사리 캐세, 고사리 캐세, 고사리가 부드럽네.
돌아가세, 돌아가세, 마음은 걱정만 느네.
마음의 걱정 타오르듯, 굶주리고 목마른 듯,
우리 싸움은 정처없으니, 사람을 보내어 문안드릴 수도 없네.

고사리 캐세, 고사리 캐세, 고사리도 뻣뻣해졌네.
돌아가세, 돌아가세, 이 해도 시월이 됐네.
나랏일 끊임없어 편히 앉아 쉴 틈도 없네.
걱정하는 마음 매우 아프니, 나는 집 떠나 돌아갈 줄 모르네.

저기 환한 게 무엇일까? 아가위꽃이로군.
저 큰 수레는 무엇일까? 장수님의 수레로군.
군용 수레 몰고 가는데, 수레 끄는 말들 장하기도 하네.
어찌 편안히 지낼 수 있나? 한 달에 세 번은 싸워 이긴다네.

네 마리 말이 끄는 수레 몰고 가는데, 말들은 튼튼하기도 하네.
장군께서는 타시고 졸개들은 뒤따르네.
네 마리 말 가지런한데, 상아 박은 활고자엔 물개가죽 입혔네.
어찌 매일 경계 않으리? 험윤 오랑캐 침략이 다급한데.

옛날 내가 집 떠날 때엔, 버드나무 가지 푸르렀는데,
지금 와서는 눈만 펄펄 날리네.
가는 길 더디어 목마른 듯 굶주린 듯,

내 마음 서글프지만, 아무도 내 마음 몰라주네.

原文 采薇采薇여 薇亦作止로다.
日歸日歸여 歲亦莫止로다.
靡室靡家는 玁狁之故며
不遑啓居도 玁狁之故니라.

采薇采薇여 薇亦柔止로다.
日歸日歸여 心亦憂止로다.
憂心烈烈하여 載飢載渴이로다.
我戍未定이니 靡使歸聘이로다.

采薇采薇여 薇亦剛止로다.
日歸日歸여 歲亦陽止로다.
王事靡盬라 不遑啓處하니
憂心孔疚나 我行不來니라.

彼爾維何오? 維常之華로다.
彼路斯何오? 君子之車로다.
戎車旣駕하여 四牡業業이로다.
豈敢定居리요? 一月三捷이로다.

駕彼四牡하니 四牡騤騤로다.
君子所依요 小人所腓로다.
四牡翼翼하니 象弭魚服이로다.
豈不日戒리요? 玁狁孔棘이로다.

昔我往矣엔 楊柳依依러니
今我來思엔 雨雪霏霏리라.
行道遲遲하여 載渴載飢로다.

我心傷悲어늘 莫知我哀로다.

[註解]　○薇(미)—고사리, 고비. 대소채(大巢菜)라고도 하는 산나물. 소남(召·南) ‘초충(草蟲)’ 시에도 보임.　○作(작)—생(生)의 뜻(毛傳), 돋아나는 것.　○止(지)—조사.　○曰(왈)—조사. 왈귀(曰歸)는 돌아가자.　○莫(모)—날이 저무는 것. 모(暮)의 본자(本字).　○靡室靡家(미실미가)—실가(室家), 곧 집이 없는 것. 수역(戍役)에 나간 사람이 집을 떠나 있는 것을 뜻함.　○玁狁(험윤)—중국의 서북쪽에 살던 오랑캐들. 은주(殷周) 시대의 귀방(鬼方)의 오랑캐이며 진한(秦漢) 때에는 흉노(匈奴)라 불렀다. 옛날부터 이들은 중원(中原)으로 자주 침입하여 중국을 괴롭혀 왔다.　○遑(황)—겨를.　○啓居(계거)—무릎을 땅에 대고 편히 앉아 있는 것(앞의 ‘四牡’ 시에 보임).　○柔(유)—부드럽게 돋아 있는 것.　○烈烈(열렬)—근심하는 모양(集傳).　○載(재)—조사. 즉(則)과 같은 뜻.　○飢渴(기갈)—근심하는 마음이 목마른 듯, 굶주린 듯하다는 말.　○戍(수)—수자리. 여기서는 변경에서의 전쟁을 말함.　○未定(미정)—정처(定處)가 없는 것(釋義).　○歸(귀)—귀(饋)와 통하는데《방언(方言)》에 ‘귀(饋)는 사(使)의 뜻’이라 했다(通釋).　○聘(빙)—빙문(聘問)으로 사람을 보내서 문안드리는 것.　○剛(강)—뻣뻣해진 것.　○陽(양)—10월. 옛날엔 음양사상을 바탕으로 10월을 ‘양이라 하였다.　○靡鹽(미고)—불식(不息)의 뜻. 앞의 ‘사무(四牡)’ 시 참조.　○啓處(계처)—편히 지내다. 앞의 계거(啓居)와 같은 말.　○疚(구)—병(病)들었다는 뜻.　○來(래)—귀래(歸來).　爾(이)—《설문해자》에 이(薾)로 인용되었으며, 꽃이 성한 모양(毛傳).　○常(상)—상체(常棣)·당체(棠棣), ‘아가위’.　○路(로)—노거(路車), 수레의 뜻.　○斯(사)—유(維)와 같은 조사(經傳釋詞).　○君子(군자)—장수를 뜻함(鄭箋).　○戎車(융거)—병거(兵車).　○業業(업업)—장(壯)한 모양(毛傳).　○定居(정거)—일정한 곳에 머물러 사는 것.　○捷(첩)—싸워 이기는 것.　○騤騤(규규)—말이 강해 뵈는 것.　○依(의)—수레에 타는 것(集傳).　○腓(비)—《모전》엔 피하고 타지 않는 것이라 하였는데,《집전》엔 정자(程子)를 인용 ‘비(腓)는 따라 움직이는 것이다. 발과 장딴지처럼 발이 움직이면 따라 움직이는 것이다’고 하였다.　○翼翼(익익)—가지런히 줄지은 모양(集傳).　○象(상)—상아(象牙).　○弭(미)—활고자.　○魚(어)—어수(魚獸). 돼지같이 생겼는데 동해에 나며, 그 가죽은 등은 반문(斑文), 배는 순청색(純靑色)이다(孔疏). ‘물개’가 아닐는지? 어복(魚服)은 물개 가죽으로 입힌 것.　○日戒(일계)—매일 경계하는 것.　○棘

(극)―급(急)의 뜻(毛傳). ○孔棘(공극)―매우 긴박한 것. ○依依(의의)―성(盛)한 모양(韓詩 〈薛君章句〉, 見《文選》註). 뒤에 연련불사(戀戀不捨)하는 뜻으로 전하였다. ○思(사)―조사. ○霏(비)―눈비가 부슬부슬 오는 것. 이 구절은 작자의 상상을 노래한 것이다. ○遲遲(지지)―더딘 모양. ○載渴載飢(재갈재기)―여기서도 마음이 목마르고 배고프듯 애탄다는 뜻. ○莫(막)―'아무도 ······ 못한다'는 뜻.

解說 〈모시서〉에 '채미(采薇)'는 변경을 막으러 전쟁터에 나가는 사람을 보낼 때 부르는 것이라 하였다. 내용은 수역(戍役)에 나간 사람이 자기의 노고를 읊은 것이다. 〈모시서〉에 또 이는 문왕 때 서쪽으론 곤이(昆夷)의 환(患)이 있고 북쪽으론 험윤(獫狁)의 난(難)이 있어, 천자가 나라를 수위(守衛)하려고 장수에게 명하여 국경 수비에 내보낼 때 부른 것이라 하였다.

그러나 왕국유(王國維)의 《귀방곤이험윤고(鬼方昆夷獫狁考)》(《觀堂集林》 권13)에 의하면, 은말(殷末)에서 주초(周初)에 이르기까지는 이를 귀방(鬼方)이라 하였고 서주(西周) 중엽 이후에야 험윤이란 이름이 생겼다. 그러므로 이것은 문왕(文王) 때(B.C. 1130 이전)의 시가 아니라 적어도 서주 중엽 이후의 시라 봄이 옳겠다. 뒤의 '출거(出車)'·'유월(六月)' 같은 시들과 아울러 생각할 때 선왕(宣王) 때(B.C. 827~B.C. 782)의 작품일 것이라고 굴만리는 주장하였다(釋義).

8. 수레 내어(出車)

내 수레 내어 들판에 나와 있는데,
천자 계신 곳에서 내게 오라고 명하셨네.
하인 불러 수레를 준비하게 하고
나랏일 다난(多難)하여 급히 서둘러 온 걸세.

내 수레 내어 들판으로 나왔는데,
거북과 뱀 그린 깃발 꽂고 소꼬리 털 단 깃대 세우니,

여러 가지 깃발들이 바람에 펄럭이네.
마음은 그래도 걱정뿐 내 하인까지도 병이 났네.

임금님께서 남중에게 명하시어, 방(方)땅에 가 성을 쌓게 하셨네.
떠나는 수레 굉장하고 여러 가지 깃발이 곱기도 하네.
천자께서 우리에게 명하시어 북녘 땅에 성을 쌓게 하셨으니,
혁혁하신 남중(南仲)은 험윤 오랑캐들을 쳐 없앨 걸세.

전에 내가 떠날 때엔 기장이 한창 패고 있었는데,
지금 와서는 눈 내리어 길은 진흙투성이네.
나랏일 다난하여 편히 지낼 틈도 없으니,
어찌 돌아가고 싶지 않으리? 군령이 두려워 못가는 거지.

직직 여치가 울고 팔딱팔딱 메뚜기는 뛰는데,
님을 뵙지 못하여 마음의 시름 그지없으니,
님을 뵈어야 내 마음 안정되겠네.
혁혁하신 남중(南仲)은, 서쪽 오랑캐들 쳐부수네.

봄날은 길고 초목은 무성하며
꾀꼬리는 삑삑 울고 쑥을 수북히 뜯을 때,
많은 적을 베고 사로잡은 뒤 돌아왔네.
혁혁하신 남중(南仲)이 험윤 오랑캐들을 평정하셨네.

[原文] 我出我車를 于彼牧矣로다.
　　　　自天子所하여 謂我來矣로다.
　　　　召彼僕夫하여 謂之載矣요
　　　　王事多難이라 維其棘矣로다.

　　　　我出我車를 于彼郊矣로다.
　　　　設此旐矣에 建彼旄矣하니
　　　　彼旟旐斯이 胡不旆旆리요?

憂心悄悄하니 僕夫 況瘁로다.

王命南仲하사 往城于方하시니
出車彭彭하며 旂旐央央이로다.
天子命我하사 城彼朔方하시니
赫赫南仲이여 玁狁于襄이로다.

昔我往矣에 黍稷方華러니
今我來思엔 雨雪載塗리라.
王事多難이라 不遑啓居하니
豈不懷歸리요? 畏此簡書니라.

喓喓草蟲이며 趯趯阜螽이로다.
未見君子라 憂心忡忡하니
旣見君子라야 我心則降이로다.
赫赫南仲이여 薄伐西戎이로다.

春日遲遲하고 卉木萋萋며
倉庚喈喈며 采蘩祁祁로다.
執訊獲醜하여 薄言還歸하니
赫赫南仲이여 玁狁于夷로다.

註解 ○我出我車(아출아거)—우리의 병거(兵車)를 내어 전쟁터로 나갔다
는 뜻. ○牧(목)—목지(牧地)(毛傳). 《이아(爾雅)》에 읍외(邑外)를 교(郊), 교
외(郊外)를 목(牧)이라 한다고 한 것은 잘못이며, 목(牧)은 교(郊)와 같이 고
을에서 멀리 떨어진 들판(通釋). 여기서는 바로 작자가 와 있는 전쟁터를 뜻
한다. ○天子(천자)—주(周)나라 임금. ○自天子所(자천자소)—주왕(周王)이
계신 곳. ○謂我來(위아래)—나를 이곳으로 오도록 하였다. 곧 출정 명령이
내린 것을 뜻한다. 《광아(廣雅)》에 '위(謂)는 사(使)의 뜻'이라 하였다. ○僕
夫(복부)—하인. ○謂之載(위지재)—실을 만한 물건들을 싣게 하는 것. 곧 출
정 준비. ○棘(극)—다급한 것. ○郊(교)—고을 밖의 교외. 여기서는 앞의 목

(牧)과 마찬가지로 와 있는 전쟁터인 들판을 가리킨다. ㅇ旐(조)—거북과 뱀이 그려져 있는 깃발. 옛날 깃발에 아홉 가지가 있었는데, 모두 그려 있는 무늬와 용도가 달랐다. ㅇ旄(모)—모우(旄牛)의 쇠꼬리로 만든 장식을 깃대 위에 단 것. 후세에는 모우의 꼬리 대신 꿩깃 같은 것으로 기장목을 만들어 꽂았다. ㅇ旟(여)—새매가 그려져 있는 깃발. 용풍(鄘風) '간모(干旄)' 시에 보임. ㅇ斯(사)—조사. ㅇ旆旆(패패)—깃발이 펄럭이는 모양(集傳). ㅇ悄悄(초초)—근심하는 모양. ㅇ況(황)—'더욱이'의 뜻. ㅇ瘁(췌)—병이 든 것. ㅇ南仲(남중)—장군 이름. 《한서(漢書)》 인표(人表)에 남중을 선왕(宣王) 때 사람이라 들었고, 허혜정(鄦惠鼎)에 남중이 나오는데 왕국유(王國維)는 바로 이 시의 남중이라 하였다. 그리고 혜갑반(兮甲盤)과 곽계반(虢季盤)은 모두 선왕 때의 동기(銅器)인데 험윤 정벌에 관한 기사가 적혀 있다(《鬼方昆夷玁狁考》). ㅇ城(성)—성(城)을 수축하는 것. ㅇ方(방)—지명(地名). 바로 6월의 '침호급방(侵鎬及方)'의 방(方)이다. 왕국유는 종주(宗周) 이기(彝器)에 흔히 보이는 방(菪) 또는 방경(菪京)이라 하였다. 그곳은 포(蒲)땅(秦나라의 蒲版, 뒤의 蒲州)에 해당한다(王國維 《周菪京考》). ㅇ彭彭(방방)—중성(衆盛)한 모양. 제풍(齊風) '재구(載驅)' 시에 보임. ㅇ旂(기)—청황(靑黃) 교룡(交龍)이 그려진 깃발(毛傳). ㅇ央央(앙앙)—선명한 모양(毛傳). ㅇ朔方(삭방)—북방. ㅇ赫(혁)—위명(威名)이 밝게 빛나는 것(集傳). ㅇ襄(양)—제(除)의 뜻(毛傳). 쳐 없애는 것. ㅇ黍(서)—메기장. ㅇ稷(직)—차기장. ㅇ方華(방화)—막 꽃이 피어 있다. 곡식이므로 '막 이삭이 패어 있었다'는 뜻. ㅇ塗(도)—진흙. ㅇ簡書(간서)—계명(戒命)(毛傳), 곧 군령(軍令). 이 군령 때문에 집에 돌아가지 못한다는 것이다. ㅇ喓(요)—벌레 소리. ㅇ草蟲(초충)—여치. 이하 6구는 고향과 아내를 생각하는 상상이며 소남(召南) '초충(草蟲)'과 내용이 같다. 어느 것이 먼저 지어졌는지 모르지만 문맥상으로 보아 이곳의 문구는 삽입된 형식이므로 소남의 '초충'이 먼저 지어진 것이라 본다. ㅇ趯(적)—뛰는 것. ㅇ阜螽(부종)—메뚜기. ㅇ忡(충)—근심하는 것. ㅇ降(항)—안정의 뜻. ㅇ薄(박)—조사. ㅇ西戎(서융)—험윤을 가리킴. ㅇ遲遲(지지)—일모(日暮)가 더디다, 곧 해가 길다는 뜻. ㅇ卉(훼)—풀. ㅇ萋(처)—풀이 무성한 것. ㅇ倉庚(창경)—꾀꼬리. ㅇ喈(개)—새가 우는 소리. ㅇ蘩(번)—애탕쑥. ㅇ祁祁(기기)—중다(衆多)한 모양. 빈풍(豳風) '칠월(七月)' 시에 보임. ㅇ執訊(집신)—신문할 만한 적을 생포하는 것(通釋). ㅇ獲(획)—괵(馘)과 통하여 적을 죽이고 그 왼편 귀를 자르는 것. ㅇ醜(추)—중(衆)의 뜻(通釋). ㅇ薄言(박언)—모두 조사. ㅇ夷

(이)—평(平)과 통하여(毛傳), 평정되었다는 뜻.

解說 〈모시서〉에 '출거(出車)'는 전쟁에서 돌아온 장수를 위로할 때 부른 노래라 하였다. 이것은 험윤 정벌에 나갔던 군인이 돌아와 그때 일을 회고하여 노래한 것일 것이다. 《한서》 흉노전(匈奴傳)에 이 시를 선왕(宣王) 때에 지은 것이라 하였다. 문체로 보더라도 《한서》의 설이 옳은 듯하다(釋義).

9. 우뚝한 아가위나무(杕杜)

우뚝한 아가위나무엔 주렁주렁 열매가 열렸네.
나랏일이 끝나지 않아 님의 행역(行役) 계속되네.
세월은 흘러 시월이 되니 여인의 마음은 서글퍼지는데,
집 떠난 우리 님은 돌아올 겨를도 없으신가!

우뚝한 아가위나무는 잎새가 무성하네.
나랏일이 끝나지 않아 내 마음 슬퍼만지네.
초목들이 무성해지니 여인의 마음은 슬픔에 차는데,
집 떠난 우리 님은 돌아오시지 못하는가!

저 북산에 올라 구기자를 뜯네.
나랏일이 끝나지 않아 부모님도 걱정하시네.
박달나무 수레는 터덜터덜, 수레 끄는 말은 타박타박,
집 떠난 우리 님 돌아오실 날 멀지 않았겠지!

수레 타고 돌아오지 않으니 걱정하는 마음 병되었거늘,
기약한 날이 가도 오시지 않아 걱정은 더하여만 가네.
거북점 시초점 다 쳐보아도 모두 돌아올 날 가까웠다 하니,
집 떠난 님은 가까이 오고 계시겠지!

原文 有杕之杜여 有睆其實이로다.

王事靡盬라 繼嗣我日이로다.
日月陽止라 女心傷止니
征夫遑止어다.

有杕之杜여 其葉萋萋로다.
王事靡盬라 我心傷悲로다.
卉木萋止라 女心悲止니
征夫歸止어다.

陟彼北山하여 言采其杞로다.
王事靡盬라 憂我父母로다.
檀車幝幝하며 四牡痯痯하니
征夫不遠이로다.

匪載匪來라 憂心孔疚어늘
期逝不至라 而多爲恤이로다.
卜筮偕止하여 會言近止하니
征夫邇止로다.

[註解] ○有杕(유체)-나무가 우뚝한 모양. ○杜(두)-아가위나무. 당풍(唐風) '체두(杕杜)'에도 이 구가 보였음. ○睆(환)-열매가 달려 있는 모양(毛傳). ○嗣(사)-이어지다, 계속되다. ○我日(아일)-우리 님의 고된 행역의 나날. ○陽(양)-음력 10월(앞 '采薇' 시에 보임). ○止(지)-조사. ○征夫(정부)-행역(行役)에 나와 있는 사람. ○遑(황)-돌아올 겨를도 없는가의 뜻. ○萋萋(처처)-나뭇잎이 무성한 모양. ○卉(훼)-풀. ○陟(척)-오르다. ○言(언)-조사. ○杞(기)-길가나 들에 나는 낙엽 관목. 여름에 담자색(淡紫色) 꽃이 피며 고추 비슷한 빨간 열매가 달림. 열매를 구기자(枸杞子), 잎새를 구기엽(枸杞葉), 근피(根皮)는 지골피(地骨皮)라 하여 한약재로 쓰임. ○憂(우)-걱정을 끼쳐 드리는 것. ○檀(단)-박달나무. ○幝幝(천천)-《모전》에 '해진 모양'이라고 하였으나, 탄탄(嘽嘽)과 같은 뜻으로 수레가 터덜거리는 모양을 형용한 것이라 봄이 좋을 듯하다(釋義). 앞의 '사무(四牡)' 참조 ○痯

瘏(관관)—말이 지쳐서 타박타박 맥없이 걷는 모양. ㅇ不遠(불원)—돌아갈 날이 멀지 않은 듯하다는 말. ㅇ載(재)—여기서는 수레를 타는 것. 비재(匪載)는 수레를 타고 오지 않는다는 것. 비래(匪來)는 돌아오지 않는 것. ㅇ疚(구)—오랜 병. ㅇ期(기)—돌아오기로 기약한 날짜. ㅇ逝(서)—지나가는 것. ㅇ恤(휼)—근심하는 것. ㅇ卜(복)—말린 거북 껍질을 불로 지져 껍질에 금이 가는 모양을 보고 길흉을 판단하는 점. ㅇ筮(서)—시초(蓍草)로 만든 점가치로 역괘(易掛)에 맞춰 길흉을 판단하는 점. 옛날에는 국가나 개인을 막론하고 이 복서(卜筮)로 대사(大事)를 결정지었다. ㅇ偕(해)—두 가지 점을 다 치는 것. ㅇ會(회)—합(合)의 뜻(鄭箋). 회언(會言)은 똑같이 말했다는 뜻. ㅇ近(근)—남편의 돌아올 날이 가까워 온 것. ㅇ邇(이)—남편이 가까이 오고 있으리라는 뜻.

解說 〈모시서〉에 '체두(杕杜)'는 수역(戍役)에서 돌아온 사람들을 위로하는 노래라 하였다. 그러나 내용은 전쟁터에 나간 남편이 돌아오기를 기다리는 아내의 마음을 노래한 것이다. 오랜만에 전쟁터에서 돌아온 장사들은 이 노래를 듣고 모두 감격의 눈물을 흘렸을 것이다.

10. 물고기가 걸렸네(魚麗)

물고기가 통발에 걸렸는데, 날치와 모래무지 같은 걸세.
군자에게 술이 있는데 맛좋고도 풍성하네.

물고기가 통발에 걸렸는데, 방어와 가물치 같은 걸세.
군자에게 술이 있는데 풍성하고도 맛이 좋네.

물고기가 통발에 걸렸는데, 메기와 잉어 같은 걸세.
군자에게 술이 있는데 맛좋고도 많다네.

음식이 풍성하니 좋기도 하구나.

음식이 맛있으니 함께 먹세나.

음식이 많이 있으니 마침 잘 됐네.

[原文] 魚麗于罶하니 鱨鯊로다.
君子有酒하니 旨且多로다.

魚麗于罶하니 魴鱧로다.
君子有酒하니 多且旨로다.

魚麗于罶하니 鰋鯉로다.
君子有酒하니 旨且有로다.

物其多矣니 維其嘉矣로다.

物其旨矣니 維其偕矣로다.

物其有矣니 維其時矣로다.

[註解] ㅇ麗(리)-걸리다. 리(罹)와 통함. ㅇ罶(류)-냇물을 막아 가운데 급류를 만들고 그곳에 쳐놓은 발. ㅇ鱨(상)-날치. 《육소(陸疏)》엔 일명 황협어(黃頰魚)라 한다고 했다. ㅇ鯊(사)-모래무지. 이 구절은 술안주의 풍성함을 암시하는 것이다. ㅇ旨(지)-맛있는 것. ㅇ魴(빙)-방어. ㅇ鱧(례)-가물치. ㅇ鰋(언)-메기. ㅇ鯉(리)-잉어. ㅇ有(유)-다(多)와 같은 뜻(集傳). ㅇ嘉(가)-선(善)과 통하여 좋다는 뜻. ㅇ維其(유기)-조사로 강조의 뜻을 나타낸다. ㅇ偕(해)-함께 즐기는 것. ㅇ時(시)-때에 알맞는 것.

[解說] 《모전》엔 '어리(魚麗)'는 만물(萬物)이 풍성하고 많아서 예(禮)를 갖출 수 있음을 찬미한 것이라 하였다. 그러나 여기의 예는 연례(燕禮)이니 주희(朱熹)의 '잔치에 통용되던 악가(樂歌)'(集傳)라는 설명이 이해하기 간단하다. 또 주희의 《시집전(詩集傳)》에선 시의 배열을 바꾸어 뒤의 가사가 없는 세 편의 노래가 이 시 앞에 놓여 있으나 취하지 않고, 본래의 순서를 따른다.

11. 남해(南陔)

뒤의 '백화(白華)'·'화서(華黍)'와 함께 이 3편은 제목만 있고 시는 없다. 〈모시서〉에선 '그 가사가 없어진 것'이라 했고 주희는 '이것은 생(笙)으로 연주하던 악곡이어서, 곡은 있으나 가사가 없는 것'이라 하였다(集傳). 학자에 따라 견해가 분분하지만 《집전》의 설이 근리하다. 〈모시서〉에 '남해'는 효자가 서로 훈계하며 봉양하는 뜻을 지닌 것이라 하였다.

12. 백화(白華)

이것도 가사는 없고 생(笙)으로 연주하던 악곡 이름이다. 〈모시서〉에 이것은 효자의 결백(潔白)함을 나타내는 음악이라고 했다.

13. 화서(華黍)

이것도 역시 가사 없는 생곡(笙曲)이다. 〈모시서〉에 시화세풍(時和歲豐)의 뜻을 지닌 것이라 하였다. 향음주례(鄕飮酒禮)에 슬(瑟)을 타면서 '녹명(鹿鳴)'·'사무(四牡)'·'황황자화(皇皇者華)'를 노래한 뒤, 생이 당(堂) 아래로 들어오고 경(磬)이 남북을 면하여 서서 '남해(南陔)'·'백화(白華)'·'화서(華黍)'를 연주한다고 했다. 연례(燕禮)에서도 이와 비슷했다. 그러므로 이들은 가사 없는 생으로 연주하던 곡명이었음이 분명하다.

제2 남유가어지습(南有嘉魚之什)

1. 남녘의 좋은 고기(南有嘉魚)

남녘엔 좋은 고기들이 득실득실 팔딱이네.

군자에게 술이 있어 좋은 손 맞아 잔치하고 즐기네.

남녘엔 좋은 고기들이 득실득실 헤엄치네.
군자에게 술이 있어 좋은 손 맞아 잔치하고 노네.

남녘의 가지 처진 나무엔 단박 덩굴이 감겨 있네.
군자에게 술이 있어 좋은 손 맞아 잔치하며 잘 지내네.

펄펄 나는 집비둘기가 떼지어 날아왔네.
군자에게 술이 있어 좋은 손 맞아 잔치하며 술 권하네.

[原文] 南有嘉魚하니 烝然罩罩로다.
君子有酒하니 嘉賓式燕以樂이로다.

南有嘉魚하니 烝然汕汕이로다.
君子有酒하니 嘉賓式燕以衎이로다.

南有樛木하니 甘瓠纍之로다.
君子有酒하니 嘉賓式燕綏之로다.

翩翩者鵻여 烝然來思로다.
君子有酒하니 嘉賓式燕又思로다.

[註解] ㅇ嘉魚(가어)―크고 맛있는 좋은 물고기(孔疏). ㅇ烝(증)―중(衆)과 통하여 증연(烝然)은 많은 모양. ㅇ罩罩(조조)―많은 물고기들이 펄떡거리는 모양. 조(罩)는 통발 비슷한 고기잡는 물건이니, 통발에 고기가 걸려 펄떡거리는 데서 뜻이 온 것이다. ㅇ式(식)―조사. ㅇ燕(연)―잔치하다. ㅇ汕汕(산산)―많은 물고기떼들이 헤엄치는 모양. ㅇ衎(간)―즐기는 것. ㅇ樛木(규목)―가지가 밑으로 처진 나무(周南 '樛木' 참조). ㅇ瓠(호)―박. 박에는 단것과 쓴것이 있는데, 단박〔甘瓠〕은 먹을 수 있다(集傳). ㅇ綏(수)―편안하다. ㅇ翩翩(편편)―새가 나는 모양. ㅇ鵻(추)―집비둘기. 앞의 '사무(四牡)' 참조. ㅇ思(사)―조사. ㅇ又(우)―우(右)의 고자(古字)로, 유(侑)자와 통하여(通釋), 여기서는 술을 권하는 것.

解說 〈모시서〉에 이 시는 현자(賢者)와 더불어 즐김을 노래한 것이라 하였다. 그리고 《집전(集傳)》엔 잔치에 통용되던 노래라 하였다. 1절과 2절의 물고기는 좋은 손님들이 많이 모였음에, 3절의 규목(樛木)과 거기에 얽힌 박덩굴은 주인과 손님의 화합에, 4절의 집비둘기는 많은 손들과의 화락에 비유한 것이다. 또 이것들은 풍성한 잔치 음식도 암시하고 있다 해도 괜찮을 것이다.

2. 남산엔 향부자(南山有臺)

남산엔 향부자, 북산엔 명아주풀.
즐거울사 우리 님은 나라의 터전일세.
즐거울사 우리 님은 만수무강하실 걸세.

남산엔 뽕나무, 북산엔 버드나무.
즐거울사 우리 님은 나라의 빛일세.
즐거울사 우리 님은 만수무강하실 걸세.

남산엔 산버들, 북산엔 오얏나무.
즐거울사 우리 님은 백성들의 부모일세.
즐거울사 우리 님은 명성이 한이 없네.

남산엔 복나무, 북산엔 참죽나무.
즐거울사 우리 님은 오래오래 수하시리.
즐거울사 우리 님은 명성이 자자하네.

남산엔 탱자나무, 북산엔 산유자나무.
즐거울사 우리 님은 오래오래 사실 걸세.
즐거울사 우리 님은 후손들도 보호해 주실 걸세.

原文 南山有臺요 北山有萊로다.

樂只君子여 邦家之基로다.

樂只君子여 萬壽無期로다.

南山有桑이요 北山有楊이로다.

樂只君子여 邦家之光이로다.

樂只君子여 萬壽無疆이로다.

南山有杞요 北山有李로다.

樂只君子여 民之父母로다.

樂只君子여 德音不已로다.

南山有栲요 北山有杻로다.

樂只君子여 遐不眉壽리요?

樂只君子여 德音是茂로다.

南山有枸요 北山有楰로다.

樂只君子여 遐不黃耇리요?

樂只君子여 保艾爾後로다.

註解 ○臺(대)—부수(夫須)(毛傳), 사초(莎草) 또는 육초(陸草)라고도 하는 도롱이를 만드는 풀. '향부자'(?). ○萊(래)—명아주. 풀이름으로 잎은 먹기도 하고 약에 쓰인다. ○只(지)—조사. ○無期(무기)—일정한 때가 없이 무한한 것. 무강(無疆)의 뜻. ○杞(기)—산버들. ○德音(덕음)—명성(名聲)·성예(聲譽). 기리는 말. ○栲(고)—복나무. 산저(山樗)라고도 한다(毛傳). ○杻(유)—참죽나무.《모전》에 억(檍)이라 하였다. ○遐(하)—옛날엔 호(胡)와 통하여 '하(何)'의 뜻. ○眉壽(미수)—오래도록 사는 것. 빈풍(豳風) '칠월' 시에 보임. 하불미수(遐不眉壽)는 어찌 오래 살지 않겠느냐, 곧 오래 산다는 뜻(釋義). ○茂(무)—성하다, 자자하다. ○枸(구)—탱자나무.《모전》에 '지구(枳枸)'라 하였다. 지(枳)도 탱자나무임. ○楰(유)—산유자나무. 서유(鼠楰)라고도 한다(毛傳). ○黃(황)—황발(黃髮)로 노인은 머리가 희어졌다가 다시 누레진다(孔疏). ○耇(구)—오래 사는 것. ○艾(예)—예(乂)와 통함. 보예(保艾)는

《서경(書經)》 강고(康誥)의 '보예(保乂)'와 같은 말로 보호하고 다스려 주는 것. ㅇ爾(이)-너, 그대. ㅇ後(후)-후손·후세(後世).

解說 〈모시서〉엔 어진이를 얻어 즐기는 노래라 하였다. 그러나 이것도 앞의 '남유가어(南有嘉魚)'처럼 잔치할 때 통용되던 노래이다(集傳).

3. 유경(由庚)

가사가 없는 생곡(笙曲). 〈모시서〉에 만물이 그 도(道)로 말미암게 되었다는 뜻을 지니고 있다 하였다.

4. 숭구(崇邱)

이것도 생곡(笙曲) 이름. 〈모시서〉에 만물이 높고 커졌음을 기리는 뜻을 지니고 있다고 하였다. '숭구'란 제목 자체가 높고 크다는 뜻이다(通釋).

5. 유의(由儀)

이것도 생곡(笙曲) 이름. 〈모시서〉에 '유의'는 만물의 자람이 각기 그의 합당함을 얻었다는 뜻을 지닌 것이라 하였다.

6. 길게 자란 다북쑥(蓼蕭)

길게 자란 다북쑥에 이슬이 촉촉히 내리네.
우리 님을 만나 뵈니 내 마음 시원하네.

즐거이 웃고 얘기하니 즐겁고 편안하네.

길게 자란 다북쑥에 이슬이 방울방울 맺히네.
우리 님을 만나 뵈니 영광스런 일일세.
그분 덕엔 그릇됨이 없으니 끝없이 오래 사시리.

길게 자란 다북쑥에 이슬이 듬뿍 내리네.
우리 님을 만나 뵈니 매우 즐겁고 흐뭇하네.
형제간에 우애 좋으니 아름다운 덕 오래 가고 즐겁네.

길게 자란 다북쑥에 이슬이 축축히 내리네.
우리 님을 만나 뵈니 쇠장식 달린 고삐 늘어져 있고,
수레 방울 소리 달랑달랑, 온갖 복이 다 모이네.

原文 蓼彼蕭斯에 零露湑兮로다.
      旣見君子하니 我心寫兮로다.
      燕笑語兮하니 是以有譽處兮로다.

      蓼彼蕭斯에 零露瀼瀼이로다.
      旣見君子하니 爲龍爲光이로다.
      其德不爽하니 壽考不忘이로다.

      蓼彼蕭斯에 零露泥泥로다.
      旣見君子하니 孔燕豈弟로다.
      宜兄宜弟라 令德壽豈로다.

      蓼彼蕭斯에 零露濃濃이로다.
      旣見君子하니 鞗革沖沖하며
      和鸞雝雝하니 萬福攸同이로다.

註解 ㅇ蓼(육)—풀이 길게 자란 모양(毛傳). ㅇ蕭(소)—쑥. ㅇ斯(사)—조사.
ㅇ零(령)—물방울이 뚝뚝 떨어지는 것. ㅇ湑(서)—이슬이 많이 내려 젖는 모

양. 당풍(唐風) '체두(杕杜)' 시에 보임. ○寫(사)―사(瀉)와 통하며, 패풍(邶風) '천수(泉水)' 시의 '이사아우(以寫我憂)'의 사(寫)와 같은 뜻(釋義). 근심이 없어져 '후련해지는 것'. ○燕(연)―즐기다. ○譽(예)―즐기다. ○處(처)―안락(安樂)의 뜻(集傳). ○瀼瀼(양양)―이슬이 많은 모양. ○龍(룡)―총(寵)과 통하여 영명(榮名)의 뜻. 위룡위광(爲龍爲光)은 영광된 것. ○爽(상)―어긋나는 것. ○忘(망)―이(已)와 통하여 불망(不忘)은 불이(不已)의 뜻. 끝이 없는 것. 진풍(秦風) '종남(終南)' 시에 보임. ○泥泥(니니)―이슬에 흠뻑 젖어 있는 모양(毛傳). ○豈(개)―개(愷)와 통하여, 즐겁게 지내는 것. ○弟(제)―이(易)의 뜻(毛傳). 마음 가벼운 것, 흐뭇한 것. 따라서 개제(豈弟)는 즐겁고 흐뭇한 것. ○宜兄宜弟(의형의제)―형제들의 의가 좋은 것. ○令(령)―아름다운 것. ○壽(수)―오래 가는 것. ○濃濃(농농)―이슬이 짙은 모양. ○鯈(조)―쇠로 만든 고삐 끝의 장식. ○革(혁)―가죽 고삐(釋義). ○沖沖(충충)―충충(忡忡)으로도 쓰며 장식 달린 말고삐의 끝이 늘어져 있는 모양. ○和(화)―란(鸞)과 함께 모두 방울 이름. 수레 앞 가로나무[軾]에 달린 것을 화(和), 말재갈에 달린 것을 란(鸞)이라 한다(集傳). ○雝雝(옹옹)―방울 소리. 패풍(邶風) '포유고엽(匏有苦葉)' 시에 보임. ○攸(유)―소(所)의 뜻. ○同(동)―한 곳에 모이는 것.

解說 〈모시서〉엔 은택(恩澤)이 사해(四海)에 미침을 노래한 것이라 하였다. 시의 내용을 천자의 덕에 감복하여 먼 나라의 임금들이 조현(朝見)하는 것이라 보았기 때문이다. 주희(朱熹)도 제후들이 천자께 조현할 때 천자가 잔치를 베풀어 자혜(慈惠)를 보이므로 이 시를 지은 것이라 하였다. 그리고 기현(旣見)이란 말이 있는 것으로 미루어 처음 잔치할 때 노래한 것 같다고 하였다(集傳).

7. 축축한 이슬(湛露)

축축한 이슬은 햇볕 나기 전엔 안 마르겠네.
흐뭇한 술자리 밤에 벌어졌으니, 취하지 않고 돌아가진 못하리라.

축축한 이슬이 무성한 풀밭에 내렸네.

흐뭇한 술자리 밤에 벌어졌으니, 종실(宗室)에 차린 것이라네.

축축한 이슬이 산버들과 대추나무에 내렸네.
밝고 진실한 군자들은 모두가 아름다운 덕을 지닌 분들일세.

오동나무 가래나무에 열매가 주렁주렁.
즐겁고 편안한 군자들은 모두가 아름다운 거동을 하시네.

原文　　湛湛露斯여　匪陽不晞로다.
　　　　厭厭夜飲이여　不醉無歸로다.

　　　　湛湛露斯여　在彼豊草로다.
　　　　厭厭夜飲이여　在宗載考로다.

　　　　湛湛露斯여　在彼杞棘이로다.
　　　　顯允君子여　莫不令德이로다.

　　　　其桐其椅여　其實離離로다.
　　　　豈弟君子여　莫不令儀로다.

註解　　ㅇ湛湛(잠잠)－이슬이 많이 내린 모양(毛傳).　ㅇ陽(양)－햇볕.　ㅇ晞
(희)－마르다.　ㅇ厭厭(염염)－흐뭇한 모양.　ㅇ豊(풍)－여기서는 무성(茂盛)의
뜻.　ㅇ宗(종)－종실(宗室). 천자는 천하의 대종(大宗)이니, 곧 천하 제후의
종실이 되는 것이다(陳奐《傳疏》).　ㅇ載(재)－조사.　ㅇ考(고)－잔치가 이루어
졌다는 뜻.　ㅇ顯(현)－밝다.　ㅇ允(윤)－진실하다.　ㅇ令(령)－아름다운 것.　ㅇ桐
(동)－오동나무.　ㅇ椅(의)－가래나무.　ㅇ離離(이리)－늘어진 모양(毛傳).　ㅇ豈
弟(개제)－즐겁고 화이(和易)한 것(앞의 '蓼蕭' 시 참조).　ㅇ儀(의)－거동.

解說　　〈모시서〉에 '잠로(湛露)'는 천자가 제후들에게 잔치를 베풀 때 부
르는 노래라 하였다. 《좌전(左傳)》 문공(文公) 4년에도 영무자(甯武子)가
'옛날 제후가 왕에게 조현(朝見)할 때 왕은 그들에게 잔치를 베풀어 즐겁
게 하여 주었는데 이때에 '잠로'를 읊었다'고 한 말을 기록하고 있다. 시
에서 듬뿍 내린 이슬은 천자의 은택에, 이슬을 맞은 풀이나 나무들은 제

후들에 비유한 것일 게다. 그리고 끝 절의 오동나무와 가래나무 열매는
나라의 풍요와 군신의 화락을 비유한 듯하다.

8. 붉은 활(彤弓)

느슨한 붉은 활을 받아서 잘 간직했다가,
내게 좋은 손님 왔으니 진심으로 그에게 선물하며,
종과 북 벌여놓고 아침부터 큰 잔치 벌이네.

느슨한 붉은 활을 받아서 잘 간수했다가,
내게 좋은 손님 왔으니 진심으로 기뻐 그에게 주며,
종과 북을 벌여놓고 아침부터 술 권하네.

느슨한 붉은 활을 받아서 활집에 넣어 뒀다가,
내게 좋은 손님 왔으니 진심으로 좋아하여 그에게 주며
종과 북을 벌여놓고 아침부터 술잔 주고받네.

[原文] 彤弓弨兮를 受言藏之러니
　　　　我有嘉賓하니 中心貺之로다.
　　　　鐘鼓旣設하고 一朝饗之로다.

　　　　彤弓弨兮를 受言載之러니
　　　　我有嘉賓하니 中心喜之로다.
　　　　鐘鼓旣設하고 一朝右之로다.

　　　　彤弓弨兮를 受言櫜之러니
　　　　我有嘉賓하니 中心好之로다.
　　　　鐘鼓旣設하고 一朝醻之로다.

[註解] ○彤弓(동궁)－붉은 활. 천자가 공(功) 있는 제후에게 내리는 것임.

ㅇ弨(초)―활줄을 팽팽하게 해놓지 않고 느슨히 풀어놓은 것(毛傳). 천자가 제후들에게 주는 활은 줄을 팽팽히 매지 않은 활이었다. ㅇ藏(장)―궁인(弓人)이 만들어 바치는 활을 받아 왕부(王府)에 잘 간직해 두는 것(集傳). ㅇ我(아)―천자. ㅇ嘉賓(가빈)―공 있는 제후를 가리킨다. ㅇ貺(황)―주다, 선물하다. ㅇ鐘鼓(종고)―종과 북뿐만 아니라 연악(燕樂)에 쓰인 모든 악기(樂器)들을 대표한 것이다. ㅇ一朝(일조)―바로 그 아침의 뜻. 그에게 잔치하는 성의가 큼을 나타낸다. ㅇ饗(향)―손님에게 베푸는 큰 잔치를 향(饗)이라 한다(集傳). ㅇ載(재)―간수하다. 장(藏)과 뜻이 통함(通釋). ㅇ喜之(희지)―그에게 기뻐하며 붉은 활을 주었다는 뜻. ㅇ右(우)―유(侑)와 통하여, 잔치를 벌여놓고 술을 권하는 것(通釋). ㅇ橐(고)―활집. 여기서는 동사로 활집에 잘 넣어 두는 것. ㅇ醻(수)―술을 권하는 것. 수(酬)와 통하는 글자.

[解說] 이 시는 천자가 공 있는 제후에게 잔치를 베풀고 활과 화살을 내릴 때에 부른 노래이다(〈모시서〉).

9. 무성한 다북쑥(菁菁者莪)

무성한 다북쑥이 언덕에 자랐네.
군자를 만나니 즐겁고도 예의바르네.

무성한 다북쑥이 모래톱 가운데 자랐네.
군자를 만나니 내 마음 기뻐지네.

무성한 다북쑥이 언덕 위에 자랐네.
군자를 만나니 많은 재물이 들어온 듯.

둥실둥실 버드나무배는 물속에서 찰랑찰랑.
군자를 만나니 내 마음 기쁨에 차네.

[原文] 菁菁者莪여 在彼中阿로다.
　　　 旣見君子하니 樂且有儀로다.

菁菁者莪여 在彼中沚로다.
旣見君子하니 我心則喜로다.

菁菁者莪여 在彼中陵이로다.
旣見君子하니 錫我百朋이로다.

汎汎楊舟여 載沈載浮로다.
旣見君子하니 我心則休로다.

註解 ㅇ菁菁(청청)—무성한 모양. ㅇ莪(아)—다북쑥. 나호(蘿蒿)라는 쑥의 일종(毛傳). 3월 중에는 줄기를 날로도 먹을 수 있고, 삶으면 향기가 나고 맛이 좋다 한다(陸疏). ㅇ阿(아)—언덕. 대륙(大陸)을 아(阿)라 한다(毛傳). 중아(中阿)는 아중(阿中)의 뜻. ㅇ儀(의)—예의(禮儀). ㅇ沚(지)—모래톱. ㅇ陵(능)—큰 언덕. ㅇ錫(석)—주다. 사(賜)와 통함. ㅇ朋(붕)—십패(十貝)를 말한다. 옛날에는 패(貝)를 화폐로 썼는데, 10패는 열 개의 조개를 꿴 것(釋義). ㅇ汎汎(범범)—물에 떠다니는 모양. ㅇ楊舟(양주)—버드나무로 만든 배(毛傳). ㅇ載沈載浮(재침재부)—뱃머리가 올라왔다 내려갔다 하는 것. ㅇ休(휴)—아름답다, 기쁘다. 희(喜)와 뜻이 통함(經義述聞).

解說 〈모시서〉에서는 인재를 기름을 즐기는 것이라 하였다. 너무 도학적(道學的)인 해석의 흠이 있다. 단순히 손님을 맞아 잔치할 때 즐거움을 노래한 것이라 봄이(集傳) 좋겠다. 무성한 다북쑥은 친구의 덕이나 우정 같은 것과 연상관계(聯想關係)가 있을 것이다. 끝 절의 물위를 둥둥 떠다니는 버드나무배는 친구와의 잔치의 즐거움에 비유한 것이라 하겠다.

10. 유월(六月)

유월은 뒤숭숭하여 병거(兵車)를 정비한 뒤,
튼튼한 네 마리 말이 끌게 하고 군복 입고 올라탔네.
험윤 오랑캐들 기세가 대단한데, 나는 이들을 막으러 왔네.

임금님께서 출정을 명하시어 나라를 안정시키려는 걸세.

가지런한 네 마리 검은 말은 길이 잘 들어 질서가 있네.
이번 유월에 내 군복 지었는데,
다 지은 군복 입고 하루 30리 길을 갔네.
임금님께서 출정을 명하시어 천자님을 돕는 걸세.

네 마리 말은 크고도 살쪄 덩치가 큼지막하네.
험윤 오랑캐를 쳐부수어 큰 공을 이루리라.
위엄으로 부하 이끌며 신중히 전쟁에 임하니,
신중히 전쟁에 임하여, 우리나라 안정시키겠네.

험윤 오랑캐는 강하여 초호땅을 다 점령하고
호(鎬)땅과 방(方)땅에까지 침입하여 경수(涇水) 북쪽까지 왔으니,
얼룩덜룩 새매 무늬 깃발 세우고 흰 기폭 펄럭이며,
큰 병거(兵車) 열 대가 부대의 앞장서 달리네.

병거는 편안하나 덜컹덜컹하며,
네 마리 말은 건장하고 씩씩하며 길 잘 들었네.
험윤 오랑캐 쳐부수고 대원땅에 이르니
글 잘하고 용감한 장수 길보(吉甫)는 온 나라의 규범일세.

길보(吉甫)님 기뻐하심은 많은 승리 거뒀기 때문이네.
호(鎬)땅으로부터 돌아와 보니 내가 떠난 지 오랜만이구려.
여러 벗들에게 음식을 권하는데 자라구이와 잉어회도 있네.
벗 중에는 누가 있노? 효도와 우애에 뛰어난 장중(張仲)이 있네.

原文 六月棲棲하여 戎車旣飭하며
四牡騤騤어늘 載是常服이로다.
玁狁孔熾라 我是用急이니
王于出征하사 以匡王國이시니라.

比物四驪여 閑之維則이로다.
維此六月여 旣成我服하여
我服旣成이어늘 于三十里로다.
王于出征하사 以佐天子시니라.

四牡脩廣하니 其大有顒이로다.
薄伐玁狁하여 以奏膚公이로다.
有嚴有翼하여 共武之服하니
共武之服하여 以定王國이로다.

玁狁匪茹하여 整居焦穫하여
侵鎬及方하여 至于涇陽이어늘
織文鳥章이며 白旆央央하니
元戎十乘으로 以先啓行이로다.

戎車旣安하니 如輊如軒이며
四牡旣佶하니 旣佶且閑이로다.
薄伐玁狁하여 至于大原하니
文武吉甫여 萬邦爲憲이로다.

吉甫燕喜하니 旣多受祉로다.
來歸自鎬하니 我行永久로다.
飮御諸友하니 炰鼈膾鯉로다.
侯誰在矣요? 張仲孝友로다.

<u>註解</u> ㅇ棲(서)―서(栖)와 통하여, 서서(棲棲)는 《논어(論語)》 헌문(憲問)편의 '공자는 무엇 때문에 서성거리고 있는가?(丘何爲是栖栖者歟)'의 서서(栖栖)와 같은 뜻. 서서(栖栖)는 서성거리는 것. 여기서는 나라 형세가 뒤숭숭함을 말한다. ㅇ戎車(융거)―병거(兵車). ㅇ飭(칙)―정비(整備)의 뜻. ㅇ騤騤(규규)―튼튼한 것, 강한 것. ㅇ常服(상복)―병거 타는 사람들이 입는 군복

으로, 위변복(韋弁服)이었다(鄭箋). 상복(常服)은 '유니폼'의 뜻. 재시상복(載是常服)은 군복 입은 사람들을 실었다는 뜻. ㅇ玁狁(험윤)—앞의 '채미(采薇)'·'출거(出車)' 참조. ㅇ孔(공)—매우, 심히. ㅇ熾(치)—기세가 대단한 것. ㅇ用急(용급)—대진(戴震)의《모정시고정(毛鄭詩考正)》에 의하면 '용계(用戒)'가 옳으며, 이에 대비하다, 그들을 막다의 뜻.《염철론(鹽鐵論)》에 '아시용계(我是用戒)'라 인용하였고 급(急)자는 운도 맞지 않는다 했다. ㅇ王于出征(왕우출정)—임금이 출정하라 명을 내리신 것. ㅇ匡(광)—바로잡다. ㅇ王國(왕국)—우리 임금의 나라, 곧 우리나라. ㅇ比(비)—가지런한 것. ㅇ物(물)—모물(毛物)(毛傳), 털짐승. 비물(比物)은 가지런한 털짐승인 사마(四馬). ㅇ驪(려)—검은 말. ㅇ閑(한)—한습(嫺習)의 뜻, 길이 잘 든 것. ㅇ維(유)—유(有)의 뜻. 유칙(維則)은 질서가 있는 것. ㅇ服(복)—융복(戎服)을 뜻함. ㅇ于三十里(우삼십리)—사행삼십리(師行三十里)(毛傳), 곧 군대가 하루에 30리 진군했다는 뜻. ㅇ佐(좌)—돕다. ㅇ脩(수)—키가 큰 것. ㅇ廣(광)—말이 살찐 것(釋義). ㅇ有顒(유옹)—옹연(顒然). 큰 모양. ㅇ薄(박)—조사. ㅇ奏(주)—위(爲)의 뜻(毛傳)으로 '이루는 것'. ㅇ膚(부)—큰 것. ㅇ公(공)—공(功)과 통함(毛傳). ㅇ嚴(엄)—위엄(威嚴)이 있는 것. ㅇ翼(익)—새의 날개처럼 양편에 부하를 거느린 것. 유엄유익(有嚴有翼)은 엄연익연(嚴然翼然)의 뜻. 금문(金文)에 '엄재상(嚴在上), 익재하(翼在下)'란 말이 자주 보이는데 이러한 뜻이다. ㅇ共(공)—공(恭)과 통함. 삼가다, 신중히 하다. ㅇ服(복)—일. 공무지복(共武之服)은 신중히 무사(武事)에 힘쓰겠다는 뜻. ㅇ茹(여)—부드러운 것. 비여(匪茹)는 반대로 강한 것. ㅇ焦穫(초호)—땅이름. 지금의 섬서성 경양현(涇陽縣) 경계에 있었다(釋義). ㅇ鎬(호)—지명. 방(方)땅에서 멀지 않은 곳이며 호경(鎬京)은 아니다. ㅇ方(방)—지명. 앞의 '출거(出車)' 시에 보였음. ㅇ涇陽(경양)—경수(涇水)의 북쪽. 경수 하류의 위수(渭水)와 합쳐지는 부근을 가리킨다. 험윤(玁狁)은 지금의 산서성 서부로부터 이 부근으로 침입해 온 것이다(王國維《觀堂集林》卷十三 鬼方昆夷玁狁考). ㅇ織(직)—지(識)로 씀이 옳으며, 지(識)는 치(幟)와 통한다(通釋). 깃발. 따라서 직문(織文)은 무늬가 있는 기. ㅇ鳥章(조장)—새매 같은 표지를 그린 깃발. ㅇ斾(패)—기. 백패(白斾)는 흰 긴 천을 조(旐) 밑에 달아놓은 것(通釋). ㅇ央央(앙앙)—선명한 모양(毛傳). '출거' 시에도 보임. ㅇ元(원)—큰 것. ㅇ戎(융)—융거(戎車). ㅇ十乘(십승)—수레 열 대. 이들은 군의 선봉이다(集傳). ㅇ先啓行(선계행)—앞서 길을 인도해 나가는 것, 곧 선봉의 뜻임. ㅇ如輊如軒(여지여헌)—수레의 앞이 낮았다 뒤가 낮았다 하며 덜컹거리고 가는 모습. ○佶(길)−여기서는 장건(壯健)한 모양(鄭箋). ○閑(한)−한숙(嫻熟)의 뜻. 길이 잘 든 것, 훈련이 잘 된 것. ○大原(대원)−땅이름. 한(漢)나라 한동군(漢東郡)으로 지금의 산서성 서부(釋義). ○文武(문무)−능문능무(能文能武)의 뜻. 대아(大雅) '숭고(崧高)'·'증민(烝民)'은 모두 길보(吉甫)의 작품이며 여기에서는 또 군사를 거느리고 있으니 정말로 능문능무했던 것 같다(釋義). ○吉甫(길보)−윤길보(尹吉甫)로(毛傳), 이때의 장수(鄭箋). ○憲(헌)−법으로 받든다, 모범으로 삼는다는 뜻. ○燕(연)−즐기다. ○祉(지)−복, 행운. 여기서는 승리. ○我行永久(아행영구)−내가 떠난 지 오래되었다는 뜻. ○飮御(음어)−음식과 술을 대접하는 것. ○炰(포)−포(炮)와 같은 자로 '굽는 것'. ○鱉(별)−자라. ○膾(회)−생회(生膾). ○鯉(리)−잉어. ○侯(후)−유(維)와 같은 발어사. ○張仲(장중)−길보(吉甫)의 초대를 받아 왔던 친구 중의 한 사람. ○孝友(효우)−부모님께 효도 잘하고 형제 사이엔 우애 좋기로 이름난 사람.

解說 〈모시서〉에 '유월' 시는 선왕(宣王 : B.C. 827~B.C. 782 재위)의 북벌을 노래한 것이라 하였다. 앞의 '채미(采薇)'·'출거(出車)' 시와 비슷한 때의 작품일 것이다. 내용을 보면 왕명으로 윤길보(尹吉甫)란 장군이 북경(北境)을 침입해 온 험윤을 정벌하고 개선하였는데, 이때 종군했던 사람이 이를 노래한 것이다.

11. 시화를 뜯으러(采芑)

시화를 뜯으러 묵은 밭으로
새 밭으로.
방숙(方叔)께서 납시는데, 그의 수레 3천 대 동원하여
군사들 훈련시키네.
방숙께서 이들 거느리고, 검푸른 네 마리 말이 끄는 수레 타셨는데,
검푸른 네 마리 말은 가지런하기도 하네.
붉은 노거(路車)에 대자리로 가리개 하고 화살집은 물개 가죽이오,
말 배 띠엔 고리 달리고 말고삐엔 장식 달렸네.

시화를 뜯으러 묵은 밭으로
새 밭 가운데로.
방숙께서 납시는데, 그의 수레 3천 대를 동원했고,
청황 용기며 거북과 뱀 그린 깃발이 아름답게 펄럭이네.
방숙께서 이들 거느리는데, 굴통대는 가죽 감고 멍에에는 무늬 새기고,
여덟 개의 방울이 짤랑거리네.
천자께서 내리신 옷 입었는데, 주황색 앞가리개 곱기도 하고,
파란 패옥이 잘랑거리네.

펄펄 나는 새매가 하늘 위를 빙빙 돌다간
나무에 앉아 쉬네.
방숙께서 납시는데, 그의 수레 3천 대를 동원하여
군사들을 훈련시키네.
방숙께서 이들을 거느리는데, 징치고 북치며
군사들 벌여놓고 훈시하네.
밝고도 진실한 방숙께선 북소리 둥둥 울리며,
북소리 따라 군사들을 정비하네.

어리석은 형(荊)땅의 오랑캐가 대국을 원수로 삼네.
방숙께선 많이 늙으셨으나 그의 지모(智謀)는 뛰어났네.
방숙께서 부하를 거느리시어, 많은 적을 사로잡고 목을 잘랐네.
병거(兵車) 소리 덜컹덜컹, 덜컹덜컹 달캉달캉
천둥 울리고 벼락 치듯 하네.
밝고 진실한 방숙께서는 험윤 오랑캐 정벌하시더니,
형(荊)땅의 오랑캐도 굴복시키셨네.

原文   薄言采芑를 于彼新田하며
        于此菑畝로다.
        方叔涖止하니 其車三千이러니
        師干之試로다.

方叔率止하여 乘其四騏하니
四騏翼翼이로다.
路車有奭하며 簟笰魚服이며
鉤膺鞗革이로다.

薄言采芑를 于彼新田하며
于此中鄕이로다.
方叔涖止하니 其車三千이러니
旂旐央央이로다.
方叔率止하니 約軧錯衡이며
八鸞瑲瑲이로다.
服其命服하니 朱芾斯皇이며
有瑲葱珩이로다.

鴥彼飛隼이여 其飛戾天이며
亦集爰止로다.
方叔涖止하니 其車三千이러니
師干之試로다.
方叔率止하니 鉦人伐鼓어늘
陳師鞠旅로다.
顯允方叔이여 伐鼓淵淵이며
振旅闐闐이로다.

蠢爾蠻荊이 大邦爲讎로다.
方叔元老니 克壯其猶로다.
方叔率止하니 執訊獲醜로다.
戎車嘽嘽하니 嘽嘽焞焞하여
如霆如雷로다.

顯允方叔이여 征伐玁狁이러니
蠻荊來威로다.

註解 ○薄言(박언)-모두 조사. ○芑(기)-《공소(孔疏)》에 의하면 기(芑)는 고채(苦菜) 비슷하고 줄기는 청백색, 그 잎을 뜯으면 흰 즙이 나온다. 부드러운 것은 날로 먹을 수 있으며 삶아서 나물로 먹을 수 있다 한다. '시화'인 듯도 하지만 확실치 않다. ○新田(신전)-일군 지 2년 되는 밭(毛傳). ○菑畝(치묘)-일군 지 1년 되는 밭(毛傳). ○方叔(방숙)-경사(卿士)로서 이때의 장수. 생평(生平)은 알 수 없다. ○涖(리)-리(莅)와 통하며, 군사를 거느리고 나오는 것. 사마병법(司馬兵法)에 의하면 병거 1승에 갑사(甲士) 3인과 보졸(步卒) 72인이 따른다 했으니(鄭箋) 대부대이다. 또 《공소》에는 천자는 육군(六軍)으로 천 승인데, 여기선 3천 승이라 했으니 18군이라 했다. 그러나 여기서는 5백 승이 1군으로 3천 승은 6군으로 봄이 무난하다(通釋). ○師(사)-군사(軍師). ○干(간)-간(扞)의 뜻(毛傳)으로, 적을 대적하는 것. ○試(시)-연습(練習), 훈련의 뜻. ○騏(기)-털빛이 검푸른 말. ○翼翼(익익)-정제(整齊)한 모양. 앞 '채미(采薇)' 시 참조. ○路車(노거)-제후들이 타는 큰 수레. 여기서는 융로(戎路)로서(集傳), 제후들이 타는 융거(戎車). ○有奭(유석)-석연(奭然). 붉은 모양. 제후들의 노거(路車)는 붉은 가죽을 수레채에 대었다(齊風 '載驅' 시 참조). ○簟茀(점불)-네모 무늬의 대자리로 만든 수레 가리개. 제풍(齊風) '재구(載驅)' 시에 보임. ○魚服(어복)-어수(魚獸) 가죽을 입힌 화살집. 앞의 '채미' 시에 보임. ○鉤(구)-말 배띠의 쇠고리(釋義). ○膺(응)-말 배띠. ○鞗革(조혁)-가죽 고삐에 달린 쇠장식. 앞의 '요소(蓼蕭)' 시 참조. ○鄕(향)-소(所)의 뜻(毛傳). 소(所)는 또 처(處)와 통하여, 중향(中鄕)은 치묘(菑畝)의 중처(中處)의 뜻(傳疏). ○旂(기)-청황 용이 그려진 기. ○旐(조)-거북과 뱀이 그려진 기. ○央央(앙앙)-아름답게 펄럭이는 모양. ○約(약)-묶다. 속(束)의 뜻. ○軝(기)-수레의 굴통대. 병거의 굴통대는 길게 나와 있는데, 약기(約軝)는 그것을 붉은 가죽으로 동여맨 것이다(毛傳·集傳). ○錯(착)-무늬를 새긴 것(毛傳). ○衡(형)-수레의 멍에. ○八鸞(팔란)-여덟 개의 방울. 말재갈 양편에 달린 방울을 란(鸞)이라 하며, 사마(四馬)이기 때문에 팔란(八鸞)인 것이다. ○瑲瑲(창창)-방울 소리. ○命服(명복)-천자가 명한 그의 신분에 맞는 옷. ○芾(불)-불(韍)과 통하여 폐슬(蔽膝). 앞가리개. 주불(朱芾)이라 하였지만, 옛날 예복(禮服)의 불(芾)은 천

자는 순주(純朱)고 제후는 주황(朱黃)이었으니 '주황색의 폐슬(蔽膝)'로 보아야 한다(孔疏). ㅇ皇(황)―황(煌)의 뜻(集傳). 빛나는 것. ㅇ有瑲(유창)―창연(瑲然). 잘랑거리는 것. ㅇ葱(총)―푸른 것. ㅇ珩(형)―맨 위쪽에 달린 패옥(佩玉)(集傳). ㅇ鴥(율)―빨리 나는 모양. 진풍(秦風) '신풍(晨風)' 시에 보임. ㅇ隼(준)―새매. ㅇ戾天(여천)―하늘에 닿을 듯이 높이 나는 것. ㅇ亦(역)―조사. ㅇ集(집)―새가 나무 위에 앉는 것. ㅇ爰止(원지)―이에 머물러 쉬는 것(釋義). ㅇ鉦(정)―징. 옛날의 군대는 북을 치면 진격하고 징을 치면 멈추었다(毛傳). ㅇ鉦人伐鼓(정인벌고)―징잡이와 북잡이가 따로 있어 징잡이는 징을 치고 북잡이는 북을 친다는 말이 생략된 것임(鄭箋). ㅇ鞠旅(국려)―옛날 군대는 전쟁을 하기 전에 장수가 부하를 모아놓고 '서(誓)'라 하여 전쟁에 관한 훈시를 하였다. 국려(鞠旅)는 군사들을 모아놓고 서고(誓告)를 하는 것(鄭箋). ㅇ顯(현)―밝은 것. ㅇ允(윤)―진실한 것. ㅇ淵淵(연연)―북소리(毛傳). ㅇ振旅(진려)―군사들을 정비하여 전쟁에 대비하는 것. 이 말은 갑골문(甲骨文)에도 보인다.《춘추공양전(春秋公羊傳)》과《이아(爾雅)》의 '군사가 나가는 것을 치병(治兵), 들어오는 것을 진려(振旅)라 한다'는 설은 고의(古義)가 아니다(釋義). ㅇ闐闐(전전)―북소리가 울리는 것. ㅇ蠢(준)―어리석은 것. ㅇ爾(이)―조사. ㅇ蠻(만)―남쪽 오랑캐. ㅇ荊(형)―초(楚)의 뜻. 초(楚)땅의 오랑캐들을 방숙(方叔)이 친 것이다. ㅇ大邦(대방)―대국(大國), 곧 중국(中國). ㅇ讎(수)―원수. ㅇ克壯(극장)―매우 장하다, 매우 뛰어나다. ㅇ猶(유)―지모(智謀)의 뜻. ㅇ訊(신)―포로, 생포자. ㅇ獲(획)―괵(馘)과 통하여 적을 죽인 뒤 왼쪽 귀를 베는 것. ㅇ醜(추)―중(衆)의 뜻. 이 구절은 '출거' 시에 보였으니 참조할 것. ㅇ嘽嘽(탄탄)―많은 수레 소리. 앞의 '사무(四牡)' 시에 보임. ㅇ焞焞(퇴퇴)―탄탄(嘽嘽)과 같이 수레 소리를 형용한 것이라 봄이 좋으며, 왕풍(王風) '대거(大車)' 시의 '톤톤(啍啍)'과 같은 뜻일 것이다(釋義). ㅇ霆(정)―천둥. ㅇ雷(뢰)―우레. ㅇ來(래)―시(是)와 같은 조사(釋義). ㅇ威(위)―위세에 굴복하는 것.

解說 〈모시서〉에 '채기(采芑)'는 선왕의 남정(南征)을 노래한 것이라 하였다. 선왕 때에 초(楚)땅의 오랑캐들이 배반하였으므로 선왕은 방숙(方叔)에게 명하여 이를 치게 하였다. 이때 종군했던 사람이 방숙의 공을 노래한 것이 이 시이다. 1절과 2절, 3절은 방숙이 군사들을 조련(調練)하는 모습을 읊었고, 맨 끝절에서야 비로소 남정을 노래하고 있다.

12. 탄탄한 수레(車攻)

수레는 탄탄하고 말도 잘 갖추어,
건장한 네 마리 말이 끄는 수레 타고 동쪽으로 가네.

사냥 수레 훌륭하고, 네 마리 말도 장대하네.
동쪽 보전(甫田)으로 수레 타고 사냥가네.

우리 님 사냥 나가시는데, 졸개들 고르느라 떠들썩.
여러 가지 무늬의 깃대 꽂아놓고 오산(敖山)에서 짐승을 잡네.

네 마리 말이 끄는 수레 타니 네 마리 말은 장대하기도 하네.
붉은 앞가리개에 금무늬 신 신고 늘어서서 천자를 뵙네.

활깍지와 팔찌 써서 활과 화살을 고르고,
활쏘던 사람들 다 모여 짐승 쌓기를 거드네.

누런 네 마리 말이 수레 끄는데, 양쪽 곁말도 쪽 고르네.
알맞게 달려 주니, 쏜 살은 정통으로 들어맞네.

말은 허홍 울고 깃발은 길게 나부끼네.
걷는 자나 탄 사람 모두 조용히 움직이나 임금님 푸주간은 가득 차네.

우리 님 행군하시는데 군대 행렬이 조용하기만 하네.
진실로 군자이시고 정말 큰 일 이루시네.

原文　我車旣攻하며 我馬旣同하여
　　　四牡龐龐하니 駕言徂東이로다.

　　　田車旣好하니 四牡孔阜로다.
　　　東有甫草어늘 駕言行狩로다.

　　　之子于苗하니 選徒囂囂로다.

建旐設旄하여 搏獸于敖로다.

駕彼四牡하니 四牡奕奕이로다.
赤芾金舃으로 會同有繹이로다.

決拾旣佽하여 弓矢旣調하니
射夫旣同하여 助我擧柴로다.

四黃旣駕하니 兩驂不猗로다.
不失其馳어늘 舍矢如破로다.

蕭蕭馬鳴이며 悠悠旆旌이로다.
徒御不驚이며 大庖不盈이로다.

之子于征하니 有聞無聲이로다.
允矣君子여 展也大成이로다.

註解 ㅇ攻(공)-견고(堅固)의 뜻(毛傳), 곧 탄탄한 것. ㅇ同(동)-제(齊)의 뜻(毛傳). 잘 갖춘 것. ㅇ龐龐(농롱)-강성(强盛)한 모양(傳疏). ㅇ徂(조)-가다. ㅇ東(동)-동도(東都) 쪽. ㅇ田車(전거)-사냥할 때 타는 수레. ㅇ孔(공)-매우. ㅇ阜(부)-크다, 장대하다. ㅇ甫草(보초)-땅이름으로 보전(甫田). 뒤에는 정(鄭)나라 땅이 된 지금의 개봉부(開封府) 중모현(中牟縣) 서포전택(西圃田澤)임. 선왕(宣王) 때에는 정나라가 없었기 때문에 보전은 동도(東都) 기내에 속하였다(集傳). ㅇ苗(묘)-수렵의 통칭. 사냥의 뜻(集傳). ㅇ徒(도)-사냥을 돕는 졸개들. ㅇ囂(효)-효(嚻)와 같은 글자, 시끄러운 것. ㅇ旐(조)-거북과 뱀이 그려진 기. ㅇ旄(모)-쇠꼬리로 만든 기장목. 건조설모(建旐設旄)는 여러 가지 장군의 깃발을 세운 것. ㅇ搏(박)-잡다. ㅇ敖(오)-산이름. 지금의 개봉부 영택현(榮澤縣) 서북쪽에 오산(敖山)이 있는데 바로 그것이다(傳疏). ㅇ奕奕(혁혁)-훈련이 잘된 모양, 굉장한 모양. ㅇ赤芾(적불)-앞의 '채기(采芑)' 시의 주불(朱芾)과 같은 말. ㅇ舃(석)-신. 금석(金舃)은 붉은 신에 금식(金飾)을 한 것(集傳). 금석(金舃)은 적불과 함께 제후들의 복색(服色)임(毛傳). ㅇ會(회)-시현(時見). 곧 부정기로 일이 있을 때 제후가 천

자를 조현(朝見)하는 것(毛傳). ㅇ同(동)-조현. 여러 제후들이 한꺼번에 조현하는 것(毛傳). ㅇ有繹(유역)-역연(繹然)으로, 죽 늘어서 있는 모양. ㅇ決(결)-상골(象骨)로 만든 활줄을 당길 때 우수(右手) 대지(大指)에 끼는 깍지(集傳). ㅇ拾(습)-활을 쏠 때 왼팔에 끼는 가죽으로 만든 팔찌(集傳). ㅇ佽(차)-돕다, 나란히 하다. ㅇ調(조)-고르다. ㅇ射夫(사부)-활 쏘는 사람, 회동(會同)한 제후들(傳疏). ㅇ同(동)-다 같이 모이는 것. ㅇ柴(시)-《설문해자(說文解字)》에 자(呰)로 되어 있으며, 잡은 짐승을 쌓는 것(集傳). 잡은 짐승이 많음을 뜻한다. ㅇ四黃(사황)-사황마(四黃馬). ㅇ不猗(불의)-한쪽으로만 바르지 않게 쏠리지 않는 것(集傳). ㅇ馳(치)-달리다. 여기서는 달리는 법(孔疏). ㅇ舍矢(사시)-활을 쏘는 것. ㅇ如破(여파)-깨칠 듯이 힘차게 들어맞는 것. ㅇ蕭蕭(소소)-말이 우는 소리. ㅇ悠悠(유유)-길게 늘어뜨린 모습. ㅇ旆(패)-기. ㅇ旌(정)-기장목, 깃발. ㅇ徒(도)-보졸(步卒). ㅇ御(어)-수레 모는 사람(集傳). ㅇ不驚(불경)-조용히 행동하여 사람들을 놀라게 하지 않는 것. ㅇ大庖(대포)-임금의 푸주간. ㅇ不(부)-비(丕)와 통한다. 크게, 대단히. ㅇ有聞(유문)-군대들이 싸움에 나간다는 소문을 들은 것. ㅇ無聲(무성)-행군을 하는데도 아무 소리도 안 나는 것. ㅇ允(윤)-진실로. ㅇ展(전)-진실로. ㅇ大成(대성)-이룬 것이 큰 것.

解說 〈모시서〉에는 이 시를 다음과 같이 설명하고 있다.

'거공(車攻)은 선왕의 복고(復古)를 읊은 것이다. 선왕은 안으로 정사를 닦고 밖으로는 오랑캐들을 물리쳐 문왕(文王)과 무왕(武王) 때의 경토(境土)를 회복하였다. 거마제도(車馬制度)를 조정하고 기계(器械)를 정비하고는 다시 제후들을 동도(東都)로 모아놓고 사냥을 하면서 거도(車徒)들을 뽑았다.'

《묵자(墨子)》의 명귀(明鬼)편에도 '주나라 선왕은 제후들을 모아 포전(圃田 : 甫田)땅에서 사냥을 하였는데 수레가 수백 승이나 되었다'고 하였다. 아마 이 시는 이때 사냥에 참가하였던 어느 사람이 지은 것일 것이다. 주희(朱熹)에 의하면 제1절은 동도로 가려는 것을 읊고, 제2절은 보전으로 사냥가려는 것, 제3절은 동도에 이르러 사냥을 하며 거도(車徒)를 뽑는 모양, 제4절은 제후들이 동도로 회조(會朝)하러 오는 것을, 제5절은 제후들이 회동하여 사냥하는 것, 제6절은 사냥할 때의 말 몰기와 활쏘기

에 뛰어난 재주를, 제7절은 사냥을 마친 것을, 제8절은 이러한 모든 일이
처음부터 끝까지 훌륭하게 마쳐진 것을 전체적으로 서술한 것이다.

13. 좋은 날(吉日)

좋은 날 강일(剛日)을 가려, 말조상에 제사하며 사냥 잘되길 비네.
사냥 수레 튼튼하고 네 마리 말은 장대한데,
큰 언덕에 올라 여러 짐승들 뒤쫓네.

좋은 날 경오날에 말을 골라 타고
짐승 모이는 곳에 가니 암사슴 수사슴이 수두룩,
칠저수로부터 짐승을 쫓아 천자 계신 곳으로 몰아오네.

저 언덕 바라보니 짐승이 우글우글 많기도 한데,
뛰는 놈에 서성대는 놈, 떼를 짓기도 하고 짝을 짓기도 했네.
오른편 왼편에서 모두 몰아다 천자님을 즐겁게 해드리네.

활줄을 잡아당기고 화살을 낀 다음
작은 암퇘지도 쏘고 큰 들소도 잡아
손님들 대접하며 좋은 술도 따르네.

原文 吉日維戊에 旣伯旣禱하니
　　　田車旣好하여 四牡孔阜어늘
　　　升彼大阜하며 從其羣醜로다.

　　　吉日庚午에 旣差我馬하여
　　　獸之所同에 麀鹿麌麌어늘
　　　漆沮之從하여 天子之所로다.

　　　瞻彼中原하니 其祁孔有로다.

儦儦俟俟하여 或羣或友어늘
悉率左右하여 以燕天子로다.

旣張我弓하고 旣挾我矢하여
發彼小犯하여 殪此大兕하여
以御賓客하고 且以酌醴로다.

註解 ○戊(무)-천간(天干)의 기수(奇數)는 강일(剛日), 우수(偶數)는 유일(柔日)이라 하는데, 무(戊)날은 강일에 해당한다(釋義). 말 타는 일 같은 바깥일은 강일이 좋다 한다. ○伯(백)-말의 조상(毛傳). 사냥에는 말의 힘을 빌게 되기 때문에, '기백(旣伯)'은 말의 조상에게 그의 말이 강건하기를 빈 것이다(孔疏). ○旣禱(기도)-많은 짐승이 잡히도록 비는 것(毛傳). ○田車(전거)-사냥 수레. ○升(승)-오르다. ○阜(부)-언덕. ○羣醜(군추)-짐승의 무리(鄭箋). ○庚午(경오)-경오날. 역시 강일(剛日)임. ○差(채)-가리다, 고르다. ○同(동)-모이는 것(鄭箋). 소동(所同)은 모이는 장소. ○麀(우)-암사슴. ○麌麌(우우)-우글우글하는 모양(毛傳). ○漆沮(칠저)-강물 이름. 대진(戴震)은 바로 '우공(禹貢)'에 나오는 칠저(漆沮)'가 이것이라 하였다(毛鄭詩考正). 칠저수(漆沮水)는 서안(西安) 부경(府境)을 거쳐 흐른다. ○之(지)-시(是)의 뜻. ○從(종)-짐승을 뒤쫓는 것. ○瞻(첨)-바라보다. ○中原(중원)-언덕 가운데. ○其祁(기기)-기연(祁然)의 뜻, 많은 모양. ○孔有(공유)-많이 있다는 뜻. ○儦儦(표표)-달리는 모양(毛傳). ○俟俟(사사)-서성대는 모양(毛傳). ○羣(군)-세 마리 이상이 떼지은 것. ○友(우)-두 마리가 짝을 지은 것(毛傳). ○悉率左右(실솔좌우)-좌우에서 모두가 짐승을 천자에게 활을 쏘기 알맞도록 모는 것(鄭箋). ○燕(연)-즐기다. ○挾(협)-끼는 것. ○發(발)-발사의 뜻. ○豝(파)-암퇘지. ○殪(에)-죽다. 여기서는 잡는 것. ○兕(시)-외뿔난 들소. ○御(어)-음식을 올리는 것. ○酌(작)-술잔에 술을 따르는 것. ○醴(예)-좋은 술의 일종.

解說 〈모시서〉에 '길일(吉日)'은 선왕의 사냥을 노래한 것이라 하였다. 시의 내용이 천자의 사냥을 형용한 것임에는 틀림없으나 그 천자가 선왕이 틀림없다는 증거는 없다.

제3 홍안지습(鴻鴈之什)

1. 기러기(鴻鴈)

기러기가 날아가며 파닥파닥 날개치네.
우리들은 길 떠나 들판에서 고생했는데,
우리 불쌍한 사람들과 홀아비 과부들을 모두 동정해 주셨네.

기러기가 날아가다 못 가운데 내려앉네.
우리들은 담을 쌓아 수많은 집을 지었네.
비록 고생은 하였지만 마침내는 편히 살 곳 얻었네.

기러기가 날아가다 끼럭끼럭 슬피 우네.
이 어진 사람들은 우리에게 고생한다고 하는데
저 어리석은 자들은 우리에게 건방지다고 하네.

原文   鴻鴈于飛하니 肅肅其羽로다.
之子于征하니 劬勞于野로다.
爰及矜人이 哀此鰥寡로다.

鴻鴈于飛라가 集于中澤이로다.
之子于垣하니 百堵皆作이로다.
雖則劬勞나 其究安宅이로다.

鴻鴈于飛하니 哀鳴嗸嗸로다.
維此哲人은 謂我劬勞어늘
維彼愚人은 謂我宣驕라 하도다.

註解　ㅇ鴻(홍)─큰 기러기. 큰 기러기를 홍(鴻), 작은 기러기를 안(鴈)이라 한다(毛傳). ㅇ肅肅(숙숙)─날개치는 소리. 당풍(唐風) '보우(鴇羽)' 시에 보임. 이 기러기는 유랑민 자신들에 비유한 것이다. ㅇ之子(지자)─유민(流民)들이 자신들을 가리키는 말(集傳). ㅇ征(정)─길을 나선 것. ㅇ劬勞(구로)─고생하는 것. 패풍(邶風) '개풍(凱風)' 시에 보임. ㅇ矜人(긍인)─자기들처럼 유랑하며 고생하는 불쌍한 사람들. ㅇ哀(애)─애련(哀憐)의 뜻. 애(哀)자는 아래위로 걸린다. ㅇ鰥(환)─홀아비. ㅇ寡(과)─과부. 이 구절은 윗 구절과 합쳐서, '우리처럼 불쌍한 사람들과 홀아비나 과부들을 임금님이 가련하게 여기시고 동정하셨다'는 말. ㅇ中澤(중택)─택중(澤中). 기러기가 못에 내려앉음은 유민들이 편히 살 곳을 얻음에 비유한 것이다. ㅇ于垣(우원)─담을 치는 것. ㅇ堵(도)─《모전》엔 '1장(丈)을 판(版)이라 하고, 오판(五版)을 도(堵)라 한다' 하였다(《韓詩》엔 8척을 판이라 했고, 《鄭箋》에선 6척을 판이라 한다고 했다). 1장(丈)은 그 길이, 5판(版)은 그 높이를 말하는 것이다. 판은 높이 2척(尺)이기 때문에 5판은 그 높이가 역시 1장이 된다. 여기서 백도(百堵)라 한 것은 집의 담이나 벽을 많이 쌓은 것을 말한다. ㅇ究(구)─마침내의 뜻(集傳). ㅇ嗷(오)─오(嗷)로도 쓰며, 오오(嗷嗷)는 슬피 우는 소리. ㅇ哲人(철인)─밝고 지혜있는 사람, 어진 사람. ㅇ宣驕(선교)─교만하게 보이는 것. 위풍(魏風) '원유도(園有桃)'에도 '심지우의(心之憂矣), 아가차요(我歌且謠), 부지아자(不知我者), 위아사야교(謂我士也驕)'라 하였다. 자기들의 슬픔과 괴로움을 얘기해 봤자 어진 사람들은 고생한다고 하지만, 그렇지 않은 사람들은 건방진 얘기 말라고 한다는 것이다.

解說　〈모시서〉에서는 이것도 선왕을 기리는 시라 하였다. 만민(萬民)이 이산(離散)하여 편히 안정된 삶을 누리지 못하는 것을 위로하고 편안히 모여 살도록 해주고, 불쌍한 사람들이나 과부에 이르기까지도 도움을 받지 않은 이가 없다는 것이다. 그러나 이것도 꼭 선왕을 그린 시라 할 근거가 약하다. 《집전》의 해설을 따라 유랑민들 스스로가 노력 끝에 안정된 삶을 누리게 된 것을 기뻐하고, 옛날의 유랑 생활을 회고하며 지은 작품이라고 봄이 좋을 것이다.

2. 횃불(庭燎)

밤이 어떻게 되었나? 밤이 다하지 않아
횃불을 비치네. 제후들이 당도하느라
방울 소리만 쨍그렁쨍그렁.

밤이 어떻게 되었나? 밤이 다 가지 않아
횃불 환하게 밝혔네. 제후들이 당도하느라
방울 소리만 뎅그렁뎅그렁.

밤이 어떻게 되었나? 날이 새어 가는데
횃불이 밝혀 있네. 제후들이 당도하느라
그들의 깃발이 나부끼네.

原文 夜如何其오? 夜未央이나
　　　庭燎之光이로다. 君子至止하니
　　　鸞聲將將이로다.

　　　夜如何其오? 夜未艾나
　　　庭燎晰晰이로다. 君子至止하니
　　　鸞聲噦噦로다.

　　　夜如何其오? 夜鄕晨이나
　　　庭燎有輝로다. 君子至止하니
　　　言觀其旂로다.

註解 ㅇ夜未央(야미앙)―날이 새지 않은 것. ㅇ庭燎(정료)―뜰에 세워 놓
는 횃불. ㅇ君子(군자)―제후들을 가리킴(集傳). ㅇ鸞(란)―말재갈 양편에 달
린 방울. ㅇ將將(장장)―방울 소리. ㅇ艾(예)―절(絶)(《左傳》昭公 元年 및 哀
公 二年의 杜預 注), 곧 끊이다. 또는 지(止)(《小爾雅》), 곧 멎다의 뜻. ㅇ晰

晰(절절)—밝은 모양, 환하게 밝히는 것. ㅇ噦噦(홰홰)—말방울 소리. ㅇ鄕(향)—향(向)과 통함. 향신(鄕晨)은 새벽이 되어 가는 것. ㅇ有煇(유휘)—휘연(煇然). 빛나는 모양, 밝은 모양. ㅇ旂(기)—제후들의 수레에 꽂는 깃발.

解說 이 시는 새벽 일찍이 조회(早會)하러 궁중으로 제후들이 모여드는 모양을 노래한 것이다. 〈모시서〉에선 이것 역시 선왕을 기린 것이라 하였는데 알 수 없다.

3. 넘쳐흐르는 물(沔水)

넘쳐흐르는 물은 바다로 모두 흘러드네.
휙휙 나는 새매는 날다가 나무에 앉네.
아아 내 형제와 나라 안의 여러 친구들이여!
나라의 어지러움 생각도 않으려 드는데, 부모 없는 사람 있을 수 있는가?

넘쳐흐르는 물이 넘실넘실 흐르고
휙휙 나는 새매는 높이 날아 올라가네.
법도를 따르지 않는 자들 생각 때문에, 가만히 못있고 일어나 서성거리네.
마음의 시름이여! 버릴 수도 잊을 수도 없구나.

휙휙 나는 새매가 언덕 위를 날고 있네.
백성들의 뜬소문은 막을 수도 없는 건가?
내 친구들이 삼가면 남을 모함하는 일 없을 것을!

原文 沔彼流水여 朝宗于海로다.
　　　鴥彼飛隼이여 載飛載止로다.
　　　嗟我兄弟와 邦人諸友여!

莫肯念亂하니 誰無父母리요?

沔彼流水는 其流湯湯이로다.
鴥彼飛隼이여 載飛載揚이로다.
念彼不蹟하여 載起載行이로다.
心之憂矣여 不可弭忘이로다.

沔彼飛隼이여 率彼中陵이로다.
民之訛言을 寧莫之懲고?
我友敬矣면 讒言其興가?

註解 ○沔(면)－물이 가득 넘쳐흐르는 것. ○朝(조)－제후들이 봄에 천자를 찾아 뵙는 것. ○宗(종)－여름에 제후들이 천자를 찾아 뵙는 것. 조종(朝宗)은 제후들이 천자 한분에게로 다 모여들며 충성을 바치듯이 강물도 모두가 바다로 흘러든다는 말. ○鴥(율)－새가 획획 나는 것. ○隼(준)－새매. ○兄弟(형제)－형제가 동성(同姓)임에 비하여, 제우(諸友)는 이성(異姓). ○邦人(방인)－나라 사람. ○肯(긍)－하려 드는 것. ○亂(난)－나라의 어지러움. ○父母(부모)－천자가 백성들의 부모라는 뜻에서 말한 것이다. ○湯湯(상상)－물결치며 흐르는 모양. ○揚(양)－높이 올라가는 것. ○蹟(적)－법도, 법도를 따르는 것(集傳). ○載起載行(재기재행)－방안에서 일어나 서성거리는 것. 마음에 걱정과 고민이 있음을 나타낸다. ○弭(미)－그치다, 없어지다. ○率(솔)－따라 나는 것. ○中陵(중릉)－능중(陵中). ○訛言(와언)－나라를 어지럽히는 뜬소문. ○寧(녕)－내(乃)의 뜻(集傳). 이에. ○懲(징)－멎게 하는 것(毛傳). ○敬(경)－경(儆)과 통하여, 여러 가지 일을 삼가는 것. ○讒言(참언)－남을 모함하는 말. 나라가 어지러우면 참언이 많아진다.

解說 이 시는 나라가 어지러워짐을 근심하는 노래이다(集傳). 〈모시서〉에선 선왕을 규간(規諫)하는 노래라 하였는데, 내용도 부합되지 않으려니와 근거도 없다. 시를 보면 백성들이 뜬소문을 퍼뜨리며 남을 모함하는 도에 어긋나는 짓 하는 것을 책하며 천자에 대한 충성심을 노래하고 있다.

4. 학의 울음(鶴鳴)

학이 높은 언덕에서 우니 소리가 온 들에 퍼지네.
물고기는 깊은 연못에 잠겼다가 물가로 나오기도 하네.
즐겁게도 저 동산에는 박달나무가 자라 있고
그 밑에는 개암나무가 있네.
다른 산의 돌이 이곳의 옥을 가는 숫돌이 되네.

학이 높은 언덕에서 우니 소리가 하늘에 퍼지네.
물고기는 물가에 있다가 깊은 연못에 잠기기도 하네.
즐겁게도 저 동산에는 박달나무가 자라 있고
그 밑에는 닥나무가 있네.
다른 산의 돌로 이곳의 옥을 갈 수 있다네.

原文　鶴鳴于九皐어늘 聲聞于野이로다.
　　　魚潛在淵이요 或在于渚로다.
　　　樂彼之園에 爰有樹檀하며
　　　其下維蘀이로다.
　　　它山之石이 可以爲錯이로다.

　　　鶴鳴于九皐어늘 聲聞于天이로다.
　　　魚在于渚요 或潛在淵이로다.
　　　樂彼之園에 爰有樹檀하며
　　　其下維穀이로다.
　　　它山之石이 可以攻玉이로다.

註解　ㅇ九(구)-고(高)의 뜻(釋義), 높은 것. ㅇ皐(고)-물가의 언덕(釋義).
학의 울음소리는 8리(里) 또는 9리의 멀리까지 들린다(集傳). 이 구절은 은
사(隱士)가 숨어 살기는 하지만 그의 명성은 널리 퍼진다는 뜻. ㅇ潛(잠)-

물에 잠기다. ㅇ淵(연)-연못. ㅇ渚(저)-물가. 물고기가 못 속에 잠겼다가 물가에 나와 있기도 한다는 것은, 세상에 나가 일을 하다 시세(時勢)가 허락지 않으면 물러나 몸을 닦는 군자의 생활태도에 비유한 것이다. ㅇ園(원)-은자(隱者)가 숨어 사는 집의 동산. ㅇ檀(단)-박달나무. ㅇ蘀(탁)-석(檡)의 가차자(《經義述聞》)로 개암나무. ㅇ它(타)-타(他)와 같은 자. ㅇ錯(착)-숫돌. 옥돌을 가는 숫돌. 이 구절은 다른 나라의 인재들도 잘 써서 나라를 다스려야 함을 비유한 것이다. ㅇ穀(곡)-《모전》에 악목(惡木)이라 하였는데, 곡목(穀木)은 저(楮)라고도 하는 껍질로 종이를 만드는 관목(灌木)(釋義). 닥나무. ㅇ攻(공)-갈다.

解說 방옥윤(方玉潤)의 《시경원시(詩經原始)》에 이 시는 초은(招隱)의 뜻을 지닌 것이라 하였다. 시를 보면 매 절의 앞 7구는 은자(隱者)가 살고 있는 곳의 풍물을 비유를 섞어가며 읊은 것이고, 끝 두 구는 초은의 뜻을 지니고 있으니 방옥윤의 설은 근리(近理)한 것이다. 〈모시서〉에서는 선왕을 깨우치는 뜻을 지닌 것이라 하였는데 잘 납득이 되지 않는다.

5. 기보(祈父)

기보님! 나는 임금님의 발톱이요 이빨이거늘
어째서 나를 어려운 처지로만 몰아넣어, 편히 살 수 없게 합니까?

기보님! 나는 임금님의 발톱 같은 군사이거늘
어째서 나를 어려운 처지로만 몰아넣어 제대로 살 수 없게 합니까?

기보님! 정말로 귀가 어두우십니다.
어째서 나를 어려운 처지로만 몰아넣어 어머님 집안일로 고생하시게 하십니까?

原文 祈父여! 予王之爪牙어늘
　　　胡轉予于恤하여 靡所止居오?

祈父여! 予王之爪士어늘
胡轉予于恤하여 靡所底止오?

祈父여! 亶不聰이로다.
胡轉予于恤하여 有母之尸饔고?

註解 ㅇ祈父(기보)-육군(六軍 : 천자의 군대)을 관장하는 직책을 맡고 있는 관리(毛傳), 곧 사마(司馬)임(集傳). ㅇ爪(조)-손톱. 여기서는 짐승의 발톱. ㅇ牙(아)-어금니. 짐승은 발톱으로 할퀴고 이로 물어뜯으며 싸움한다. 자기가 임금님의 발톱과 이빨이라는 것은 용맹스런 군사임을 자유(自喩)한 것이다. ㅇ恤(휼)-근심하는 처지(集傳), 어려운 처지. ㅇ止居(지거)-머물러 편히 사는 것. ㅇ爪士(조사)-조아지사(爪牙之士)의 뜻(集傳). ㅇ底(지)-안정의 뜻. ㅇ亶(단)-진실로. ㅇ不聰(불총)-귀가 밝지 못하다는 뜻. 옛날 월왕(越王) 구천(句踐)도 오(吳)나라를 칠 때 늙은 부모님만 계시고 형제가 없는 사람들은 모두 집으로 돌려보냈고, 위(魏)나라 공자(公子) 무기(無忌)가 조(趙)나라를 구할 때도 형제가 없는 독자(獨子)들은 돌아가 부모님을 봉양하도록 하였다 한다. 옛날부터 노친(老親)이 있으면서도 형제가 없는 사람은 정역(征役)을 면제해 주는 것이 원칙이었는데도 기보(祈父)인 당신은 이런 법칙을 듣지 못했느냐는 뜻이다. ㅇ尸(시)-베풀다. 진(陳)의 뜻. ㅇ饔(옹)-밥, 식사. 시옹(尸饔)은 노모(老母)가 손수 집에서 밥상을 차려 올리는 것. 이것은 늙은 어머니가 집안일로 고생하고 있음을 뜻한다.

解說 《집전(集傳)》에 이 시는 오랫동안 전쟁에 나가 있는 군사가 자기를 집으로 돌려보내 주지 않음을 원망하는 것이라 하였다. 그래서 이 군사는 지금의 국방장관에 해당하는 기보(祈父)를 부르며 오랫동안 종군했는데도 노부모가 계신 자기를 왜 안 돌려보내느냐는 것이다. 〈모시서〉에는 이 시는 선왕을 풍자한 것이라 하였다. 그러나 선왕 때의 작품인지 지금 와서는 확실히 아는 수가 없다.

6. 흰 망아지(白駒)

새하얀 흰 망아지가, 우리 밭의 곡식 싹을 뜯어먹었다 하고,
붙잡아 매어놓아 오늘 아침만이라도 잡아두어,
바로 저 현명한 사람이 이곳에서 노닐며 쉬게 하리라.

새하얀 흰 망아지가 우리 밭의 콩싹을 뜯어먹었다 하고,
붙잡아 매어놓아 오늘 저녁만이라도 잡아두어
바로 저 현명한 사람이 이곳의 좋은 손님 되게 하리라.

새하얀 흰 망아지가 쏜살같이 달려오면
당신을 공(公)이나 후(侯)로 봉하여, 끝없이 편히 즐기게 하여 주리라.
당신은 한가로이 노니는 것 삼가며 당신이 은퇴할 적 지녔던 뜻에
성실하시오.

새하얀 흰 망아지가 저 깊은 골짜기에 있는데
싱싱한 꼴 한 다발을 먹이고 있는 사람은 고상하기 옥과 같네.
자신의 명성만을 금옥처럼 여기어 우리를 멀리하는 마음 갖지 마시오

原文　　皎皎白駒이 食我場苗라 하여
　　　　繫之維之하여 以永今朝하여
　　　　所謂伊人이 於焉逍遙케 하리라.

　　　　皎皎白駒이 食我場藿이라 하여
　　　　繫之維之하여 以永今夕하여
　　　　所謂伊人이 於焉嘉客케 하리라.

　　　　皎皎白駒이 賁然來思면
　　　　爾公爾侯하여 逸豫無期케 하리라.
　　　　愼爾優游하며 勉爾遁思어다.

皎皎白駒이 在彼空谷하니
生芻一束이러니 其人如玉이로다.
毋金玉爾音하여 而有遐心이어다.

註解　○皎皎(교교)—흰 모양, 새하얀 것.　○駒(구)—망아지. 여기서는 숨어 사는 현인(賢人)이 탄 망아지(毛傳).　○場(장)—채전, 포(圃)의 뜻(集傳).　○苗(묘)—곡식 싹.　○繫(집)—잡아 매는 것.　○維(유)—끈으로 매는 것.　○永(영)—종(終)의 뜻. 영(永)과 종(終) 두 자는 흔히 연용(連用)된다(釋義). 당풍(唐風) '산유추(山有樞)' 시 참조.　○伊人(이인)—저사람. 현인(賢人)을 가리킨다. ○於焉(어언)—어시(於是). '이곳에'의 뜻(後箋).　○逍遙(소요)—노닐며 쉬는 것.　○藿(곽)—콩잎. 콩싹의 뜻으로 보아도 좋다.　○嘉客(가객)—좋은 손님. ○賁然(분연)—빠른 모양(集傳). 분(賁)은 '비'로도 읽는다.　○思(사)—조사. ○爾公爾侯(이공이후)—당신을 공(公)에라도 봉하고 후(侯)에라도 봉해 주겠다. 곧 높은 벼슬을 주겠다는 뜻.　○逸豫(일예)—편히 즐기는 것.　○無期(무기)—끝이 없는 것.　○愼(신)—삼가서 지나치지 않게 하라는 뜻(集傳).　○優游(우유)—속 편히 한가롭게 노는 것.　○勉(면)—힘써 성실히 하는 것.　○遁(둔)　숨다, 은둔하다.　○空(공)—《한시(韓詩)》에 궁(穹)으로 되어 있는데, 궁곡(穹谷)은 깊은 골짜기의 뜻.　○生芻(생추)—싱싱한 마소에게 먹이는 꼴풀. ○音(음)—명성(名聲)의 뜻.　○毋金玉爾音(무금옥이음)—그대의 명성만을 너무 금옥(金玉)처럼 귀중히 여기지 말라는 뜻.　○有遐心(유하심)—윗 구의 무(毋)에 걸려 '나를 멀리하려는 마음을 갖지 말라'는 뜻.

解說　이 시는 현자(賢者)를 좋아하는 임금의 마음을 읊은 것이다. 현자가 흰 망아지를 타고 지나가면서도 세상에 나와 벼슬하지 않는 것을 애석히 여기는 것이다. 〈모시서〉에서는 이것도 대부(大夫)가 선왕을 풍자한 것이라 하였는데 확증은 없다.

7. 곤줄매기(黃鳥)

곤줄매기야 곤줄매기야, 닥나무에 떼지어 앉았다가

우리 조 쪼아 먹지 마라.
이 나라 사람들은 나를 잘 대해 주지 않으니
되돌아 우리 일가들 사는 고장으로 가련다.

곤줄매기야 곤줄매기야, 뽕나무에 떼지어 앉았다가
우리 수수 쪼아 먹지 마라.
이 나라 사람들은 믿고 살 수 없으니
되돌아 우리 형님들 계신 고장으로 가련다.

곤줄매기야 곤줄매기야, 참나무에 떼지어 앉았다가
우리 기장 쪼아 먹지 마라.
이 나라 사람들은 함께 살 수 없으니
되돌아 우리 아저씨들 계신 고장으로 가련다.

原文 黃鳥黃鳥여 無集于穀하며
　　　無啄我粟이어다.
　　　此邦之人이 不我肯穀이니
　　　言旋言歸하여 復我邦族하리라.

　　　黃鳥黃鳥여 無集于桑하며
　　　無啄我粱이어다.
　　　此邦之人이 不可與明이니
　　　言旋言歸하여 復我諸兄하리라.

　　　黃鳥黃鳥여 無集于栩하며
　　　無啄我黍어다.
　　　此邦之人이 不可與處이니
　　　言旋言歸하여 復我諸父하리라.

註解 ㅇ黃鳥(황조)－곤줄매기. 진풍(秦風) '황조(黃鳥)' 시 참조. ㅇ集(집)－
고자(古字)를 雧으로 쓰며 나무 위에 많은 새가 앉아 있는 것을 뜻하는 글자이다. ㅇ穀(곡)-'닥나무'. 앞의 '학명(鶴鳴)' 시 참조.《집전》엔 '곡(穀)'으로 쓰고, 나무 이름이라 하였다. ㅇ啄(탁)-쪼아 먹다. ㅇ穀(곡)-선(善)과 통하여(毛傳), 잘 지내는 것. ㅇ言(언)-조사. ㅇ言旋言歸(언선언귀)-발길을 돌려 돌아가는 것. ㅇ復(복)-되돌아가다. ㅇ邦(방)-고토(故土), 옛 땅의 뜻. ㅇ邦族(방족)-동족(同族)이 사는 옛땅. ㅇ粱(량)-고량(高粱)이라는 '수수' 종류의 곡식(釋義). 뒤에 서(黍)가 나오므로 이것은 '수수'라 봄이 좋다. ㅇ明(명)-맹(盟)으로 씀이 옳으며, 맹(盟)은 믿음의 뜻(鄭箋). 여명(與明)은 따라서 믿고 지내는 것. ㅇ栩(허)-상수리나무, 참나무. ㅇ黍(서)-기장. ㅇ與處(여처)-더불어 잘 살아가는 것. ㅇ諸父(제부)-여러 아버지와 형제뻘 되는 분들.

解說 이 시는 타향에 떠돌아다니는 사람이 고향으로 돌아가고 싶은 마음을 읊은 것이다. 아무래도 낯선 땅은 나그네에게 서먹서먹하기만 하다. 매절의 앞머리에서 곤줄매기에게 자기의 곡식을 쪼아 먹지 말라는 것은, 나그네에게 쓸데없이 냉대(冷待)를 말라는 뜻을 지닌 듯하다. 〈모시서〉에선 이것도 선왕을 풍자한 것이라 하였다.

8. 들판을 가다(我行其野)

들판을 가다가 무성한 개똥나무 그늘에 쉬네.
사돈이기 때문에 그대의 집을 찾아갔으나
그대는 나를 먹여 주지도 않으니, 내 고향 집으로 되돌아가려네.

들판을 가다가 소루쟁이를 뜯네.
사돈이기 때문에 그대 있는 곳 찾아갔으나
그대는 나를 먹여 주지도 않으니, 되돌아가려네.

들판을 가다가 예무를 뽑네.
옛 혼인은 생각지 않고 그대들은 새 짝을 찾고 있는데,
정말 부자이기 때문이 아니라, 그저 새로운 것 찾는 것이네.

原文 我行其野하니 蔽芾其樗러라.

昏姻之故로 言就爾居나
爾不我畜하니 復我邦家하리라.

我行其野하여 言采其蓫이로다.
昏姻之故로 言就爾宿이나
爾不我畜하니 言歸斯復하리라.

我行其野하여 言采其葍이로다.
不思舊姻이요 求爾新特이니
成不以富요 亦祗以異니라.

註解 ○蔽(폐)─나무 그늘에서 쉬는 것. ○芾(비)─무성한 것. ○樗(저)─
개똥나무. ○昏(혼)─혼(婚)과 통함. 혼인. ○姻(인)─혼인하는 것. 신부(新婦)
의 아버지와 신랑(新郞)의 아버지는 서로 '혼인(昏姻)'이라 부른다 한다(鄭
箋). '사돈'. ○畜(휵)─양(養)의 뜻으로 밥을 먹여 주는 것. ○蓫(축)─소루쟁
이. 양제(羊蹄)라고도 하는(陸疏), 나쁜 나물(毛傳). 사돈집에서 푸대접받고
요기하기 위하여 나물을 뜯는 것이다. ○葍(복)─예무. 부(葍)라고도 하며(鄭
箋), 그 뿌리는 새하얗고 삶아 먹는다(陸疏).《모전》에는 역시 악채(惡菜)라
하였다. ○特(특)─배필의 뜻(集傳). ○成(성)─성(誠)의 가차자.《논어》에는
'성(誠)'으로 인용하고 있다. ○祗(지)─다만. ○異(이)─새롭고 신기한 것.

解說 사돈집에 혼인을 성사시키러 먼 길을 찾아갔다. 사돈에게 푸대접
받고 고생하며 들판길을 되돌아오며 부른 노래이다.《모전》엔 그것도 선
왕을 풍자한 것이라 하였다. 물론 임금이 정치를 잘 못하여 민심이 어지
러워졌기 때문에 약혼을 어기는 일이 흔하게 되었지만, 선왕 때의 일이란
증거는 없다.

9. 시냇물(斯干)

시냇물은 맑게 흐르고 저 멀리 남산이 솟아 있는데,

대나무 빽빽히 자라고 소나무도 우거져 있네.
형과 아우는 사이좋게 지내며
서로 탓하는 일 없네.

할머니 할아버지 제사를 받들며 수백칸 집을 지으니,
서쪽과 남쪽으로 문이 났고
여기에 편히 살며 웃고 얘기하네.

널판을 잘 붙들어 매고 공이로 그 속에 흙을 쳐 벽을 만드니,
비바람 막혀지고 새와 쥐 멀리 가서
군자가 잘 살게 되었네.

집은 발돋움하고 팔 벌린 형상, 집모퉁이는 화살촉처럼 반듯하며,
추녀는 새가 날개 편 모양이요. 꿩이 나는 것처럼 아름다운데,
군자가 여기 오르게 되었네.

뜰은 평평하고도 반듯하고 기둥은 쪽 곧고,
대청은 훤하고 방안은 아늑하니,
군자가 여기에 편히 살게 되었네.

밑에는 돗자리 위에는 대자리, 여기에서 편히 잠자네.
자고 일어나 내 꿈을 점치는데,
무슨 좋은 꿈을 꿨나? 곰과 말곰에
독사와 뱀을 꿈꿨지.

점치는 이가 점쳐 보더니 곰과 말곰은
아들 낳을 꿈이요, 독사와 뱀은
딸 낳을 꿈이라네.

곧 아들을 낳아 침대에 뉘어놓고,
좋은 옷 입혀 주고, 서옥(瑞玉) 가지고 놀게 하니,
울음소리 쩡쩡 울리는 것 보아 붉은 슬갑 고운 옷 입은

집안의 훌륭한 가장 되겠네.

딸을 낳아 땅바닥에 뉘어놓고
포대기로 싸주고, 오지 실패 가지고 놀게 하니,
잘못없고 그른 짓 안하는 것으로 보아, 오직 술과 음식 잘 만들 생각하며
부모님 걱정 끼치는 일 하지 않겠네.

原文 秩秩斯干이요 幽幽南山이며
如竹苞矣요 如松茂矣로다.
兄及弟矣이 式相好矣요
無相猶矣로다.

似續妣祖하여 築室百堵하니
西南其戶로다.
爰居爰處하며 爰笑爰語로다.

約之閣閣하며 椓之橐橐하니
風雨攸除며 鳥鼠攸去하여
君子攸芋로다.

如跂斯翼하며 如矢斯棘하며
如鳥斯革하며 如翬斯飛니
君子攸躋로다.

殖殖其庭이며 有覺其楹이며
噲噲其正이며 噦噦其冥이니
君子攸寧이로다.

下莞上簟하니 乃安斯寢이로다.
乃寢乃興하여 乃占我夢하니

吉夢維何오? 維熊維羆와

維虺維蛇로다.

大人占之하니 維熊維羆는

男子之祥이요 維虺維蛇는

女子之祥이로다.

乃生男子하여 載寢之牀하며

載衣之裳하며 載弄之璋하니

其泣喤喤이라 朱芾斯皇하여

室家君王이로다.

乃生女子하여 載寢之地하며

載衣之裼하며 載弄之瓦하니

無非無儀라 唯酒食是議하여

無父母詒罹로다.

註解　ㅇ秩秩(질질)─《이아(爾雅)》에 맑은 모양이라 하였다. ㅇ干(간)─간(澗)과 통하여 산골짜기의 시냇물(毛傳). ㅇ幽幽(유유)─심원(深遠)한 모양(毛傳). ㅇ如(여)─그리고. 이(而)와 통함(朱彬《經傳考證》). 아래 여(如)자도 이(而)의 뜻(釋義). ㅇ苞(포)─풀과 나무가 무성한 것. ㅇ式(식)─조사(集傳). ㅇ猶(유)─우(尤)와 통하여(鄭箋), 서로 옥신각신하는 것. ㅇ似(사)─사(嗣)와 통하여, 사속(似續)은 계승(繼承)의 뜻. ㅇ妣(비)─옛날에는 조모(祖母) 이상을 모두 비(妣), 조부(祖父) 이상을 모두 조(祖)라 하였다. 그러므로 서주(西周) 시대의 글과 갑골문 및 조기금문(早期金文)에서는 모두 조비(祖妣)를 대칭으로 쓰고 있다. 《서경(書經)》의 요전(堯典)(《僞古文》舜典)에 비로소 고비(考妣)를 대칭하는 글이 나오는데 이것으로도 이 책이 후대에 씌어진 글임을 알 수 있다. 《이아(爾雅)》의 ‘모사왈비(母死曰妣)’라 한 것도 요전(堯典)을 근거로 한 말인 듯하다(釋義). 사속비조(似續妣祖)는 조상들의 제사를 이어 받든다는 뜻. ㅇ百堵(백도)─짓는 집의 큼을 나타내는 것이다(앞의 ‘鴻鴈’ 시 참조). ㅇ約(약)─묶다, 붙들어 매다. ㅇ閣閣(각각)─《한시(韓

詩)》엔 격격(格格)으로 되어 있으며, 담틀의 나무 판대기를 꼭꼭 동여매는 모양(通釋). ㅇ椓(착)—나무공이로 흙을 치는 것(釋義). ㅇ橐橐(탁탁)—공이로 흙을 쳐 다지는 소리. ㅇ攸(유)—유(由) 또는 용(用)의 뜻. 이상 모두 같음(經典釋詞). ㅇ芋(우)—우(宇)와 같은 뜻으로, 집에 사는 것(經義述聞). ㅇ跂(기)—발돋움하는 것. ㅇ翼(익)—새의 날개처럼 양팔을 쭉 편 것(毛傳). 이 구절은 집 전체의 모양을 형용한 것이다. ㅇ棘(극)—능렴(稜廉), 곧 모난 것(毛傳). 이 구절은 집의 모퉁이가 화살촉의 모처럼 반듯하다는 뜻. ㅇ革(혁)—《한시》에 혁(翮)으로 되어 있으니, '날개를 편 모양'. 이 구절은 지붕 추녀를 형용한 것이다. ㅇ翬(휘)—꿩. 지붕 추녀가 꿩이 날 때의 날개 모양 같고, 또 그처럼 색깔이 곱다는 뜻. ㅇ躋(제)—집 뜰 위로 올라가는 것. ㅇ殖殖(식식)—평평하고 반듯한 모양(毛傳). ㅇ覺(각)—직(直)의 뜻(鄭箋). 유각(有覺)은 각연(覺然), 곧은 모양. ㅇ楹(영)—기둥, 본래는 문 앞의 두 기둥만을 영(楹)이라 하였다(釋義). ㅇ噲噲(쾌쾌)—밝고 훤한 모양(通釋). ㅇ正(정)—정중(正中)의 곳, 곧 대청을 뜻한다(釋義). ㅇ噦噦(홰홰)—매매(昧昧)와 같은 뜻으로, 어둑어둑하고 아늑한 것(通釋). ㅇ冥(명)—어두운 곳, 곧 대청 안의 방을 말한다(集傳). ㅇ莞(관)—왕골로 짠 돗자리. ㅇ簟(점)—대자리. ㅇ羆(비)—말곰. 보통 곰보다 다리나 몸이 크다. ㅇ虺(훼)—독사. ㅇ大人(대인)—점치는 사람을 존경한 말. 옛 사람들은 점을 존중하였으므로 점치는 사람까지 존경했다. ㅇ祥(상)—상서. 남자지상(男子之祥)은 남자를 낳을 상서로운 꿈이라는 뜻. 곰이나 말곰은 양물(陽物)로 산에 있고 힘이 세고 튼튼하므로 아들을 뜻한다. 독사나 뱀은 음물(陰物)로 굴 속에 살며 유약(柔弱)하고 숨어 있기를 잘하므로 딸을 낳을 꿈이라는 것이다(集傳). ㅇ載(재)—조사. 즉(則)의 뜻. ㅇ牀(상)—침대. 아기를 침대에 눕힌다는 것은 존중함을 뜻한다(毛傳). ㅇ裳(상)—의상(衣裳)의 뜻으로 옷을 잘 입힘을 뜻한다(集傳). ㅇ璋(장)—서옥. 반규(半珪)(毛傳), 규(珪). 《공소(孔疏)》엔 왕숙(王肅)을 인용하여 '군신(群臣)들이 왕을 따라 예(禮)를 행할 적에는 장(璋)을 들었다'고 하였다. 여기서 농장(弄璋)을 한다는 것은 미리 고관(高官)이 되기를 바라는 뜻에서이다. ㅇ喤喤(황황)—큰 소리로 우는 모양(集傳). ㅇ朱芾(주불)—붉은 슬갑. 주불을 입는다는 것은 천자의 불(芾)은 순주(純朱), 제후의 불(芾)은 황주(黃朱)라 했으니 왕후가 됨을 뜻한다. ㅇ皇(황)—황(煌)과 통하여 옷이 선명한 모양. ㅇ君王(군왕)—여기서는 훌륭한 가장(家長)의 뜻으로 쓴 것임(釋義). ㅇ裼(체)—포대기. ㅇ瓦(와)—방전(紡塼)(毛傳). 길쌈할 때 실을 감는 흙을 구워 만든 실패.

농와(弄瓦)는 여자아이에게 길쌈이나 바느질을 잘하게 되라는 뜻으로 실패를 갖고 놀게 한 것이다. ㅇ非(비)―어긋나는 것, 그릇된 것. ㅇ儀(의)―무의(無儀)는 그릇된 행동, 좋지 못한 행동. 맨 위의 무(無)자는 비(非)와 무의(無儀)를 모두 부정한다. ㅇ議(의)―얘기하며 관심을 갖는 것. ㅇ詒羅(이리)―근심을 끼치는 것.

解說 이것은 새 집을 짓고 아들딸 낳고 잘사는 사람의 기쁨을 노래한 것이다. 제1절에서는 집 주위의 좋은 환경과 형제간의 우애를 노래했고, 제2절에서는 집짓고 조상의 제사를 받들며 즐겁게 사는 것을, 제3절에서는 단단히 벽을 쳐 집을 지었음을, 제4절에서는 집과 지붕의 멋진 모양을, 제5절에서는 뜰과 대청 방의 우아한 모양을, 제6절에서는 새 집 짓고 들어가 꾼 꿈을, 제7절에서는 아들과 딸 낳을 꿈의 내용을, 제8절에서는 아들 낳아 잘 기르는 모양을, 제9절에서는 딸 낳아 바르게 기르는 모양을 각각 노래한 것이다. 〈모시서〉에서는 이것도 선왕이 집을 이룬 것을 노래한 것이라 하였는데, 반드시 선왕일는지는 의문이다.

10. 양이 없다니(無羊)

누가 그대에게 양이 없다던가? 3백 마리의 떼가 있는데.
누가 그대에게 소가 없다던가? 커다란 소가 아흔 마리나 되는데.
그대의 양이 오는 것을 보니 뿔들이 씨글씨글하네.
그대의 소가 오는 것을 보니 귀들이 꿈질꿈질 움직이네.

어떤 놈은 언덕을 내려가고 어떤 놈은 못에서 물을 마시고,
어떤 놈은 누워 자고 어떤 놈은 움직이네.
그대의 목동이 오는 것을 보니 도롱이에 삿갓 쓰고
밥까지 싸 짊어지고 있네.
서른 가지 색깔 다 갖췄으니 그대는 모든 제물을 갖추고 있는 거네.

그대의 목동 오는 것 보니 굵고 가는 땔나무 베고,

암컷 수컷 짐승도 잡았네.
그대의 양떼 오는 것 보니 두려워하는 듯 온순하고,
멋대로 흩어지지도 않으며 팔을 한번 휘저으니
모두 우리로 올라오네.

목동이 꿈을 꾸었는데 많은 물고기와
여러 가지 깃발이라네.
점쟁이가 점쳐 보더니,
많은 물고기는 풍년이 틀림없고,
여러 가지 깃발은 집안 창성할 징조라네.

原文 誰謂爾無羊이리요? 三百維群이로다.
　　　誰謂爾無牛리요? 九十其犉이로다.
　　　爾羊來思하니 其角濈濈이로다.
　　　爾牛來思하니 其耳濕濕이로다.

　　　或降于阿하며 或飮于池하며
　　　或寢或訛로다.
　　　爾牧來思하니 何蓑何笠이며
　　　或負其餱로다.
　　　三十維物이라 爾牲則具로다.

　　　爾牧來思하니 以薪以蒸이며
　　　以雌以雄이로다.
　　　爾羊來思하니 矜矜兢兢하며
　　　不騫不崩하며 麾之以肱하니
　　　畢來旣升이로다.

　　　牧人乃夢하니 衆維魚矣며
　　　旐維旟矣로다.

大人占之하니
衆維魚矣는 實維豊年이요
旐維旟矣는 室家溱溱이로다.

[註解] ○犉(순)-키가 7척이 넘는 소(爾雅), 곧 큰 소를 뜻한다. 구십기순(九十其犉)은 큰 소가 90두(頭)나 된다는 뜻. ○思(사)-조사. ○濈濈(즙즙)-뿔이 모여 있는 모습(通釋). ○濕濕(습습)-움직이는 모양(釋義). ○阿(아)-언덕, 대릉(大陵)을 아(阿)라 한다(釋義). ○訛(와)-움직이고 있는 것(毛傳). ○何(하)-짊어지다. 하(荷)와 통함. ○蓑(사)-도롱이. ○笠(립)-삿갓. ○餱(후)-목동이 비올 때를 대비하여 도롱이와 삿갓을 걸치고 밥까지 준비하고 양떼 뒤를 슬슬 따라다니는 것이다. 양이나 소는 그러면 자기들 멋대로 자연스럽게 자란다. ○物(물)-잡색우(雜色牛)를 말하며 '삼십유물(三十維物)은 삼백유군(三百維羣), 구십기순(九十其犉)과 구법(句法)이 꼭 같으니 잡색우 30마리를 뜻한다'고 하였다(王國維 《戩壽堂殷墟書契考》). ○牲(생)-제물(祭物)로 쓸 짐승. ○具(구)-갖추다. 옛날에는 제사에 따라 제물로 쓰는 소의 색깔도 달랐다. 여기서는 30가지 잡색의 소가 있으니 아무 제사에라도 쓸 수 있을 만큼 모든 색깔의 소가 갖추어져 있다는 뜻이다. ○薪(신)-굵은 땔나무(毛傳). ○蒸(증)-가는 땔나무(毛傳). ○雌(자)-암컷. ○雄(웅)-수컷. 이 구절은 목동이 한가한 때를 이용하여 땔나무도 해오고 사냥하여 여러 가지 짐승도 잡아온다는 뜻. ○矜矜(긍긍)-긍지(矜持)를 갖는 모양(釋義). ○兢兢(긍긍)-조심하는 모양(釋義). 긍긍(矜矜)이나 긍긍(兢兢)은 모두 양(羊)의 온근(溫謹)함을 형용한 말이다(釋義). ○不騫不崩(불건불붕)-앞의 '천보(天保)' 시에도 보였으며, 여기서는 양떼가 흩어지지 않음을 뜻한다. ○麾(휘)-지휘하다. ○肱(굉)-팔. ○升(승)-우리로 올라오는 것. ○衆維魚(중유어)-많은 물고기. 유중어(維衆魚)의 뜻(釋義引 兪樾說). 어(魚)는 여(餘)·유(裕)와 비슷한 음이어서 많은 고기는 풍년을 뜻한다. ○旐(조)-거북과 뱀을 그린 기. ○旟(여)-새매를 그린 기. 조유여(旐維旟)도 유여조(維旟旐)의 뜻(釋義引 兪樾說). 곧 여러 가지 깃발. ○溱溱(진진)-창성(昌盛)하는 것.

[解說] 이 시는 목축(牧畜)에 성공하여 많은 양과 소를 기르고 있는 목장을 보고 노래한 것이다. 〈모시서〉에서는 역시 선왕이 목축을 이룬 것을 노래한 것이라 하였는데 근거 없다.

제4 절남산지습(節南山之什)

1. 높은 저 남산(節彼南山)

높은 저 남산에는 바위가 데굴데굴.
혁혁한 태사(大師)와 윤씨(尹氏)여! 백성들이 모두 당신들만 바라보네.
마음의 시름 불붙은 듯 감히 농담도 못하게 되었으니,
나라는 망하고 있거늘 어째서 거들떠보지도 않나?

높은 저 남산엔 넓직한 언덕이 있네.
혁혁한 태사와 윤씨여! 고르게 다스리지 않고 어쩌자는 건가?
하늘은 지금 무거운 고통 내리시어 환란이 매우 심하고 보니,
백성들 좋게 말하는 이 없거늘 전혀 삼가고 회개하지도 않는가!

윤씨와 태사여! 그대들은 주(周)나라의 초석이니,
나라를 고루 다스렸다면 온 세상이 평화로웠을 것이네.
천자님 잘 보좌하여 백성들 미혹케 하지 말았어야 했네.
불행하도다, 하늘이여! 우리 백성들 궁하게 만들지 않았어야 하네.

몸소 실천하지 않으면 백성들은 믿지 않는 것이니,
물어보지도 않고 일하지도 않으면서 군자들을 속이려 들지 말아야지.
평화롭게 다스리며 잘못을 저지르지 않음으로써 백성들을 위태롭게
하지 말아야 하네.
먼 여러 인척들까지 모두 중용하면 안되는 일이네.

하늘의 명은 일정치 않아 이토록 무거운 재난을 내리셨고,
하늘이 사랑하지 않으시어 이러한 큰 환난을 내리셨네.
관리들이 바르다면 민심은 안정될 것이며,

관리들이 잘 다스린다면 증오와 원한이 없을 것이네.

불행하도다, 하늘이여! 혼란으로 안정되지 못하여
나날이 더 어지러워져, 백성들이 편히 살지 못하게 되었네.
마음의 시름 술병 난 듯, 누가 나라를 제대로 다스릴 건가?
스스로 정치를 하지 않고 남에게 미루어 마침내 백성들 고생케 되었네.

네 마리 말이 끄는 수레를 타고 가는데 네 마리 말의 목은 굵기도 하네.
사방을 둘러보아도 마음 움츠러들어 달려갈 곳도 없네.

그대들은 나쁜 짓 한창이니, 그대들을 보면 창으로 찔러 죽이고 싶지만,
평화롭게 잘 다스리어 즐거이 살게만 된다면, 서로 술잔 주고받으며 잔치하련만!

하늘은 나라 잘 다스리지 못한다 여기시고 우리 임금님은 편안치 않거늘,
그들은 마음을 바로잡지 않고, 도리어 올바른 이들을 원망하네.

가보(家父)가 이에 시를 지어 임금님의 환난을 추구하였으니,
그대들 마음 고치어 세상 바로 다스리기를!

原文 節彼南山이여 維石巖巖이로다.
赫赫師尹이여 民具爾瞻이로다.
憂心如惔하며 不敢戱談하니
國旣卒斬이어늘 何用不監고?

節彼南山이여 有實其猗로다.
赫赫師尹이여 不平謂何오?
天方薦瘥라 喪亂弘多하여

民言無嘉어늘 憯莫懲嗟로다.

尹氏大師이 維周之氐니
秉國之均이면 四方是維하며
天子是毗하여 俾民不迷니라.
不弔昊天이여! 不宜空我師니라.

弗躬弗親이면 庶民弗信하나니
弗問弗仕로 勿罔君子어다.
式夷式已하여 無小人殆어다.
瑣瑣姻亞는 則無膴仕니라.

昊天不傭하여 降此鞠訩이며
昊天不惠하여 降此大戾시로다.
君子如屆면 俾民心闋이며
君子如夷면 惡怒是違하리라.

不弔昊天이여 亂靡有定하여
式月斯生하여 俾民不寧하도다.
憂心如酲하니 誰秉國成이리요?
不自爲政하여 卒勞百姓이로다.

駕彼四牡하니 四牡項領이로다.
我瞻四方하니 蹙蹙靡所騁이로다.

方茂爾惡이면 相爾矛矣리나
旣夷旣懌이면 如相醻矣로다.

昊天不平이라 我王不寧이시어늘
不懲其心이요 覆怨其正이로다.

家父作誦하여 以究王訩하나니
式訛爾心하여 以畜萬邦이어다.

註解 ○節(절)-고준(高峻)한 모양(毛傳). ○巖巖(암암)-바위가 쌓여 있는 모양. 높은 남산의 바위는 태사(大師)와 윤씨(尹氏)의 높은 지위에 비유한 것임. ○赫赫(혁혁)-지위의 높음을 형용한 말. 사윤(師尹)은 태사와 윤씨(尹氏)로 모두 관명(官名). 구설(舊說)에는 윤씨를 그 성으로 보았으나 옳지 않다. 옛날에는 내사윤(內史尹)과 작책윤(作冊尹)을 왕왕 윤씨(尹氏)라고도 불렀다(釋義). 태사는 삼공(三公)의 하나이며(集傳), 윤씨와 함께 나라의 정사를 도맡은 높은 벼슬이다(王國維《書作冊詩尹氏說》). ○具(구)-모두의 뜻. ○瞻(첨)-우러러보는 것. ○惔(담)-애타는 것. ○戲談(희담)-장난으로 말하는 것(鄭箋), 곧 농담하는 것. ○卒(졸)-마침내. ○斬(참)-멸망의 뜻. ○監(감)-살피다. ○有實(유실)-광대(廣大)한 모양. ○猗(아)-언덕. 아(阿)와 통함(通釋). ○不平(불평)-균평(均平)히 고르게 다스리지 않는 것(鄭箋). ○謂何(위하)-내하(奈何)의 뜻으로(釋義), '어쩌자는 건가?'. ○薦(천)-중(重)의 뜻(毛傳). ○瘥(차)-병, 고통. ○喪亂(상란)-화란(禍亂)의 뜻. ○弘(홍)-큰 것, 넓은 것. ○嘉(가)-선(善)의 뜻. 민언무가(民言無嘉)는 백성들은 당신들에 관하여 좋은 말을 하는 이가 없다는 뜻. ○憯(참)-증(曾)의 뜻(毛傳). ○懲(징)-경계하는 것, 삼가는 것. ○嗟(차)-탄식하다, 회개하다. ○氐(저)-근본, 초석. ○秉國(병국)-나라의 권세를 잡고 다스리는 것. ○之均(지균)-시균(是均). 고르게 다스리는 것. ○維(유)-유지, 지탱하는 것(釋義). 평화가 유지되는 것. ○毗(비)-보좌하는 것(鄭箋). ○不弔(부조)-불숙(不淑)의 뜻으로 불행과 같은 말(鄘風 '君子偕老' 시 참조). ○昊天(호천)-넓고 큰 하늘. 기가 막히어 하늘을 부르는 것이다. ○空(공)-궁(窮)의 뜻(毛傳). ○師(사)-중(衆)과 통하여 민중의 뜻. ○弗躬弗親(불궁불친)-몸소 자신이 일을 올바로 실천하지 않는 것. ○仕(사)-사(事)의 뜻(集傳). ○罔(망)-속이다. ○君子(군자)-일반 관리들을 가리킨다. ○式(식)-조사. ○夷(이)-정치를 균평(均平)히 잘 하는 것. ○已(이)-나쁜 짓을 그만두는 것. ○小人(소인)-낮은 백성들. 덕이 없는 사람을 가리키는 것은 뒤에 생긴 뜻이다. ○殆(태)-위태로운 것. ○瑣瑣(쇄쇄)-잘다란 모양. ○姻(인)-사돈의 뜻(鄭箋). ○亞(아)-동서(同婿)(毛傳). 인아(姻亞)는 따라서 인척(姻戚)들을 뜻한다. ○膴仕(무사)-분에 넘치게 높은 벼슬을 주어 일하게 하는 것. ○傭(용)-《한

시(韓詩)》에 용(庸)으로 쓰고 있으니, '상(常)'의 뜻(朱彬《經傳考證》). 곧 호천불용(昊天不傭)은 하늘의 뜻은 일정하지 않다. 올바른 일을 하는 이는 돕고 나쁜 짓만 하는 자는 멸망시킨다는 뜻. ㅇ鞠(국)—궁한 것, 어려운 것. ㅇ訩(흉)—어지러운 것. 국흉(鞠訩)은 궁란(窮亂)·재난(災難)의 뜻. ㅇ戾(려)—일상에서 괴위(乖違)한 것, 곧 환난(患難)을 뜻한다. ㅇ君子(군자)—높은 관리들, 곧 태사와 윤씨를 가리킨다. ㅇ如(여)—만약. ㅇ屆(계)—극(極)과 뜻이 통하여(毛傳), 극(極)은 정(正)의 뜻(釋義). ㅇ関(결)—여기서는 마음이 '가라앉는다'는 뜻. ㅇ夷(이)—균평히 다스리는 것. ㅇ惡(오)—증오. ㅇ怒(노)—노한(怒恨), 또는 원한의 뜻. ㅇ違(위)—거(去)의 뜻(毛傳)으로, 없어지는 것. ㅇ式月斯生(식월사생)—'다달이 더욱 생긴다', 곧 어지러움이 '나날이 더해진다'는 뜻. ㅇ酲(정)—술병. ㅇ成(성)—평(平)과 통하여(集傳), 정치를 균평하게 만드는 것. ㅇ勞(노)—노고(勞苦), 곧 고생시키는 것. ㅇ項領(항령)—목이 큰 것, 곧 네 마리 말의 장대함을 뜻한다. ㅇ蹙蹙(축축)—어지러운 나라꼴을 보고 마음이 '위축되는 것'. ㅇ騁(빙)—말 달리는 것. ㅇ方(방)—방금(方今)의 뜻. ㅇ茂(무)—무성한 것. ㅇ相(상)—보다. ㅇ矛(모)—창으로 찔러 죽이겠다는 뜻. ㅇ夷(이)—균평히 다스리는 것. ㅇ旣夷旣懌(기이기역)—'그대들 정치를 균평히 잘하여 우리가 기뻐하게 되면'의 뜻. ㅇ醻(수)—수(酬)와 같은 자로서, 술잔을 주고받는 것. ㅇ不平(불평)—평화롭게 잘 다스린다고 여기지 않는 것. ㅇ懲(징)—마음을 다잡아 고치는 것. ㅇ覆(복)—'반대로'의 뜻. ㅇ其正(기정)—그렇게 된 것의 정당함. ㅇ家父(가보)—이 시를 지은 대부의 이름. ㅇ誦(송)—낭송할 수 있는 시를 뜻한다. ㅇ究(구)—추구하는 것(釋義). ㅇ王訩(왕흉)—임금이 재난을 당하게 된 것. ㅇ式(식)—조사. ㅇ訛(와)—움직이다. 동(動)과 통하여 개변(改變)의 뜻. ㅇ畜(휵)—정치를 잘하여 잘 살도록 하는 것.

解說 이 시는 가보(家父)라는 주나라의 대부가 정사를 제대로 돌보지 않는 태사(大師)와 윤씨(尹氏)를 풍자한 것이다. 〈모시서〉에서는 가보가 유왕(幽王)을 풍자한 것이라 하였으나 시 가운데 '나라가 마침내 망하였다'는 말이 있는 것으로 미루어 평왕(平王) 이후 동주(東周) 초년(初年)의 작품이 아닌가 한다(釋義).

2. 사월달(正月)

사월달에 서릿발 날리니 내 마음 서글퍼지고,
백성들의 뜬소문은 너무나 흉흉하네.
내 홀로 이런 생각하노라 마음의 시름 그지없으니,
내 소심함이 가엾고 근심으로 병이 되네.

부모님은 날 낳으시어 어찌하여 나를 괴롭게 하셨나?
나보다 먼저 낳든지 뒤에 낳든지 하시지 않고.
좋은 말도 입에서 나오고 나쁜 말도 입에서 나오는 것,
근심은 한이 없어 남의 업신여김 받게까지 되었네.

근심 그지없어 나의 불행을 생각하네.
죄없는 백성들도 모두 잡혀가 종이 되네.
슬프다, 우리 백성들! 어디 가서 먹고 살아야 하나?
저 까마귀 내려앉으려면 누구의 집에 앉아야 하나?

저 숲속 바라보니 굵은 나무 잔나무 무성하네.
백성들은 지금 살아가기 힘든데 하늘을 봐도 흐리멍텅하기만 하네.
안정시키려만 든다면 이를 막을 사람 없으련만,
위대한 하나님은 누구를 미워하는 건가?

산이 낮다고들 하지만 산등성이도 언덕도 있네.
백성들의 뜬소문은 아무도 막지 못하는 것.
저 노인을 불러 점몽관(占夢官)에게 물어보게 하니,
모두 자기는 성인이라 하지만 어느 누가 까마귀 암수컷을 알아보는가?

하늘이 높다고들 하지만 몸은 굽히지 않을 수 없고,
땅이 두텁다고들 하지만 조심해 걷지 않을 수 없네.
이러한 말을 큰 소리로 하는 것은 도리에 맞고 이치에 닿거늘,

슬프게도 지금 사람들은 어째서 독사나 도마뱀처럼 되었는가?

저 울퉁불퉁한 메마른 밭을 보니, 특출한 곡식 싹이 무성히 자랐네.
하늘이 나를 위태롭게 함이 나를 이기지 못할까 걱정하는 듯하네.
저들이 내 잘못을 찾음이 나를 잡지 못할까 걱정하는 듯하네.
나를 원수를 잡듯 잡는 것이 나를 힘으로 당해내지 못할까 걱정하는 듯하네.

마음에 시름이 맺힌 듯이 엉켜 있네.
지금 이 나라 정치는 어찌 그렇게도 사납기만 한가?
불꽃이 막 타오르는 것을 누가 끌 수가 있겠는가?
혁혁한 주(周)나라를 포사(褒姒)가 멸망시켰네.

긴 생각 끝내려니 또 장마비가 괴롭히네.
수레에 짐을 싣고 짐판을 떼어 버리어
짐이 모두 떨어지자, 남에게 날 도와 달라 하는 꼴이네.

그대의 짐판을 떼어 버리지 말고, 그대의 바퀴 살을 늘리고,
그대의 하인을 잘 돌보아주면, 그대의 짐이 떨어지지 않고,
마침내 험한 길을 넘어감이 생각도 못할 정도로 쉬울 것이네.

물고기가 연못에 있는데도 즐기지 못하고 있네.
물속에 잠기어 있대도 매우 뚜렷이 드러나네.
시름하는 마음 슬퍼지고 나라의 포학한 정치 생각케 되네.

저들에겐 맛있는 술 있고 또 좋은 안주 있어
이웃과 의좋게 지내며 인척들과도 아주 잘 지내거늘,
나는 외로운 생각에 근심으로 마음 아프네.

저들은 깨끗한 집 있고, 다달다달 수레바퀴 나란히 하고 다니거늘,
백성들은 지금 살 길 없어 젊고 튼튼한 이들도 해를 입고 있네.
부자는 그래도 괜찮지만 외로운 이들이 불쌍하네.

原文　正月繁霜하니　我心憂傷이어늘
　　　民之訛言이　亦孔之將이로다.
　　　念我獨兮하여　憂心京京하니
　　　哀我小心이요　癙憂以痒이로다.

　　　父母生我하여　胡俾我瘉오?
　　　不自我先이며　不自我後로다.
　　　好言自口며　莠言自口라
　　　憂心愈愈하여　是以有侮로다.

　　　憂心惸惸하여　念我無祿하노라.
　　　民之無辜이　幷其臣僕이로다.
　　　哀我人斯는　于何從祿고?
　　　瞻烏爰止하니　于誰之屋고?

　　　瞻彼中林하니　侯薪侯蒸이로다.
　　　民今方殆어늘　視天夢夢이로다.
　　　旣克有定이면　靡人弗勝이니
　　　有皇上帝이　伊誰云憎이시리요?

　　　謂山蓋卑나　爲岡爲陵이니라.
　　　民之訛言을　寧莫之懲이로다.
　　　召彼故老하여　訊之占夢하니
　　　具曰予聖이라 하니　誰知烏之雌雄고?

　　　謂天蓋高나　不敢不局이요
　　　謂地蓋厚나　不敢不蹐이로다.
　　　維號斯言이　有倫有脊이어늘
　　　哀今之人은　胡爲虺蜴고?

瞻彼阪田하니 有菀其特이어늘
天之杌我여 如不我克이시로다.
彼求我則이 如不我得하며
執我仇仇이 亦不我力이로다.

心之憂矣이 如或結之로다.
今玆之正은 胡然厲矣오?
燎之方揚도 寧或滅之니?
赫赫宗周를 褒姒威之로다.

終其永懷하니 又窘陰雨로다.
其車旣載하고 乃棄爾輔하니
載輸爾載하여 將伯助予로다.

無棄爾輔하여 員于爾輻하고
屢顧爾僕하면 不輸爾載하여
終踰絶險이 曾是不意리라.

魚在于沼나 亦匪克樂이로다.
潛雖伏矣나 亦孔之炤로다.
憂心慘慘하여 念國之爲虐하노라.

彼有旨酒하며 又有嘉殽하여
洽比其鄰하며 昏姻孔云이어늘
念我獨兮하여 憂心慇慇이로다.

佌佌彼有屋하며 蔌蔌方有穀이어늘
民今之無祿은 天夭是椓이로다.
哿矣富人이어니와 哀此惸獨이로다.

註解 ○正月(정월)—하력(夏曆)으로 4월. 이 달은 정양지월(正陽之月)이라

하여 정월이라 부른다. 하력(夏曆)은 음력과 같다. 《사기(史記)》의 역서(曆書)에 '하(夏)나라의 정월(正月)은 정월로, 은(殷)나라는 정월을 12월로, 주(周)나라는 정월을 11월로 하였다'고 하였다. 후세에는 오직 진(秦)나라만이 하나라의 10월을 정월로 하였으며, 한초(漢初)에는 이를 그대로 쓰다가 한무제(漢武帝) 때에 이를 고쳐 하나라의 정월을 썼다. 그 뒤로는 중국에서 양력(陽曆)을 쓰기 전까지 계속 이 하력(夏曆)의 정월, 곧 음력의 정월, 곧 음력이 쓰였다. ○繁霜(번상)―서리가 많이 내리는 것. ○訛言(와언)―요언(謠言), 곧 뜬소문. ○孔(공)―매우, 심히. ○將(장)―커다란 것. ○京京(경경)―근심이 없어지지 않는 모양. ○癙(서)―뒤 '우무정(雨無正)' 시의 '서사읍혈(鼠思泣血)'의 서(鼠)와 같은 뜻. '근심'. 서우(癙憂)는 따라서 우사(憂思)의 뜻(釋義). ○痒(양)―병이 난 것. ○胡(호)―어찌. ○瘉(유)―병이 낫는 것. 여기서는 병의 뜻(毛傳). ○不自我先(부자아선)―나를 앞서 낳아 주어 고통을 받고 살게 하지 못하였다는 뜻. ○不自我後(부자아후)―나를 뒤에 낳아 주어 고통을 당하지 않도록 않으셨다는 뜻. ○莠(유)―추한 것, 나쁜 것. ○愈愈(유유)―《이아(爾雅)》의 유유(瘐瘐)와 같은 뜻으로, 병든 모양(通釋). ○是以(시이)―이처럼 시름으로 인하여 남에게 싫어하는 바 되었으므로의 뜻. ○侮(모)―업신여기는 것. ○惸惸(경경)―근심하는 모양. ○無祿(무록)―식록(食祿)이 없는 것, 곧 먹고 살 방도가 없는 것(釋義). ○辜(고)―죄(罪)의 뜻. ○幷(병)―'다같이'의 뜻. ○臣僕(신복)―포로(捕虜)가 되어 와 종이 된 자나, 죄를 져서 종이 된 자. 여기서는 나라가 망하여 백성들이 죄 없이도 잡혀가 종노릇하게 생겼다는 뜻. ○于何(우하)―어디로 가서. ○從祿(종록)―먹고 살 길을 찾는 것. ○烏(오)―까마귀. 중국의 고속(古俗)에 까마귀는 부잣집에 앉는다 했다. 이 구절은 온 세상 백성들이 가난하니 까마귀는 뉘 집에 앉아야 되느냐는 뜻(釋義). ○中林(중림)―임중(林中). ○侯(후)―유(維)와 같은 조사(鄭箋). ○薪(신)―굵은 나무. ○蒸(증)―가는 나무(앞 '無羊' 시에 보임). ○殆(태)―위태로운 것. ○夢(몽)―《설문(說文)》에 불명(不明)의 뜻이라 하였다. 몽몽(夢夢)은 흐리터분한 것. ○定(정)―나라를 안정시키는 것. ○靡人弗勝(미인불승)―이기지 못할 사람이 없다, 곧 '누가 막더라도 물리치고 뜻대로 할 수 있다'는 뜻. ○有皇(유황)―황연(皇然)의 뜻, 위대한 것. ○伊(이)―운(云)과 함께 조사. ○憎(증)―미워하다. ○謂山蓋卑(위산개비)―뒤의 와언(訛言)을 말한다. ○岡(강)―산등성이. ○陵(릉)―언덕. ○懲(징)―지(止)의 뜻. 막아 그만두게 하는 것(鄭箋). 앞의 '면수(沔水)' 시에도 이 구절이 보였음.

ㅇ召(소)―초(招)의 뜻. ㅇ故老(고로)―나이 많고 존경받는 사람(釋義). ㅇ訊(신)―묻다. ㅇ占夢(점몽)―관명(官名). 꿈의 길흉을 점치는 일을 맡고 있는 관리. ㅇ具(구)―모두. ㅇ予聖(여성)―스스로 성인(聖人)이어서 무엇이나 다 안다고 말하는 것. 까마귀는 겉으로 보아 자웅(雌雄)을 분간하기 어렵게 생겼다. 까마귀의 자웅도 모른다는 것은 고자(故者)나 점몽(占夢)의 말이 모두 믿을 수 없다는 뜻이다. ㅇ局(국)―몸을 굽히는 것. ㅇ蹐(척)―조심조심 걷는 것. ㅇ號(호)―부르짖는 것. ㅇ斯言(사언)―이러한 말들, 바로 앞의 네 구절을 가리킨다. ㅇ倫(륜)―법도, 도(道)의 뜻. ㅇ脊(척)―이(理)의 뜻(毛傳). 유륜유척(有倫有脊)은 도(道)와 이(理)에 맞는 것. ㅇ虺(훼)―독사. ㅇ蜴(역)―도마뱀. ㅇ阪田(판전)―울퉁불퉁하고 메마른 밭(毛傳). ㅇ菀(울)―무성한 것. ㅇ特(특)―특출(特出)하게 무성한 곡식 싹(毛傳). 이 특출하게 잘 자란 곡식은 간난(艱難) 속에 허덕이는 작자의 모습을 대조적으로 말한 것이다. ㅇ杌(올)―움직이다. 이 글자는 올(兀)자의 음을 땄으며, 올(兀)의 뜻도 지니고 있다. 올(兀)은 위(危)의 뜻도 있으니 올(杌)도 '위태로움'의 뜻으로 봄이 좋다(釋義). ㅇ克(극)―이기다. 여불아극(如不我克)은 '나를 이기지 못하는 듯이 한다', 곧 '이기지 못하는 사람을 대하듯 온 능력을 다하여 위태로운 처지로 몰아넣는다'는 뜻. 뒤의 여불아득(如不我得), 역불아력(亦不我力)도 같은 식의 표현임. ㅇ則(칙)―우성오(于省吾)의 《시경신증(詩經新證)》에 의하면 패(敗)와 옛날에는 통하였다. 패(敗)는 괴(壞)의 뜻을 지녀 과실(過失)의 뜻을 나타낸다. 이 구절은 '위정자(爲政者)들은 나를 해치려고 나의 잘못만을 찾는다'는 뜻(釋義). ㅇ如不我得(여불아득)―'나를 어쩌지 못하는 것처럼 한다', 곧 심하게 구는 것을 뜻한다. ㅇ仇仇(구구)―원수가 원수를 대하듯 하는 것. ㅇ亦不我力(역불아력)―'또한 나를 힘으로 당해내지 못하는 이 대하듯 한다'는 뜻. ㅇ結(결)―마음 속에 맺히는 것. ㅇ正(정)―정(政)의 뜻(集傳). 《논어》에 '정(政)은 정야(正也)'라 하였다. ㅇ厲(려)―사나운 것. ㅇ燎(료)―화전(火田)을 요(燎)라 한다(鄭箋). ㅇ揚(양)―여기서는 성(盛)의 뜻(鄭箋). ㅇ寧(녕)―내(乃)의 뜻(經典釋詞). ㅇ宗周(종주)―호경(鎬京). 서주(西周)의 서울. 종주로서 주나라를 대표한 것이다. ㅇ褒姒(포사)―유왕(幽王)의 후(后). 유왕은 포사에게 빠져 나라를 어지럽히어 서주는 마침내 견융(犬戎)에게 멸망당하게 되었다. ㅇ威(혈)―멸(滅)과 뜻이 통하여(毛傳), 멸망의 뜻. ㅇ懷(회)―마음속에 품고 있는 시름. ㅇ窘(군)―군색하게 한다, 곧 '괴롭힌다'는 뜻. ㅇ載(재)―짐을 싣는 것. ㅇ輔(보)―수레 양편 가에 대어놓은 짐판, 곧 거상(車箱)

으로 여기에 짐을 싣는다(傳疏). 위의 재(載)자는 조사. 즉(則)의 뜻. ㅇ輸(수)—떨어뜨리다. ㅇ伯(백)—나이 많은 사람들. 요샛말로는 '노형(老兄)들'의 뜻(釋義). ㅇ助予(조여)—날 도와 달라고 하는 것. 이 수레의 짐을 떨어뜨림은 나라의 정사(政事)를 그르침에 비유한 것이다. ㅇ員(운)—늘이는 것. ㅇ輻(폭)—바퀴살. 바퀴살을 늘이어 수레 바퀴를 튼튼하게 만드는 것. ㅇ屢(루)—자주. ㅇ僕(복)—수레를 모는 하인. 하인을 자주 돌아봄으로써 주의를 시켜 수레를 잘 몰도록 하는 것이다. 복(僕)은 밑의 관리들을 비유한 것. ㅇ踰(유)—넘다. ㅇ絶險(절험)—극히 험한 길. ㅇ不意(불의)—뜻밖에 생각해 보지도 못한 것처럼 수레가 짐을 싣고 험한 길을 잘 넘어가게 될 것이라는 뜻. 정신을 차려 사리에 맞도록 정치를 하면 나라는 의외로 쉽게 잘 다스려질 것이라는 뜻. ㅇ沼(소)—연못. ㅇ匪克樂(비극락)—불능락(不能樂). 즐길 수가 없다는 뜻. ㅇ潛雖伏(잠수복)—수잠복(雖潛伏)(釋義). 비록 잠기어 엎드려 있다 하더라도. ㅇ炤(작)—밝고 뚜렷한 것. ㅇ慘慘(참참)—시름으로 말미암아 마음이 슬퍼지는 것. ㅇ虐(학)—포학(暴虐)한 짓을 하는 것. ㅇ彼(피)—소인배의 위정자들을 가리킴. ㅇ旨酒(지주)—맛있는 술. ㅇ嘉殽(가효)—맛있는 안주, 좋은 안주. ㅇ洽(흡)—화합의 뜻. ㅇ比(비)—친하게 지내는 것. ㅇ鄰(린)—이웃. ㅇ昏姻(혼인)—사돈들, 여기서는 인척(姻戚)들 모두를 가리킨다. ㅇ云(운)—우(友)와 같은 뜻으로(鄭箋), 친하게 잘 지내는 것. ㅇ慇慇(은은)—마음 아픈 모양(毛傳). ㅇ伿伿(자자)—선명(鮮明)한 모양. '신대(新臺)' 시에서는 '체(泚)'로써 대(臺)를 형용하였는데 '체(泚)는 선명한 모양'이라고 《모전》에 설명하고 있다. 또 '군자해로(君子偕老)' 시에서는 '체(玼)'로 적의(翟衣)를 형용하였는데, 《모전》에 역시 '선명한 모양'이라고 하였다. 이 자자(伿伿)도 역시 '체(泚)'나 '체(玼)'와 마찬가지로 '선명한 모양'이며, 집의 화려함을 형용한 것이다(釋義). ㅇ薪薪(속속)—수레바퀴가 굴러가는 소리를 형용한 말(釋義). 속속방유곡(薪薪方有穀)은 《한시(韓詩)》와 《후한서(後漢書)》 채옹전(蔡邕傳) 주(注)에 이를 인용하였는데 모두 '유(有)'자가 없다. 《경전석문(經典釋文)》에도 '판본(版本)에 따라 방유곡(方有穀)이라 되어 있는 것도 있지만 옳지 않다'고 하였다. 그래서 《석문》 본에도 '유(有)'자가 없다. 그리고 또 채옹전(蔡邕傳) 주에는 '곡(穀)'을 '곡(轂)'으로 쓰고 있는데, 이현(李賢)은 '방(方)은 병(竝)의 뜻이어서, 방곡(方轂)은 수레바퀴통을 나란히 하고 수레가 달리는 것'이라 하였다. 이상은 소인(小人)들은 화려한 집에 살면서 수레를 나란히 하고 달리며 놀러다니고 있다는 뜻이다(釋義). ㅇ夭夭(천요)—《한

시》엔 ‘요요(夭夭)’로 되어 있는데, ‘요요(夭夭)’가 옳다. 요요(夭夭)는 소장모
(少壯貌)(周南 ‘桃夭’ 시. 毛傳)인데 여기서는 ‘소장(少壯)한 사람’을 가리킨
다. 회풍(檜風) ‘습유장초(隰有萇楚)’ 시의 ‘요지옥옥(夭之沃沃)’의 ‘요(夭)’는
명사로 쓰이고 있으니 해석에 참고가 될 수 있을 것이다(釋義). ㅇ椓(착) ―
해(害)의 뜻(鄭箋), 곧 해침을 당하는 것. ㅇ哿(가) ― 가(可)와 통하여 ‘괜찮다’
는 뜻. ㅇ惸獨(경독) ― 홀아비·과부·자식 없는 노인·고아 같은 의지할 곳
없는 외로운 사람들.

[解說] 이 시는 소인(小人)들이 정권을 잡고 올바른 사람들에게는 해를
가하려는 어지러운 정치를 한탄한 것이다. 〈모시서〉에서는 대부가 유왕
(幽王)을 풍자한 시라 하였다. 그러나 시 중에 ‘혁혁한 주(周)나라를 포
사(褒姒)가 멸망시켰다’는 구절이 있으니, 포사는 유왕의 후(后)라는 것
을 아울러 생각할 때 역시 앞의 ‘절남산(節南山)’ 시와 마찬가지로 동주
(東周) 초년(初年)경의 시가 아닌가 한다(釋義).

3. 시월 초(十月之交)

시월달 초하루인 신묘날에
일식이 일어나니 매우 나쁜 일일세.
저번엔 월식이 있었고 이번엔 일식이 일어났으니,
지금 우리 백성들은 매우 슬퍼하고 있네.

해와 달이 불행을 알리려고 본래의 길대로 돌지 않으니,
온 세상 정사가 어지러워져 올바른 길을 따르지 않기 때문이네.
저번의 월식은 흔히 있는 일이라 하지만,
이번의 일식은 어디에 잘못이 있기 때문인지 아는가?

번쩍번쩍 번갯불 따라 벼락치니 불안하고 좋지 않네.
온 강물 끓어오르고 산봉우리 와르르 무너져,
높은 언덕이 골짜기 되고 깊은 골짜기 언덕이 되었거늘,

슬프다, 지금의 관리들은 어찌하여 정신차리지 못하는가?

경사(卿士)인 황보씨와 사도(司徒)인 번씨와
재부(宰夫)인 가백과 선부(膳夫)인 중윤과
내사(內史)인 추씨와 취마(趣馬)인 궤씨와
사씨(師氏)인 거씨는 모두가 요염한 포사(褒姒)와 어울려 지내네.

아아! 황보씨가 어찌 자신이 옳지 않다 하겠는가?
어째서 나를 부리면서도 내게 와 의논하지 않는가?
내 집과 담은 무너지고, 밭에는 물고이고 잡초가 났거늘,
자기가 망쳐놓은 것이 아니라 정치의 상례(常禮)가 그렇게 만들었
다네.

황보씨는 너무 꾀가 많아 향(向)땅에 고을을 만들고,
스스로 삼경 자리를 택하니 정말 그는 많은 재물 모았네.
옛 신하를 한 사람이라도 남기어 우리 임금님 지키게 하지 않고,
수레와 말 있는 자들 모두 골라 향(向)땅으로 갔네.

힘써 일을 따라 하면서 감히 괴로움은 말하지 못하네.
죄도 허물도 없는데 모함하는 말만 분분하네.
백성들의 받는 벌은 하늘로부터 내려진 것이 아니라,
모이면 말만 많고 등지면 서로 미워하는 다투어 모함 일삼는 자들
때문에 온 것이네.

그지없는 내 시름은 너무나 뼈저리네.
온 세상 즐거워하거늘 나 홀로 근심하네.
백성들 모두 즐기거늘 나만 홀로 쉬지 못하네.
하늘의 명을 따르지 않으니, 나는 감히 내 친구들 따라 편히 즐기지
못하겠네.

[原文] 十月之交인 朔日辛卯에
        日有食之하니 亦孔之醜로다.

彼月而微어니와 此日而微니
今此下民이 亦孔之哀로다.

日月告凶하여 不用其行하니
四國無政하여 不用其良이로다.
彼月而食은 則維其常이어니와
此日而食은 于何不臧고?

燁燁震電이 不寧不令이로다.
百川沸騰하며 山冢崒崩하여
高岸爲谷이요 深谷爲陵이어늘
哀今之人은 胡憯莫懲고?

皇父卿士와 番維司徒와
家伯維宰와 仲允膳夫와
棸子內史와 蹶維趣馬와
楀維師氏는 豔妻煽方處로다.

抑此皇父이 豈曰不時리요?
胡爲我作하되 不卽我謀오?
徹我牆屋하여 田卒汙萊어늘
曰予不戕이라 禮則然矣라 하라.

皇父孔聖하여 作都于向하고
擇三有事하니 亶侯多藏하며
不憖遺一老하여 俾守我王하고
擇有車馬하여 以居徂向이로다.

黽勉從事하여 不敢告勞로다.
無罪無辜어늘 讒口囂囂로다.

下民之孽은 匪降自天이요
噂沓背憎이 職競由人이니라.

悠悠我里여 亦孔之痗로다.
四方有羨이어늘 我獨居憂하며
民莫不逸이어늘 我獨不敢休로다.
天命不徹이니 我不敢傚我友自逸하니라.

註解　ㅇ十月(십월)―주정(周正) 10월. ㅇ交(교)―일월(日月)이 교회(交會)하는 월초(月初)(毛傳). ㅇ朔日(삭일)―월삭(月朔), 곧 한달의 초하룻날(釋義). ㅇ辛卯(신묘)―이날의 간지(干支). ㅇ食(식)―식(蝕)과 통하여, 일유식지(日有食之)는 일식(日蝕)이 일어난 것. 《춘추(春秋)》에도 일식을 모두 '일유식지(日有食之)'라 쓰고 있다. ㅇ孔(공)―매우. ㅇ醜(추)―추악한 흉조(凶兆)라는 뜻. 옛날에는 임금이 올바른 정치를 못하면 하늘은 천변(天變)으로 경고하였는데, 일식이나 지진 같은 것이 바로 그것이라 믿었다. ㅇ彼(피)―'저번' 또는 '전번'. 따라서 뒤의 '차(此)는' 이번의 뜻. ㅇ微(미)―작아지는 것으로 일월의 식(蝕)을 뜻한다(邶風 '柏舟' 시 참조). ㅇ哀(애)―애련(哀憐)의 뜻으로 불쌍하다는 것. ㅇ行(행)―도(道)의 뜻. '불용기행(不用其行)'은 불유기도(不由其道), 곧 '올바른 도를 따르지 않았기 때문'의 뜻(釋義). ㅇ四國(사국)―온 나라, 곧 천하의 뜻. ㅇ無政(무정)―올바른 정치를 하지 않아 나라가 어지러운 것. ㅇ良(량)―선정(善政)의 뜻. 량(良)을 양선(良善)한 사람이라 보는 것이 보통이나, 앞의 '불용기행(不用其行)'과 이 '불용기량(不用其良)'을 같은 구법(句法)으로 다룰 때에는 '훌륭한 정치로 말미암지 않았기 때문'으로 풀이함이 좋다(釋義). ㅇ常(상)―그래도 보통 있는 일이란 뜻. ㅇ于何(우하)―어하(於何)의 뜻. ㅇ臧(장)―선(善)과 통하여 부장(不臧)은 불선(不善), '잘못'. ㅇ爗(엽)―엽(燁)과 같은 자. 엽엽(爗爗)은 번갯불이 번쩍번쩍 하는 모양. ㅇ震(진)―벼락치는 것. ㅇ寧(녕)―안(安)의 뜻. 따라서 불녕(不寧)은 불안한 것. ㅇ令(령)―선(善)과 통하여 불령(不令)은 불선(不善), '좋지 않다'는 뜻. ㅇ百川(백천)―모든 냇물. ㅇ沸騰(비등)―끓어오르는 것. ㅇ冢(총)―산꼭대기. ㅇ崒(줄)―졸(卒)로 쓰인 판본도 있으며, 졸(猝)의 뜻으로, 졸(猝)은 급(急)과 통한다(經義述聞). ㅇ崩(붕)―산이 무너지는 것. 이상은 지진의 모양을 형용한 것으로 《국어(國語)》 주어(周語) 상(上)에도 '유왕(幽王) 2년에 서

주의 삼천(三川:涇水・渭水・洛水)이 모두 흔들렸다.' 또 '이 해엔 삼천(三川)이 마르고 기산(岐山)이 무너졌다'고 하였다. ○岸(안)—언덕. ○憯(참)—증(曾)의 뜻. 일찍이(毛傳). ○懲(징)—정신을 차리는 것. ○皇父(황보)—사람의 자(字)(鄭箋). ○卿士(경사)—여기에서는 육경(六卿)의 우두머리(後箋). ○番(번)—사람의 씨(氏)(鄭箋). ○司徒(사도)—벼슬 이름으로, 온 나라의 토지(土地)의 도(圖)와 인민(人民)의 수(數)를 관장한다(鄭箋). ○家伯(가백)—사람의 자(字)(鄭箋). ○宰(재)—재부(宰夫)(鄭衆 周禮注). 재부(宰夫)는 여러 신하와 백성들의 복역(復逆)을 관장한다(釋義). ○仲允(중윤)—사람의 자(字)(鄭箋). ○膳夫(선부)—임금의 음식과 반찬을 관장하는 관리(鄭箋). ○聚(추)—사람의 씨(氏)(鄭箋). ○內史(내사)—작록(爵祿)의 폐치(廢置)와 살생여탈(殺生與奪)의 법을 맡은 관리(鄭箋). ○蹶(궤)—사람의 씨(氏)(鄭箋). ○趣馬(취마)—임금의 말에 관한 일을 관장하는 관리(鄭箋). ○楀(거)—사람의 씨(氏)(鄭箋). ○師氏(사씨)—사조득실(司朝得失)에 관한 일을 관장하는 관리(鄭箋). ○豔(염)—요염한 것. 염처(豔妻)는 포사(褒姒)를 가리킨다. 염처선(豔妻煽)은 한창인 포사. ○方處(방처)—병처(並處). 나란히 하여 어울려 지내는 것(釋義). ○抑(억)—희(噫)와 옛날에는 통용되어, 탄사(釋義). ○時(시)—시(是)자와 통용되어(《書經》에는 흔히 용례가 보임), 불시(不是)는 옳지 않다고 하는 것. ○作(작)—사역(使役)의 뜻(釋義), 일을 시키는 것. ○卽(즉)—취(就)의 뜻. 나아가다. ○謀(모)—모의(謀議), 또는 의논(議論)하는 것. ○徹(철)—무너지는 것. ○牆屋(장옥)—담과 집. ○汙(오)—웅덩이. ○萊(래)—밭을 묵혀 잡초가 나는 것. ○戕(장)—해치는 것(鄭箋). ○禮(례)—윗사람인 황보(皇父)가 아랫사람을 부리는 예(禮). 이 시의 작자는 황보의 밑에 있던 대부인 듯하다. ○孔聖(공성)—매우 성명(聖明)하다. 여기서는 풍자의 뜻을 지니어 '매우 약다'는 뜻. ○都(도)—성(城)의 뜻(釋義). ○向(향)—고을 이름. 지금의 하남성 제원현(濟源縣) 경계에 있었다(釋義). 황보의 이러한 행동은 미리 피난의 준비를 하는 것이다. ○三有事(삼유사)—나랏일을 맡은 3경(三卿). 택삼유사(擇三有事)는 황보 자신이 3경들을 택하였다는 뜻. ○亶(단)—진실로. ○侯(후)—조사. ○多藏(다장)—저장된 재물(財物)이 많은 것. ○慭(은)—원하다, 하려 하다. ○遺一老(유일로)—한 사람의 현명한 고노(古老)라도 남기는 것. ○不慭(불은)—다음 구에까지 걸린다. ○居(거)—어조사. ○徂(조)—가다. ○黽勉(민면)—일에 힘쓰다. ○從事(종사)—황보(皇父)를 따라 일하는 것. ○告勞(고로)—노고(勞苦)를 얘기하는 것. ○讒(참)—남을 모함하는 것. ㅇ囂(효)―시끄러운 것. ㅇ孽(얼)―죄를 받는 것. ㅇ噂(준)―《좌전》과 《설문해자》에 모두 준(僔)으로 되어 있으니(釋義) '모인다'는 뜻. ㅇ沓(답)―중복되는 것, 말이 많은 것. 준답(噂沓)은 모이면 말이 많은 것. ㅇ背憎(배증)―헤어지면 미워하는 것. ㅇ職(직)―전주(專主)의 뜻(釋義). '오로지 위주로 하는 것'. ㅇ競(경)―다투어 높이는 것. 직경유인(職競由人)은 '다툼을 위주로 하는 사람으로 말미암는다'는 뜻. ㅇ里(리)―리(癉)로 쓴 곳도 있으며, 근심의 뜻(通釋). ㅇ瘵(매)―병이 되다. ㅇ四方(사방)―온 천하. ㅇ羨(선)―부러워하다. 여기서는 즐기는 것. ㅇ逸(일)―편히 즐기다. ㅇ徹(철)―도(道)의 뜻(毛傳). 길을 따르는 것. ㅇ傚(효)―본받다. ㅇ我友(아우)―함께 같은 관리들을 본뜨는 것.

解說 이 시는 〈모시서〉엔 대부가 유왕(幽王)을 풍자한 것이라 하였고, 《정전(鄭箋)》에서 여왕(厲王)을 풍자한 것이라 하였다. 그런데 여왕 25년 10월 삭일(朔日) 신묘(辛卯)와 유왕 6년 10월 삭(朔) 신묘(辛卯)엔 모두 일식(日食)이 있었다. 그러나 유왕 2년엔 또 서주의 삼천(三川 : 涇水·渭水·洛水)에 모두 지진이 있었다 하니(《國語》 周語 上), 이 시의 내용은 유왕과 합치된다. 이로 미루어 볼 때 이 시는 유왕 때에 지어졌다고 봄이 타당하다. 그러나 내용을 보면 황보(皇父)씨의 아래 관속(官屬)인 대부가 황보씨 등 정치를 도맡고 있는 사람들을 풍자한 것임에는 틀림없다.

4. 끝없는 비(雨無正)

〈이제까지 보아 온 《시경(詩經)》에 실린 시제는 거의 모두가 첫구에서 딴 것이었다. 그러나 이 시에는 '우무정(雨無正)'이란 말이 아무 데도 나오지 않는다. 주희(朱熹)는 그의 《시집전(詩集傳)》에서 원성(元城) 유씨(劉氏 : 劉安世, 宋人)의 말을 인용하여 "일찍이 《한시》를 읽어 보니 '우무극(雨無極)'이란 시가 있었는데…… 〈모시〉에 비하여 편수(篇首)에 '우무기극(雨無其極), 상아가색(傷我稼穡)'이란 여덟 자가 더 있었다"고 하고 유씨(劉氏)의 말이 그럴듯하다고 했다. '비가 끝없이 와서 우리 농사 지은 곡식을 모두 망쳤다'는 이 〈모시〉에서 없어진 첫 구는 어지러운 정치가 온 국민의 생활을 망쳤다는 비유일 것이다. '정(正)'은 '극(極)'의 뜻으로 '우무정'은 '우무극'과 같은 말이다. 모르는 사이에 〈모시〉에선 이 첫 구가 떨어져 달아난 것이라 봄이 좋을 것이다.〉

넓고 넓은 하늘은 그 은덕이 일정하지 않으시어,
난리와 흉년을 내리시고, 천하 사람들을 서로 싸워 죽게 하셨으니,
하늘이 지독한 위엄을 보이시는 것은 사람들이 올바로 생각하고 올바로 행동하지 않았기 때문이네.
저 죄지은 자들은 그들의 허물을 숨기어 용서받고,
우리 죄없는 사람들은 모두가 괴로움을 당하고 있네.

주나라 왕실은 이미 멸망하여 머물러 살 곳도 없으니,
높은 관리들은 모두 떠나가 우리의 괴로움은 아랑곳도 하지 않네.
삼공(三公)과 대부들은 밤낮으로 나랏일 하려 들지 않고,
나라의 제후들은 아침저녁으로 임금님 섬기려 들지 않으니,
제발 잘 되기 바라건만 도리어 더욱 악화되고 있네.

어째서 하늘은 법도에 맞는 말은 믿지 않는가?
나라는 이대로 가다가 어떻게 될 것인지 모르겠네.
모든 관리들은 각기 자기 몸을 공경히 지녀야 하는데,
어찌하여 두려워 않는가? 하루도 두렵지 않은가?

병란이 일어나 물러갈 줄 모르고 흉년이 들어 안정되지 않으니,
오직 우리 임금님 가까이 모시는 신하들만이 애타게 날마다 걱정하고 있네.
모든 관리들은 남에게 물어보지도 않고,
비위 맞추는 말은 바로 받아들이고 간하는 바른 말은 물리쳐 버리네.

슬프다 말 못함이여! 혀로 다 말하지 못하니

몸만이 병드네.
좋겠네, 말 잘하는 사람들이여! 교묘한 말 물흐르듯 하여
자기의 몸만 편히 보전하네.

나도 벼슬을 하고 있기는 하나 매우 위급한 처지이네.
일 못하겠다고 하려니, 천자님께 죄짓게 되고
일을 하겠다 나서려니, 동료들의 원한을 사겠네.

그대들을 왕도로 옮겨 살게 하려 하니, 우리는 그곳에 집이 없다 핑
계대네.
걱정 근심에 피눈물 흘리며, 말하면 마음 아프지 않은 일 없으니,
전에 그대들이 떠나갈 적엔 누가 따라가 그대들 집을 지어 주었나?

原文 浩浩昊天이 不駿其德하사
　　　降喪饑饉하여 斬伐四國하시니
　　　旻天疾威는 弗慮弗圖로다.
　　　舍彼有罪는 旣伏其辜니와
　　　若此無罪는 淪胥以鋪로다.

　　　周宗旣滅하여 靡所止戾하니
　　　正大夫離居하여 莫知我勩하여
　　　三事大夫는 莫肯夙夜하여
　　　邦君諸侯는 莫肯朝夕일새
　　　庶曰式臧이어늘 覆出爲惡이로다.

　　　如何昊天이여 辟言不信고?
　　　如彼行邁이 則靡所臻이로다.
　　　凡百君子는 各敬爾身이어다.
　　　胡不相畏리요? 不畏于天가?

　　　戎成不退하며 飢成不遂하여

曾我摰御이 僭僭日瘁어늘
凡百君子는 莫肯用訊이요
聽言則答하며 譖言則退로다.

哀哉不能言이여 匪舌是出이니
維躬是瘁로다.
哿矣能言이여 巧言如流하여
俾躬處休로다.

維曰于仕나 孔棘且殆로다.
云不可使는 得罪于天子요
亦云可使는 怨及朋友로다.

謂爾遷于王都하니 曰予未有室家라하다
鼠思泣血이나 無言不疾하나니
昔爾出居엔 誰從作爾室고?

註解 ○浩浩(호호)—광대(廣大)한 모양(集傳). ○昊(호)—역시 광대의 뜻. ○駿(준)—장(長)의 뜻(毛傳). 장(長)은 '오래오래', '언제나'의 뜻으로, '상(常)'과 통한다. ○德(덕)—은덕. 혜(惠)의 뜻(集傳). 부준기덕(不駿其德)은 하늘은 덮어놓고 '언제까지나 똑같이 사랑하시지 않는다', 곧 사람이 정도(正道)를 따라 올바른 행동을 하면 사랑하고, 도에 벗어나는 일을 하면 벌을 내린다는 뜻. ○喪(상)—상란(喪亂). ○饑(기)—굶주리다. ○饉(근)—굶주리는 것. 《묵자(墨子)》 칠환(七患)편엔 '한 가지 곡식을 거두지 못하게 된 것을 근(饉), 오곡(五穀)을 모두 거두지 못하게 된 것을 기(饑)라 한다'고 하였고,《모전》엔 곡식이 안 된 것을 기(饑), 푸성귀가 안 된 것을 근(饉)이라 한다고 했다. ○斬伐(참벌)—살벌(殺伐). 서로 죽이고 치고 하는 것. ○四國(사국)—천하. 여기서는 천하의 사람들을 가리킴. ○疾威(질위)—포학(暴虐)과 같은 말(集傳). 지독한 위엄을 보이다. ○慮(려)—생각하다. ○圖(도)—꾀하다. 불려불도(弗慮弗圖)는 '천하 사람들이 올바른 길을 생각지 않고 올바른 일을 꾀하지 않았기 때문이다'라는 뜻(釋義). ○舍(사)—용서받다. 사(赦)와 통함

(釋義). ○有罪(유죄)-유죄지인(有罪之人). ○伏(복)-은(隱)의 뜻(經義述
聞). 숨다. ○其辜(기고)-그들의 허물. ○淪(륜)-빠지다. ○胥(서)-서로.
○鋪(포)-괴로움을 당하는 것. ○周宗(주종)-주(周)나라 종족(宗族)(通釋),
주나라 왕실. ○戾(려)-정(定)의 뜻(毛傳). 지려(止戾)는 머물러 사는 것.
○正(정)-장(長)과 통하여 장관(長官)의 뜻. 따라서 정대부(正大夫)는 장관
대부(鄭箋). ○離(이)-이산(離散)의 뜻. ○居(거)-어조사. ○勩(예)-노고
(勞苦)의 뜻. ○三事(삼사)-삼유사(三有事), 삼공(三公)의 뜻(鄭箋). ○夙夜
(숙야)-새벽과 밤과 낮. 이 시는 주나라가 동천(東遷)할 때의 작품으로 궁정
없는 피난길이어서 군신의 예가 문란하여져 있음을 말하는 것이다. ○朝夕
(조석)-제후들이 아침저녁으로 조정에 나와 일하는 것. ○庶曰(서왈)-서기
(庶幾)로 '바람'을 뜻함. ○式(식)-조사. ○臧(장)-착하다. ○覆(복)-반(反)
의 뜻(毛傳), 반대로. ○出爲惡(출위악)-악한 짓을 하는 것. ○辟(벽)-법.
벽언(辟言)은 법도에 맞는 말. ○彼(피)-주나라를 가리킴. ○邁(매)-가는
것. 행매(行邁)는 길가듯 앞으로 나아가는 것. ○瑧(진)-이르다. ○靡所瑧
(미소진)-부지소지(不知所至). 어디로 갈지 모른다, 어떻게 될지 모른다는
뜻. ○凡百(범백)-'모든'. ○君子(군자)-관리들을 뜻함. ○畏(외)-두려워하
다. ○戎成(융성)-전란이 형성된 것. ○不退(불퇴)-물러나지 않는다, 가라
앉지 않는다는 뜻. ○飢(기)-굶주리다. 기(饑)와 같은 자. ○遂(수)-안(安)
의 뜻(毛傳), 곧 안정되는 것. ○曾(증)-일찍이. 여기선 '다만'의 뜻(釋義).
○蓺御(설어)-시어지신(侍御之臣). 가까이서 시중하고 따라다니는 신하. ○憯
憯(참참)-근심하는 모양(鄭箋). ○日瘁(일췌)-나날이 병이 심하게 드는 것.
○訊(신)-남에게 어떤 길이 올바른 것인가 묻는 것. ○聽言(청언)-청종(聽
從)하는 말, 곧 그들의 비위에 맞는 말(通釋). ○答(답)-대답하고 받아들이
는 것. ○譖言(참언)-간언(諫言), 귀에 거슬리는 말(通釋). ○退(퇴)-물리치
고 받아들이지 않는 것. ○不能言(불능언)-교묘하게 아첨하는 말을 할 줄
모르는 사람, 곧 현인(賢人)(毛傳). ○匪舌是出(비설시출)-말로 다 자기의
뜻을 표현하지 못한다는 뜻. 그의 마음은 정도에 벗어나지 않으므로 다른 위
정자들의 귀에 그의 말이 거슬리기 때문에 말 못하는 것이다. ○躬(궁)-자
신. ○瘁(췌)-병들다. ○哿(가)-가(可)와 통하여(毛傳), 가의(哿矣)는 '좋겠
네'의 뜻. 풍자하는 것이다. ○能言(능언)-능언자(能言者). ○處休(처휴)-좋
은 처지에 몸이 놓이게 하는 것. ○仕(사)-벼슬하는 것. ○孔棘且殆(공극차
태)-매우 급하고 위험하다, 곧 위급한 처지에 있는 것. ○使(사)-일을 하

는 것. ㅇ朋友(붕우)―동료들. 원급붕우(怨及朋友)는 동료들이 그를 질투하여 원망하게 되는 것(釋義). ㅇ王都(왕도)―왕성(王城). 동조(東周)의 서울(洛邑 서쪽). ㅇ鼠(서)―우(憂)의 뜻, 근심하는 것(앞의 ‘正月’ 시 참조). ㅇ泣(읍)― 소리없이 눈물 흘리며 우는 것. 읍혈(泣血)은 피눈물을 흘리는 것. ㅇ無言不疾(무언부질)―자기의 말은 미움을 사지 않는 말이 없다, 곧 자기의 옳은 말은 모두가 싫어하고 반대한다는 뜻. ㅇ昔爾出居(석이출거)―옛날 그대들이 나라가 어지러워졌을 때 피난하려고 나가 살던 때(釋義).

解說　이 시는 주나라가 동천(東遷)할 때에 어지러운 시국을 한탄한 작품이다. 《모전》에는 대부가 유왕(幽王)을 풍자한 것이라 하였지만, 시의 내용을 살펴보면 정대부(正大夫)들이 다 떠나간 뒤에 시어지신(侍御之臣)이 지은 것이다. 그리고 유왕을 풍자했다기보다는 정치를 올바로 하지 않아 나라를 멸망시킨 뒤에도, 또 동주(東周)의 서울로 오지 않으려 드는 경대부들을 풍자한 것이라 봄이 옳다.

5. 높은 하늘(小旻)

〈주희(朱熹)의 《집전(集傳)》에선 소씨(蘇氏)의 말을 일용하여 “이 ‘소민(小旻)’과 뒤의 ‘소완(小宛)’·‘소변(小弁)’·‘소명(小明)’ 네 시는 모두 제목에 ‘소(小)’자를 붙였는데 그것은 소아(小雅)의 작품임을 나타내기 위해서이다. 소아에 있는 작품을 ‘소(小)’라 하였으므로 대아(大雅)에 있는 것들은 ‘소민(召旻)’·‘대명(大明)’·‘독완(獨宛)’·‘변(弁)’이라 하였는데 일부는 없어졌다. 내 생각으로는 공자(孔子)가 이를 빼어 버린 듯하다.”고 하였다. 그러나 앞의 ‘시경해설(詩經解說)’에서 말한 것처럼 공자의 산시설(刪詩說)만은 믿을 수가 없다. 그리고 ‘소완(小宛)’·‘소변(小弁)’ 두 시만은 첫머리가 ‘완피(宛彼)’ ‘변피(弁彼)’인데 이것은 제목으로 보아도 말이 되지 않는다. 그렇다고 ‘완(宛)’ ‘변(弁)’ 한 자씩만 쓰려니 ‘맹(氓)’ ‘탕(蕩)’ ‘억(抑)’ 같은 작품이 있기는 하나 어색하다. 그래서 ‘소민(小旻)’ 뒤에 이들이 나오므로 무의식중에 ‘소(小)’자가 그 뒤에 붙여진 것이 아닌가 한다(釋義). 어떻든 '소민(小旻)'의 '소(小)'자는 그래도 '소아'의 뜻을 지닌 것이라 봄이 무난할 것 같다.〉

높은 하늘은 천벌을 온 땅에 펴시었네.
정치를 꾀하는 품이 간사하니 언제나 천벌이 그치겠는가?
좋은 계획은 따르지 않고 나쁜 계획만 반대로 쓰니
계획하는 일만 보아도 매우 병폐가 많네.

여럿이 모여 모의하고 또 서로 욕하고 하니, 너무나 가엾은 일일세.
좋은 계획은 모두 버리고
좋지 않은 계획은 모두 따르니
계획하는 것을 보건댄 어떻게 하려는 건지 모르겠네.

거북점도 우리를 미워하여 우리에게 좋은 점괘 보여주지 않고,
꾀하는 사람들 매우 많은데도 일은 잘 되지 않네.
발언하는 자들 뜰에 가득하나 누가 감히 그 잘못 책임질 것인가?
길을 가보지도 않고 갈 곳을 의논하는 것 같아서, 정도에 벗어나게
되는 걸세.

슬프다, 정책을 정함에 있어서 옛분들을 본뜨지도 않고,
위대한 도를 법도로 삼지도 않으며, 오직 경박한 말만 듣고
경박한 말로 다투고 있네.
집을 지으려는 사람이 길가는 사람과 설계하는 것같이 하니, 그래서
끝내 잘 되지 않는 것일세.

나라는 비록 안정되지 못하였으나, 어떤 이는 만사에 통달했고 어떤
이는 그렇지 않으며,
백성들은 많지 않더라도 어떤 이는 현명하고 어떤 이는 꾀 많으며,
어떤 이는 신중하고 어떤 이는 잘 다스리는 것이네.
저 흐르는 샘물처럼 다같이 패망하게 되지 말기를.

감히 맨손으로 호랑이 못 잡고 감히 걸어서 황하를 못 건넘을,

사람들은 그러한 것을 알지만 그 밖의 것은 알지 못하네.
두려워하듯 조심하기를 깊은 못에 임하듯
엷은 얼음판 밟고 가듯 해야 하네.

原文 旻天疾威하사 敷于下土하여
    謀猶回遹하니 何日斯沮리요?
    謀臧不從하며 不臧覆用하나니
    我視謀猶컨대 亦孔之邛이로다.

    潝潝訿訿하나니 亦孔之哀로다.
    謀之其臧은 則具是違하고
    謀之不臧은 則具是依하나니
    我視謀猶컨대 伊于胡底오?

    我龜旣厭이니 不我告猶하여
    謀夫孔多니 是用不集이로다.
    發言盈庭하니 誰敢執其咎오?
    如匪行邁謀라 是用不得于道로다.

    哀哉爲猶여! 匪先民是程이며
    匪大猶是經이요 維邇言是聽이며
    維邇言是爭이로다.
    如彼築室于道謀라 是用不潰于成이로다

    國雖靡止나 或聖或否며
    民雖靡膴나 或哲或謀며
    或肅或艾로다.
    如彼流泉하여 無淪胥以敗어다.

    不敢暴虎와 不敢馮河를

人知其一이나 莫知其他로다.

戰戰兢兢하여 如臨深淵하여

如履薄冰하라.

註解 ○旻(민)-유원(幽遠)의 뜻(集傳). 민천(旻天)은 아득히 높은 하늘. ○疾威(질위)-포학(暴虐)의 뜻('雨無正' 시. 集傳). 여기서는 천벌(天罰)을 뜻한다. ○敷(부)-펴다. ○下土(하토)-하늘 밑의 땅, 온 세상을 뜻함. ○謀猶(모유)-나라 다스리는 일을 꾀하는 것, 곧 정치의 계획·계책. ○回(회)-사(邪)의 뜻(毛傳). 사악한 것. ○遹(휼)-벽(辟)의 뜻(毛傳). 간사한 것. 따라서 회휼(回遹)은 간사한 것. ○斯(사)-천벌을 가리킴. ○沮(저)-그치다. ○臧(장)-선(善)과 통하여 훌륭한 것. ○覆(복)-반(反)의 뜻. 복용(覆用)은 반용(反用)(鄭箋). ○邛(공)-공(玒)으로도 씀, 병이 나는 것. ○潝潝(흡흡)-서로 화합하는 것. 여럿이 모여서 나쁜 모의를 하는 것. ○訿訿(자자)-서로 욕하는 것(集傳). ○依(의)-따른다, 좇는다는 뜻. ○伊(이)-발어사. ○于胡(우호)-'어허(於何)'. ○底(지)-이르다. ○龜(귀)-점치는 데 쓰는 거북. ○厭(염)-미워하다. ○不我告猶(불아고유)-나에게 꾀를 고하여 주지 않는다, 곧 귀복(龜卜)이 영험(靈驗)치 않게 되었다는 뜻. ○謀夫(모부)-꾀하는 사람. ○集(집)-일을 이루다. ○發言(발언)-발언하는 사람. ○執其咎(집기구)-그 계획의 '잘못을 책임지는 것'. ○匪(비)-비(非)의 뜻. ○行邁(행매)-길을 직접 가 보는 것. ○用(용)-이(以)와 통하여 시용(是用)은 시이(是以). ○不得于道(부득우도)-정도(正道)에서 벗어나는 것. ○先民(선민)-고인(古人), 옛 분들. ○程(정)-본뜨는 것. ○大猶(대유)-대도(大道)의 뜻(毛傳). ○經(경)-상(常) 또는 법과 통하여 일정한 법도로 삼는 것. ○邇言(이언)-깊이나 무게 없는 천근(淺近)한 말. ○築室(축실)-집을 짓는 것. ○于道謀(우도모)-길가에서 길가는 사람을 붙들고 설계(設計)하는 것. ○潰(궤)-수(遂)의 뜻(毛傳). 끝내, 마침내. ○靡止(미지)-안정되지 않다, 잘 살 곳이 없다. ○聖(성)-만사에 환히 통달한 것. ○否(부)-그렇지 않은 것. ○膴(무)-많은 것. ○哲(철)-명철(明哲)한 것, 어진 것. ○謀(모)-총명하게 꾀하는 것. ○肅(숙)-신중히 일하는 것. ○艾(예)-예(乂)와 통하는 글자. 잘 다스리는 것. ○淪(륜)-물에 빠지는 것. ○胥(서)-서로. ○敗(패)-패망·멸망. 이 구절은 샘물이 옆의 진흙 같은 것까지 함께 띄워 흘러내리듯, 어진 사람이나 좋은 사람들이 악한 자들과 함께 어울려 망하지 않도록 하라는 뜻임. ○暴虎(폭호)-

맨손으로 호랑이를 잡는 것. 정풍(鄭風) ‘대숙우전(大叔于田)’ 시에도 보였음.
ㅇ馮河(빙하)―강물을 걸어서 건너는 것. ㅇ人知其一(인지기일)―사람들은
불감포호(不敢暴虎)나 불감빙하(不敢馮河) 같은 천근(淺近)한 이치 한쪽만
을 안다는 뜻. ㅇ戰戰(전전)―두려워하는 모습(毛傳). ㅇ兢兢(긍긍)―경계하
는 모양(毛傳).

解說　임금이 나쁜 계책을 따라 나라를 다스리어 나라를 혼란에 빠뜨리
고 있음을 대부가 풍자한 것이 이 시이다. 〈모시서〉에선 이것도 유왕(幽
王)을 대부가 풍자한 것이라 하였다. 꼭 유왕이라는 증거는 없지만 유왕
때 같은 혼란기의 작품임엔 틀림없다.

6. 조그만 매(小宛)

조그만 매가 날개 치며 하늘 위로 날아가네.
내 마음 시름에 겨워 옛 조상들을 생각하네.
새벽까지 잠 못 이루며 부모님을 그리네.

사람이 총명하고 예지가 있으면 술 마셔도 온유할 수 있거늘,
저 멍청한 지혜 없는 사람은 언제나 취하여 날로 교만해지네.
모두 자기 행동을 삼가야지, 천명이 도와주지 않을 걸세.

언덕 가운데 자란 콩을 백성들이 따고 있네.
뽕나무벌레 새끼를 나나니벌이 업고 다니네.
자식들을 가르치고 깨우치어 그처럼 선하게 만들어야지.

할미새를 보니 날아가며 지저귀네.
우리는 나날이 발전하고 다달이 나아가야 하네.
일찍 일어나고 늦게 자면서, 낳아 주신 부모님 욕되게 말아야지.

쩍쩍 청작새가 마당 찾아다니며 곡식을 쪼네.
슬프게도 나는 병들고 궁지에 몰려 감옥에 갇혀 있네.

곡식 한줌 내어 점쳐 묻기를 어떻게 하면 잘될 수 있나 알아보네.

온유하고 공손함이 나무 위에 앉아 있는 듯,
무서운 듯 소심함이 깊은 골짜기를 앞에 두고 있는 듯,
두려운 듯 조심함이 엷은 얼음 밟듯 해야 한다네.

原文 宛彼鳴鳩이 翰飛戾天이로다.
　　　我心憂傷하니 念昔先人이로다.
　　　明發不寐하여 有懷二人이로다.

　　　人之齊聖은 飲酒溫克이어늘
　　　彼昏不知는 壹醉日富로다.
　　　各敬爾儀어다 天命不又니라.

　　　中原有菽하니 庶民采之로다.
　　　螟蛉有子어늘 蜾蠃負之로다.
　　　敎誨爾子하여 式穀似之어라.

　　　題彼脊令하니 載飛載鳴이로다.
　　　我日斯邁하며 而月斯征이로다.
　　　夙興夜寐하여 無忝爾所生이어라.

　　　交交桑扈이 率場啄粟이로다.
　　　哀我填寡하여 宜岸宜獄이로다.
　　　握粟出卜하여 自何能穀고? 하다.

　　　溫溫恭人이 如集于木하여
　　　惴惴小心이 如臨于谷하여
　　　戰戰兢兢이 如履薄冰이어라.

註解 ○宛(완)—작은 모양. ○鳴鳩(명구)—골조(鶻鵃)라고도 하는 '매'(毛

傳). ㅇ翰(한)-날개치는 것. ㅇ戾天(여천)-하늘 높이 나는 것. 앞의 '채기 (采芑)' 시에 보임. ㅇ先人(선인)-선조(先祖). ㅇ明發(명발)-날이 새려고 훤해지는 것(集傳). ㅇ二人(이인)-부모님을 가리킴(集傳). ㅇ齊(제)-지려(知慮)가 빠른 것(經義述聞). 제성(齊聖)은 따라서 총명하고 예지가 있는 것을 말한다(上同). ㅇ溫克(온극)-극온(克溫), 온유(溫柔)할 수 있는 것(釋義). ㅇ昏(혼)-머리가 멍청한 것. ㅇ不知(부지)-무지지인(無智之人), 총명치 못한 사람. ㅇ壹(일)-쭉, 언제나의 뜻. ㅇ富(부)-복(畐)과 통하는데,《설문해자》에 '복(畐)은 만(滿)의 뜻'이라 하였다(通釋). 따라서 부(富)는 자만(自滿), 또는 교만의 뜻이다. 일부(日富)는 날로 자만해지는 것. ㅇ儀(의)-행동의 뜻. ㅇ又 (우)-옛날의 우(右)자로서 우(佑)자와 통한다(釋義), 돕다.《주역(周易)》무망(无妄) 단전(彖傳)엔 바로 이 구절을 사용하고 있다. ㅇ中原(중원)-원중 (原中), 언덕 가운데. ㅇ菽(숙)-콩. ㅇ螟蛉(명령)-뽕나무벌레(毛傳). ㅇ蜾蠃 (과라)-토봉(土蜂), 또는 세요봉(細腰蜂)이라고도 하는 나나니벌.《공소(孔疏)》에 의하면 뽕나무벌레의 어린 새끼를 나나니벌이 나무에서 업어다 7일만에 자기 새끼로 만든다 한다. 이는 고인(古人)들이 나나니벌이 뽕나무벌레 새끼를 잡아다 먹는 것을 잘못 본 것이지만, 자식들을 교육시켜 훌륭한 사람을 만드는 데 비유한 것이다. ㅇ誨(회)-가르치다. ㅇ式(식)-조사. ㅇ穀(곡)-선(善)의 뜻. 여기서는 선하게 만드는 것. ㅇ似之(사지)-'그 나나니벌처럼'의 뜻. ㅇ題(제)-보다. ㅇ脊令(척령)-척령(鶺鴒)이라고도 쓰며, '할미새'. ㅇ日斯邁(일사매)-날로 꾸준히 발전하는 것. ㅇ月斯征(월사정)-달로 꾸준히 나아가는 것. 일매월정(日邁月征)은 쉬지 않고 노력하는 것을 말한다. ㅇ忝 (첨)-욕되는 것. ㅇ爾所生(이소생)-그대를 낳은 이, 곧 부모님을 가리킨다 (集傳). ㅇ交交(교교)-교교(咬咬)와 통하여 새 울음소리(秦風 '黃鳥' 시 참조). ㅇ桑扈(상호)-청작(青雀) 또는 절지(竊脂)라고도 하는 새 이름(孔疏). 이 새는 육류(肉類)만을 먹으며 부리는 구부러져 있다. 우리말로는 무슨 샌지 분명치 않아 '청작새'라 해두었다. ㅇ率場(솔장)-마당을 찾아다니는 것. ㅇ啄(탁)-쪼다. 식육류(食肉類)인 청작새가 곡식을 쫀다는 것은 본성(本性)에 어긋나는 일이며, 작자가 겪고 있는 괴로움에 비유한 것이다. ㅇ塡(전)-전(瘨)과 통한다(集傳). 병이 든 것. ㅇ寡(과)-사람이 홀로 있는 것도 과(寡)라 하지만, 재물이 적은 것도 과(寡)라 하므로, 과(寡)는 바로 궁(窮)의 뜻이다(通釋). 전과(塡寡)는 그러므로 '병들고 궁한 것'. ㅇ宜(의)-옛날엔 차(且)자와 형체가 비슷했으며(通釋), 뜻도 통하였다(釋義). ㅇ岸(안)-《한시(韓

詩)》와《설문해자》등에 인용된 것에는 한(狂)으로 되어 있다. 한(狂)은 향정(鄕亭)의 옥(獄)이며, 옥은 조정의 옥이라는 구별은 있었다. ㅇ握粟(악속)－복채로 내놓으려고 곡식을 손에 움켜쥐고 가는 것. ㅇ自何能穀(자하능곡)－무엇부터 어떻게 하면 선(善)해질 수 있을까 하는 뜻. ㅇ溫溫(온온)－화유(和柔)한 모양(毛傳). ㅇ恭人(공인)－남에게 공손하게 하는 것. ㅇ如集于木(여집우목)－나무 위에 올라앉은 것 같은 것. 떨어지지 않을까 조심함을 뜻한다. ㅇ惴(췌)－근심하고 두려워하는 것. ㅇ如臨于谷(여림우곡)－골짜기 절벽에 임하는 것 같다. 그처럼 두려워하여 조심함을 뜻한다.

解說 이 시는 시국을 한(恨)하면서도 올바로 살아가려고 스스로 경계하는 마음을 노래한 것이다. 제1절에서는 선조(先祖)와 부모님을 생각하여 스스로 경계하고, 제2절에서는 지금의 고관(高官)들은 술만 마시고 노는데 천명(天命)을 두려워할 줄 알아야 한다는 것이고, 제3절에서는 자식이란 오랜 시일을 통하여 교육을 잘 시켜야 함을 노래한 것이고, 제4절에서는 부모님께 욕되지 않게 꾸준히 바른 길로 노력해야 함을 노래했고, 제5절에서는 이토록 올바로 살려 애쓰는 데도 세상이 어지러워 자기가 많은 해를 입고 있음을 노래했고, 제6절인 마지막 절에는 인제나 신중히 조심하여 살아가야 함을 노래한 것이다.

〈모시서〉에서는 선왕(宣王)을 풍자한 것이라 하였는데 정현(鄭玄)은 여왕(厲王), 공영달(孔穎達)은 유왕(幽王)을 풍자한 것이라 의견을 달리하였다. 어떻든 시를 읽을 때 임금을 직접 풍자한 곳은 발견되지 않는다.

7. 갈가마귀(小弁)

푸드득 갈가마귀가 떼지어 날아가네.
백성들 모두 잘 지내거늘 나 홀로 괴로워하네.
무슨 죄를 하늘에 졌나? 내 죄가 무엇인가?
마음의 시름이여! 어찌하면 좋은가?

평평한 한길에는 무성한 풀이 가득.

내 마음의 시름이여! 생각할수록 방망이로 가슴을 치는 듯하네.
옷 입은 채 누워 긴 탄식하니, 걱정으로 늙어만 가네.
마음의 시름이여! 열병으로 머리 아픈 듯하네.

뽕나무와 가래나무를 대하여도 반드시 공경하나니,
눈에 뜨이느니 아버님이요 마음에 그리느니 어머님이기 때문일세.
터럭까지도 이어받지 않았는가? 살결조차도 물려받지 않았는가?
하늘이 나를 내셨는데 내게는 때가 안 오려는가?

무성한 저 버드나무엔 맴맴 매미 우는 소리,
깊은 연못가엔 달이며 갈대만 더부룩.
마치 물에 뜬 배가 어디로 가고 있는지 모르는 것 같으니,
마음의 시름이여! 옷 입은 채 잘 겨를도 없구나.

사슴이 뛰어가는데 다리가 휘청휘청,
꿩이 아침에 우는 것은 그의 암놈 찾는 거라.
마치 부러진 나무가 병들어 가지도 없는 듯하니,
마음의 시름이여! 아무도 알아주는 이 없네.

토끼 그물 쳐놓은 걸 봐도 간혹 빠져나가는 수가 있고,
길가에 죽은 사람 있으면 누가 묻어 주기도 하는데,
임금님 마음 쓰심은 너무나 잔인하시네.
마음의 시름이여! 눈물만이 떨어지네.

임금님이 모함하는 말을 믿으심을 마치 술잔 받으시듯하니,
임금님은 사랑하시지도 않고 잘 살펴보시지도 않으시네.
나무를 베려면 한쪽을 잡아당기며 잘라야 하고, 장작을 쪼개려면 결
을 따라야 하거늘
죄지은 자는 놓아두고 모두 내게 책임지우시네.

높지 않다면 산이 아니며 깊지 않다면 샘이 아니지.
임금이라면 남의 말을 가벼이 따라서는 안될 것이니, 귀는 담에도

붙어 있다 하였네.
　내 어살에 가서 내 통발을 꺼내지 마라.
　내 몸도 용납되지 못하거늘 내 뒷일을 걱정할 틈 있겠는가?

[原文]　弁彼鸞斯여 歸飛提提로다.
　　　　民莫不穀이어늘 我獨于罹로다.
　　　　何辜于天고? 我罪伊何오?
　　　　心之憂矣여 云如之何오?

　　　　跂跂周道여 鞠爲茂草로다.
　　　　我心憂傷이여 惄焉如擣로다.
　　　　假寐永嘆하여 維憂用老하니
　　　　心之憂矣여 疢如疾首로다.

　　　　維桑與梓도 必恭敬止니
　　　　靡瞻匪父며 靡依匪母로다.
　　　　不屬于毛여 不離于裏아?
　　　　天之生我여 我辰安在오?

　　　　菀彼柳斯여 鳴蜩嘒嘒며
　　　　有漼者淵에 萑葦淠淠로다.
　　　　譬彼舟流이 不知所屆니
　　　　心之憂矣여 不遑假寐로다.

　　　　鹿斯之奔여 維足伎伎며
　　　　雉之朝雊는 尚求其雌로다.
　　　　譬彼壞木이 疾用無枝니
　　　　心之憂矣여 寧莫之知로다.

　　　　相彼投兔하면 尚或先之며

行有死人하면 尚或墐之어늘
君子秉心은 維其忍之로다.
心之憂矣여 涕旣隕之로다.

君子信讒은 如或酬之니
君子不惠라 不舒究之로다.
伐木掎矣며 析薪扡矣어늘
舍彼有罪요 予之佗矣로다.

莫高匪山이며 莫浚匪泉이로다.
君子無易由言이니 耳屬于垣이니라.
無逝我梁하여 無發我笱어다.
我躬不閱이니 遑恤我後아!

註解 ○弁(반)—날개를 치며 나는 모양(集傳). 주송(周頌) '소비(小毖)' 시의 '번비유조(拚飛維鳥)'의 번(拚)과 통한다. ○鸒(여)—갈가마귀. 까마귀보다 약간 작고 배가 희며 떼지어 날아다니기 좋아한다(孔疏). ○斯(사)—조사. ○提提(시시)—군비(群飛)하는 모양. ○穀(곡)—선(善)의 뜻. ○罹(리)—근심하는 것. ○辜(고)—죄(罪)의 뜻. ○云(운)—조사. ○踧踧(척척)—평평한 모양. ○周道(주도)—주나라로 가는 길, 한길. ○鞠(국)—영(盈)의 뜻, 가득한 것. '절남산(節南山)' 시 《모전》에 보였음. ○惄(녁)—주남(周南) '여분(汝墳)' 시의 《모전》엔 '기의(飢意)'라 하였다. 배가 고픈 듯 마음으로 걱정하는 것. ○擣(도)—방망이, 방망이로 치는 것. ○假寐(가매)—의관(衣冠)을 벗지 않고 그대로 자는 것(毛傳). ○用(용)—이(以)의 뜻. ○疢(진)—열병. ○疾首(질수)—두통의 뜻, 머리 아픈 것. ○桑與梓(상여재)—《오대사(五代史)》에 왕건립(王建立)이 말하기를 '뽕나무[桑]는 삶을 기르고, 가래나무[梓]는 죽은 이를 보낸다. 이것이 뽕나무와 가래나무가 꼭 공경받는 이유라.' 하였다. 곧 뽕나무는 누에를 길러 길쌈을 하게 하고, 가래나무로는 관(棺)을 만드는 것이다. ○止(지)—조사. ○靡瞻匪父(미첨비부)—'우러러보면 아버지 아님이 없다', 곧 '눈을 뜨고 보면 모두가 아버지 모습을 생각게 한다'는 뜻. ○依(의)—의연(依戀)의 뜻. ○靡依匪母(미의비모)—'눈을 감고 생각해 보면 어머님 아님이 없

다', 곧 '생각만 하면 언제나 어머니가 그리워진다'는 뜻. ○不屬于毛(불촉우모)-'터럭도 부모와 연결되어 있지 않은가?', 곧즉 '터럭도 부모님에게서 물려받은 것이 아닌가?'의 뜻. ○離(리)-붙다, 이어지다. ○裏(리)-리(理)와 통하여 살결. 털은 외부를, 살결은 내부를 말하며 대문(對文)을 이룬 것이다(經義述聞). ○辰(신)-좋은 때(釋義). ○安在(안재)-'어디 있는가?' '언제나 오려는가?'의 뜻. ○菀(울)-무성한 것. ○蜩(조)-매미. ○嘒嘒(혜혜)-매미가 우는 소리. ○有漼(유최)-최연(漼然), 깊은 모양. ○者(자)-조사. ○萑(환)-달. 갈대의 일종. ○葦(위)-갈대. ○淠淠(비비)-무성한 모양. ○譬(비)-비유하면 '마치 ……과 같다'는 뜻. ○舟流(주류)-배가 흐르는 물에 떠내려 가는 것. ○届(계)-이르다. ○不遑假寐(불황가매)-'옷 입은 채 잠잘 경황도 없다'. 옛날에는 그래도 옷 입은 채 잠을 좀 잤는데의 뜻. ○伎(기)-기(跂)와 통하여, 기기(伎伎)는 발의 움직임이 더딘 모양(毛傳). 사슴이 그의 무리를 떠나지 않으려고 어정어정 걸어가는 모양으로(鄭箋), 부모님 곁을 지키려는 작자의 심정을 비유한 것이다. ○雊(구)-수꿩이 우는 것. ○壞(괴)-외(瘣)와 통하여, 나무가 병들고 상한 것(毛傳). ○用(용)-이(以)의 뜻. ○寧(녕)-내(乃)의 뜻. ○莫之知(막지지)-아무도 그러한 자기의 시름을 알아주지 않는 것. ○相(상)-보다. ○投(투)-엄(掩)의 뜻으로(鄭箋), 토끼를 잡으려고 그물을 씌우는 것(通釋). ○先(선)-개(開)의 뜻으로 개방되어 빠져나가는 것(通釋). 토끼가 빠져나가는 행운도 있는데 자기는 없음을 말한다. ○墐(근)-묻다, 매장하다. 임자 없는 시체를 장사지내 주는 수도 세상엔 있는데 자기를 동정하는 이는 없음을 뜻한다. ○君子(군자)-임금을 가리키는 말. 정현(鄭玄)은 유왕(幽王)을 가리킨다 하였다. ○秉心(병심)-마음가짐, 마음쓰임. ○忍(인)-잔인(殘忍)하다는 뜻(釋義). ○涕(체)-눈물. ○隕(운)-떨어지다. ○君子(군자)-자기를 쫓아낸 임금을 가리킨다. ○讒(참)-근거 없이 모함하는 말. ○醻(수)-술잔을 주고받는 것. ○惠(혜)-사랑하는 것. ○舒究(서구)-잘 구명(究明)해 보는 것. ○掎(기)-한쪽으로 잡아당기는 것. 큰 나무를 베자면 한쪽으로 잡아당기며 잘라야 한다. ○析(석)-쪼개다. ○薪(신)-장작. ○扡(타)-《당석경(唐石經)》과 《옥편(玉篇)》에는 모두 '치(杝)'로 되어 있으나 잘못이다. '타(扡)'는 나뭇결을 따라 쪼개는 것. 이처럼 모든 일은 사리를 따라야 하는데, 자기 임금은 덮어놓고 남이 모함하는 말만 믿고 자기를 멀리한다는 뜻. ○舍(사)-놓아두는 것. ○有罪(유죄)-유죄지인(有罪之人). ○佗(타)-《설문해자》에 '짊어진다'는 뜻이라 하였다. 죄를 자기에게 짊어지우는 것(釋義). ㅇ莫高匪山(막고비산)-불고비산(不高非山). 높지 않은 산은 없다, 산은 모두 높다는 뜻. ㅇ浚(준)-물이 깊은 것. 이 높은 산과 샘물은 군자(君子)의 자중(自重)함과 위엄을 비유한 것이다. ㅇ君子(군자)-임금을 가리킴. ㅇ易(이)-경이(輕易). 가볍고 쉽게 여기는 것. ㅇ由言(유언)-남의 말을 따르는 것. ㅇ垣(원)-담. 담에도 귀가 연결되어 있다는 것은 모든 말을 빼놓지 않고 잘 들어야만 함을 뜻하는 말임. ㅇ梁(양)-고기를 잡을 통발을 대기 위하여 냇물을 막고 가운데만 틔워놓은 '어살'. ㅇ笱(구)-통발. ㅇ躬(궁)-자신(自身). ㅇ閱(열)-용납되다. ㅇ遑(황)-겨를. ㅇ恤(휼)-근심하다. ㅇ我後(아후)-내 뒤의 일. 이상 4구는 패풍(邶風) '곡풍(谷風)'에도 똑같은 구절이 있다. 어세(語勢)로 보아 이 '소변(小弁)' 시가 패풍의 시구를 인용한 것일 게다.

解說 〈모시서〉에는 유왕(幽王)을 풍자한 시라 하였다. 유왕이 포사(褒姒)를 총애하여 태자 의구(宜臼)를 폐(廢)하였으므로 태자의 스승이 이것을 지었다는 것이다. 주희(朱熹)는 의구의 자작이라 하였고(集傳) 〈삼가시(三家詩)〉는 윤길보(尹吉甫)의 아들 백기(伯奇)의 소작(所作)이라 하였다. 어떻든 조정에서 모함으로 말미암아 쫓겨난 신하의 노래인 듯하다.

8. 교묘한 말(巧言)

아득히 높은 하늘은 백성들의 부모라 하였거늘
죄도 없고 허물도 없는데 어지러움 이토록 크게 내리는가?
하늘은 이미 벌을 내리셨으나 나는 정말 죄없네.
하늘은 큰 벌 내리셨으나 나는 정말 허물 없네.

어지러움의 시작은 남을 모함하는 데서 시작되어 자라나며,
어지러움이 더욱 생겨남은 임금이 모함하는 말을 믿기 때문이네.
임금이 모함하는 말에 노하신다면 어지러움은 바로 막아질 것이며,
임금이 어진 말을 기뻐하신다면 어지러움은 바로 끊일 것이네.

임금이 약속만 자주 바꿔가며 하시니, 어지러움은 그때문에 더해지며,

임금이 소인을 믿으니 어지러움은 그래서 더 심해지며,
소인의 말은 매우 달콤하여 어지러움은 그래서 늘어만 가네.
그들은 함께 할 만한 자들이 못되며 임금에게 병폐만 되네.

커다란 궁전과 종묘는 선왕들이 지은 것이고,
분명한 위대한 법도는 성인이 정하셨네.
저들이 지닌 마음을 내 헤아려 알 수 있으니,
깡총깡총 뛰는 약은 토끼도 개를 만나면 잡히고 만다네.

야들야들한 부드러운 나무를 임금이 심고 있네.
왔다갔다 하는 사람들의 떠도는 말을 임금은 마음으로 분별하여야
하네.
실속 없는 큰소리도 입으로부터 나오고,
생황 소리 같은 교묘한 말은 낯가죽 두꺼운 자들이 하네.

저들은 어떤 자들인가? 황하 가에 살며
힘도 없고 용기도 없으나 어지러움 일으킴을 일삼고 있네.
정강이에 종기 나고 발도 부르텄으니, 그대 무슨 용기가 있겠는가?
속임수 많이 쓰고 있으나 그대의 무리가 얼마나 될 건가?

原文　　悠悠昊天은 曰父母且니라.
　　　　無罪無辜어늘 亂如此憮아?
　　　　昊天已威시나 予愼無罪며
　　　　昊天泰憮시나 予愼無辜니라.

　　　　亂之初生은 僭始旣涵이며
　　　　亂之又生은 君子信讒이니라.
　　　　君子如怒면 亂庶遄沮며
　　　　君子如祉면 亂庶遄已리라.

　　　　君子屢盟이니 亂是用長이며

君子信盜니 亂是用暴며

盜言孔甘이니 亂是用餤이로다.

匪其止共이며 維王之邛이로다.

奕奕寢廟를 君子作之며

秩秩大猷를 聖人莫之니다.

他人有心을 予忖度之니

躍躍毚兎이 遇犬獲之니라.

荏染柔木을 君子樹之며

往來行言을 心焉數之니라.

蛇蛇碩言도 出自口矣요

巧言如簧은 顏之厚矣로다.

彼何人斯오? 居河之麋하며

無拳無勇이나 職爲亂階로다.

旣微且尰하니 爾勇伊何오?

爲猶將多나 爾居徒幾何오?

註解 ○悠悠(유유)−심원(深遠)한 모양, 아득한 것. ○且(저)−어조사. 왈 부모저(曰父母且)는 하늘은 인민(人民)의 부모라 한다는 뜻. ○憮(무)−큰 것, 심한 것. ○已(이)−이미. ○威(위)−위노(威怒)의 뜻으로 천벌이 내리는 것을 말한다. ○愼(신)−성(誠)과 통하여(毛傳), 진(眞)의 뜻. 참말로, 정말. ○泰(태)−태(太)의 뜻, 너무. 태무(泰憮)는 크나큰, 매우 큰. 천벌이 큰 것. ○僭(참)−참(譖)의 가차자로, 참언(讒言)의 뜻(釋義). 남을 모함하는 것. ○涵(함)−함양(涵養)의 뜻. 자라나는 것. ○君子(군자)−모두 임금을 가리킨다. ○怒(노)−참언을 하는 사람에 대하여 노하는 것. ○庶(서)−거의. ○遄(천)−'바로', '곧'. ○沮(저)−막다. ○祉(지)−기뻐하는 것(集傳), 곧 현인(賢人)을 좋아하는 것. ○屢盟(누맹)−이미 한 약속을 자꾸만 바꾸는 것. ○用(용)−이(以)의 뜻, 따라서 시용(是用)은 시이(是以). ○長(장)−자라나는 것, 더해지는 것. ○盜(도)−참인(讒人), 소인(小人)을 가리킴. ○暴(포)−맹렬(猛烈)

해지는 것(釋義). ○餤(담)－본시는 진식(進食)의 뜻이나 여기서는 음식을 즐기듯 좋아하게 되어 점점 더해지는 것. ○止(지)－갑골문자에서 족(足)과 같은 글자임(釋義). 따라서 지공(止共)은 '족공(足共)', '함께 할 만한 것'. ○邛(공)－병폐가 되는 것. 앞의 '소민(小旻)' 시에 보임. ○奕奕(혁혁)－큰 모양. ○寢(침)－사람의 거소(居所), 곧 궁전을 말함. ○廟(묘)－신(神)의 거소, 곧 종묘(宗廟)를 말함(大雅 '崧高'시 孔疏). 그리고 침(寢) 앞에 묘(廟)가 있었다(孔疏). ○秩秩(질질)－차례가 뚜렷한 모양. ○猷(유)－도(道), 또는 나라의 법도. ○莫(막)－정하다. 정(定)의 뜻(集傳). ○忖度(촌탁)－헤아려 알아맞히는 것. ○躍躍(적적)－적적(趯趯)과 같은 뜻으로, 도약하는 모양(釋義). ○毚(참)－교활한 토끼(毛傳). ○兎(토)－토끼. ○遇犬獲之(우견확지)－'개를 만나면 잡힌다', 곧 소인들의 참소(讒訴)하는 마음을 알아맞힐 수 있음에 비유한 것이다. ○荏染(임염)－부드러운 모양. ○柔木(유목)－가래나무·오동나무·옻나무 같은 좋은 재목이 되는 나무를 가리키며(毛傳), 현인의 바른 말에 비유한 것이다(鄭箋). ○樹(수)－심다. ○行言(행언)－소언(疏言), 뜬말(釋義). ○數(수)－옳고 그름을 '분별하는 것'(集傳). ○蛇蛇(이이)－이이(訑訑)(《孟子》에 보임)와 같은 말로서 '큰소리로 세상을 속이는 모양(通釋). ○碩言(석언)－대언(大言). ○如簧(여황)－생황(笙簧) 같은 악기 소리처럼 듣기 좋다는 뜻. ○顔之厚(안지후)－요샛말로는 '낯가죽이 두꺼운 것', 곧 뻔뻔스러운 것. ○彼(피)－참인(讒人)들을 가리킴. ○麋(미)－미(湄)와 통하는 글자로 물가. 간사한 그 녀석은 황하 가의 습지(濕地) 좋지 못한 땅에 살고 있다는 뜻. ○拳(권)－힘의 뜻(毛傳). ○職(직)－일삼는 것. ○亂階(난계)－어지러움을 한 가지 한 가지 더 많이 만든다는 뜻. ○微(미)－한양(骭瘍)으로(毛傳), 정강이에 종기가 나는 병. ○尰(종)－발이 붓는 병(毛傳). ○伊(이)－유(維)와 같은 어조사. ○猶(유)－《광아(廣雅)》에는 기(欺)의 뜻이라 하였으니, '속임수'. ○將(장)－방(方) 또는 차(且)의 뜻(釋義). ○居(기)－어조사. ○爾居徒(이기도)－이도(爾徒), 너희 무리들.

解說 이 시는 참언으로 말미암아 자리를 쫓겨난 자가 소인의 참언을 믿는 임금을 풍자하며 자기의 처지를 노래한 것이다. 제목의 교언(巧言)은 소인들의 간사한 참언을 말하며, 이처럼 시의 내용을 제명(題名)으로 딴 것은 《시경》에선 예외에 속한다. 〈모시서〉에서는 대부가 유왕(幽王)을 풍자한 것이라 하였는데 이 시에 나오는 군자가 유왕을 가리키는지는

확언할 수 없다.

9. 제가 무언가(何人斯)

제가 무언가? 마음이 매우 고약하네.
어째서 우리 어살엔 가면서 우리집엔 들어오지 않는가?
저자는 누구를 따라다니나? 바로 포공이라네.

두 사람이 함께 다니는데, 누가 이런 화근을 만들었나?
어째서 우리 어살엔 가면서 내게 들어와 위문하진 않나?
처음에는 지금 같지는 않았는데 지금은 나를 좋다고 하지 않네.

제가 무언가? 우리 뜰앞 길을 어째서 지나가는가?
나는 그의 목소리만 듣고 그의 몸은 보지 못하네.
사람들에겐 부끄럽지 않다 하더라도 하늘도 두렵지 않은가?

제가 무언가? 그는 회오리바람처럼 싸다니네.
어째서 북쪽으로부터 불어오지 않는가? 어째서 남쪽으로부터 불어
오지 않는가?
어째서 우리 어살엔 가는가? 다만 내 마음만 휘저어놓네.

그대는 천천히 다닐 때도 내게 와 쉴 겨를이 없으니,
그대가 급히 다닐 적에는 그대 수레에 기름칠 틈은 있는가?
한번 오면 될 것을 어째서 눈빠지게 하는가?

그대가 돌아들어오면 내 마음 가벼워지련만,
돌아들어오지 않으니 정말 이해하기 어렵구나.
한번만 온다면 내 마음 안정되련만.

맏형은 훈을 불고 둘째 형은 저를 불듯,
그대와 한줄에 꿴 듯 잘 지내렸더니, 정말 나를 몰라주네.

개 돼지 닭 잡아놓고 그대를 저주하리라.

귀신이나 단호가 되면 남들이 볼 수 없을 것인데,
얼굴 부끄럽게도 남에게 좋지 않게 보이네.
이러한 좋은 노래 지어 비뚤어진 그대들 마음 바로잡으려는 것이네.

原文　彼何人斯오? 其心孔艱이로다.
胡逝我梁하되 不入我門고?
伊誰云從고? 維暴之云이로다.

二人從行하나니 誰爲此禍오?
胡逝我梁하되 不入唁我오?
始者不如今이러니 云不我可로다.

彼何人斯오? 胡逝我陳고?
我聞其聲이나 不見其身이로다.
不愧于人이어니와 不畏于天가?

彼何人斯오? 其爲飄風이로다.
胡不自北이며 胡不自南고?
胡逝我梁고? 祗攪我心이로다.

爾之安行에도 亦不遑舍어니
爾之亟行에 遑脂爾車아?
壹者之來면 云何其盱리요?

爾還而入이면 我心易也어늘
還而不入하니 否難知也로다.
壹者之來면 俾我祗也니라.

伯氏吹壎하고 仲氏吹篪라
及爾如貫이러니 諒不我知니

出此三物하여 以詛爾斯하리라.

爲鬼爲蜮이면 則不可得이어니와
有靦面目하니 視人罔極이니라.
作此好歌하여 以極反側하노라.

註解 ○彼何人斯(피하인사)―앞의 '교언(巧言)' 시에도 나왔지만 '제가 무어길래' 정도의 척하(斥下)하는 뜻을 지녔다. ○艱(간)―간험(艱險)의 뜻, 곧 '고약하다'. ○梁(양)―고기잡으려고 물을 막아놓은 '어살'. 어살에는 간다는 것은 자기에게 이(利)가 생길 곳에만 간다는 뜻. ○我門(아문)―우리집 문. ○云(운)―시(是)와 같은 뜻(經傳釋詞). ○從(종)―종행(從行), 동행의 뜻. ○暴(포)―포공(暴公)을 가리킨다(毛傳). 포공은 경사(卿士)로서 친구인 소공(蘇公)을 참소하여, 소공이 이 시를 지어 절교하였다 한다(毛詩序). ○之(지)―시(是)의 뜻. ○云(운)―어이사(語已詞). ○二人(이인)―포공(暴公)과 그의 종행자(從行者). ○禍(화)―포공과 작자의 사이가 벌어지게 된 불행을 가리킴. ○唁(언)―작자 소공(蘇公)이 참언으로 벼슬자리를 물러나 있는 것을 위문함을 뜻한다(鄭箋). ○始者(시자)―'처음에', '그전에'. ○可(가)―'좋은 것', '괜찮은 것'. ○陳(진)―당도(堂塗)(毛傳)로서, 당 앞에서 대문에 이르는 길. ○愧(괴)―부끄러워하다. ○飄(표)―회오리바람. ○胡不自北(호부자북)― 어째서 회오리바람이 북쪽에서 불어오듯 나타나 나를 만나지 않는가?의 뜻. 호부자남(胡不自南)도 같음. ○祇(지)―지(只)의 뜻. 다만. ○攪(교)―흔들다. ○安行(안행)―천천히 다니는 것(集傳). ○不遑舍(불황사)―내 집에 와서 머물러 쉴 겨를도 없다는 뜻. ○亟(극)―급한 것. ○脂(지)―기름을 치는 것. ○壹者(일자)―'한 번'의 뜻. ○盱(우)―눈빠지도록 바라는 것. ○易(이)―경이(輕易)·안이(安易)의 뜻. ○否(부)―옛날에는 '불(不)'로만 썼는데 불(不)은 비(조)와 통하여 '정말', '너무'의 뜻. ○難知(난지)―이해하기 어려운 것. ○祇(기)―안정의 뜻. ○伯氏(백씨)―큰형. ○壎(훈)―흙을 구워 만든 악기. 크기는 거위알만 하고 위는 뾰죽하고 밑은 평평하여 저울추처럼 생겼다. 여섯 개의 구멍이 있으며, 작은 것은 달걀만한 것도 있다. ○仲氏(중씨)―중형(仲兄). ○篪(지)―대나무로 만들고 길이 1척(尺) 4촌(寸), 둘레 3촌, 7공(孔)인데 1공이 또 위로 나 있는 악기. 옆으로 부는 횡적(橫笛)(孔疏). 이 구절은 백형(伯兄)·중형(仲兄)과 함께 악기를 불 때 형제들이 우애 좋은 것처럼,

또 음악이 화음되듯 그대와 잘 지내고 싶었다는 뜻. ㅇ貫(관)－꿰는 것. 이 구절은 그대와 한 줄에 꿴 듯 가까이서 잘 지내고 싶었다는 뜻. ㅇ諒(량)－신(信)과 통하여, '정말로'. ㅇ三物(삼물)－돼지와 개와 닭. ㅇ詛(조)－저주하는 것. 위 삼물(三物)을 내어놓고 제사지내며 그대를 저주하여 신으로 하여금 그대에게 재앙을 내리도록 하겠다는 뜻(釋義). ㅇ蜮(역)－단호(短狐)라고 하며(毛傳), 강물에 사는데 강물에 비친 사람의 그림자를 보면 이를 쏘아 병들어 죽게 하였다. '사영(射影)'이라고도 부른다. 또는 모래를 물었다 사람을 쏘아, 맞으면 피부에 부스럼이 나게 된다고도 한다(孔疏). 하여튼 역(蜮)도 귀신처럼 사람의 눈에 잘 뜨이지 않는 것이다. ㅇ不可得(불가득)－불가득견(不可得見)의 뜻(集傳). ㅇ有靦(유전)－전연(靦然), 부끄러워하는 것. ㅇ面目(면목)－'볼 낯'. ㅇ視(시)－보이다. ㅇ罔極(망극)－불량(不良)·불선(不善)의 뜻(釋義). ㅇ極(극)－정(正)과 통하여 규정(糾正)의 뜻(釋義). ㅇ反側(반측)－'반대로 기울어만 가는 그대의 마음'을 가리킨다(集傳).

解說　〈모시서〉에 의하면 이 시는 소공(蘇公)이란 사람이 포공(暴公)을 풍자한 것이라 한다. 포공은 경사(卿士)로서 그의 친구인 소공을 참해(讒害)하여 소공은 이 시를 지어 절교하였다 한다. 여기의 소공이란 사람은 어디에 근거를 둔 인물인지 알 길이 없다. 그러나 내용을 볼 때 자기에게 좋지 못한 짓을 하고 자기를 멀리하려는 포공이란 친구를 끊어 버리는 시임에는 틀림없다.

10. 항백(巷伯)

얼룩덜룩 아름답게 조개무늬 비단이 짜였네.
저 남을 모함하는 자들은 너무 심한 짓을 하네.

커다랗고 널따랗게 남기성이 이루어져 있네.
저 남을 모함하는 자는 누구와 주로 모의하는가?

조잘조잘 약삭빠른 말로 남을 모함하려고 모의하니
그대들은 말을 삼가야지, 그대들은 못믿겠기 때문이네.

속삭속삭 조잘대며 남을 모함하려고 모의하네.
어찌 그런 말 받아들이지 않을 수 있겠는가? 그러나 뒤에는 그대들
도 버림받을 거네.

교만한 자들은 좋아하고 있지만 수고하는 사람들은 시름에 잠겨 있네.
푸른 하늘이여 푸른 하늘이여! 저 교만한 자들을 보시고,
이 수고하는 사람들은 가엾이 여기소서.

저 남을 모함하는 자들은 누구와 주로 모의하나?
저 남을 모함하는 자들을 잡아, 승냥이와 범에게 던져 주리라.
승냥이나 범도 먹지 않으면 북녘 땅에 던져 주리라.
북녘 땅에서도 받지 않으면 하느님께 던져 드리리라.

양원으로 가는 길은 묘구 곁으로 나 있네.
내관인 맹자가 이 시를 지었으니
여러 군자들은 공경히 이것을 들으시기를!

原文 萋兮斐兮로 成是貝錦이로다.
      彼譖人者여 亦已大甚이로다.

      哆兮侈兮로 成是南箕로다.
      彼譖人者여 誰適與謀오?

      緝緝翩翩하여 謀欲譖人하나니
      愼爾言也어라 謂爾不信이리라.

      捷捷幡幡하여 謀欲譖言이로다.
      豈不爾受리요? 旣其女遷하리다.

      驕人好好어늘 勞人草草로다.
      蒼天蒼天이여 視彼驕人하사
      矜此勞人하소서.

彼譖人者여 誰適與謀오?

取彼譖人하여 投畀豺虎하리라.

豺虎不食이어든 投畀有北하리라.

有北不受어든 投畀有昊하리라.

楊園之道여 猗于畝丘로다.

寺人孟子이 作爲此詩하노니

凡百君子는 敬而聽之어다.

[註解] ○萋(처)—풀이 푸성한 것, 무늬가 얼룩덜룩 화려한 것. ○斐(비)—무늬가 아름다운 것. ○貝錦(패금)—조개 모양의 무늬가 있는 비단(釋義). 이는 간사한 남을 참해하는 자들의 번드르한 말에 견준 것임. ○譖人(참인)—남을 모함하는 자들. ○大甚(태심)—태심(太甚). 너무 심하게 자기를 모함하였다는 뜻. ○哆(치)—큰 모양(毛傳). ○侈(치)—벌려 있는 모양(集傳). 이 구절은 남기성좌(南箕星座)를 형용한 말임. ○南箕(남기)—기성(箕星). 28수(宿)의 하나. 네 개의 별로 이루어진 성좌(星座)임(孔疏). 이것도 버드르한 참인(譖人)의 교언(巧言)에 비유한 말이다. ○適(적)—주(主)의 뜻(集傳). ○緝(즙)—즙(葺)과 통하여, 즙즙(緝緝)은 《설문해자》엔 '즙즙(葺葺)'으로 인용하였고, 속살대는 모양(毛傳). ○翩翩(편편)—편편(諞諞)으로 씀이 옳으며 교묘한 말을 하는 모양(通釋). ○捷捷(첩첩)—첩첩(倢倢)과 통하여 약삭빠른 말을 하는 모양(通釋). ○幡幡(번번)—자꾸 되풀이하는 모양(集傳). ○爾(이)—남을 모함하는 자들을 가리킴. ○受(수)—임금이 참인(譖人)들의 교묘한 말을 그대로 믿고 받아들이는 것. ○女(여)—너, 그대. ○遷(천)—임금이 너희들의 거짓을 알고 결국은 너희들을 쫓아내어 버릴 것이라는 뜻. ○驕人(교인)—교만한 자들, 남을 모함하는 자들을 가리킴. ○好好(호호)—기뻐하는 모양(毛傳). ○勞人(노인)—노고(勞苦)하는 사람, 곧 참해(譖害)를 받아 고생하는 자기를 가리킨다. ○草草(초초)—노심(勞心)하는 모양(毛傳). ○矜(긍)—불쌍히 여기는 것. ○畀(비)—주다. ○豺(시)—승냥이. ○有北(유북)—북녘의 한량(寒涼)한 불모지(集傳), 또 고속(古俗)에 북방은 흉지(凶地)라 여겼다(釋義). ○有昊(유호)—호천(昊天), '하나님'. 하나님에게 보내어 벌을 받도록 하겠다는 뜻. ○楊園(양원)—원명(園名)(毛傳). 낮은 땅으로(集傳), 시인(寺人)인 맹자(孟

子)가 살고 있는 곳인 듯하다. ㅇ之道(지도)—가는 길. ㅇ猗(의)—의(倚)와 통하여, 가까이 나 있다는 뜻(釋義). ㅇ畝丘(묘구)—언덕 이름(毛傳). 양원(楊園)으로 가는 길이 높은 언덕 옆에 나 있다는 것은, 자기는 낮은 신분이나 높은 정도(正道)를 따라 살고 있음에 비유한 것이다. ㅇ寺人(시인)—내시(內侍)와 같은 벼슬(毛傳). 맹자는 시인인 작자의 이름.

解說 이 시는 시인(寺人)인 맹자(孟子)가 남을 모함하는 자들의 간사함을 풍자한 시이다. 항백(巷伯)은 시인의 우두머리로서, 참인(譖人)이 시인을 참해(譖害)하였으니 그 화가 항백에게도 미칠까 하여 제목을 '항백'이라 한 것이다(鄭箋). 〈모시서〉에서는 역시 유왕(幽王)을 풍자한 것이라 하였지만 참인이 유왕에게 참소하여 시인을 해친 것인지 여부는 알 길이 없다.

제 5 곡풍지습(谷風之什)

1. 동풍(谷風)

산들산들 동풍이 부니 바람과 함께 비가 오네.
살기 어렵고 걱정 많았을 적엔 오직 나와 너뿐이었는데,
편히 즐겁게 살만 하게 되자 그대는 돌아서서 나를 버리네.

부드럽던 동풍이 사납게 불어오네.
살기 어렵고 걱정 많았을 적엔 나를 품안에 품어 주더니,
편히 즐겁게 살만 하게 되자 나를 잊은 듯 버리네.

부드러운 동풍이 높은 산에 불어오는데도,
풀이 모두 죽고 나무도 모두 시드네.
나의 큰 은덕은 잊고 조그만 원한만 생각하는가!

原文 習習谷風이여 維風及雨로다.
將恐將懼엔 維予與女러니
將安將樂엔 女轉棄予로다.

習習谷風이여 維風及頹로다.
將恐將懼엔 寘予于懷러니
將安將樂엔 棄予如遺로다.

習習谷風이 維山崔嵬나
無草不死며 無木不萎로다.
忘我大德이요 思我小怨이로다.

註解 ㅇ習習(습습)―부드러운 모습, '살랑살랑'. ㅇ谷風(곡풍)―동풍. 패풍 (邶風) '곡풍' 시 참조. 여기서 동풍이 산들산들 분다는 것은 남편과 잘 지내 던 때를 비유한 것이다. ㅇ恐懼(공구)―생활에 위협을 받고 여러 가지 걱정 이 많은 것. ㅇ頹(퇴)―바람이 사납게 부는 것. 여기서 부드러운 동풍이 사나 워졌다는 것은 즐거웠던 남편과의 사이에 파탄이 생긴 것을 비유한 것이다. ㅇ寘(치)―치(置)와 같은 자로서 여기서는 품에 품는 것. ㅇ如遺(여유)―'버 린 것인 듯', '잊은 듯'. ㅇ崔嵬(최외)―산이 높은 모양. ㅇ萎(위)―초목이 시 드는 것. 동풍이 불어오는데도 초목이 모두 말라 죽는다는 것은 자기 가정의 행복이 끝났음을 말한 것이다.

解說 이 시는 패풍(邶風)의 '곡풍(谷風)'과 비슷한 내용으로, 남편에게 버 림받은 여인의 노래이다(釋義). 〈모시서〉에서는 유왕을 풍자한 것이라 하 고, 천하의 습속(習俗)이 각박해져서 친구 사이의 도(道)가 끊어졌다고 하 였다. 그러나 시의 내용으로 보아 친구 사이보다는 부부 사이로 봄이 좋겠다.

2. 더부룩한 다북쑥(蓼莪)

다북쑥이 더부룩이 자랐다면 다북쑥이 아니라 약쑥이지.

슬프다 부모님은 나를 낳으시고 기르느라 수고하셨네.

다북쑥이 더부룩이 자랐다면 다북쑥이 아니라 왕쑥이지.
슬프다 부모님은 나를 낳으시고 기르느라 고생하셨네.

텅빈 병은 항아리 대하기 부끄럽네.
가난한 사람들의 삶은 일찍 죽어 버림만 같지 못하네.
아버지 말고 누구를 의지할 것이며 어머니 말고 누구에게 기대겠나?
나가서는 부모님 걱정되고 들어와서는 할 일 없는 듯하네.

아버님 날 낳으시고 어머님 날 기르시니,
쓰다듬고 길러주셨고, 키워 주시고 감싸주셨네.
돌아보시고 또 돌아보시며 나갔다 들어와서는 다시 돌보아 주셨으니,
이 은혜 갚고자 하나 하늘이 무정하시네.

남산은 높다랗고 회오리바람 쏜살같네.
사람들은 모두 잘 지내거늘 왜 나만 홀로 해를 입는가?

남산은 우뚝하고 회오리바람 몰아치네.
사람들은 모두 잘 지내거늘 나만 홀로 부모님 끝내 모시지 못하네.

原文 蓼蓼者莪니 匪莪伊蒿로다.
哀哀父母여 生我劬勞셨도다.

蓼蓼者莪니 匪莪伊蔚로다.
哀哀父母에 生我勞瘁셨도다.

缾之罄矣여 維罍之恥로다.
鮮民之生이여 不如死之久矣로다.
無父何怙며 無母何恃오?
出則銜恤이요 入則靡至로다.

父兮生我하시고 母兮鞠我하시니

拊我畜我하시며 長我育我하시며
顧我復我하시며 出入復我하시니
欲報之德이나 昊天罔極이시로다.

南山烈烈이요 飄風發發이로다.
民莫不穀이어늘 我獨何害오?

南山律律이요 飄風弗弗이로다.
民莫不穀이어늘 我獨不卒이로다.

註解 ○蓼蓼(육륙)―장대(長大)한 모양. ○莪(아)―다북쑥. ○蒿(호)―쑥. 아(莪)와 호(蒿)는 본래 같은 쑥이나, 봄에 나물로 뜯을 때를 아(莪), 대가 길게 자란 것을 호(蒿)라 한다(釋義). 아가 길게 자라 지금은 아가 아니라 호라 한 것은, 어린 자식을 부모님들이 길러주어 지금은 어른이 된 자기에 비유한 것이다. ○劬(구)―수고하는 것. ○蔚(위)―일명 마신호(馬薪蒿)라고도 하며, 보통 쑥보다 대가 굵고 크다(釋義). ○勞瘁(노췌)―고생하는 것. ○缾(병)―병(瓶)과 같은 글자. ○罄(경)―그릇이 비어 있는 것. ○罍(뢰)―술그릇, 술통. 병(缾)이나 뢰(罍)나 모두 비슷한 모양의 질그릇으로, 병에 물을 길어다 뢰에다 부어 둔다. 병이 텅 비어 있으면 뢰엔 따라서 물이 찰 날이 없으므로 병이 비면 뢰의 수치가 되는 것이다. 이것은 부모님이 편히 지내시지 못함은 아들의 책임임을 비유한 것이다(釋義). ○鮮(선)―드물다. 과(寡)의 뜻으로(毛傳), 선민(鮮民)은 가난한 백성. ○怙(호)―믿다, 의지하다. ○恃(시)―의지하다. ○銜恤(함휼)―근심을 지니는 것. 집을 나가서는 부모님 걱정을 하게 된다는 뜻. ○靡至(미지)―무소귀(無所歸)의 뜻으로(集傳), 이 구절은 '집에 들어와 부모님이 안 계시면 갈 곳이 없는 것같이 느껴진다'는 뜻. ○鞠(국)―기르다, 양육하다. ○拊(부)―쓰다듬어 주는 것. ○畜(휵)―기르다. ○長(장)―키우다. ○育(육)―복육(覆育)의 뜻으로(鄭箋), 감싸주는 것. ○顧(고)―돌아보다. ○復(복)―또 다시 돌아보는 것. 부모가 나가실 때에는 반복해서 되돌아 보았다는 뜻이다. ○罔極(망극)―무량(無良)의 뜻. 보통은 끝이 없다, 한이 없다의 뜻으로 풀고 있다. 호천망극(昊天罔極)은 하늘이 무정해서 은혜를 갚지 못하고 있다는 뜻. ○烈烈(열렬)―고대(高大)한 모양(集傳). ○飄(표)―회오리바람. ○發發(발발)―빠른 모양(毛傳). ○穀(곡)―선(善)의 뜻으

로, '잘 지내는 것'. ㅇ律律(율률)—앞절의 열렬(烈烈)과 같은 말. ㅇ弗弗(불불)—발발(發發)과 같은 말. ㅇ不卒(부졸)—종양(終養)하지 못하는 것.

解說 이 시는 백성들이 노고(勞苦)함에도 효자가 그의 부모를 끝까지 봉양하지 못하는 안타까움을 노래한 것이다. 〈모시서〉에선 역시 유왕 때의 시로 보았으나 근거는 알 수 없다.

3. 대동(大東)

그릇엔 밥이 수북하고 대추나무 주걱은 구부정하네.
한길은 숫돌처럼 평평하고 곧기가 화살 같네.
관원들은 밟고 다니지만 낮은 백성들은 보기만 하는 것,
휙 뒤돌아보니 줄줄 눈물만 흐르네.

소동 지방이고 대동 지방이고 북과 도투마리가 다 비었네.
엉성한 칡신으로 서리 위를 밟고 다녀야 하네.
외로운 공자께서 저 한길을 가는데
왔다갔다 할 적마다 내 마음 아프네.

차가운 산허리 샘물에 땔나무를 적시지 마라.
괴로움에 잠깨어 탄식하니 이 수고로운 자만이 슬프네.
땔나무를 해놓았다면 싣고 가면 될 것이고,
이 수고로운 자를 가엾이 여긴다면 쉴 수 있도록 해주기만 하면 될 것이네.

동쪽 땅 사람들은 수고하고도 위로받지는 못하는데,
서쪽 땅 사람들은 화려한 옷 입고 지내네.
주(周)나라 사람들은 곰이나 말곰 갖옷 입고,
자기집 사람들을 온갖 벼슬자리에 쓰네.

혹 술이 있다 해도 술국이 없고,

치렁치렁해야 할 인끈도 길지 못하네.
하늘엔 은하수가 있어 희미하게 빛나고 있는데,
직녀를 바라보니 하루 종일 일곱 번이나 베틀에 오르네.

일곱 번이나 베틀에 오르면서도 천은 짜지 못하고,
반짝거리는 저 견우성은 수레를 끌지 않네.
동쪽에는 샛별이 있고 서쪽에는 금성이 있으며,
구부정한 천필 성좌는 줄지어 벌려 있네.

남쪽에 키 같은 기성이 있으나 곡식을 까부를 수는 없는 거고,
그 북쪽에는 국자 같은 남두성 있으나 술이나 국을 뜰 수는 없네.
남쪽의 기성은 혀를 내어 물려는 듯하고,
북쪽의 북두칠성은 서쪽으로 자루가 뻗어 있네.

原文 　有饛簋飧이요　有捄棘匕로다.
　　　周道如砥하니　其直如矢로다.
　　　君子所履이요　小人所視니
　　　睠言顧之요　潸焉出涕로다.

　　　小東大東에　杼柚其空이로다.
　　　糾糾葛屨에　可以履霜이로다.
　　　佻佻公子이　行彼周行하여
　　　旣往旣來하니　使我心疚로다.

　　　有冽氿泉에　無浸穫薪이어다.
　　　契契寤歎하니　哀我憚人이로다.
　　　薪是穫薪이면　尙可載也며
　　　哀我憚人이면　亦可息也니라.

　　　東人之子는　職勞不來요
　　　西人之子는　粲粲衣服이로다.

舟人之子는 熊羆是裘요

私人之子를 百僚是試로다.

或以其酒라도 不以其漿이며

鞙鞙佩璲도 不以其長이로다.

維天有漢하니 監亦有光이며

跂彼織女이 終日七襄이로다.

雖則七襄이나 不成報章이며

睆彼牽牛이 不以服箱이로다.

東有啓明이요 西有長庚이며

有捄天畢이 載施之行이로다.

維南有箕하니 不可以簸揚이며

維北有斗하니 不可以挹酒漿이로다.

維南有箕하니 載翕其舌이며

維北有斗하니 西柄之揭이로다.

註解 ㅇ有饛(유몽)—밥을 수북이 담은 모양. 곧 몽연(饛然). ㅇ簋(궤)—기장 같은 것을 담는 대나무로 만든 그릇. 여기서는 밥그릇. ㅇ飧(손)—밥, 저녁밥. ㅇ捄(구)—《모전(毛傳)》엔 장모(長貌), 곧 긴 모양이라 하였으나, 마서진(馬瑞辰)이 구부정히 긴 모양을 증명하였다(通釋). ㅇ棘(극)—'대추나무'. ㅇ匕(비)—숟가락, 주걱. 이 구절에선 작자가 풍성한 생활을 생각한 것이다. ㅇ周道(주도)—주(周)나라의 국도(國道), '한길'. ㅇ如砥(여지)—숫돌처럼 평평하다는 뜻. ㅇ君子(군자)—관리들. ㅇ履(리)—밟고 다니는 것. ㅇ小人(소인)—지위 없는 낮은 백성. ㅇ所視(소시)—보기만 한다는 뜻. 옛날 주나라의 국도는 관리들만이 다닐 수 있었고 평민들은 통행을 금하였으므로 그것을 보기만 했다는 것이다(釋義). ㅇ睆(권)—돌아보는 것. ㅇ言(언)—조사. 권언(睆言)은 권연(睆然)과 같은 말로 '뒤돌아보는 모양'. ㅇ潸焉(산언)—눈물을 흘리는 모양. ㅇ小東(소동)—한(漢)나라의 동군(東郡), 곧 지금의 산동성 복현(濮縣) 일대에 해당하는 지방. ㅇ大東(대동)—노동(魯東) 일대임(釋義 引 傅斯年 〈大

東小東說〉). ㅇ杼(저)—북. 베틀의 씨줄을 담는 물건. ㅇ柚(축)—도투마리. 베틀의 날줄을 감아 둔 물건(集傳). 베틀의 북과 도투마리가 텅 비어 있다는 것은 대동(大東)과 소동(小東) 지방 백성들의 생활이 곤궁함을 말하는 것이다. ㅇ糾糾(규규)—칡신의 짜여진 모양. ㅇ葛(갈)—칡. ㅇ屨(구)—신발. ㅇ履霜(이상)—서리 내린 땅을 밟고 가는 것. 이 두 구절은 위풍(魏風) '갈구(葛屨)' 시에 보였음. ㅇ佻佻(조조)—홀로 가는 모양(毛傳). ㅇ公子(공자)—《모전》에 담(譚)나라 공자(公子)를 가리킨다고 하였는데, 알 수 없다. 〈모시(毛詩)〉에 의하면 동쪽 나라들이 부역(賦役)에 시달리고 재물에 궁함을 담나라 대부가 풍자한 것이라 한다. 그러나 담나라와 이 시의 관계가 무엇에 근거를 둔 것인지 알 길은 없다. ㅇ疚(구)—서쪽 주나라 사람들은 아랑곳없는데, 담나라 공자만이 백성들을 위하여 헛된 노고를 한다는 뜻. ㅇ有洌(유열)—열연(洌然), 추운 모양, 차가운 모양. ㅇ氿泉(궤천)—산허리에서 흘러나오는 샘물(毛傳). ㅇ穫(확)—여기서는 나무를 하는 것. 확신(穫薪)은 해놓은 땔나무. 모아놓은 땔나무를 물에 적시지 말라는 것은 쓸데없이 더 백성들을 노고(勞苦)시키지 말라는 뜻(集傳). ㅇ契(계)—근심하고 괴로워하는 것. ㅇ寤歎(오탄)—잠자다 깨어나서 잠을 못이루고 탄식하는 것. ㅇ憚人(탄인)—작자와 같이 고생만 하는 사람들. 이 구절은 고생은 이미 한 것이지만 조금 동정이라도 하여 주었으면 잘 살 수 있겠다는 뜻을 나타낸 것이다. ㅇ東人之子(동인지자)—'동쪽 나라의 사람들'을 가리킴(釋義). ㅇ職(직)—주(主)와 통하여 직로(職勞)는 '주로 수고만 시키는 것'. ㅇ來(래)—노래(勞來)의 뜻으로, 위로(慰勞)하는 것. ㅇ西人之子(서인지자)—서쪽 나라의 사람들, 곧 주나라 사람들을 가리킨다. ㅇ粲粲(찬찬)—선명한 모습. 동쪽의 자기들만 고생하지 서쪽 천자(天子)의 주나라 사람들은 옷 잘 입고 잘산다는 뜻. ㅇ舟(주)—주(周)로 씀이 옳다(鄭箋). ㅇ舟人之子(주인지자)—주나라 사람들. ㅇ熊(웅)—곰. ㅇ羆(비)—말곰. ㅇ裘(구)—갖옷. ㅇ私人(사인)—대아(大雅) '숭고(崧高)' 시의 '천기사인(遷其私人)'의 사인(私人)과 같은 말로, 개인의 가신(家臣)을 가리킨다. 사인지자(私人之子)는 주나라의 가신들로서 동쪽 나라에서 벼슬하는 사람들(釋義). ㅇ百僚(백료)—모든 벼슬자리. ㅇ試(시)—시험하다, 쓰다. 벼슬자리엔 전부 주나라 사람들만 쓰고 있다는 것이다. ㅇ或以其酒(혹이기주)—'간혹 술이 있다 하더라도'의 뜻(釋義). ㅇ漿(장)—여기서는 술안주로 마시는 술국을 말함. ㅇ鞙鞙(현현)—노리개를 길게 늘어뜨린 모양(集傳). ㅇ璲(수)—수(䌞)와 통하여 수수(綏䌞), 곧 '인끈'의 뜻(通釋). 인끈은 길수록 귀한 것인데, 여기서 길지 않다고 한 것은 곤궁한 모양을 나타낸 것이다. ○漢(한)-은하(銀河). ○監(감)-보다, 살피다. ○亦(역)-조사. ○跂(기)-발돋움하고 '바라보는 것'(釋義 引 毛奇齡說). ○織女(직녀)-별이름. ○襄(양)-베틀에 오르는 것. 종일칠양(終日七襄)은 하루에 일곱 번이나 베틀에 오르는 것. 별이 순행(循行)하는 데 있어 묘시(卯時)와 유시(酉時) 사이에 별이 일곱 번 위치를 옮긴다(集傳)는 데서 그렇게 말한 것인데, 동쪽 백성들의 노고에 비유한 것이다. ○報(보)-반(反)의 뜻으로(毛傳), 베를 짤 때 북이 한번 왔다갔다 하는 것(孔疏). ○章(장)-무늬를 이루는 것. 불성보장(不成報章)은 곧 불성포백(不成布帛)을 뜻한다. ○睆(환)-별이 반짝거리는 것. ○牽牛(견우)-별이름. ○服(복)-가(駕)의 뜻으로(釋義), 수레를 끄는 것. ○箱(상)-거상(車箱)으로(毛傳), 수레를 뜻한다. ○啓明(계명)-금성(金星)으로 '샛별'. ○長庚(장경)-계명(啓明)과 같은 별이나, 저녁 서쪽에 있을 때에는 장경(長庚), 새벽 동쪽에 있을 때에는 계명(啓明)이라 부른다. ○有捄(유구)-성좌(星座)의 모양이 구부정하고 긴 것. ○天畢(천필)-성좌 이름. 필(畢)은 짐승을 잡는 그물로 긴 자루에 달린 그물. 이 성좌의 모양이 그렇게 생긴 데서 붙여진 이름(釋義). ○載(재)-조사. ○施(시)-벌려 있는 것. ○行(행)-행렬(行列), 줄지은 것(釋義). ○箕(기)-성좌 이름으로, 농촌에서 곡식을 불리는 데 쓰는 키 같이 생긴 데서 붙여진 이름. ○簸揚(파양)-키로 곡식을 까불러 불리는 것. ○斗(두)-남두성(南斗星)(孔疏). 옛날의 말, 지금의 국자같이 생긴 성좌로 기성(箕星) 북쪽에 있다. ○挹(읍)-떠내는 것. ○翕(흡)-인(引)의 뜻(鄭箋). ○載翕其舌(재흡기설)-입을 벌려 혀를 내밀고 밑의 사람들을 물으려는 형상처럼 보인다는 것이다. 기성(箕星)은 네 개의 별로 이루어져 있다. ○西柄(서병)-남두성(南斗星)의 자루가 언제나 서쪽으로 뻗어 있음을 뜻한다(集傳). ○揭(게)-들다. 국자 같이 생긴 남두성은 자루를 들어 밑의 사람들의 물건을 떠가려는 듯이 보인다는 것이다. 이 구절은 하늘의 별들을 보면서 고생하는 자기들을 모른 체하는 하늘을 원망한 것이다.

解説 〈모시서〉에 '대동(大東)은 어지러움을 풍자한 것이다. 동쪽 나라들은 부역에 시달리고 재물에 궁하여 담(譚)나라 대부가 이 시를 지어 병폐를 고한 것이다.'고 하였다. 이 시가 동쪽 나라 사람들이 서쪽 주(周)나라 사람들과의 차별대우 및 생활고를 노래한 것임에는 틀림없다. 동쪽 나라 사람이란 주나라에게 멸망당한 은(殷)나라의 유민(遺民)일 것이다.

은나라 유민들의 주나라에 대한 저항은 오랫동안 계속되었고, 주나라는
은나라 유민들을 억누르기 위하여 온갖 애를 썼다. 이러한 정세에서 오는
차별대우에다 생활고까지 겹쳐 이러한 시가 나왔을 것이다. 다만 담나라
대부를 작자라고 한 근거만은 아는 수가 없다.

4. 사월(四月)

사월엔 여름이 시작되고, 유월엔 더위가 한창이네.
조상들은 사람이 아닌가? 어쩌면 나를 차마 이렇게 하실까?

가을이 되어 쌀쌀해지니, 모든 초목이 시드네.
난리에 병까지 났으니 어디로 돌아가야 하는가?

겨울이 되어 추위 매서워지니 회오리바람 씽씽 이네.
백성들은 모두 잘 지내거늘 어째서 나만 홀로 해를 당하는가?

산에 아름다운 초목 있으니 밤나무와 매화나물세.
나를 버리고 남을 해치는 자 되었으니, 누구의 죄인지도 모르겠네.

저 샘물을 보니 맑았다 흐렸다 하네.
나는 매일 화를 당하고 있으니 언제면 잘 지내게 될 건가?

넘실거리는 강수와 한수는 남쪽 나라들을 윤택케 하네.
병이 나도록 섬기었거늘 어째서 나를 가까이 않는가?

수리와 솔개가 퍼덕이며 하늘 위를 날고 있고
전어와 유어가 못 속으로 잠기어 도망치네.

산에는 고사리와 고비가 있고, 진펄에는 구기자와 가나무가 있네.
군자가 이 노래 지어 슬픔을 알리는 바이네.

原文 四月維夏요 六月徂暑니라.

先祖匪人가? 胡寧忍予오?

秋日凄凄하니 百卉具腓로다.
亂離瘼矣니 爰其適歸오?

冬日烈烈하니 飄風發發이로다.
民莫不穀이어늘 我獨何害오?

山有嘉卉하니 侯栗侯梅로다.
廢爲殘賊하니 莫知其尤로다.

相彼泉水하니 載淸載濁이로다.
我日構禍하니 曷云能穀고?

滔滔江漢이 南國之紀니라.
盡瘁以仕어늘 寧莫我有오?

匪鶉匪鳶이 翰飛戾天이요
匪鱣匪鮪이 潛逃于淵이라.

山有蕨薇요 隰有杞桋로다.
君子作歌하여 維以告哀하노라.

註解 ○四月(사월)―뒤의 6월(六月)과 함께 하력(夏曆)임. ○維夏(유하)―여름이 시작되는 것. 4월에 입하(立夏)가 있다. ○徂暑(조서)―'더위로 간다', 곧 '한창 더워진다'는 뜻. ○匪人(비인)―사람으로 취급하지 않는 것. ○寧(녕)―내(乃)의 뜻(釋義). 이에. ○忍(인)―차마 이토록 고통을 당하게 할 수 있느냐는 뜻. ○凄凄(처처)―쌀쌀해지는 것. ○卉(훼)―여기서는 초목의 뜻으로, 백훼(百卉)는 모든 초목. ○腓(비)―병이 나는 것. ○瘼(막)―병이 나는 것. ○爰(원)―《공자가어(孔子家語)》에 '해(奚)'로 인용되어 있어, '어디로'의 뜻(集傳). ○烈烈(열렬)―매섭게 추운 모양(鄭箋). ○飄(표)―회오리바람. ○發發(발발)―씽씽 이는 모양. 이상 네 구는 앞의 '요아(蓼莪)' 시에도 보였음. ○侯(후)―유(維)와 같은 조사(鄭箋). ○廢(폐)―지위에서 내쫓는 것.

ㅇ殘賊(잔적)—남을 해치는 사람. ㅇ尤(우)—잘못, 죄의 뜻(鄭箋). ㅇ相(상)—보다. ㅇ構(구)—구(遘)의 가차. 만나다, 당하다의 뜻. ㅇ曷云(갈운)—하일(何日)의 뜻. ㅇ能穀(능곡)—능선(能善). 잘살 수 있게 되겠는가의 뜻. ㅇ滔(도)—물이 질펀한 것. ㅇ江(강)—강수(江水). ㅇ漢(한)—한수(漢水). ㅇ紀(기)—강기(綱紀)의 뜻(毛傳)으로, 남국의 강기를 이루어 윤택하게 한다는 뜻. ㅇ瘁(췌)—병이 나는 것. ㅇ仕(사)—벼슬하는 것. ㅇ寧(녕)—어찌. ㅇ有(유)—우(友)와 통하여 가까이 잘 지내는 것(釋義). ㅇ匪(비)—피(彼)와 통함(釋義). 이하 같음. ㅇ鶉(단)—수리. ㅇ鳶(연)—솔개. ㅇ翰(한)—날개, 나래. ㅇ鱣(전)—전어. ㅇ鮪(유)—유어. 모두 위풍(衛風) '석인(碩人)' 시에 보임. ㅇ蕨(궐)—고사리. ㅇ薇(미)—고비. ㅇ杞(기)—구기자나무. ㅇ桋(이)—가나무. 잎새는 참나무 같은데 껍질이 희고 엷으며 나무가 단단해서 수레바퀴통을 만드는 데 흔히 쓰인다(釋義).

[解說] 이 시도 난세를 당하여 자기의 불우함을 자탄(自歎)하는 시이다. 〈모시서〉에선 유왕을 대부가 풍자한 것이라 보았으나 역시 그 근거는 알 수 없다.

5. 북산(北山)

북산에 올라가 구기자를 따네.
튼튼한 벼슬아치가 아침저녁으로 일을 하지만,
나랏일 끊임없어 부모님이 걱정되네.

모든 하늘 밑이 다 임금님 땅이며,
모든 땅의 물가 안 모두가 임금님 신하이거늘,
대부들을 고루 쓰지 않아 나만 일하느라 홀로 수고하네.

수레 끄는 네 마리 말 장대하나 나랏일 많기도 하네.
다행히 나는 늙지 않았고 기쁘게도 나는 한창 때라
정력이 왕성하여 온 나라를 보살피네.

어떤 자는 편히 쉬고 어떤 이는 온갖 고생 다하며 나라 섬기고,
어떤 자는 침대에 누워 쉬고 어떤 이는 쉬지 않고 돌아다니네.

어떤 자는 부르는 명령도 알지 못하고 있는데, 어떤 이는 처참히 고생하고 있네.
어떤 자는 뒹굴뒹굴 편히 놀고 있는데, 어떤 이는 나랏일로 급히 돌아치네.

어떤 자는 즐기고 술 마시기에 바쁘거늘, 어떤 이는 처참히 허물 두려워하며 일하고,
어떤 자는 들락날락하며 큰소리만 치고 있거늘, 어떤 이는 안하는 일 없이 수고하네.

原文 陟彼北山하여 言采其杞로다.
　　　偕偕士子이 朝夕從事나
　　　王事靡盬라 憂我父母로다.

　　　溥天之下이 莫非王土며
　　　率土之濱이 莫非王臣이어늘
　　　大夫不均이라 我從事獨賢이로다.

　　　四牡彭彭하나 王事傍傍이로다.
　　　嘉我未老며 鮮我方將하여
　　　旅力方剛이라 經營四方이로다.

　　　或燕燕居息이어늘 或盡瘁事國하며
　　　或息偃在牀이어늘 或不已于行이로다.

　　　或不知叫號어늘 或慘慘劬勞하며
　　　或棲遲偃仰이어늘 或王事鞅掌이로다.

　　　或湛樂飲酒어늘 或慘慘畏咎하며

或出入風議어늘 或靡事不爲로다.

[註解] ㅇ偕偕(해해)—강장(强壯)한 모양(毛傳). ㅇ士子(사자)—사자(仕者), 나랏일을 하는 벼슬아치(毛傳). ㅇ靡盬(미고)—불식(不息), 부지(不止)의 뜻. ㅇ溥(부)—넓은 것, 보(普)의 뜻(釋義). ㅇ率(솔)—모든. ㅇ濱(빈)—물가. ㅇ大夫不均(대부불균)—임금이 대부들을 고루 사용하고 고루 대우하는 것. ㅇ獨賢(독현)—'홀로 어진 것처럼'의 뜻. ㅇ彭彭(방방)—유력유용모(有力有容貌)(魯頌 '駉' 시 毛傳), 곧 힘있고 장해 보이는 것. ㅇ傍傍(방방)—성(盛)한 것(釋義), 곧 많은 것. ㅇ嘉(가)—'다행히도'의 뜻. ㅇ鮮(선)—선(善)과 통하여 앞의 '가(嘉)'와 비슷한 뜻. ㅇ將(장)—장(壯)과 통하여(毛傳), 방장(方將)은 '막 한창'이란 뜻. ㅇ旅(려)—려(膂)와 통하여(集傳), 여력(膂力)은 힘, 또는 정력(精力)의 뜻. ㅇ經營(경영)—여러 가지 일을 계획하고 처리하는 것. ㅇ四方(사방)—온 나라를 가리킴. ㅇ燕燕(연연)—즐기는 모습. ㅇ盡瘁(진췌)—병이 나도록 수고를 다하는 것. ㅇ偃(언)—누워 있는 것. ㅇ于行(우행)—'돌아다니고 있다'는 뜻. ㅇ不知叫號(부지규호)—오라고 부르는 명령도 아랑곳없이 깊숙이 들어앉아 편히 지낸다는 뜻. ㅇ慘慘(참참)—처참한 모양. ㅇ棲遲(서지)—놀며 편히 지내는 것. 진풍(陳風) '형문(衡門)' 시에 보임. ㅇ偃仰(언앙)—이리저리 뒹굴뒹굴하며 편히 지내는 것. ㅇ鞅(앙)—하(荷)와 뜻이 통함(鄭箋). ㅇ掌(장)—봉(捧)과 통하여, 손으로 들고 다니는 것(鄭箋). 따라서 앙장(鞅掌)은 짐을 짊어지고 물건을 들고 다닌다는 뜻으로 수고를 많이 함을 가리킨다. ㅇ湛(담)—빠지는 것. ㅇ畏咎(외구)—일을 잘 못하여 죄를 지게 되지나 않을까 두려워하는 것. ㅇ風議(풍의)—바람을 일으키듯 멋대로 떠들고 다니는 것. ㅇ靡事不爲(미사불위)—무사불위(無事不爲), 안하는 일이 없다는 뜻으로 지나치게 수고함을 뜻한다.

[解說] 이 시는 《맹자》에 의하면 나랏일에 고생을 하면서도 부모님을 제대로 봉양 못하는 사람의 작품이라 한다. 일은 남보다 몇배 더 하면서도 남처럼 대우를 못 받는 데 대한 불평이 전편에 나타나 있다. 〈모시서〉에서는 대의(大意)는 비슷하게 풀이하면서도 역시 유왕을 풍자한 것이라 하였는데 꼭 그런지는 알 수 없다.

6. 큰 수레를 몰지 마라(無將大車)

큰 수레를 몰지 마라, 스스로 먼지만 뒤집어쓰고 말 것을!
여러 가지 걱정 생각 마라, 스스로 병만 들게 할 것을!

큰 수레를 몰지 마라, 먼지만 자욱히 일어날 것을!
여러 가지 걱정 생각 마라, 불안에서 벗어나지 못할 것을!

큰 수레를 몰지 마라, 먼지만 뿌옇게 덮어쓸 것을!
여러 가지 걱정 생각 마라, 스스로 거북하게만 될 것을!

原文 無將大車어다 祗自塵兮리라.
無思百憂어다 祗自疧兮리라.

無將大車어다 維塵冥冥이리라.
無思百憂어다 不出于熲이리라.

無將大車어다 維塵雍兮리라
無思百憂어다 祗自重兮리라.

註解 ○將(장)─부진(扶進)의 뜻(鄭箋), 곧 몰고 나아가는 것. ○大車(대
거)─짐을 싣고 다니는 수레로서 소가 끈다(孔疏). ○祗(지)─적(適)의 뜻(鄭
箋), 다만, 오직. 이하 모두 같음. ○自塵(자진)─스스로 먼지를 뒤집어쓰는
것. ○疧(지)─기(疷)로 씀이 옳다(釋義). 병이 나는 것. ○冥冥(명명)─자욱히
먼지가 나는 모양. ○熲(경)─경(耿)과 통하여, 경경(耿耿)의 뜻, 곧 마음이
불안한 것. ○雍(옹)─앞을 가리도록 자욱히 먼지가 이는 것. ○重(중)─루
(累)의 뜻(鄭箋), 곧 거북한 일이 생기는 것.

解說 〈모시〉에선 주(周)나라 유왕 때엔 소인이 많았는데 현인(賢人)이
이들과 함께 일을 하다 결국은 참해를 당하였다. 그래서 주나라의 어진
대부가 소인과 함께하였음을 후회한 것이 이 시라는 것이다. 《순자(荀

子)》나 《한시(韓詩)》에서도 이와 비슷한 뜻으로 이 시를 풀이하고 있다. 《모전》에 의하면 대거(大車)는 소인들이 모는 수레, 곧 짐수레라 한다. 대거를 몰지 말라는 것은 소인과 함께 일하지 말라는 뜻이다. 일을 소인과 함께 하면 여러 가지 걱정이 생길 뿐이라는 것이다.

7. 작아지는 빛(小明)

밝고 밝은 하늘이 아래 땅을 비추고 있네.
나는 서쪽으로 종군하여 먼 거친 들에 이르렀는데,
이월 초하룻날 집 떠나 추위와 더위에 시달려 왔네.
마음의 시름이여! 그 괴로움 너무나 쓰고나!
얌전한 그이 생각하니, 눈물만 비오듯 하네.
어찌 돌아가고 싶지 않으리? 법망이 두려워 못가는 거지.

옛날 내가 떠나올 땐 봄기운이 퍼지던 때였지.
언제나 돌아가게 되려나? 이 해도 저물어 가는데.
내 외로이 생각하니 내 할 일이 너무나 많고나.
마음의 시름이여! 수고로움에 돌아갈 틈도 없네.
저 얌전한 그이 생각하며, 떠나온 길 그리워 돌아보고 또 돌아오네.
어찌 돌아가고 싶지 않으리? 죄책이 두려워 못가는 거지.

옛날 내가 떠나올 땐 날씨 따뜻해지던 때였네.
언제면 돌아가게 되려나? 나랏일은 더욱 급박해지네.
이 해도 다 저물어 가니 쑥도 베고 콩도 거뒀으리라.
마음의 시름이여! 스스로 이런 걱정 끼치게 한 것을.
저 얌전한 그이 생각하니 잠 못 이루고 일어나 밖으로 나가네.
어찌 돌아가고 싶지 않으리? 죄 뒤집어쓸까 두려워 못가는 거지.

아아 높은 관리들은 언제나 편히 살려고만 해서는 안되는 법.

다스림에 당신들의 자리 삼가며 바르고 곧게 일하고,
신중히 법도를 따르면 좋은 일이 당신에게 생기리라.

아아 높은 관리들은 언제나 편히 놀려고만 해서는 안되는 법.
다스림에 당신들의 자리 삼가며 바르고 곧음을 좋아하고
신중히 법도를 따르면서 커다란 복을 추구하기를.

原文 明明上天이 照臨下土니라.

我征徂西하여 至于艽野하니

二月初吉이러니 載離寒暑로다.

心之憂矣여 其毒大苦로다.

念彼共人하니 涕零如雨로다.

豈不懷歸리요? 畏此罪罟니라.

昔我往矣엔 日月方除러니

曷云其還고? 歲聿云莫로다.

念我獨兮하니 我事孔庶로다.

心之憂矣에 憚我不暇로다.

念彼共人하여 睠睠懷顧로다.

豈不懷歸리요? 畏此譴怒니라.

昔我往矣엔 日月方奧러니

曷云其還고? 政事愈蹙이로다.

歲聿云莫라 采蕭穫菽이리라.

心之憂矣여 自詒伊戚이로다.

念彼共人하니 興言出宿이로다.

豈不懷歸리요? 畏此反覆이로다.

嗟爾君子는 無恒安處어라.

靖共爾位하여 正直是與하며

神之聽之면 式穀以女리라.

嗟爾君子는 無恒安息이어다.
靖共爾位하여 好是正直하며
神之聽之하여 介爾景福이어라.

[註解] ○征徂西(정조서)－서쪽으로 험윤(玁狁)을 정벌하러 가는데 종군한 것이다(釋義). ○芁野(구야)－거칠고 먼 땅(毛傳), 오랑캐 땅을 뜻한다. ○二月(이월)－하력(夏曆) 2월(集傳). ○初吉(초길)－초하룻날(毛傳). ○載(재)－조사. ○離(리)－이(罹)와 통하여 이한서(離寒暑)는 '추위와 더위의 시달림을 겪었다'는 뜻. ○毒(독)－마음이 독약을 먹는 것처럼 괴로운 것(鄭箋). ○共(공)－공(恭)과 통하여, 공인(共人)은 온공지인(溫恭之人), 곧 얌전한 사람으로 행역자(行役者)의 아내를 가리킨다(釋義). ○涕(체)－눈물. 눈물 흘리는 것. ○零(령)－물방울이 뚝뚝 떨어지는 것. ○罪罟(죄고)－죄망(罪網), 또는 법망(法網)의 뜻. 자기 마음대로 집으로 돌아가려니 법망에 걸리게 될 것이 두렵다는 뜻. ○除(제)－제구생신(除舊生新)의 뜻으로(毛傳), 작자가 떠나올 때에는 '낡은 옛 기운은 물러가고 새로운 기운이 솟아나는' 2월이었다는 뜻(集傳). ○曷云(갈운)－하시(何時)의 뜻(集傳). ○聿(율)－마침내. ○莫(모)－모(暮)와 같은 뜻. 저물다. ○孔庶(공서)－심중(甚衆). 대단히 많다는 뜻. ○憚(탄)－수고로운 것. ○暇(하)－틈, 겨를. ○睠(권)－돌아오다. '대동(大東)' 시에도 보임. 권권(睠睠)은 돌아보는 모양. ○懷顧(회고)－그리움에 온 길을 되돌아보는 것. ○譴怒(견노)－죄책(罪責)의 뜻(集傳). 죄를 문책하는 것. ○奧(욱)－욱(燠)과 같은 글자, 따스한 것. ○蹙(축)－급박의 뜻. ○采蕭(채소)－땔나무로 쑥대를 베는 것. ○穫(확)－수확하다, 거둬들이다. ○菽(숙)－콩. ○詒(이)－끼치다, 주다. ○戚(척)－근심하다. 패풍(邶風) '웅치(雄雉)' 시 참조. ○興(흥)－자다 일어나는 것. ○宿(숙)－숙소. ○反覆(반복)－죄를 뒤집어쓰는 것. ○君子(군자)－높은 벼슬하는 사람들. ○恒(항)－항상. ○安處(안처)－일 않고 편히 지내는 것. ○靖(정)－일을 처리하는 것. ○共(공)－공(恭)의 뜻(釋義), 삼가다. ○與(여)－함께 일하는 것. ○神(신)－신(愼)과 통하여, 삼가는 것. ○聽(청)－청종(聽從), 곧 법도를 따르는 것, 앞의 '벌목(伐木)' 시 참조. ○式(식)－조사. ○穀(곡)－선(善)의 뜻. 착한 것, 좋은 것. ○以(이)－급(及)의 뜻(釋義). 식곡이녀(式穀以女)는 즉선급어녀(則善及於女), 좋은 일이

그대에게 미치리라는 뜻. ㅇ介(개)―빌다, 추구하다. ㅇ景(경)―큰 것. 이 끝 두 구의 군자들에 대한 충고는 그들이 일을 잘 못하여 자기가 지금 이런 먼 오랑캐 땅에 와서 고생하고 있다고 생각했기 때문이다.

解說 주(周)나라의 대부가 2월에, 서쪽 땅으로 종군하여 해가 다 가도록 돌아가지 못하므로 하늘을 부르며 호소하는 것이 이 시이다(集傳). 그런데 앞의 '채미(采薇)'나 '유월(六月)' 시 등과 함께 생각할 때 이 '서정(西征)'은 선왕(宣王) 때 험윤(玁狁) 정벌에 종군한 것이라 믿는다(釋義).

〈모시서〉엔 대부가 난세에 벼슬함을 후회한 것이라 하였다. '소명(小明)'이란 제목에 대하여《모전》에선 '유왕(幽王)의 밝음이 날로 작아져 그의 정사가 어긋나고 있음을 뜻한다'고 하였다. 그러나 '밝음이 작아진다'는 것은 임금의 정사보다도 자기의 암담한 마음을 나타내는 것이라 여겨진다. 그리운 고향엔 갈 수도 없고 매일 거친 들판에서 고생을 하자니 모든 광명이 줄어드는 듯한 기분을 느꼈을 것이다.

8. 쇠북(鼓鐘)

쇠북 딩딩 울리고 회수는 넘실거리는데,
내 마음 시름에 상하네.
훌륭한 군자님은 언제나 진실함을 지니고 계셨네.

쇠북 덩덩 울리고 회수는 철철 흐르는데,
마음은 시름으로 슬퍼지네.
훌륭한 군자님은 그 덕이 그릇됨이 없으셨네.

쇠북 치고 북 치고 회수에는 세 개의 섬이 있는데,
마음은 시름에 서글퍼지네.
훌륭한 군자님은 그 덕이 한이 없으셨네.

쇠북 둥둥 울리고 슬 뜯고 금 치며,

생황과 경도 함께 연주하는데, 아악도 연주하고 남쪽 음악도 연주하며
피리 춤도 추는데, 질서가 정연하네.

原文 鼓鐘將將하고 淮水湯湯하니
憂心且傷이로다.
淑人君子에 懷允不忘이로다.

鼓鐘喈喈하고 淮水湝湝하니
憂心且悲로다.
淑人君子여 其德不回로다.

鼓鐘伐鼛하고 淮有三洲하니
憂心且妯로다.
淑人君子여 其德不猶로다.

鼓鐘欽欽하고 鼓瑟鼓琴하며
笙磬同音하니 以雅以南하며
以籥不僭이로다.

註解 ○將將(장장)—쇠북 소리. 종고(鐘鼓)를 쓰는 것은 제후 이상 사람들
의 음악이다. ○湯湯(상상)—강물이 넘실넘실 흐르는 모양. 이 시로 애도하는
사람의 무덤이 회수(淮水)가 보이는 곳에 있었던 것 같다(釋義). ○淑人君子
(숙인군자)—애도하는 대상인 죽은 사람을 가리킴. ○懷(회)—지나는 것. ○允
(윤)—진실함의 뜻. ○不忘(불망)—불이(不已)의 뜻(釋義), 끊임없는 것, 언제
나 그러한 것. ○喈喈(개개)—장장(將將)과 같이 고종(鼓鐘) 소리(毛傳). ○湝
湝(개개)—앞의 상상(湯湯)과 같이 강물이 넘실거리며 흐르는 모양(毛傳).
○回(회)—사(邪)의 뜻, 간사한 것. 따라서 불회(不回)는 그릇됨이 없었다는
말. ○鼛(고)—큰북. ○洲(주)—섬. ○妯(추)—슬퍼하는 것. ○不猶(불유)—불
이(不已)의 뜻(釋義). ○欽欽(흠흠)—고종(鼓鐘)의 소리. ○笙(생)—생황. ○磬
(경)—돌로 만든 타악기. ○同音(동음)—함께 소리를 내는 것, 곧 합주하는
것. ○雅(아)—아악(雅樂)으로 중원(中原)의 정악(正樂)을 뜻한다(釋義). ○南

(남)-남쪽 나라의 음악(毛傳). ㅇ籥(약)-피리를 손에 들고 추는 문무(文舞)
(鄭箋). ㅇ不僭(불참)-어지럽지 않고 질서있게 잘 진행되는 것.

解說 〈모시서〉에는 이 시는 유왕(幽王)을 풍자한 것이라고만 하였고,
《집전(集傳)》에선 무엇을 읊은 건지 알 수 없다고 하였다. 굴만리(屈萬
里)는 '남국(南國)의 어떤 임금을 애도하는 시가 아닌가 한다'고 했는데
가장 근리한 듯하다(釋義). 궁중에서 연주되고 있는 아악의 화음을 들으
면서 그 악기들의 음의 조화처럼 훌륭한 덕망을 지녔던 고인(故人)을 생
각하는 것이다. 여기에 연주되고 있는 음악 자체도 그분을 추도하는 의식
에서 연주되고 있는 것인지도 모른다.

9. 더부룩한 찔레나무(楚茨)

더부룩한 찔레나무엔 가시가 뾰죽뾰죽.
예부터 무얼 하였나? 메기장과 차기장 심었지.
메기장도 무성하고 차기장도 우거져서,
창고도 그득 차고 노적가리 산더미네.
술과 음식 장만하여 제물 차려 제사지내며,
신주를 안치하고 술을 올리며 큰 복 내리시기 비네.

여럿이 왔다갔다 하며 소와 양 정결히 잡아
제사를 지내러 가니 과일을 깎기도 하고 고기를 삶기도 하며,
벌여놓기도 하고 바치기도 하네.
축관이 사랑 문안에서 제사지내니 제사가 매우 잘 진행되네.
조상들 돌아오시어 선조의 혼이 제사 잡수시니,
효성스런 자손 복이 있어 큰 복을 보답으로 받아,
만수무강하겠네.

날렵하게 음식 만들고 제기에 큰 짐승 담아놓으며,

굽기도 하고 지지기도 하고 주부는 공경히 움직이며,
음식 매우 많으니 손님들 위한 것일세.
술잔 서로 주거니 받거니 예의 모두 법도에 맞고,
웃고 얘기하며 모두가 화합하니, 조상들의 혼이 내려오셔서
큰 복 내려주시니 장수하게 되셨네.

매우 삼가 예에 어긋남이 없는데,
축관이 기도를 드리기를 효성스런 자손에게 복내려 주십사 하며,
향 피우고 제사드리니 조상의 신은 음식을 즐기시고,
여러 가지 복 바라는 대로 법도대로 내려주시네.
공경스럽고 날렵하며 올바르고 정제하게 제사지내니,
오래도록 복 내리심을 이루 헤아릴 수 없이 많이 하시네.

예의 다 갖추고 악기도 모두 갖추어 연주하며,
효성스런 자손 자리에 드니 축관이 기도를 드리네.
신들이 모두 취하여 신주가 자리에서 일어나자,
풍악 울리며 신주를 전송하니, 조상들의 신도 마침내 돌아가시네.
여러 사람들과 주부가 재빨리 제상 물리고,
집안 여러 사람들이 모두 모여 잔치하네.

악기 모두 들여와 연주하며 편안히 복을 누리네.
안주 모두 들여오니 아무런 한 없이 모두가 즐기네.
모두 취하고 배부른 뒤에 윗사람 아랫사람 모두 절하네.
신이 음식을 즐기시고 자손들 오래오래 살게 하시네.
매우 순조롭고 매우 알맞게 온갖 예를 다하니,
자자손손이 끊임없이 번성하겠네.

原文 楚楚者茨는 言抽其棘이로다.
　　　自昔何爲오? 我蓺黍稷이니라.
　　　我黍與與며 我稷翼翼하여

我倉旣盈하며 我庾維億이로다.
以爲酒食하여 以享以祀하며
以妥以侑하여 以介景福이로다.

濟濟蹌蹌하며 絜爾牛羊하여
以往烝嘗하니 或剝或亨하며
或肆或將이로다.
祝祭于祊하니 祀事孔明하며
先祖是皇하여 神保是饗이시니
孝孫有慶하여 報以介福하니
萬壽無疆이로다.

執爨踖踖하여 爲俎孔碩하며
或燔或炙며 君婦莫莫하여
爲豆孔庶하니 爲賓爲客이로다.
獻酬交錯하니 禮儀卒度하며
笑語卒獲일새 神保是格하여
報以介福하니 萬壽攸酢이로다.

我孔熯矣니 式禮莫愆일새
工祝致告하되 徂賚孝孫하시며
苾芬孝祀하니 神嗜飮食하여
卜爾百福하되 如幾如式이며
旣齊旣稷이며 旣匡旣敕일새
永錫爾極하되 時萬時億이시니라.

禮儀旣備하며 鐘鼓旣戒하여
孝孫徂位하니 工祝致告로다.
神具醉止라 皇尸載起어늘

鼓鐘送尸하니 神保聿歸로다.

諸宰君婦이 廢徹不遲하니

諸父兄弟이 備言燕私로다.

樂具入奏하여 以綏後祿이로다.

爾殽旣將하니 莫怨具慶이라

旣醉旣飽하여 小大稽首로다.

神嗜飮食하여 使君壽考로다.

孔惠孔時하여 維其盡之하니

子子孫孫이 勿替引之로다.

[註解]　○楚楚(초초)−무성하고 빽빽한 모양(集傳).　○茨(자)−찔레나무.　○言(언)−조사.　○抽(추)−추출(抽出), 곧 솟아나 있다는 뜻(釋義).　○棘(극)−가시. 이 두 구는 흥(興)으로서 무엇을 뜻하고 있는지 확실치 않다.　○自昔何爲(자석하위)−예부터 고인(古人)들은 어떻게 살았는가?의 뜻.　○藝(예)−심다, 가꾸다.　○黍稷(서직)−차기장과 메기장. 예부터 제물로 쓰이는 대표적인 곡식이었다.　○與與(여여)−번성한 모양(鄭箋).　○翼翼(익익)−번성한 모양(鄭箋).　○庾(유)−곡식을 노천(露天)에 쌓아놓은 '노적가리'.　○億(억)−많은 것을 형용한 말.　○享(향)−제물을 바치는 것.　○妥(타)−조상의 신(神)을 상징하는 '시(尸)'를 맞이하다 안좌(安坐)시키는 것(鄭箋).　○侑(유)−음식을 '시(尸)'에게 권하는 것(鄭箋).　○介(개)−빌다.　○景(경)−큰 것.　○濟濟(제제)−사람이 많은 모양.　○蹌蹌(창창)−제사 준비를 위하여 사람들이 왔다갔다 하는 모양.　○絜(결)−깨끗한 것. 결(潔)과 통함.　○牛羊(우양)−제물로 쓸 소와 양.　○烝(증)−겨울제사.　○嘗(상)−가을제사(鄭箋). 증상(烝嘗)은 여기서는 일반적으로 제사 전부를 가리킨다.　○剝(박)−과일을 깎는 것.　○亨(팽)−팽(烹)과 같은 자. 고기를 삶는 것.　○肆(사)−진(陳)의 뜻으로(毛傳), 제물을 진열하는 것.　○將(장)−제물을 받들고 나가는 것.　○祝(축)−제사지낼 때 신에게 비는 역할을 하는 사람.　○祊(팽)−사당의 문 안을 뜻하며, 사당 문 안에서 축(祝)이 먼저 제사지내는 것은 신들을 인도하는 뜻에서이다(鄭箋).　○孔明(공명)−'매우 분명한 것', '매우 분명히 제대로 다 갖추어진 것'.　○皇(황)−왕(旺)과 통하여(鄭箋), 돌아오는 것.　○神保(신보)−신고(神考)의 이명(異

名), 곧 돌아가신 아버지나 할아버지를 가리킴(王國維 《觀堂集林》 卷一 〈與
友人論詩書中成語書〉). ○饗(향)—신이 제사를 받아 잡수시는 것. ○孝孫(효
손)—효성스런 자손. ○慶(경)—복(福)을 가리킴(集傳). ○執爨(집찬)—부엌
일을 하는 것, 곧 음식을 만드는 것. ○踖踖(적적)—《이아(爾雅)》에 '빠른 것'
이라 했다(釋義), 빨리 움직이는 것. ○俎(조)—짐승 제물을 담는 제기(集傳).
위조(爲俎)는 짐승 제물[牲]을 그릇에 담은 것. ○燔(번)—고기를 굽는 것
(鄭箋). ○炙(적)—고기를 불에 지지는 것(鄭箋). ○君婦(군부)—주부(主婦)와
같은 말(集傳). ○莫莫(막막)—공경하고 삼가는 모양(通釋). ○豆(두)—안주
같은 것을 담는 제기. ○庶(서)—많다는 뜻. ○爲賓爲客(위빈위객)—위빈객
(爲賓客), 조제자(助祭者)들을 위한 것이라는 뜻(釋義). ○獻(헌)—주인이 손
님에게 술을 따라 권하는 것(鄭箋). ○醻(수)—주인이 술을 마신 뒤 다시 손
님이 술을 마시는 것(鄭箋). ○交錯(교착)—서로 주거니 받거니 하는 것. ○卒
(졸)—'모두'의 뜻(鄭箋). ○度(도)—법도에 맞는 것(毛傳). ○獲(획)—득(得)
과 통하여 득의(得宜)의 뜻(集傳). ○格(격)—신이 강림하는 것(釋義). ○攸
(유)—이(以)의 뜻(釋義). ○酢(작)—보(報)의 뜻(集傳). ○熯(한)—《금문(金
文)》에선 근(勤)·근(觀) 등자(等字)를 모두 '근(堇)'이라고 쓰며, 따라서 근
(謹)과 뜻이 통한다. '근(堇)'자에 '화(火)'가 붙은 것이 바로 '한(熯)'자가 된
것이니, 이 한(熯)자는 '근(謹)'의 뜻이라는 것이다(于省吾 《詩經新證》). ○式
禮莫愆(식례막건)—'예에 어긋남이 없다'는 뜻. ○工(공)—관(官)과 통하여 공
축(工祝)은 관축(官祝)·축관(祝官), 곧 제사지낼 때 축(祝)을 읽는 관원(通
釋). ○致告(치고)—기도를 드리는 것. ○徂賚(조뢰)—신이 가서 복을 내려
달라고 하는 것(釋義). ○苾芬(필분)—향을 피는 것, 향기가 나는 것. ○嗜
(기)—즐기다. ○卜(복)—주다. ○幾(기)—기(期)와 통하여(毛傳), 여기(如幾)
는 기대한 것처럼. ○式(식)—법(法)의 뜻(毛傳). 여식(如式)은 법도대로. ○齊
(제)—재(齋)와 통함(釋義). 공경스러운 것. ○稷(직)—질(疾)과 통하여(毛
傳), 일을 날렵하게 하는 것. ○匡(광)—올바르게 하다. ○敕(칙)—정제(整齊)
히 하는 것(釋義). ○錫(석)—사(賜)의 뜻, 내려주다. ○極(극)—중정(中正)과
통하여, '선(善)'의 뜻. 좋은 일. ○時(시)—시(是)와 통함(鄭箋). ○萬(만)—
억(億)과 함께 내리시는 좋은 일이 많음을 뜻한다. ○戒(계)—비(備)와 통하
여, 갖추는 것(釋義). ○孝孫徂位(효손조위)—제례(祭禮)가 끝난 뒤 효손이
당하(堂下) 서쪽으로 가서 자리잡는 것이다(毛傳). ○神(신)—제사를 함께 받
는 신임. ○皇(황)—대(大)의 뜻. 존경의 뜻으로 붙인 것임. ○尸(시)—제사

때 제사를 받는 조상을 산 사람으로 상징하는 것으로, 대개 사자(死者)의 손자뻘 되는 사람들로 한다. 신들이 모두 취하면 시(尸)가 일어나 나아간다(孔疏). ㅇ聿(율)-마침내. ㅇ宰(재)-가신(家臣). 제재(諸宰)는 가신들(釋義). ㅇ廢(폐)-치우는 것. ㅇ徹(철)-거두다. 곧 제사지낸 물건들을 철거하는 것. ㅇ不遲(부지)-동작이 빠름을 뜻한다. ㅇ諸父兄弟(제부형제)-제사에 참석한 온 집안 사람들을 가리킴. ㅇ備(비)-'모두 모여'의 뜻. ㅇ言(언)-조사. ㅇ燕私(연사)-사연(私燕)으로, 제사가 끝난 뒤 동성(同姓)의 일가끼리 모여 하는 잔치(鄭箋). 묘(廟)에서 제사를 지내고 침(寢)에서 잔치를 하기 때문에, 잔치를 하려고 제사지낼 때의 악기도 모두 침(寢)으로 들여와 연주하는 것이다(集傳). ㅇ綏(수)-편안한 것. ㅇ祿(녹)-복(福)의 뜻. 이수후록(以綏後祿)은 다 안정된 뒤에야 복을 누린다는 것이다(毛傳). ㅇ殽(효)-안주. ㅇ將(장)-음식을 들여오는 것. ㅇ莫怨(막원)-무원(無怨), 곧 이곳에 모인 여러 일가들 사이에 아무런 원망도 없는 것. ㅇ具慶(구경)-모두가 다같이 경하하며 즐기는 것. ㅇ小大(소대)-장유(長幼)를 가리킴. ㅇ稽首(계수)-끝으로 모두 함께 재배(再拜)하는 것. ㅇ考(고)-수고(壽考)는 오래 늙도록 사는 것. ㅇ惠(혜)-순(順)과 통하여(鄭箋), 모든 제사 일이 순조롭게 끝난 것. ㅇ時(시)-시(是)와 통하여 모두가 제대로 잘된 것(釋義). ㅇ盡之(진지)-진례(盡禮). 모든 예를 다한 것(釋義). ㅇ替(체)-폐지하다. ㅇ引(인)-인장(引長)의 뜻. 곧 물체인지(勿替引之)는 자손들이 '끊임없이 창성한다'는 뜻(釋義).

解說 이것은 예의(禮儀) 정연한 제사를 노래한 시이다. 〈모시서〉에서는 유왕을 풍자한 것이라 보고, 정치가 번거롭고 부세(賦稅)가 무거워 밭은 묵고 황폐하여져서 기근(饑饉)과 재난이 겹쳐 백성들은 마침내 유랑하게 되었으므로 제사를 올바로 지내지 못하게 되었다. 이에 군자가 옛일을 생각하며 지은 것이 이 시라는 것이다. 유왕 때의 작품인지는 모르지만, 상상의 노래일 가능성은 많다. 주희(朱熹)도 《집전(集傳)》에서 여씨(呂氏)를 인용하여 덕이 성(盛)하고 정(政)이 닦여진 때가 아니면, 이러한 제사가 시행되기는 어려웠으리라고 보았다.

10. 길게 뻗은 남산(信南山)

길게 뻗은 남산은 우임금이 다스리신 땅.
잘 일구어 놓은 언덕과 진펄을 증손자가 경작하고 있으니,
경계 잡고 다스리어 남북 동서로 이랑이 뻗었네.

하늘은 구름 덮이고 눈이 펄펄 날리더니,
보슬비까지 뒤에 내리어 넉넉하고 윤택해지고,
흠뻑 풍족히 내리어 모든 곡식 싹트게 하네.

경계와 가가 가지런하고 메기장 차기장 무성하니,
증손자가 이를 거두어 술과 음식 만들어
신주와 손님들께 드리니 만년토록 오래오래 살겠네.

밭 가운데엔 움막이 있고 밭에는 외가 있는데,
껍질 벗기고 소금에 절여 조상님께 바치니,
증손자는 오래오래 살며 하늘의 복 받겠네.

맑은 술로 제사지내고 붉은 수소 통째로 잡아,
조상들께 바치려고 방울 달린 칼 들고
털은 벗겨내고 피와 기름 받아내네.

제물을 차려 올리니 향기 진동하며,
제사 잘 지내니 조상들 돌아오셔서
큰 복으로 보답하시니 만수무강할 걸세.

原文   信彼南山은 維禹甸之로다.

　　　畇畇原隰을 曾孫田之라

　　　我疆我理하니 南東其畝로다.

　　　上天同雲이라 雨雪雰雰이로다.

益之以霡霂하니 旣優旣渥하여
旣霑旣足하여 生我百穀이로다.

疆場翼翼하고 黍稷彧彧하니
曾孫之穡하여 以爲酒食하여
畀我尸賓하니 壽考萬年이로다.

中田有廬요 疆場有瓜어늘
是剝是菹하여 獻之皇祖하니
曾孫壽考하여 受天之祜로다.

祭以清酒하고 從以騂牡하여
享于祖考하니 執其鸞刀하여
以啓其毛하고 取其血膋로다.

是烝是享하니 苾苾芬芬하여
祀事孔明이어늘 先祖是皇하사
報以介福하니 萬壽無疆이로다.

[註解] ㅇ信(신)—신(伸)과 통용되어, '길게 뻗어 있다'는 뜻. 이곳의 남산(南山)은 영원히 창성하는 조상과 자손들의 관계를 상징한 것이다. ㅇ禹(우)—우왕(禹王), 하(夏)나라 초대(初代) 임금으로 중국 구주(九州)의 물을 다스린 공으로 순(舜)임금으로부터 선양(禪讓)을 받아 천자가 되었다. ㅇ甸(전)—다스리다. ㅇ畇畇(윤윤)—밭을 개간해 놓은 모양. ㅇ曾孫(증손)—주제자(主祭者)를 가리킨다(集傳). ㅇ疆(강)—밭의 경계를 분명히 하는 것(集傳). ㅇ理(리)—밭의 도랑이나 길 같은 것을 잘 정리하는 것(集傳). ㅇ南東其畝(남동기묘)—밭이랑이 남북으로 또는 동서로 잘 뻗어 있다는 뜻. ㅇ同雲(동운)—눈이 오려고 구름이 하늘을 덮은 것. ㅇ雨(우)—동사로 눈이 '내리는 것'. ㅇ雰(분)—눈이 펄펄 날리는 것. ㅇ益(익)—겨울에는 눈이 와 쌓였었는데, 봄이 오자 '그 위에 더 ……'의 뜻. ㅇ霡(맥)—이슬비. ㅇ霂(목)—부슬부슬 내리는 비. ㅇ優(우)—넉넉한 것. ㅇ渥(악)—윤택한 것. 우(優)·악(渥) 모두 풍요함

을 뜻한다(集傳). ㅇ霑(점)—점(霑)도 족(足)과 함께 풍요를 나타낸다. ㅇ場
(역)—밭의 경계. ㅇ翼翼(익익)—정제(整齊)한 모양. ㅇ彧(욱)—무성한 것. ㅇ穡
(색)—곡식을 거두는 것. ㅇ畀(비)—주다. ㅇ中田(중전)—전중(田中)의 뜻(鄭
箋), 밭 가운데. ㅇ廬(려)—농사짓는 편의를 위하여 밭 가운데 만들어 놓은
움막(鄭箋). ㅇ疆場(강역)—'밭 경계 안'을 뜻함. ㅇ瓜(과)—외. ㅇ剝(박)—껍질
을 벗기는 것. ㅇ菹(저)—김치처럼 소금에 절여 만든 음식. ㅇ皇(황)—큰 것.
ㅇ祜(호)—복. ㅇ淸酒(청주)—제사에 쓰는 술임(鄭衆《周禮》注). ㅇ從(종)—
따라서 또 제물로 쓰는 것. ㅇ騂(성)—붉은 소. ㅇ鸞(란)—칼에 달린 방울.
ㅇ啓(계)—여기서는 벗기는 것. 짐승의 털을 벗긴다는 것은 순결함을 고하는
것이라 한다(鄭箋). ㅇ膋(료)—창자기름. 피로써는 제물을 죽였음을 고하고,
기름으로써는 이를 태워 신에게 냄새를 알린다 한다(鄭箋). ㅇ是烝是享(시증
시향)—제물을 올리는 것. ㅇ苾(필)—향기가 나는 것. ㅇ芬(분)—향기, 향기가
나다. ㅇ皇(황)—왕(旺)과 통하여 '돌아오는 것'. 이상 4구는 앞의 '초자(楚茨)'
시에도 보임.

解說 앞의 '초자(楚茨)' 시와 마찬가지로 제사를 노래한 시이다. 〈모시
서〉에서도 대략 비슷한 내용의 해설을 하고 있다.

제 6 보전지습(甫田之什)

1. 큰 밭(甫田)

흰한 큰 밭에서 한 해에 수많은 세 받네.
옛 곡식은 가져다 농군들을 먹이니,
오래 전부터 풍년이네.
남쪽 밭으로 나가 김매고 북돋우니,
메기장 차기장 무성하여, 머물러 쉬면서
훌륭한 농부들 만나보네.

수북히 담은 제밥과, 제물로 잡은 양으로
땅의 신과 사방에 제사지내어 우리 밭 이렇게 좋아졌으니,
농부들의 복이네.
금슬 뜯고 북 치며 밭의 신을 모셔다가,
단 비를 빌고 차기장 메기장 잘되기 빌어
남녀 모두 잘 먹고 살기 바라네.

증손자가 오시자 농부의 부인이
남쪽 밭으로 밥을 날라오니, 권농관은 몹시 기뻐하며
좌우의 음식을 들어 맛이 어떤가 먹어보네.
벼 밭을 끝까지 다 매니 훌륭하고도 풍성하네.
증손자는 성낼 일 없고 농민은 잽싸네.

증손자네 곡식이 지붕도 같고 다리도 같이 풍성하며,
증손자네 노적가리는 언덕도 같고 산등성이도 같네.
이에 많은 창고 장만해 놓고 많은 수레 준비하는데,
메기장 차기장 벼 수수 잘됨이 농부들의 복이어서,
큰 복으로 보답받으니 만수무강하시겠네.

原文 倬彼甫田이여 歲取十千이로다.
　　　我取其陳하여 食我農人하니
　　　自古有年이로다.
　　　今適南畝하니 或耘或耔며
　　　黍稷薿薿어늘 攸介攸止에
　　　烝我髦士로다.

　　　以我齊明과 與我犧羊으로
　　　以社以方하니 我田旣臧은
　　　農夫之慶이로다.
　　　琴瑟擊鼓하여 以御田祖하여

以祈甘雨하고 以介我稷黍하여
以穀我士女로다.

曾孫來止에 以其婦子로
饁彼南畝어늘 田畯至喜하여
攘其左右하여 嘗其旨否로다.
禾易長畝하니 終善且有라.
曾孫不怒하며 農夫克敏이로다.

曾孫之稼이 如茨如梁이며
曾孫之庾이 如坻如京이로다.
乃求千斯倉하며 乃求萬斯箱이러니
黍稷稻粱이 農夫之慶이라
報以介福하니 萬壽無疆이로다.

註解 ○倬(탁)―큰 모양. ○甫(보)―큰 것. ○取(취)―세를 받는 것. ○十千(십천)―만(萬)으로 많다는 뜻(釋義).《정전(鄭箋)》에선 정전법(井田法)으로 이를 풀이하고 있으나 이 시대에 정전법이 실행되었다는 증거는 없다. ○陳(진)―여기서는 묵은 곡식. ○食(사)―먹이다. ○自古(자고)―자석(自昔), 여러 해 이래의 뜻. ○有年(유년)―풍년의 뜻(毛傳). ○南畝(남묘)―남쪽 양지바른 밭. ○耘(운)―김매다. ○耔(자)―북돋는 것. ○薿(의)―무성한 것. ○攸(유)―급(及)의 뜻. ○介(개)―사(舍)의 뜻으로, 밭의 움막에 머무는 것(鄭箋). ○止(지)―지식(止息), 쉬는 것. ○烝(증)―진(進)의 뜻으로(毛傳), 접견하는 것(釋義). ○髦士(모사)―농부 가운데에서도 뛰어난 사람. ○齊(제)―자(粢)의 뜻(集傳). 제밥. ○明(명)―성(成)의 가차자(假借字)로, 성(成)은 성(盛)의 뜻, 수북히 담는 것. ○犧羊(희양)―제물로 쓰려고 잡은 양. ○社(사)―후토(后土)의 신에게 제사하는 것(毛傳). ○方(방)―사방의 신에게 제사지내는 것(孔疏). ○臧(장)―선(善)의 뜻으로, 밭농사가 잘된 것. ○慶(경)―복(福)의 뜻. ○御(어)―맞이하다. ○田祖(전조)―농사를 처음으로 시작하신 분(毛傳), 곧 신농씨(神農氏)(孔疏). ○介(개)―빌다. ○穀(곡)―양(養)과 통하며 먹여 살리는 것. ○士女(사녀)―자기 영읍(領邑) 안의 남녀들. ○曾孫(증

손)-앞의 '신남산(信南山)' 시에서와 같이 주제자(主祭者)이며(集傳), 동시에 이 고을의 영주(領主). 농부는 그의 소작인이나 마찬가지이다. ㅇ婦子(부자)- 농부의 부자(婦子). ㅇ饁(엽)-들판으로 가져다 먹는 식사. ㅇ畯(준)-권농관. 이상 세 구는 빈풍(豳風) '칠월(七月)' 시에 보였음. ㅇ攘(양)-취(取)의 뜻(集傳). ㅇ嘗其旨(상기지)-음식이 맛있나 없나 맛보는 것. ㅇ易(이)-치(治)의 뜻으로(毛傳), 김매고 북돋우는 것을 말한다(傳疏). ㅇ長畝(장묘)- 경묘(竟畝)로(集傳), 밭을 끝까지 다 김매고 북돋우는 것. ㅇ終(종)……且(차)…… -'기(旣)……차(且)……'의 뜻, 곧 '……하거니와 또 ……하다'는 뜻. ㅇ有(유)-많은 것, 풍성한 것. ㅇ敏(민)-빠른 것. ㅇ稼(가)-농사지은 것. ㅇ茨(자)-초가 지붕처럼 많이 쌓인 것(鄭箋). ㅇ梁(량)-다리가 높다랗게 걸려 있듯 곡식이 많이 쌓인 것. ㅇ庾(유)-곡식의 노적가리. ㅇ坻(지)-저(坻)와 통함. 언덕. ㅇ京(경)-고구(高丘)(毛傳), 높은 언덕. ㅇ斯(사)-조사. ㅇ乃求千斯倉(내구천사창)-곡식을 저장하기 위하여 많은 창고를 구하는 것. ㅇ箱(상)-거상(車箱)으로 짐 싣는 수레. 많은 곡식을 운반하기 위하여 만상(萬箱)을 구하는 것이다. ㅇ粱(양)-수수.

解說 이 시는 전록(田祿)이 있는 공경(公卿)이 농사에 힘을 쓰고 풍성한 수확을 한 뒤 후토(后土)와 사방의 신과 전조(田祖)에게 제사지내는 모양을 읊은 것이다. 〈모시서〉에서는 역시 유왕을 풍자한 것으로 보고 군자가 현재를 슬퍼하며 옛날을 생각하는 것이라 하였다.

2. 커다란 밭(大田)

커다란 밭에 농사 많이 지으니 씨고르고 농구 갖춰
농사일 다 준비하고, 날카로운 쟁기로
남쪽 밭에 일을 시작하여 여러 가지 곡식 씨뿌리니,
꼿꼿하고 크게 자라 증손자는 만족하네.

이삭 내밀어 패고 단단히 잘 여물어 가니,
잡초와 가라지 없으면 명충과 황충을 잡고,

벌레와 해충을 잡아내야 밭곡식에 해가 없으리니,
밭의 신께서는 불길 속에 벌레 잡아 던지시네.

구름이 뭉게뭉게 일어 비가 듬뿍 내리어
공전을 적시고 사전도 적시네.
저기엔 베지 않은 벼, 여기엔 베어놓은 들이지 않은 벼가 있고,
저기엔 남은 볏다발 있고 여기엔 빠트린 벼이삭 있으니,
과부 같은 이들 차지일세.

증손자가 오시자 농부의 부인은
남쪽 밭으로 밥을 날라오니 권농관은 매우 기뻐하네.
사방의 신에게 정결히 제사드리는데 붉은 소 검은 소 잡고
메기장 차기장으로 밥지어 제물 올리며 제사지내며,
큰 복을 비네.

原文　大田多稼라 旣種旣戒하여
　　　旣備乃事하니 以我覃耜로
　　　俶載南畝하여 播厥百穀하니
　　　旣庭且碩이라 曾孫是若이로다.

　　　旣方旣皁하여 旣堅旣好니라.
　　　不稂不莠어든 去其螟螣과
　　　及其蟊賊이라야 無害我田穉니
　　　田祖有神은 秉畀炎火리라.

　　　有渰萋萋하여 興雨祁祁하여
　　　雨我公田이요 遂及我私하여
　　　彼有不穫穉하며 此有不斂穧하며
　　　彼有遺秉하며 此有滯穗하니
　　　伊寡婦之利로다.

曾孫來止에 以其婦子로
饁彼南畝어늘 田畯至喜로다.
來方禋祀하여 以其騂黑과
與其黍稷으로 以享以祀하야
以介景福이로다.

[註解]　○多稼(다가)-많은 농사를 짓는 것. ○種(종)-선종(選種), 씨를 가리는 것(鄭箋). ○戒(계)-비(備)와 통하여 농구(農具)를 갖추는 것(鄭箋). ○乃事(내사)-기사(其事). 농사일 준비에 관한 일. ○覃(염)-날카로운 것. ○耜(사)-쟁기의 보습. ○俶(숙)-비로소 ○載(재)-일. ○厥(궐)-그것. ○庭(정)-곧다. ○碩(석)-큰 것. ○若(약)-낙(諾)과 통하여, '만족', '만의(滿意)'의 뜻(釋義). ○方(방)-방(房)과 통하여 이삭이 패어 꽃피는 것(鄭箋). ○皁(조)-이삭이 패기는 하였으나 아직 여물지 않은 것(毛傳). ○堅(견)-곡식 알이 단단히 잘 여무는 것(鄭箋). ○稂(랑)-가라지, 곡식을 해치는 잡초. 조풍(曹風) '하천(下泉)' 시에 보임. ○莠(유)-가라지 풀. ○螟(명)-곡식 대 속을 먹는 해충(毛傳). ○螣(특)-곡식의 잎새를 먹는 해충(毛傳). ○蟊(모)-곡식 뿌리를 먹는 해충(毛傳). ○賊(적)　곡식 마디를 믹는 해충(毛傳). ○稺(치)-어린 곡식 싹. ○田祖(전조)-신농씨(神農氏). 앞 '보전(甫田)'시에 보임. ○秉(병)-잡다. ○畀(비)-주다. ○炎(염)-불을 피우는 것. 밤에 밭 사이에다 불을 피워놓으면 해충들이 모두 날아와 불에 타 죽는다. 이것은 마치 밭의 신인 신농씨가 벌레들을 잡아 불꽃 속으로 던져 주는 것 같다는 것이다. ○有渰(유엄)-엄연(渰然), 구름이 피어오르는 모양. ○萋萋(처처)-구름이 성한 모양(集傳). ○祁祁(기기)-중성(衆盛)한 모양(앞에 여러 번 보였음). 여기서는 비가 듬뿍 내림을 형용한 것이다. ○公田(공전)-나라나 관가(官家)의 밭. 정전제(井田制)에선 9등분한 밭 가운데에서 그중의 하나를 공전(公田)으로 하였다. ○私(사)-개인 소유의 땅. ○穫(확)-수확하다. ○稺(치)-'벼'의 뜻. ○不斂穧(불렴제)-베어만 놓고 거둬들이지는 않은 벼. ○遺(유)-버리다. ○秉(병)-볏다발. ○滯(체)-누유(漏遺), 곧 흘려 빠뜨린 것. ○穗(수)-벼이삭. ○寡婦之利(과부지리)-과부 같은 노동능력이 없는 사람들이 이 빠뜨린 볏다발이나 벼이삭을 주워 자기의 몫으로 한다는 뜻. 이상 네 구는 앞 '보전(甫田)' 시에도 보였음. ○來(래)-조사. ○方(방)-사방의

신에 대한 제사. ㅇ禋(인)-정결히 제사지내는 것. ㅇ骍(성)-붉은 소. ㅇ黑 (흑)-검은 짐승.

解說 이것도 농사짓고 풍년을 감사드리는 제사를 지내는 모습을 노래 한 것이다. 앞의 '보전(甫田)' 시에서도 본 것처럼 옛날에는 밭을 소유하 고 있는 영주인 경대부(卿大夫)가 따로 있고, 그 밑에서 농부는 농사를 지었던 것이다. 〈모시서〉에서는 이것도 유왕을 풍자한 것이라 하였는데 확실치 않다.

3. 낙수를 바라보니(瞻彼洛矣)

낙수를 바라보니 강물이 넘실거리고 있네.
군자님 오셔서 머무시니 복과 녹이 지붕 같으네.
붉은 가죽 군복 입고 전군을 움직이시네.

낙수를 바라보니 강물이 넘실거리고 있네.
군자님 오셔서 머무시니 칼집 위아래 장식 아름답네.
군자님은 만년토록 집안을 보전하시겠네.

낙수를 바라보니 강물 넘실거리고 있네.
군자님 오셔서 머무시니 복과 녹이 다 모였네.
군자님은 만년토록 나라를 보전하시겠네.

原文 瞻彼洛矣하니 維水泱泱이로다.
　　　君子至止하시니 福祿如茨로다.
　　　韎韐有奭하니 以作六師로다.

　　　瞻彼洛矣하니 維水泱泱이로다.
　　　君子至止하시니 鞞琫有珌이로다.
　　　君子萬年토록 保其家室이로다.

瞻彼洛矣하니 維水泱泱이로다.

君子至止하시니 福祿旣同이로다.

君子萬年토록 保其家邦이로다.

[註解] o瞻(첨)-우러러보다, 바라보다.   o洛(낙)-서주(西周)의 낙수(洛水). 지금의 섬서성 정변현(定邊縣) 동남쪽 백어산(白於山)에서 나와 동남쪽으로 조읍현(朝邑縣) 경계를 흘러 위수(渭水)로 들어간다. 이 강물은 낙(洛), 동주(東周)의 것은 낙(雒)이라 씀이 옳다. o泱泱(앙앙)-강물이 넘실넘실 흐르는 모양. o君子(군자)-주나라 임금을 가리킨다(集傳). o如茨(여자)-짚으로 이어놓은 초가 지붕과 같다는 뜻으로, 많은 것을 형용한 것이다. o韎(매)-茅蒐(모수)라는 풀로 물들인 붉은 가죽(集傳). o韐(갑)-필(韠) 대신 걸치는 옛 군복. o有奭(유혁)-혁연(奭然), 붉은 모양. o六師(육사)-6군으로 천자의 군대 전체를 뜻함. o鞞(병)-칼집. o琫(봉)-《석명(釋名)》에 의하면 '칼집의 입에 장식한 것을 봉(琫), 밑 끝쪽의 장식을 병(珌)이라 한다'고 하였는데, '병(珌)'은 병(鞞)과 같은 글자이다(釋義). o有珌(유필)-필연(珌然)과 같은 말이다(釋義). 칼집 장식이 아름다운 모양. o同(동)-취(聚)의 뜻(集傳). 모이다. o家邦(가방)-국가(國家)의 뜻.

[解說] 주희(朱熹)는 '이것은 천자가 제후들을 동도(東都:洛邑)에 모아놓고 무사(武事)를 강(講)할 때, 제후가 천자를 기린 시'라 하였다(集傳). 주나라 천자를 기린 시임에는 틀림없는 듯하다. 〈모시서〉에선 제후들에게 작명(爵命)을 내리고 선(善)한 것을 상주고 악한 데엔 벌주던 옛 어진 임금을 생각함으로써 유왕을 풍자한 것이라 하였는데 그 근거가 확실치 않다.

4. 화려한 꽃(裳裳者華)

화려한 꽃은 잎새도 무성하네.
우리 님을 만나니 내 마음 시원해지네.
내 마음 시원해지니 편히 즐길 수 있네.

화려한 꽃은 노란빛이 많기도 하네.
우리 님을 만나보니 몸가짐 예에 맞네.
몸가짐 예에 맞으니 그래서 복이 있는 거라네.

화려한 꽃은 노란 것도 있고 흰 것도 있네.
우리 님을 만나보니 사마 끄는 수레 탔네.
사마 끄는 수레 탔으니 여섯 줄의 고삐 윤이 나네.

왼쪽이라면 왼쪽으로 군자님께 알맞게 하시며
오른쪽이라면 오른쪽으로 군자님께 친하게 지내시네.
군자님께 친하게 지내시니 그래서 후사가 잘 이어지게 되는 거라네.

原文 裳裳者華여 其葉湑兮로다.
　　　我覯之子하니 我心寫兮로다.
　　　我心寫兮하니 是以有譽處兮로다.

　　　裳裳者華여 芸其黃矣로다.
　　　我覯之子하니 維其有章矣로다.
　　　維其有章矣니 是以有慶矣로다.

　　　裳裳者華여 或黃或白이로다.
　　　我覯之子하니 乘其四駱이로다.
　　　乘其四駱하니 六轡沃若이로다.

　　　左之左之에 君子宜之며
　　　右之右之에 君子有之로다.
　　　維其有之라 是以似之로다.

註解 ○裳(상)－옛날에는 '상(常)'과 같은 자여서, 《설문해자》에는 상(常)을 상(裳)으로 쓰기도 하였다. 그리고 고본(古本)에는 '상상(裳裳)'을 '상상(常常)'으로 쓴 것도 있는데(集傳), 《광아(廣雅)》에 의하면 '상상(常常)은 성(盛)의 뜻'이라 하였으니 화려한 것을 뜻한다(通釋). ○湑(서)－성(盛)한 모양

(毛傳). ㅇ覯(구)—만나다, 만나보다. ㅇ之子(지자)—시자(是子)로 이 시에서 찬미하는 높은 벼슬자리에 있는 사람을 가리킨다. ㅇ寫(사)—사(瀉)와 통하여, 마음이 시원해지는 것. 이 구는 앞의 '요소(蓼蕭)' 시에도 보였음. ㅇ譽處(예처)—안락(安樂)의 뜻, 앞의 '요소' 시 참조.. ㅇ芸(운)—많은 것(通釋). ㅇ章(장)—법칙의 뜻도 지니어, 유장(有章)은 행동이 예에 맞는 것(釋義). ㅇ慶(경)—복의 뜻. ㅇ駱(락)—검은 갈기의 흰말. 사락(四駱)은 검은 갈기의 흰 털빛 사마가 끄는 수레. ㅇ轡(비)—고삐. ㅇ沃若(옥약)—윤이 나는 모양. 이상 4구는 앞의 '황황자화(皇皇者華)' 시에 보임. ㅇ左之左之(좌지좌지)—왼쪽 일을 하여야 되면 왼쪽 일을 하는 것. 《모전(毛傳)》에선 좌(左)는 양도(陽道)로 조회와 제사에 관한 일, 우(右)는 음도(陰道)로 상사(喪事)와 군사(軍事)에 관한 일을 가리킨다 하였다. ㅇ君子(군자)—천자를 가리킴. ㅇ宜(의)—합당하게 잘 처리하는 것. ㅇ有(유)—우(友)와 통하여 '친하게 하는 것'. ㅇ似(사)—사(嗣)와 통하여(毛傳), 후사를 잇는 것.

解說 이 시는 내용으로 볼 때 어느 제후나(集傳) 높은 지위에 있는 사람을(釋義) 기린 것이다. 〈모시서〉에서는 옛날의 벼슬하던 이를 읊어 유왕을 풍자한 것이라 하였다.

5. 청작새(桑扈)

쨍쨍 우는 청작새는 그 깃이 곱기도 하네.
군자님이 즐기시니 하늘의 복 받으셨네.

쨍쨍 우는 청작새는 그 목이 곱기도 하네.
군자님이 즐기시니 만국의 울타리 되시네.

울타리 되시고 담기둥 되시니 모든 제후 본받으시네.
크게 화목하고 크게 공경하니 받으시는 복도 매우 많으시네.

뿔잔은 구부정한데 맛있는 술은 좋기도 하네.
사귐에 교만하지 않으시니 만복이 모여드네.

原文 交交桑扈여 有鶯其羽로다.
　　　君子樂胥하니 受天之祜로다.

　　　交交桑扈여 有鶯其領이로다.
　　　君子樂胥하니 萬邦之屛이로다.

　　　之屛之翰하니 百辟爲憲이로다.
　　　不戢不難하니 受福不那로다.

　　　兕觥其觩하니 旨酒思柔로다.
　　　彼交匪敖하니 萬福來求로다.

註解 ○交交(교교)―교교(咬咬)와 통하여 새소리. ○桑扈(상호)―청작(靑雀) 또는 절지(竊脂)라고도 하는 식육조(食肉鳥). 앞의 '소완(小宛)' 시에 보임. ○鶯(앵)―문채(文彩) 나는 모양. 유앵(有鶯)은 앵연(鶯然). ○君子(군자)―천자를 가리킴. ○胥(서)―개(皆)자와 통하는데, 개(皆)와 가(嘉)는 음이 비슷하며, 《광아(廣雅)》 석언(釋言)에 '개(皆)는 가(嘉)의 뜻'이라 하였다. 가(嘉)는 또 낙(樂)의 뜻을 지니어, 낙서(樂胥)는 즐긴다는 뜻(通釋). ○祜(호)―복. ○領(령)―목. ○屛(병)―울타리, 보호자의 뜻. ○翰(한)―간(幹)과 통하여 '담기둥'의 뜻(孔疏). ○百辟(백벽)―모든 제후들을 가리킴. ○憲(헌)―법. ○不(불)―비(丕)와 통하여, 크다는 뜻(釋義). ○戢(즙)―즙(濈)과 통하여, '화(和)'의 뜻. ○難(난)―난(戁)과 통하여, 공경하는 것(通釋). ○那(나)―많은 것. ○兕(시)―외뿔 소. ○觥(굉)―소뿔로 만든 술잔. ○其觩(기구)―구부정한 모양. ○思(사)―조사. ○柔(유)―가(嘉)·선(善)의 뜻도 지니고 있다(通釋). ○敖(오)―오(傲)와 같은 글자, 교만한 것. ○求(구)―구(逑)와 통하여, '모이는 것'(經義述聞).

解說 이 시는 천자를 찬미한 시이다. 주희(朱熹)는 천자가 제후들을 모아놓고 잔치할 때 부르던 노래로 보았으나, 천자의 입장에서 부른 노래라 보기는 힘들다. 〈모시서〉에선 이것도 위아래 예의 없는 유왕을 풍자한 것이라 하였다. 그러나 청작새의 아름다운 깃이 천자의 덕을 상징했음에 틀림없다.

6. 원앙새(鴛鴦)

원앙새가 날고 있는데 새그물치네.
군자님은 만년토록 복과 녹 누리시네.

원앙새가 어살에 있는데, 왼편 날개를 거두었네.
군자님은 만년토록 큰 복 누리시겠네.

타는 말이 마구간에 있으니 꼴 썰고 먹이 먹이네.
군자님은 만년토록 복과 녹을 받으시겠네.

타는 말이 마구간에 있으니 먹이와 꼴 썰어 먹이네.
군자님은 만년토록 복과 녹으로 편안하시겠네.

原文　鴛鴦于飛하니 畢之羅之로다.
　　　君子萬年히 福祿宜之로다.

　　　鴛鴦在梁하니 戢其左翼이로다.
　　　君子萬年히 宜其遐福이로다.

　　　乘馬在廐하니 摧之秣之로다.
　　　君子萬年히 福祿艾之로다.

　　　乘馬在廐하니 秣之摧之로다.
　　　君子萬年히 福祿綏之로다.

註解　○鴛鴦(원앙)―암수컷 사이가 좋기로 유명한 물새 이름. ○畢(필)―
자루는 긴데 작은 그물이 달린 그물 이름. ○羅(라)―여기서는 모두 동사로
서 그물을 치는 것. ○宜(의)―《설문해자》에 '소안(所安)'이라 풀이하였다. 의
지(宜之)는 따라서 이를 편히 누리는 것. ○梁(량)―어살, 고기를 잡기 위해
냇물을 막아놓은 보. ○戢(즙)―원앙새가 왼쪽 날개만을 거둔다는 것은 암·

수컷이 서로 기대기 위해서이다. ㅇ遐(하)−대(大)의 뜻(釋義). ㅇ乘馬(승마)−사마(四馬). ㅇ廐(구)−마구간. ㅇ摧(최)−좌(莝)의 뜻으로(毛傳), 꼴이나 여물을 써는 것. ㅇ秣(말)−짐승에게 사료(飼料)를 먹이는 것. ㅇ艾(애)−양(養)의 뜻(毛傳), 누리는 것. ㅇ綏(수)−편안한 것.

解說 이것은 천자를 송도(頌禱)하는 시이다. 궁정의 연회(燕會)에서 신하들이 노래했음직하다. 제1절·제2절의 원앙새는 평화시대를 상징하는 듯하지만 시의 내용과 어떤 직접적인 관련이 있는지는 알 수 없다. 그리고 제3절·제4절의 말에게 꼴을 썰어 먹인다는 것은 천자에 대하여 충성스럽게 일하겠다는 작자의 뜻에 비유한 것이리라. 〈모시서〉에서는 이것도 유왕을 풍자한 시라 하였다.

7. 점잖은 관(頍弁)

점잖은 관은 무엇하러 썼는가?
맛있는 술 있고 좋은 안주 있는데,
저이들은 모두 남남일까? 다름 아닌 형제들이네.
겨우살이와 댕댕이덩굴이 소나무와 잣나무에 감겨 있네.
군자들 만나기 전엔 마음의 시름 바이없더니
군자들 만나니 내 마음 기뻐지네.

점잖은 관은 무엇 때문에 썼는가?
맛있는 술 있고 철에 맞는 안주 있는데,
저이들은 모두 남남일까? 형제 모두 모인 걸세.
겨우살이와 댕댕이덩굴이 소나무에 감겨 있네.
군자들 만나기 전엔 마음의 시름 그지없더니
군자들 만나니 내 마음 즐거워지네.

점잖은 관을 머리에 쓰고 있네.

맛좋은 술 있고 풍성한 안주 있는데,
저이들은 모두 남남일까? 형제와 숙질들이라네.
눈이 내릴 때 먼저 싸락눈이 내리듯,
언제 죽을지도 모르는 목숨 서로 만날 날 많지 않을 테니,
이밤에 술을 즐기어 군자들이 잔치하네.

[原文]　有頍者弁이여　實維伊何오?
　　　　爾酒旣旨하며　爾殽旣嘉하니
　　　　豈伊異人이리요?　兄弟匪他로다.
　　　　蔦與女蘿이　施于松栢이로다.
　　　　未見君子라　憂心奕奕이러니
　　　　旣見君子하니　庶幾說懌이로다.

　　　　有頍者弁이여　實維何期오?
　　　　爾酒旣旨하며　爾殽旣時하니
　　　　豈伊異人이리요?　兄弟具來로다.
　　　　蔦與女蘿이　施于松上이로다.
　　　　未見君子라　憂心怲怲이러니
　　　　旣見君子하니　庶幾有臧이로다.

　　　　有頍者弁이여　實維在首로다.
　　　　爾酒旣旨하며　爾殽旣阜하니
　　　　豈伊異人이리요?　兄弟甥舅로다.
　　　　如彼雨雪여이　先集維霰이라
　　　　死喪無日하여　無幾相見이니
　　　　樂酒今夕하여　君子維宴이로다.

[註解]　ㅇ有頍(유규)－규연(頍然)으로 점잖은 변(弁)의 모양.　ㅇ弁(변)－피변
(皮弁)으로 주(周)나라의 관(冠).　ㅇ實(실)－시(是)와 통함(鄭箋).　ㅇ維(유)－

위(爲)의 뜻(傳疏). 실유이하(實維伊何)는 시위이하(是爲伊何), 곧 그러한 관을 쓰고 모인 것은 무엇 때문인가의 뜻. ㅇ殽(효)—술안주. ㅇ異人(이인)—딴 남. 거기 모인 사람들은 모두 사이가 먼 딴 남들이겠느냐?는 뜻. ㅇ匪他(비타)—'다름아니라', 바로 형제들의 모임이라는 뜻. ㅇ蔦(조)—겨우살이. ㅇ女蘿(여라)—토사(菟絲)라고도 하며 '댕댕이덩굴'(?). 조(蔦)나 여라(女蘿)나 모두가 만생(蔓生)이다. ㅇ施(이)—뻗다. 주남(周南) '갈담(葛覃)' 시에도 보임. 이 구절은 형제들이 서로 믿고 의지함에 비유한 것임. ㅇ君子(군자)—여기 모인 형제들을 가리킴. ㅇ奕奕(혁혁)—크게 시름시름하는 모양. ㅇ說(열)—기뻐하다. ㅇ懌(역)—기뻐하다. ㅇ期(기)—조사로서 하기(何期)는 이하(伊何)와 같은 말임(鄭箋). ㅇ怲(병)—근심하다. ㅇ臧(장)—선(善)의 뜻, 마음이 안정되는 것. ㅇ首(수)—머리. ㅇ阜(부)—풍성한 것. ㅇ甥(생)—생질·조카. ㅇ舅(구)—외삼촌. 생구(甥舅)는 숙질(叔姪) 관계의 인척들 전부를 가리킨다. ㅇ霰(산)—싸락눈. 눈이 크게 오려면 처음에는 반드시 미온(微溫)한 기온에 눈이 내리는데, 눈이 온기(溫氣)를 만나 뭉쳐지면 싸락눈이 된다. 그리고 추위가 이기면 큰 눈으로 변한다 했다(鄭箋). ㅇ死喪無日(사상무일)—'얼마 안가 사람은 죽는다' '사람의 목숨이 짧다'는 뜻. ㅇ無幾相見(무기상견)—목숨이 짧으므로 따라서 '만날 날도 얼마 되지 않는다'는 뜻. 그러니 시간을 다투어 인생을 즐기라는 것이다.

解說 이 시는 형제와 친척들이 모여 잔치하는 것을 읊은 노래이다(集傳). 〈모시서〉에서는 이것도 반대로 유왕(幽王)이 포학무친(暴虐無親)하여 친족들과도 함께 즐기지 못하여 외로이 망해 가고 있음을 제공(諸公)들이 풍자하는 뜻에서 지은 시로 보았다.

8. 수레 굴대빗장(車舝)

수레 굴대빗장 빙글빙글 돌며 어여쁜 막내딸 시집가는 날.
주리고 목마른 듯 만나서 님의 목소리 듣고 싶네.
딴 좋은 벗 없다 해도 즐기며 기뻐하리.

무성한 나무 숲엔 꿩들이 모여 있네.

멋있는 저 키 큰 아가씨는 훌륭한 덕을 가르침 받았네.
즐기며 안락하게 살아가며 한없이 그대 좋아하리라.

맛있는 술 없다 해도 마셔 주기 바라네.
좋은 안주 없다 해도 먹어 주기 바라네.
덕이 없다 해도 그대와 함께 있으니 노래하고 춤추세나.

높은 산등성이에 올라 갈참나무 장작을 패네.
갈참나무 장작을 패노라니 그 잎새 무성하기도 하네.
그대와 만났으니 내 마음 후련해지네.

높은 산은 우러러보고 한길은 걸어다니는 것.
네 마리 말이 터벅터벅 수레 끄는데 여섯 줄 고삐가 거문고 줄 같네.
그대 만나 새로 결혼하여 내 마음 즐겁기만 하네.

原文　間關車之舝兮여 思孌季女逝兮로다.
　　　匪飢匪渴이라 德音來括이니
　　　雖無好友나 式燕且喜어라.

　　　依彼平林에 有集維鷮로다.
　　　辰彼碩女는 令德來敎로다.
　　　式燕且譽하여 好爾無射이로다.

　　　雖無旨酒나 式飮庶幾며
　　　雖無嘉殽나 式食庶幾며
　　　雖無德與女니 式歌且舞어다.

　　　陟彼高岡하여 析其柞薪이로다.
　　　析其柞薪하니 其葉湑兮로다.
　　　鮮我覯爾하니 我心寫兮로다.

　　　高山仰止며 景行行止로다.

四牡騑騑하니 六轡如琴이로다.
覯爾新昏이라 以慰我心이로다.

註解 ○間關(간관)-빙빙 돌아가는 것(通釋). ○舝(할)-수레 굴대빗장, 수레 굴대 양편에 바퀴가 빠지지 않도록 꽂아놓은 빗장. 패풍(邶風) '천수(泉水)' 시에 보임. ○思(사)-발어사(經典釋詞). ○孌(련)-예쁜 것. 아름다운 것. ○季女(계녀)-막내딸. ○逝(서)-시집을 가는 것. ○匪飢匪渴(비기비갈)-정말로 배고프고 목마른 것이 아니라 신부를 보고픈 마음이 기갈(飢渴)이 들린 듯하다는 뜻. ○德音(덕음)-그리운 이의 목소리. ○來(래)-조사로 시(是)와 같은 뜻(釋義). ○括(활)-괄(佸)과 통하며, '만나는 것'. 덕음래활(德音來括)은 만나서 그의 목소리를 듣는 것. ○燕(연)-즐기다. 다른 벗은 없다 해도 신부가 있으니 즐기고 기뻐할 만하다는 뜻. ○依(의)-옛날에는 은(殷)과 통하여, 무성한 것(通釋). ○平林(평림)-평평한 땅의 숲. ○鷮(교)-꿩. 꿩의 아름다움을 신부에 비유한 것이다. ○辰(신)-시(時)의 뜻이며, 시(時)는 선(善)과 통하여(앞의 '頍弁' 시 毛傳), '훌륭한 것'. ○碩女(석녀)-키가 큰 여인. ○令(령)-아름다운 것. ○敎(교)-가르침을 받았다는 뜻. ○譽(예)-안락의 뜻, 앞의 '요소(蓼蕭)' 시에 보였음. ○爾(이)-신부를 가리킴. ○射(역)-싫어하다. ○與女(여녀)-그대와 더불어 지내게 된 것. 이 절은 신부에게 즐기기를 권하는 내용이다. ○析(석)-쪼개다. ○柞(작)-갈참나무. 작신(柞薪)은 갈참나무 장작. ○湑(서)-무성한 것(鄭箋). 이것은 안전(眼前)의 즐거운 풍경을 노래한 것이다. ○鮮(선)-사(斯)의 뜻. '요아(蓼莪)' 시에 보임. ○覯(구)-만나다. ○爾(이)-신부를 가리킴. ○寫(사)-사(瀉)와 통하여, 마음이 시원해지는 것. ○景行(경행)-대도(大道)의 뜻. 이상 두 구는 모든 일이 법도대로 되어감을 말한 것이다. ○騑騑(비비)-말이 터벅터벅 걷는 모양. ○六轡如琴(육비여금)-여섯 줄의 고삐가 가야금 줄 같다, 곧 여섯 줄의 고삐가 잘 조화됨을 말한 것임. ○新昏(신혼)-신혼(新婚). ○慰(위)-위로를 받는다, 기뻐진다는 뜻.

解說 이 시는 신혼의 즐거움을 노래한 것이다(集傳). 〈모시서〉에선 이것도 유왕을 풍자한 것이라 하고 포사(褒姒)가 무도한 짓을 멋대로 하기 때문에 주인(周人)이 현녀(賢女)를 얻어 임금에게 짝지어 주고 싶어서 이 시를 노래한 것이라 하였다.

9. 쉬파리(靑蠅)

윙윙 쉬파리 날다가 울타리에 앉았네.
점잖으신 군자님은 남 모함하는 말 믿지 마시기를.

윙윙 쉬파리 날다가 대추나무에 앉았네.
남을 모함하는 자들은 나쁜 자들이어서 온 나라를 어지럽히네.

윙윙 쉬파리 날다가 개암나무에 앉았네.
남을 모함하는 자들은 나쁜 자들이어서 우리들 서로 미워하게 하네.

原文　營營靑蠅이 止于樊이로다.
　　　豈弟君子는 無信讒言이어다.

　　　營營靑蠅이 止于棘이로다.
　　　讒人罔極하여 交亂四國이로다.

　　　營營靑蠅이 止于榛이로다.
　　　讒人罔極하여 構我二人이로다.

註解　ㅇ營營(영영)―왔다갔다 하며 나는 소리(集傳). ㅇ靑蠅(청승)―'쉬파리'. 남을 모함하기 잘하는 자들에게 견준 것이다. ㅇ豈弟(개제)―화락(和樂) 평이(平易)한 것, 곧 '점잖은 것'. 제풍(齊風) '재구(載驅)' 시에 보였음. ㅇ君子(군자)―임금을 가리킴. ㅇ罔極(망극)―무량(無良)의 뜻(앞에서 여러 번 보았음), 곧 '나쁜 것'. ㅇ榛(진)―개암나무. ㅇ構(구)―구합(構合)의 뜻으로, 서로가 미워하는 것.

解說　이는 남을 모함하기 잘하는 자들을 쉬파리에 비유하며 풍자한 시이다. 〈모시서〉에서는 역시 남을 모함하는 말을 잘 믿는 유왕을 풍자한 시로 보았다.

10. 손님 잔치(賓之初筵)

손님 모여 잔치 시작하니 좌우 모두 질서 있네.
음식 그릇 많기도 하고 고기 갈비 벌여 있네.
술은 맛있게 빚어져 매우 즐겁게 술마시네.
풍악을 벌여놓고 술잔 들고 왔다갔다 하는데,
큰 과녁 펼쳐지고 활에 살 먹여 당기네.
활 쏜 이 다 모이니 활 쏜 결과 아뢰는데,
활 쏘아 과녁 맞히고는 상대방이 술잔 들기 바라네.

생황과 북의 반주로 문무를 추고, 음악을 합주하여
여러 조상들 즐겁게 해드리는데, 모든 것이 예에 합당하네.
모든 예 갖추어지니 예의 매우 성대하네.
큰 복 신께서 내려주시니 자손들의 즐거움일세.
그 즐거움 무르익자 각기 자기 재주 발휘하네.
손이 술잔 주고받고, 주인도 들어와 한몫 끼네.
큰 잔에 술 부으니 과녁 맞힌 분들 위해서일세.

손님 모여 잔치 시작하니 점잖고 공손하네.
취하지 않았을 적엔 위엄과 예의에 조심하더니
술 취한 뒤엔 위엄과 예의가 불안해지네.
자리를 떠나 옮겨다니며 자주 너울너울 춤추네.
아직 취하지 않았을 적엔 위엄과 예의가 빈틈없더니
술취한 뒤엔 위엄과 예의가 허술해지네.
이래서 술취하면 질서를 모른다 했지.

손님들 술취하여 소리치고 떠들고 하며
음식 그릇 어지럽히고 비틀비틀 자주 춤추네.
이래서 술취하면 자기 잘못도 모른다 했지.

관을 비스듬히 쓰고 더풀더풀 자주 춤추네.
술취하여 바로 자리 뜬다면 서로가 다행한 일이지만,
술취한 뒤에도 가지 않으면 덕을 망치는 짓이 된다네.
술이 매우 좋다는 것은 오직 예의를 잘 지킬 때일세.

이처럼 술마시는데 어떤 이는 취하고 어떤 이는 안 취했네.
그래서 감시자 세우고 기록자 두어 그들 돕게 하였으니,
술취하여 탈선하는 것은 취하지 않은 이가 부끄러이 여기는 일이네.
공연히 많이 들라 하지 말고, 취하여 너무 태만하지 않아야 되네.
부당한 말도 하지 말고, 법도에 어긋나는 말도 하지 말 것이니,
술취하여 떠들다 보면 수양은 뿔이 없다는 식의 말 나오게 된다네.
세 잔이면 의식 잃게 되는 것을 하물며 더 마시라 권해서야 되겠나!

原文 賓之初筵에 左右秩秩이로다.
　　　籩豆有楚하며 殽核維旅하며
　　　酒旣和旨하여 飮酒孔偕로다.
　　　鐘鼓旣設하여 擧醻逸逸하며
　　　大侯旣抗하고 弓矢斯張이로다.
　　　射夫旣同하니 獻爾發功하여
　　　發彼有的하여 以祈爾爵이로다.

　　　籥舞笙鼓하여 樂旣和奏하니
　　　烝衎烈祖하여 以洽百禮로다.
　　　百禮旣至하니 有壬有林이로다.
　　　錫爾純嘏하니 子孫其湛이로다.
　　　其湛曰樂하니 各奏爾能이로다.
　　　賓載手仇하니 室人入又로다.
　　　酌彼康爵하니 以奏爾時로다.

　　　賓之初筵에 溫溫其恭이로다.

其未醉止엔 威儀反反이러니
曰旣醉止엔 威儀幡幡이로다.
舍其坐遷하여 屢舞僊僊이로다.
其未醉止엔 威儀抑抑이러니
曰旣醉止엔 威儀怭怭이로다.
是曰旣醉라 不知其秩이로다.

賓旣醉止라 載號載呶하여
亂我籩豆하고 屢舞僛僛로다.
是曰旣醉니 不知其郵로다.
側弁之俄하여 屢舞傞傞로다.
旣醉而出하면 並受其福이로다.
醉而不出하면 是謂伐德이로다.
飮酒孔嘉는 維其令儀니라.

凡此飮酒여 或醉或否로다.
旣立之監이요 或佐之史니
彼醉不臧을 不醉反恥하도다.
式勿從謂하여 無俾大怠어다.
匪言勿言하며 匪由勿語하며
由醉之言은 俾出童羖이로다.
三爵不識이니 矧敢多又아!

<u>註解</u> ○初筵(초연)―처음 자리에 앉아 잔치를 시작할 때. ○秩秩(질질)―
질서 있는 모양. ○籩豆(변두)―대나무 또는 나무로 만든 여러 가지 음식 그
릇. ○楚(초)―차(且)의 가차자로 많은 모양(通釋). ○殽(효)―주로 육류(肉類)
로 만든 음식(通釋). ○核(핵)―핵(覈)으로 인용된 곳도 있으며, 뼈가 붙어
있는 '갈비' 같은 고기들(通釋). ○旅(려)―진열의 뜻. ○和(화)―조화의 뜻.
○旨(지)―맛있는 것. ○偕(해)―해(諧)의 가차로서, 화해의 뜻. ○醻(수)―주

인이 다시 손님에게 술잔을 따라 올리는 것. 거수(擧酬)는 그 술잔을 들어 올리는 것. ㅇ逸逸(일일)―왔다갔다 차서(次序)가 있는 것(毛傳). ㅇ大侯(대후)―군후(君侯)로서(毛傳), 사례(射禮)에 군후들이 쏘는 과녁. 후(侯)는 천이나 가죽으로 만든 과녁임. ㅇ抗(항)―거(擧)의 뜻으로(毛傳), 천이나 가죽으로 만든 과녁을 치는 것. ㅇ射夫(사부)―여러 활쏘는 사람들(鄭箋). ㅇ同(동)―모이는 것(釋義). ㅇ獻(헌)―아뢰다. 주(奏)의 뜻(鄭箋). ㅇ發(발)―발시(發矢), 화살을 쏘는 것. ㅇ功(공)―중적지공(中的之功), 곧 과녁에 맞힌 결과(鄭箋). ㅇ彼(피)―화살을 가리킴. ㅇ有的(유적)―과녁에 맞힌 것. ㅇ爵(작)―술잔. 이 기이작(以祈爾爵)은 사례(射禮)에 있어선 승자(勝者)가 진 자에게 술을 먹이게 되어 있으므로, 활을 쏠 때 자기가 과녁을 더 많이 맞히어 상대방에게 술을 더 많이 먹이려 든다는 것이다(鄭箋). ㅇ籥舞(약무)―피리를 손에 들고 추는 문무(文舞)(毛傳). ㅇ笙鼓(생고)―문무(文舞)에 반주되는 악기. ㅇ和奏(화주)―합주의 뜻. 여러 소리가 조화된대서 화주(和奏)라 한 것이다. ㅇ烝(증)―조사. ㅇ衎(간)―즐기는 것. ㅇ烈祖(열조)―공열(功烈)이 많은 조상들(集傳). ㅇ洽(흡)―들어맞는 것. ㅇ至(지)―비(備)의 뜻(釋義), 갖추다. ㅇ有壬(유임)―임연(壬然), 큰 모양(毛傳). ㅇ有林(유림)―임연(林然)으로 숲처럼 그 예(禮)가 많은 것을 형용했음(通釋). ㅇ錫(석)―주다. ㅇ純(순)―대(大)의 뜻(鄭箋). ㅇ嘏(가)―복. ㅇ湛(담)―오래 즐기다. 기담왈락(其湛曰樂)은 ‘그 즐김이 즐겁게 되었다’, 곧 ‘즐김이 무르익었다’는 뜻. ㅇ奏(주)―나타내 보이는 것. ㅇ能(능)―옛날에는 활 잘 쏘는 솜씨를 말하였다(通釋). ㅇ載(재)―조사, 즉(則)의 뜻. ㅇ手(수)―취(取)의 뜻(毛傳). ㅇ仇(구)―짝, 여기서는 술잔을 주고받는 것. ㅇ室人(실인)―주인(毛傳). ㅇ入(입)―차(次)로 들어가는 것(毛傳). ㅇ次(차)―위석(幃席)을 친 활쏘기 할 때의 갱의실(更衣室) 같은 곳(釋義). ㅇ又(우)―또. 손님과 술잔을 주고받는 것. ㅇ康(강)―대(大)의 뜻(通釋). ㅇ爵(작)―술잔. ㅇ奏(주)―위(爲)의 뜻. ㅇ時(시)―시(是)의 뜻으로 과녁에 맞은 것을 가리킨다. 곧 큰 잔에 술을 부어 ‘화살을 과녁에 맞힌 사람을 위하여 못 맞힌 사람에게 마시게 하도록 한다’는 뜻(傳疏). ㅇ溫溫(온온)―온화한 모양. ㅇ其恭(기공)―공손한 모양. ㅇ反反(반반)―신중한 모양(毛傳). ㅇ幡幡(번번)―되풀이하는 모양(‘巷伯’ 시에 보임). 여기서는 행동이 불안한 모양을 나타낸다(釋義). ㅇ舍(사)―사(捨)의 뜻, 버리다. ㅇ僊僊(선선)―경거모(輕擧貌), 행동을 가벼이 하는 모양(釋義 引 《莊子》〈在宥〉편 成 注). ㅇ抑抑(억억)―빈틈없는 모양(毛傳). ㅇ怭怭(필필)―업신여기고 허술히 행동하는 모양. ○秩(질)-질서의 뜻. ○號(호)-소리치는 것. ○呶(노)-시끄럽게 떠드는 것. ○僛僛(기기)-뒤뚱뒤뚱 기울어지는 모양(集傳). ○郵(우)-과(過)와 통하여, 여기서는 '허물'의 뜻. ○側(측)-기울어지는 것. ○俄(아)-기울어지는 것. ○傞傞(사사)-쉬지 않고 자꾸만 춤추는 모양(毛傳). ○出(출)-떠나가는 것. ○並受其福(병수기복)-주인이나 손님이나 다 다행하고 좋은 일이라는 뜻. ○伐(벌)-패(敗)의 뜻(經義述聞). 망치는 것. ○令(령)-아름다운 것. ○儀(의)-위의(威儀)의 뜻. ○監(감)-사례(射禮)를 감독하는 사람. 〈향사례(鄕射禮)〉의 '입사정(立司正)' 주(注)에 '게을리하여 예를 잃는 자는 사정(司正)을 세워 감독케 한다' 하였으니, 이곳의 '감(監)'은 '사정'과 같은 것이다(通釋). ○史(사)-기사자(記事者). 옛날 술을 마실 적엔 모두 감을 세워 예에 벗어남을 막았는데, 노인들은 또 '사(史)'를 두어 감을 도와 말하는 것을 감시하게 하였다. 다만 젊은이들은 '사(史)'가 없었다(通釋). ○不臧(부장)-불선(不善)한 짓을 하는 것. ○不醉(불취)-불취자(不醉者). ○反恥(반치)-반대로 수치로 알았다는 뜻. ○式(식)-조사. ○謂(위)-권면(勸勉)의 뜻을 나타낸다. 곧 덩달아 그에게 권하여 더 많이 마시도록 하지 말라는 뜻. ○無俾大怠(무비대태)-술 많이 마신 자로 하여금 크게 예에 태만하도록 만들지 말라는 뜻. ○匪言(비언)-부당한 말(釋義). ○由(유)-식(式)과 통하며, 식(式)은 법(法)의 뜻. 따라서 비유(匪由)는 법도에 벗어나는 말(通釋). ○由醉之言(유취지언)-취하여 나오는 말. ○童(동)-민둥산. 독(禿)과 통함. ○羖(고)-수양. 동고(童羖)는 뿔 없는 수양. 비출동고(俾出童羖)는 술에 취하면 수양은 모두 뿔이 있는데도 뿔 없는 수양이 있다는 것과 같은 말을 하게 된다는 뜻. ○不識(불식)-의식을 잃게 되는 것. ○矧(신)-하물며. ○又(우)-유(侑)의 가차자(假借字)로, 술을 권하는 것(釋義).

解說 〈모시서〉에선 이것을 위(衛)나라 무공(武公)이 유왕(幽王)을 풍자한 시라 하였고, 주희(朱熹)의 《집전》에서는 위나라 무공이 술을 마시고 잘못을 뉘우치어 이 시를 지었다고 하였다. 그러나 모두 위나라 무공을 인용한 근거가 없다. 그러나 이것은 마서진(馬瑞辰) 등의 견해대로 대사례(大射禮)의 모습을 노래한 것이라 봄이 좋겠다. 선왕(先王)들은 제사를 지내기에 앞서 반드시 대사례를 거행하였다(通釋·釋義). 대사례를 하기 시작할 때부터 대사례가 끝나 잔치를 하는 과정을 전부 노래하고, 잔치에서 술을 많이 마시고 탈선하는 행동이 흔함을 훈계한 것이다.

제 7 어조지습(魚藻之什)

1. 물고기와 마름풀(魚藻)

물고기가 마름풀 사이에 노는데 머리가 큼지막하네.
임금님께서 호경에 계시는데 술마시며 즐기시네.

물고기가 마름풀 사이에 노는데 꼬리가 기다랗네.
임금님께서 호경에 계시는데 즐기며 술마시네.

물고기가 마름풀 사이에 노는데 부들도 옆에 자랐네.
임금님께서 호경에 계시는데 안락하게 지내시네.

原文 魚在在藻하니 有頒其首로다.
　　　王在在鎬하니 豈樂飮酒로다.

　　　魚在在藻하니 有莘其尾로다.
　　　王在在鎬하니 飮酒樂豈이로다.

　　　魚在在藻하니 依于其蒲로다.
　　　王在在鎬하니 有那其居로다.

註解 ㅇ藻(조)—마름풀, 수초(水草). ㅇ有頒(유분)—분연(頒然)으로 머리가
큰 모양. ㅇ鎬(호)—호경(鎬京), 서주(西周)의 서울. 지금의 섬서성 장안현(長
安縣) 서쪽이었다. ㅇ豈(개)—즐기다. 개(愷)와 같은 자. ㅇ有莘(유신)—신연
(莘然)으로, 긴 모양. ㅇ蒲(포)—부들, 수초(水草). 의우기포(依于其蒲)는 부
들 가까이에서도 논다는 뜻. ㅇ那(나)—편안하다, 안락하다.

解說 이 시는 천자를 기린 것이다. 〈모시서〉에선 유왕을 풍자하기 위

하여 옛 무왕(武王)을 노래한 것이라 보았고, 주희(朱熹)는 천자가 제후
들에게 잔치를 베풀자 제후가 천자를 기린 시로 보았다. 마름풀 사이의
물고기는 훌륭한 천자를 상징함에는 틀림없다.

2. 콩을 따세(采菽)

콩을 따서 콩을 따서 모진 광주리 둥근 광주리에 담네.
군자님들 내조하신다는데 무얼 내려주시려나?
비록 내려줄 것 없다고는 하시면서도 큰 수레와 말 내리시려 하네.
또 무엇 내리시려나? 검은 곤룡 저고리에 보무늬 바지라네.

솟아오르는 샘물 가에서 미나리를 뜯네.
군자님들 내조하시는 깃발이 보이네.
깃발 수없이 나부끼고 말방울 소리 짤랑거리며
네 마리 말이 끄는 수레 몰고 군자님 오시는 길이네.

붉은 슬갑 넓적다리까지 내려오고 그 밑엔 행전을 치셨네.
교만하지도 허술하지도 않으니, 천자께서 내리신 것일세.
즐겁도다 군자님들, 천자께서 임명하셨네.
즐겁도다 군자님들, 복과 녹이 거듭되시네.

갈참나무 가지엔 잎새가 무성하네.
즐겁도다 군자님들, 천자님의 나라를 안정시키시네.
즐겁도다 군자님들, 온갖 복이 다 모이네.
점잖은 신하들이 다 따르고 있네.

두둥실 버드나무배는 밧줄로 매어 있네.
즐겁도다 군자님들, 천자께서 돌보아 주시리라.
즐겁도다 군자님들, 복과 녹이 두터워지리라.
의젓하고 점잖게 당도하여 머무시네.

原文 采菽采菽을 筐之筥之로다.

君子來朝에 何錫予之오?

雖無予之나 路車乘馬로다.

又何予之오? 玄袞及黼로다.

觱沸檻泉에 言采其芹이로다.

君子來朝에 言觀其旂로다.

其旂淠淠하며 鸞聲嘒嘒하며

載驂載駟하니 君子所屆로다.

赤芾在股요 邪幅在下로다.

彼交匪紓하니 天子所予로다.

樂只君子여 天子命之로다.

樂只君子여 福祿申之로다.

維柞之枝여 其葉蓬蓬이로다.

樂只君子여 殿天子之邦이로다.

樂只君子여 萬福攸同이로다.

平平左右이 亦是率從이로다.

汎汎楊舟여 紼纚維之로다.

樂只君子여 天子葵之로다.

樂只君子여 福祿膍之로다.

優哉游哉히 亦是戾矣로다.

註解 ○菽(숙)-콩. ○筐(광)-모진 대광주리. ○筥(거)-둥근 대광주리. 여기서는 모두 동사로서 '광주리에 담는다'는 뜻. ○君子(군자)-제후들을 가리킴. ○錫(석)-내리다, 주다. ○予(여)-내리다, 주다. 천자가 내조(來朝)한 제후들에게 선물로 내리는 것. ○雖無予之(수무여지)-'비록 줄 것이 없다고 한다'는 뜻으로, 내릴 물건이 대단치 않다는 겸사(謙辭)(鄭箋), 곧 '별것은 아

니지만' '대단치는 않지만'. 제후들이 타는 노거(路車)(同姓에겐 金路, 異姓에
겐 象路)와 말을 내릴 것이라는 것이다. ○玄(현)−검은 것. ○袞(곤)−곤룡
포. 둥글게 말린 용이 그려 있는 옷. 현곤(玄袞)은 검은 천에 둥근 용이 그려
있는 저고리를 말한다(鄭箋). 구장법복(九章法服)의 하나(孔疏). ○黼(보)−
도끼 모양이 연이어지는 흑백 무늬. 구장법복(九章法服)에선 보(黼)무늬가
상(裳 : 下衣)에 그려져 있었으므로, 여기서는 보무늬를 수놓은 바지를 뜻한다.
○觱沸(필불)−샘물이 솟아나는 모양(毛傳). ○檻泉(함천)−지금 솟아오르고
있는 샘물(毛傳). ○芹(근)−미나리. ○觀(관)−보인다는 뜻. ○旂(기)−여기
서는 제후의 수레에 꽂힌 여러 가지 깃발을 뜻함. ○淠淠(비비)−많은 깃발
이 펄럭이는 모양(毛傳). '소변(小弁)'시 《모전》 참조. ○鸞(란)−말재갈에 달
린 방울. ○嘒嘒(혜혜)−잘랑잘랑 나는 소리. ○載驂載駟(재참재사)−수레를
끄는 말의 장성(壯盛)함을 형용한 말임. ○屆(계)−이르다. ○芾(불)−슬갑.
제후들은 붉은 슬갑을 걸치었다(曹風 '候人'시에도 보임). 슬갑은 앞을 가리
는 것이어서 아래 폭은 넓적다리께까지 이른다. 그래서 재고(在股)라 한 것
이다. ○邪幅(사폭)−후세의 행전(行纏)처럼(鄭箋) 무릎에서 발목까지를 천
으로 묶은 것. 사폭은 따라서 불(芾) 밑에 있으므로 '재하(在下)'라 한 것이
다(釋義). ○彼(피)−《순자(荀子)》에 이 시를 인용함에 '비(匪)'로 쓰고 있다.
○交(교)−오(敖)의 뜻(經義述聞). 피교(彼交)는 비오(匪敖), 교만하지 않은
것. ○紓(서)−태완(怠緩)의 뜻. ○申(신)−거듭하는 것. ○柞(작)−갈참나무.
○蓬蓬(봉봉)−무성한 모양(毛傳). ○殿(전)−진(鎭)과 통하여, 안정시키는
것. ○同(동)−모이는 것. ○平(평)−편(便)과 옛날에는 통하여, 평평(平平)을
《한시(韓詩)》엔 '편편(便便)'이라 적고 있다. 편편(便便)은 한아(閒雅)한 모
양(經典釋文), 곧 점잖고 우아한 것. ○左右(좌우)−제후들의 신하들(集傳).
○亦(역)−조사. ○率從(솔종)−수종(隨從), 수행의 뜻. ○汎汎(범범)−물에
둥실둥실 떠있는 모양. ○楊舟(양주)−버드나무로 만든 배. ○紼(불)−뱃머리
밧줄(毛傳). ○纚(리)−유(維)나 마찬가지로 붙들어매는 것(集傳). ○葵(규)−
규(揆)와 통하여(毛傳), 제후들의 치적이나 덕을 헤아리는 것. ○膍(비)−두
터운 것. ○優游(우유)−제후들이 내조(來朝)하는 모습으로 의젓하고 점잖은
것. ○亦是戾(역시려)−'어시지(於是至)'의 뜻으로, '이에 내조하며 머물고 있
다'는 뜻.

解說 이 시는 제후들이 천자께 내조하는 모양을 시인이 노래한 것이다.

1절 첫머리의 콩, 2절 첫머리의 샘물, 4절 첫머리의 갈참나무, 5절 첫머리의 버드나무배는 모두 흥(興)으로서 꼭 무엇을 비유한 것이라 설명하기 힘들다. 시인의 머릿속에서 제후들이 내조하는 모습과 어떤 연상작용이 있었을 것이나 알 수 없다. 단순히 이 때 작자의 눈을 끈 한 가지 풍경이었는지도 모른다. 〈모시서〉에서는 역시 유왕을 풍자하기 위하여 옛일을 노래부른 것이라 보았다.

3. 뿔활(角弓)

잘 휜 뿔활은 핑 하고 튕겨지네.
형제나 친척들은 서로 멀리하지 말아야지.

그대가 멀리하면 백성들도 따라 그렇게 하고,
그대가 가르치면 백성들도 따라 본받게 되네.

훌륭한 형제들은 너그러이 정이 넘치지만
좋지 못한 형제들은 서로 헐뜯기 일쑤이지.

좋지 못한 백성들은 오직 남을 원망하며
벼슬만은 사양하지 않으니 자신을 망치게 되네.

늙은 말이 망아지라 생각하고 뒷일은 생각 않네.
먹는 데에는 남보다 배부르려 들고 술마시는 데에는 남보다 많이 마시려 드네.

원숭이에게 나무 오르게 하고, 진흙에 진흙 보태는 짓 말게.
군자가 아름다운 도 지킨다면 소인들도 의지하게 될 걸세.

눈이 펑펑 내리지만 햇빛만 보면 녹네.
겸손히 남을 따르려 들진 않고 늘 교만하게만 구네.

눈이 펄펄 내리지만 햇빛만 보면 녹네.

오랑캐들처럼 행동하니 나는 늘 걱정이네.

[原文] 騂騂角弓이여 翩其反矣로다.
兄弟昏姻은 無胥遠矣어다.

爾之遠矣면 民胥然矣며
爾之敎矣면 民胥傚矣니다.

此令兄弟는 綽綽有裕나
不令兄弟는 交相爲癒로다.

民之無良은 相怨一方하며
受爵不讓하나니 至于己斯亡이로다.

老馬反爲駒하여 不顧其後로다.
如食宜饇요 如酌孔取로다.

毋敎猱升木이어다 如塗塗附니라.
君子有徽猷면 小人與屬하리라.

雨雪瀌瀌이나 見晛曰消하니라.
莫肯下遺요 式居婁驕로다.

雨雪浮浮나 見晛曰流하니라.
如蠻如髦라 我是用憂로다.

[註解] ㅇ騂騂(성성)－활이 조화되게 잘 구부러진 모양(集傳). ㅇ角弓(각궁)－뿔로 장식된 활(集傳). ㅇ翩(편)－반대로 튕겨지는 모양(毛傳). ㅇ反(반)－반대로 튕겨지는 것(毛傳). 활은 쏘지 않을 때 활줄을 풀어놓으면 바깥쪽으로 활대가 튕겨진다. 형제나 골육(骨肉)이라 하더라도 도에 어긋나는 행동을 하면 이 화살대 줄을 풀어놓듯이 서로 멀어진다는 것이다. ㅇ兄弟昏姻(형제혼인)－친족·친척을 다 가리킨다. '규변(頍弁)' 시의 '형제생구(兄弟甥舅)'나

같은 말임. ㅇ胥(서)—서로. ㅇ傚(효)—본받다. ㅇ令(령)—선(善)의 뜻, 훌륭한 것. ㅇ綽綽(작작)—너그러운 모양. ㅇ裕(유)—여유가 있는 것. 이 구절은 형제 간에 우애가 넘침을 뜻한다. ㅇ瘉(유)—병. 여기서는 헐뜯는다는 뜻. ㅇ良(양)—선(善)의 뜻. ㅇ無良(무량)—불량(不良) 또는 불선(不善). ㅇ一方(일방)—자기의 입장에서 남만을 '일방적으로' 원망하는 것. ㅇ至于己(지우기)—'자기자신에 대하여 말하면'. ㅇ斯(사)—조사. ㅇ老馬反爲駒(노마반위구)—힘없는 늙은 말이 젊은 망아지처럼 생각하는 것. 능력없는 소인들이 자기가 유능한 것처럼 행동함에 비유한 말(集傳). ㅇ不顧其後(불고기후)—'뒷날은 돌아다보지도 않는 것', 곧 목전(目前)의 소리(小利)에 급급한 것. ㅇ宜(의)—차(且)자와 옛날에는 통용되었다(앞의 '小宛'시 참조). ㅇ饇(어)—배부른 것. ㅇ酌(작)—술을 따르는 것. ㅇ取(취)—술잔을 들어 마시는 것. ㅇ猱(노)—원숭이. 원숭이는 소인에 비유한 것으로, 원숭이를 나무에 올려보내지 말라는 것은 소인에게 간사한 짓을 하도록 허용하지 말라는 것이다. ㅇ如塗塗附(여도도부)—진흙에 진흙을 더하는 것 같은 짓, 곧 간사한 소인들에게 간사한 짓을 하도록 하여 주는 것에 비유한 말. ㅇ君子(군자)—임금을 가리킴. ㅇ徽(휘)—아름다운 것. ㅇ猷(유)—도(道)의 뜻. ㅇ小人(소인)—낮은 백성들. ㅇ屬(촉)—의지하고 따르게 되는 것. ㅇ瀌瀌(표표)—눈이 많이 내리는 모양(鄭箋). ㅇ晛(현)—햇빛, 햇빛이 나다. 눈이 아무리 많이 와도 햇볕만 보면 녹아 버린다는 것은, 소인들이 아무리 등쌀을 대더라도 임금님이 잘 다스리면 아무런 문제도 생기지 않고 오히려 교화를 받아 소인들이 없어지고 만다는 뜻. ㅇ遺(유)—수(隨)의 뜻(鄭箋). 하유(下遺)는 자기를 낮추고 남의 의견을 따르는 것. ㅇ式(식)—조사. ㅇ居(거)—처신의 뜻. ㅇ婁(루)—루(屢)와 통하며, 《순자》 비상(非相)편에서는 이 시를 인용함에 '누(屢)'로 쓰고 있다. 거루교(居屢驕)는 처신이 언제나 교만하다는 뜻. ㅇ浮浮(부부)—앞의 표표(瀌瀌)와 같은 뜻(毛傳). ㅇ流(류)—소(消)와 같이 눈이 '녹는 것'(通釋). ㅇ蠻(만)—남쪽 오랑캐. ㅇ髦(모)—서이(西夷), 곧 서쪽 오랑캐의 별명(鄭箋). ㅇ用(용)—이(以)의 뜻.

解說 〈모시서〉에 '부형들이 유왕을 풍자한 것이다. 집안 사람들과 친히 지내지 않고 아첨 잘하는 간사한 자들을 좋아하여 집안끼리 서로 원망하므로 이 시를 지었다.'고 하였다. 유왕이 대상인지는 몰라도 임금이 간사한 무리들의 참언(讒言)을 믿어 한 집안 사람들이 서로 원망함을 풍자한 시임에는 틀림없을 것 같다.

4. 무성한 버드나무(菀柳)

무성한 버드나무 밑에 쉬기 바라지 않는가?
하나님은 매우 엄하시니 스스로 나쁜 짓 하지 말게.
내게 그를 다스리게 하신다면 곧 나는 그를 처벌하리라.

무성한 버드나무 밑에 쉬기를 바라지 않는가?
하나님은 매우 엄하시니 스스로 못된 짓 하지 말게.
내게 그를 다시리게 하신다면 곧 나는 그를 쫓아내리라.

새가 높이 하늘에 닿을 듯 날고 있네.
저자의 마음은 어떻게 되어먹은 건가?
언제면 내가 그를 다스리게 될까? 흉악하고 위태롭게 처신하네.

原文   有菀者柳엔 不尚息焉가?
　　　上帝甚蹈이시니 無自暱焉이어다.
　　　俾予靖之면 後予極焉이리라.

　　　有菀者柳에 不尚愒焉가?
　　　上帝甚蹈이시니 無自瘵焉이어다.
　　　俾予靖之면 後予邁焉이리라.

　　　有鳥高飛는 亦傅于天이니라.
　　　彼人之心은 于何其臻고?
　　　曷予靖之리요? 居以凶矜이로다.

註解   ○有菀(유울) - 울연(菀然), 무성한 모양. ○尙(상) - 바라다. ○焉(언) -
의문조사. '무성한 버드나무 그늘에 쉬고 싶지 않은가?'라는 말은 '임금님의
덕치(德治) 속으로 들어와 법도대로 올바로 살고 싶지 않은가?'의 뜻을 지녔
다. ○蹈(도) - 《모전》에 동(動)의 뜻이라 하였는데, 동(動)은 변(變)과 통하

여 사람의 행동에 따라 엄하게 기쁨이나 노함을 나타낸다는 뜻(通釋). ㅇ暱
(닐)—병(病)의 뜻으로(經義述聞), 병폐가 될 나쁜 짓을 하는 것. ㅇ靖(정)—
다스리는 것. ㅇ後(후)—'뒤에 곧'의 뜻. ㅇ極(극)—주(誅)의 뜻(鄭箋), 곧 처
벌하는 것. ㅇ愒(게)—게(憩)와 통함, 쉬는 것. ㅇ瘵(채)—병폐가 될 못된 짓
을 하는 것. ㅇ邁(매)—여기서는 내보내는 것, 곧 추방의 뜻. ㅇ亦(역)—조사.
ㅇ傅(부)—지(至)의 뜻(毛傳). 이르다. ㅇ臻(진)—이르다. 우하기진(于何其臻)
은 그자의 마음이 어디로 갈 건가? 곧 그의 마음이 어떻게 되어 돌아갈 건
가?의 뜻. ㅇ曷(갈)—하시(何時)의 뜻. ㅇ居(거)—처신(處身)하는 것. ㅇ矜
(긍)—위(危)의 뜻(毛傳). 위태로운 것.

解說 이 시는 어떤 간악(奸惡)한 자를 두고 노래한 것이 분명하다. 〈모
시서〉에서는 유왕을 풍자한 것이라 하였는데, 사실 여부는 알 길이 없다.

5. 도성 양반(都人士)

도성 양반은 누런 여우 갖옷 입으셨네.
얼굴에 위엄이 있고 말은 조리가 있네.
아가씨가 주나라로 출가하는데 만백성이 우러러보네.

도성 양반은 풀로 짠 삿갓이나 검은 천의 관을 쓰시네.
저 군자님의 따님은 머리숱이 많고도 빳빳하네.
우린 다시 볼 수 없게 되었으니 내 마음 기쁘지 않네.

도성 양반은 옥돌로 귀막이 하셨네.
저 군자님의 따님은 얌전하기 윤씨나 길씨집 규수 같다네.
우린 다시 볼 수 없게 되었으니 내 마음 서러워지네.

도성 양반은 늘어진 띠가 휘청거리네.
저 군자님의 따님은 곱슬머리가 갈충 같네.
우린 다시 볼 수 없게 되었으니 그를 따라가기라도 할까?

그가 띠를 늘어뜨린 것이 아니라 띠가 여유있기 때문이네.

그가 머리를 만 것이 아니라 머리끝이 올라갔기 때문이네.
우린 다시 볼 수 없게 되었으니 얼마나 가슴 아픈가!

原文 彼都人士여 狐裘黃黃이로다.
其容不改하며 出言有章이로다.
行歸于周하니 萬民所望이로다.

彼都人士여 臺笠緇撮이로다.
彼君子女여 綢直如髮이로다.
我不見兮니 我心不說이로다.

彼都人士여 充耳琇實이로다.
彼君子女여 謂之尹吉이로다.
我不見兮니 我心苑結이로다.

彼都人士여 垂帶而厲로다.
彼君子女여 卷髮如蠆로다.
我不見兮니 言從之邁하리라.

匪伊垂之요 帶則有餘며
匪伊卷之요 髮則有旟로다.
我不見兮니 云何盱矣오?

註解 ㅇ都(도)―왕도(王都)(集傳), 도성(都城). ㅇ不改(불개)―유상(有常)
의 뜻(集傳), 곧 위엄이 있는 것. ㅇ有章(유장)―조리가 있는 것. 이곳까지
네 구는 신랑의 모습을 형용한 것임. ㅇ行歸(행귀)―시집가는 것. 행귀우주
(行歸于周)는 주(周)나라 호경(鎬京)으로 출가하는 것(釋義). ㅇ臺(대)―앞의
'남산유대(南山有臺)' 시에 나왔던 대(臺)로서, 사초(莎草)를 뜻함. '향부자'라
하였으나 맞는지 알 수 없으며, 삿갓을 만드는 것으로 보아, 잎이나 줄기가
길고 질긴 '왕골' 종류의 풀이 아닌가 한다. ㅇ笠(립)―삿갓. ㅇ緇(치)―검은
것. ㅇ撮(촬)―관(冠)의 뜻(毛傳), 작아서 머리 위를 잡은 듯하여 촬(撮)이라

한다(集傳). 치촬(緇撮)은 검은 포관(布冠)(毛傳). ㅇ君子(군자)-상당한 지위에 있는 사람을 가리킴. 군자녀(君子女)는 신부. ㅇ綢(주)-조(稠)와 통하며, 머리숱이 많은 것. ㅇ如(여)-기(其)와 같은 조사(經典釋詞). ㅇ充耳(충이)-'귀막이', 진(瑱). ㅇ琇(수)-옥돌. ㅇ實(실)-색(塞)의 뜻으로, 귀를 막은 것. 충이수실(充耳琇實)은 '옥돌로 귀를 막는 충이(充耳)를 하고 있다'는 뜻. ㅇ尹(윤)-윤씨(尹氏). ㅇ吉(길)-길(姞)과 통하여 길씨(姞氏)(鄭箋). 윤씨와 길씨는 주나라 왕실과 혼인해 온 구성(舊姓)이라 한다(鄭箋). ㅇ苑(원)-울(菀)로 되어 있는 판본이 많으며, 같은 글자임. 원결(苑結)은 마음에 시름이 쌓이는 것. ㅇ厲(려)-띠가 늘어져 있는 모양(集傳). ㅇ蠆(채)-갈충. 헐(蠍)과 같은 벌레, 꼬리가 길고 끝이 갈고리처럼 휘어져 있다. 앞에서는 머리가 곧다고 하였고 여기서는 곱슬머리라고 한 것은, 앞의 것은 머리 뿌리 근처의 모양을 두고 한 말이고, 여기서는 머리끝을 묘사한 것이기 때문이다. ㅇ言(언)-조사. ㅇ從之邁(종지매)-그를 따라가고 싶다는 뜻. ㅇ有餘(유여)-남음이 있는 것, 여유가 있는 것. ㅇ旟(여)-양(揚)(毛傳), 올라간 것. 유여(有旟)는 여연(旟然)으로, 머리가 말려 올라간 것. ㅇ盱(우)-병(病)의 뜻. ㅇ云何(운하)-얼마나. 이 구절은 주남(周南) '권이(卷耳)' 시에도 보임.

解說 이 시는 귀한 집안의 따님이 주(周)나라로 출가하는 모양을 노래한 것이다(釋義). 주나라의 신랑은 시종 훌륭한 교양에 성장(盛裝)을 한 멋진 남자로 노래되고 있다. 그러기에 〈모시서〉에서는 주나라 사람이 의복무상(衣服無常)함을 풍자한 것이라 하였다.

6. 녹두 따는데(采綠)

아침 내내 녹두를 땄어도 한줌도 차지 않네.
내 머리 뒤엉켰으니 돌아가 머리나 감을까.

아침 내내 남초 캤으나 앞치마 한 자락에도 차지 않네.
닷새 날을 기약했으나 엿새가 되어도 오지 못하네.

우리 님 사냥 나가시면 활을 활집에 넣고,

우리 님 낚시 가시면 낚싯줄을 간추리네.

어떤 것을 낚던가? 방어와 연어일세.
방어와 연어를 구경이나 할까!

原文 終朝采綠이나 不盈一匊이로다.
予髮曲局하니 薄言歸沐하리라.

終朝采藍이나 不盈一襜이로다.
五日爲期나 六日不詹이로다.

之子于狩하면 言韔其弓하며
之子于釣하면 言綸之繩하리라.

其釣維何오? 維魴及鱮로다.
維魴及鱮여 薄言觀者로다.

註解 ○終朝(종조)-새벽부터 조반(朝飯) 때까지(毛傳). ○綠(록)-녹(菉), 곧 녹두. 혹은 왕추(王芻)라고도 한다(鄭箋). ○匊(국)-한줌. 따기 쉬운 녹두를 아침 내내 땄어도 한줌도 되지 않는다는 것은 우수(憂愁)가 깊음을 말한다. ○曲局(곡국)-권곡(卷曲). 머리가 엉클어져 있는 모양(釋義). 머리가 엉클어져 있다는 것도 시름의 깊음과 일의 고달픔을 말한다. ○沐(목)-머리 감는 것. ○藍(람)-남색(藍色) 물을 들이는 데 쓰이는 풀. 쪽. ○襜(첨)-앞치마. 일첨(一襜)은 앞치마 자락에 하나 가득 담은 것. ○爲期(위기)-돌아가 머리 감고 쉬기로 기약한 것. ○詹(첨)-이르다. 불첨(不詹)은 부지(不至)의 뜻. ○之子(지자)-작자의 남편. 이 구절부터는 남편이 행역(行役)에서 돌아왔을 때의 상상이다. ○狩(수)-사냥하는 것. ○韔(창)-활집. 여기서는 동사로 활집에 넣는 것. ○綸(륜)-실을 간추리는 것(集傳). ○之(지)-기(其)의 뜻. ○繩(승)-낚싯줄. ○魴(방)-방어. ○鱮(서)-연어. ○薄(박)-언(言)과 함께 조사. ○觀者(관자)-관지(觀之)와 같은 말로, 구경하는 것.

解說 〈모시서〉에서는 부부가 서로 떨어져 있음을 원망하는 시로 보았다. 유왕 때에는 부부가 서로 떨어져 있음을 원망하는 사람이 많았다는

것이다. 남편은 행역(行役)에 나가 돌아오마고 약속한 날이 지나도 소식이 없다. 그러기에 여인은 손에 잡히지 않는 녹두와 남초를 뜯으며 남편을 그리는 것이다.

7. 기장싹(黍苗)

무성한 기장싹을 단비가 적시네.
멀리 남쪽으로 가는 길 소백께서 돌보아 주실 걸세.

수레에 짐을 싣고 수레에 소를 매었네.
우리 가서 일 다 이루고 언제면 돌아오게 될까?

걷는 사람 탄 사람 작은 무리 큰 무리.
우리 가서 일 다 이루고 언제면 돌아와 편히 살게 될까?

빈틈없이 사성의 일을 소백께서 다스리시며,
위엄 당당히 길가는 무리를 소백께서 지휘하시네.

들판 진펄 다 다스려지고 샘물 냇물 다 맑아져,
소백님 일 다 이루시면 임금님 마음도 편해지리라.

原文 芃芃黍苗를 陰雨膏之로다.
悠悠南行을 召伯勞之로다.

我任我輦이며 我車我牛로다.
我行旣集하여 蓋云歸哉오?

我徒我御며 我師我旅로다.
我行旣集하여 蓋云歸處오?

肅肅謝功을 召伯營之며

烈烈征師를 召伯成之로다.

原隰旣平하며 泉流旣清하여

召伯有成하니 王心則寧이시로다.

註解　○芃芃(봉봉)－풀이 무성한 모양.　○膏(고)－기름지게 하다. 여기서는 단비가 푹 적시는 것을 말한다.　○悠悠(유유)－아득한 모양.　○召伯(소백)－소(召)나라 목공(穆公) 호(虎)를 가리킨다. 소남(召南) '감당(甘棠)' 시에 자세하니 참고 바람.　○勞(로)－위로, 노래(勞來)의 뜻(鄭箋).　○任(임)－재(載)의 뜻, 짐을 싣는 것.　○輦(련)－가(駕)의 뜻(通釋), 수레. 아임아련(我任我輦)은 나의 수레에 나의 짐을 싣는 것.　○我車我牛(아거아우)－수레의 멍에에다 소를 메우는 것(通釋).　○我行旣集(아행기집)－우리가 남행(南行)하는 일을 다 이루는 것(鄭箋). 집(集)은 성(成)의 뜻임.　○蓋(개)－합(盍)과 옛날에는 통용되어, '개운(蓋云)'은 '하시(何時)'의 뜻, '운(云)'은 조사(釋義).　○徒(도)－도보(徒步)하는 사람(毛傳), 걷는 사람.　○御(어)－수레 탄 사람(毛傳).　○師旅(사려)－옛날 군제(軍制)에선 5백 인을 '여(旅)', 오려(五旅)을 '사(師)'라 하였다(鄭箋). 《좌전(左傳)》정공(定公) 4년에 '군행(君行)에는 사(師)가 따르고 경행(卿行)에는 여(旅)가 따른다' 하였다.　○肅肅(숙숙)－엄정한 모양(鄭箋).　○謝(사)－땅이름, 선왕(宣王)이 신백(申伯)을 봉한 땅(해설 참조). 지금의 하남성 신양현(信陽縣) 근처에 있었다(釋義).　○營(영)－경영의 뜻.　○烈烈(열렬)－위무(威武)가 있는 모양(鄭箋).　○征師(정사)－남행(南行)하고 있는 여러 사람들.　○成(성)－조성(組成)의 뜻, 반을 짜서 이끄는 것.　○平(평)－땅을 다스렸음을 말한다(毛傳).　○清(청)－물이 다스려졌음을 말한다(毛傳).

解說　주희(朱熹)는 '선왕(宣王)이 신백(申伯)을 사(謝)땅에 봉하고 소(召)나라 목공(穆公)에게 명하여 성읍을 가서 경영케 하였다. 그리하여 소백은 무리들을 이끌고 일하러 남행하였는데, 이 때 남행하는 무리 속의 한 사람이 이 시를 지은 것이다'라고 해설하였는데, 이는 정현(鄭玄)의 설(說)에 근거한 것이다. 〈모시서〉에선 유왕을 풍자한 것이라 하고 소백을 소공(召公) 석(奭)으로 본 듯하다. 정현과 주희의 설이 좋다.

8. 진펄의 뽕나무(隰桑)

아름다운 진펄의 뽕나무는 잎새가 무성하네.
우리 님을 만났으니 즐거움이 어떠하겠는가?

아름다운 진펄의 뽕나무는 잎새가 야드르하네.
우리 님을 만났으니 어찌 즐겁지 않으리?

아름다운 진펄의 뽕나무는 잎새가 더부룩하네.
우리 님을 만났으니 굳게굳게 언약을 하네.

마음으로 사랑하거늘 어찌 사랑한다 말하지 않으리?
마음속에 품고 있거늘 어찌 하룬들 그대 잊으리?

[原文] 隰桑有阿하니 其葉有難로다.
　　　　旣見君子하니 其樂如何오?

　　　　隰桑有阿하니 其葉有沃이로다.
　　　　旣見君子하니 云何不樂이리요?

　　　　隰桑有阿하니 其葉有幽로다.
　　　　旣見君子하니 德音孔膠로다.

　　　　心乎愛矣어니 遐不謂矣리요?
　　　　中心藏之어니 何日忘之리요?

[註解] ㅇ隰桑(습상)—진펄 가운데 자란 뽕나무. ㅇ有阿(유아)—아연(阿然)
으로 아름다운 모양(毛傳). ㅇ有難(유나)—나연(難然)으로 무성한 모양(毛
傳). ㅇ君子(군자)—사랑하는 애인(愛人)을 가리킨다. ㅇ有沃(유옥)—《모전
(毛傳)》에선 부드러운 모양, 《집전(集傳)》에선 광택모(光澤貌), 《광아(廣
雅)》에선 아름다운 모양이라 각각 풀이했으나, 결국은 같은 뜻이다. 부드러운

뽕잎은 광택도 있고 아름답기도 한 것이다. ○云何(운하)-여하(如何)의 뜻.
○有幽(유유)-성(盛)한 모양(通釋). ○德音(덕음)-사랑을 언약하는 말. ○膠
(교)-굳다. ○遐(하)-하(何)와 통하여(集傳), 어찌. ○謂(위)-사랑을 고(告)
하는 것. ○藏(장)-사랑을 간직하고 있는 것.

解說 이 시는 정풍(鄭風)의 '풍우(風雨)' 시와 비슷한 노래로 남녀의
사랑을 읊은 것이다(釋義). 무성한 진펄의 뽕나무는 아름다운 남녀의 사
랑을 상징하는 것일 게다. 〈모시서〉에선 유왕(幽王)을 풍자한 시라 보고
덕 있는 군자를 생각하는 것이라 하였고, 주희(朱熹)는 군자는 무엇을 가
리키는 것인지 확실치 않다고 하였다. 모두 이를 연애시로 보지 않으려는
도학자적인 왜곡에서 그렇게 풀이한 듯하다.

9. 띠풀(白華)

띠풀을 마전하고 흰 띠풀로 묶어 두네.
우리 님 멀리 가시어 나를 외롭게 만드셨네.

흰구름 뭉게뭉게 일고 띠풀에는 이슬이 듬뿍.
시국은 어려워지고 있거늘 우리 님은 돌아오시려 들지 않네.

퓨지 물은 북쪽으로 흘러 저쪽 논을 적시네.
가슴 아파 휘파람 불고 노래하며 님을 그리네.

뽕나무 가지 잘라다가 아궁이에 불을 때네.
우리 님은 정말 내 마음 괴롭히네!

궁안에서 종을 두드리면 밖에까지 소리가 들리지.
애타도록 그대 그리거늘 나를 거들떠보지도 않는가!

두루미는 어살에 있고 학은 숲속에 있네.
우리 님은 정말 내 마음 괴롭히네!

원앙새가 어살에 있는데 왼쪽 날개를 거두고 있네.
우리 님은 야속하게도 이리저리 마음이 바뀌는 듯하네.

나직하게 닳은 돌은 밟아서 낮아진 것일세.
우리 님은 멀리 가셔서 나를 병나게 하셨네.

[原文]　白華菅兮하면　白茅束兮니라.
　　　　之子之遠이라　俾我獨兮로다.

　　　　英英白雲이요　露彼菅茅니라.
　　　　天步艱難이어늘　之子不猶로다.

　　　　滮池北流하여　浸彼稻田이로다.
　　　　嘯歌傷懷하여　念彼碩人이로다.

　　　　樵彼桑薪하여　卬烘于煁이로다.
　　　　維彼碩人이여　實勞我心이로다.

　　　　鼓鐘于宮하면　聲聞于外하나니라.
　　　　念子懆懆어늘　視我邁邁로다.

　　　　有鶩在梁이어늘　有鶴在林로다.
　　　　維彼碩人이여　實勞我心이로다.

　　　　鴛鴦在梁하니　戢其左翼이로다.
　　　　之子無良하여　二三其德이로다.

　　　　有扁斯石은　履之卑兮니라.
　　　　之子之遠이여　俾我疧兮로다.

[註解]　o白華(백화)―야간(野菅)이라고도　하며(毛傳),　모(茅)의　종류인데 (孔疏), 띠풀보단 윤기가 더 있고 털이 달리지 않았다(釋義). 봄에 흰꽃이 핀 대서 백화라 한 듯하다. o菅(관)―띠풀을 베어다 마전한 것을 관(菅)이라 한

다(毛傳). 띠풀의 섬유(纖維)가 마전을 하면 부드럽고 질기어 여러 가지로 쓰일 수 있게 된다. ㅇ白茅束(백모속)—흰 띠풀로 그것을 묶는다는 것. 작자는 이러한 일을 하며 멀리 간 자기의 남편을 그리는 것이다. ㅇ之子(지자)—'나의 님', 남편. ㅇ英英(영영)—흰 구름의 모양(毛傳). ㅇ露(노)—이슬이 내리는 것. 흰 구름과 이슬에 젖은 띠풀도 작자의 눈에 흔히 띈 정경의 하나였던 듯하다. ㅇ天步(천보)—시운(時運)·시국(時局)과 같은 말(集傳). ㅇ猶(유)—돌아오기를 꾀하는 것. ㅇ滮池(퓨지)—못 이름. 풍(豐)과 호경(鎬京) 사이에 있었다(通釋). ㅇ浸(침)—적시다. 퓨지(滮池)의 물이 논을 적시고 있다는 것은 작자의 눈앞의 정경이면서도 작자가 바라는 임금님의 은혜나 평화를 상징하는 듯하다. ㅇ碩人(석인)—원출(遠出)한 남편을 가리킨다. ㅇ樵(초)—땔나무를 하다. ㅇ桑薪(상신)—땔나무로 쓸 뽕나무 가지. ㅇ卬(앙)—나, 작자. ㅇ烘(홍)—불을 때는 것. ㅇ煁(심)—'아궁이'의 뜻(毛傳). ㅇ勞(로)—우로(憂勞)의 뜻, 남편에 대한 그리움에 마음을 수고롭히는 것. ㅇ鼓鐘(고종)—종을 치다. 종(鐘)을 궁 안에서 치면 밖에까지 들린다는 것은 임금의 정치가 백성에 미치는 영향을 뜻한 듯하다. ㅇ懆懆(조조)—시름으로 불안한 모양(釋義). ㅇ邁邁(매매)—거들떠보지도 않는 모양(集傳). ㅇ鶖(추)—두루미. 학(鶴) 비슷하면서도 좀더 크고 긴 목에 빨간 눈을 가졌고 뱀을 잘 잡아먹는다 한다(釋義). 두루미와 학도 자기와는 연(緣)이 멀게 된 평화시대를 상징하는 듯하다. ㅇ戢(즙)—거두어들이다. 이상 두 구는 앞의 '원앙(鴛鴦)' 시에 보임. ㅇ二三其德(이삼기덕)—삼심이의(三心二意). 위풍(衛風) '맹(氓)' 시에도 보였음. ㅇ有扁(유편)—편연(扁然), 낮은 모양. ㅇ履(리)—밟다. ㅇ卑(비)—낮아지다. ㅇ疧(저)—기(疧)로 씀이 옳으며, 병(病)의 뜻. 앞 '무장대거(無將大車)' 시에 보임.

解說 집을 떠나 멀리 가 있는 남편을 그리는 여인의 마음을 노래한 것이 이 시이다(釋義). 매절(每節)의 전단(前段)으로 미루어 보아 이 남편은 시국이 어지러워 행역(行役)하였던 것 같다. 〈모시서〉에서는 유왕(幽王)이 신후(申后)를 내치고 포사(褒姒)를 총애하여 밑의 나라들까지도 첩이 처(妻)의 자리에 오르고, 서자(庶子)가 적자(嫡子)의 자리에 오르게 되어 세상이 어지러워졌으므로, 주나라 사람들이 이를 풍자한 것이 이 시라 하였다. 그러나 아무래도 부회(附會)인 듯하다.

10. 조그만 새(緜蠻)

조그만 곤줄매기가 언덕 골짜기에 앉아 있네.
길이 머니 나의 수고로움 어떠하겠는가?
마실 것 주고 먹여 주며 가르쳐 주고 깨우쳐 주며,
뒤쪽 수레에라도 태워 주었으면!

조그만 곤줄매기가 언덕 모퉁이에 앉아 있네.
어찌 감히 가기를 꺼리랴? 두려워 빨리 가지 못할 뿐이지.
마실 것 주고 먹여 주며 가르쳐 주고 깨우쳐 주며
뒤쪽 수레에라도 태워 주었으면!

조그만 곤줄매기가 언덕 가에 앉아 있네.
어찌 감히 가기를 꺼리랴? 두려워 가지 못하는 거지.
마실 것 주고 먹여 주며 가르쳐 주고 깨우쳐 주며
뒤쪽 수레에라도 태워 주었으면!

原文　緜蠻黃鳥이 止于丘阿로다.
　　　道之云遠이니 我勞如何오?
　　　飮之食之며 敎之誨之며
　　　命彼後車하여 謂之載之로다.

　　　緜蠻黃鳥이 止于丘隅로다.
　　　豈敢憚行이리요? 畏不能趨니라.
　　　飮之食之며 敎之誨之며
　　　命彼後車하여 謂之載之로다.

　　　緜蠻黃鳥이 止于丘側이로다.
　　　豈敢憚行이리요? 畏不能極이니라.

飮之食之며 敎之誨之며
命彼後車하여 謂之載之로다.

[註解] ㅇ縣蠻(면만)—새가 조그만 모양. ㅇ黃鳥(황조)—곤줄매기. 앞에서 여러 번 나왔음. ㅇ丘(구)—언덕. ㅇ阿(아)—언덕이 구부러져 움푹한 곳. ㅇ食(사)—먹여 주다. ㅇ敎(교)—무엇을 어떻게 할 건지 미리 가르쳐 주는 것(鄭箋). ㅇ誨(회)—일을 할 때 어떻게 하여야 한다고 깨우쳐 주는 것(鄭箋). ㅇ謂(위)—사(使)의 뜻, 앞의 '출거(出車)' 시에도 보임. ㅇ隅(우)—모퉁이. ㅇ憚(탄)—꺼리다. ㅇ趨(추)—빨리 달려가는 것(集傳). ㅇ極(극)—목적지에 도달하는 것.

[解說] 미천한 신하가 행역(行役)의 괴로움을 읊은 것이 이 시이다.(釋義). 여기에서 매 절의 첫머리에 나오는 '곤줄매기'는 미천한 작자 자신에 비유한 것인 듯하다. 〈모시서〉에서는 미천한 사람이 나라의 어지러움을 풍자한 것이라 하였다. 그러나 시의 내용으로 보아 일반적인 어지러움보다는 행역의 괴로움을 읊은 것이라고 봄이 좋다.

11. 박잎(瓠葉)

펄렁펄렁 박잎을 따다 삶네.
군자에게 술 있으니 술 따라 주며 권하네.

머리 하얀 토끼를 굽고 지지네.
군자에게 술 있으니 술 따라 손님에게 권하네.

머리 하얀 토끼를 지지고 볶네.
군자에게 술 있으니 술 따라 주고 받네.

머리 하얀 토끼를 볶고 굽네.
군자에게 술 있으니 술 따라 잔질하네.

[原文] 幡幡瓠葉을 采之亨之로다.

君子有酒하니 酌言嘗之로다.

有兎斯首를 炮之燔之로다.
君子有酒하니 酌言獻之로다.

有兎斯首를 燔之炙之로다.
君子有酒하니 酌言酢之로다.

有兎斯首를 燔之炮之로다.
君子有酒하니 酌言醻之로다.

[註解] ㅇ幡幡(번번)—여기서는 잎새가 나풀거리는 모양. ㅇ瓠(호)—박잎은 나물로 만들어 간단한 술안주로 쓰는 것이다. ㅇ亨(팽)—팽(烹)과 같은 글자. 삶다. ㅇ嘗(상)—술맛을 보게 하는 것. ㅇ斯(사)—백(白)의 뜻. 사수(斯首)는 머리가 흰 토끼로, 토끼 가운데에서도 작은 것임(鄭箋). ㅇ炮(포)—짐승을 털째 진흙에 싸서 굽는 것. ㅇ燔(번)—불 위에 고기를 썰어 굽는 것. 이들은 모두 술안주임. ㅇ酌(작)—술을 술잔에 따르는 것. ㅇ言(언)—조사. ㅇ獻(헌)—바치다. 음주(飮酒)의 예에 있어 주인이 처음에 술을 따라 손님에 올리는 것을 헌(獻)이라 한다. ㅇ炙(적)—고기를 물건으로 꿰어 불 위에 굽는 것. ㅇ酢(작)—손님이 주인이 바치는 술을 받아 마시고 다시 술을 따라 주인에게 올리는 것을 말한다. ㅇ醻(수)—주인이 술을 마시고 다시 술을 부어 손님에게 권하는 것.

[解說] 이것은 잔치하고 술 마실 때 부르던 노래이다(集傳). 〈모시서〉에선 역시 유왕(幽王)을 풍자한 노래로 보았으나 부회인 듯하다.

12. 우뚝한 바윗돌(漸漸之石)

우뚝한 바윗돌은 높기도 하네.
산천이 아득하니 수고도 많았네.
동쪽 정벌을 가는 무인은 천자님 뵈올 틈도 없네.

우뚝한 바윗돌은 높이도 솟았네.
산천이 아득하니 언제나 다할 건고?
동쪽 정벌을 가는 무인은 빠져 나올 겨를도 없네.

흰 발의 멧돼지가 물을 건너고,
달이 필성(畢星) 만났으니 큰 비가 오겠네.
동쪽 정벌을 가는 무인은 딴전 필 겨를도 없네.

原文　漸漸之石이여　維其高矣로다.
　　　山川悠遠하니　維其勞矣로다.
　　　武人東征이여　不皇朝矣로다.

　　　漸漸之石이여　維其卒矣로다.
　　　山川悠遠하니　曷其沒矣오?
　　　武人東征이여　不皇出矣로다.

　　　有豕白蹢하나　烝涉波矣며
　　　月離于畢하니　俾滂沱矣로다.
　　　武人東征이여　不皇他矣로다.

註解　ㅇ漸漸(참참)—참참(嶄嶄)과 같은 말로 '높은 모양'(通釋). ㅇ皇(황)—겨를. 황(遑)과 통함. ㅇ朝(조)—천자님을 뵙는 것. ㅇ卒(줄)—줄(崒)의 가차로서, 높은 모양(釋義). ㅇ曷(할)—하시(何時)의 뜻. ㅇ沒(몰)—진(盡)의 뜻으로(毛傳), 동정(東征)할 그쪽의 산천이 다하는 것. ㅇ出(출)—부대로부터 빠져나오는 것. ㅇ豕(시)—돼지. ㅇ蹢(적)—'발굽'. ㅇ烝(증)—조사. ㅇ涉(섭)—물을 건너는 것. ㅇ波(파)—물, 물결. 돼지가 물로 뛰어드는 것은 비가 크게 올 전조(前兆)라 보았다(毛傳). ㅇ離(리)—붙다. ㅇ畢(필)—별이름. 앞의 '대동(大東)' 시에 보였음. 예부터 달이 가다 필성(畢星)을 만나면 큰비가 내린다고 믿어 왔다(毛傳). ㅇ俾(비)—……으로 하여금. ㅇ滂沱(방타)—큰비가 내리는 것. ㅇ他(타)—타사(他事), 딴 일, 딴전.

解說　이 시는 동쪽으로 정벌을 나간 장수가 지은 것이다. 제1·제2 두

절 첫머리의 높은 바위는 무인의 위무(威武)에 비유한 것이며, 제3절의
큰비는 행역(行役)의 괴로움을 말해 주는 것이다. 〈모시서〉에서는 이것도
유왕(幽王)을 풍자한 것으로 부회하고 있다.

13. 능초꽃(苕之華)

능초꽃은 노랗게 많이도 피었네.
마음의 시름이여, 가슴만 아프네.

능초꽃은 잎새가 푸릇푸릇하네.
내 이럴 줄 알았더라면 차라리 태어나지도 않았을 것을!

암양은 머리가 커다랗고, 삼성이 통발 속에 비치고 있네.
사람은 먹어야만 하는데 배부를 수 있는 이는 드무네.

原文　苕之華여 芸其黃矣로다.
心之憂矣여 維其傷矣로다.

苕之華여 其葉青青이로다.
知我如此면 不如無生이로다.

牂羊墳首며 三星在罶로다.
人可以食이나 鮮可以飽로다.

註解　o苕(초)—능초풀. 진풍(陳風) '방유작소(防有鵲巢)' 시에도 보였음.
o芸(운)—무성한 것. o其黃(기황)—꽃 빛깔이 노란 것. '상상자화(裳裳者
華)' 시에도 이 구절이 보였음. 시인은 화려한 능초꽃을 보면서 반대로 쇠미
해 가고만 있는 나라 형편을 슬퍼한 것이다. o牂(장)—암양. o墳首(분수)—
머리가 큰 것. 양의 몸이 마르면 머리가 크게 보인다(集傳). o三星(삼성)—
삼수(參宿). 별이름. o罶(류)—통발. 삼성(三星)이 통발 속에 있다는 것은,
통발에 고기가 한 마리도 걸리지 않아서 물이 고요하므로 하늘의 별이 비치
고 있는 것이다. 이상 두 구는 모두 흉년과 민생(民生)의 어려움을 암시하는

것이다. ㅇ鮮(선)—드문 것.

解說 이것은 살기 어려워진 세상을 한탄한 시이다. 〈모시서〉에도 대부 (大夫)가 시국을 한탄한 것이라 하였고, 시대를 역시 유왕(幽王) 때로 보았다.

14. 무슨 풀이고 시들지 않나(何草不黃)

무슨 풀이고 시들지 않나? 어느 날이고 길가지 않나?
어느 누구고 길 걷지 않나? 사방에 일이 많네.

무슨 풀이고 마르지 않나? 어느 누구고 병들지 않나?
슬프게도 이 나그네는, 홀로 사람 구실 못하는가!

외뿔소와 호랑이가 넓은 들을 쏘다니고 있네.
슬프게도 이 나그네는 아침이고 저녁이고 쉴 겨를 없네.

텁수룩한 여우가 무성한 풀밭을 쏘다니네.
높다란 수레가 한길을 달리고 있네.

原文 何草不黃고? 何日不行고?
何人不將고? 經營四方이로다.

何草不玄고? 何人不矜고?
哀我征夫이 獨爲匪民이로다.

匪兕匪虎이 率彼曠野로다.
哀我征夫이 朝夕不暇로다.

有芃者狐이 率彼幽草로다.
有棧之車이 行彼周道로다.

註解　○何草不黃(하초불황)―풀이 모두 누렇게 시든 것으로, 만추(晚秋)나 초동(初冬) 때임을 말해 준다. 그리고 나라가 망해 가면 누구나가 괴로움을 당하게 됨을 말하는 것이다.　○將(장)―행(行)의 뜻, 길을 가는 것. 주송(周頌) '경지(敬之)' 시《모전》.　○經營四方(경영사방)―사방을 경영하다, 곧 나라에 여러 가지 어려움이 많이 생긴 것을 뜻한다.　○玄(현)―적흑색(赤黑色)(鄭箋). 역시 풀이 시든 것을 말한다.　○矜(관)―환(鰥)과 같은 자로, 늙은 홀아비가 본뜻.《한시(韓詩)》엔 환(鰥)으로 되어 있다.《이아(爾雅)》에 의하면 환(鰥)은 또 병(病)의 뜻임(經義述聞).　○匪民(비민)―비인(匪人)과 같은 말로, 마소처럼 부림을 당하고 있음을 뜻한다(釋義).　○匪(비)―피(彼)와 통함.　○兕(시)―외뿔난 들소.　○率(솔)―순(循)의 뜻(集傳)이며, 순(循)은 행(行)과 통한다.　○曠(광)―넓은 것. 짐승들의 자유로움에서 자기의 부자유를 생각한 것이다. 또 위정자를 짐승에 비긴 것인지도 모른다.　○暇(하)―겨를, 쉴 겨를.　○有芃(유봉)―봉연(芃然)으로 텁수룩한 여우털을 형용한 것이다.　○幽草(유초)―심초(深草)로 깊은 풀밭 속.　○有棧(유잔)―잔연(棧然)으로 수레가 높은 모양(通釋).

解說　주(周)나라가 망하여 가자 행역(行役)이 끊임없게 되었으므로 행역하는 사람들이 자기의 괴로움을 읊은 것이 이 시이다(集傳). 〈모시서〉에서는 밑의 나라들이 유왕(幽王)을 풍자한 것으로 보았다.

제 3 편
대아(大雅)

앞의 소아(小雅)에서 해설한 것처럼 대아는 주로 회조(會朝) 때 노래 불렀던 것이다. 연향(宴饗) 때의 음악이 위주인 소아에 비하여 악곡이나 가사가 더욱 전아(典雅)했을 것은 말할 것도 없다. 다시 말하면 민요인 국풍(國風)으로부터 소아보다 한층 더 멀어진 것이 대아이다. 주(周) 왕조의 선조들의 공덕을 기린 시들이 많은데, 얼핏 보기에 이는 송(頌)과 성격이 비슷하나, 송은 제사지낼 때 부르던 노래임에 비하여, 대아의 시들은 제사가 끝난 뒤에 부르던 노래이다. 그리고 후세에는 조회(朝會)는 말할 것도 없고, 소아처럼 잔치 때에도 노래 불리워진 듯하다.

제1 문왕지습(文王之什)

1. 문왕(文王)

문왕께선 위에 계시는데, 아아, 하늘에 뚜렷하시니,
주나라는 오래된 나라라 하지만 받은 하늘의 명은 새롭기만 하네.
주나라 임금은 매우 밝게 나라 다스리시니, 하나님의 명이 매우 공정히 내려지네.
문왕께선 하늘 땅을 오르내리며 하나님 곁을 떠나지 않으시네.

문왕께선 부지런히 애쓰시어 아름다운 기림 끊이지 않네.
주나라에 많은 복 내리어 문왕 자손들이 누리시네.
문왕 자손들은 백세토록 집안이 번성하고,
모든 주나라의 신하들도 세세로 매우 현명하네.

세세로 매우 현명하니 그들의 계획은 신중하고 충성되네.
빛나는 많은 신하들이 이 왕국에 생겨나네.

그들이 왕국에 생겨남은 주나라의 기둥 되기 위해서네.
많은 신하들 있으니 문왕께서도 마음 편하시리라.

덕이 많은 문왕께서는, 아아, 끊임없이 공경하셨네.
위대한 하늘의 명은 상나라 자손들에게 있었고,
상나라 자손들은 그 수 헤아릴 수 없었건만,
하나님이 명을 새로 내리시어 주나라에 복종케 되었네.

주나라에 복종케 되었으니, 하늘의 명은 일정하기만 한 것은 아닐세.
은나라 관원들은 점잖고 민첩하게 움직이며 주나라 도성에서 강신
할 술 따라올리니,
그들이 강신할 술 올릴 때엔 언제나 보무늬 바지에 은관을 썼네.
우리 임금님의 충성스런 신하 되었으니 그대들 조상은 생각 말기를!

그대들 할아버지 생각 않는가? 그분 같은 덕을 닦아야 하네.
오래도록 하늘의 명을 지키어 스스로 많은 복을 누려야지.
은나라가 민심을 잃지 않았을 적에는 하나님 뜻을 따를 줄 알았다네.
마땅히 은나라를 거울삼아 위대한 명 지키기 쉽지 않음 명심하기를!

하늘의 명 지키기 쉽지 않으니 그대들 대에서 끊이지 않도록 하게!
훌륭한 명성 밝게 빛나게 하고, 은나라처럼 하늘의 명 잃지 않도록
걱정하기를!
하나님의 일은 소리도 없고 냄새도 없는 것,
문왕을 본받으면 온 세상이 믿고 따르게 되리.

原文 文王在上하사 於昭于天하시니
　　　周雖舊邦이나 其命維新이로다.
　　　有周不顯이니 帝命不時로다.
　　　文王陟降하시며 在帝左右시니라.

　　　亹亹文王이 令聞不已시니
　　　陳錫哉周하시되 侯文王孫子하시니

文王孫子이 本支百世시며
凡周之士도 不顯亦世로다.

世之不顯이니 厥猶翼翼이로다.
士皇多士이 生此王國이로다.
王國克生하니 維周之楨이로다.
濟濟多士여 文王以寧이시로다.

穆穆文王이여 於緝熙敬止시로다.
假哉天命은 有商孫子니라.
商之孫子이 其麗不億이나
上帝旣命이라 侯于周服이로다.

侯服于周하니 天命靡常이로다.
殷士膚敏이 祼將于京하니
厥作祼將이여 常服黼冔로다.
王之藎臣은 無念爾祖어다.

無念爾祖아? 聿脩厥德이어다.
永言配命이 自求多福이니라.
殷之未喪師엔 克配上帝니
宜鑑于殷이어라 駿命不易니라.

命之不易니 無遏爾躬이어다.
宣昭義問하며 有虞殷自天이어라.
上天之載는 無聲無臭어니와
儀刑文王하면 萬邦作孚하리라.

註解 ○上(상)—하늘 위. 문왕의 영혼이 하늘 위에 계시다는 뜻. ○於(오)—
'아아!'. ○昭(소)—하늘에 존재가 뚜렷하다는 뜻. ○舊邦(구방)—오래된 나라.

주나라는 태왕(太王) 때부터 주라 하였으므로 구방(舊邦)이며, 문왕(文王)에 이르러 하늘의 명을 받았으므로(《書經》康誥·君奭편 등) 유신(維新)이라 한 것이다. ㅇ有周(유주)—주나라를 다스리는 임금들. ㅇ不(불)—비(조)의 뜻(釋義). 매우, 크게. 아래도 같음. ㅇ帝(제)—상제(上帝), 하나님. ㅇ時(시)—시(是)와 통하여, 불시(不時)는 하늘의 명이 은(殷) 대신 주나라에 내려진 것이 '매우 옳은 일'이라는 뜻. ㅇ陟降(척강)—하늘에 올라갔다 땅으로 내려왔다 하는 것. ㅇ左右(좌우)—'곁'의 뜻. ㅇ亹亹(미미)—부지런히 힘쓰는 모양(毛傳). ㅇ令聞(영문)—아름다운 명성. ㅇ陳錫(진석)—신석(申錫)의 가차로서, 신(申)은 거듭한다는 뜻으로, 신석은 중석(重錫), 내리시는 복록(福祿)의 많음을 뜻함(通釋). ㅇ哉(재)—재(在)와 옛날에는 통용되어, '어(於)'의 뜻(于省吾《詩經新證》). ㅇ侯(후)—유(維)와 같은 조사. ㅇ孫子(손자)—자손(子孫)과 같은 말. ㅇ本(본)—본종(本宗). 지(支)는 서계(庶系)를 가리킨다. 본지백세(本支百世)는 문왕의 종족과 지서(支庶)가 번창하여 백세 지나도록 끊이지 않는다는 뜻. ㅇ亦世(역세)—혁세(奕世)와 같은 말로(《魏書》禮志엔 奕世,《後漢書》藝術傳 注엔 奕代로 인용되어 있다), 영세(永世)·누세(累世)의 뜻(通釋). ㅇ猶(유)—나라를 다스리는 계책. ㅇ翼翼(익익)—신중하고 충성된 모양(鄭箋). ㅇ思(사)—조사. ㅇ皇(황)—황(煌)과 통함, 빛나다. ㅇ楨(정)—담틀의 양쪽 가에 댄 나무. 주지정(周之楨)은 곧 주나라의 동량(棟梁)이란 말과 같다. ㅇ濟濟(제제)—많은 모양. ㅇ文王以寧(문왕이녕)—문왕은 그들이 있음으로써 마음 편해지실 것이라는 뜻. ㅇ穆穆(목목)—아름다운 것(毛傳), 덕이 많은 것. ㅇ於(오)—아아. ㅇ緝熙(즙희)—끊이지 않고 일을 계속함을 뜻한다(戴震《毛鄭詩考正》). ㅇ止(지)—조사. ㅇ假(가)—큰 것. ㅇ有商(유상)—상(商)나라를 다스린 사람. ㅇ麗(리)—수(數)의 뜻(毛傳). ㅇ不億(불억)—부지우억(不止于億). 헤아릴 수 없다는 말(鄭箋). ㅇ侯(후)—유(維)와 같은 조사. ㅇ于周服(우주복)—복우주(服于周). 주나라에 복종하는 것. ㅇ靡常(미상)—일정하지 않은 것. 천명은 한 사람에게만 머물러 있는 것이 아니라, 잘못하면 언제든 덕있는 딴 사람에게로 넘어간다는 것이다. ㅇ膚(부)—아름다운 것, 점잖은 것. ㅇ敏(민)—빠른 것, 민첩한 것. ㅇ祼(관)—창주(鬯酒)를 시(尸)에게 올리면 시(尸)는 술을 받아 땅에 쏟아 신(神)을 내려오게 한다. ㅇ將(장)—받들다. ㅇ京(경)—주경(周京), 주나라 도성. 이상 2구는 패망한 은나라 사람이 주나라에서 제사를 돕고 있다는 것이다. ㅇ黼(보)—아랫바지에 보무늬를 놓은 것. 소아(小雅) '채숙(采菽)' 시에도 보임. ㅇ冔(후)—은나라의 관(冠)(毛

傳). ㅇ藎臣(신신)-충성으로 나아가는 신하(集傳). ㅇ無念爾祖(무념이조)-
그대들 할아버지 문왕을 생각치 않는가? ㅇ聿(율)-마침내. ㅇ永(영)-영구
히. ㅇ言(언)-조사. ㅇ配命(배명)-하늘이 준 명의 뜻. 영언배명(永言配命)
은 영구히 하늘이 준 명을 보전하는 것(王國維〈與友人論詩書中成語書〉《觀
堂集林》卷一). ㅇ喪師(상사)-백성들을 잃는 것. 미상사(未喪師)는 은나라
의 정치가 제대로 되어가던 때. ㅇ克(극)-능(能)의 뜻. ㅇ配(배)-배합의 뜻
(集傳). ㅇ鑒(감)-거울. ㅇ駿(준)-큰 것. ㅇ不易(불이)-보전키 쉽지 않다는
뜻. ㅇ遏(알)-대(代)가 단절되는 것. ㅇ宣(선)-밝다, 밝히다. ㅇ昭(소)-밝
다, 밝히다. ㅇ義(의)-선(善)과 통하며, 문(問)은 문(聞)과 통하여, 의문(義
問)은 앞에 나온 영문(令聞)과 같은 말. 곧 그의 아름다운 명성이 밝다는 것
이다(傳疏). ㅇ有(유)-우(又)와 통함(集傳). ㅇ虞(우)-염려하다. ㅇ自天(자
천)-하늘이 천명을 내렸다가 다시 하늘이 그 명을 거두어들이는 것. ㅇ載
(재)-일. ㅇ臭(취)-냄새. ㅇ儀刑(의형)-법식으로 삼는 것, 본뜨는 것. ㅇ作
(작)-즉(則)의 뜻. 갑골문(甲骨文)에선 사(乍)를 즉(則)으로 쓰고 있는데,
작(作)은 사(乍)를 따랐으므로 의당 즉(則)과도 통하였다(釋義). ㅇ孚(부)-
믿는 것.

解說 〈모시서〉에선 '문왕이 천명을 받아 주나라를 이룩한 것을 읊은
것'이라 하였다. 주희(朱熹)는 다시 '주공(周公)이 문왕의 덕을 추술(追
述)하여……성왕(成王)을 훈계한 것'이 이 시라 하였는데,《여씨춘추(呂
氏春秋)》고악편(古樂篇)에서 이 시를 인용하고 주공이 지은 것이라 한
데 근거를 둔 것 같다. 이 근거는 그다지 확고한 것은 못되지만 적어도
이것이 주초(周初)의 시임은 의심할 여지가 없는 듯하다.

2. 대명(大明)

땅 위에 문왕의 덕이 밝게 밝혀지고 있고, 하늘에는 주나라가 받은
천명(天命)이 밝게 빛나고 있네.
　　하늘은 믿고만 있기 어려운 것이니, 임금 노릇은 쉬운 것이 아니네.
　　은나라 자손들 천자의 자리에 있었으나, 하늘은 주왕(紂王)에 이르

러 세상을 다스리지 못하게 하셨네.

지나라 임씨네 둘째딸 태임(大任)이 은나라로부터,
주나라 왕계(王季)에게로 시집을 와서, 주나라의 주부(主婦)가 되시어,
왕계님과 함께 덕을 행하셨네.
이 태임께서 아기를 배시어 문왕을 낳으셨네.

문왕께선 삼가고 조심하시며,
하나님을 밝게 섬기어 많은 복을 누리셨으니,
그분의 덕은 도에 어긋나지 않아 사방 나라들을 거두어들이시었네.

하늘은 세상을 살피시어 명을 내리셨네.
문왕께서 일을 시작하심에 하늘이 배필을 마련하셨으니,
흡수의 북쪽 위수 가에
문왕이 아름답다고 여긴 큰 나라의 따님이 계셨네.

큰 나라에 따님이 계셨는데, 하늘의 소녀 같으셨네.
길일을 가려 예식날 정하고 위수 가로 나가 친히 신부 맞으셨는데,
배 이어 다리 놓으시니 그 빛이 매우 밝았네.

하늘로부터 명이 내리어 이 문왕에게 명하시어,
주나라 경사에서 다스리도록 하셨네. 아름다운 신나라의 딸이
맏아드님께 시집오시어 무왕을 낳으셨으니,
하늘이 보호하고 돕고 명하시어 상나라를 치게 하기 위함이었네.

은나라의 무리들이 숲의 나무처럼 모였는데,
목야에서 군사들에게 훈시하시기를 '내가 일어났다.
하나님이 그대들에게 임하시고 계시니, 그대들 마음 변치 마라!' 하
셨네.

목야는 널따란데 박달나무 수레 곱기도 하고,
배 흰 검붉은 사마는 장하기도 하네.

태사인 태공망이 마치 매가 날 듯,
무왕을 도우시어 상나라를 쳤는데,
전쟁을 하던 날 아침은 맑고 밝았네.

原文 明明在下하며 赫赫在上이니라.

天難忱斯라 不易維王이니
天位殷適을 使不挾四方하시니라.

摯仲氏任이 自彼殷商으로
來嫁于周하사 曰嬪于京하시니
乃及王季로 維德之行이시로다.
大任有身하사 生此文王하시니라.

維此文王이 小心翼翼하사
昭事上帝하사 聿懷多福하시니
厥德不回하사 以受方國하시니라.

天監在下하사 有命旣集하니라.
文王初載에 天作之合하시니
在洽之陽하며 在渭之涘하여
文王嘉止에 大邦有子시로다.

大邦有子하니 俔天之妹로다.
文定厥祥하시고 親迎于渭하사
造舟爲梁하시니 不顯其光이로다.

有命自天하여 命此文王을
于周于京이로다. 纘女維莘이
長子維行하여 篤生武王하시니
保右命爾하사 燮伐大商하시니라.

殷商之旅이 其會如林이어늘

矢于牧野하되 維予侯興이라.

上帝臨女하시니 無貳爾心하다 하시다.

牧野洋洋하니 檀車煌煌하며

駟驥彭彭이로다.

維師尙父이 時維鷹揚하여

涼彼武王하여 肆伐大商하니

會朝淸明이로다.

註解　○明明(명명)─밝고 밝은 것. ○在下(재하)─지상(地上). 온 세상. 문왕과 무왕의 덕이 온 세상을 밝히고 있다는 뜻. ○赫赫(혁혁)─밝게 빛나는 것. ○在上(재상)─천상(天上). 주나라가 받은 천명이 하늘에 밝게 빛나고 있다는 뜻. ○忱(침)─신(信)의 뜻(毛傳), 믿는 것. ○斯(사)─조사. ○天位(천위)─천자의 위(位)(集傳). ○適(적)─적(嫡), 적손(嫡孫)의 뜻으로, 은적(殷適)은 은나라 주왕(紂王)을 가리킨다(毛傳). ○挾(협)─달(達)의 뜻(毛傳). 왕위를 잘 계승하여 나라를 다스리는 것. 옛날에는 왕위를 계승하지 못하는 것을 '불달사방(不達四方)', '사방을 다스리지 못하였다'고 하였다(通釋). 이 첫 절은 문왕과 무왕이 주나라를 이룩한 공을 대체적으로 찬양한 것임. ○摯(지)─은나라 기내(畿內)의 나라 이름(鄭箋). 주우증(朱右曾)의 《시지이징(詩地理徵)》에 《군국지(郡國志)》 주에 《설문(說文)》에 여남(汝南) 평여(平輿)에 지정(摯亭)이 있다'고 하였다. 평여(平輿)는 지금의 하남성 여양현(汝陽縣)임(釋義). ○仲氏(중씨)─중녀(中女)(毛傳). ○任(임)─그의 성(姓). 지국(摯國) 임씨네 중녀로 곧 태임(大任)을 가리킨다. ○殷商(은상)─상나라는 반경(盤庚) 임금 때 은으로 도읍을 옮기고 국호도 은이라 고쳤다. 그래서 여기서는 은상(殷商)이라 한 것이다. ○曰(왈)─율(聿)과 같은 조사. ○嬪(빈)─부(婦)의 뜻(毛傳). ○京(경)─주경(周京)(集傳). ○王季(왕계)─태왕(太王)의 아들이며 문왕의 아버지. ○之行(지행)─시행(是行)의 뜻. 행한 것을 강조하는 말. ○大任(태임)─문왕의 어머니. ○身(신)─임신, 아기를 배는 것(鄭箋). 제2절은 문왕의 탄생을 노래한 것임. ○翼翼(익익)─공신(恭愼)하는 모양(毛傳). ○懷(회)─보유(保有)의 뜻. ○回(회)─정도에서 어긋나는 것(毛傳). 제3절은 문

왕이 덕을 닦아 천명을 받았음을 노래했음. ○監(감)-살피는 것. ○在下(재하)-땅위의 세상. ○集(집)-주나라에 명(命)을 '이르게 한 것'. ○載(재)-일. ○合(합)-배(配)의 뜻으로(毛傳), 배필(配匹). ○洽(흡)-강물 이름. 합수(洽水)라고도 하는데(通釋), 곧 《수경주(水經注)》에 나오는 분수(濆水)임(朱右曾《詩地理徵》). 한(漢)나라 때에는 합양성(洽陽城)이 있었는데 이 시로 말미암아 생긴 이름이며, 고지(故地)는 지금의 섬서성 대려현(大荔縣)에 있었고 옛날 신국(莘國)이 있던 곳임(釋義). ○陽(양)-강물의 북쪽. ○渭(위)-위수(渭水). ○涘(사)-물가. ○嘉(가)-아름다운 것. ○止(지)-조사. ○大邦(대방)-신(莘)나라를 가리킴. ○子(자)-여자, 따님의 뜻으로 문왕의 후(后) 태사(太姒)를 가리킴. 제4절에선 문왕이 배필을 얻은 경위를 노래했음. ○俔(견)-비유하다, 비슷하다. ○妹(매)-《주역(周易)》의 귀매(歸妹)의 매(妹)와 같은 뜻으로, 소녀(少女)를 가리킴(釋義 引 兪樾). ○文(문)-예(禮)를 말함(集傳). ○祥(상)-길(吉)과 통하여 길일의 뜻. '문정궐상(文定厥祥)'은 예에 따라 결혼할 길한 날을 정하는 것. ○造舟爲梁(조주위량)-배를 물에 나란히 띄워놓고 그 위에 널판을 깔아 다리를 만드는 것. 후세의 부교(浮橋)와 비슷하다(孔疏). 이는 뒤에 《주례(周禮)》로 고정되어 정중한 친영의 예로 화하여, 천자는 조주(造舟), 제후는 유주(維舟), 대부는 방주(方舟), 사(士)는 특주(特舟)하였다 한다(毛傳). ○不(불)-비(丕)의 뜻. 크게, 매우. 이 제5절은 문왕의 결혼을 노래한 것임. ○纘(찬)-찬(嬪)의 가차자(通釋). 아름다운 것, 고운 것. ○莘(신)-나라 이름. 앞의 주 참조. ○長子(장자)-문왕을 가리킴. ○行(행)-시집오는 것(集傳). ○篤(독)-조사임(通釋). ○右(우)-우(佑)와 통함. 돕다. ○爾(이)-조사. '보우명이(保右命爾)'는 하늘이 보호하고 돕고 명하여 주는 것. ○燮(섭)-여기서는 발어사(發語詞)임(釋義). 문왕이 은나라를 쳐부술 무왕을 낳은 경위를 이 제6절은 노래한 것임. ○旅(려)-무리. ○其會如林(기회여림)-무왕과 대적하기 위하여 숲의 나무처럼 많이 모였다는 뜻. ○矢(시)-서(誓)와 통하여, 전쟁하기 전에 임금이 전 장병에게 하는 훈시. ○牧野(목야)-땅이름. 지금의 하남성 기현(淇縣) 근처. 이하 3구는 서사(誓詞)임. ○侯(후)-조사. ○女(여)-장병들을 가리킴. ○貳心(이심)-변심(變心)의 뜻. 이 제7절은 무왕이 은나라를 쳐부수려 일어선 것을 노래한 것임. ○洋洋(양양)-넓은 모양. ○煌煌(황황)-선명한 모양(鄭箋). ○駽(원)-배가 흰 유마(騮馬). 유(騮)는 갈기는 검고 몸은 붉은 말임. ○彭彭(방방)-강성(强盛)한 모양(集傳). ○師(사)-태사(太師). 전 장병을 거느리는 사람.

ㅇ尙父(상보)―태공망(太公望)의 호(號). 성은 강씨(姜氏)로 여망(呂望)·여상(呂尙)이라고도 부른다. 무왕의 재상(宰相)으로 그를 도와 주나라를 세우는 데 지극히 큰 공을 세웠다. ㅇ鷹揚(응양)―매가 나는 듯이 활약하는 것(毛傳). ㅇ涼(량)―돕는 것. ㅇ肆(사)―발어사(釋義). ㅇ會朝(회조)―회전(會戰)하는 날 아침. ㅇ淸明(청명)―날씨가 청랑(淸朗)한 것. 이 끝절은 무왕이 여망의 도움을 받으며, 은나라를 쳐부술 때의 모양을 노래한 것이다.

[解說] 이것은 문왕과 무왕을 기리는 시로서 주초(周初)의 작품인 듯하다(釋義). 〈모시서〉에선 문왕이 밝은 덕이 있었기 때문에 하늘이 다시 무왕에게 명을 내리셨음을 노래한 것이라 하였다. 제목을 '대명(大明)'이라 한 것은 소아의 '소명(小明)' 시와 구별하기 위한 것이다.

3. 길게 뻗음(緜)

길게 뻗은 외덩굴이여!
백성들을 처음 다스리시기를, 두수로부터 칠수에 이르는 지역까지 하셨는데,
고공단보께서는 굴을 파고 기거하시며,
집에 살지 않으셨네.

고공단보께서 일찍이 말을 달리어
서쪽 칠수 가로부터 기산 밑으로 오셨으니,
이에 태강도 함께 와서 살게 되었네.

주나라의 넓은 들은 비옥하여 쓴 나물 씀바귀도 엿처럼 달다네.
이에 비로소 계획을 세우시고 거북으로 점쳐 보시고는,
머물러 살만 하다 하시고 여기에 집을 지으셨네.

머물러 살게 되자 왼쪽에도 오른쪽에도 집짓고,
땅 경계 긋고 도랑 파고 길 내어 밭갈고 이랑 내니,
서쪽으로부터 동쪽에 이르기까지 모두가 주나라 위해 일하였네.

집짓는 일 맡은 사공 부르고, 백성 돌보는 일 맡은 사도를 불러
집을 세우게 하니, 터는 먹줄을 따라 곧고,
담틀 세워 흙을 쳐서 엄정하고 바르게 묘당 이룩했네.

흙 수레에 척척 흙 담아다 담틀에 퍽퍽 흙 쳐넣고,
탕탕 흙 다지어 펑펑 높은 곳 쳐내려서,
모든 담벽 다 세우니, 북을 쳐서 일을 독려할 겨를도 없네.

바깥 문을 세우니 바깥 문은 우뚝하고,
정문을 세우니 정문은 반듯하며,
땅의 신 모시는 사당 세우자 못된 오랑캐들은 떠나가네.

오랑캐들의 불만이 끊이지는 않았으나 그들을 돌보아주는 일을 게
을리하지 않으면서,
갈참나무 백유나무 뽑아내어 사방으로 길 통하게 하자,
오랑캐들 두려워 뛰어 도망치며 어쩔 줄을 모르더라네.

우나라와 예나라가 잘잘못 가리려고 문왕께 왔다 화해하였으니, 문
왕께서 그들을 감동시킨 때문이었네.
먼 사람들은 친근하여지고, 먼저 친해진 이는 뒷사람을 끌어들였네.
부지런히 뛰어다니며 섬기고 남이 넘보지 않도록 막아내었다네.

原文 緜緜瓜瓞이여!
　　民之初生에 自土沮漆하니
　　古公亶父이 陶復陶穴하여
　　未有家室이시니라.

　　古公亶父이 來朝走馬하사
　　率西水滸하사 至于岐下하시니
　　爰及姜女로 聿來胥宇하시니라.

　　周原膴膴하니 菫荼如飴로다.

爰始爰謀하시며 爰契我龜하사

曰止曰時하사 築室于茲하시니라.

迺慰迺止하며 迺左迺右하며

迺疆迺理하며 迺宣迺畝하니

自西徂東하여 周爰執事하니라.

乃召司空하며 乃召司徒하여

俾立室家하니 其繩則直이어늘

縮版以載하니 作廟翼翼하니라.

捄之陾陾하며 度之薨薨하며

築之登登하며 削屢馮馮하여

百堵皆興하니 鼛鼓弗勝이로다.

迺立皋門하니 皋門有伉하며

迺立應門하니 應門將將하며

迺立冢土하니 戎醜攸行이로다.

肆不殄厥慍하시나 亦不隕厥問하시니

柞棫拔矣라 行道兌矣하니

混夷駾矣하여 維其喙矣로다.

虞芮質厥成이니 文王蹶厥生이니라.

予曰有疏附며 予曰有先後며

予曰有奔奏며 予曰有禦侮라 하니라.

<u>註解</u> ○縣縣(면면)—면면(綿綿)으로도 쓰며 연속부절(連續不絶)하는 모양
(毛傳). ○瓞(질)—조그만 외. 따라서 과(瓜)는 좀 큰 외임(毛傳). 많은 외가
달린 외덩굴이 길게 뻗어 있는 것은 주나라 왕실 세계(世系)의 면면부절(綿
綿不絶)함에 비유한 것이다. ○民之初生(민지초생)—생민지시(生民之始)와

같은 말로, 주나라가 시작된 공유(公劉) 때를 가리킨다. o土(토)−제시(齊詩)를 따라 '두(杜)'로 봄이 옳으며, 두는 물이름(經義述聞). o沮(저)−조(俎)와 통하여, 두수(杜水)로부터 칠수(漆水)에 이르기까지의 뜻임(經義述聞). 두수는 한(漢)나라 때의 두양현(杜陽縣 : 지금의 섬서성 麟遊縣) 근처를 흐르고, 칠수(漆水)는 섬서성 동관현(同官縣) 동북쪽 대신산(大神山)에서 시작하여 서남쪽으로 요현(耀縣)까지 흘러와 저수(沮水)와 합쳐진다 한다(經義述聞). 그러나 이는 옛날의 칠저수(漆沮水)이며, 칠수는 지금의 섬서성 빈현(邠縣) 부근에 있었을 것이다. 공류는 빈(豳)땅에 거하였는데 이 칠수 유역이 빈땅(邠縣)이어야만 한다(釋義). o古公亶父(고공단보)−고공(古公)은 호(號), 단보(亶父)는 자(字)로서 곧 태왕(太王)임. o陶(도)−도(掏)와 통함. 땅을 파는 것. o復(복)−복(覆)과 통하여, 《설문해자(說文解字)》에는 '도복(陶復)'으로 인용하고 있음. 곧 여러 갈래의 복잡한 굴(穴은 곧은 단순한 굴임). 이는 고인(古人)의 혈거생활을 말해 주는 것이다. o家室(가실)−땅 위에 지은 집. 이상 제1절은 주초의 미개생활, 곧 주나라의 요람기(搖籃期)를 노래한 것이다. o朝(조)−조(早)와 통하여(集傳), 내조(來朝)는 조래(早來)의 뜻. 이것은 오랑캐〔狄〕들을 피하여 움직이는 것이다. o率(솔)−자(自)의 뜻, '……부터'(釋義). o水滸(수호)−빈(豳)땅 서쪽의 칠수 가를 말한다. o岐(기)−기산(岐山). 지금의 섬서성 기산현(岐山縣)에 있음. 태왕은 적인(狄人)의 난(難)을 피하여 빈땅 서쪽 칠수 가로부터 남쪽의 양산(梁山)을 넘고 다시 서쪽으로 가 기산 아래 당도한 것이다. o爰(원)−이에. 조사임. o姜女(강녀)−강성(姜姓)의 여자. 태왕의 비(妃)인 태강(太姜)을 가리킨다. o聿(율)−마침내. o胥(서)−서로. o宇(우)−거(居)의 뜻(毛傳). 사는 것. 이 제2절은 태왕이 기산 아래로 옮겨온 것을 노래한 것임. o原(원)−들. o膴膴(무무)−기름지고 아름다운 모양(鄭箋). o菫(근)−조두(鳥頭)라고도 부르는 쓴 나물. o荼(도)−씀바귀. o飴(이)−엿. o爰始爰謀(원시원모)−계획〔謀〕을 시작하는 것. o契(계)−거북 껍질에 타원형의 조그만 구멍을 칼로 뚫음을 말한다. 그 구멍을 불로 지지어 점을 치는 것이다(孔疏). o龜(귀)−점치는 데 쓰는 껍질만을 말린 거북. o時(시)−지(止)의 뜻(經義述聞). 이 구절은 점의 결과가 이곳에 머물러 살아도 좋다고 했다는 것이다. 이 제3절은 기산 아래 정착하게 되었음을 노래한 것이다. o迺(내)−내(乃)와 같은 자. o慰(위)−《방언(方言)》과 《광아(廣雅)》에 모두 '거(居)의 뜻'이라 하였으니, 내위내지(迺慰迺止)는 머물러 사는 것. o迺左迺右(내좌내우)−좌우에 모두 집짓고 사는 것.

ㅇ疆(강)—땅의 경계를 정하는 것. ㅇ理(리)—땅에 도랑을 파고 길을 내고 하는 것(集傳). 이 구절은 소아(小雅) '신남산(信南山)'에도 보임. ㅇ宣(선)—쟁기로 밭을 갈아 넘기는 것(通釋). ㅇ畝(묘)—밭이랑을 내는 것. ㅇ徂(조)—가는 것. ㅇ周(주)—모두. ㅇ執事(집사)—나라 위해 일하는 것. 이 제4절은 기산 밑 주나라 땅을 다스리기 시작하는 모양을 노래한 것임. ㅇ召(소)—부르다. ㅇ司空(사공)—토목공사를 맡은 벼슬 이름. 경관(卿官)임(毛傳). ㅇ司徒(사도)—백성들을 부리는 일을 맡은 벼슬 이름. 경관(卿官)임(毛傳). ㅇ繩(승)—목수들의 먹줄. 집터를 먼저 먹줄로 반듯하게 잡아놓는 것이다. ㅇ縮版(축판)—담틀 판(版)을 새끼로 동여매는 것[縮]임(通釋). ㅇ載(재)—흙을 쳐 넣는 것. ㅇ廟(묘)—종묘(宗廟). 도읍을 세우는 데 종묘부터 짓는 것이다. ㅇ翼翼(익익)—엄정(嚴正)한 모양(集傳). 이 제5절은 관리들에게 명하여 궁실과 종묘를 짓는 것을 노래한 것이다. ㅇ捄(구)—《설문해자》에 '흙수레에 흙을 퍼 담는 것'이라 하였다. ㅇ陾陾(잉잉)—흙을 퍼 담는 소리. ㅇ度(탁)—흙을 담틀 속에 던져 넣는 것(鄭箋). ㅇ薨薨(홍홍)—흙을 던져 넣는 소리(釋義). ㅇ築(축)—공이로 담틀 속에 흙을 굳게 다지는 것. ㅇ登登(등등)—흙을 다지는 소리. ㅇ削(삭)—깎다. ㅇ屢(루)—루(婁)·루(僂)와 통하여, 높이 나온 곳을 가리킴(通釋). ㅇ馮馮(빙빙)—흙을 쳐 내리는 소리. ㅇ堵(도)—담. ㅇ鼛(고)—큰 북. ㅇ鼓(고)—북을 치는 것. 일을 할 때에 북을 쳐 여러 사람들을 움직였다. 일하는 사람이 너무 많고, 자진해서 빠르게 움직이기 때문에 북을 제대로 쳐대지 못하는 것이다. 이 제6절에서는 궁전 담벽을 치는 모양을 노래한 것이다. ㅇ皐門(고문)—왕의 곽문(郭門)(毛傳). ㅇ伉(항)—항(亢)과 통하여 유항(有伉)은 항연(伉然)으로, 우뚝한 모양. ㅇ應門(응문)—왕궁의 정문(毛傳). ㅇ將將(장장)—엄정한 모양(毛傳). ㅇ冢土(총토)—대사(大社)(毛傳). 토지의 신을 제사지내는 곳. ㅇ戎(융)—서융(西戎), 서쪽 오랑캐. ㅇ醜(추)—악류(惡類)의 뜻(釋義). ㅇ攸行(유행)—떠나가는 것(釋義). 기산 아래는 본시 곤이(混夷)들이 살고 있던 곳인데 태왕(太王)이 이곳에 나라를 세웠으므로 오랑캐들이 쫓겨가는 것이다. 이 제7절은 궁전을 세우고 나라를 평정하는 모양을 노래한 것이다. ㅇ肆(사)—발어사(釋義). ㅇ殄(진)—끊이다. ㅇ厥(궐)—곤이(混夷)들을 가리킴. ㅇ慍(온)—성냄, 불만. ㅇ不隕(불운)—떨어뜨리다, 소홀히 하다, 게을리하다. ㅇ問(문)—휼문(恤問). 돌보는 것(釋義). 이상 두 구는 《맹자(孟子)》에서 말한 '문왕이 곤이를 섬겼음'을 노래한 것이다. ㅇ柞(작)—갈참나무. ㅇ棫(역)—백유나무. 총생(叢生)하는 관목(灌木)으로 가시가

달렸으며, 귀고리 같은 먹는 빨간 열매가 달리고, 백유(白桜)라고도 함(孔疏·集傳 등 참조). ○拔(발)—뽑다. ○兌(태)—잘 통하도록 하는 것. ○混夷(곤이)—귀방(鬼方)으로, 서북쪽에 있던 오랑캐들(釋義). ○駾(태)—달려나가는 것. ○喙(훼)—곤(困)의 뜻으로(毛傳), 어쩔 줄 모르는 것. 이상 제8절은 태왕이 곤이를 덕으로 다스리는 모양을 노래한 것이다. ○虞(우)—나라 이름. 지금의 산서성(山西省) 해현(解縣)에 있었다. ○芮(예)—나라 이름. 지금의 산서성 예성현(芮城縣)에 있었다. ○質(질)—질정(質正)의 뜻(集傳). ○成(성)—평(平)의 뜻(毛傳)으로, 화해하는 것. 우(虞)나라와 예(芮)나라의 임금은 밭을 두고 오랫동안 서로 싸워 왔다. 그리하여 서백(西伯) 문왕은 인인(仁人)이라 하니 가서 누가 옳은가 물어보자고 하였다. 두 임금이 함께 주나라 경계 안을 들어와 보니 밭가는 사람은 서로 밭둔덕을 양보하고, 길가는 자는 서로 길을 양보하며, 모두가 서로 양보하며 살아가고 있었다. 이를 보고 두 나라 임금은 감동하여 우리 같은 소인(小人)들은 군자(君子)의 마당을 밟기도 안됐다고 말하며 다투던 밭을 서로 양보하여 화해하고 물러갔다. 여기서는 이 일을 읊은 것이다(毛傳). ○蹶(궤)—감동시키는 것. ○生(생)—옛날에는 성(性)의 뜻으로 쓰여, '문왕이 그들의 성품을 감동시켰다'는 뜻(通釋). ○予曰(여왈)—시인 자신의 말임(鄭箋). ○疏(소)—소원(疏遠)한 사람들. ○附(부)—친부(親附)의 뜻(釋義). ○先後(선후)—먼저 친부한 자가 뒷사람을 인도하여 친부케 하는 것(釋義). ○奔(분)—달리다. ○奏(주)—주(走)로 쓴 곳도 있어(經典釋文), 분주(奔奏)는 분주(奔走)의 뜻임을 알 수 있으며, 분주히 신하들이 보좌하는 것(通釋). ○禦(어)—막다, 방어하다. ○侮(모)—외모(外侮). 외부로부터의 도발행위. 마지막 제9절은 문왕의 덕치(德治)를 노래한 것이다.

解說　〈모시서〉에 '면(緜)' 시는 '문왕이 일어난 것을 태왕으로부터 근본이 심겨졌기 때문임을 노래한 것이다'라고 하였다. 태왕에 근거를 둔 문왕의 덕치를 노래한 것은 분명하며, 대략 주초(周初)의 작품이라 본다(釋義).

4. 백유나무 떨기(棫樸)

더부룩한 백유나무 떨기를 땔나무와 모닥불감으로 자르네.

위엄있으신 임금님을 신하들이 빠른 걸음으로 섬기네.

위엄있으신 임금님의 제사를 신하들이 옥잔 들어 돕네.
옥잔 엄숙히 드니 뛰어난 분들에게 어울리는 일일세.

두둥실 경수 위의 배를 많은 사람들이 노젓고 있네.
주나라 임금님 나가시니 온 군사들이 뒤따르네.

밝은 저 은하수는 하늘에 무늬를 이루고 있네.
주나라 임금님 만수무강하시니 어찌 인재를 잘 쓰지 않으시랴?

무늬를 새기고 쪼는 데는 쇠와 옥의 바탕을 따르네.
우리 임금님께선 부지런히 온 세상 바로 다스리시네.

原文 芃芃棫樸이여 薪之槱之로다.
濟濟辟王이여 左右趣之로다.

濟濟辟王이여 左右奉璋이로다.
奉璋峨峨하니 髦士攸宜로다.

淠彼涇舟를 烝徒楫之로다.
周王于邁하시니 六師及之로다.

倬彼雲漢이여 爲章于天이로다.
周王壽考하시니 遐不作人이시리요?

追琢其章엔 金玉其相이로다.
勉勉我王이여 綱紀四方하시도다.

註解 ○芃芃(봉봉)―무성한 모양, 초목이 더부룩한 것. ○棫(역)―앞의 '면
(緜)' 시에 보임. '백유나무'. ○樸(복)―나무가 떨기로 나는 것(集傳). ○槱
(유)―제사지낼 때 모닥불을 놓는 나무(鄭箋). ○濟濟(제제)―공경스런 모양
(鄭箋), 위엄이 있는 모양. ○辟(벽)―임금. 벽왕(辟王)은 뒤의 주왕(周王)과
같은 분을 가리킴. ○左右(좌우)―신하들. ○趣(취)―약빠른 동작으로 섬기는

것(鄭箋). ㅇ璋(장)-장찬(璋瓚)으로 제사지낼 때 신하들이 이를 들고 조제(助祭)한 것이다(鄭箋). 옥잔이라 번역해 두었다. ㅇ峨峨(아아)-장찬(璋瓚)을 공경히 받들고 있는 모양. ㅇ髦士(모사)-재능이 뛰어난 사람(앞의 ‘甫田’ 시에 보였음). ㅇ宜(의)-합당한 것. ㅇ淠(비)-배가 떠가는 모양(毛傳). ㅇ涇(경)-경수(涇水). 지금의 감숙성(甘肅省) 화평현(化平縣)에서 시작 동쪽으로 흘러 경천현(涇川縣)에서 섬서성으로 들어가며 동남쪽으로 흘러가다 위수(渭水)로 합쳐진다. ㅇ烝(증)-무리. ㅇ楫(즙)-여기서는 동사로 노를 젓는 것. ㅇ邁(매)-나아가는 것. ㅇ六師(육사)-6군(六軍), 천자의 군대. ㅇ及(급)-뒤따르는 것. ㅇ倬(탁)-밝은 모양(小雅 ‘甫田’ 시의《毛傳》). ㅇ雲漢(운한)-은하(銀河). ㅇ章(장)-무늬. ㅇ壽考(수고)-오래오래 사는 것. ㅇ遐(하)-하(何)와 통함(集傳). ㅇ作人(작인)-인재를 등용하여 성취케 하는 것(釋義). ㅇ追(추)-조(彫)와 통함(毛傳). 조(彫)는 쇠에 무늬를 새기는 것. ㅇ琢(탁)-옥의 무늬를 드러나게 하는 것. ㅇ相(상)-질(質)의 뜻(毛傳), 바탕. ㅇ綱紀(강기)-법도대로 올바로 다스리는 것. ㅇ四方(사방)-온 세상.

解說 이는 분명히 주나라의 어느 임금님을 기린 시이다. 무성한 백유 나무나 경수(涇水)의 배, 하늘의 은하는 모두 임금님의 훌륭한 덕과 위의(威儀)에 견준 것일 게다. 〈모시서〉에서는 문왕(文王)이 신하를 잘 등용함을 노래한 것이라 하였다.

5. 한산 기슭(旱麓)

저 한산 기슭 바라보니 개암나무 호나무가 우거졌네.
점잖으신 군자님은 점잖게 녹을 받으시네.

산뜻한 옥돌 잔엔 황금 입이 가운데 붙었네.
점잖으신 군자님께 복과 녹이 내리네.

솔개는 하늘 위를 날고 고기는 연못에 뛰고 있네.
점잖으신 군자님께서 어찌 인재를 잘 쓰지 않으리?

맑은 술 차려놓고 붉은 수소 잡아놓으니,

바쳐놓고 제사지내며 큰 복을 비시네.

우거진 갈참나무와 백유나무는 백성들이 잘라서 때네.
점잖으신 군자님은 신령들도 위로해 주네.

무성한 칡덩굴이 나뭇가지 위로 뻗어 있네.
점잖으신 군자님은 구하시는 복 어김없이 얻으리라!

原文　瞻彼旱麓하니 榛楛濟濟로다.
　　　豈弟君子여 干祿豈弟로다.

　　　瑟彼玉瓚에 黃流在中이로다.
　　　豈弟君子여 福祿攸降이로다.

　　　鳶飛戾天이요 魚躍于淵이로다.
　　　豈弟君子이 遐不作人이리요?

　　　清酒旣載하며 騂牡旣備하니
　　　以享以祀하여 以介景福이로다.

　　　瑟彼柞棫은 民所燎矣로다.
　　　豈弟君子여 神所勞矣로다.

　　　莫莫葛藟여 施于條枚로다.
　　　豈弟君子여 求福不回로다.

註解　ㅇ瞻(첨)—우러러보다. ㅇ旱(한)—산이름. 지금의 섬서성 한중성남(漢中城南) 65리 되는 곳에 있다. ㅇ麓(록)—산기슭. ㅇ榛(진)—개암나무. ㅇ楛(호)—호나무. 줄기가 싸리나무 비슷하며 붉은 빛이 나고 화살대 만드는 데도 쓰인다. ㅇ濟濟(제제)—많은 모양(毛傳). 나무들이 무성한 것은 임금님의 성덕(盛德)에 비유한 것이다. ㅇ豈弟(개제)—개제(愷悌)로도 쓰며, '낙이(樂易)'의 뜻(毛傳). 점잖은 것. ㅇ君子(군자)—주(周)나라 임금을 가리킨다. ㅇ干(간)—구하다, 추구하다. ㅇ祿(록)—천록(天祿)으로, 복과 같은 뜻. ㅇ瑟(슬)—깨끗하고 고운 모양(鄭箋). ㅇ玉瓚(옥찬)—옥으로 손잡이를 한 그릇. 앞의 '역

박(棫樸)’ 시 장(璋)의 주(註)를 참조 바람. ㅇ黃(황)-황금으로 만들어 누런 것. ㅇ流(류)-물을 따르는 입. 찬(瓚)에는 유(流)가 있는데 황금으로 만들어 황류(黃流)라 한 것이며, 가운데 그것이 달려 있어 ‘재중(在中)’이라 한 것이다(通釋). 가운데 황류가 달린 옥찬(玉瓚)은 임금님의 덕과 올바른 다스림을 상징한 것이다. ㅇ攸(유)-소(所)와 같은 뜻. ㅇ鳶(연)-솔개. ㅇ戾(려)-이르다. ㅇ躍(약)-뛰다. 솔개가 하늘에 날고 있고, 고기가 연못 속에서 뛰고 있다는 것은 정도(正道)에 맞게 움직여지고 있는 성군(聖君)이 다스리는 세상에 비유한 것이다. ㅇ遐(하)-하(何)의 뜻. 이 구절은 앞의 ‘역박’ 시에도 보였음. ㅇ載(재)-설(設)의 뜻(《文選》李善 註 所引《韓詩章句》). ㅇ淸酒(청주)-소아(小雅)의 ‘신남산(信南山)’ 시에도 보였음. ㅇ騂(성)-붉은 소. 성무(騂牡)는 소아 ‘신남산’ 시에 보였음. ㅇ介(개)-빌다. ㅇ景(경)-큰 것. ㅇ瑟(슬)-많은 모양(毛傳). ㅇ燎(료)-불을 때다. 백성들이 갈참나무나 백유나무로 불을 때며 산다는 것은 평화로운 세상을 뜻한다. ㅇ勞(노)-위로의 뜻. ㅇ莫莫(막막)-무성한 모양. 주남(周南) ‘갈담(葛覃)’ 시에 보였음. ㅇ葛藟(갈류)-칡덩굴. ㅇ施(이)-뻗다. ㅇ條(조)-나뭇가지. ㅇ枚(매)-나무 줄기(周南 ‘汝墳’ 시 《毛傳》). 나무 위에 칡덩굴이 무성하게 뻗어 덮여 있다는 것은 임금님의 덕화가 백성들에게 널리 펴져 있음을 비유한 것이다. ㅇ回(회)-사(邪)의 뜻으로, 불회(不回)는 어긋남이 없는 것.

解說 이 시도 주(周)나라 임금님의 덕을 기린 것이다. 〈모시서〉에서는 주나라 임금들이 조상들의 성업(聖業)을 계승 발전시켰음을 노래한 것으로 보았다. 선조인 후직(后稷)과 공류(公劉)의 유업을 대대로 닦아 태왕(太王)과 왕계(王季)가 거듭 복록을 가져오도록 하였다는 것이다. 태왕과 왕계를 지적한 근거는 알 수 없으나 주나라 천자의 덕을 기린 시임에는 틀림없다.

6. 거룩하심(思齊)

거룩하신 태임이 문왕의 어머님이시니,
　시어머님 태강께 효도하시며 왕실의 주부 노릇 하셨는데,

태사께서 그 위에 아름다운 명성 이어 많은 아들 낳으셨네.

문왕께서는 선왕들 잘 따르시니, 신령들은 원망 없으시고,
신령들은 마음 아프지 아니하게 되셨네.
당신 부인부터 바르게 대하시어,
형제들을 바르게 이끎으로써 집안과 나라를 다스리셨네.

부드러운 모습으로 궁에 계시고 공경하는 모습으로 묘당에 계시며,
밝게 나라에 임하시니 여러 신하들은 싫증내는 일 없이 백성들 편
안케 보살펴 주었네.

큰 잘못은 매우 엄하게 징계하시어 폐해 아주 없애고,
들은 말은 따르시고 간하는 말은 받아들이셨네.

어른들은 덕이 있고 아이들은 성취가 있으니,
옛 성인이신 문왕께서는 싫어하심 없이 훌륭한 선비 다 골라 쓰셨네.

原文 思齊大任이 文王之母시니
　　　思媚周姜하사 京室之婦러시니
　　　大姒嗣徽音하시니 則百斯男이시로다.

　　　惠于宗公하사 神罔時怨하며
　　　神罔時恫하고 刑于寡妻하사
　　　至于兄弟하사 以御于家邦하시니라.

　　　雝雝在宮하시며 肅肅在廟하사
　　　不顯亦臨하시며 無射亦保하시니라.

　　　肆戎疾不殄하사 烈假不瑕하시며
　　　不聞亦式하시며 不諫亦入하시니라.

　　　肆成人有德하며 小子有造하니
　　　古之人無斁이라 譽髦斯士시로다.

註解 ○思(사)－조사. ○齊(제)－재(齋)와 통하여 장엄한 것(釋義), '거룩하심'. ○大任(태임)－태임(太任)으로도 쓰며, 왕계(王季)의 비(妃)로서 문왕(文王)의 어머니. '대명(大明)' 시 참조. ○媚(미)－사랑하다. ○周姜(주강)－태왕의 비요 왕계의 어머님인 태강(太姜). '면(縣)' 시 참조. 미주강(媚周姜)은 태임이 태강을 효성으로 섬김을 말한다. ○京室(경실)－왕실의 뜻. ○婦(부)－주부(主婦). ○大姒(태사)－태사(太姒)로도 쓰며 문왕의 비. '대명' 시 참조. ○嗣(사)－계승의 뜻. ○徽(휘)－아름다운 것. ○音(음)－성예(聲譽)의 뜻으로 휘음(徽音)은 아름다운 명성을 가리킨다. ○則(즉)－기(其)와 같은 뜻(經傳釋詞). ○斯(사)－조사. ○百男(백남)－다남(多男)의 뜻으로 태사를 송축한 것이다. ○惠(혜)－순(順)의 뜻, 따르다. ○宗公(종공)－선공(先公)과 같은 말로(通釋), 선왕들의 신을 가리킨다. ○神(신)－선왕(先王)들의 신. ○罔(망)－없는 것. ○時(시)－시(是)의 뜻. ○怨(원)－원망하다. ○恫(통)－한(恨)하다, 마음 아파하다. ○刑(형)－《경전석문(經典釋文)》에서 한시(韓詩)를 인용하여 '형(刑)은 정(正)의 뜻'이라 하였다. ○雝雝(옹옹)－온화한 모양, 부드러운 모양. ○肅肅(숙숙)－공경하는 모양(毛傳). ○不(불)－비(丕)의 뜻. 매우, 크게. ○亦(역)－뒤의 것과 함께 모두 조사. ○臨(임)－나라의 정사에 임하는 것. ○射(역)－싫어하다. ○保(보)－백성들을 편안히 보호하는 것. ○肆(사)－발어사. ○戎(융)－큰 것. ○疾(질)－잘못. ○不(불)－이 절 모두 비(丕)의 뜻. ○殄(진)－징계하는 것. ○烈(열)－려(癘)의 가차자. 병, 폐해. ○假(가)－가(瘕)의 가차자로 병(病)의 뜻이며, '병폐'를 의미한다(通釋).《정전(鄭箋)》에서도 병의 뜻이라 하였다. ○瑕(하)－하(遐)와 통하여, 이(已)의 뜻(鄭箋). 넷째 구의 불(不)자는 비(丕)와 통하나, 다음 구의 것과 함께 조사임. ○亦(역)－모두 조사. ○式(식)－쓰다, 따르다. ○入(입)－받아들이는 것. ○肆(사)－발어사. ○成人(성인)－어른. ○小子(소자)－아이들. ○有造(유조)－성취함이 있다는 뜻(集傳). ○古之人(고지인)－문왕(文王)을 가리킴(集傳). ○斁(역)－싫어하다. ○譽(예)－기리다. ○髦(모)－선(選)의 뜻(爾雅), 고르다, 뽑다. ○斯士(사사)－훌륭한 선비들을 말한다.

解說 이 시도 문왕(文王)의 덕을 노래한 것이다. 특히 그 성덕(盛德)의 바탕이 되는 일들을 노래했다(集傳). 〈모시서〉에서도 문왕이 성(聖)된 까닭을 노래한 것이라 하였다.

7. 위대하심(皇矣)

위대하신 하나님께선 위엄 있게 땅위에 임하시어,
세상을 살펴보시고 백성들의 아픔을 알아보시네.
하나라와 은나라가 정치를 잘하지 못하니,
사방의 나라들이 서로 상의하여 정치를 잘하게 하려 하였네.
그러나 하나님이 노하셨으니, 정사를 못 다스림을 미워하셨기 때문
이네.
이에 서쪽 주나라를 돌아보시고 여기에 천명을 내리시게 되었네.

나무를 자르고 치우는데 말라 죽고 시들어 죽은 것들이네.
땅을 닦고 평평하게 하는데, 떨기나무와 움이 난 나무를 없애는 것
이네.
틔우고 일구고 하는데, 능수버들 영수목을 베어 없애네.
치우고 베고 하는데 산뽕나무 들뽕나무를 베어 없애네.
하나님이 밝은 덕 지닌 분에게로 옮겨 가시니 서쪽 오랑캐들 쇠퇴
하였네.
하늘이 도와줄 짝을 정하셨으니 받으실 천명이 확고해졌네.

하나님께서 그곳 산을 살피시니, 갈참나무 백유나무 다 뽑혔고
소나무 잣나무도 치워져 있네. 하나님은 나라를 세우시어 다스릴 사
람 정하셨으니,
곧 태백과 왕계에게서 덕을 쌓기 시작했기 때문이네.
왕계께서는 마음이 우애로우시어,
그의 형님 위하시고 그의 복 두터이 받으신 위에,
빛나는 덕을 드러내셨네. 받으신 복 잃지 않으시어
마침내 온 세상 다스리게 되셨네.

이 왕계님에 대하여 하나님은 그 마음을 헤아리시고,

그의 명성이 크고 그의 덕이 밝음을 아셨네.
밝히고 선하게 행하시며 어른 노릇 임금 노릇 하실 자질 지니셨으니,
이 큰 나라의 임금님 되게 하여 백성들 뜻 따르고 그들과 친화하게
하셨네.
문왕에 이르러서도 그 덕에 흠 없으니,
이미 받은 하나님의 복이 자손들에게까지도 뻗게 되었네.

하나님께서 문왕에게 이르셨네. '그처럼 도를 어기지 말고
그렇게 탐욕을 부리지 말 것이며, 무엇보다도 송사를 공평히 처리하
라!'
밀나라 사람들이 공손치 못하여, 감히 주나라에 항거하며
완땅과 공땅을 침략하였네.
임금님은 분연히 성내시고 군사들을 동원하여,
그 무리들을 막음으로써 주나라의 복을 두터이 하고,
천하에 본을 보이셨네.

문왕께선 늠름한 군사들 거느리고 서울에 계시고, 정벌군은 완땅으
로부터 전쟁 끝나 돌아왔네.
우리가 높은 산등성이에 올라 진을 치니,
언덕 모두 우리 것이 되어 적은 진을 치지 못하고,
우리 언덕 우리 산등성이가 모두 되니,
우리 샘물도 마시지 못하며, 우리 샘 우리 연못이 모두 되자,
선원땅을 넘어서, 기산 남쪽 기슭
위수 곁에 도읍 정하셨네. 모든 나라들이 우리 문왕 따르게 되니,
낮은 백성들의 임금 되셨네.

하나님이 문왕께 이르셨네. '나는 밝은 덕을 지닌 사람을 좋아하나
별로 소리와 빛으로 크게 나타내지는 않으며, 언제나 매와 회초리로
치지 않으니,
알건 모르건 간에 하나님의 법도만 따르기만 하라.'

하나님이 또 문왕께 이르셨네. '그대 이웃 나라와 상의하고
그대 형제들과 함께 성 공격할 사다리차 준비하고
그대의 임거 충거로 숭나라 성을 쳐라.'

임거와 충거는 덜컹거리고 숭나라 성은 높고 크네.
주렁주렁 엮듯 포로들 잡고 적의 목 쳐다 유유히 바치네.
유제 지내고 마제 지내어 모두 와 복종케 하시니,
온 세상 넘보는 이 없게 됐네.
임거와 충거는 탄탄하고 숭나라 성은 높고 크네.
치고 무찌르고 자르고 없애시니,
온 세상 어기는 이 없게 됐네.

原文　皇矣上帝이　臨下有赫하사
　　　監觀四方하사　求民之莫하시니라.
　　　維此二國이　其政不獲일새
　　　維彼四國에　爰究爰度하시니라.
　　　上帝耆之는　憎其式廓이라
　　　乃眷西顧하사　此維與宅하시니라.

　　　作之屛之하니　其菑其翳로다.
　　　脩之平之하니　其灌其栵로다.
　　　啓之辟之하니　其檉其椐로다.
　　　攘之剔之하니　其檿其柘로다.
　　　帝遷明德이라　串夷載路어늘
　　　天立厥配하시니　受命旣固시로다.

　　　帝省其山하시니　柞棫斯拔하며
　　　松栢斯兌어늘　帝作邦作對하시니
　　　自大伯王季시로다.
　　　維此王季이　因心則友하사

則友其兄하사 則篤其慶하사
載錫之光하시니 受祿無喪하여
奄有四方이로다.

維此王季를 帝度其心하시고
貊其德音하시니 其德克明이로다.
克明克類하시며 克長克君하시며
王此大邦하사 克順克比시로다.
比于文王하사 其德靡悔하시니
旣受帝祉하사 施于孫子하시니라.

帝謂文王하시되 無然畔援하며
無然歆羨하여 誕先登于岸이라 하시다.
密人不恭이라 敢距大邦하여
侵阮徂共이라.
王赫斯怒하사 爰整其旅하사
以按徂旅하사 以篤于周祜하사
以對于天下하시니라.

依其在京하여 侵自阮疆하니
陟我高岡하니 無矢我陵하고
我陵我阿니 無飮我泉하여
我泉我池니 度其鮮原하사
居岐之陽하며 在渭之將하여라.
萬邦之方이며 下民之王이시로다.

帝謂文王하시되 予懷明德이나
不大聲以色하며 不長夏以革이니
不識不知하여 順帝之則이라 하시니라.

帝謂文王하시되 詢爾仇方하여
同爾兄弟하여 以爾鉤援과
與爾臨衝으로 以伐崇墉이라 하시다.

臨衝閑閑하며 崇墉言言이로다.
執訊連連하며 攸馘安安이로다.
是類是禡하여 是致是附하시니
四方以無侮로다.
臨衝茀茀하며 崇墉仡仡이로다.
是伐是肆하며 是絶是忽하시니
四方以無拂이로다.

註解 ㅇ皇(황)－위대한 것. ㅇ下(하)－하지(下地). ㅇ有赫(유혁)－혁연(赫然)으로 위엄있는 모양. ㅇ監觀(감관)－살펴보다. ㅇ莫(막)－《한서(漢書)》·《잠부론(潛夫論)》 등에 막(瘼)으로 인용하고 있으니, 백성들의 '아픔'. ㅇ二國(이국)－하(夏)나라와 은(殷)나라(毛傳). ㅇ不獲(불획)－부득(不得), 부득선(不得善), '잘하지 못하는 것'. ㅇ四國(사국)－사방(四方)의 나라. ㅇ爰(원)－조사. ㅇ究(구)－찾아보다(集傳), 일을 꾀하다(毛傳). ㅇ度(탁)－헤아리다. ㅇ耆(기)－시(諸)와 통하여, 노(怒)의 뜻(廣雅). ㅇ式(식)－조사. ㅇ廓(곽)－공허의 뜻으로, 올바른 정치를 못하는 것(釋義). ㅇ眷(권)－돌아보다. ㅇ西(서)－서쪽의 주(周)나라를 가리킴. ㅇ顧(고)－돌아보다. ㅇ宅(택)－거(居)의 뜻(毛傳), 함께 지내는 것. ㅇ作(작)－책(柞)의 뜻으로 보아, 제목(除木)의 뜻(經義述聞). ㅇ屛(병)－치우다, 없애다. ㅇ菑(치)－나무가 선 채로 죽은 것(毛傳). ㅇ翳(예)－나무가 자연히 죽은 것. 이 절은 태왕(太王)이 기(岐)땅으로 나라를 옮겼을 때의 일을 노래한 것이다. 이처럼 나무를 베어 없애고 험한 산과 숲으로 이루어진 땅에 살 곳을 마련하였다는 것이다. ㅇ灌(관)－관목(灌木), 떨기로 난 나무(毛傳). ㅇ栵(렬)－열(烈)과 통하여, 열(烈)은 알(枿)의 뜻으로, 벤 나무등걸에서 다시 움이 솟은 것(經義述聞). ㅇ啓辟(계벽)－개벽(開闢)과 같은 뜻으로, 개간해 나가는 것. ㅇ檉(정)－능수버들. 하류(河柳)라고도 함(毛傳). ㅇ椐(거)－영수목(靈壽木)으로 마디가 분명하여 지팡이를 만드는 데 많이 쓴다(孔疏). ㅇ攘(양)－치우다, 없애다. ㅇ剔(척)－잘라 내는 것.

ㅇ檿(염)-산뽕나무, 산상(山桑). 활대나 멍에 만드는 데 많이 쓰인다. ㅇ柘
(자)-산뽕나무. 낙엽관목(落葉灌木)으로 잎새가 두껍고도 뾰죽하며 역시 누
에가 먹는다. 그 나무는 활대를 만드는 데 염(檿)보다도 좋은 재목으로 친다.
ㅇ帝(제)-상제(上帝), 하나님. ㅇ明德(명덕)-명덕지인(明德之人). 태왕(太
王)을 가리킴. ㅇ串夷(관이)-곤이(混夷)로, 서쪽의 오랑캐 이름. ㅇ載(재)-
즉(則)의 뜻. ㅇ路(로)-척(瘠)으로 된 판본도 있으며(鄭箋), 피척(疲瘠) 곧
쇠퇴의 뜻임(通釋). ㅇ配(배)-배필(配匹). 태강(太姜)을 가리킴. ㅇ省(성)-
살피다. ㅇ柞棫斯拔(작역사발)-'면(緜)' 시의 '작역사의(柞棫斯矣)'와 같은
말. 역시 나무들을 뽑아내고 땅을 개척하는 것이다. ㅇ兌(태)-통(通)의 뜻.
'면(緜)' 시 참조. ㅇ作邦(작방)-나라를 세우는 것. ㅇ作對(작대)-이를 다스
릴 임금을 세우는 것. ㅇ大伯(태백)-왕계(王季)의 형님. 이 두 분으로부터
주나라의 위세가 천하에 떨치게 되었다는 것이다. ㅇ因心(인심)-애쓰지 않
아도 마음이 저절로 그렇게 되는 것(集傳). ㅇ友(우)-우애(友愛)의 뜻. ㅇ王
季(왕계)-형 태백(太伯)에게 우애를 다하였고, 태백도 뒤에 공덕이 크다는
이유에서 왕계에게 왕위를 사양하였다. ㅇ慶(경)-복(福)을 뜻함. ㅇ載(재)-
즉(則). ㅇ錫(석)-주는 것. 사(賜)의 뜻. ㅇ光(광)-빛나는 덕. 태백이 왕위
를 사양한 겸양지덕(謙讓之德)을 말한다. ㅇ喪(상)-잃는 것. ㅇ奄(엄)-마침
내, 문득. ㅇ貊(맥)-《예기(禮記)》 악기(樂記)에 '막(莫)'으로 인용하고 있는
데, 막(莫)은 대(大)의 뜻(釋義). ㅇ德音(덕음)-성예(聲譽). ㅇ類(류)-선
(善)의 뜻으로, 나라를 잘 다스리는 것. ㅇ長(장)-우두머리 노릇을 잘하는
것. ㅇ大邦(대방)-주나라를 가리킨다. ㅇ順(순)-백성들의 뜻에 따르고 그들
과 친밀히 지내는 것. ㅇ比(비)-이르다, 미치다. ㅇ靡(미)-무(無)의 뜻. 회
미(靡悔)는 뉘우칠 만한 흠이 없는 것. ㅇ祉(지)-복, 행복. ㅇ施(이)-뻗는
것. ㅇ無然(무연)-'그렇게 하지 말라'는 뜻. ㅇ畔(반)-반(叛)과 통하여 도를
위반하는 것(集傳). ㅇ援(원)-딴 생각을 하는 것(集傳). 반원(畔援)은 곧 마
음이 도를 어기고 딴 곳으로 가는 것. ㅇ歆羨(흠선)-탐욕을 부리는 것. ㅇ誕
(탄)-발어사. ㅇ登(등)-성(成)의 뜻(鄭箋)으로, 평(平)과도 통하여 공평하게
처리하는 것(釋義). ㅇ岸(안)-한(犴)과 통하여, 옥송(獄訟)·송사(訟事)의
뜻(鄭箋). ㅇ密(밀)-밀수씨(密須氏)의 나라(毛傳). 지금의 감숙성(甘肅省)
영대현(靈臺縣)에 있었다(釋義). 밀인(密人)은 밀나라 사람들. ㅇ距(거)-거
(拒)와 통하여, 저항의 뜻. ㅇ阮(완)-공(共)과 함께 모두 나라 이름으로, 지
금의 감숙성 경천현(涇川縣)에 둘 다 있었다. ㅇ徂(조)-가는 것. 이 구절은

밀수씨(密須氏)가 완(阮)과 공(共) 두 나라에 침입하였음을 말한다. ○赫(혁)―불끈 성을 내는 모양. ○旅(려)―군대의 뜻. ○按(안)―멈추게 하는 것(毛傳).《맹자(孟子)》엔 '알(遏)'로 인용하였는데, 같은 뜻이다. 조려(徂旅)는 가서 밀수씨의 무리들을 막았다는 뜻(集傳). ○祜(호)―복, 행복. ○對(대)―양(揚)의 뜻(廣雅). 곧 '이대우천하(以對于天下)'는 '천하에 밝히었다'는 것과 같은 말임(通釋). ○依(의)―군대가 성한 모양(經義述聞). ○京(경)―주나라 서울. ○侵(침)―침병(寢兵)의 침(寢)과 같은 뜻으로, 전쟁이 멎었다는 뜻으로 보아야만 한다(戴震《毛鄭詩考正》). ○阮疆(원강)―완국지강(阮國之疆)으로, 완국(阮國) 지방의 뜻. ○矢(시)―벌이다. 진병(陳兵)의 뜻(鄭箋). ○阿(아)―큰 언덕. 대릉(大陵)(鄭箋). ○度(도)―넘어가는 것(釋義). ○鮮原(선원)―땅이름,《일주서(逸周書)》화오편(和寤篇)에 '왕출도상(王出圖商), 지우선원(至于鮮原)'이란 말이 있는데,《공조(孔晁)》는 '근기주지지(近岐周之地)'라 주(注)하고 있다(釋義). ○將(장)―측(側), '가'의 뜻. ○方(방)―향(向)의 뜻으로(鄭箋), 모든 나라의 마음이 향하여져 복종하게 되는 것. ○懷(회)―생각하고 돌봐주는 것(集傳). ○聲(성)―희노(喜怒)의 소리를 내는 것. ○色(색)―희노(喜怒)의 빛을 나타내는 것. ○長(장)―상(常)의 뜻(廣雅), 언제나. ○夏(하)―하초(夏楚)로 서당에서 학생들을 벌줄 때 쓰던 회초리. ○革(혁)―편(鞭)으로 관청에서 벌줄 때 쓰던 가죽 채찍(通釋). ○不識不知(불식부지)―별로 아는 체 꾀하지 않는 것. 고유(高誘)가 주(注)한《여씨춘추》와《회남자》에는 모두 '불모이당(不謀而當), 불려이득(不慮而得)', 곧 '꾀하지 않아도 들어맞고 생각하지 않아도 도리에 맞는 것'으로 불식부지(不識不知)를 풀이하고 있다. ○則(칙)―법. ○詢(순)―꾀하는 것(鄭箋). ○仇(구)―원수처럼 언제나 생각하게 되는 이웃의 뜻. ○方(방)―'나라'. 구방(仇方)은 이웃 여러 나라(鄭箋). ○同(동)―협동(協同)의 뜻. ○鉤(구)―갈고리. ○鉤援(구원)―갈고리로 성 위에 걸치고 성을 오르도록 만든 사다리(毛傳). 성을 공격할 때 쓰는 기구의 하나. ○臨(임)―임거(臨車). ○衝(충)―충거(衝車)(毛傳). 모두 성을 공격할 때 쓰는 무기임. ○崇(숭)―나라 이름. 이 나라는 춘추시대까지 존속하여 진(秦)나라에 편들었다.《좌전(左傳)》선공(宣公) 원년의 두예주(杜預注)에도 보인다. 그러나 어디 있던 것인지는 모른다. 숭후(崇侯) 호(虎)가 주왕(紂王)을 인도하여 무도한 짓을 일삼고 있으므로 하늘이 명하시어 숭(崇)을 치도록 한 것이다(鄭箋). ○墉(용)―성(城)의 뜻. ○閑閑(한한)―동요하는 모양(毛傳). ○言言(언언)―높고 큰 모양(毛傳). ○執訊(집신)―포로들. 소아

(小雅) '출거(出車)' 시에 보였음. ○連連(연련)─연속되는 모양(集傳). ○攸
(유)─조사(經義述聞). ○馘(괵)─적의 왼편 귀를 잘라다 증거로 공(功)을 보
(報)하는 것. ○安安(안안)─서서(舒徐)의 뜻으로 유유한 모양(傳疏). ○類
(유)─군대가 출정할 때에 하느님께 제사지내는 것. ○禡(마)─군대가 머문
곳에서 신에게 지내는 제사(集傳). ○附(부)─친부(親附)의 뜻. 치부(致附)
는 그 고장 사람들을 와서 복종하고 친하게 지내도록 만드는 것. ○四方(사
방)─온 세상. ○侮(모)─업신여기다. ○茀茀(불불)─강성(强盛)한 모양(毛
傳). ○仡仡(흘흘)─언언(言言)과 같은 말로 높고 큰 것(毛傳). ○肆(사)─범
돌(犯突)(鄭箋), 곧 '무찌르는 것'. ○忽(홀)─멸(滅)의 뜻으로(毛傳), 다 없애
버리는 것. ○拂(불)─어기는 것.

解說 이 시는 주(周)나라를 기린 것이다. 하늘은 은(殷)나라를 대신하
여 주나라에 명을 내리셨고, 주나라는 대대로 덕을 닦았는데 그 중에서도
문왕(文王)이 가장 훌륭했었다는 것이다(〈모시서〉). 주희(朱熹)는 이 시
를 좀더 구체적으로 설명하여 '이 시는 태왕(太王)과 태백(太伯)·왕계
(王季)의 덕과 문왕이 밀(密)나라와 숭(崇)나라를 친 일을 노래한 것이
다'라고 하였다.

8. 영대(靈臺)

영대를 이룩하기 시작하여 재고 짓고 하시니
백성들이 나서서 일해 주어, 며칠 못가 이룩되었네.
이룩하기 시작할 적에 서두르지 말라 하셨으나, 백성들은 자식이 어
버이 일 돕듯 모여들었네.

임금님께서 영대 정원에 계시는데, 암사슴 수사슴 엎드려 노네.
암사슴 수사슴 살져 윤이 흐르고, 백조는 깨끗하고 희기도 하네.
임금님께서 영대 늪에 계시는데, 아아 연못 가득히 고기가 뛰네.

종과 경틀엔 세운 나무와 가로 나무가 아래위에 있고 큰 북과 큰
종이 매어 있네.

아아 절도 있게 종을 치니, 아아 천자님 공부하는 곳 즐겁네.

아아 절도 있게 종을 치니, 아아 천자님 공부하는 곳 즐겁네.
악어 북 둥둥 울리며 판수 장님 음악을 연주하네.

[原文] 經始靈臺하여 經之營之하시니
　　　庶民攻之라 不日成之로다.
　　　經始勿亟하시나 庶民子來로다.

　　　王在靈囿하시니 麀鹿攸伏이로다.
　　　麀鹿濯濯하고 白鳥翯翯이로다.
　　　王在靈沼하시니 於牣魚躍이로다.

　　　虡業維樅이요 賁鼓維鏞이로다.
　　　於論鼓鐘이여 於樂辟廱이로다.

　　　於論鼓鐘이여 於樂辟廱이로다.
　　　鼉鼓逢逢하며 矇瞍奏公이로다.

[註解] ○經(경)—재는 것. 경시(經始)는 측량하고 이룩하기 시작하는 것.
○靈臺(영대)—훌륭한 대(臺)의 뜻으로, 문왕(文王)의 대명(臺名). ○營(영)—
일을 하는 것. ○攻(공)—일을 하는 것(毛傳). ○不日(불일)—'며칠 못 되어',
짧은 기간을 말한다. ○亟(극)—빠른 것. ○子來(자래)—서민들이 기뻐하고
모두 자식들이 아버지의 일을 돕듯이 달려와 일하였다는 뜻. ○囿(유)—새와
짐승을 기르는 곳(毛傳). 옛날엔 천자는 백리, 제후는 40리 사방의 유(囿)가
있었다 한다(毛傳). 영유(靈囿)는 훌륭한 유(囿)의 뜻으로 역시 문왕의 유를
가리킨다. ○麀(우)—암사슴. ○伏(복)—엎드리다. ○濯濯(탁탁)—살지고 윤기
흐르는 모양(集傳). ○翯翯(학학)—결백(潔白)한 모양. ○靈沼(영소)—문왕의
동산에 있는 못. ○於(오)—감탄사. ○牣(인)—가득한 것. ○虡(거)—종(鐘)이
나 경(磬)을 매다는 틀. 특히 틀의 기둥을 말하며, 가로지른 횡목(橫木)은 순
(栒)이라 한다(毛傳). ○業(업)—순(栒) 위에 대어놓은 무늬를 새겨놓은 큰
판(鄭箋). ○樅(종)—업(業) 위 종(鐘)이나 경(磬)을 다는 곳, 곧 주송(周頌)
'유고(有瞽)' 시에 나오는 숭아(崇牙)를 말한다(毛傳·集傳). ○賁(분)—대고

(大鼓)를 말함(毛傳). ○鏞(용)―큰 쇠북, 곧 대종(大鐘)(毛傳). ○於(오)―감탄사. ○論(론)―륜(倫)의 뜻으로(鄭箋), 질서가 있는 모양. ○於(오)―감탄사. ○辟廱(벽옹)―천자가 공부하며 대사(大射) 같은 예를 행하는 곳(集傳). ○鼉(타)―타룡(鼉龍) 또는 저파룡(豬婆龍)이라고도 부르는 악어의 일종(釋義). 타고(鼉鼓)는 그 악어 가죽으로 만든 북. ○矇(몽)―눈알이 있으면서도 보이지 않는 장님(毛傳). ○瞍(수)―눈알이 없는 장님(毛傳). 옛날의 악사(樂師)들은 모두 장님들이었으므로 악사들을 가리킨다. ○奏公(주공)―《여씨춘추》 고유(高誘) 주(注) 및 《사기집해(史記集解)》에서는 모두 '주공(奏功)'이라 이 시를 인용하고 있다. 《초사(楚辭)》 왕일(王逸) 주(注)에서는 '주공(奏工)'이라 인용하고 있다. 옛날에는 공(公)·공(功)·공(工)이 통하여 '일'의 뜻으로, 악장(樂章)을 가리킨다(釋義). 《모전》에도 공(公)은 사(事)의 뜻이라 하였다. 주(奏)는 연주의 뜻.

[解說] 이는 문왕(文王)의 유락(遊樂)을 기린 시이다. 《맹자》에서는 이를 문왕 때의 작품으로 보고 있다. 〈모시서〉에서는 백성들이 따르기 시작함을 노래한 것이라 하였다. 문왕은 유락도 올바른 도에 벗어나지 않도록 하였기 때문에 백성들도 문왕의 유락을 함께 기뻐하였다는 내용이다.

9. 뒷 발자취(下武)

주나라는 뒷 발자취 이어 대대로 어진 임금 나셨네.
세 임금 하늘에 계시고 임금님은 서울에서 그분들 뜻 받드시네.

임금님이 서울에서 그분들 뜻 받드시며 대대로 덕을 추구하시네.
영원히 하늘의 명에 합당하도록 임금님으로서의 믿음 이루시네.

임금님으로서의 믿음 이루시어 세상 사람들 본받네.
언제나 효도 다하시니 효도는 선왕들 본받으신 걸세.

이 한 분을 모두 사랑하노니 합당히 덕을 잘 닦았기 때문이네.
언제나 효도 다 하시며 계승한 일 밝히시네.

이렇게 앞으로 밝히시어 조상들의 발자취 이으시면,
만년토록 하늘의 복 받으시리.

하늘의 복 받으시니 사방에서 축하드리러 오네.
만년토록 어찌 도움이 없으시랴!

原文 下武維周하여 世有哲王이로다.
      三后在天하시고 王配于京이로다.

      王配于京하시니 世德作求로다.
      永言配命하사 成王之孚로다.

      成王之孚하사 下土之式이로다.
      永言孝思니 孝思維則이로다.

      媚兹一人이라 應侯順德이로다.
      永言孝思하사 昭哉嗣服이로다.

      昭兹來許하사 繩其祖武면
      於萬斯年에 受天之祜리라.

      受天之祜하시니 四方來賀로다.
      於萬斯年에 不遐有佐아?

註解 ○下(하)—'다음' 또는 '뒤'의 뜻. ○武(무)—발자취. ○三后(삼후)—돌아가신 태왕(太王)·문왕(文王)·무왕(武王)의 세 임금님(釋義). ○王(왕)—성왕(成王)을 가리킴(釋義). ○配(배)—합(合)의 뜻. 선왕들의 뜻에 '알맞도록' 하는 것. ○京(경)—주나라의 서울 호경(鎬京). ○世(세)—세세(世世)로, 대대로. ○作求(작구)—추구하는 것. ○言(언)—조사. ○配(배)—합(合)의 뜻. ○命(명)—천명. ○成王之孚(성왕지부)—'임금님으로서의 믿음을 이루시었다'는 뜻이나, 성왕(成王)이라는 임금님의 칭호를 풀이한 것으로도 볼 수 있다. ○下土(하토)—상천(上天)의 대(對)로서 사람들이 사는 세상. ○式(식)—본뜨다. ○言(언)—사(思)와 함께 조사임. ○則(칙)—그의 선인(先人)들을 본받은

것이라는 뜻(毛傳). ○媚(미)-사랑하다, 따르다. ○一人(일인)-임금님 성왕(成王)을 가리킴. ○應(응)-응당히, 합당하게. ○侯(후)-유(維)와 같은 조사. ○順德(순덕)-덕을 따르는 것, 덕에 힘쓰는 것. ○昭(소)-밝히다. ○嗣(사)-계승의 뜻. ○服(복)-일. ○來許(내허)-앞으로 올 날, 장래의 뜻(釋義). ○繩(승)-잇다, 계승하다. ○武(무)-발자취. ○於(오)-감탄사. ○斯(사)-조사. ○祜(호)-복. ○遐(하)-하(何)와 통함(集傳). ○佐(좌)-돕다.

解說 이는 성왕(成王)을 찬미한 시이다. 성왕은 선왕(先王)들의 위대한 발자취를 계승하여 나라를 잘 다스렸다는 것이다. 〈모시서〉에서는 무왕(武王)이 문왕(文王)의 유업(遺業)을 잘 계승하였음을 노래한 것으로 보았다.

10. 문왕 기리는 소리(文王有聲)

문왕 기리는 소리 있으니, 그 소리 크기도 하네.
세상의 안녕 추구하여 그 이루신 것을 보게 되었으니,
훌륭하셔라 문왕이여!

문왕께서 하늘의 명 받으시어 무공을 세우셨는데,
숭나라를 치시고 나서 풍땅에 도읍을 만드셨으니,
훌륭하셔라 문왕이여!

성을 쌓고 해자 파시고 풍땅을 어울리게 만드셨으며,
욕심대로 급히 이루시지 않으시고 선왕 뜻 좇아 효도 다하셨으니,
훌륭하셔라 임금님이여!

임금님의 공 위대하심은 풍땅에 쌓은 성으로써도 알 수 있네.
사방의 제후 모여들어 임금님의 기둥 되니,
훌륭하셔라 임금님이여!

풍수가 동쪽으로 흐름은 우임금의 공적이네.

사방의 제후 모여들어 대왕님을 받드니,
훌륭하셔라 대왕님이여!

호경에서 배움 닦으시매 서쪽으로부터 동쪽에 이르기까지,
남쪽으로부터 북쪽에 이르기까지 복종치 않는 이 없었으니,
훌륭하셔라 대왕님이여!

점을 치시고 임금님이 이 호경으로 옮겨 오셨네.
거북이 바로 일러주고 무왕께서 이루셨으니,
훌륭하셔라 무왕님이여!

풍수 가에도 시화가 자랐거늘 무왕께서 어찌 일하지 않으시리?
따라야만 할 계획 세우시어 자손들 편안히 보호하셨으니,
훌륭하셔라 무왕님이시여!

原文　文王有聲하시니　遹駿有聲이로다.
　　　遹求厥寧하사　遹觀厥成하시니
　　　文王烝哉신저!

　　　文王受命하사　有此武功이로다.
　　　旣伐于崇하시고　作邑于豊하시니
　　　文王烝哉신저!

　　　築城伊淢하사　作豊伊匹하시며
　　　匪棘其欲이요　遹追來孝시니
　　　王后烝哉신저!

　　　王公伊濯은　維豊之垣이니라.
　　　四方攸同하여　王后維翰하니
　　　王后烝哉신저!

　　　豊水東注는　維禹之績이로다.

四方攸同하여 皇王維辟하니

皇王烝哉신저!

鎬京辟廱에 自西自東하며

自南自北하여 無思不服하니

皇王烝哉신저!

考卜維王이 宅是鎬京이로다.

維龜正之어늘 武王成之하시니

武王烝哉신저!

豊水有芑하니 武王豈不仕시리요?

詒厥孫謀하사 以燕翼子하시니

武王烝哉신저!

註解 ㅇ聲(성)—기리는 소리, 성예(聲譽). ㅇ遹(휼)—율(聿)과 통하여 어조사(通釋). ㅇ駿(준)—큰 것. ㅇ厥(궐)—그것. 궐녕(厥寧)은 세상 사람들의 안녕(安寧). ㅇ遹觀厥成(휼관궐성)—'그것을 이루심을 보게 되었다'는 뜻. ㅇ烝(증)—미(美)의 뜻으로(釋義), '아름답다' '훌륭하다'는 뜻. ㅇ崇(숭)—나라 이름(앞의 '皇矣' 시 참조). ㅇ邑(읍)—도읍. ㅇ豐(풍)—지금의 섬서성 호현(鄠縣)으로 문왕이 도읍하였던 곳. ㅇ伊(이)—조사. ㅇ淢(혁)—해자. 밖으로부터의 침입을 막기 위하여 성 밑에 파놓은 도랑. ㅇ匹(필)—짝이 될 만하게 어울리도록 성을 쌓은 것. ㅇ棘(극)—급하게, 급히. ㅇ欲(욕)—개인의 욕심대로. ㅇ追(추)—선왕(先王)들을 추모해서 그 뜻을 따르는 것. ㅇ來孝(내효)—효도를 다하는 것. ㅇ后(후)—임금. ㅇ王后(왕후)—문왕을 가리킨다. ㅇ公(공)—옛날엔 공(功)과 통하였음. ㅇ濯(탁)—큰 것. ㅇ垣(원)—담. 여기서는 성벽을 가리킨다. ㅇ四方(사방)—사방의 제후들. ㅇ同(동)—회동의 뜻. ㅇ翰(한)—간(幹)의 뜻으로(毛傳), 기둥이 되는 것. ㅇ豐水(풍수)—동북쪽으로 흘러 풍읍 동쪽을 거쳐 위수(渭水)에 합쳐진 다음 황하로 흘러든다. 그리고 풍읍의 동쪽, 호경(鎬京)의 서쪽에 있었다. ㅇ禹(우)—우(禹)임금. ㅇ績(적)—공적. 우(禹)임금의 치수(治水)를 말하는 것이다. ㅇ皇王(황왕)—대왕(大王). ㅇ辟

(벽)—임금으로 모시고 섬기는 것. ㅇ皇王(황왕)—무왕(武王)을 가리킨다. ㅇ鎬京(호경)—소아(小雅) '어조(魚藻)' 시에 보였음. ㅇ辟廱(벽옹)—앞의 '영대(靈臺)' 시에 보였음. 여기서는 벽옹에서 무왕이 강학행례(講學行禮)함을 말한다(集傳). ㅇ思(사)—조사. ㅇ服(복)—복종(服從)의 뜻. ㅇ考(고)—점을 쳐 알아보는 것. 이 구절은 '유왕고복(維王考卜)'의 도문(倒文)으로 볼 수 있다. ㅇ宅(택)—천도(遷都)해 와서 살고 있음을 말한 것임. ㅇ正(정)—올바로 점괘(占卦)에 나타나는 것. ㅇ成(성)—점을 쳐 길흉을 물어봤던 호경으로 천도(遷都)하는 일을 이루었다는 뜻. ㅇ芑(기)—풀이름으로, 소아 '채기(采芑)' 시 참조. ㅇ仕(사)—봉사하는 것, 일하는 것. ㅇ詒(이)—남겨주는 것. ㅇ孫(손)—순(順)의 뜻(鄭箋)으로, 따르는 것. ㅇ謀(모)—계획. ㅇ燕(연)—편안히 지내다. ㅇ翼(익)—돕는 것. ㅇ子(자)—자손들의 뜻.

解說 이 시는 문왕(文王)이 도읍을 풍(豐)땅으로 옮긴 일과 무왕(武王)이 호경(鎬京)으로 옮겼던 일을 중심으로 문왕과 무왕의 공덕을 기린 것이다. 〈모시서〉에서는 무왕이 문왕의 정벌을 계승하여 주(紂)왕을 친 것을 노래한 것이라 하였으나 수긍되지 않는다.

제 2 생민지습(生民之什)

1. 사람을 낳으심(生民)

처음 사람을 낳으신 분은 바로 강원이란 분이네.
사람을 어떻게 낳으셨나? 정결히 잘 제사지내시어,
자식 없는 나쁜 징조 없애시고, 하나님의 발자국 엄지발가락 밟으시자 감동을 받으시어,
거기에 쉬어 머무셨네. 곧 아기 배고 공경히 몸 간수하시어,
아기 낳아 기르셨으니, 이분이 바로 후직이시네.

아기 낳으실 달이 차자, 첫 아기를 양처럼 쉽게 낳으셨으니,
째지지도 터지지도 않으시고 재난도 해도 없으셨네.
영험함 밝게 드러났으니 하나님께서 편안히 보살펴 주신 때문일세.
정결한 제사에 매우 즐거워하사 의연히 아들 낳게 하신 걸세.

아기를 좁은 골목에 버렸으나 소와 양도 감싸 주고 애호하였으며,
넓은 숲속에 버렸으나 마침 숲의 나무를 베러 온 사람들이 돌보아
주었으며,
찬 얼음 위에 버렸으나 새가 날개로 덮어 주고 깔아 주었네.
새가 날아가자 후직께서 우시니,
소리가 길고 커서 그 소리가 행길에까지 들렸다네.

기어다니게 되시자 지각과 의식이 뛰어나셨고,
음식을 찾아 잡수시게 되자 콩을 심으셨는데,
콩은 너풀너풀 자랐고, 벼도 줄지어 탐스럽게 자랐으며,
삼과 보리도 무성하게 자라고 외덩굴도 쭉쭉 자랐다네.

후직의 농사짓는 법은 백성을 돕는 도리를 보이신 거네.
많은 잡초들 뽑아내고 거기에 곡식 심어 무성케 하셨네.
싹이 뾰죽뾰죽 올라오더니 쭉쭉 길게 자랐으며,
이삭 패고 꽃이 피고 줄기 굳게 잘 자라서,
이삭 처지고 잘 여무니, 태나라를 세워 집안을 거느리게 되셨네.

하늘이 좋은 곡식 씨 내려주셨으니,
검은 기장 메기장과 붉은 차조 흰 차조네.
검은 기장 메기장 두루 심어
거두어서 밭에 쌓아놓고, 붉은 차조 흰 차조 두루 심어 거두어서,
메기도 하고 지기도 하고 집으로 돌아와 제사지내셨네.

제사는 어떻게 지내셨나? 찧고 빻고 해서
불리고 비비고 한 뒤, 설설 그것을 일어

푹 그것을 쪄놓고, 좋은 날을 가리어
쑥을 기름에 섞어 태우며, 수양으로 길의 신에 제사지내고,
고기를 지지고 구워 올리며 하늘과 땅에 내년의 풍년도 비셨다네.

제기에 제물을 담는데 접시도 있고 대접도 있네.
그 향기 올라가 하나님이 즐겨 드시니,
매우 향기로운 위에 정성되고 훌륭하네. 후직께서 제사지내기 시작
하신 뒤로,
거의 아무런 죄나 허물 없이 지금까지 이르렀네.

原文 厥初生民은 時維姜嫄이시니라.
     生民如何오? 克禋克祀하사
     以弗無子하시고 履帝武敏하사
     歆攸介攸止니라. 載震載夙하사
     載生載育하시니 時維后稷이시니라.

     誕彌厥月하여 先生如達하시니
     不坼不副하시며 無菑無害시니라.
     以赫厥靈하시니 上帝不寧이로다.
     不康禋祀하사 居然生子하시니라.

     誕寘之隘巷한데 牛羊腓字之하며
     誕寘之平林한데 會伐平林하며
     誕寘之寒氷한데 鳥覆翼之로다.
     鳥乃去矣어늘 后稷呱矣하시니
     實覃實訏하사 厥聲載路시니라.

     誕實匍匐하사 克岐克嶷하시며
     以就口食하사 蓺之荏菽하시니

荏菽旆旆하며 禾役穟穟하며
麻麥幪幪하며 瓜瓞唪唪하니라.

誕后稷之穡은 有相之道로다.
茀厥豐草하고 種之黃茂하니
實方實苞하여 實種實褎하며
實發實秀하며 實堅實好하며
實穎實栗터니 卽有邰家室하시니라.

誕降嘉種하니 維秬維秠며
維穈維芑로다.
恒之秬秠하여 是穫是畝하며
恒之穈芑하여 是任是負하여
以歸肇祀하시니라.

誕我祀如何오? 或舂或揄하여
或簸或蹂하며 釋之叟叟하며
烝之浮浮하며 載謀載惟하며
取蕭祭脂하며 取羝以軷하여
載燔載烈하여 以興嗣歲로다.

卬盛于豆하니 于豆于登이로다.
其香始升하니 上帝居歆이로다.
胡臭亶時하니 后稷肇祀로다.
庶無罪悔하여 以迄于今이로다.

註解 ○厥初生民(궐초생민)―기시생인(其始生人). 주(周)나라의 사람을 처음으로 낳는 것(集傳). ○時(시)―시(是)와 통함. ○姜嫄(강원)―주(周)나라의 조상인 후직(后稷)의 어머니여서 주나라 사람을 처음 낳으신 분이라 한 것이다. 강(姜)은 성, 원(嫄)은 이름. ○克禋克祀(극인극사)―'정결히 잘 제사

를 지내시어'의 뜻. ㅇ弗(불)—제거하는 것(毛傳). 이불무자(以弗無子)는 제
사를 지내어 '자식이 없는 불상(不詳)을 제거하였다'는 뜻. ㅇ履(리)—밟다.
ㅇ帝(제)—상제(上帝), 하나님. ㅇ武(무)—발자국. ㅇ敏(민)—무(拇)의 뜻으로,
엄지발가락(鄭箋). ㅇ歆(흠)—흔(欣)의 뜻, 기쁜 듯 감동이 되는 것. 강원(姜
嫄)은 남편 없이 하나님의 엄지발가락 자국을 밟고 마음이 기뻐지면서 임신
을 하였다. ㅇ攸(유)—조사. ㅇ介(개)—사식(舍息), 곧 머물러 쉬는 것(小雅
'甫田' 시 鄭箋). '유개유지(攸介攸止)'는 하나님의 발가락 자국 위에 잠깐 머
물러 쉬어 있었다는 뜻. ㅇ載(재)—즉(則). ㅇ震(진)—신(娠)의 뜻(集傳), 임
신하는 것. ㅇ夙(숙)—숙(蕭)과 통하여(鄭箋), 아기를 밴 뒤 몸가짐을 공경히
하는 것. ㅇ載生載育(재생재육)—아기를 낳아 기른 것. ㅇ后稷(후직)—본명이
기(棄). 주나라의 시조(始祖)로, 요(堯)임금 때 직관(稷官)으로 탁(坼)에 봉
함을 받아 후직이라 호(號)하였다. 무왕(武王)은 그의 15세손임. ㅇ誕(탄)—
발어사(集傳). ㅇ彌厥月(미궐월)—임신한 뒤 열 달이 다 차는 것. ㅇ先生(선
생)—수생(首生)(集傳), 첫 번째로 낳는 것. ㅇ達(달)—양의 새끼(鄭箋). 양의
새끼는 쉽게 낳는다(集傳). ㅇ坼(탁)—터지다. ㅇ副(복)—째지는 것. 탁(坼)과
복(副)은 모두 어머니가 아기를 낳을 때 모체(母體)가 손상됨을 말한다. 모
체(母體)의 손상은 첫 아기 때 더욱 심하다. ㅇ菑(재)—재(災)와 같은 자. 모
자(母子)에게 모두 아무런 재해도 없었다는 말. ㅇ赫(혁)—밝은 것. ㅇ厥靈
(궐령)—하나님의 영험하심. ㅇ不(불)—비(조)의 뜻. ㅇ不康(불강)—비강(조
康)으로 제사를 '크게 편안하게 받아들이는 것'. ㅇ居然(거연)—남편이 없이
도 '의젓하게'의 뜻. ㅇ誕(탄)—모두 발어사. ㅇ寘(치)—가져다 버리는 것. ㅇ隘
(애)—좁은 것. ㅇ巷(항)—골목. 강원이 후직을 낳았을 때 아버지 없는 자식
이라 하여 죽으라는 뜻에서 아무 데나 갖다 버린 것이다. ㅇ腓(비)—비(芘)와
통하며(集傳, 小雅 '采薇' 시 鄭箋), 비(芘)는 비(疪)와 통하여 비호(疪護)의
뜻(釋義). ㅇ字(자)—애호(愛護)의 뜻. ㅇ平林(평림)—평지로 된 숲(小雅 '車
舝' 시에 보임). ㅇ會(회)—'마침'. ㅇ覆(복)—새가 날개로 아기를 덮어 주는
것. ㅇ翼(익)—날개를 아기 몸 밑에 차지 않도록 깔아 주는 것(毛傳). ㅇ呱
(고)—아기가 우는 것. ㅇ實(실)—시(是)와 통함. ㅇ覃(담)—소리가 긴 것.
ㅇ訏(우)—소리가 큰 것. 이 구절은 아기의 울음소리가 길고 컸다는 뜻. ㅇ載
(재)—만(滿)의 뜻(集傳). 재로(載路)는 만로(滿路)로서 행길에까지 크게 들
리었다는 뜻. 아기 때 후직을 이처럼 버리려 하였으나 이적(異蹟)이 나타나
살았으므로 다시 데려다 길렀다. ㅇ實(실)—시(是)의 뜻. ㅇ匍匐(포복)—기다,

기어다니다. 한두 살 어린 아기 때를 말함. ○岐(기)-지의(知意)의 뜻(毛傳).
○嶷(억)-식(識)의 뜻(毛傳). ○以就口食(이취구식)-음식을 자신이 찾아먹
게 되는 것, 곧 6, 7세 때를 말한다(集傳). ○蓺(예)-곡식을 심는 것. ○荏
(임)-콩. ○菽(숙)-콩. 임숙(荏菽)은 대두(大豆)(鄭箋). ○旆旆(패패)-길게
자란 모양(毛傳). ○禾(화)-벼. ○役(역)-열(列)의 뜻(毛傳), 곧 늘어선 것.
○穟穟(수수)-곡식 싹이 호미(好美)한 모양(毛傳). ○幪幪(몽몽)-더부룩하
다, 무성한 모양. ○瓞(질)-외덩굴. ○唪唪(봉봉)-《설문해자》에 봉봉(菶菶)
이라 인용하고 있다. 봉(菶)은 풀이 우거진 것. ○穡(색)-곡식을 거두는 것.
여기서는 농사짓는 것. ○相(상)-돕다. ○茀(불)-불(弗)과 통하여 제거의
뜻(釋義). 앞에 나온 것 참조. ○豐草(풍초)-많은 잡초. ○黃茂(황무)-무성
(茂盛)의 뜻(小雅 '苕之華' 시 참조). ○方(방)-시(始)의 뜻(廣雅). ○苞(포)-
포(包)와 통하며, 곡식 싹이 처음 나기 시작하여 아직 펴지지도 않은 것.
○種(종)-묘(苗)가 땅 위로 나와서 아직 크게 자라지는 않은 것(釋義). ○褎
(유)-묘(苗)가 점점 자라는 것(釋義 引 程瑤田). ○發(발)-이삭이 패어 나
오는 것(鄭箋). ○秀(수)-꽃이 피는 것. ○堅(견)-줄기가 세어지는 것. ○好
(호)-잘 자란 것. 견호(堅好)는 소아(小雅) '대전(大田)' 시에도 보였음. ○穎
(영)-이삭이 수그러지는 것(毛傳). ○栗(률)-이삭이 여무는 것(通釋). ○卽
(즉)-나아가다. ○邰(태)-강원(姜嫄)의 나라임. 지금의 섬서성 무공현(武功
縣)에 있었다. 이 구는 후직이 그의 어머니의 나라인 태(邰)나라에 봉함을
받았다는 뜻. ○降(강)-하늘에서 내려보내는 것. ○嘉(가)-선(善)의 뜻. ○種
(종)-곡식 씨. ○秬(거)-검은 기장. ○秠(비)-거(秬)와 같은 종류이나, 한
껍질 속에 두 개의 기장 알이 들어 있는 것(毛傳). ○穈(문)-붉은 차조. 적
량속(赤粱粟)(孔疏). ○芑(기)-흰차조. 백량속(白粱粟)(孔疏). ○恒(긍)-두
루 심는 것(鄭箋). ○穫(확)-곡식을 거두는 것. ○畝(묘)-거둔 곡식을 밭
에 쌓아 놓는 것(集傳). ○任(임)-어깨에 둘러메는 것(集傳). ○負(부)-등
에 짊어지고 나르는 것. ○歸(귀)-밭에서 집으로 돌아오는 것. ○肇(조)-조
사. ○舂(용)-절구질하다. ○揄(유)-절구에서 찧은 곡식을 끄집어 내는 것
(毛傳). ○簸(파)-키로 곡식을 까부는 것. 소아(小雅) '대동(大東)' 시 참조.
○蹂(유)-곡식을 비벼 겨를 벗겨 내는 것(釋義). ○釋(석)-곡식을 물에 이
는 것(集傳). ○叟叟(수수)-곡식을 물에 이는 소리(毛傳). ○烝(증)-찌는
것. 증(蒸)과 같은 자. ○浮浮(부부)-김이 오르는 모양(毛傳). ○載(재)-칙
(則)의 뜻. ○謀惟(모유)-길일을 점쳐 택하는 것. ○蕭(소)-쑥. ○脂(지)-

기름. 쑥을 갖다 기름에 섞어 태움으로써 제사 때 신에게 기미(氣味)를 알리는 것(釋義). ○羝(저)—수양. ○軷(발)—노제(路祭). 발제(軷祭)엔 두 가지가 있는데, 하나는 길을 떠날 때 조상에게 지내는 제사요, 다른 하나는 겨울에 길의 신에게 지내는 제사이다. 여기서는 후자를 말한다(釋義). ○燔(번)—고기를 굽는 것. 소아(小雅) '호엽(瓠葉)' 시에 보임. ○烈(열)—고기를 꼬챙이에 꿰어 불에 굽는 것(毛傳). ○興(흥)—풍년이 되도록 비는 것. ○嗣歲(사세)—다음 해, 내년. 다음 해를 일으키어 지난 해의 풍년을 계승토록 하는 것(毛傳). ○卬(앙)—나. 후직을 가리킴. ○盛(성)—그릇에 담는 것. ○豆(두)—제기. ○登(등)—두(豆)와 같이 제기이나, 두(豆)는 굽이 달린 접시 같은 것임에 비하여 등(登)은 국을 담을 수 있도록 만든 것임(孔疏). ○居(거)—조사(釋義). ○歆(흠)—신이 제물을 흠향(歆饗)하는 것. ○胡(호)—대(大)의 뜻(廣雅). ○臭(취)—제물의 향기를 가리킴. ○亶(단)—성(誠)의 뜻. ○時(시)—선(善)의 뜻(通釋). ○庶(서)—거의. ○悔(회)—잘못의 뜻. 죄회(罪悔)는 죄과(罪過)와 같은 말임. ○迄于今(흘우금)—주나라가 지금까지 아무런 죄과없이 나라를 잘 다스려 왔다는 뜻.

[解說] 〈모시서〉에 '생민(生民)'은 조상을 높인 것이다. 후직(后稷)이 강원(姜嫄)에게서 태어나, 문왕과 무왕의 공은 그들의 조상인 후직으로부터 나왔다는 것이다. 그렇기 때문에 후직을 추존하여 하늘에 배(配)하였다.' 라고 하였다.

2. 길가의 갈대(行葦)

빽빽히 솟는 길가의 갈대를 소나 양도 밟지 않으면,
더부룩이 자라서 잎새 무성하리라.
친한 형제들이 멀리 헤어지지 않고 함께 있으면,
자리 깔고 안석 받쳐 드리며 잔치하리.

자리를 겹으로 깔고 안석 받쳐 드리며 시중드네.
술잔 주고받은 뒤, 다시 술잔 씻어 술 권하고 술잔 받네.

삶은 고기 조린 고기 올리고, 구운 고기 구운 간도 있으며,
맛있는 머리고기도 있고, 노래하고 북도 치네.

무늬 새긴 활은 억세고 네 화살촉 쪽 고른데,
쏜 화살 다 맞기는 하지만 맞힌 성적으로 손님 차례 매기네.
무늬 새긴 활 잡아당기고 네 화살을 끼어,
네 화살 다 맞히니, 손님 차례 뒤져도 업신여기지 않네.

증손자가 주인인데 단술 전국술 내어놓네.
큰 국자로 술을 떠서 노인들의 수를 비네.
구부정히 늙은 노인을 이끌고 부축해 드리며,
오래오래 사시도록 시중하며 큰 복을 비네.

原文 敦彼行葦를 牛羊勿踐履면
      方苞方體하여 維葉泥泥리라.
      戚戚兄弟이 莫遠具爾면
      或肆之筵이며 或授之几리라.

      肆筵設席하니 授几有緝御로다.
      或獻或酢하며 洗爵奠斝하며
      醓醢以薦하며 或燔或炙하며
      嘉殽脾臄이며 或歌或咢이로다.

      敦弓旣堅하여 四鍭旣鈞이어늘
      舍矢旣均하니 序賓以賢이로다.
      敦弓旣句하고 旣挾四鍭하여
      四鍭如樹하니 序賓以不侮로다.

      曾孫維主하니 酒醴維醹로다.
      酌以大斗하여 以祈黃耇하도다.
      黃耇台背를 以引以翼하여

壽考維祺하여 **以介景福**이로다.

[註解] ㅇ敦(단)-빽빽이 모여 자라 있는 모양(毛傳). ㅇ行(행)-길. 행위(行葦)는 길가의 갈대. ㅇ踐(천)-밟고 가다. ㅇ履(리)-밟다. ㅇ苞(포)-무성한 것. ㅇ體(체)-형체를 이루는 것(鄭箋), 곧 제대로 자라는 것. ㅇ泥泥(니니)-니니(苨苨)로 쓰인 곳도 있으며, 무성한 모양(釋義). ㅇ戚戚(척척)-마음 속으로 서로 친한 것(毛傳). ㅇ具(구)-구(俱)의 뜻으로 모두 함께 있는 것(鄭箋). ㅇ爾(이)-차(此)의 뜻(毛鄭詩考正), 곧 '이곳에'. ㅇ肆(사)-베풀다, 펴다. ㅇ筵(연)-대자리. ㅇ几(궤)-안석. 앉을 때 기대는 상. 나이가 젊은이에게는 자리만을 깔아 주고 나이가 많은 이들에게는 안석까지 마련해 주면서 잔치를 시작하는 것이다. ㅇ設席(설석)-자리를 겹으로 까는 것(毛傳). ㅇ緝御(집어)-계속하여 시중드는 것(集傳). ㅇ獻(헌)-주인이 손님에게 술을 올리는 것. ㅇ酢(작)-손님이 답례로 술잔을 주인에게 따라 주는 것. ㅇ爵(작)-술잔. 세작(洗爵)은 주인이 술을 받아 마신 뒤 다시 그 잔을 씻어 손님에게 권하는 것. ㅇ奠(전)-잔을 올리는 것. ㅇ斝(가)-옥잔. 가(斝)는 작(爵)보다 약간 크며, 술잔을 하(夏)나라의 것은 잔(醆), 은(殷)나라의 것은 가(斝), 주(周)나라의 것은 작(爵)이라 하였다(毛傳). ㅇ醓(담)-간장을 넣고 고기를 삶은 것. 해(醢)보다 국물이 약간 많은 것(集傳). ㅇ醢(해)-간장에 고기를 넣어 조린 것. ㅇ薦(천)-음식을 올리는 것. ㅇ燔(번)-굽다. ㅇ炙(적)-고기를 굽는 것. 고기를 구운 것을 번(燔), 간을 구운 것을 적(炙)이라 한다(鄭箋). ㅇ殽(효)-안주. ㅇ脾(비)-함(函)과 통하여, 입아래 근처 고기 또는 혀. ㅇ臄(갹)-입 위 언저리의 고기(集傳). ㅇ咢(악)-북을 치는 것. ㅇ敦(조)-조(雕)와 통하여, 조각하다, 아로새기다. 조궁(敦弓)은 여러 가지 그림이 새겨진 활. 천자가 조궁을 가졌었다(毛傳). ㅇ堅(견)-힘있어 보이는 것(集傳). ㅇ鍭(후)-깃이 없는 쇠 활촉만이 달린 화살. 사후(四鍭)는 옛날 사례(射禮)에선 네 대씩의 화살을 한꺼번에 쏘았기 때문이다. ㅇ鈞(균)-무게나 생김새가 쪽 고름을 말한다. ㅇ舍(사)-쏘는 것. ㅇ均(균)-다 들어맞는 것(毛傳). ㅇ序賓(서빈)-손님들의 순서를 정하는 것. ㅇ賢(현)-활을 쏘아 많이 맞힌 사람. ㅇ句(구)-구(彀)와 통함(集傳). 활시위를 잔뜩 당기는 것. ㅇ如樹(여수)-손으로 갖다 꽂은 듯이 모두 다 제대로 가서 들어맞았다는 뜻(集傳). ㅇ侮(모)-업신여기다. ㅇ曾孫(증손)-주제자(主祭者)를 말한다(集傳). ㅇ醴(례)-단술. ㅇ醹(유)-전국술. ㅇ大斗(대두)-자루의 길이가 석 자나 되는 국자(毛傳).

ㅇ祈(기)-수(壽)를 비는 것. ㅇ黃(황)-황발(黃髮). 노인은 머리가 희어졌다 다시 누렇게 된다. 황구(黃耇)는 노인. 소아 '남산유대(南山有臺)' 시에도 보였음. ㅇ台(태)-대(鮐)와 통함. 태배(台背)는 사람이 아주 늙으면 등에 복어의 껍질 무늬 같은 무늬가 생긴다. 그러므로 태배(台背)는 대로(大老)를 뜻한다(毛傳·鄭箋). ㅇ引(인)-인도하는 것. ㅇ翼(익)-옆에서 부축하는 것(鄭箋). ㅇ祺(기)-길하게 잘 살도록 해 드리는 것. ㅇ介(개)-비는 것. ㅇ景(경)-큰 것.

解說 이 시는 제사를 끝낸 뒤 부형(父兄)들과 기로(耆老)들을 잔치하는 시이다(集傳). 첫머리에 길가의 갈대를 밟지 않으면 무성하게 잘 자랄 것이라고 한 것은 사람이란 착한 본성(本性)을 다치지 않고 잘 발전시켜야 함을 말한 것이다. 〈모시서〉에서는 '안으로는 구족(九族)이 화목하고 밖으로는 노인들을 존경하고 섬기는' 충후(忠厚)함을 노래한 것이라 하였다. 《모전》에서는 8절로 이 시를 나누고 있으나 여기서는 《집전(集傳)》을 따라 4절로 나누었다.

3. 취함(旣醉)

술에 이미 취하였고 덕에 이미 배불렀네.
군자께선 만년토록 큰 복 누리시기 비네.

술에 이미 취하였고 안주도 많이 들었네.
군자께선 만년토록 밝고 뚜렷하시기 비네.

매우 밝고 뚜렷하니 높고 밝게 끝네 좋으시겠네.
두터이 끝내 좋으시니 임금님의 시동 좋은 말씀 하시네.

무슨 좋은 말씀인가? 제기의 제물도 훌륭하였고,
조제자들의 도움도 위엄과 예의를 갖추었다는 것일세.

위엄과 예의 매우 합당하니 군자님은 효자를 두셨네.

효자의 효도 다함 없으시니 영원토록 복 내리시겠네.

무슨 복을 내리시는가? 온 집안 화목하며,
군자님께 만년토록 영원히 후손 이어지게 해주는 거네.

어떠한 후손일까? 하늘이 그들에게 복을 내려주어,
군자님은 만년토록 하늘의 명으로 가족 번성케 하는 거네.

어떠한 가족일까? 훌륭한 여자 내려주시는 거지.
훌륭한 여자 내려주시고 거기에서 자손들 낳게 되리라.

原文　旣醉以酒요 旣飽以德이로다.
　　　君子萬年에 介爾景福이로다.

　　　旣醉以酒요 爾殽旣將이로다.
　　　君子萬年에 介爾昭明이로다.

　　　昭明有融하니 高朗令終이로다.
　　　令終有俶하니 公尸嘉告로다.

　　　其告維何오? 籩豆靜嘉하며
　　　朋友攸攝이 攝以威儀로다.

　　　威儀孔時하니 君子有孝子로다.
　　　孝子不匱하니 永錫爾類로다.

　　　其類維何오? 室家之壺며
　　　君子萬年을 永錫祚胤이로다.

　　　其胤維何오? 天被爾祿하여
　　　君子萬年을 景命有僕이로다.

　　　其僕維何오? 釐爾女士로다.
　　　釐爾女士요 從以孫子로다.

註解 ○將(장)-드리다, 들다. ○昭明(소명)-밝고 뚜렷한 것. 정교(政教)와 도(道)를 말한다. ○有融(유융)-융연(融然), 밝고 뚜렷한 모양. ○高朗(고랑)-높고 밝은 것. 그의 성예(聲譽)를 말함. ○令終(영종)-'내내 좋은 것'. ○俶(숙)-후(厚)의 뜻(鄭箋). 유숙(有俶)은 숙연(俶然)으로 '영종(令終)'이 두터운 모양. ○公尸(공시)-군시(君尸). 주나라는 왕(王)이라 하였지만 옛 관습에 의하여 임금의 시(尸)를 공시라 한 것이다. 진(秦)나라에서 뒤에 임금을 황제(皇帝)라 한 뒤에도 그 자녀들을 공자(公子)나 공주(公主)라 부른 것과 같다(集傳). ○尸(시)-시동(尸童). 신주(神主) 대신 역할을 하는 사람. 대개 주제자(主祭者)의 형제가 담당하였다. ○嘉告(가고)-좋은 말로 고하는 것, 칭찬하는 말(集傳). ○籩(변)-제기(祭器)의 일종. ○靜(정)-선(善)의 뜻이 있어, 정가(靜嘉)는 선(善)의 뜻(通釋). ○朋友(붕우)-조제(助祭)한 여러 신하들을 가리킨다(鄭箋). ○攝(섭)-일을 맡아 돕는 것(毛傳). ○孔(공)-매우, 심히. ○時(시)-시(是)와 통하여, 합당한 것(釋義). ○匱(궤)-효도가 다하는 것(毛傳). ○錫(석)-사(賜)의 뜻, 내려주는 것. ○類(류)-선(善)의 뜻. ○壼(곤)-곤치(捆致)의 뜻(鄭箋)이며, 곤치는 곤지(悃至)와 같은 말로 화목한 것(通釋). ○祚胤(조윤)-후사·후손들을 말한다(釋義). ○被(피)-덮어주다, 내려주다. ○祿(녹)-하늘이 내리는 것이므로 곧 복(福)의 뜻. ○景命(경명)-대명(大命)으로 천명을 말한다. ○僕(복)-그에게 딸리는 식구를 말한다. ○釐(리)-주다, 내려주다. ○女士(여사)-훌륭한 여자.

解說 이 시는 앞의 '행위(行葦)' 시에 대하여 부형들이 답하기 위하여 부른 것이다(集傳). 〈모시서〉에서는 술에 취하고 덕에 배부르며, 사람들은 군자의 행동을 잃지 않는 태평함을 노래한 것이라 하였다.

4. 물오리와 갈매기(鳧鷖)

물오리와 갈매기가 경수에 노는데, 임금님의 시동을 잔치하여 즐겁게 하네.
술은 맑고 안주는 향기로운데,
임금님의 시동 즐거이 술마시니 복과 녹이 이루어지네.

물오리와 갈매기가 모래밭에 노는데, 임금님의 시동을 잔치하려 안
주 장만했네.
술은 많고 안주는 훌륭한데,
임금님의 시동 즐거이 술마시니 복과 녹이 쏟아지네.

물오리와 갈매기가 모래톱에 노는데, 임금님의 시동을 잔치하여 쉬
게 하네.
술을 거르고 안주로 건포도 있는데,
임금님의 시동 즐거이 술마시니, 복과 녹이 내려지네.

물오리와 갈매기가 합수머리에 노는데, 임금님의 시동을 잔치하여
높여 드리네.
종묘에서 잔치하니 복과 녹이 내려지는데,
임금님의 시동 즐거이 술마시니 복과 녹이 거듭 내려지네.

물오리와 갈매기가 물가에 노니는데, 임금님의 시동 와서 쉬며 기뻐
하도록 해드리네.
맛있는 술 즐겁고 고기 구이 향기로운데,
임금님의 시동 즐거이 술마시니 이 뒤로는 아무런 재난 없겠네.

原文　鳧鷖在涇이어늘　公尸來燕來寧이로다.
　　　爾酒旣淸하며　爾殽旣馨이어늘
　　　公尸燕飮하니　福祿來成이로다.

　　　鳧鷖在沙어늘　公尸來燕來宜로다.
　　　爾酒旣多하며　爾殽旣嘉어늘
　　　公尸燕飮하니　福祿來爲로다.

　　　鳧鷖在渚어늘　公尸來燕來處로다.
　　　爾酒旣湑하며　爾殽伊脯어늘
　　　公尸燕飮하니　福祿來下로다.

鳧鷖在潨이어늘 公尸來燕來宗이로다.

旣燕于宗하니 福祿攸降이어늘

公尸燕飮하니 福祿來崇이로다.

鳧鷖在亹이어늘 公尸來止熏熏이로다.

旨酒欣欣하며 燔炙芬芬이어늘

公尸燕飮하니 無有後艱이로다.

[註解] o鳧(부)―물오리. o鷖(예)―갈매기.《창힐해고(蒼頡解詁)》에 예(鷖)는 구(鷗)라 하였으나, 노니는 장소가 강가임을 생각할 때 바다에서 보는 갈매기와는 다른 종류인 듯하다. o涇(경)―경수(涇水). '역박(棫樸)' 시에 보였음. o來(래)―시(是)의 뜻(經傳釋詞). o燕(연)―잔치하다. o寧(녕)―편케 하여 주는 것. o馨(형)―향내가 멀리까지 풍기는 것. o燕(연)―즐기다. o福祿來成(복록래성)―주남(周南) '규목(樛木)' 시의 '복리성지(福履成之)'와 같은 말. o宜(의)―효(肴)의 뜻이며, 여기서는 동사로 쓰여 안주를 장만해 놓는 것(鄭風 '女曰雞鳴' 시 참조). o爲(위)―조(助)의 뜻(鄭箋). o渚(저)―모래톱. o處(처)―지(止), 머물러 쉬는 것(毛傳). o湑(서)―술을 거르는 것. 소아(小雅) '벌목(伐木)' 시에 보였음. o伊(이)―조사. o脯(포)―건육(乾肉). o下(하)―하늘로부터 내려주는 것. o潨(총)―지류가 본류(本流)와 합수(合水)되는 곳, '합수머리'. o宗(종)―높이다. 여기서는 종묘(宗廟). o崇(숭)―중(重)과 통하여(毛傳), 중복의 뜻. o亹(문)―미(湄)와 뜻이 통한다(通釋), 물가. o熏熏(훈훈)―화열(和悅)하는 모양(毛傳), 마음이 부드럽고 기쁜 것.《설문해자》에는 훈훈(醺醺)으로 인용하고 있으니 '술이 얼근히 기분좋게 취한 것'으로 보아도 좋다. o欣欣(흔흔)―즐거운 모양. o芬(분)―향기가 나는 것. o後艱(후간)―뒷날의 재난, 뒷날의 어려움.

[解說] 이 시는 제사지낸 다음날 역(繹)에 손님과 시(尸)를 즐겁게 하는 것을 노래한 것이다(集傳). 역(繹)은 역(禪)이라고도 쓰며 제사를 마친 다음날 예를 베풀고 시(尸)와 더불어 잔치하는 것을 말한다. 〈모시서〉에서는 '이루어 놓은 공을 지켜 나감'을 노래한 것이라 하였는데 옳지 못한 듯하다.

5. 아름답고 즐거움(假樂)

아름답고 즐거운 군자님은 훌륭한 덕이 밝고 밝네.
백성과 관리들을 잘 다스리시니 하늘로부터 복을 받으셨네.
보호하고 돕고 명을 내리시어 하늘로부터 은총 거듭하네.

복을 구하시어 모든 복 얻으셨으니 자손은 이루 셀 수 없이 많네.
공경하고 아름답게 임금 노릇 제후 노릇 다하네.
잘못도 실수도 없이 모두 옛 법도 따르네.

위엄과 예의 빈틈 없으며 하시는 말씀 논리가 있고,
원망하는 이도 미워하는 이도 없으니 모두 군중의 뜻 따르기 때문
이네.
받으시는 복 한없으니 온 세상 바로 다스리시네.

바르고 옳게 다스리어 여러 신히들까지도 즐겁게 하네.
여러 제후나 경사들은 천자님을 아끼고 모시네.
자기 임무 게을리 않고 백성들 편히 쉬며 사네.

[原文] 假樂君子여 顯顯令德이로다.
　　　　宜民宜人이니 受祿于天이로다.
　　　　保右命之하시고 自天申之하시니라.

　　　　干祿百福이니 子孫千億이로다.
　　　　穆穆皇皇하여 宜君宜王이로다.
　　　　不愆不忘하여 率由舊章이로다.

　　　　威儀抑抑하며 德音秩秩하고
　　　　無怨無惡하니 率由羣匹이로다.
　　　　受福無疆이니 四方之綱이로다.

之綱之紀하여 燕及朋友로다.

百辟卿士이 媚于天子로다.

不解于位하여 民之攸墍로다.

[註解] ○假(가)-《중용(中庸)》과 《좌전(左傳)》에 모두 '가(嘉)'로 인용되어 있으니, 아름다운 것(毛傳). ○君子(군자)-이때의 임금님을 가리킨다. 〈모시〉에서는 이때의 임금님은 성왕(成王)이라고 보았으나 확실한 근거는 알 수 없다. ○顯顯(현현)-밝고 밝은 모양. ○令(령)-아름다운 것, 훌륭한 것. ○宜(의)-잘 다스리다. ○民(민)-인민(人民). ○人(인)-관리(毛傳). ○保(보)-보호하는 것. ○右(우)-우(佑)와 통하여, 돕는 것. ○命(명)-하늘이 명을 내리는 것. 앞의 '대명(大明)' 시 참조. ○申(신)-거듭하는 것. ○干(간)-구하다, 추구하다. ○祿(록)-역시 복의 뜻. ○百福(백복)-여러 가지 복. ○千億(천억)-무한히 많음을 뜻한다. ○穆穆(목목)-공경하는 것. ○皇皇(황황)-아름다운 것(集傳). ○君(군)-제후. ○王(왕)-천자(集傳). ○愆(건)-허물. ○忘(망)-망(亡)과 통하여 실(失)의 뜻. 건망(愆亡)은 과실의 뜻. ○抑抑(억억)-빈틈이 없는 모양. 소아 '빈지초연(賓之初筵)' 시에 보임. ○德音(덕음)-임금님의 말씀. ○秩秩(질질)-차례가 있는 모양. 진풍(秦風) '소융(小戎)' 시 참조. ○羣匹(군필)-군중(羣衆)과 같은 말(通釋). ○之(지)-시(是)의 뜻. ○綱(강)-법도대로 잘 다스려지는 것. ○之(지)-역시 시(是)의 뜻. ○紀(기)-올바로 잘 다스리는 것. ○燕(연)-즐기다. ○朋友(붕우)-여러 신하들을 말한다(毛傳). ○百辟(백벽)-여러 제후들. ○卿士(경사)-천자의 조정에 벼슬하는 경사(卿士)들. ○媚(미)-애대(愛戴)의 뜻. ○解(해)-해(懈)와 통하여 해태(懈怠)의 뜻(釋義). ○墍(기)-편히 쉬는 것.

[解說] 〈모시서〉에선 이 시를 성왕(成王)을 기린 것으로 보았다. 성왕인지는 모르나 적어도 주나라의 어느 임금님을 기린 시임에는 틀림없다. 다만 그 기린 대상이 성왕일 가능성은 많다. 주희(朱熹)는 앞의 '부예(鳧鷖)' 시에 대하여 공시(公尸)가 답한 것이 이 시인 듯하다 하였는데 일리는 있는 견해이나 증거가 없다.

6. 공류(公劉)

공류께서는 편히 계실 겨를도 없이
밭을 잘 정리하시고 노적 쌓고 창고에 거두어들이셨네.
그리고 마른 음식과 곡식을 전대와 자루에 넣고,
나라를 평화롭고 빛나게 하시려고 활과 화살 메고,
방패와 창과 도끼 들고 비로소 길 떠나셨네.

공류께서 이 빈땅의 들을 둘러보시니,
많은 백성들이 살고 있는데, 민심 따르고 뜻이 서로 통하니,
긴 탄식할 일 없어졌네.
산꼭대기로 올라가다 들판으로 내려왔다 하셨는데,
무엇을 지니고 계셨나? 옥과 옥돌로
아래위 장식한 차는 칼일세.

공류께서 백천으로 가서서,
부원을 바라보신 뒤 남쪽 산마루에 올라가
경땅을 살펴보셨네.
경 고을의 들에 살 곳을 정하고,
거기에 머물러 살며 서로 곧은 말 해주고,
서로 의논하며 살아가게 되었네.

공류께서 경땅에 기거하시며,
따라온 신하들 안석 벌여놓고 잔치 베푸니,
모두 잔칫자리에 나와 안석에 기대어 앉네.
돼지 떼 있는 곳으로 가서 우리 돼지 잡으며,
바가지로 술을 떠서 먹고 마시며,
임금님 받들고 존경하네.

공류께서 차지한 땅 넓고 긴데,

그림자로 향 재고 언덕에 올라 살피어 집의 음양 살피시고,
흐르는 샘물 둘러보시는데, 군사들은 삼군이 찼네.
진펄과 들을 측량하고 전세 거두어 양곡 저축하며,
그곳 산 서쪽까지 재어보니 빈땅은 정말로 넓기만 하네.

공류께서 빈땅에 머무시어,
위수를 가로질러 건너가 굵은 돌 잔돌 주워다
터전을 이룩하자 많은 사람들 모여들어,
황간을 끼고 과간을 향하여 궁실 지으니
빽빽이 사람들 모여 물굽이 안팎에서 살게 되었네.

原文　篤公劉이 匪居匪康하사
　　　迺場迺疆하여 迺積迺倉하시니라.
　　　迺裹餱糧을 于橐于囊하여
　　　思輯用光하사 弓矢斯張하며
　　　干戈戚揚으로 爰方啓行하시니라.

　　　篤公劉이 于胥斯原하시니
　　　旣庶旣繁하며 旣順迺宣하여
　　　而無永歎이로다.
　　　陟則在巘하시며 復降在原하시니
　　　何以舟之오? 維玉及瑤와
　　　鞞琫容刀로다.

　　　篤公劉이 逝彼百泉하사
　　　瞻彼溥原하시고 迺陟南岡하사
　　　乃覯于京하시니라.
　　　京師之野에 于時處處하며
　　　于時廬旅하며 于時言言하며

于時語語하시니라.

篤公劉이 于京斯依하시니
蹌蹌濟濟어늘 俾筵俾几하니
旣登乃依로다.
乃造其曹하여 執豕于牢하며
酌之用匏하여 食之飮之하며
君之宗之로다.

篤公劉이 旣溥旣長이어늘
旣景迺岡하여 相其陰陽하며
觀其流泉하고 其軍三單이로다.
度其隰原하여 徹田爲糧하며
度其夕陽하니 豳居允荒이로다.

篤公劉이 于豳斯館하사
涉渭爲亂하여 取厲取鍛하여
止基迺理하니 爰衆爰有하여
夾其皇澗하며 遡其過澗하며
止旅迺密하여 芮鞫之卽이로다.

註解 ㅇ篤(독)—'대명(大明)' 시의 '독생무왕(篤生武王)'의 독(篤)과 같이
발어사임(釋義). ㅇ公劉(공류)—후직(后稷)의 자손. 요(堯)임금 때 후직을 태
(邰)에 봉한 이래 10여세(世)에 공류(公劉)에 이르러 하(夏)나라가 쇠하여
횡포가 심하여졌으므로 걸(桀)임금을 피하여 빈(豳)땅으로 옮아갔던 것이다
(傳疏). 이 시는 공류가 빈땅으로 천도한 일을 읊은 것이다. ㅇ匪居匪康(비거
비강)—불능안거(不能安居), 편히 살 겨를이 없이 일하였다는 뜻(集傳). ㅇ場
(역)—밭 경계. ㅇ疆(강)—땅의 경계. 강역(疆場)은 소아 '신남산(信南山)' 시
에도 보였음. 여기서는 동사로 보아 '밭을 정리하는 것'(集傳). ㅇ迺(내)—조
사. ㅇ積(적)—곡식을 모아 노적(露積)하는 것. ㅇ倉(창)—곡식을 창고로 모

아 들이는 것. 이는 나라를 부(富)하게 하였음을 노래한 것이다(鄭箋). ㅇ裹(과)—보따리에 싸는 것. ㅇ餱(후)—말린 양식. 건식(乾食). ㅇ糧(량)—길을 떠날 때 가져가는 양식. 미숫가루 같은 것(集傳). ㅇ橐(탁)—밑이 없이 물건을 넣고 몸에 잡아매도록 되어 있는 주머니(集傳). ㅇ囊(낭)—'자루'. 또 작은 것을 탁(橐), 큰 것을 낭(囊)이라고도 한다(毛傳). 《맹자》에도 '거자유적창(居者有積倉), 행자유과량(行者有裹糧)'이라 하였다. ㅇ思(사)—조사(釋義). ㅇ輯(즙)—평화로운 것. ㅇ用(용)—이(以)의 뜻(釋義). '사즙용광(思輯用光)'은 백성들을 평화롭게 살게 하여 치적(治績)을 빛내는 것. ㅇ斯(사)—조사. ㅇ張(장)—활과 화살을 여러 사람들로 하여금 죽 들게 하는 것. ㅇ干(간)—방패. ㅇ戈(과)—창. ㅇ戚(척)—무기로 쓰는 도끼. ㅇ揚(양)—월(鉞)로서(毛傳), 무기로 쓰는 도끼의 일종. ㅇ爰(원)—이에. ㅇ方(방)—비로소. ㅇ啓行(계행)—길을 떠나는 것. 소아 '유월' 시에 보였음. 이상 제1절은 공류가 천도하려고 길을 떠나게 될 때까지의 준비와 형편을 노래한 것이다. ㅇ胥(서)—상(相)과 통하여(毛傳), 살펴보는 것. ㅇ庶(서)—여러, 많은 것. ㅇ繁(번)—거민(居民)이 중다(衆多)함을 말한다(鄭箋). ㅇ順(순)—그곳의 민심을 따르는 것. ㅇ宣(선)—그들의 정이 두루 통하게 하는 것(釋義). ㅇ無永嘆(무영탄)—'긴 탄식을 할 일이 없게 되었다'는 뜻. ㅇ陟(척)—오르다. ㅇ巘(헌)—산봉우리. 그곳 지세(地勢)를 살펴보려고 높은 곳에 올라가는 것이다. ㅇ舟(주)—대(帶)의 뜻(毛傳), 곧 몸에 지니는 것. 왕중(汪中)은 《경의지신기(經義知新記)》에서 '주(舟)에는 패(佩)의 뜻이 없으니 틀림없이 복자(服字)일 것이다. 이 글을 전사(傳寫)한 사람이 나머지 반쪽을 빠뜨린 것이다.'고 하였다. 곧 복자(服字)에서 '월(月)'만 쓴 것이 '주(舟)'로 되었다는 것이다. 하여튼 '복(服)'도 '대(帶)'의 뜻이니 풀이에는 상관없다. ㅇ瑤(요)—옥돌. ㅇ鞞(병)—칼집 끝에 장식한 것. ㅇ琫(봉)—칼집 머리에 한 장식. 병봉(鞞琫)은 소아 '첨피낙의(瞻彼洛矣)' 시에 보였음. ㅇ容刀(용도)—패도(佩刀). 보통 차는 칼에는 용식(容飾)이 되어 있기 때문에 그렇게 부른다. 공류가 도읍터를 살피며 위의를 갖추고 정치를 잘함을 노래한 것이다. ㅇ逝(서)—가다. ㅇ百泉(백천)—지명(釋義). 어느 곳이었는지는 확실치 않다. ㅇ瞻(첨)—우러러보다. ㅇ溥原(부원)—지명. 왕국유(王國維)는 〈극종극정발(克鍾克鼎跋)〉에서 극정(克鼎)의 〈석여전우부원(錫女田于溥原)〉의 부원(溥原)과 같은 곳이라 하였다(釋義). ㅇ岡(강)—산등성이. ㅇ覯(구)—보다. ㅇ京(경)—지명(通釋). ㅇ師(사)—도읍을 말한다. 경사(京師)는 경(京) 고을의 뜻. 낙읍(洛邑)을 낙사(洛師)라고도 부른 것과 같다(通

釋). ㅇ時(시)—시(是)의 뜻. ㅇ處處(처처)—거처의 뜻(集傳). ㅇ廬(려)—기(寄)의 뜻(毛傳), 곧 머물러 사는 것. ㅇ旅(려)—려(廬)와 같은 음으로 뜻이 통하여, 기(寄)의 뜻(通釋). ㅇ言(언)—직언하는 것(毛傳), 곧 언언(言言)은 서로 곧은말을 주고받으며 지내는 것. ㅇ語(어)—논란(論難)하는 것(毛傳), 곧 서로 의견을 교환하는 것. 제3절은 공류가 경(京)땅에 거처함을 노래한 것이다. ㅇ依(의)—의지하여 사는 것. ㅇ蹌蹌(창창)—나아가는 모양. ㅇ濟濟(제제)—많은 모양. 이 구절은 소아 '초자(楚茨)' 시에도 보였음. ㅇ筵(연)—잔치하는 것. ㅇ几(궤)—안석. ㅇ登(등)—잔칫자리에 오르는 것. ㅇ依(의)—안석에 기대어 앉는 것. ㅇ造(조)—가다, 이르다. ㅇ曹(조)—많은 돼지 떼. ㅇ執(집)—잡다. ㅇ豕(시)—돼지. ㅇ牢(로)—짐승우리. ㅇ匏(포)—'바가지'. ㅇ宗(종)—높이다. 제4절은 공류가 경땅에 거처하면서 그를 따르는 신하들에게 잔치를 베풀어 상하 화합함을 노래한 것이다. ㅇ溥(부)—넓은 것. 공류가 다스리던 경땅이 넓고 길다는 뜻임. ㅇ景(영)—햇빛의 그림자로서 그 방향을 재는 것(毛傳). ㅇ岡(강)—높은 산등성이에 올라가 지세(地勢)를 살피는 것(毛傳). ㅇ相(상)—집의 음양(陰陽) 향배(向背)를 살펴보는 것. ㅇ其軍三單(기군삼단)—그를 따르는 사람들이 3군이 되고 남음이 없이 꼭 맞았다는 뜻. 단(單)은 남음없이 꼭 맞음을 뜻한다(鄭箋). 옛날 대국(大國)에는 천자의 6군에 비하여 3군이 있었다(鄭箋). ㅇ度(탁)—측량하는 것. ㅇ徹(철)—생산의 10분지 1을 거둬들이는 세수법(稅收法)(鄭箋). ㅇ糧(량)—나라에서 쓰는 양곡(糧穀). ㅇ夕陽(석양)—산서(山西)의 뜻. ㅇ豳(빈)—나라 이름. 지금의 섬서성 구읍현(枸邑縣) 서쪽 부근이었다. 빈거(豳居)는 빈지(豳地)의 뜻(釋義). ㅇ允(윤)—진실로. ㅇ荒(황)—넓다, 크다. 제5절은 공류가 지세를 살피어 빈땅에 나라를 옮기어 정착함을 노래한 것이다. ㅇ館(관)—동사로서 '머물러 사는 것'. ㅇ涉(섭)—건너다. ㅇ渭(위)—위수(渭水). ㅇ亂(란)—흐르는 물을 가로질러 건너는 것(毛傳). ㅇ厲(려)—려(礪)와 통하여, 굵은 돌(通釋). ㅇ鍛(단)—단(碫)과 통하여, 잔돌(通釋). ㅇ止(지)—지(址)와 통하여, 지기(止基)는 '터전'의 뜻(釋義). ㅇ理(리)—닦는 것. ㅇ有(유)—다(多)의 뜻(釋義). 여기서는 일을 하는 사람들이 중다(衆多)했다는 뜻. ㅇ夾(협)—옆에 끼는 것. ㅇ皇澗(황간)—간수(澗水)의 이름(毛傳). ㅇ遡(소)—향하다. ㅇ過澗(과간)—간수(澗水)의 이름(毛傳). ㅇ止(지)—머물러 사는 것. ㅇ旅(려)—민중(民衆). ㅇ密(밀)—밀다(密多), 빽빽이 많은 것. ㅇ芮(예)—예(汭)와 통하여, '물굽이 안쪽'(通釋). ㅇ鞫(국)—'물굽이 바깥쪽'(通釋). ㅇ卽(즉)—나아가다. 이 구절은

물굽이를 중심으로 하여 안팎 양쪽으로 모여 살게 되었다는 뜻. 이 제6절은
빈땅에 거처를 닦고 정착한 모습을 노래한 것임.

解說 이 시는 주나라의 선조(先祖) 공류가 후직(后稷)이 봉함 받은 태
(邰)땅으로부터 빈(豳)땅으로 옮아와 살게 된 것을 노래한 것이다. 〈모시
서〉에서는 성왕(成王)이 정사를 맡을 때 소강공(召康公) 석(奭)이 공류
가 백성들을 위하여 이룩하신 공로를 찬양함으로써 훈계한 것이라 하였
다. 그러나 이 시의 작자를 소강공이라 한 근거에 대하여는 알 수 없다.

7. 먼 곳의 물을 떠서(泂酌)

저 멀리 흐르는 물을 떠서 이곳에 갖다가 부으면,
찐밥 술밥 지을 수 있지.
점잖으신 군자님은 백성들의 부모시네.

저 멀리 흐르는 물 떠서 이곳에 갖다 부으면,
술잔을 씻을 수 있지.
점잖으신 군자님은 백성들이 믿고 따르는 분.

저 멀리 흐르는 물 떠서 이곳에 갖다 부으면,
술통을 씻을 수 있지.
점잖으신 군자님은 백성을 편히 쉬게 하시는 분.

原文 泂酌彼行潦하여 挹彼注玆면
　　　可以餴饎로다.
　　　豈弟君子여 民之父母로다.

　　　泂酌彼行潦하여 挹彼注玆면
　　　可以濯罍로다.
　　　豈弟君子여 民之攸歸로다.

洞酌彼行潦하여 挹彼注茲면
可以濯漑로다.
豈弟君子여 民之攸墍로다.

[註解] ㅇ洞(형)—먼 것. ㅇ酌(작)—국자로 뜨는 것. ㅇ潦(노)—길바닥에 흐르는 물. 행로(行潦)는 유로(流潦)의 뜻(毛傳). ㅇ挹(읍)—떠내는 것. ㅇ注(주)—물을 붓는 것. ㅇ饙(분)—찐밥, 곧 류(餾)의 뜻(毛傳). ㅇ饎(치)—술밥. ㅇ濯(탁)—씻다. ㅇ罍(뢰)—술잔. 주남(周南) '권이(卷耳)' 시에 보였음. ㅇ歸(귀)—마음속으로 믿고 따르는 것, 귀의(歸依)하는 것. ㅇ漑(개)—개(槪)와 통하여, 술통, 곧 준(樽)의 뜻(經義述聞). ㅇ墍(기)—쉬는 것. 식(息)의 뜻(鄭箋).

[解說] 이 시는 천자를 기린 것이다. 흐르는 물을 떠다 여기에 부으면 밥도 지을 수 있고 그릇도 씻을 수 있다는 것은 임금이 정치를 잘하면 백성들이 따르고 백성들을 편히 잘살게 하여 줄 수 있다는 것이다. 〈모시서〉에서는 이 시도 소강공(召康公)이 성왕(成王)을 훈계한 것이라 하였는데 근거를 알 수 없다.

8. 구부정한 언덕(卷阿)

구부정한 언덕에 회오리바람 남쪽에서 불어오네.
점잖으신 군자님들이 놀러와 노래하며
노래판 벌이네.

한적하게 노시고 유유히 쉬시네.
점잖으신 군자님들이여 오래오래 사시며
선공들의 하시던 일 계승하시기를!

온 나라 크게 밝으니 매우 큰 복 받겠네.
점잖으신 군자님들이여 오래오래 사시며

여러 신들 제사지내시기를!

받으신 천명 오래되셨으니 복과 녹을 누리시겠네.
점잖으신 군자님들이여 오래오래 사시며
큰 복 언제까지나 누리시기를!

의지할 이 있고 돕는 이 있으며 효도하는 이 있고 덕있는 이 있어서
인도하고 도와드리어, 점잖으신 군자님을
온 세상에서 본뜨겠네.

존엄하고 의기 높고 서옥(瑞玉)처럼 순결하시며
아름다운 명성 들리니, 점잖으신 군자님을
온 세상이 법도로 삼네.

봉황새가 나는데 날개를 펄럭이다
머물 곳 찾아 내려앉네.
임금님의 여러 훌륭한 신하 모였는데, 군자님들 부리시어
천자님을 아끼고 받들게 하네.

봉황새가 나는데 날개를 펄렁이며
하늘 위로 올라가네.
임금님의 여러 훌륭한 신하 모였는데, 군자님들에게 명하시어
백성들을 사랑하고 돌보게 하네.

봉황새가 저 높은 산등성이에서 우네.
오동나무가 산 동쪽 기슭에 자랐네.
오동나무 무성하고 봉황새 소리 조화되네.

군자님들의 수레는 많기도 하며,
군자님들의 말은 의젓이 달리고 있네.
읊은 시 많지는 않으나 마침내 노래로 부르네.

原文 有卷者阿여 飄風自南이로다.

豈弟君子이 來游來歌하여
以矢其音이로다.

伴奐爾游矣며 優游爾休矣로다.
豈弟君子이 俾爾彌爾性하여
似先公酋矣리로다.

爾土宇畇章하니 亦孔之厚矣로다.
豈弟君子여 俾爾彌爾性하여
百神爾主矣로다.

爾受命長矣니 茀祿爾康矣로다.
豈弟君子여 俾爾彌爾性하여
純嘏爾常矣리로다.

有馮有翼하며 有孝有德하여
以引以翼하면 豈弟君子를
四方爲則하리라.

顒顒卬卬하며 如圭如璋하며
令聞令望이니 豈弟君子를
四方爲綱하리라.

鳳凰于飛하니 翽翽其羽라가
亦集爰止로다.
藹藹王多吉士하시니 維君子使라
媚于天子로다.

鳳凰于飛하니 翽翽其羽라가
亦傅于天이로다.
藹藹王多吉人하시니 維君子命이라

媚于庶人이로다.

鳳凰鳴矣니 于彼高岡이로다.
梧桐生矣니 于彼朝陽이로다.
菶菶萋萋하며 雝雝喈喈로다.

君子之車이 旣庶且多하며
君子之馬이 旣閑且馳로다.
矢詩不多나 維以遂歌니라.

註解 ○有卷(유권)―권연(卷然)으로 구부정한 것. ○阿(아)―언덕, 대릉(大陵)(鄭箋). ○飄風(표풍)―회오리바람. ○君子(군자)―내조(來朝)한 제후들을 가리킴(釋義). ○來游來歌(내유래가)―제후들이 내조하여 잔치를 벌이고 놀면서 노래하는 것. ○矢(시)―진(陳)의 뜻(毛傳). 베풀다. ○音(음)―노랫소리. '이시기음(以矢其音)'은 '노래판을 벌인다'는 뜻. ○伴奐(반환)―주송(周頌) '방락(訪落)' 시의 '판환(判渙)'과 같은 말이며(釋義), 우유한적(優游閑適)의 뜻(集傳). ○優游(우유)―한가자득(閑暇自得)한 것, 소아 '백구(白駒)' 시에도 보였음. ○俾(비)―사(使)의 뜻, ……으로 하여금. ○爾(이)―제후들을 가리킴. 미성(彌性)은 곧 미생(彌生)과 같은 말로 '오래오래 사는 것'(王國維 《與友人論詩書中成語書》). 장수(長壽)를 빈 것이다. ○似(사)―사(嗣)의 뜻(毛傳), 계승하다. ○酋(추)―유(猷)의 가차자로, 계모(計謀) 또는 계획하던 유업(遺業)을 뜻한다(于省吾 《詩經新證》). ○土宇(토우)―방가(邦家), 곧 나라의 뜻(于省吾 《詩經新證》). ○昄(판)―크게, 매우. ○章(장)―밝다. ○孔(공)―매우, 심히. ○厚(후)―복록을 두터이 내리는 것(釋義). ○主(주)―주제(主祭)의 뜻. ○百神(백신)―모든 여러 신들. 제법(祭法)에 '유천하자(有天下者), 제백신(祭百神)'이라 하였으니(孔疏), 모든 신들에게 제사지내는 것은 천자로서의 임무의 하나였다. ○黻(불)―복의 뜻. ○純(순)―큰 것. ○嘏(가)―복, 축복. ○常(상)―언제나 변함없이 복을 받는 것. ○馮(빙)―의지할 사람. ○翼(익)―보좌할 사람. ○孝(효)―효행이 있는 사람. ○德(덕)―덕행이 있는 사람. ○引(인)―앞에서 인도해 주는 것. ○翼(익)―옆에서 보좌해 주는 것. 앞의 '행위(行葦)' 시에도 이 구가 보임. ○則(칙)―온 세상이 그를 본받는 것. ○顒顒(옹옹)―존엄한 모양. ○卬卬(앙앙)―지기가 고랑(高朗)한 모양(鄭箋). ○圭

(규)-서옥(瑞玉)의 일종. ㅇ璋(장)-서옥(瑞玉)의 일종. '여규여장(如圭如璋)'은 서옥처럼 순결함을 뜻한다. ㅇ令聞令望(영문령망)-아름다운 명성(名聲)이 있음을 말한다. ㅇ綱(강)-사방에서 그를 법도(法度)로 삼는다는 뜻. ㅇ鳳凰(봉황)-영조(靈鳥)로서 수놈을 봉(鳳), 암놈을 황(凰)이라 한다(毛傳). ㅇ翙翙(홰홰)-새가 날개짓 하는 소리. ㅇ集(집)-새가 나무에 내려앉는 것. ㅇ止(지)-봉황새가 '머무를 만한 곳'. ㅇ藹藹(애애)-제제(濟濟)나 마찬가지로(毛傳), 많은 모양. ㅇ吉士(길사)-선사(善士)(釋義), 훌륭한 신하. ㅇ媚(미)-사랑하고 돌보아주는 것. ㅇ傅(부)-부(附)와 통하여, '부우천(傅于天)'은 하늘에 닿을 듯이 높이 나는 것. ㅇ庶人(서인)-일반 백성들. ㅇ朝陽(조양)-산의 동쪽(毛傳). ㅇ菶菶(봉봉)-풀이나 나무가 무성한 모양. ㅇ萋萋(처처)-풀이나 나무가 우거진 모양. ㅇ雝雝(옹옹)-개개(喈喈)와 함께 봉황의 울음소리가 화(和)하는 모양. ㅇ旣庶且多(기서차다)-중다(衆多)의 뜻. ㅇ閑(한)-숙습(熟習)의 뜻, 아주 익숙한 것. 이는 내조하는 제후들의 거마(車馬)의 위의를 노래한 것이다. ㅇ矢(시)-진(陳)의 뜻, 베풀다, 읊다.

解說 이 시는 내조한 제후들을 기린 것이다(釋義). 〈모시서〉에서는 이것도 소강공(召康公)이 성왕(成王)을 훈계한 시라 하였지만 아무래도 내용과 살 부합되지 않는다. 제1절의 구부정한 언덕에 불어오는 회오리바람은 제후들의 위세를 노래한 것이며, 뒤의 봉황새도 제후들에 비긴 것이다.

9. 백성들의 수고로움(民勞)

백성들 매우 수고로우니 조금이라도 편케 하여 주기를.
우리나라를 사랑하고, 온 세상 편케 해주기를.
거짓말하고 속이는 자들 버려두지 말고, 나쁜 자들은 근신시키며,
약탈하고 포학한 짓 하는 자와 공명(公明)한 것을 두려워하지 않는 자를 막아 주기를.
먼 곳의 사람들 편케 해주고 가까운 곳 사람들은 따르게 하여, 우리 임금님 안정시켜 주기를.

백성들 매우 수고로우니 조금이라도 쉬게 하여 주기를.

우리나라를 사랑하고 백성들의 벗이 되기를.
거짓말하고 속이는 자들 버려두지 말고 다투기 잘하는 자들 근신시키며,
약탈하고 포학한 짓 하는 자들 막아 백성들 근심하지 않도록 해주기를.
수고로움을 아끼지 말고 임금님의 다스림 아름답게 하여 주기를.

백성들 매우 수고로우니 조금이라도 쉬게 하여 주기를.
우리나라를 사랑하고 온 세상 편케 해주기를.
거짓말하고 속이는 자를 버려두지 말고, 좋지 않은 자들을 근신시키며,
약탈하고 포학한 짓 하는 자들 막아 나쁜 짓 못하게 해주기를.
위엄과 예의를 공경하고 삼가며 덕 있는 분들 가까이 하기를.

백성들 매우 수고로우니 조금이라도 쉬게 하여 주기를.
우리나라를 사랑하고 백성들의 근심 없애 주기를.
거짓말하고 속이는 자를 버려두지 말고 악하고 사나운 자들을 근신시키며,
약탈하고 포학한 짓 하는 자들 막아 정도가 그릇되지 않도록 해주기를.
당신들은 임금님의 자식 같은 존재라 하더라도 그 영향은 넓고 크다는 것을 명심하기를.

백성들 매우 수고로우니 조금이라도 편케 하여 주기를.
우리나라를 사랑하고 나라를 해치는 자들 없애 주기를.
거짓말하고 속이는 자를 놔두지 말고 일을 뒤엎는 자들을 근신케 하며,
약탈하고 포학한 짓 하는 자들을 막아 정도에 위반하는 일 없도록 해주기를.
임금님은 당신들을 중히 여기시니 그래서 크게 부탁하는 것이네.

[原文] 民亦勞止니 汔可小康이로다.
惠此中國하여 以綏四方이어다.
無縱詭隨하여 以謹無良하며
式遏寇虐과 憯不畏明이어다.
柔遠能邇하여 以定我王이어다.

民亦勞止니 汔可小休로다.
惠此中國하여 以爲民逑어다.
無縱詭隨하여 以謹惽怓하며
式遏寇虐하여 無俾民憂어다.
無棄爾勞하여 以爲王休어다.

民亦勞止니 汔可小息이로다.
惠此京師하여 以綏四國이어다.
無縱詭隨하여 以謹罔極하며
式遏寇虐하여 無俾作慝이어다.
敬愼威儀하여 以近有德이어다.

民亦勞止니 汔可小愒로다.
惠此中國하여 俾民憂泄어다.
無縱詭隨하여 以謹醜厲하며
式遏寇虐하여 無俾正敗어다.
戎雖小子나 而式弘大니라.

民亦勞止니 汔可小安이로다.
惠此中國하여 國無有殘이어다.
無縱詭隨하여 以謹繾綣하며
式遏寇虐하여 無俾正反이어다.
王欲玉女시니 是用大諫하노라.

[註解] ㅇ汔(흘)-기(幾)의 뜻(鄭箋), 곧 희망을 나타낸다. ㅇ小康(소강)-소안(小安), 조그만 편안함. ㅇ惠(혜)-사랑. ㅇ中國(중국)-중원의 나라. 경사(京師)를 뜻하기도 함(毛傳). ㅇ綏(수)-편안하게 하다. ㅇ四方(사방)-사방지국(四方之國)으로 온 세상을 가리킨다. ㅇ縱(종)-내버려 두는 것. ㅇ詭隨(궤수)-'거짓말하고 속이고 하는 사람을 뜻한다'(經義述聞). ㅇ謹(근)-조심하는 것. ㅇ無良(무량)-좋지 못한 사람들. ㅇ式(식)-조사. ㅇ遏(알)-그치다. ㅇ寇(구)-남의 물건을 약탈하는 것. ㅇ虐(학)-포학한 짓을 일삼는 것. ㅇ憯(참)-증(曾)의 뜻, 일찍이. ㅇ明(명)-밝은 도(道), 곧 정도(正道)를 뜻한다. 이 구절은 앞귀의 알(遏)에 모두 걸린다. ㅇ柔(유)-안(安)의 뜻(毛傳). ㅇ遠(원)-원방지국(遠方之國)을 말함(鄭箋). ㅇ能(능)-여(伽)의 뜻으로, 순종케 하는 것(鄭箋). ㅇ邇(이)-가까운 것. ㅇ逑(구)-주남(周南) '관저(關雎)' 시의 '호구(好逑)'의 '구(逑)' 및 '토저(兎罝)' 시의 호구(好仇)의 '구(仇)'와 비슷한 뜻으로, '민구(民逑)'는 '백성들의 벗'(釋義). ㅇ惛怓(혼노)-훤화(諠譁)의 뜻으로(鄭箋), 말다툼을 잘하는 사람들. ㅇ棄(기)-버리고 하지 않는 것. 무기이로(無棄爾勞)는 '그대의 수고로움을 버리고 하지 않는 일이 없도록 하라'는 뜻. ㅇ休(휴)-아름다운 것. ㅇ罔極(망극)-무량(無良)의 뜻(앞에 여러 번 보였음). ㅇ慝(특)-간사한 것. ㅇ有德(유덕)-유덕지인(有德之人). ㅇ愒(게)-쉬다. 게(憩)와 통함. ㅇ憂泄(우예)-근심을 흩어 없애는 것. ㅇ醜(추)-악(惡)의 뜻(釋義). ㅇ厲(려)-사나운 것. ㅇ正敗(정패)-정도를 그르치는 것(鄭箋). ㅇ戎(융)-여(汝)의 뜻(鄭箋). ㅇ小子(소자)-천자의 입장에서 관리들을 가리켜 한 말. ㅇ式(식)-용(用)의 뜻. '식홍대(式弘大)'는 관리들의 영향이 광대(廣大)하다는 뜻(鄭箋). ㅇ殘(잔)-해치다. ㅇ繾綣(견권)-반복(反覆)의 뜻으로(毛傳), 일을 뒤엎는 것. ㅇ正反(정반)-정도를 위반하는 것. ㅇ玉女(옥녀)-임금님이 '그대들을 보배처럼 중히 여기는 것'(集傳). ㅇ用(용)-이(以)와 통하여, 시용(是用)은 시이(是以)(釋義). ㅇ大諫(대간)-크게 간하는 것으로 이 시를 지은 것을 말한다.

[解說] 이 시는 관리들이 서로 나라를 위해 올바로 일을 할 것을 훈계하는 것이다(集傳). 〈모시서〉에서는 소목공(召穆公)이 정사를 그르친 여왕(厲王)을 풍자한 것이라 하였는데 내용과 잘 부합되지 않는다.

10. 하나님이 버리시면(板)

하나님이 버리시면 백성들 모두 고생하네.
하는 말 옳지 못하고 나라 다스리는 계획 멀리 내다보지 못하며,
나라를 걱정하는 성인도 없고 성실한 이도 없어,
나라 다스리는 계획 오래 가지 못할 것이라, 이에 크게 간하는 바일세.

하늘은 지금 어려움 내리시고 계시니 그처럼 즐기지만 말기를.
하늘은 방금 성을 내고 계시니 그처럼 떠들기만 하지 말기를.
정령(政令)이 부드러우면 백성들이 융화되고
정령(政令)이 기쁘게 해주는 일이면 백성들이 안정된다네.

나는 비록 직책은 다르지만 그대들은 동료일세.
내 그대들에게 계책을 말했으나 내 말은 귓전에서 흘리더군.
내 말은 잘 들어야만 하는 것이니 비웃지들 말기를.
옛분들 말씀에 나무꾼에게도 일을 물으라 하였네.

하늘이 지금 벌을 내리고 계시니 그처럼 장난치며 놀기만 하지 말
기를.
이 늙은이는 성심으로 대하는데 젊은 친구들은 교만하기만 하네.
내 말은 망령이 아닌데 그대들은 걱정을 장난으로 받아들이네.
말 많으면 성만 나고, 그 병은 고칠 약도 없게 된다네.

하늘이 지금 노하고 계시니 굽실거리며 아첨만 하지 말기를.
위엄과 예의 모두 혼미해져서 착한 사람들 맥을 못추네.
백성들은 지금 신음하고 있거늘 그들을 전혀 생각도 안해 주고,
혼란으로 물자가 없게 되었거늘 백성들을 걱정해 주지 않네.

하늘이 백성들을 인도하심이 악기들 소리처럼 조화되고,
반쪽 서옥 합하여 홀이 되듯 잘 맞으며, 밀어주고 끌어주듯 하시니,

이끄심을 막지만 않으면 백성들 쉽사리 인도될 걸세.
백성들에 간사한 자 많다고 그대들 스스로 간사해지지 말기를.

갑옷 입은 군인은 나라의 울타리요 삼공은 나라의 담이 되고,
제후들은 나라의 보호자요 임금의 일가는 나라의 기둥이며,
덕있는 이들이 나라를 편케 하고, 임금님 자손이 성이 되게 하네.
그 성 무너지지 않게 하여 홀로 두려운 일 당하지 않게 되기를.

하늘의 노여움을 공경하여 감히 장난치고 놀지 말며,
하늘의 성내심 공경하여 감히 멋대로 행동하지 말기를.
넓은 하늘 밝으시어 그대와 더불어 나가 다니고 계시며,
넓은 하늘 훤하시어 그대와 더불어 놀러 다니시고 계시네.

原文 上帝板板이면 下民卒癉이로다.
　　　出話不然하며 爲猶不遠하여
　　　靡聖管管하며 不實於亶이로다.
　　　猶之未遠이니 是用大諫하노라.

　　　天之方難이시니 無然憲憲이어라.
　　　天之方蹶시니 無然泄泄어다.
　　　辭之輯矣면 民之洽矣며
　　　辭之懌矣면 民之莫矣리라.

　　　我雖異事나 及爾同僚로다.
　　　我卽爾謀나 聽我囂囂로다.
　　　我言維服이니 勿以爲笑하라.
　　　先民有言하되 詢于芻蕘라 하니라.

　　　天之方虐이시니 無然謔謔이어라.
　　　老夫灌灌이나 小子蹻蹻이로다.
　　　匪我言耄어늘 爾用憂謔이로다.

多將熇熇하여 不可救藥이리라.

天之方懠시니 無爲夸毗어라.
威儀卒迷하여 善人載尸로다.
民之方殿屎어늘 則莫我敢葵요
喪亂蔑資어늘 曾莫惠我師로다.

天之牖民이 如壎如篪하며
如璋如圭하며 如取如攜하니
攜無曰益이면 牖民孔易로다.
民之多辟이니 無自立辟이어다.

价人維藩이며 大師維垣이며
大邦維屏이며 大宗維翰이며
懷德維寧이며 宗子維城이로다.
無俾城壞하여 無獨斯畏하라.

敬天之怒하여 無敢戲豫하며
敬天之渝하여 無敢馳驅어다.
昊天曰明하사 及爾出王하시며
昊天曰旦하사 及爾游衍하시니라.

註解　○板(판)—《설문해자》엔 '판(版)'자밖에 없으니 통용되었던 것이다. 따라서 판판(板板)은 판판(版版)이며, 《이아(爾雅)》에 '판판(版版)은 벽야(僻也)'라 하였다. 벽(僻)은 벽원(僻遠)의 뜻으로 멀리하는 것(釋義). ○卒(졸)—모두의 뜻(鄭箋). 《한시외전(韓詩外傳)》엔 '췌(瘁)'로 인용하고 있으니 '병(病)'의 뜻으로 보아도 좋다. ○癉(단)—병로(病勞)의 뜻. ○不然(불연)—불합리(不合理)의 뜻(集傳). ○猶(유)—계획. 계모(計謀)의 뜻. ○遠(원)—멀리 내다보는 것, '원대(遠大)'의 뜻으로 보아도 좋다. ○管管(관관)—관관(悹悹)의 가차로서 '근심하는 모양'(後箋). ○實(실)—충실(忠實)의 뜻. ○亶(단)—성신(誠信)의 뜻. ○方(방)—방금. ○難(난)—어려움을 백성들에게 내리고 있는

것. ○憲憲(헌헌)-흔흔(欣欣)과 같은 말로(毛傳), 즐기는 모양. ○蹶(궤)-동노(動怒)의 뜻, 성을 내는 것. ○泄泄(예예)-말이 많은 모양(通釋). ○輯(즙)-부드러운 것. ○洽(흡)-융합하다. ○懌(역)-기뻐하다. ○莫(막)-안정의 뜻. ○異事(이사)-다른 일에 종사하는 것. ○僚(료)-동료. ○及(급)-여(與)의 뜻. ○卽(즉)-취(就)의 뜻. ○謀(모)-계책을 얘기하는 것. ○囂囂(효효)-남의 말을 듣지 않는 모양(鄭箋). ○服(복)-용(用)의 뜻(釋義). 나의 말을 채용하여 이를 따라야만 한다는 뜻. ○詢(순)-묻다. ○芻蕘(추요)-꼴을 베고 나무를 하는 천(賤)하고 무식한 사람들. ○虐(학)-모질게 벌을 주는 것. ○謔謔(학학)-희락(戲樂)하는 모양(釋義). ○老夫(노부)-작자 자신을 가리킴. ○灌灌(관관)-관관(款款)과 통하여(毛傳), 성실한 모양. ○小子(소자)-일반 관리들을 가리킨 말. ○蹻蹻(갹갹)-교만한 모양(毛傳). ○耄(모)-노인, 늙다. 이 구절은 자기의 말이 단순한 늙은이의 망령은 아니라는 뜻. ○用(용)-이(以)의 뜻. ○憂謔(우학)-걱정하는 말을 장난으로 보는 것. ○多(다)-작자의 간언(諫言)이 많은 것. ○熇熇(학학)-《주역(周易)》 가인(家人)의 학학(嗃嗃)과 통하여 엄하고 사나운 모양, 곧 성낸 모양을 뜻한다(釋義). ○救藥(구약)-이러한 관리들의 병폐를 고칠 약을 말한다. ○懠(제)-성내다, 노하다. ○夸毗(과비)-아첨하고 굽실거리는 것. ○卒迷(졸미)-모두 혼미하여진 것. ○載(재)-즉(則)의 뜻. ○尸(시)-여기서는 '여시(如尸)'의 뜻. 시체처럼 맥을 못추는 것. ○殿屎(전히)-신음하는 것(毛傳). ○我(아)-작자가 인민(人民)의 입장에서 한 말. ○葵(규)-규(揆)와 통함(鄭箋). 헤아리다, 생각하다. ○蔑(멸)-없는 것. 멸자(蔑資)는 상란(喪亂)으로 말미암아 백성들이 살아가는 데 필요한 물자들이 결핍하고 있다는 뜻. ○惠(혜)-사랑하다, 걱정하다. ○師(사)-무리. 아사(我師)는 백성들을 가리킴. ○牖(유)-인도하다. ○壎(훈)-흙을 구워 만든 악기의 일종. ○篪(지)-횡적(橫笛). '여훈여지(如壎如篪)'는 악기들을 합주하는 것처럼 백성들 모두가 조화됨을 뜻한다. ○璋(장)-서옥의 일종. 장(璋)을 두 개 합치면 규(圭)가 된다. 따라서 '여장여규(如璋如圭)'는 서로 잘 합하여짐을 말한다. ○攜(휴)-이끌다. '여취여휴(如取如攜)'는 백성들을 잘 이끌어 줌을 뜻한다. ○曰(왈)-율(聿)과 같은 조사. ○益(익)-액(搤)과 통하여 액(扼)의 뜻, 곧 이끌어 주는 것을 잡아 막는 것(釋義). ○辟(벽)-사벽(邪辟)의 뜻(鄭箋). ○立辟(입벽)-관리들 스스로가 '간사함을 내세우는 것', 곧 '간사한 짓을 자신이 하면서 백성들을 인도하는 것'(釋義). ○价(개)-개(介)의 뜻으로 '개인(价人)'은 갑옷을 입은 군인으로서 군사를 맡은 경사(卿士)를 가리킴(鄭箋). ㅇ藩(번)-울타리. ㅇ大師(태사)-정사를 맡은 삼공들(鄭箋). ㅇ垣(원)-낮은 담. ㅇ大邦(대방)-나라를 다스리는 제후들을 가리킴(鄭箋). ㅇ屛(병)-울타리처럼 가려 주고 보호하는 사람. ㅇ大宗(대종)-임금의 동성(同姓) 일가들(鄭箋). ㅇ翰(한)-간(幹)의 뜻(鄭箋)으로 '기둥'을 뜻한다. ㅇ懷德(회덕)-덕을 지닌 훌륭한 사람들. ㅇ寧(녕)-나라를 편안케 하는 것. ㅇ宗子(종자)-임금님의 적자(嫡子)(鄭箋). ㅇ城(성)-나라의 성과 같다는 뜻. ㅇ獨(독)-성이 무너져 서로가 고립된 것. ㅇ畏(외)-두려워할 만한 일이 생긴다는 뜻. ㅇ戱豫(희예)-일락(逸樂)의 뜻(釋義). ㅇ渝(유)-변상(變常)의 뜻으로, 성을 내는 것. ㅇ馳驅(치구)-제멋대로 행동함을 뜻한다(毛傳). ㅇ昊(호)-넓고 큰 것. ㅇ曰(왈)-조사. '호천왈명(昊天曰明)'은 하늘은 매우 밝으셔서 모든 일을 아시고 계심을 뜻한다. ㅇ及(급)-여(與)의 뜻. ㅇ王(왕)-왕(往)의 뜻(毛傳), 가다. '급이출왕(及爾出王)'은 그대가 어디를 가 무슨 짓을 하더라도 하늘은 언제나 그대와 함께 계시듯이 모든 일을 알고 계시다는 것이다. ㅇ旦(단)-아침. 여기서는 명(明)의 뜻(毛傳). ㅇ衍(연)-낙(樂)의 뜻. 하늘은 네가 아무리 가서 놀더라도 언제나 함께 계시니 행동을 삼가라는 뜻이다. 이상 4구는 하늘을 빌어 관리들에게 고한 말이다.

解說 주희(朱熹)는 이 시도 앞의 '민로(民勞)' 시와 같은 성질의 것이라 하였다. 다만, 우시감사(憂時感事)의 뜻이 앞의 시보다는 더 깊다. 〈모시서〉에선 범백(凡伯)이 여왕(厲王)을 풍자한 것이라 하였는데 근거도 알 수 없거니와 내용과도 부합되지 않아 수긍되지 않는다.

제3 탕지습(蕩之什)

1. 위대하심(蕩)

위대한 하나님은 백성들을 다스리는 임금이시거늘,
사나우신 하나님은 명하심이 매우 편벽되시네.

하늘이 백성들을 낳으셨으나 하늘의 명은 믿고 있을 수만 없는 것,
모두 시작은 하였지만 끝까지 잘된 나라는 드무네.

문왕께서 말씀하셨네. ‘아아, 그대들 은상나라여!
포악한 사람들과 백성들 착취하는 사람들이
벼슬 차지하고 일한다 하면서,
하늘은 벌을 내리시는데도 그대들은 나쁜 짓에 힘쓰고 있네.’

문왕께서 말씀하셨네. ‘아아, 그대들 은상나라여!
그대들은 착한 사람들을 써야 하거늘 포악하고 원한 많은 사람들 써서,
뜬소문으로 임금 대하게 하니 도적들이 안으로 들어와,
속이고 저주하여 어떻게 될지 모르게 되었네.’

문왕께서 말씀하셨네. ‘아아, 그대들 은상나라여!
그대들은 나라 안에서 소리치며 원한을 갖게 하는 것을 덕으로 아네.
그대들의 덕 밝지 않아 뒤에도 곁에도 좋은 신하 없으며,
그대들의 덕 밝지 않으니 올바른 대신들 하나도 없네.

문왕께서 말씀하셨네. ‘아아, 그대들 은상나라여!
하늘은 그대들에게 술에 빠지지 말라 하셨는데 옳지 못한 일만 하고 있네.
그대들의 허물 많은 행동은 낮도 밤도 없으며
호통치고 소리치며 낮도 밤도 없이 지내네.’

문왕께서 말씀하셨네. ‘아아, 그대들 은상나라여!
매미나 쓰르라미 울듯 국이 끓듯 애통하며,
낮은 사람 높은 사람이 모두 거의 망해 가고 있거늘 사람들은 아직도 그대로 행동하여,
안으로 온 나라가 성을 내어 오랑캐 나라까지 노여움이 뻗어가고 있네.’

문왕께서 말씀하셨네. '아아, 그대들 은상나라여!
하나님이 옳지 않아서가 아니라 은나라가 옛 법도 따르지 않은 때문
이네.
비록 나이 많고 훌륭한 사람은 없다 하나 여전히 법도는 있거늘,
그것을 거들떠보지도 않으니 나라의 운명이 기울어진 것일세.'

문왕께서 말씀하셨네. '아아, 그대들 은상나라여!
옛말에 이르기를 넘어지고 뽑히어 뿌리 드러나매,
가지와 잎새엔 해 없다 해도 뿌리가 실은 이미 끊긴 거라 하였네.
은나라의 거울 먼 곳에 있는 것 아니니, 바로 하나라 임금 때를 거
울로 삼아야 했을 거네.'

原文　蕩蕩上帝는　下民之辟이시어늘
　　　疾威上帝는　其命多辟이로다.
　　　天生烝民하시나　其命匪諶하사
　　　靡不有初나　鮮克有終이니라.

　　　文王曰咨아　咨女殷商이여.
　　　曾是彊禦와　曾是掊克이
　　　曾是在位하며　曾是在服이니
　　　天降慆德이나　女興是力이로다.

　　　文王曰咨아　咨女殷商이여.
　　　而秉義類어늘　彊禦多懟로다.
　　　流言以對하나니　寇攘式內하여
　　　侯作侯祝하니　靡屆靡究로다.

　　　文王曰咨아　咨女殷商이여.
　　　女炰烋于中國하여　斂怨以爲德이로다.
　　　不明爾德이니　時無背無側하며

爾德不明이니 以無陪無卿이로다.

文王曰咨아 咨女殷商이여.
天不湎爾以酒시어늘 不義從式이로다.
旣愆爾止하여 靡明靡晦하며
式號式呼하여 俾晝作夜하도다.

文王曰咨아 咨女殷商이여.
如蜩如螗하며 如沸如羹하여
小大近喪이어늘 人尙乎由行하여
內奰于中國하여 覃及鬼方이로다.

文王曰咨아 咨女殷商이여.
匪上帝不時라 殷不用舊니라.
雖無老成人이나 尙有典刑이어늘
曾是莫聽이라 大命以傾이로다.

文王曰咨아 咨女殷商이여.
人亦有言하되 顚沛之揭여
枝葉未有害라 本實先撥이라 하니라.
殷鑒不遠하니 在夏后之世하니라.

註解 ○蕩蕩(탕탕)-《논어(論語)》의 '탕탕호민무능명(蕩蕩乎民無能名)'의 '탕탕(蕩蕩)'과 같은 뜻으로 위대한 모양(釋義). ○辟(벽)-임금. ○疾威(질위)-포학한 짓을 하는 것(集傳). 사나운 것. ○辟(벽)-사벽(邪辟)의 뜻. 하늘이 이처럼 편벽된 명(命)을 내리시어 백성들을 괴롭히는 것은 반드시 원인이 있다는 뜻. ○烝民(증민)-백성들. ○諶(심)-믿다. 비심(匪諶)은 하늘의 명은 '가만히 믿고만 있을 수 없는 것'이란 뜻. 왜냐하면 선인(善人)에게는 복을 내리지만 악한 행동을 하면 벌을 내리고, 내렸던 명을 딴 사람에게 다시 옮겨주기도 하기 때문이다. ○初(초)-명을 받았던 시초. ○鮮(선)-드물다. ○有終(유종)-끝까지 그 명을 잘 유지해 가는 것. ○咨(자)-'아아'의 뜻.

o女(여)-너. o殷商(은상)-주왕(紂王) 때의 은(殷)나라를 가리킨다. o曾(증)-내(乃)와 같은 조사(經傳釋詞). o彊禦(강어)-포학한 신하(集傳). o掊克(부극)-취렴(聚斂)하는 신하(集傳). o服(복)-일. 종사(從事)의 뜻. o慆德(도덕)-교만하고 불손한 품격(釋義). '천강도덕(天降慆德)'은 하늘이 벌을 내리어 백성들을 괴롭힘을 말한다. o女興是力(여흥시력)-'그대는 일어나 이러한 나쁜 일에만 힘쓰고 있다'는 뜻. o而(이)-너. o秉(병)-용(用)의 뜻(釋義). o義類(의류)-선류(善類), 착한 사람들(通釋). o懟(대)-원망하다. o流言(유언)-근거없이 떠돌아다니는 말, 뜬소문. o對(대)-임금님에게 응대하는 것. o寇攘(구양)-도적질하는 자들. o式(식)-조사. o內(내)-안으로 들어오는 것. o侯(후)-유(維)와 같은 조사. o作(작)-사(詐)와 통함(釋義), 속이다. o祝(축)-저(詛)와 통함(毛傳), 저주하다. o屆(계)-극(極)의 뜻(毛傳). o究(구)-궁(窮)의 뜻. '미계미구(靡屆靡究)'는 결국(結局)이 어떻게 되는지도 모를 지경이라는 뜻. o炰然(포효)-포효(咆哮)와 통하여 큰소리치며 횡포한 짓을 하는 것. o中國(중국)-중원(中原)의 나라를 뜻함. o斂怨(염원)-원한을 갖게 하는 것. o時(시)-시(是)의 뜻. o無背無側(무배무측)-'배무신(背無臣), 측무인(側無人)'의 뜻(毛傳), 곧 뒤에도 곁에도 훌륭한 신하가 없다는 말. o陪(배)-모시는 사람들. o卿(경)-경사(卿士)들. 배(陪)나 경(卿)이나 모두 대신들을 가리킨다. o湎(면)-술에 빠지는 것. o式(식)-용(用)의 뜻. o愆(건)-허물. o止(지)-용지(容止)로서 행동을 가리킴. o明(명)-낮을 가리킴. o晦(회)-밤을 가리킴. '미명미회(靡明靡晦)'는 밤낮없이 죄짓는 짓만 하고 있다는 말. o式(식)-조사. o號(호)-호령하는 것, 호통치는 것. o呼(호)-서로 호응하여 소리치는 것. o俾晝作夜(비주작야)-밤낮없이 호통과 소리치며 나쁜 짓만 일삼고 있다는 뜻. o蜩(조)-쓰르라미. o螗(당)-말매미. 쓰르라미나 매미처럼 백성들이 괴로움에 울부짖고 있다는 말. o沸(비)-끓다. o羹(갱)-국. 끓는 물이나 뜨거운 국처럼 백성들이 걱정에 애를 태우고 있다는 말. o小大(소대)-얕은 백성에서 고관(高官)들까지 모두. o人尚乎由行(인상호유행)-'인상유차이행(人尚由此而行)', 곧 사람들은 여전히 악함을 고치지 아니하고 그대로 행동한다는 것임. o嚊(비)-성내다, 노하다. o覃(담)-뻗다. o鬼方(귀방)-은나라와 주나라 시대에 서북쪽에 있던 적국(狄國)의 이름. 소아 '채미(采薇)' 시 참조. 노여움이 먼 오랑캐들의 나라에까지도 연장되었다는 뜻. o時(시)-시(是)와 통하여, 선(善)의 뜻(釋義). o舊(구)-구장(舊章), 옛날 법도. o老成人(노성인)-나이 많고 경험도

많은 사람. ㅇ典刑(전형)-법칙의 뜻. ㅇ大命(대명)-나라의 운명. ㅇ顚(전)-
넘어지다. ㅇ沛(패)-뿌리가 뽑히어 넘어진 것. ㅇ揭(게)-뿌리가 드러나 있
는 모양(毛傳). ㅇ本(본)-뿌리. ㅇ撥(발)-절(絶)과 같은 뜻(鄭箋), 끊이다.
이는 망해 가는 은나라를 넘어진 나무에 비유한 말임. ㅇ鑒(감)-거울로 삼
을 만한 본보기. ㅇ夏后(하후)-하나라 임금, 곧 포학무도(暴虐無道)한 정치
를 하여 나라를 망친 걸왕(桀王)은 그의 본보기가 되는데도 주왕(紂王)은 정
신을 차리지 않는다는 뜻.

解說 〈모시서〉에서는 소목공(召穆公)이 주나라가 크게 어지러워졌음을
탄식한 작품이라 하였다. 그러나 시의 내용을 볼 때 수긍이 되지 않는다.
굴만리(屈萬里)는 '이 시는 주초(周初)의 작품으로 문왕의 말씨를 빌어
은나라 사람들의 악함을 밝히고 주나라 사람들이 나라를 다스리게 된 정
당함을 밝힌 것인 듯하다(釋義)'고 하였는데 근리하다.

2. 빈틈없음(抑)

빈틈없는 위의 지닌 이는 덕이 모가 진듯 반듯하네.
사람들이 말하기를 지금은 어진이도 어리석은 듯이 산다네.
백성들의 어리석음은 정말로 병폐라 하겠지만,
어진이가 어리석은 듯함은 매우 도리에 어긋나는 것이네.

비길 데 없이 착한 사람이면 온 세상이 그를 교훈으로 삼고,
덕행이 위대한 사람이면 온 나라가 그를 따르네.
위대한 계획은 국운을 안정시키며, 원대한 계획은 때에 알맞게 백성
들 깨우쳐 주네.
위의를 공경하고 삼가야만 백성들이 본뜬다네.

지금은 모두가 정사에 어둡고 어지러워
그의 덕을 무너뜨리고 술에 함부로 빠져 지낸다네.
그대들은 즐김에 빠지기만 하고 계승하여야 할 일은 생각도 않고

있네.
　선왕의 도를 널리 추구하여 삼가 법도를 밝혀야만 하네.

　이에 하나님은 그대들 돕지 않는 것이니, 저 흐르는 샘물처럼
　모두 함께 망하지 말기를. 일찍 일어나고 밤늦게 자면
　뜰안을 쓸고 닦아 백성들의 모범이 되기를.
　그대의 수레와 말과 활과 화살 및 무기를 닦아
　전쟁이 일어남에 대비하고 오랑캐 나라들을 다스리기를.

　그대의 인민을 안정시키며 제후로서의 법도를 삼가서,
　의외의 일에 대비하고, 그대의 말을 삼가며
　그대의 위의를 공경하여 훌륭하지 않음이 없기를.
　흰 옥의 티는 그래도 갈면 되지만
　말의 티는 어떻게 할 수도 없는 거네.

　가벼이 말하지 말고 함부로 지껄이지 말기를.
　내 혀는 아무도 건드리지 못하지만, 한 말은 좇아가 잡을 수 없는
거네.
　어떤 말에든 대답이 있고 어떤 행위에든 응보가 있는 것이니,
　친구들을 사랑하며 백성들과 젊은이들 사랑하면
　자손들 끊임없이 번성하여 만민이 받들게 될 것이네.

　그대와 벗들인 군자들에게 고하노니, 그대의 얼굴을 부드럽게 지니면
　아무런 허물도 없게 될 걸세. 그대가 방안에서 반성하여 보아도
　방 어두운 모퉁이에 대하여도 부끄러움 없기 바라네.
　어두우니 아무도 나를 안볼 거라 생각지 말게. 신이 강림하시는 것은
　미리 알 수 없는 것이니, 하물며 게을리할 수가 있겠는가?

　그대를 본떠 덕을 닦게 하면 착하고 아름답게 될 것이니,
　그대의 행동을 잘 삼가서 거동에 잘못 없기 바라네.
　어긋남이 없고 남을 해치는 일이 없으면 모두가 본받게 될 것이니,

내게 복숭아를 던져 주면 그것에 대하여 오얏으로 갚는다 하였네.
어린 양을 보고 뿔이 있다는 것 같은 말은 정말로 젊은 이들을 속
이려는 것이네.

휘청거리는 부드러운 나무에 줄을 매어 활을 만들지.
온순하고 공손한 사람은 덕의 터전일세.
오직 어진 사람만이 훌륭한 말을 하고
행동은 덕을 따른다네. 어리석은 사람들은
도리어 우리보고 속인다고 말하니, 백성들 마음은 모두 각각이 된다네.

아아, 젊은이들은 아직 선하고 악함을 알지 못하네.
손으로 이끌어 줄 뿐만 아니라, 일의 옳고 그름 알려주고
직접 명령할 뿐만 아니라 그들의 귀를 잡아끌어 주어야 하네.
설사 아는 것이 없다 하더라도 역시 자식들은 낳아 길렀다네.
백성들이 만족하지 않고 있는데 누가 일찍이 그것을 알면서도 일을
성취시키지 못하였던가?

넓은 하늘은 매우 밝으신데 우리 삶은 즐겁지 않네.
그대들을 보니 멍청하여 내 마음 아프기만 하네.
그대들에게 간절히 타일러도 내 말을 건성으로 듣네.
가르침은 따르지 않고 반대로 장난으로 여기네.
설사 아는 것은 없다 해도 나이는 많이 먹었다네.

아아, 젊은이들이여! 그대들에게 옛 법도를 알려주었네.
나의 계책을 따른다면 아마도 큰 뉘우침은 없게 될 것이네.
하늘은 지금 어려움을 내리고 계시니 나라를 잃을 지경이 되었네.
내가 한 비유는 먼 것이 아니고, 넓은 하늘은 어김이 없거늘
그의 덕이 그릇되고 편벽되어 백성들은 위급하게 되었네.

原文 抑抑威儀는 維德之隅니라.

　　　人亦有言하되 靡哲不愚라 하니라.

庶人之愚는 亦職維疾이어니와
哲人之愚는 亦維斯戾로다.

無競維人이면 四方其訓之하며
有覺德行이면 四國順之로다.
訏謨定命하며 遠猶辰告하며
敬愼威儀라야 維民之則이니라.

其在于今하여 興迷亂于政하여
顚覆厥德이요 荒湛于酒로다.
女雖湛樂從하며 弗念厥紹로다.
罔敷求先王하여 克共明刑이로다.

肆皇天弗尙이시니 如彼流泉으로
無淪胥以亡이어다. 夙興夜寐하여
灑掃廷內하여 維民之章이어다.
修爾車馬와 弓矢戎兵하여
用戒戎作하며 用逷蠻方이어다.

質爾人民하며 謹爾侯度하여
用戒不虞요 愼爾出話하며
敬爾威儀하여 無不柔嘉어다.
白圭之玷은 尙可磨也어니와
斯言之玷은 不可爲也니라.

無易由言하며 無曰苟矣어다.
莫捫朕舌이나 言不可逝矣니라.
無言不讎며 無德不報니
惠于朋友하며 庶民小子면

子孫繩繩하여 萬民靡不承하리라.

視爾友君子하노니 輯柔爾顏하면
不遐有愆이로다. 相在爾室하니
尚不愧于屋漏로다. 無曰不顯이니
莫予云覯어다. 神之格思는
不可度思이니 矧可射思아!

辟爾爲德이면 俾臧俾嘉이니
淑愼爾止하여 不愆于儀어다.
不僭不賊이면 鮮不爲則이니
投我以桃에 報之以李로다.
彼童而角이니 實虹小子니라.

荏染柔木에 言緡之絲니라.
溫溫恭人은 維德之基니라.
其維哲人은 告之話言하며
順德之行이로다. 其維愚人은
覆謂我僭하나니 民各有心이로다.

於乎小子여 未知臧否로다.
匪手攜之요 言示之事며
匪面命之요 言提其耳로다.
借曰未知나 亦旣抱子로다.
民之靡盈이니 誰夙知而莫成이리요?

昊天孔昭하사 我生靡樂이로다.
視爾夢夢이요 我心慘慘이로다.
誨爾諄諄하나 聽我藐藐이로다.

匪用爲敎요 覆用爲虐이로다.

借曰未知나 亦聿旣耄어다.

於乎小子여 告爾舊止하노라.

聽用我謀면 庶無大悔리라.

天方艱難이니 曰喪厥國이로다.

取譬不遠이니 昊天不忒이어늘

回遹其德하여 俾民大棘하도다.

註解 ○抑抑(억억)―빈틈없는 모양. 소아 '빈지초연(賓之初筵)' 시에 보였음. ○之(지)―시(是)의 뜻. ○維德之隅(유덕지우)―유덕시우(維德是隅)로 '그 덕은 모가 난 듯이 방정(方正)하다'는 뜻. ○靡哲不愚(미철불우)―'모든 어진 사람들[哲人]이 어리석은 듯이 지내고 있다'는 뜻으로, 《논어》의 '방무도즉우(邦無道則愚)'와 같은 말로(毛傳), 세상이 어지러움을 말한 것이다. ○職(직)―실(實)의 뜻으로(釋義), '실로'. ○疾(질)―병폐가 되는 것. ○亦維斯(역유사)―모두 조사. ○戾(려)―상도(常道)에 어긋나는 것이라는 뜻. ○無競維人(무경유인)―그의 선함이 아무도 다툴 이가 없을 만한 사람. ○訓(훈)―교훈으로 삼는 것. ○有覺(유각)―각연(覺然)으로, 위대한 모양. ○訏(우)―큰 것. ○謨(모)―계책. ○定命(정명)―국운(國運)을 안정시키는 것(釋義). ○遠(원)―원대(遠大)의 뜻. ○猶(유)―계책. ○辰告(신고)―세시(歲時)에 따라 고하여 시행케 하는 것(鄭箋). ○之(지)―시(是)의 뜻. ○則(칙)―본받는 것. ○興(흥)―거(擧)와 통하여, '거개(擧皆)' 곧 '모두'의 뜻(釋義). ○顚覆(전복)―넘어지다. 경패(傾敗)의 뜻. ○荒(황)―큰 것. ○湛(담)―즐거움에 빠지는 것. ○雖(수)―유(惟)와 통함(經傳釋詞), 오직. ○紹(소)―선인(先人)의 유업을 계승하는 것. ○敷(부)―'널리'의 뜻(集傳). ○共(공)―공(恭)의 뜻. 공손한 것. 이 구절은 앞 구의 망(罔)에 모두 걸린다. ○肆(사)―'고(故)로', 그러므로. ○皇(황)―큰 것. ○尙(상)―《이아(爾雅)》에 '우야(右也)'라 풀이하였는데, 우(右)는 우(佑)와 통한다(經義述聞). 돕다. ○流泉(유천)―흐르는 샘물. ○淪胥以亡(윤서이망)―상솔이망(相率以亡), 흐르는 물에 진흙조차 모두 실려 떠내려 감은 백성들 모두가 함께 망함을 비유한 것이다. 이상 두 구는 소아 '소민(小旻)' 시에 보였음. ○寐(매)―잠자다. 이 구절은 위풍(衛風) '맹(氓)' 시에 보

였음. ○灑(쇄)-물뿌리다. ○廷內(정내)-정원(庭院)과 궁실의 안을 말함. ○章(장)-법도, 본보기의 뜻. ○戎兵(융병)-병기(兵器), 무기. ○戒(계)-대비하는 것. ○戎作(융작)-전쟁이 일어나는 것. ○遹(적)-치(治)의 뜻(鄭箋). ○方(방)-오랑캐들의 '나라'. ○質(질)-정(定)의 뜻(集傳), 안정시키는 것. ○侯(후)-제후. ○不虞(불우)-불려(不慮), 의외의 사고. ○出話(출화)-말하는 것. ○柔(유)-가(嘉)와 함께 선(善)의 뜻을 지니고 있다(通釋). ○圭(규)-서옥(瑞玉). ○玷(점)-옥에 티가 있는 것. ○易(이)-경이(輕易)의 뜻, 가벼이 여기는 것. ○由言(유언)-말로 하는 것. 소아 '소변(小弁)' 시 참조. ○苟(구)-차(且)의 뜻으로, 말을 함부로 하는 것. ○捫(문)-만지다, 건드리다. ○逝(서)-가다. 불가서(不可逝)는 뒤쫓아 가서 다시 잡아올 수 없다는 뜻. ○讎(수)-대(對) 또는 답(答)의 뜻(通釋). ○庶民小子(서민소자)-앞 구의 혜(惠)에 걸린다. ○繩繩(승승)-끊임없이 창성하는 것. 주남(周南) '종사(螽斯)' 시에 보였음. ○承(승)-떠받들며 따르는 것. ○視(시)-시(示)와 통하여 '고하는 것.'. ○君子(군자)-제후들을 가리키며, 이우(爾友)와 동격임. ○輯柔(집유)-유화(柔和)의 뜻. ○遐(하)-조사(釋義). ○愆(건)-허물. ○相(상)-보다. ○尙(상)-바라다. ○屋漏(옥루)-방의 서북쪽 모퉁이, 가장 어둠침침한 곳. 아무도 방안에 없다 하더라도 반드시 행동을 삼가서 어두운 구석에서도 부끄러움이 없게 되기를 바란다는 뜻. ○無曰(무왈)-다음 구에까지 걸린다. ○顯(현)-밝다, 밝히다. ○云(운)-조사. ○覯(구)-보다. ○格(격)-강림(降臨)의 뜻(釋義). ○思(사)-조사. ○度(탁)-헤아리다. ○矧(신)-하물며. ○射(역)-염태(厭怠), 곧 싫어서 게을리하는 것. ○辟爾(벽이)-백성들이 그대를 본뜨는 것. ○臧(장)-착한 것, 훌륭한 것. ○嘉(가)-아름다운 것. ○淑(숙)-선(善)의 뜻(鄭箋). ○止(지)-용지(容止), 거동의 뜻. ○愆(건)-허물. ○儀(의)-위의의 뜻. ○僭(참)-거짓말을 하다, 그릇된 짓을 하다. ○賊(적)-남을 해치는 것. ○鮮(선)-드물다. ○爲則(위칙)-법도로 삼는 것. ○報之以李(보지이리)-준 것이 있으면 반드시 갚음을 받게 된다는 뜻, 곧 모든 일에는 반드시 보수가 있다는 것이다. ○童(동)-뿔이 아직 나지 않은 어린 양(羊)(毛傳). ○角(각)-뿔이 났다는 뜻. ○虹(홍)-홍(訌)의 가차로서, 속여 넘기는 것. ○荏染(임염)-부드러운 모양. 소아 '교언(巧言)' 시에 보임. ○柔木(유목)-잘 휘는 부드러운 나무. ○緡(민)-피(被)의 뜻(毛傳). '민지사(緡之絲)'는 거기에 줄을 매어 활을 만드는 것. 이는 뒤의 두 구를 비유로 먼저 표현한 것이다. ○溫溫(온온)-온화한 모양. ○恭人(공인)-공손한 사람. ○話

言(화언)—옛날의 좋은 말(毛傳). ○覆(복)—반(反)의 뜻(鄭箋). ○僭(참)—도리에 어긋나는 것. ○臧否(장부)—선부(善否), 선악(善惡). ○攜(휴)—끌어주다. ○言(언)—조사. ○示之事(시지사)—일의 시비(是非)를 일러준다는 뜻. ○面命(면명)—면전에서 직접 명령하는 것. ○提(제)—잡아끌다. ○借(차)—가(假)와 통하여 가령의 뜻. ○抱子(포자)—자식을 안는 것, 곧 자식을 기름을 뜻한다. 여기서는 자기가 아는 것은 없다 해도 자식들을 기르고 살아온 경험은 있다는 말이다. ○盈(영)—만(滿)과 통하여 만족의 뜻. ○夙知(숙지)—일찍 백성들이 불만을 가졌음을 아는 것. ○成(성)—정사를 성취시키는 것. 이 구절은 임금이 정사를 이루지 못함은 그러한 일에 대한 무지(無知)에 연유한다는 뜻이다(鄭箋). ○孔昭(공소)—매우 밝게 철저히 사람들의 부정(不正)을 살피는 것. ○我生靡樂(아생미락)—우리 백성들은 정치를 올바로 하지 않은 덕분에 하늘의 노여움을 사서 즐거운 생활을 하지 못하고 있다는 뜻임. ○夢夢(몽몽)—몽몽(懜懜)과 통하여, '어리둥절한 모양', 또는 '멍청한 모양'(釋義). ○慘慘(참참)—시름에 마음아픈 모양(毛傳). ○誨(회)—가르치다. 깨우쳐 주다. ○諄諄(순순)—간절한 모양. ○藐藐(막막)—귓전으로 듣고 흘려 버리는 모양. ○覆(복)—반(反)의 뜻. ○虐(학)—학(謔)과 통하여, '장난으로 하는 말', '농담'(通釋). ○亦(역)—율(聿)과 함께 조사. ○耄(모)—나이가 많은 것. 나이 많은 사람. ○舊(구)—구장(舊章), 옛날 법도(釋義). ○止(지)—조사. ○庶(서)—아마도, 거의. ○曰(왈)—율(聿)과 같은 조사. ○忒(특)—어긋나다. ○回遹(회휼)—사벽(邪辟)의 뜻. 소아 '소민(小旻)' 시에 보였음. ○棘(극)—위급의 뜻.

解說 〈모시서〉에 ' '억(抑)'은 위(衛)나라 무공(武公)이 여왕(厲王, B.C. 878~828 재위)을 풍자하고 또한 스스로를 경계한 시이다'라고 하여 모두 이 설을 따라 풀이해 왔다. 그러나 굴만리(屈萬里)에 의하면 위(衛)나라 무공은 선왕(宣王) 16년(B.C. 812)에 즉위하여 평왕(平王) 13년(B.C. 758)에 졸(卒)하였다. 여왕 때에는 무공은 즉위치 않았으니 〈모시서〉의 설은 부당함이 명백하다. 《국어(國語)》 초어(楚語)엔 '좌사(左史) 의상(倚相)이 말하기를 옛날 위나라 무공은 나이 95세였는데…… 이에 의계(懿戒)를 지어 자신을 경계토록 하였다고 했다.'는 글이 있다. 의(懿)는 옛날엔 '억(抑)'과 통용되었으니 '의계'란 바로 이 '억' 시임을 알았다. 이 《국어》의 설과 시(詩) 중의 '근이후도(謹爾侯度)'라는 말을 볼 때 '억'은 스

스로를 깨우치기 위한 시였을 가능성이 가장 많음을 알겠다. 적어도 천자
인 여왕보다는 다른 어떤 제후를 훈계한 시로 봄이 좋을 것이다(釋義).

3. 부드러운 뽕나무(桑柔)

무성한 부드러운 뽕나무는 그 밑에 그늘 드리웠네.
잎새 성근 가지의 잎새 훑느라 밑의 백성들 병나겠네.
끊임없이 마음 상하여 병이 나 가슴 아픈데,
위대한 하늘은 나를 불쌍히 여기시지도 않네.

사마는 늠름하고 많은 깃발 펄럭이네.
난리 일어나 평화롭지 못하고 온 나라가 어지러우니,
백성들은 수 많다 하나 모두 화를 입어 겨우 살아가고 있네.
아아, 슬프다! 나라 형편 정말 위급하고나!

나라 실정은 물자도 없는데 하늘은 우리를 돕지 아니하시어,
머물러 쉴 곳도 없으니 어디로 가야만 하는가?
군자님들은 진실로 마음가짐 견줄 데 없어야 하는데.
누가 악한 짓을 날로 더하여 지금 같은 괴로움에 시달리게 되었나?

마음의 시름 하염없이 우리나라를 생각하네.
나의 삶 때를 못 만나고 하늘의 큰 노여움 만났네.
서쪽으로부터 동쪽에 이르기까지 안정된 살 곳 없으니,
많은 사건 일어나 우리나라 변경은 매우 위급하네.

계책을 신중히 세우면 어지러운 형편 나아지리라.
정치하는 이들에게 걱정 근심 고하고,
어진 사람 가려내어 벼슬 주는 법 깨우쳐 주고 싶네.
누가 뜨거운 물건 쥐고서 곧 물에 손씻지 않겠는가?
어찌하면 잘 되겠는가? 모두 물에 빠진 꼴이 되었네.

바람을 안은 듯 매우 숨 막히는 것 같네.
백성들은 착해지려는 마음 있어도 그렇게 되지 못하게 하네.
농사지은 곡식이나 좋아하여 백성들에게 부세 거둬 대신 먹어 주고
있으니,
보배 같은 농사지은 곡식을 대신 먹기만을 좋아하네.

하늘은 재난을 내리셨으니 우리가 세운 임금 멸하시기 위함이네.
굼벵이와 벌레 내리시어 농사지은 곡식 모두 병들게 하였네.
슬프게도 우리나라는 완전히 위급해지고 황폐해졌으니,
아무런 재간 없이 하늘만을 생각하네.

도리를 따르는 임금님은 백성들이 우러르네.
지닌 마음 밝고 착하여 신중히 보좌할 신하 생각하시네.
도리를 따르지 않는 임금은 자기만 좋은 짓이나 하며
자기 혼자만의 생각으로 백성들을 모두 정신 잃게 하네.

저 숲속을 바라보니 사슴들이 우글우글하네.
여러 신하들 서로 속이며 서로 잘 지내지 못하네.
옛말에 진퇴유곡이라 한 말이 우리 형편일세.

성인께서는 백리 저 멀리도 바라보시나,
어리석은 사람들은 반대로 잘못된 것을 기뻐하네.
말할 줄 모르는 것도 아닌데 어째 이렇게 두려워하며 말 못할까?

훌륭한 사람을 구하지도 등용하지도 않으며
잔인한 사람만을 생각하고 또 생각하고 있으니
백성들은 혼란으로 망하기 바라면서 쓰고 괴로운 생활 겪고 있네.

큰 바람 씽씽 큰 골짜기에 불어오네.
훌륭한 사람은 하는 일 다 훌륭하지만
도리를 따르지 않는 사람은, 때 긴 더러운 속으로만 들어가네.

큰 바람 씽씽 불어와 탐욕 많은 자들이 착한 이들 패망시키네.

순종하는 말에는 대응하지만 간하는 말은 취한 듯이 건성 듣네.
좋은 사람 쓰지 못하고 반대로 우리에게 그릇된 일 하게 하네.

아아, 친구들이여! 내 어찌 모르며 하겠는가?
나는 새들처럼 멋대로 굴지만 주살에 맞아 잡히게 되고 말것이네.
그들을 감싸주는데도 반대로 내게 성을 내네.

좋지 못한 자들은 정말로 배반을 잘하네.
백성들에게 불리한 짓을 마음껏 하고 있네.
간악한 자들은 오로지 다투듯 그런 일에만 힘쓰네.

좋지 않은 자들은 오로지 도적질에만 힘쓰네.
정말로 해서는 안된다고 해도 등 돌리면 곧잘 욕하네.
비록 나 때문은 아니라고들 하지만 그대들을 위하여 이 노래 지었네.

原文 菀彼桑柔는 其下侯旬이로다.
　　　挹采其劉하여 瘼此下民이로다.
　　　不殄心憂하여 倉兄塡兮로되
　　　倬彼昊天은 寧不我矜이로다.

　　　四牡騤騤하고 旟旐有翩이로다.
　　　亂生不夷하니 靡國不泯이며
　　　民靡有黎이나 具禍以燼이로다.
　　　於乎有哀하니 國步斯頻이로다.

　　　國步蔑資니 天不我將하사
　　　靡所止疑니 云徂何往고?
　　　君子實維니 秉心無競이로다.
　　　誰生厲階하여 至今爲梗고?

　　　憂心慇慇하여 念我土宇로다.
　　　我生不辰이니 逢天僤怒로다.

自西徂東으로 靡所定處니
多我覯痻이며 孔棘我圉로다.

爲謀爲毖이면 亂況斯削이로다.
告爾憂恤하며 誨爾序爵하노라.
誰能執熱하여 逝不以濯이리요?
其何能淑고? 載胥及溺이로다.

如彼遡風이니 亦孔之僾로다.
民有肅心이나 荓云不逮로다.
好是稼穡하여 力民代食이니
稼穡維寶나 代食維好로다.

天降喪亂하시니 滅我立王이요
降此蟊賊하여 稼穡卒痒이로다.
哀恫中國이 具贅卒荒이니
靡有旅力이 以念穹蒼이로다.

維此惠君은 民人所瞻이로다.
秉心宣猶하사 考愼其相이니라.
維彼不順은 自獨俾臧하며
自有肺腸하여 俾民卒狂하도다.

瞻彼中林하니 甡甡其鹿이로다.
朋友已譖하여 不胥以穀이로다.
人亦有言하되 進退維谷이라 하니라.

維此聖人은 瞻言百里어늘
維彼愚人은 覆狂以喜로다.
匪言不能이니 胡斯畏忌오?

維此良人을 弗求弗迪하며
維彼忍心을 是顧是復하나니
民之貪亂이여 寧爲荼毒이로다.

大風有隧하니 有空大谷이로다.
維此良人은 作爲式穀이어늘
維彼不順은 征以中垢로다.

大風有隧하니 貪人敗類로다.
聽言則對나 誦言如醉로다.
匪用其良하고 覆俾我悖로다.

嗟爾朋友여 予豈不知而作이리요.
如彼飛蟲을 時亦弋獲이로다.
旣之陰女어늘 反予來赫이로다.

民之罔極은 職涼善背니라.
爲民不利하되 如云不克하도다.
民之回遹은 職競用力이니라.

民之未戾는 職盜爲寇니라.
涼曰不可라 하나 覆背善詈로다.
雖曰匪予라 하나 旣作爾歌로다.

註解 ㅇ菀(울)―무성한 것. ㅇ桑柔(상유)―부드러운 뽕나무. ㅇ侯(후)―조사. 유(維)와 같음. ㅇ旬(순)―그늘이 널리 든 것(毛傳). ㅇ捋(랄)―훑어 따는 것. 주남(周南) '부이(芣苢)' 시에 보임. ㅇ劉(류)―가지와 잎새가 다 떨어지고 조금밖에 남지 않은 것. ㅇ瘼(막)―병이 나다. ㅇ下民(하민)―뽕나무 밑에 쉬고 있는 백성들을 가리킨다. 처음엔 무성하고 그늘지던 뽕나무 잎새를 다 따버려 그늘도 시원찮은 나무 밑에 쉬고 있는 백성들을 보며 이 시를 읊었다. 뽕나무는 물론 나라에 비유한 것이다. ㅇ殄(진)―끊이다. ㅇ倉兄(창황)―

유향(劉向)의 '구변(九辯)'에 나오는 '창황(惝怳)'과 같은 말로, 슬프고 마음 언짢은 것(釋義). ㅇ塡(전)―전(癲)과 통함(通釋). 병이 나다. ㅇ倬(탁)―커다란 것. ㅇ寧(녕)―내(乃)와 같은 조사. ㅇ矜(긍)―불쌍히 여기다. ㅇ騤騤(규규)―말이 건장(健壯)한 모양. ㅇ旟(여)―새매를 그린 기. ㅇ旐(조)―거북과 뱀을 그린 기. ㅇ有翩(유편)―편연(翩然)의 뜻, 펄럭이다. ㅇ夷(이)―평(平)의 뜻(毛傳). ㅇ泯(민)―난(亂)의 뜻(經義述聞). ㅇ黎(려)―중(衆)의 뜻(釋義). ㅇ具(구)―구(俱)와 통하여 '모두'. ㅇ燼(진)―불타고 난 끄트머리. 많은 백성들이 모두 화를 입어 불탄 끄트머리처럼 쇠잔(衰殘)하였다는 말. ㅇ於乎(오호)―오호(嗚呼)와 같은 감탄사. ㅇ國步(국보)―나라의 형세(形勢)(釋義). ㅇ頻(빈)―위급의 뜻(毛傳). ㅇ蔑資(멸자)―물자가 결핍된 것. 앞의 '판(板)' 시에 보임. ㅇ將(장)―돕다. ㅇ疑(의)―정(定)의 뜻(毛傳). 지의(止疑)는 머물러, 안정하는 것. ㅇ云(운)―조사. ㅇ徂(조)―가다. ㅇ何往(하왕)―'어디로 가야 하는가?'. ㅇ君子(군자)―정사(政事)를 맡고 있는 사람을 가리킨다. ㅇ實維(실유)―진실로 그러하다. ㅇ無競(무경)―비길 데 없이 좋다는 뜻. 앞의 '억(抑)' 시에 보였음. ㅇ厲(려)―악(惡)의 뜻(毛傳). ㅇ厲階(여계)―악으로 나아가는 단계. ㅇ梗(경)―병이 나다. ㅇ慇慇(은은)―한이 없는 모양. ㅇ土宇(토우)―나라를 가리킴, 앞의 '권아(卷阿)' 시 참조. ㅇ不辰(불신)―좋지 못한 때. ㅇ逢(봉)―만나다. ㅇ僤(탄)―후(厚)의 뜻. 탄노(僤怒)는 굉장한 노여움. ㅇ覯(구)―만나보다. ㅇ瘨(민)―병. ㅇ棘(극)―위급의 뜻. ㅇ圉(어)―국경 지방. ㅇ毖(비)―삼가다. ㅇ亂況(난황)―난상(亂狀), 어지러운 모양(通釋). ㅇ削(삭)―삭감(削減)의 뜻(通釋). ㅇ恤(휼)―근심하다. ㅇ誨(회)―가르치다, 깨우치다. ㅇ序爵(서작)―어진 사람들을 분별하여 순서를 따라 등용하여 벼슬을 주는 것. ㅇ執熱(집열)―뜨거운 물건을 손으로 쥐는 것. ㅇ逝(서)―조사. ㅇ濯(탁)―뜨거운 손을 찬물에 담금을 뜻한다. 사람이면 누구나 모르고 뜨거운 물건을 쥐었다가 뜨거우면 손을 곁의 찬물에 담가 식힌다. 곧 위급한 일을 당하면 누구나 이 위난(危難)을 해결하려 든다는 데 비유한 말이다. ㅇ淑(숙)―착하다, 훌륭하다. ㅇ載(재)―즉(則)과 같은 조사. ㅇ胥(서)―서로. ㅇ溺(익)―멸망을 뜻한다. ㅇ遡(소)―향하다. ㅇ僾(애)―읍(唈)의 뜻(毛傳)으로, 숨이 막히는 것. 이 숨막히게 하는 바람은 어지러운 정치에 비유한 것이다. ㅇ肅(숙)―전진하여 선하여지려는 것. ㅇ荓(병)―사(使)의 뜻(毛傳). ㅇ云(운)―조사. ㅇ逮(체)―미치다. ㅇ力民(역민)―백성들의 부세(賦稅)를 거둬들이는 것(通釋). ㅇ代食(대식)―백성들이 농사지은 곡식을 백성들 대신 먹어 버리는 것. ㅇ稼穡

(가색)-백성들이 농사지은 곡식을 뜻함. ㅇ立王(입왕)-세워놓은 임금님. ㅇ蟊(모)-곡식의 뿌리를 먹는 해충. 굼벵이라 번역하였다. ㅇ賊(적)-곡식의 줄기를 먹는 해충(鄭箋). ㅇ卒(졸)-모두. ㅇ痒(양)-병들다. ㅇ恫(통)-마음 아픈 것. ㅇ具(구)-구(俱)의 뜻, '모두'. ㅇ贅(취)-촉(屬)의 뜻(毛傳)으로, 혹이 붙다. 곧 위험해진 것을 말한다(集傳). ㅇ卒(졸)-'모두'. ㅇ荒(황)-흉년이 든 것을 가리킨다. ㅇ旅(려)-려(膂)와 통함(集傳). '미유여력(靡有旅力)'이란 이러한 재난을 어떻게 할 만한 힘도 없다는 뜻. ㅇ穹蒼(궁창)-푸른 하늘. ㅇ惠(혜)-순(順)과 통하여, '혜군(惠君)'은 '순도지군(順道之君)(鄭箋)'. ㅇ宣(선)-밝다. ㅇ猶(유)-유(猷)와 통하며, '순(順)'의 뜻임(通釋). ㅇ考愼(고신)-신중히 생각하는 것. ㅇ相(상)-돕다. 여기서는 임금을 보좌할 신하를 뜻함. ㅇ不順(불순)-혜군(惠君)의 반대로 '불순도지군(不順道之君)'. ㅇ自獨(자독)-자기 혼자서만 멋대로. '자독비장(自獨俾臧)'은 자기 혼자서만 선하다고 생각하고 아무 일이나 멋대로 하는 것. ㅇ自有肺腸(자유폐장)-자기만의 독선적인 마음을 지니고 있는 것. ㅇ卒(졸)-'모두'. ㅇ狂(광)-정신 잃는 것. ㅇ甡甡(신신)-많은 모양(毛傳). ㅇ譖(참)-모함하다, 거짓말하다. ㅇ穀(곡)-선(善)의 뜻. ㅇ言(언)-조사. ㅇ百里(백리)-먼 거리를 가리킨다. 곧 성인(聖人)은 먼 앞날까지도 내다보고 행동한다는 것이다. ㅇ覆(복)-반(反)과 통하여 반대의 뜻. ㅇ狂(광)-잘못된 것. ㅇ胡(호)-어찌. ㅇ畏(외)-두려워하다. ㅇ忌(기)-꺼리다. 내가 말 못할 것도 없는데 어째서 두려워하고 꺼리면서 입 다물고 있겠는가? 가만히 보고만 있지 못하겠기에 이 시를 쓴다는 것이다. ㅇ迪(적)-진용(進用) 또는 등용의 뜻. ㅇ忍心(인심)-잔인한 마음을 가진 사람. 양인(良人)의 반대. ㅇ是顧是復(시고시복)-돌아보고 또 돌아보는 것, 곧 잊지 못하는 것(小雅 '蓼莪' 시의 '顧我復我' 참조). ㅇ貪(탐)-욕(欲)의 뜻. ㅇ貪亂(탐란)-난(亂)으로 망하기를 바라는 것(鄭箋). ㅇ寧(영)-내(乃)의 뜻. ㅇ荼(도)-씀바귀. 백성들은 포학한 임금이 다스리는 나라는 차라리 망해 버리기를 바라서 어지러움을 일으키어 쓴나물이나 독사의 독처럼 매서운 고생을 스스로 겪고 있다는 말. ㅇ有隧(유수)-수연(隧然)으로 바람이 구멍에서 나오듯 씽씽 불어오는 것. ㅇ有空(유공)-공연(空然)으로 큰 산골짜기를 바람이 횡하니 휩쓰는 것. 이 골짜기를 휩쓰는 바람은 사회악(社會惡)에 비유한 것이다. ㅇ作爲(작위)-하는 짓. ㅇ式(식)-조사. ㅇ穀(곡)-착하다. 선하다. ㅇ不順(불순)-양인(良人)의 반대. ㅇ中垢(중구)-구중(垢中). 때처럼 더러운 가운데. ㅇ貪人(탐인)-탐악지인(貪惡之人). ㅇ類(류)-선인

(善人)을 가리킴. ㅇ聽言(청언)－청종(聽從)하는 말, 곧 자기의 뜻에 따르는 말. ㅇ對(대)－응대(應對), 또는 대답하는 것. ㅇ誦(송)－풍(諷)과 통하여, 자기를 풍자하는 것. ㅇ如醉(여취)－취해서 아무것도 모르는 것처럼 행동하는 것. ㅇ覆(복)－반(反)의 뜻. ㅇ悖(패)－이치에 반(反)하는 행동을 하게 하는 것. ㅇ飛蟲(비충)－나는 새(釋義). ㅇ時(시)－시(是)의 뜻. ㅇ弋(익)－주살. ㅇ之(지)－기(其)와 같은 뜻(釋義). ㅇ陰(음)－가리어 보호해 주는 것. ㅇ來(래)－시(是)의 뜻(釋義). ㅇ赫(혁)－성을 크게 내는 것. ㅇ職(직)－'실로'(釋義). ㅇ涼(량)－신(信)의 뜻으로(鄭箋), '정말로'. ㅇ善背(선배)－배반을 잘 하는 것. ㅇ云(운)－조사. ㅇ如云不克(여운불극)－할 수 없는 일을 하듯 온 힘을 기울여 하는 것. ㅇ回遹(회휼)－사벽(邪辟)한 자(앞 '抑' 시에 보임). ㅇ職(직)－'오로지 ……만 하는 것'. 직경(職競)은 '오로지 다투어 ……만 하는 것', 소아 '시월지교(十月之交)' 시에 보임. ㅇ戾(려)－《광아(廣雅)》에 '선(善)'의 뜻이라 하였다. 미려(未戾)는 좋지 못한 자들. ㅇ職(직)－전문적으로 하는 것. ㅇ盜(도)－도적. ㅇ寇(구)－도적. ㅇ涼(량)－신(信)의 뜻, '정말로'. ㅇ覆(복)－반(反)의 뜻. 복배(覆背)는 등을 돌리는 것. ㅇ詈(리)－욕하다. ㅇ匪予(비여)－'나 때문이 아니라'는 뜻. ㅇ爾歌(이가)－'너를 위해 노래한다'는 뜻.

解說　《좌전(左傳)》 문공(文公) 원년에 이 시의 '대풍유수(大風有隧)' 여섯 구를 인용하여 예량부(芮良夫)의 시라 하고 있다. 〈모시서〉에서는 이를 따라 예백(芮伯)이 여왕(厲王)을 풍자한 시라 하였다. 예백은 기내(畿內)의 제후이며 부(夫)는 그의 자(字)이다(孔疏). 그러나 시의 본문에 '천강상란(天降喪亂), 멸아입왕(滅我立王)'이란 말이 있으니 이는 주나라가 동천(東遷)한 뒤, 곧 동주 초의 시국을 한탄한 시라 봄이 좋을 것이다. 〈모시서〉를 비롯한 구설(舊說)은 믿기 어렵다(釋義).

4. 은하수(雲漢)

훤한 은하수는 하늘에 밝게 둘러 있네.
임금님이 말씀하셨네. '아아, 지금 사람들이 무슨 죄인가요?
하늘은 재난을 내리시어 기근이 거듭 닥쳤습니다.

모든 신에게 제사드리며 제물을 아끼지 아니하며,
여러 가지 옥 다 바쳤거늘 제 말은 들어주시지 않는군요.

가뭄이 너무 심하여 뜨거운 기운만이 훅훅 오릅니다.
끊임없이 정결한 제사지내어, 하늘과 땅 및 여러 조상에 이르기까지,
위아래로 제물을 바치고 묻고 하였으며 모든 신을 받들었습니다.
그러나 후직께서도 모른 체하시고 하느님께서도 돌보시지 않으셨습니다.
세상을 멸망시키려 하시나 제 한몸으로 화를 받겠습니다.

가뭄이 너무 심하여 물리칠 수도 없게 되었습니다.
두렵고 불안함이 천둥 울리고 벼락치는 것 같습니다.
주나라의 남은 백성들은 나머지도 없게 될 것 같으니,
하늘의 하나님께서 제게 남겨주시지 않으려는 듯합니다.
어찌 두렵지 않겠습니까? 선조의 제사가 끊기고 말 것 같습니다!

가뭄이 너무 심하여 막을 수도 없게 되었습니다.
메마르고 뜨겁고 해서 내 몸둘 곳이 없습니다.
나라의 운도 다한 듯 아무도 거들떠봐 주지 않습니다.
여러 임금들과 여러 신하들은 저를 돕지 못한다 하더라도,
부모님이나 선조님들께선 어찌 차마 저를 보시고만 계십니까?

가뭄이 너무 심하여 산과 냇물이 바싹 말랐습니다.
가뭄 귀신이 날뛰어 마음이 불타는 듯합니다.
제 마음 더위에 지치고, 걱정하는 마음 타는 듯합니다.
여러 임금들과 여러 신하들은 내 말을 들어주지 않는다 하더라도,
하늘의 하나님은 어찌하여 저로 하여금 도망칠 수밖에 없도록 하십니까?

가뭄이 너무 심하니 애써 두려움에 도망치려 합니다.
어찌하여 저를 가뭄으로 괴롭히십니까? 정말 그 까닭을 모르겠습니다.

올해도 풍년을 일찍이 빌었고 여러 가지 제사는 제때에 지냈으나,
하늘의 하나님은 저를 도와주시지 않습니다.
공경히 신에게 밝혔으니 저를 원망하거나 제게 성내셔서는 안됩니다.

가뭄이 너무 심하니 어지러워 기강이 없어졌습니다.
여러 관청의 우두머리들은 궁지에 몰렸고, 여러 장관들은 병이 났으며,
취마와 사씨와 선부와 여러 신하들은
아무도 구해주지 못하고 가난을 막을 수도 없습니다.
넓은 하늘 우러르니, 이 시름 어이하면 좋겠습니까?

넓은 하늘 우러르니 별들만이 반짝입니다.
대부와 군자들이 실수 없이 제사지냈습니다.
나라의 운명이 다해 가지만 당신들의 직책은 버리지 마시오.
어찌 나만을 위하여 비는 거겠소? 여러 관장들도 안정시키고 싶어
서지.
넓은 하늘 우러르니, 언제나 편안하여지려나?'

原文 倬彼雲漢이여 昭回于天이로다.
　　　王曰於乎라 何辜今之人고?
　　　天降喪亂하사 饑饉薦臻이로다.
　　　靡神不舉하며 靡愛斯牲하여
　　　圭璧旣卒이어늘 寧莫我聽이로다.

　　　旱旣大甚하여 蘊隆蟲蟲이로다.
　　　不殄禋祀하여 自郊徂宮하여
　　　上下奠瘞하며 靡神不宗이로다.
　　　后稷不克이시며 上帝不臨이시니라.
　　　耗斁下土시나 寧丁我躬이로다.

　　　旱旣大甚이라 則不可推로다.

兢兢業業하여 如霆如雷로다.
周餘黎民이 靡有孑遺어늘
昊天上帝이 則不我遺로다.
胡不相畏리요? 先祖于摧로다.

旱旣大甚이라 則不可沮로다.
赫赫炎炎하여 云我無所로다.
大命近止나 靡瞻靡顧로다.
羣公先正은 則不我助이니라.
父母先祖는 胡寧忍予오?

旱旣大甚하여 滌滌山川이로다.
旱魃爲虐하여 如惔如焚이로다.
我心憚暑하여 憂心如熏이로다.
羣公先正은 則不我聞이요
昊天上帝는 寧俾我遯이로다.

旱旣大甚이니 黽勉畏去로다.
胡寧瘨我以旱고? 憯不知其故로다.
祈年孔夙하며 方社不莫나
昊天上帝는 則不我虞로다.
敬恭明神이니 宜無悔怒니라.

旱旣大甚이니 散無友紀로다.
鞠哉庶正이며 疚哉冢宰며
趣馬師氏와 膳夫左右는
靡人不周하며 無不能止로다.
瞻卬昊天하니 云如何里오?

瞻卬昊天하니 有嘒其星이로다.

大夫君子이 昭假無嬴이로다.

大命近止나 無棄爾成이어다.

何求爲我리요? 以戾庶正이니라.

瞻卬昊天하니 曷惠其寧고?

註解　○倬(탁)─밝은 모양(小雅 '甫田' 시의 毛傳). ○雲漢(운한)─은하수. ○昭(소)─밝게. ○回(회)─둘러 있는 것. ○王曰(왕왈)─임금님의 말투를 인용한 것으로, 이 시의 맨 끝에까지 전부 걸린다. ○於乎(오호)─오호(嗚呼)와 같은 감탄사. ○辜(고)─허물. ○饑饉(기근)─흉년으로 굶주리는 것. ○薦(천)─중(重)과 통하여(毛傳), '거듭하는 것'. ○臻(진)─이르다. ○擧(거)─거행의 뜻으로 제사지냄을 가리킨다. ○牲(생)─제물(祭物)로 쓰는 짐승. ○圭璧(규벽)─옥으로 만든 물건, 옛날 제사지낼 때에는 반드시 규(圭)나 벽(璧)을 바치며 소원을 빌었다. ○卒(졸)─다하다. ○聽(청)─말을 듣고 따르는 것. 지금 한창 심한 가뭄을 물리쳐 달라고 이토록 정성껏 빌었으나 자기의 축원을 들어주지 않는다는 것을 말한다. ○蘊隆(온륭)─더운 기운이 성한 것(通釋). ○蟲蟲(충충)─《이아(爾雅)》의 '충충(爞爞)'과 같은 말로, 뜨거운 기운이 확확하는 모양(釋義). ○殄(진)─끊이다. ○禋祀(인사)─여러 가지 제사. ○郊(교)─하늘과 땅을 제사지내는 곳(集傳). ○宮(궁)─종묘(宗廟), 조상을 제사지내는 곳(鄭箋). ○奠(전)─제물을 땅 위에 차려놓는 것. ○瘞(예)─제사에 쓰인 물건을 땅속에 끌어 묻는 것. ○后稷(후직)─주나라의 시조(始祖). ○克(극)─각(刻)으로 씀이 옳으며, 각(刻)은 식(識)의 뜻(鄭箋). 따라서 불극(不克)은 모른 체하는 것. ○耗斁(모두)─못살고 멸망케 하는 것. ○寧(녕)─내(乃)의 뜻. ○丁(정)─당(當)의 뜻(毛傳). ○躬(궁)─'자신'. ○兢兢(긍긍)─두려워하는 모양(毛傳). ○業業(업업)─위험하여 불안한 모양(毛傳). ○霆(정)─천둥. ○周(주)─주나라. ○黎民(여민)─백성들, 서민(庶民). ○孑遺(혈유)─나머지, 찌꺼기. ○摧(최)─꺾이어 끊기는 것. 여기서는 조상들의 제사가 끊임을 뜻한다. ○沮(저)─막다. ○赫赫(혁혁)─가뭄 기운(毛傳). ○炎炎(염염)─뜨거운 기운(毛傳). ○云(운)─조사. ○無所(무소)─몸둘 곳이 없는 것. ○大命(대명)─나라의 운명. ○近(근)─거의. ○止(지)─끝장이 나는 것. ○靡瞻顧(미첨고)─신들이 거들떠보지도 않음을 뜻한다. ○羣公(군공)─여러 임금들. ○先正(선정)─여러 임금들의 관장(官長)들. ○胡(호)─어찌. ○忍(인)─'차마

돕지 않을 수가 있느냐?'는 뜻. ㅇ滌滌(척척)―가뭄기가 차 있는 것(毛傳), 곧 메마른 모양. ㅇ魃(발)―가뭄귀신. ㅇ虐(학)―제멋대로 휩쓰는 것. ㅇ憛(담)―애태우는 것. ㅇ憚(탄)―여기서는 더위에 '지친 것'. ㅇ熏(훈)―불타다. ㅇ寧(녕)―어찌. ㅇ遯(돈)―가뭄을 피해 다른 나라로 달아나는 것. ㅇ黽勉(민면)―힘쓰다. ㅇ畏去(외거)―'가뭄이 두려워서 도망쳐 가 버리는 것'. ㅇ胡(호)―어찌. ㅇ瘨(전)―병든 것처럼 괴롭히는 것. ㅇ憯(참)―증(曾)의 뜻(鄭箋). 전혀, 정말. ㅇ祈年(기년)―봄에 하느님께 제사지내어 풍년을 비는 것(釋義). ㅇ方(방)―사방의 신에 지내는 제사(鄭箋). ㅇ社(사)―토신(土神)에게 지내는 제사(集傳). ㅇ莫(모)―모(暮)의 본자(本字). '불모(不莫)'는 늦지 않게 제때에 여러 가지 제사들을 다 잘 지냈다는 뜻. ㅇ虞(우)―조(助)의 뜻도 된다(經義述聞), 돕다. ㅇ明神(명신)―신들에게 자기의 정성을 밝히고 제사를 잘 받드는 것. ㅇ悔(회)―한(恨)의 뜻. ㅇ散(산)―난(亂)의 뜻. 산란한 것. ㅇ友(우)―유(有)의 뜻(釋義). ㅇ紀(기)―기망(紀網). ㅇ鞠(국)―궁(窮)의 뜻(鄭箋), 궁지로 몰리는 것. ㅇ庶正(서정)―여러 관장들. ㅇ疚(구)―병나다. ㅇ冢宰(총재)―관장(官長)들 위의 장관들. ㅇ趣馬(취마)―말을 관리하는 관원(集傳). ㅇ師氏(사씨)―임금을 수호하는 군사들을 관장하는 관원. ㅇ膳夫(선부)―음식을 책임진 관원. ㅇ左右(좌우)―기타 임금을 섬기는 모든 관원들을 말한다. ㅇ周(주)―구(救)의 뜻(毛傳). '미인부주(靡人不周)'는 '아무도 이 가뭄을 구제하지 못한다'는 말. ㅇ止(지)―가뭄을 멈추게 하는 것. ㅇ瞻(첨)―우러러보다. ㅇ卬(앙)―앙(仰)과 같은 자임. 우러러보다. ㅇ云(운)―조사. ㅇ里(리)―우(憂)의 뜻(鄭箋). ㅇ嘒(혜)―혜(暳)와 통함. '유혜(有嘒)'는 혜연(嘒然)으로 반짝거리는 모양. 소남(召南) '소성(小星)' 시 참조. ㅇ君子(군자)―벼슬하는 사람들을 가리킨다. ㅇ昭假(소격)―신령이 소연(昭然)히 강림한다는 뜻. 신의 강림도 소격(昭假)이라 하지만 신의 강림을 비는 제사도 소격(昭假)이라 한다. 여기서는 후자를 뜻하며 제사를 가리킨다. ㅇ贏(잉)―과실 또는 잘못의 뜻(通釋). ㅇ成(성)―이루는 일, 곧 직업을 가리킨다. ㅇ戾(려)―정(定)의 뜻으로(毛傳), 안정시키는 것. ㅇ曷(갈)―하시(何時), '언제면'의 뜻. ㅇ惠(혜)―유(維)와 같은 조사.

解說 이것은 가문 날씨를 걱정하는 시이다. 〈모시서〉에서는 선왕(宣王)이 여왕(厲王)의 뒤를 이은 뒤 여러 가지로 정치를 잘하였으므로 백성들은 이를 기뻐하며 선왕을 기린 것이 이 시라 하였다.

5. 높다람(崧高)

높다랗게 오산이 하늘에 치솟아 있네.
오산의 신이 내려오셔서 보씨와 신씨를 낳으셨네.
신씨와 보씨는 주나라의 기둥일세.
사방의 나라들 주나라의 울타리 되게 하고, 온 세상 나라들 주나라
의 담이 되게 하였네.

부지런한 신백에게 임금님은 나랏일을 계승케 하시고,
사땅을 봉하여 주시어, 남쪽 나라들의 법도 되게 하셨네.
임금님은 소백에게 명하시어 신백의 거처를 정해 주시고,
남쪽 나라로 가서 대대로 그곳 정사를 맡아보도록 하셨네.

임금님은 신백에게 명하시어 남방의 법도 되게 하시고,
사땅의 사람들로 나랏일을 이루게 하셨네.
임금님은 소백에게 명하시어 신백의 땅과 밭의 부세를 정해 주고,
임금님은 부어에게 명하시어 그가 부리던 사람들도 데리고 옮겨가
게 하셨네.

신백의 일을 위하여 소백이 터전을 마련해 주었네.
그곳에 성을 쌓기 시작하여 궁전과 종묘를 다 이룩하였네.
아름답게 다 이뤄놓으니 임금님은 신백에게 그 땅을 내리셨네.
임금님이 내려주신 사마는 건장하고 고리 달린 말 배띠는 산뜻하네.

임금님이 신백을 보내시며 큰 수레와 사마도 내리셨네.
'내가 그대 있을 곳 물색해 보니 남쪽 땅만한 곳이 없소.
그대에게 큰 홀을 내리어 그대의 보배로 삼게 하노니,
가시오! 내 외삼촌이시여! 가서 남쪽 땅을 잘 다스리시오!'

신백께선 성실히 준비하고 떠나시니 임금님께선 미땅까지 가서 전

송하셨네.

　신백께서 남쪽으로 가시니 자신의 사땅으로 정말 돌아가신 거네.
　임금님께선 소백에게 명하시어 신백의 땅의 부세를 걷게 하셨네.
　양식도 다 준비되어 있어 속히 사땅으로 갈 수 있었네.

　신백은 늠름하게 사땅으로 들어가
　많은 부하들 이끄시니 주나라가 모두 기뻐하며,
　훌륭한 인재라 하였네. 밝으신 신백께선
　임금의 큰외삼촌이시니, 문관 무관이 모두 그를 법도로 삼네.

　신백의 덕은 부드러우면서도 곧다네.
　온 세상 바로잡으시어 모든 나라에 명성 떨쳤네.
　이 길보가 노래를 지으니 그 가사가 매우 위대하네.
　이 좋은 노래를 지어 신백에게 바치는 바이네.

原文　崧高維嶽이 駿極于天이로다.
　　　維嶽降神하여 生甫及申이로다.
　　　維申及甫이 維周之翰이로다.
　　　四國于蕃이며 四方于宣이로다.

　　　亹亹申伯을 王纘之事하사
　　　于邑于謝하여 南國是式이로다.
　　　王命召伯하사 定申伯之宅하사
　　　登是南邦하시니 世執其功이로다.

　　　王命申伯하사 式是南邦하시고
　　　因是謝人하여 以作爾庸하시다.
　　　王命召伯하사 徹申伯土田하시고
　　　王命傅御하사 遷其私人하시다.

　　　申伯之功을 召伯是營이로다.

有俶其城하여 寢廟旣成이로다.

旣成蒇蒇하니 王錫申伯하시니라.

四牡蹻蹻하며 鉤膺濯濯이로다.

王遺申伯하시니 路車乘馬로다.

我圖爾居하니 莫如南土로다.

錫爾介圭하여 以作爾寶하노니

往近王舅아 南土是保어다.

申伯信邁어늘 王餞于郿로다.

申伯還南하니 謝于誠歸로다.

王命召伯하사 徹申伯土疆하시고

以峙其粻하사 式遄其行이로다.

申伯番番하사 旣入于謝하여

徒御嘽嘽하니 周邦咸喜하여

戎有良翰이로다. 不顯申伯은

王之元舅시니 文武是憲이로다.

申伯之德은 柔惠且直이로다.

揉此萬邦하여 聞于四國이로다.

吉甫作誦하니 其詩孔碩이로다.

其風肆好를 以贈申伯하노라.

註解　○崧(숭)―산이 높은 모양. ○嶽(악)―오악(吳嶽) 또는 오산(吳山)이라고도 하며《서경(書經)》우공(禹貢)에 보이는 견산(岍山)이다. 지금의 섬서성 농현(隴縣) 서남쪽에 있다(通釋). ○駿極(준극)―높이 솟아 있는 것. ○甫(보)―보(甫)나라의 제후. ○申(신)―신백(申伯). 보(甫)나라와 신(申)나라는 모두 강성(姜姓)의 후손임. ○翰(한)―간(幹), 기둥의 뜻. ○蕃(번)―번(藩)과 통함, 울타리. ○于(우)―위(爲)와 통하여, 사방의 나라들이 주나라를 보호하여 주는 울타리가 되게 하였다는 뜻. ○宣(선)―원(垣)의 가차자(通

釋). 담. ○亹亹(미미)―힘쓰는 모양. ○纘(찬)―계승케 하는 것. ○謝(사)―
나라 이름. 지금의 하남성(河南省) 신양현(信陽縣)에 있었다. 신나라와 사
(謝)나라는 거리가 멀지 않으며, 사나라가 신나라보다 크기 때문에 신백(申
伯)을 그곳에 옮기어 봉했던 것이다(通釋). ○式(식)―법도로 삼는 것. 사
(謝)나라는 남쪽에 있었기 때문에 남쪽의 나라들이 법도로 삼는다고 한 것이
다. ○召伯(소백)―소목공(召穆公) 호(虎). ○宅(택)―집, 머무를 곳. 신백이
머무를 곳을 미리 마련하도록 하였던 것이다. ○登(등)―신백이 가는 것(釋
義). ○世執(세집)―대대로 맡아보는 것. ○功(공)―그곳을 다스리는 일. ○式
(식)―법도 ○庸(용)―성(城)의 뜻(毛傳). '이작이용(以作爾庸)'은 '그대의
성, 곧 나라를 이룩하라'는 말이 된다(集傳). ○徹(철)―여기서는 부세(賦稅)
를 정하는 것(鄭箋). ○傅御(부어)―신백의 가신(家臣)의 우두머리(集傳).
○私人(사인)―신백의 집에서 부어(傅御) 밑에 일하던 여러 사람들. 그들까
지도 모두 신백을 따라 사(謝)땅으로 옮겨가도록 한 것이다. ○營(영)―터전
을 마련하다, 계획하고 돌보아 주다. ○俶(숙)―시작하는 것(集傳). ○寢廟
(침묘)―궁전과 종묘. ○藐藐(막막)―아름다운 모양. ○錫(석)―다 지은 궁전
과 종묘가 있는 사나라를 신백에게 봉하여 주었다는 뜻. ○蹻蹻(갹갹)―장건
(壯健)한 모양. 앞 '판(板)' 시에도 보임. ○鉤(구)―여기서는 띠의 고리. ○膺
(응)―말 배띠. '구응(鉤膺)'은 소아 '채기(采芑)' 시에도 보였음. ○濯濯(탁
탁)―광명(光明)한 모양(毛傳), 산뜻한 것. ○路車(노거)―제후들이 타는 큰
수레. ○乘馬(승마)―이것을 끌 사마(四馬)(毛傳). 노거와 사마도 내려주었다
는 말. ○圖(도)―꾀하다. 이 구절부터 이 절의 끝까지는 임금이 신백에게 한
말. ○介圭(개규)―제후들이 갖는 큰 홀(笏)(集傳). 정현(鄭玄)은 개규(介圭)
는 길이가 1척 2촌인데 제후의 규(圭)는 9촌 이하라 했다. 그래서 다음 구에
그대의 보배로 삼으라고 하였다는 것이다(鄭箋). ○近(근)―조사(鄭箋). 혜동
(惠棟)은 이 '근(近)'자는 '远'로 씀이 옳다고 《설문해자》에 의거하여 주장하
였다(九經古義). ○王舅(왕구)―임금님의 외삼촌. 임금은 선왕(宣王)을 가리
킨다(毛傳). ○信(신)―성(誠)과 통함. ○邁(매)―사(謝)나라로 가는 것. ○餞
(전)―전송(餞送)하는 것. ○郿(미)―땅이름. 지금의 섬서성 미현(郿縣)으로
호경(鎬京)의 서쪽에 있었다. 굴만리(屈萬里)는 주나라 서울로부터 사땅으로
감에는 미(郿)땅을 지나게 되지 않으니, 미는 미(湄)의 뜻. 곧 물가의 뜻으로
봄이 옳을 것이라 하였다(釋義). ○謝于誠歸(사우성귀)―'성귀우사(誠歸于
謝)', 정성을 가지고 사땅으로 돌아가는 것(鄭箋). ○土疆(토강)―강토(疆土)

와 같은 말. ○峙(치)—갖추다. ○糧(장)—신백이 사땅으로 가서 먹을 양식.
○式(식)—조사. ○邅(천)—빠르다. ○番番(번번)—용무모(勇武貌)(毛傳), 늠
름한 것. ○徒(도)—걷는 사람. ○御(어)—수레를 탄 사람. 도어(徒御)는 신백
의 종자들을 가리킨다. ○嘽嘽(탄탄)—소리가 굉장한 모양. 소아 '사무(四牡)'
시 참조. ○戎(융)—조사(釋義). ○翰(한)—기둥. '양한(良翰)'은 좋은 인재의
뜻. ○不(불)—비(조)의 뜻. 매우. ○元(원)—큰 것. ○文武(문무)—문인(文人)
과 무인(武人). ○憲(헌)—신백을 법도로 삼는 것. ○惠(혜)—순(順)의 뜻.
○揉(유)—바로잡다. ○聞(문)—명성이 들리는 것. ○吉甫(길보)—이 시를 지
은 작자 이름. 《모전(毛傳)》에선 윤길보(尹吉甫)라 하였으나, 왕국유(王國維)
는 바로 혜갑반(兮甲盤)을 만든 혜갑(兮甲)이 길보임을 논증하였다(小雅 '六
月' 시 참조). ○誦(송)—노래의 뜻. ○詩(시)—본시 가사(歌詞)였다. ○碩
(석)—위대의 뜻. ○風(풍)—시의 뜻(釋義 引 傅斯年 〈詩經講義稿〉 說). ○肆
(사)—조사.

[解說] 선왕(宣王)은 그의 외삼촌 신백(申伯)을 사(謝)나라에 봉하였다.
길보(吉甫)가 이때 이 시로써 사나라로 가는 신백을 전송한 것이다(集
傳). 〈모시서〉에서는 '숭고(崧高)'는 윤길보가 선왕을 기린 것이라 하였
다. 선왕 때에 천하가 다시 평화로워져 나라를 세워 제후들과 친하게 되
고 신백을 포상한 것을 읊었다는 것이다. 그러나 주희(朱熹)의 견해가 내
용과 더 잘 맞는다.

6. 백성들(烝民)

하늘이 백성들을 낳으시고, 사물에 법칙 있게 하셨네.
백성들 일정한 도를 지니어 아름다운 덕을 좋아하네.
하늘은 주나라를 둘러보시고 세상으로 내려오시어,
우리 천자님 보호하시어 중산보를 낳게 하셨네.

중산보의 덕은 훌륭하고도 법도가 있네.
훌륭한 거동에 훌륭한 모습이요 조심하고 공경하며

옛 교훈을 본받으며 위의에 힘쓰고,
천자님을 따르며 밝게 명령을 펴드리네.

임금님은 중산보에게 명하시어 모든 제후의 법도가 되게 하셨고,
조상들을 계승하여 임금님의 몸을 편케 하라 하셨네.
임금님의 명령을 펴내고 받아들이고 하니 임금님의 입인 셈이며,
밖으로 정사를 펴니 온 세상이 그에게 호응하네.

엄하신 임금님의 명령을 중산보가 도맡고 있고,
나라의 정치가 잘되고 안됨을 중산보가 밝히고 있네.
밝고도 어질게 그의 몸 보전하여,
일찍부터 늦게까지 꾸준히 임금님만을 섬기네.

옛말에 이르기를 부드러운 것은 먹고,
딱딱한 것은 뱉으라 하였네. 그러나 중산보는
부드럽다고 먹지 않고 딱딱하다고 뱉는 일 없이,
홀아비나 과부도 업신여기지 않고 강하고 횡포한 자라도 두려워하
지 않네.

옛말에 이르기를 덕은 가볍기 터럭과 같으나,
백성 중엔 드는 이 적다 하였네. 내가 살펴본 바로는
중산보는 그것을 들었으니, 그를 사랑하는데도 도와줄 일이 없네.
임금님의 일에 결함이 있으면 중산보는 바로 그것을 보충하네.

중산보 길 떠날 제사드리는데, 그의 사마는 건장하고
부하들은 잽싸며, 언제나 제때에 도착하지 못할까 걱정하네.
사마는 터벅거리고 말방울을 달랑거리며 가니,
임금님이 중산보에게 명하시어 동쪽 제나라에 성을 쌓게 하신 거네.

사마는 튼튼하고 말방울은 달랑거리네.
중산보가 제나라로 가니 사람들은 그가 빨리 돌아오기 바라네.
길보가 노래를 지으니 조화됨이 맑은 바람 같네.

중산보는 언제나 이 노래 생각하며 그 마음 위로받기를!

原文 天生烝民하시니 有物有則이로다.
     民之秉彛라 好是懿德이로다.
     天監有周하시고 昭假于下하사
     保玆天子하사 生仲山甫시로다.

     仲山甫之德은 柔嘉維則이라
     令儀令色이며 小心翼翼하며
     古訓是式하며 威儀是力하며
     天子是若하며 明命使賦로다.

     王命仲山甫하사 式是百辟하며
     纘戎祖考하여 王躬是保시니라.
     出納王命하니 王之喉舌이며
     賦政于外하니 四方爰發이로다.

     肅肅王命을 仲山甫將之하며
     邦國若否를 仲山甫明之로다.
     旣明且哲하여 以保其身이며
     夙夜匪解하여 以事一人이로다.

     人亦有言하되 柔則茹之오
     剛則吐之라 하니라. 維仲山甫는
     柔亦不茹하며 剛亦不吐하며
     不侮矜寡하며 不畏彊禦로다.

     人亦有言하되 德輶如毛나
     民鮮克擧之라 하니라. 我儀圖之컨대
     維仲山甫擧之니 愛莫助之로다.

哀職有闕이면 維仲山甫補之로다.

仲山甫出祖하니 四牡業業하며
征夫捷捷하며 每懷靡及이로다.
四牡彭彭하며 八鸞鏘鏘하니
王命仲山甫하사 城彼東方이시로다.

四牡騤騤하며 八鸞喈喈로다.
仲山甫徂齊하나니 式遄其歸로다.
吉甫作誦하니 穆如淸風이로다.
仲山甫永懷하여 以慰其心이어라.

註解 ○蒸民(증민)—여러 백성들. ○物(물)—사물. ○有則(유칙)—법칙이 있는 것. ○秉(병)—지니고 있는 것. ○彝(이)—상(常)의 뜻으로(毛傳), 상도(常道)를 말한다(鄭箋). ○懿(의)—아름다운 것. ○昭假(소격)—신이 강림하는 것. 앞의 '운한(雲漢)' 시에 보였음. ○下(하)—세상을 가리킴. ○天子(천자)—선왕(宣王)을 가리킴. ○仲山甫(중산보)—선왕 때의 사람. 《국어(國語)》주어(周語)에는 번중산보(樊仲山甫)·번목중(樊穆仲), 진어(晉語)에선 번중(樊仲)이라 부르고 있다. 번(樊)은 나라 이름, 목(穆)은 시(謚), 중산보(仲山甫)는 자(字)이다(釋義). ○柔(유)—가(嘉)와 함께 모두 선(善)의 뜻. '억(抑)' 시에 보였음. ○則(칙)—법도가 되는 것. ○令(령)—선(善)의 뜻. ○儀(의)—거동. ○色(색)—안색 용모(鄭箋). ○翼翼(익익)—공경하는 모양(鄭箋). ○式(식)—법도로 삼는 것. ○力(역)—힘쓰는 것. ○若(약)—순(順)의 뜻(毛傳). ○賦(부)—포(布)의 뜻(毛傳), 펴다. ○式(식)—법도가 되는 것. ○辟(벽)—제후. ○纘(찬)—계승의 뜻. ○戎(융)—너, 그대. ○祖考(조고)—조상들. ○出(출)—왕명을 반포하는 것. ○納(납)—신하들의 말을 임금님께 전달하는 것. ○喉舌(후설)—목구멍과 혀. 대변인의 뜻. ○賦(부)—포(布)의 뜻. ○四方(사방)—세상. ○發(발)—발응(發應) 또는 호응의 뜻. ○肅肅(숙숙)—엄한 모양(集傳). ○將(장)—도맡아 시행하는 것. ○若否(약부)—선부(善否)의 뜻(鄭箋), 나라의 정치가 잘되고 안되는 것. 이 뒷구는 '명철보신(明哲保身)'한다는 뜻임. ○解(해)—해(懈)와 통함, 게으름. ○一人(일인)—천자를 가리킴. ○茹

(여)—먹다. ○矜(환)—환(鰥)과 통하는 글자, 홀아비. ○寡(과)—과부. ○彊禦(강어)—강횡(强橫)의 뜻, 세고 횡포한 짓을 하는 자. 앞의 '탕(蕩)' 시에 보였음. ○輶(유)—가벼운 것. ○儀圖(의도)—길보(吉甫)가 중산보(仲山甫)에 대하여 헤아려 보는 것. ○擧之(거지)—그 터럭을 든 것, 곧 쉽사리 덕을 닦았음을 말한다. ○愛莫助之(애막조지)—중산보를 사랑한다 하더라도 덕에 있어서는 도와줄 필요가 없을 만큼 덕을 닦고 있다는 뜻. ○袞職(곤직)—천자의 일. ○闕(궐)—결함의 뜻. ○祖(조)—길을 떠날 때 지내는 제사(鄭箋). 조제(祖祭)는 문을 나선 뒤 지내므로 '출조(出祖)'라 한 것이다. ○業業(업업)—건장(健壯)한 모양, 소아 '채미(采薇)' 시에 보였음. ○征夫(정부)—중산보를 따라가는 부하들. ○捷捷(첩첩)—행동이 민첩한 모양. ○每懷(매회)—언제나 속으로 걱정하고 있는 것. ○靡及(미급)—제때에 대 가지 못하는 것. ○彭彭(방방)—중성모(衆聲貌). 제풍(齊風) '재구(載驅)' 시 및 소아 '출거(出車)' 시 등에 보였음. ○鸞(란)—말재갈 양편에 달린 방울. 사마(四馬)이므로 팔란(八鸞)인 것이다. ○鏘鏘(장장)—방울 소리. ○城(성)—나라의 도읍을 옮기고 성을 쌓는 것. ○東方(동방)—제(齊)나라를 가리킨다(毛傳). 《사기(史記)》 제세가(齊世家)에는 태공(太公)을 영구(營丘)에 봉한 뒤로 5세 호공(胡公)에 이르러 박고(薄姑)로 도읍을 옮기었고, 그의 아들 헌공(獻公)은 임치(臨菑)로 다시 옮겼는데 헌공 원년, 이왕(夷王) 때의 일이다. 위원(魏源)은 《시고미(詩古微)》에서 〈수경주(水經注)〉의 호공동관(胡公銅棺)에 의거, 호공이 6세임을 증명하였다. 《사기》에선 호공 전(前)의 1세를 빼먹었으니 헌공이 위(位)에 올라 도읍을 옮긴 것은 선왕(宣王) 초년에 해당한다는 것이다. 굴만리는 《국어(國語)》에 번목중(樊穆仲)이 선왕 32년에 노(魯)나라 효공(孝公)을 기린 일을 기록하고 있음을 들면서 위원의 설에 찬동하였다(釋義). ○騤騤(규규)—말이 건장한 모양. ○喈喈(개개)—말방울이 달랑거리는 소리. ○式(식)—조사. ○遄(천)—빨리, 속히. ○穆(목)—조화되다, 화합되다. ○永懷(영회)—언제나 이 노래를 생각하는 것.

解說 이 시는 선왕의 명으로 중산보(仲山甫)가 제(齊)나라로 성을 쌓으러 갈 때, 길보(吉甫)가 이 시를 노래하며 전송한 것이다. 〈모시서〉에서는 역시 선왕이 어질고 능력 있는 사람들을 등용하여 주나라를 중흥시켰음을 길보가 기린 것이라 하였다.

7. 위대한 한나라(韓奕)

위대한 양산을 우임금이 다스렸네.
도에 밝으시니 한나라 제후에 임명을 받으셨네.
천자께서 친히 명하시기를 '그대 조상들을 계승하여
나의 명을 저버리지 말고 일찍부터 늦게까지 부지런히
그대 자리를 공경하고 삼가면, 나의 명은 바뀌지 않을 것이요.
내조하지 않는 나라들을 다스리어 그대 임금인 나를 보좌하오.'

사마는 웅장하게 키 크고 몸집이 크네.
한나라 제후 천자님 뵈러 들어오는데, 그의 큰 홀 들고
천자님을 들어와 뵙네. 천자님은 한나라 제후에게
훌륭한 무늬 있는 깃대며 기장목과 대자리 수레 가리개며 무늬 새
긴 멍에와
검은 용포며 붉은 신과 고리 달린 말 배띠며 무늬 있는 말당노와
가죽 붙인 수레앞턱나무며 호랑이 가죽 덮개와 고리 달린 고삐며
고리등을 내리셨네.

한나라 제후 돌아가려고 길제사 지내고 도땅에 나가 머무셨네.
현보가 전송하는데 맑은 술 백 병으로 하였네.
안주는 무엇이었나? 구운 자라와 생선이었지.
채소는 무엇이 있었나? 죽순과 부들이 있었지.
선물은 무엇이었나? 사마와 큰 수레였지.
음식 그릇 많이 벌여놓으니 한후는 기뻐 즐기었네.

한나라 제후께서 장가드시니 여왕(厲王)의 생질 되시고
궤보의 따님 되시는 분이네. 한나라 제후 장가드시러
궤씨네 마을까지 가셨네. 많은 수레들 덜컹거리고
말방울 달랑거리며 매우 환한 빛을 발하였네.

여러 동생들도 따라오니 구름처럼 많기도 하네.
한나라 제후 그들을 돌아보니, 찬란하게 문안에 가득찼네.

궤보는 매우 용감하시어 가보지 않은 나라가 없으시며,
 한나라에 시집간 길씨 혼처 알아보셨는데, 한나라보다 좋은 곳 없더
라네.
 즐거운 한나라 땅이여! 냇물 못물 넘쳐흐르고,
방어 연어 큼직큼직하고 암사슴 수사슴이 우글우글하고
곰도 있고 말곰도 있고 살쾡이도 있고 범도 있다네.
좋게 보시고 출가시키시니 한나라 길씨는 편히 즐기게 되셨다네.

커다란 한나라 성은 연나라 백성들이 완성시킨 것.
선조들이 받으신 명을 받들어 오랑캐 나라들까지 다스리시어,
천자님은 한나라 제후에게 추나라 맥나라까지 맡기셨네.
북쪽 나라들을 모두 맡아 그곳의 방백(方伯)이 되시니,
성을 쌓고 해자를 파고, 밭을 다스리고 세금을 정하고는,
천자님께 비 가죽과 붉은 표범 누런 말곰 가죽 바치셨네.

原文 奕奕梁山을 維禹甸之시니라.
　　　有倬其道에 韓侯受命이로다.
　　　王親命之하사 纘戎祖考하여
　　　無廢朕命하며 夙夜匪解하며
　　　虔共爾位면 朕命不易하리라.
　　　榦不庭方하여 以佐戎辟하라.

　　　四牡奕奕하니 孔脩且張이로다.
　　　韓侯入覲하니 以其介圭로
　　　入覲于王이로다. 王錫韓侯하시니
　　　淑旂綏章과 簟茀錯衡과
　　　玄袞赤舃와 鉤膺鏤錫과

鞹鞃淺幭과   鞗革金厄이로다.

韓侯出祖하고   出宿于屠이로다.
顯父餞之하니   淸酒百壺로다.
其殽維何오?   炰鼈鮮魚로다.
其蔌維何오?   維筍及蒲로다.
其贈維何오?   乘馬路車로다.
籩豆有且하니   侯氏燕胥로다.

韓侯取妻하니   汾王之甥이요
蹶父之子로다.   韓侯迎止하니
于蹶之里로다.   百兩彭彭하며
八鸞鏘鏘하니   不顯其光이로다.
諸娣從之하니   祁祁如雲하로다.
韓侯顧之하니   爛其盈門이로다.

蹶父孔武하여   靡國不到하며
爲韓姞相攸하니   莫如韓樂이로다.
孔樂韓土여   川澤訏訏하며
魴鱮甫甫하며   麀鹿噳噳하며
有熊有羆하며   有貓有虎로다.
慶旣令居하여   韓姞燕譽로다.

溥彼韓城이여   燕師所完이로다.
以先祖受命으로   因時百蠻하니
王錫韓侯하사   其追其貊이로다.
奄受北國하여   因以其伯하니
實墉實壑하며   實畝實籍하고
獻其貔皮와   赤豹黃羆로다.

[註解]　○奕奕(혁혁)―높고 큰 모양.　○梁山(양산)―산이름.　강영(江永)의 《시보의(詩補義)》에 '지금의 통주(通州) 서쪽에 양산(梁山)이 있는데 고안현(固安縣) 동북쪽에 해당한다'고 하였다. 양산은 한(韓)나라 경계에 있던 산이니 이곳에서 말하는 한나라는 하북성(河北省) 고안현 근처에 있었다. 뒤의 전국시대의 한(韓)나라와는 다르다(朱右曾《詩地理徵》).　○甸(전)―다스리다.　○倬(탁)―밝은 모양(集傳). 유탁(有倬)은 탁연(倬然).　○韓侯(한후)―한(韓)나라 제후. 무왕(武王)의 자손으로 희성(姬姓)이다(孔疏). 한후는 그의 아버지의 뒤를 이어 즉위하여 제상(除喪)한 뒤 사복(士服)으로 천자님을 찾아뵙고 명을 받은 것이라 한다(集傳).　○纘(찬)―잇다, 계승하다.　○戎(융)―너, 그대.　○虔(건)―공경스러운 것.　○共(공)―공(恭)과 통함, 공손함.　○榦(간)―《주역(周易)》의 간고(幹蠱)의 '간(幹)'자와 같은 뜻으로, '다스리는 것'(釋義).　○庭(정)―궁정의 뜻으로, 부정(不庭)은 내조하지 않는 것.　○方(방)―나라의 뜻.　○辟(벽)―천자 자신을 가리킴.　○奕奕(혁혁)―성장(盛壯)한 모양. 소아 '거공(車攻)' 시 등에 보였음.　○脩(수)―키가 큰 것.　○張(장)―대(大)의 뜻으로(毛傳), 몸집이 큰 것.　○覲(근)―천자님을 찾아뵙는 것.　○介圭(개규)―제후들이 드는 큰 홀. 앞의 '숭고(崧高)' 시 참조.　○淑(숙)―선(善)의 뜻(毛傳), 훌륭한 것.　○旂(기)―청황교룡(靑黃交龍)이 그려진 깃대.　○綏(유)―유(緌)와 통함. 유장(綏章)은 깃발 위에 꽂는 기장목(集傳).　○簟茀(점불)―대자리와 수레 가리개. 제풍(齊風) '재구(載驅)' 시에 보였음.　○錯衡(착형)―무늬가 새겨진 멍에. 소아 '채기(采芑)' 시에 보였음.　○玄袞(현곤)―제후들이 입는 검은 곤룡의.　○赤舃(적석)―제후들이 신는 붉은 신. 빈풍(豳風) '낭발(狼跋)' 시에 보였음.　○鉤膺(구응)―고리 달린 말 배띠. 소아 '채기' 시에 보였음.　○鏤錫(누양)―무늬가 새겨진 말 앞이마의 장식.　○鞹鞃(곽굉)―수레 앞턱나무 중간을 가죽으로 싸서 사람이 그곳에 기댈 수 있도록 한 것(集傳).　○淺(천)―천모(淺毛)의 호피(虎皮)(毛傳).　○幭(멱)―수레앞턱 나무인 식(軾) 위를 덮어놓는 것.　○鞗革(조혁)―끝에 쇠고리가 달린 가죽 고삐. 소아 '요소(蓼蕭)' 시 참조.　○金厄(금액)―멍에 밑에 달린 쇠로 만든 고리(釋義).　○祖(조)―길을 떠날 때 지내는 제사. 출조(出祖)는 앞 '증민(烝民)' 시에도 보였음.　○屠(도)―땅이름. 송(宋)대의 학자들은 도(屠)가 동주(同州)의 도곡(鄁谷)이라 하나, 그 위치로 보아 아닐 것 같다. 주희(朱熹)는 도(屠)는 두(杜)땅을 말한다 하였는데 후세의 두릉(杜陵)이 아닐까 한다(後箋).　○顯父(현보)―주나라의 경사(卿士)(集傳).　○壺(호)―호리병.　○殽(효)―술안주.

ㅇ炰(포)-굽는 것. ㅇ鼈(별)-자라. ㅇ菜(속)-나물로 만든 안주(毛傳). ㅇ筍(순)-죽순. ㅇ蒲(포)-부들. ㅇ籩豆(변두)-음식을 담아놓는 그릇, 제기. ㅇ有且(유저)-저연(且然)으로 많은 모양(鄭箋). ㅇ侯氏(후씨)-한후(韓侯)를 가리킴. ㅇ燕胥(연서)-연락(燕樂)의 뜻(通釋). ㅇ汾王(분왕)-여왕(厲王)을 가리킨다. 여왕(厲王)은 체(彘)땅으로 귀양갔는데, 체(彘)땅은 분수(汾水) 가에 있었으므로 사람들이 분왕(汾王)이라고도 불렀다(鄭箋). ㅇ甥(생)-생질, 조카. 한후(韓侯)의 부인은 여왕(厲王)의 생질녀라는 뜻. ㅇ蹶父(궤보)-주나라의 경사(卿士)(集傳). ㅇ迎(영)-친영(親迎)의 뜻. ㅇ止(지)-조사. ㅇ百兩(백량)-많은 수레들을 가리킴. ㅇ彭彭(방방)-성중모(聲衆貌). ㅇ不(불)-비(丕)의 뜻, 크게, 매우. ㅇ顯(현)-밝히다. ㅇ娣(제)-옛날 여자가 제후에게 시집갈 때에는 본인의 매(妹)는 물론 질(姪)들까지도 따라서 갔다. 이를 잉(媵)이라 하였는데, 제(娣)는 잉을 가리킨다. ㅇ祁祁(기기)-많은 모양. ㅇ爛其(난기)-난연(爛然), 찬란한 모양. ㅇ姞(길)-궤보(蹶父)의 성(毛傳). 따라서 한길(韓姞)은 한나라의 길씨(姞氏), 한후(韓侯)의 부인을 말한다. ㅇ相攸(상유)-출가시킬 곳을 물색하는 것. ㅇ訏訏(우우)-큰 모양, 크고 넓은 것. ㅇ魴(방)-방어. ㅇ鱮(서)-연어. ㅇ甫甫(보보)-큰 모양, 크고 살찐 것. ㅇ麀(우)-암사슴. ㅇ噳噳(우우)-많은 모양(毛傳). ㅇ羆(비)-말곰. ㅇ貓(묘)-산묘(山貓), 살쾡이. ㅇ慶(경)-선(善)의 뜻으로, 훌륭하다고 여긴 것. ㅇ令居(영거)-출가시키어 그곳에 살게 한 것. ㅇ燕譽(연예)-안락의 뜻. 소아 '요소(蓼蕭)' 시 참조. ㅇ溥(부)-큰 것. ㅇ燕(연)-국명(國名). ㅇ師(사)-민중. ㅇ時(시)-시(是)의 뜻. ㅇ百蠻(백만)-여러 오랑캐들을 통솔하였다는 뜻. ㅇ追(추)-맥(貊)과 함께 오랑캐 나라 이름(毛傳). ㅇ奄(엄)-복(覆)과 통하여 '모두'의 뜻(釋義). ㅇ因以其伯(인이기백)-인위기백(因爲其伯). 백(伯)은 제후의 우두머리. ㅇ實(실)-시(是)의 뜻(鄭箋). ㅇ墉(용)-성을 쌓는 것(集傳). ㅇ壑(학)-성 둘레에 해자〔濠〕를 파는 것(集傳). ㅇ畝(묘)-밭을 정리하는 것. ㅇ籍(적)-부세(賦稅)를 정하는 것(鄭箋). ㅇ貔(비)-백호(白狐)라고도 하고 호랑이와 비슷하다고도 하며, 또 백곰을 말한다고도 하니, 확실히 어떤 짐승인지 알 수 없다(孔疏). ㅇ豹(표)-표범. 이러한 짐승의 모피들을 한후(韓侯)가 천자에게 공물로 바쳤다는 것이다.

解說 한(韓)나라 제후가 즉위하고 바로 내조하여 천자의 명을 받고 돌아갈 때 시인이 이 시를 지어 전송하였다. 〈모시서〉에서는 윤길보(尹吉

甫)가 선왕(宣王)을 기린 작품이라 하였으나 근거가 없다(集傳). 선왕보다는 이 시의 내용은 거의 전편(全篇)이 한후(韓侯)를 기린 것이라 봄이 좋을 것이다. 다만 앞에 나온 두 편의 길보(吉甫)의 작품과 말투가 매우 비슷하기는 하다.

8. 강수와 한수(江漢)

강수와 한수 넘실거리고 병사들은 씨글씨글하네.
즐기거나 노는 것이 아니라 회땅의 오랑캐 찾아가는 것이네.
병거를 내고 깃발을 세우니
편히 천천히 노는 게 아니라 회땅의 오랑캐 치려는 것일세.

강수와 한수 넘실거리고 병사들은 씩씩하네.
온 세상 바로잡고 성공을 임금님께 아뢰네.
온 세상 평정되니 온 나라 안정되네.
전쟁이 없어지니 임금님 마음 편안하시겠네.

강수와 한수 가에서 임금님이 소호에게 명하시어,
온 세상 평정하여 나라 땅의 부세 걷게 하셨네.
어려움도 위급함도 없어졌으니 우리나라 바로잡혔네.
나라 땅을 다스리어 남쪽 바다에까지 이르렀네.

임금님이 소호에게 명하시기를 '두루 정사를 펴시오.
문왕과 무왕이 명을 받으셨는데 소공께선 기둥이셨소.
나는 부족한 사람이라 말하지 말고 소공께서 하셨던 일을 계승하시오.
군대 일을 잘 처리하여 복을 받도록 하시오.'

'그대에게 구슬잔과 검은 기장술 한 병을 내리노니,
선조들께 고하오. 산과 땅을 내리노니,
주나라의 명을 받들어 소공 할아버지 본을 따르오.'

소호는 엎드려 머리 조아리며 천자님 만세를 빌었네.

소호는 엎드려 머리 조아리고 임금님의 은덕에 호응하여,
소공을 추모하고 섬기며 천자님의 만수를 빌었네.
밝고 밝은 천자님은 아름다운 명성 끝없으시며
그의 문덕을 펴시어 온 세상을 평화롭게 하시네.

原文　江漢浮浮하니　武夫滔滔로다.
　　　匪安匪遊니　淮夷來求니라.
　　　旣出我車하며　旣設我旟하니
　　　匪安匪舒라　淮夷來鋪니라.

　　　江漢湯湯하며　武夫洸洸이로다.
　　　經營四方하여　告成于王이로다.
　　　四方旣平하니　王國庶定이로다.
　　　時靡有爭하니　王心載寧이로다.

　　　江漢之滸여　王命召虎하사
　　　式辟四方하여　徹我疆土하시니라.
　　　匪疚匪棘이니　王國來極이로다.
　　　于疆于理하여　至于南海로다.

　　　王命召虎하시되　來旬來宣하라.
　　　文武受命하시니　召公維翰이로다.
　　　無曰予小子어라　召公是似니라.
　　　肇敏戎公하여　用錫爾祉어다.

　　　釐爾圭瓚과　秬鬯一卣하노니
　　　告于文人하라.　錫山土田하노니
　　　于周受命하여　自召祖命이어다.
　　　虎拜稽首하여　天子萬年이라 하다.

虎拜稽首하여 對揚王休하며
作召公考하며 天子萬壽라 하니라.
明明天子는 令聞不已하시며
矢其文德하사 洽此四國하니라.

註解 ○浮浮(부부)―중강(衆强)한 모양(毛傳). 한수(漢水)는 강수(江水)와 합쳐 굉장한 수세(水勢)로 흐른다는 것이다. ○武夫(무부)―군사들. ○滔滔(도도)―광대한 모양(毛傳). 왕인지(王引之)는 '강한도도(江漢滔滔), 무부부부(武夫浮浮)'라 씀이 옳다고 주장하였다(經義述聞). ○安(안)―낙(樂)의 뜻. '비안비유(匪安匪遊)'는 이처럼 많은 군사들은 즐기거나 놀기 위하여 나온 사람들이 아니라는 뜻. ○淮夷(회이)―회하(淮河) 유역의 오랑캐(釋義). ○來(래)―시(是)의 뜻. ○求(구)―토벌하려고 찾아가는 것. ○車(거)―병거(兵車). ○旟(여)―여러 가지 장수의 깃발을 모두 가리킨다. ○舒(서)―서서히 움직이다. 회이(淮夷)의 정벌은 편히 또는 서서히 할 수 있는 것이 아니라는 뜻. ○鋪(포)―정벌, 또는 징계의 뜻. 소아 '우무정(雨無正)' 시 참조 ○湯湯(상상)―물결치는 모양. ○洸洸(광광)―무모(武貌)(毛傳), 씩씩한 것. ○成(성)―성공. ○定(정)―안정의 뜻. ○載(재)―즉(則)의 뜻. ○滸(호)―물가. ○召虎(소호)―소목공(召穆公). 선왕(宣王)이 소목공으로 하여금 회이(淮夷)를 평정하도록 명을 내린 것이다(毛傳). ○式(식)―조사. ○辟(벽)―벽(闢)의 뜻으로, 평정하는 것. ○徹(철)―부세(賦稅)를 정하는 것. ○疚(구)―병이 나는 것. 비구(匪疚)는 병폐나 고난이 없어지는 것. ○棘(극)―위급한 것. ○來(래)―시(是)의 뜻. ○極(극)―정(正)의 뜻으로(釋義), 바로잡히는 것. ○旬(순)―두루. ○宣(선)―정치를 펴는 것. ○文武(문무)―문왕(文王)과 무왕(武王). ○召公(소공)―소강공(召康公) 석(奭)(毛傳). ○翰(한)―간(幹)의 뜻, 일의 중심이 되는 기둥. ○小子(소자)―나이도 적고 경험도 적은 사람. 소호(召虎)에게 너무 겸손하여 일을 사양하지 말라는 뜻임. ○召公(소공)―역시 소강공(召康公) 석(奭). ○似(사)―계승의 뜻. ○肇敏戎公(조민융공)―금문(金文)에 자주 보이는 글귀이다. 조(肇)는 모(謀)의 뜻. 민(敏)은 금문에 '민(勄)' 또는 '회(誨)'로도 쓰는데, 우성오(于省吾)에 의하면 역시 모(謀)의 뜻. 따라서 '조민(肇敏)'은 일을 도모하는 것. 융(戎)은 군사, 군대일. 공(公)자는 금문에서 '공(工)' 또는 '공(攻)'으로도 쓰는데, '융공(戎工)'은 병사(兵事)·군사

(軍事)의 뜻(王國維 〈與友人論詩書中成語書〉). ㅇ用(용)—이(以)의 뜻. ㅇ錫
(석)—주다. ㅇ祉(지)—그대에게 복이 주어지도록 하라는 뜻. ㅇ釐(리)—사
(賜)의 뜻. ㅇ圭瓚(규찬)—옥으로 만든 술잔. 앞의 '한록(旱麓)' 시에 보였음.
ㅇ秬(거)—검은 기장. ㅇ鬯(창)—술의 일종. 거창(秬鬯)은 검은 기장으로 빚
은 술로 제사 때 강신(降神)을 위하여 쓰인다. ㅇ卣(유)—술통, 술병. ㅇ文人
(문인)—문덕(文德)있는 사람(毛傳). 선조들을 가리킨다(鄭箋). ㅇ自(자)—용
(用)의 뜻(鄭箋). ㅇ召祖(소조)—소공(召公) 할아버지, 소강공(召康公) 석
(奭)(鄭箋). '자소조명(自召祖命)'은 소공 석이 천자의 명을 받들어 나라를
위하여 많은 공을 세웠듯이 일을 잘해 달라는 말. ㅇ虎(호)—소호(召虎). ㅇ拜
稽首(배계수)—몸을 굽혀 절하고 머리를 조아리는 것. ㅇ對揚(대양)—금문
가운데 자주 보이는 말. 대(對)는 수(遂)의 뜻. 양(揚)은 발양(發揚)의 뜻(釋
義). ㅇ休(휴)—은덕(恩德)을 가리킴. ㅇ考(고)—금문에서 '효(孝)'와 통용된
다. 그리고 '작소공고(作召公考)'는 '작고소공(作考召公)'의 도문이며, '작고'
는 '추고(追考)'의 뜻(于省吾《詩經新證》). 곧 선조들의 뜻을 잘 받드는 것.
ㅇ令(령)—아름다운 것. ㅇ聞(문)—명성. ㅇ矢(시)—시(施)의 뜻. ㅇ洽(흡)—
평화롭게 하다, 조화시키다.

解說 주(周)나라 선왕(宣王)이 소목공(召穆公)에게 명하여 회수(淮水)
남쪽의 오랑캐들을 평정케 하였다. 시인이 그러한 선왕의 선정과 소호(召
虎)의 공로를 기린 것이 이 시이다. 〈모시서〉에선 이것도 윤길보의 작이
라 하였으나 근거를 알 수 없다.

9. 덕 있는 무용(常武)

엄하고도 밝게 임금님은 태조의 묘에서,
남중을 경사에 황보를 태사에 명하시어,
우리 전군을 정돈하고 군사를 다스리게 함으로써,
경계하고 무력 갖추어 남쪽 나라들을 순종케 하셨네.

임금님은 윤씨에게 명을 내리어 정나라 제후 휴보를 대사마에 명하니,
좌우로 군사들 늘어서게 하고 군사들에게 훈계하기를

'회수 가를 따라 서나라 땅을 살피어
적들이 머물러 살지 못하게 하라' 하니, 삼경이 모두 이에 따랐네.

삼엄하고 어마어마한 군사들에 위엄 있는 천자님이실세.
임금님은 천천히 편안히 가시지만, 더디게 가거나 노시는 건 아니니,
서나라가 소연해지네. 서나라를 경동시키니
벼락이나 천둥치듯이 서나라가 뒤흔들리네.

임금님이 무용을 떨치시니, 천둥 울리듯 노하신 듯하네.
호랑이 같은 신하들 내보내니 성난 호랑이가 울부짖는 것 같네.
회수 가에서 치고 죽이고 하여 많은 추악한 포로를 잡으니,
다스려진 회수 가는 임금님 군사 머무는 곳 되었네.

수많은 임금님의 군사들은 날개치며 날듯 하고,
한수와 강수처럼 힘차며, 산 밑둥같이 튼튼하고,
냇물의 흐름처럼 움직이고 끊임없이 정연하고,
헤아릴 수도 당해낼 수도 없는 모습으로 서나라를 크게 정벌하네.

임금님의 계책 정말로 확실하셔서 서나라가 항복해 왔네.
서나라가 동화하니 임금님의 공이실세.
온 세상 평정되니 서나라도 내조하네.
서나라가 배반하지 않게 되자 임금님은 그제서야 돌아오셨다네.

原文　赫赫明明히　王命卿士하시니
　　　南仲大祖며　大師皇父하사
　　　整我六師하여　以脩我戎하며
　　　旣敬旣戒하여　惠此南國하니라.

　　　王謂尹氏하사　命程伯休父하시니
　　　左右陳行하고　戒我師旅하되
　　　率彼淮浦하여　省此徐土하여

不留不處케 하라 하니 三事就緖로다.

赫赫業業하며 有嚴天子로다.
王舒保作이시나 匪紹匪遊하시니
徐方繹騷로다. 震驚徐方하니
如雷如霆하여 徐方震驚이로다.

王奮厥武하시니 如震如怒로다.
進厥虎臣하시니 闞如虓虎로다.
鋪敦淮濆하여 仍執醜虜하니
截彼淮浦는 王師之所로다.

王旅嘽嘽하니 如飛如翰하며
如江如漢하며 如山之苞하며
如川之流하며 綿綿翼翼하며
不測不克하여 濯征徐國이로다.

王猶允塞하시니 徐方旣來로다.
徐方旣同하니 天子之功이로다.
四方旣平하니 徐方來庭이로다.
徐方不回어늘 王曰還歸라 하시니라.

註解 ㅇ赫赫(혁혁)-위엄있는 모습(釋義). 명명(明明)과 함께 천명(天命)의 엄하고 분명함을 형용한 말. ㅇ卿士(경사)-대장(大將)으로서의 경사임(鄭箋). ㅇ南仲(남중)-소아(小雅) '출거(出車)' 시에도 보였던 선왕(宣王) 때 사람. ㅇ大祖(태조)-태조(太祖)의 묘(廟). 태조의 묘에서 남중을 경사에 임명한 것이다(毛傳). ㅇ大師(태사)-삼공(三公)의 하나로 군사를 장악하는 관리. ㅇ皇父(황보)-소아 '시월지교(十月之交)'에 보인 황보와 동일인인 듯하며(釋義), '시월지교'에서는 '경사(卿士)'라 하였다. 황보도 태조의 묘에서 태사(太師)로 임명한 것임(毛傳). ㅇ六師(육사)-육군(六軍), 천자의 전군(全軍). 이 시는 선왕(宣王)의 친정(親征)을 기린 것임. ㅇ戎(융)-군사. ㅇ敬(경)-경

(警)의 뜻(鄭箋), 경계하다. ㅇ戒(계)-비(備)의 뜻(釋義), 무비(武備)를 갖추는 것. ㅇ惠(혜)-순종케 하는 것. ㅇ尹氏(윤씨)-경사(卿士)들의 임면(任免)을 관장하는 관리. 소아 '절남산(節南山)' 참조. ㅇ程伯休父(정백휴보)-《국어(國語)》 초어(楚語)에도 관사보(觀射父)가 정백휴보(程伯休父)는 선왕 때의 사마씨(司馬氏)였다고 말하고 있다. 위소(韋昭)의 주(注)에 의하면 정(程)은 나라 이름, 백(伯)은 작위, 휴보(休父)가 이름이다. ㅇ命(명)-군대를 지휘하는 대사마에 임명한 것임(毛傳). 정(程)나라의 옛 성이 지금의 하남성 낙양현(洛陽縣) 근처에 있다. ㅇ陳行(진항)-진열(陳列)의 뜻(鄭箋). ㅇ戒(계)-훈시하는 것. ㅇ率(솔)-따르다. ㅇ浦(포)-물가, 포구. ㅇ省(성)-순시(巡視)하는 것. ㅇ徐土(서토)-서(徐)나라의 땅. 서나라는 서방(徐方)이라 부르며 회이(淮夷) 중의 하나로 회수의 북쪽에 있었다. ㅇ不留不處(불류불처)-그 서나라 오랑캐들을 머물러 살지 못하게 하라는 말. ㅇ三事(삼사)-삼경(三卿)(孔疏). 소아 '우무정(雨無正)' 시에 보임. ㅇ就緒(취서)-전쟁에 대비하여 삼경(三卿)들이 모두 그들의 직분에 따라 질서있게 일하는 것. 천자의 친정(親征)이므로 삼경도 종군한 것이다(釋義). ㅇ業業(업업)-성한 모양. 소아 '채미(采薇)' 시 참조. ㅇ有嚴(유엄)-엄연(嚴然)으로 위엄이 있는 모양. ㅇ舒(서)-느리다, 천천히. ㅇ保(보)-편안한 것. ㅇ作(작)-행(行)의 뜻(鄭箋), 행진하는 것. ㅇ紹(소)-더딘 것, 서완(舒緩)의 뜻(經義述聞). ㅇ匪紹匪遊(비소비유)-임금님의 군대가 천천히 편안히 행진하고 있지만 '더디거나 놀며 가는 것은 아니다', 곧 많은 전쟁과 일을 하며 가고 있는 것이라는 뜻. ㅇ繹騷(역소)-요동·소동의 뜻(通釋). ㅇ震驚(진경)-경동(驚動)시키는 것. ㅇ霆(정)-천둥. ㅇ奮(분)-떨치다. ㅇ震(진)-벼락치다. ㅇ闞(함)-호랑이가 노한 모양(鄭箋). ㅇ虓(효)-호랑이가 울부짖는 것. ㅇ鋪(포)-벌(伐), 치다. ㅇ懲(징)-징계하다. 앞 '강한(江漢)' 시에도 보였음. ㅇ敦(퇴)-'범민망불대(凡民罔不譈)'의 대(譈), 《주서(周書)》의 '대국(憝國)'의 대(憝)와 통하며, 여기서는 살벌(殺伐), 치고 죽이고 하는 것(釋義). ㅇ濆(분)-물가. ㅇ仍(잉)-취(就)의 뜻, 나아가다. ㅇ醜(추)-추악한 것. ㅇ虜(로)-포로. ㅇ截(절)-치(治)의 뜻(毛傳). ㅇ王師(왕사)-임금님의 군대. ㅇ所(소)-처(處), 머무르는 곳. ㅇ旅(려)-군대. ㅇ嘽嘽(탄탄)-중성(衆盛)한 모양(集傳). ㅇ翰(한)-새깃을 펄럭이며 나는 것. 행동의 민첩함을 말한다. ㅇ苞(포)-뿌리, 밑둥. ㅇ綿綿(면면)-끊임없이 계속하여 오는 것. ㅇ翼翼(익익)-군사들이 성다(盛多)한 모양(釋義). ㅇ不測(불측)-군세가 헤아릴 수 없는 것(鄭箋). ㅇ不克(불극)-당해

낼 수 없는 것(鄭箋). ㅇ濯(탁)—큰 것. ㅇ猶(유)—작전계획. ㅇ允(윤)—진실로. ㅇ塞(색)—실(實)의 뜻으로(鄭箋), 빈틈이 없고 충실한 것. ㅇ來(래)—귀순하여 오는 것. ㅇ同(동)—동화되어 복종하는 것. ㅇ來庭(내정)—내조하는 것. ㅇ回(회)—왕명이나 정도(正道)를 어기는 것.

解說 선왕(宣王)이 서방(徐方)을 친정(親征)하여 평정하였는데 시인이 이를 기린 것이 이 시이다. 제목 '상무(常武)'는 시의 내용을 대표하는 것으로, '상(常)'은 '상덕(常德)'의 뜻이고 무(武)는 무용(武勇)을 말한다. 즉 선왕의 일정한 덕을 지닌 무용을 노래한 것이 이 시인 것이다. 〈모시서〉에선 소목공(召穆公) 작이라 하였으나 근거를 알 수 없다.

10. 우러러봄(瞻卬)

넓은 하늘 우러러보니 우리를 사랑하시지 않네.
매우 괴롭고 편치 않게 이처럼 큰 재난 내리셨네.
나라는 안정되지 못하고 관리나 백성들 모두 고통 겪나니,
해충이 곡식을 해치듯 끊임없으며
죄 그물 거두지 않아 어려움 낳아질 겨를 없네.

남의 땅을 그대는 빼앗았고,
남의 사람들을 그대는 또 채어갔고,
죄없는 사람들을 그대는 도리어 잡아 가두고,
죄있는 사람은 그대는 오히려 좋아하고 있네.

지혜 많은 남자는 성을 이루고,
지혜 많은 여자는 성을 기울어뜨린다네.
아아, 지혜 많은 여자는 올빼미나 부엉이 같은 짓 하고 있네.
여자에겐 긴 혀가 있어, 화란을 일으키고 있네.
화란은 하늘이 내리신 것이 아니라 여자로부터 생겨난 것이네.
가르쳐도 안되고 깨우쳐도 안되는 자들이 바로 이 좋아하는 여인들

이네.

남의 잘못은 엄격하고 악독하게 따지고,
참언으로 시작하여 배반으로 일을 맺네.
어찌 바르지 않다 스스로 말하겠소? 그게 무슨 잘못이냐지.
세곱 장사를 관리들이 할 줄 알고,
여자는 공적인 직무도 없으면서 누에치고 길쌈하는 일은 하지 않네.

하늘은 무엇으로 책하시려나? 신들이 언제 복을 안 내리셨던가?
나라의 큰 걱정은 버리고 우리에 대해서 투기만 하고 있네.
불행하고 상서롭지 못하고, 위의는 형편없네.
어진 사람 없으니 온 나라가 고난에 허덕이네.

하늘이 벌을 내리시는데 너무도 벌이 무겁네.
어진 사람이 없으니 마음은 시름에 잠기네.
하늘이 벌을 내리시니 재난이 닥친 걸세.
어진 사람 없으니 마음만 슬퍼지네.

솟아오르는 샘물은 깊기도 하네.
마음의 시름은 지금 시작되고 있네.
내게서 먼저 시작된 것도 아니오 내게서 늦게 시작된 것도 아니네.
아득히 넓은 하늘은 모든 일 튼튼히 하시니
선조님들 욕되게 안하면 그대의 자손들이라도 구원받으리라.

原文 瞻卬昊天하니 則不我惠로다.
      孔塡不寧하니 降此大厲로다.
      邦靡有定하여 士民其瘵하니
      蟊賊蟊疾이 靡有夷屆하며
      罪罟不收하여 靡有夷瘳로다.

      人有土田을 女反有之하며

人有民人을 女覆奪之하며
此宜無罪를 女反收之하며
彼宜有罪를 女覆説之로다.

哲夫成城이나 哲婦傾城이니라.
懿厥哲婦이 爲梟爲鴟로다.
婦有長舌하여 維厲之階로다.
亂匪降自天이요 生自婦人이니라.
匪教匪誨하며 時維婦寺니라.

鞫人忮忒하여 譖始竟背니라.
豈曰不極이리요? 伊胡爲慝고?
如賈三倍를 君子是識이니
婦無公事어늘 休其蠶織이로다.

天何以刺며 何神不富오?
舍爾介狄이요 維予胥忌로다.
不弔不祥하며 威儀不類하며
人之云亡이니 邦國殄瘁로다.

天之降罔이며 維其優矣로다.
人之云亡이여 心之憂矣로다.
天之降罔이여 維其幾矣로다.
人之云亡이여 心之悲矣로다.

觱沸檻泉이여 維其深矣로다.
心之憂矣여 寧自今矣로다.
不自我先이여 不自我後로다.
藐藐昊天이여 無不克鞏이시니
無忝皇祖면 式救爾後리라.

註解 ○瞻(첨)-우러러보다. ○卬(앙)-앙(仰)과 통함, 우러르다. ○惠(혜)-
사랑하다. ○塡(전)-전(瘨)과 통하여(釋義), 병고나 고난을 당하는 것. ○厲
(려)-악(惡)의 뜻으로(毛傳), 재난을 뜻한다. ○瘵(채)-노병(勞病)의 뜻(鄭
箋). ○蟊(모)-해충을 말함. ○賊(적)-해치다. ○疾(질)-해충이 병들게 해
치는 것. ○夷(이)-《맹자(孟子)》 '이자기행(夷者其行)'의 이(夷)와 같은 조
사. ○屆(계)-지(止)의 뜻(通釋). 해충이 곡식을 해치는 것 같은 고난이 멎
어지지 않는 것. ○罟(고)-그물. '죄고(罪罟)'는 위정자들이 백성들에게 죄를
씌워 잡는 것을 비유한 것이다. ○夷(이)-조사. ○瘳(추)-병이 낫는 것. ○人
(인)-제후나 경대부들을 주로 가리킨다. ○有(유)-천자가 제후나 경대부들
의 토지를 부당하게 멋대로 빼앗아 갖는 것. ○覆(복)-반(反)의 뜻(鄭箋).
○收(수)-수감하는 것, 잡아 가두는 것. ○說(열)-기쁜 것. ○懿(의)-아픔
에 탄식하는 소리(鄭箋), 희(噫)와 통하는(釋義) 감탄사. ○梟(효)-올빼미.
○鴟(치)-부엉이. 밤에만 활동하는 올빼미나 부엉이와 같이 나쁜 짓을 한다
는 것. ○厲之階(여지계)-화란(禍亂)을 일으키게 하는 것. ○時(시)-시(是)
의 뜻. ○婦寺(부시)-《안자춘추(晏子春秋)》의 '부시(婦侍)'와 같은 말로, 총
애하는 부인을 말한다(釋義). ○鞫(국)-따지는 것. ○忮(기)-사납다, 엄하
다. ○忒(특)-악(惡)의 뜻(鄭箋). ○譖(참)-참소하다. ○背(배)-배반. ○極
(극)-중정(中正)의 뜻. ○伊(이)-조사. ○胡(호)-어찌. ○慝(특)-악(惡)의
뜻. ○賈(고)-장사하는 것. ○三倍(삼배)-3배의 이(利)를 남기는 것. ○識
(식)-알다. 관리인 군자들이 3배나 이익이 남는 장사를 할 줄 아는 것 같다
는 것은, 출세의 빠른 길로 유왕(幽王)의 총희(寵姬)인 포사(褒姒)에게 아첨
함을 비유한 것이다. ○休(휴)-집어치우는 것. ○蠶織(잠직)-집어치우고 안
한다는 것은 여자가 자기의 할 일은 집어치우고 엉뚱한 공사(公事)에 손을
대고 있다는 뜻(鄭箋). ○刺(척)-책(責)의 뜻(毛傳). ○富(부)-복(福)의 뜻
(毛傳). '어째서 신들이 복을 내리지 않았느냐?'는 것은 신들이 재해를 내렸
음을 뜻하는 것이다(鄭箋). ○舍(사)-버리다. ○介(개)-크다. ○狄(적)-척
(惕)과 통하며, 척(惕)은 척(惕)과 같은 자로, 나라의 위급을 가리킨다(釋義).
○胥(서)-서로. ○不弔(부조)-불행의 뜻(釋義). ○類(류)-선(善)의 뜻. ○人
(인)-현인(賢人)(鄭箋). ○云(운)-조사. ○殄(진)-멸하다. ○瘁(췌)-병들
다. ○罔(망)-망(網)의 뜻으로 천벌 또는 천재(天災)를 가리킨다(鄭箋). ○優
(우)-너무한 것, 많다, 무겁다. ○幾(기)-거의 모두가 멸망할 지경에 이르렀
다는 말. ○觱沸(필불)-샘물이 솟아오르는 모양. ○檻泉(함천)-막 솟아나고

있는 샘물. 이 구절은 소아 '채숙(采菽)' 시에도 보임. ㅇ寧(녕)-내(乃)의 뜻(釋義). 이상 두 구는 앞의 '영자금의(寧自今矣)'를 거듭 강조한 것이다. ㅇ藐藐(막막)-고원(高遠)한 모양(集傳). ㅇ鞏(공)-굳다, 튼튼하다. 하늘의 도는 공고(鞏固)하다, 곧 틀림이 없다는 말. ㅇ忝(첨)-욕되는 것. ㅇ後(후)-후손들.

解說 이 시는 유왕(幽王)이 그의 비(妃) 포사(褒姒)를 지나치게 총애하여 나라를 어지럽히고 있음을 풍자한 것이다. 〈모시서〉에서는 범백(凡伯)의 작품이라 하였는데 무엇에 근거를 둔 것인지 알 수 없다. 유왕은 포사에게 빠져 나라를 어지럽힌 끝에 견융(犬戎)의 침입을 받아 자신도 목숨을 잃고 주나라로 하여금 동천(東遷)하지 않을 수 없게 만들었다.

11. 소공과 하늘(召旻)

하늘이 미워하여 벌하시려고 심한 벌을 내리셨네.
우리를 흉년으로 괴롭히어 백성들은 모두 떠다니게 되었으니,
우리나라는 어떤 곳이나 황폐하였네.

하늘은 죄그물을 내리치시어 해충이 들끓듯 내란이 일어났네.
함부로 떠드는 자 남을 모함하는 자들은 공손할 줄 모르고,
어지러이 나쁜 짓 일삼는데도
우리나라를 그들에게 다스리게 하네.

서로 속이고 욕하고 하면서도 자기 잘못은 전혀 깨닫지 못하고,
서로 다투고 시끄러워 매우 어렵고 편치 않으니,
우리 처지도 매우 위태롭게 되었네.

가뭄이 든 해에 풀이 무성히 못 자라듯,
나무 위의 시든 풀같이 되었으니, 우리나라를 보건대
어지럽기 짝이 없네.

옛날 잘살 적엔 이렇지 않았으며,
근래의 고난이라 하더라도 이런 일은 없었네.
성근 쌀인지 고운 쌀인지 모르겠는데도, 어째서 스스로 그만두지 않고,
오로지 시름만 더하게 하는가?

못물이 마르는데 물가로부터 물이 줄어든다 아니하고,
샘물이 마르는데 속으로부터 물이 줄어든다 아니하네.
널리 해가 미치게 하여 오로지 시름만을 더해 주나니
내 몸엔들 재난이 안 닥치겠는가?

옛날 선왕께서 천명을 받으실 적엔 소공 같은 분이 계셔서,
날로 백리씩 나라를 넓혔는데, 오늘날엔 날로 백리씩 나라가 주네.
아아, 슬프다! 지금 사람들엔
옛같은 분이 없단 말인가!

[原文]　旻天疾威시니　天篤降喪하시니라.
　　　　瘨我饑饉하사　民卒流亡하니
　　　　我居圉卒荒이로다.

　　　　天降罪罟하사　蟊賊內訌이로다.
　　　　昏椓靡共하여　潰潰回遹이나
　　　　實靖夷我邦이로다.

　　　　皋皋訿訿나　曾不知其玷하고
　　　　兢兢業業하여　孔塡不寧하니
　　　　我位孔貶이로다.

　　　　如彼歲旱에　草不潰茂하며
　　　　如彼棲苴하니　我相此邦컨대
　　　　無不潰止로다.

　　　　維昔之富면　不如時하며

維今之疚도 不如玆로다.

彼疏斯粺어늘 胡不自替하여

職兄斯引고?

池之竭矣를 不云自頻하며

泉之竭矣를 不云自中이로다.

溥斯害矣라 職兄斯弘하니

不烖哉我躬가?

昔先王受命엔 有如召公하여

日辟國百里러니 今也日蹙國百里로다.

於乎哀哉라! 維今之人엔

不尙有舊아?

註解　○旻(민)―하늘. ○疾(질)―미워하다. ○威(위)―벌을 내리는 것. ○篤(독)―매우, 심히. ○喪(상)―멸망, 벌. ○瘨(전)―괴롭히는 것. ○饑饉(기근)―흉년이 들어 굶주리는 것. ○卒(졸)―전부. ○流亡(유망)―정처없이 떠돌아다니는 것. ○圉(어)―성(城)과 통하여, '거어(居圉)'는 곧 나라를 가리킨다. ○內訌(내홍)―내분·내란과 비슷한 말임. ○昏(혼)―시끄럽게 떠들어 어지럽히는 사람(通釋). ○椓(작)―착(諑)의 가차로서, 터무니없는 말로 남을 모함하는 사람(通釋). ○共(공)―공(恭)과 통함(通釋). ○潰(궤)―어지러운 것. ○回遹(회휼)―사벽(邪辟)한 자. ○靖(정)―다스리다. ○夷(이)―사벽한 자들에게 나라를 치평(治平)토록 하는 것. ○皐皐(고고)―서로 속이는 것(通釋). ○訿訿(자자)―서로 훼방하는 것(通釋). ○玷(점)―잘못. ○兢兢(긍긍)―서로 다투는 모양. ○業業(업업)―성한 모양(小雅 '采薇' 앞의 '常武' 시에 보임). 여기서는 어지러움이 굉장한 것. ○瘨(전)―전(瘨)의 뜻, 병든 것, 어지러운 것. ○貶(폄)―위태롭게 되다, 벼슬자리에서 쫓겨나는 것. ○潰(궤)―휘(彙)와 통하여 무성한 모양(釋義). ○棲(서)―쉬다. ○苴(저)―왕일(王逸)의 《구장장구(九章章句)》에 '산 풀은 초(草)라 하고 마른 풀은 저(苴)라 한다'고 했다. 따라서 '서저(棲苴)'는 나무 위에 있는 마른 풀(釋義). 이 시든 풀은 고난에 허덕이는 백성들에게 비유한 것이다. ○潰(궤)―어지러운 것. ○止(지)―조사.

ㅇ時(시)-시(是)의 뜻. ㅇ茲(자)-옛날에 잘살았을 때는 물론 금세(今世)의 고난이라 하더라도 지금처럼 어려웠던 적은 없었다는 말. ㅇ疏(소)-조(粗)와 통하여 곱게 빻지 않은 조미(粗米)(鄭箋). ㅇ粺(패)-정미(精米). ‘피소사패(彼疏斯粺)’는 세상이 어지러워 조미(粗米)와 정미(精米)가 섞여 있어 분별할 수 없듯이 선인과 악인을 가릴 수가 없다는 말. ㅇ替(체)-폐(廢)의 뜻(毛傳), 동란을 그만두는 것. ㅇ職(직)-전주(專主)의 뜻, 오로지 ……을 하게 하는 것. ㅇ兄(항)-황(怳)과 통하여 창황(愴怳)의 뜻, 곧 마음 아파하는 것(集傳). ㅇ引(인)-인장(引長)의 뜻(集傳). ㅇ云(운)-조사. ㅇ頻(빈)-빈(濱)의 뜻. 물가. ㅇ池之渴(지지갈)-못물이 마르다. 못물은 가로부터 줄어들고 샘물은 속으로부터 줄어든다. 그것은 못물은 밖에서 물이 흘러들어 괸 것이고 샘물은 속에서 솟아난 것이기 때문이다. 그런데도 사람들이 이런 사실을 인정하지 않는다는 것은 지금의 혼란이 악인들에게 원인이 있음을 인정하지 않는다는 뜻이다. ㅇ溥(부)-넓은 것. ㅇ弘(홍)-큰 것. ㅇ烖(재)-재(災)의 본자(本字), 재앙. ㅇ先王(선왕)-문왕(文王)·무왕(武王)을 가리킴. ㅇ召公(소공)-소강공(召康公) 석(奭). ㅇ辟(벽)-벽(闢)의 뜻, 개척하여 넓히는 것. ㅇ蹙(축)-축소의 뜻. ㅇ舊(구)-옛날 소공과 같은 어진 사람.

解說 이 시는 유왕(幽王)이 소인을 임용하여 나라를 어려움과 기근에 빠뜨렸음을 풍자한 시이다. 제목을 ‘소민(召旻)’이라 하였음은 제1절 첫머리의 ‘민천(旻天)’에서 ‘민(旻)’자를 따고 끝절 첫머리에 나오는 ‘소공(召公)’에서 ‘소(召)’자를 딴 것이다(集傳). 〈모시서〉에선 ‘민’을 ‘민(閔 : 불쌍히 여기다)’의 뜻으로 보고, ‘소민(召閔)’이란 천하에 소공과 같은 신하가 없음을 가슴 아파한 것이라 하였다. 주희(朱熹)의 설이 옳은 듯하다.

제 4 편
송(頌)

송(頌)은 종묘(宗廟)의 악가(樂歌)로서, 제사를 지낼 때 그의 성덕(盛德)을 기리고 이루어 놓은 공을 드러내어 신명(神明)에게 고한 것이다. 청나라 때의 학자 완원(阮元)은 〈석송(釋頌)〉이란 글에서 옛날에는 ‘송(宋)’이 ‘용(容)’자와 통용되었음을 지적하고(亦見 集傳) 노래에 춤을 겸했음을 뜻한다고 하였다(揅經室一集). 따라서 송은 공덕의 송양(頌揚)이란 뜻도 지니고 있지만, 겸무(兼舞)의 뜻도 나타내고 있는 것이다.

주 송(周頌)

정현(鄭玄)은 《시보(詩譜)》에서 ‘주송(周頌)은 주(周)나라 왕실이 공을 이루어 태평하고 덕이 성하던 때의 시로서, 주공(周公)이 섭정하던 성왕(成王) 즉위 초의 작품이다’라고 하였다. 그러나 주희(朱熹)는 강왕(康王) 이후의 시들도 들어 있다고 하였는데, 올바른 견해인 듯하다. 시 본문을 통하여 성왕(成王) 이후의 작품임을 인지할 수 있는 작품들이 있기 때문이다. 그러나 주송은 대부분 압운(押韻)하지 않고, 문사(文辭)도 옛 티가 많으므로 《시경》 가운데서 가장 오래된 작품들이라 봄이 옳을 것이다.

제1 청묘지습(淸廟之什)

1. 청묘(淸廟)

아아, 아름다운 청묘에 공경스럽고 의젓한 덕 많은 제사 돕는 대신들 모였네.

수많은 선비들이 문왕의 덕을 받들어,
하늘에 계신 분 높이 모시며 바쁘게 묘당을 뛰어다니고 있네.
문왕의 신령 매우 밝게 돌봐주고 계시니,
사람들은 싫증을 낼 줄 모르네.

原文   於穆淸廟에 肅雝顯相이로다.

　　　濟濟多士이 秉文之德하여

　　　對越在天이요 駿奔走在廟로다.

　　　不顯不承이니 無射於人斯로다.

註解　 ○於(오)-감탄사, '아아'. ○穆(목)-미(美)의 뜻(毛傳), 아름다운 것. ○淸廟(청묘)-청정한 묘당(廟堂)의 뜻. 여기서는 문왕의 묘를 가리킨다. ○肅(숙)-공경하는 것. ○雝(옹)-화(和)의 뜻(毛傳), 의젓한 것. ○顯(현)-덕이 밝은 것(鄭箋). ○相(상)-여기서는 명사로 '조제자(助祭者)', 곧 조제(助祭)하는 공경(公卿) 제후(諸侯)들을 말한다(集傳). ○濟濟(제제)-많은 모양. ○士(사)-제사에 참례하여 일보는 사람들을 가리킴(集傳). ○秉(병)-병승(秉承)의 뜻으로 받드는 것. ○文(문)-문왕. '무(武)' 시의 '사무수지(嗣武受之)'의 무(武)가 무왕(武王)을 가리킴과 같다(釋義). ○對越(대월)-'대양(對揚)'과 같은 말(經義述聞), 문왕의 덕에 '따라 높이는 것'. ○在天(재천)-하늘에 계신 분. 문왕의 신령이 하늘에 계시다고 믿고 있다. ○駿(준)-빨리 달리다. ○不(불)-두 자 모두 비(丕)의 뜻(釋義), 매우. ○承(승)-받들다. '불현불승(不顯不承)'은 '문왕의 신령이 매우 밝게 후인들을 보좌해 주시고 계시다'는 뜻(釋義). ○射(역)-싫증내다. ○斯(사)-조사.

解說　 이 시는 문왕(文王)을 제사지내는 노래이다. 〈모시서〉에 의하면 주공(周公)이 동쪽에 낙읍(洛邑)을 이루어 놓은 뒤 제후들을 거느리고 문왕을 제사지낼 때 부른 악가(樂歌)이다. 주공의 낙읍 경영은 《서경》의 주서(周書) 〈소고(召誥)〉와 〈낙고(洛誥)〉편에 보이며, 섭정한 지 5년째 낙읍을 완성하고 6년째 제후들이 내조하여 제사한 것이라 한다(孔疏).

2. 하늘의 명(維天之命)

하늘의 명은 아름답기 그지없네.
아아 밝기도 해라, 문왕의 덕의 순수함이여!
크게 우리를 이롭게 하셨으니 우리는 그것을 받아,
힘써 우리 문왕 따르리니, 자손들은 이대로 잘 받들기를!

原文 維天之命은 於穆不已시니

於乎不顯토다 文王之德之純이여!

假以溢我시니 我其收之하여

駿惠我文王하리니 曾孫篤之어다.

註解 ○於(오)-탄사. ○穆(목)-미(美)의 뜻. ○不(불)-비(조)의 뜻(釋義). ○純(순)-순수한 것. ○假(가)-대(大)의 뜻(釋義). ○溢(일)-익(益)의 뜻(釋義), 이익되게 하는 것. ○收(수)-수(受)의 뜻(釋義), 받아들이다. ○駿(준)-크게, 힘써. ○惠(혜)-순종하는 것(集傳). ○曾孫(증손)-후왕(後王)들을 가리킴(集傳). 손자의 아들 이하는 옛날에는 모두 증손이라 불렀다(釋義). ○篤(독)-독실히 잘 받드는 것.

解說 이것도 문왕을 제사지내는 시이다(集傳). 〈모시서〉에선 태평함을 문왕에게 고한 것이라 하였다.

3. 맑고 밝음(維淸)

맑고 밝게 끊이지 않고 이어오니, 문왕의 법도일세.
제사지내기 시작하여 지금까지 그 법도로 정사 이뤄놓았으니,
주나라의 상서로움일세.

原文 維淸緝熙하니 文王之典이로다.

肇禋하여 迄用有成하니

維周之禎이로다.

註解　○淸(청)−청명한 것.　○緝熙(즙희)−계속부절(繼續不絶)의 뜻. 대아(大雅) '문왕(文王)' 시에 보임.　○典(전)−법도.　○肇(조)−시작하는 것. 조인(肇禋)은 문왕을 '제사지내기 시작한 이래'.　○迄(흘)−지금까지.　○用(용)−문왕의 법도를 쓰는 것.　○成(성)−정사를 이루어 놓는 것.　○禎(정)−상(祥)의 뜻.

解說　이것도 문왕을 제사지내는 노래이다(集傳). 〈모시서〉에선 이 시는 상무(象舞)를 출 때 부르는 악가(樂歌)라 하였다. 상무는 전쟁할 때 싸우는 모습을 상징하는 춤이다(毛傳).

4. 공덕 많음(烈文)

공 많고 덕 많은 제후들이여! 우리 조상께서 복을 내려주셨고,
우리를 사랑하심 한이 없으니, 자손들 유업을 잘 보전하여야 하네.
제후들이 나라를 크게 망치는 짓 하지 않으면, 임금님은 그를 높여
줄 것이네.
선인들의 큰 공 생각하여, 유서를 계승 발전시키기를.
이를데 없이 훌륭한 사람을 온 세상은 본받을 것이며,
밝은 덕있는 분을 모든 제후들이 법도로 삼을 것이니,
아아, 옛 임금님들을 잊지 말기를!

原文　烈文辟公이여　錫茲祉福하니

惠我無疆하여　子孫保之로다.

無封靡于爾邦하며　維王其崇之로다.

念茲戎功하여　繼序其皇之어다.

無競維人을　四方其訓之하며

不顯維德을 百辟其刑之하나니

於乎前王不忘이로다.

[註解] ㅇ烈文(열문)-'열(烈)'은 무공(武功), '문(文)'은 문덕(文德)을 말한다(通釋). ㅇ辟公(벽공)-제후들. 천자는 벽왕(辟王)이라 한다(通釋). ㅇ錫(석)-사(賜)의 뜻. ㅇ祉(지)-복. ㅇ惠(혜)-사랑. ㅇ無疆(무강)-한없는 것, 끝없는 것. ㅇ保之(보지)-이러한 선공(先公)들의 유업(遺業)을 보전하는 것. ㅇ封(봉)-큰 것. ㅇ靡(미)-손(損) 또는 괴(壞)의 뜻(通釋), 곧 망치는 것. ㅇ崇(숭)-높여주다, 대우를 잘하다. ㅇ戎(융)-큰 것. ㅇ序(서)-서(緖)와 통하여(通釋), 유서(遺緖)의 뜻. ㅇ皇(황)-큰 것. ㅇ無競(무경)-견줄 데 없는 것. ㅇ人(인)-어진 사람. 이 구절은 대아(大雅) '억(抑)' 시에 보임. ㅇ不(불)-비(丕)의 뜻. ㅇ辟(벽)-제후. ㅇ刑(형)-법도로 삼는 것. ㅇ前王(전왕)-전대(前代)의 임금님. 문왕(文王)과 무왕(武王).

[解說] 이것은 주나라의 선공(先公)들을 제사지내는 시이다. 제사를 지내면서 그때의 제후들까지도 훈계한 것이다. 〈모시서〉에선 성왕(成王)이 정치를 직접 맡으면서 제사를 지낼 때 제후들이 조제(助祭)하는 것을 노래한 것이라 하였다.

5. 하늘이 만드심(天作)

하늘이 높은 산을 만드셨는데, 태왕께선 그것을 다스리셨네.
태왕께서 일으키신 것을 문왕께서 다스리어 편안케 하셨네.
태왕께서 가시니 기산으로 평평한 길이 났네.
자손들은 이 유업 잘 보전하네.

[原文] 天作高山이시어늘 大王荒之로다.

彼作矣시어늘 文王康之로다.

彼徂矣하시니 岐有夷之行이로다.

子孫保之어다.

註解　ㅇ荒(황)—치(治)의 뜻(集傳).　ㅇ彼(피)—태왕(太王)을 가리킴.　ㅇ作(작)—나라를 일으키는 것.　ㅇ徂(조)—태왕이 빈(豳)땅으로부터 기산(岐山) 아래로 나라를 옮긴 것을 말한다.　ㅇ岐(기)—기산 지방. 문왕도 풍(豐)땅으로 나라를 옮기기 전까지 이곳에서 나라를 다스렸다.　ㅇ夷之行(이지행)—평평한 길. 주나라로 모여드는 백성들이 많아서 평평한 길이 생겼다는 뜻.

解說　이것은 태왕(大王)을 제사하는 노래이다(集傳). 〈모시서〉에선 선왕과 선공(先公)들을 제사하는 것이라 하였으나 주희(朱熹)의 설이 옳은 것 같다.

6. 하늘의 밝은 명(昊天有成命)

넓은　하늘의 밝은 명을 문왕과 무왕께서 받으셨네.

성왕께선 편히 노시지 못하시고,

새벽부터 늦게까지 천명을 바탕으로 하여 관대하고 안정된 다스림 펴셨네.

아아, 끊이지 않고 이어받아 성심을 다하시니,

마침내 안락하게 되었네.

原文　昊天有成命이시어늘 二后受之로다.

成王不敢康하사 夙夜基命宥密하시니라.

於緝熙하시며 單厥心하시니

肆其靖之시니라.

註解　ㅇ成(성)—명(明)과 뜻이 통하여, '성명(成命)'은 명명(明命)의 뜻(通釋).　ㅇ二后(이후)—문왕(文王)과 무왕(武王).　ㅇ夙夜(숙야)—일찍부터 밤 늦게까지 부지런히 힘쓰는 것.　ㅇ宥(유)—관(寬)의 뜻(毛傳), 관대(寬大)한 것.　ㅇ密(밀)—영(寧)의 뜻(毛傳), 안정된 것.　ㅇ於(오)—탄사.　ㅇ緝熙(즙희)—계속부절(繼續不絶)하는 것. 앞에 보임.　ㅇ單(단)—탄(殫)과 통하여, 성심을 다하는 것.　ㅇ肆(사)—조사.　ㅇ靖(정)—편안한 것.

解說 《국어(國語)》 진어(晋語)에 숙향(叔向)이 '호천유성명(昊天有成命)은 성왕(成王)의 덕을 말한 것이다'라고 하였다. 주희는 이에 의거하여 성왕을 제사하는 시라 하였다. 〈모시서〉에선 천지를 교사(郊祀)하는 시라 하였는데 내용과 부합되지 않는다.

7. 받들어 올림(我將)

양과 소 잡아 제물로 받들어 올리니,
하늘이 도와주시네.
문왕의 법도를 잘 본받아 매일 세상을 잘 다스리면,
위대하신 문왕께선 제사를 흠향하시리라.
나는 일찍부터 밤 늦게까지 하늘의 위엄을 두려워하며,
문왕의 유업을 보전하리라.

原文 我將我享이 維羊維牛니
　　　維天其右之리로다.
　　　儀式刑文王之典하여 日靖四方하면
　　　伊嘏文王이 旣右饗之하시리라.
　　　我其夙夜로 畏天之威하며
　　　于時保之리라.

註解 ㅇ將(장)―봉(奉)의 뜻(鄭箋). ㅇ享(향)―제물로 바치는 것. ㅇ右(우)―우(佑)의 뜻(鄭箋), 돕다. ㅇ儀(의)―선(善)의 뜻(毛傳), 잘하는 것. ㅇ式刑(식형)―본뜨는 것. ㅇ典(전)―전칙(典則) 또는 법도의 뜻. ㅇ日(일)―매일. ㅇ靖(정)―다스리다. ㅇ伊(이)―조사. ㅇ嘏(가)―위대한 것. ㅇ右(우)―유(侑)와 통하여, 신을 대표하는 시(尸)에게 제물(祭物)을 먹게 하는 것(釋義). ㅇ饗(향)―신이 제사를 흠향하는 것. ㅇ時(시)―시(是)의 뜻. ㅇ保之(보지)―앞에서도 두어 번 보였듯이 여기서는 문왕의 유업을 보전하는 것.

[解說] 이것도 문왕을 제사하는 노래이다. 〈모시서〉에서도 문왕을 명당(明堂)에서 제사하는 노래라 하였다. 명당이란 《고공기(考工記)》의 정주(鄭注)에 의하면 '정교(政敎)를 밝히는 당(堂)'의 뜻으로 주대(周代)에 제후들을 접견하고 제사와 양로(養老)·교학(敎學)·선사(選士) 같은 중요한 행사를 하던 장소이다.

8. 순수(時邁)

철 따라 나라를 순수하니, 하늘은 저분을 사랑하시어,
주나라를 착실히 돕고 순조롭게 하시네.
한번 진노하시자 떨며 두려워하지 않는 이 없고,
여러 신들을 달래어 황하와 높은 오산에 이르니,
정말로 임금님은 참다운 임금일세.
밝은 주나라에선 질서 따라 벼슬내리고,
방패와 창 모아 감추고 활과 화살 자루에 넣어두었네.
아름다운 덕을 추구하여 중국 땅에 펴니,
진실로 임금님은 나라를 잘 보전하시네.

[原文]　時邁其邦에 昊天其子之니
　　　　實右序有周로다.
　　　　薄言震之하니 莫不震疊하며
　　　　懷柔百神하여 及河喬嶽하니
　　　　允王維后시로다.
　　　　明昭有周이 式序在位하고
　　　　載戢干戈하며 載櫜弓矢하고
　　　　我求懿德하여 肆于時夏하니
　　　　允王保之시로다.

[註解] ○時(시)-‘제때에’. 주대(周代)에는 12년에 한 번씩 순수(巡守)하며 산천 군신(羣神)을 아울러 제사하였다(孔疏). ○邁(매)-나라를 천자가 순행(巡行)하는 것. ○子(자)-자식처럼 사랑하는 것. ○右(우)-우(佑)와 통함, 돕다. ○序(서)-순(順)과 통하여 순조롭게 하는 것(通釋), 질서있게 한다는 뜻으로 보아도 좋다. ○薄言(박언)-모두 조사. ○震(진)-진동시키다, 진노하다. ○疊(첩)-두려워하다. ○懷柔(회유)-달래는 것. 여기서는 공경히 제사함을 뜻한다. ○河(하)-황하. ○喬(교)-높은 것. ○嶽(악)-오악(吳嶽) 또는 오산(吳山)(大雅 ‘崧高’ 시 참조). 산천을 순회하며 제사하는 것을 뜻한다. ○允(윤)-진실로. ○后(후)-참다운 임금의 뜻. ○式(식)-조사. ○序(서)-질서가 있는 것. ○在位(재위)-백관(百官)들을 뜻한다. ○載(재)-즉(則)의 뜻. ○戢(즙)-모아서 저장하는 것. ○櫜(고)-활집에 넣다, 자루 속에 넣어두다. 이상 2구는 무력(武力)을 사용하지 않음을 뜻한다. ○懿(의)-아름다운 것. ○肆(사)-펴는 것. ○時(시)-시(是)의 뜻. ○夏(하)-중하(中夏), 곧 중국을 가리킨다. ○保之(보지)-주나라를 보전하는 것.

[解說] 이 시는 천자가 순수(巡守)를 하고 나서 조회하며 결과를 아뢰는 제사를 지내는 악가(樂歌)이다(集傳). 〈모시서〉에서는 순수한 뒤 백신(百神)과 산천을 제사함을 노래한 것이라 하였다. 그런데 《좌전(左傳)》 선공(宣公) 12년에는 ‘재즙간과(載戢干戈)’ 이하의 5구를 인용하고 무왕(武王)이 상(商)나라를 멸한 뒤 노래한 것이라 하였다. 《국어(國語)》 주어(周語) 상(上)에선 채(蔡)나라의 공모보(公謀父)가 이 5구를 인용하며 주나라 문공(文公)의 송(頌)이라 하였다. 굴만리(屈萬里)는 《국어》의 설이 가장 근리하다고 보았다(釋義). 곧 주공(周公)이 순수한 뒤에 무왕(武王)을 제사한 악가로 보는 것이다.

9. 강하심(執競)

강하신 무왕은 비길 데 없이 공 많으시네.
밝으신 성왕과 강왕은 하나님이 아름답게 여기시네.
성왕과 강왕으로부터 시작하여 온 세상 다스리며,

밝게 살피시네.
종과 북 덩덩 울리고 경과 피리 연주하니,
많은 복 내려주시네.
내리시는 복 크고 위의 장중하니,
신이 취하고 배부르시어 복과 녹을 돌려주시네.

原文　執競武王은　無競維烈이시로다.
　　　不顯成康은　上帝是皇이시로다.
　　　自彼成康으로　奄有四方하시니
　　　斤斤其明이로다.
　　　鐘鼓喤喤하며　磬筦將將하니
　　　降福穰穰이로다.
　　　降福簡簡하며　威儀反反하니
　　　旣醉旣飽하여　福祿來反이로다.

計解　o競(경)-강(強)의 뜻(鄭箋). o執競(집경)-강함을 지닌 것. o無競(무경)-'다툴 리 없이', '비길 데 없이'. o烈(열)-공로가 많은 것. o不(불)-비(조)의 뜻, 매우. o成康(성강)-성왕(成王)과 강왕(康王)(集傳). o皇(황)-미(美)의 뜻(毛傳). o奄(엄)-문득, 이에. o斤斤(근근)-밝게 살피는 모양(毛傳). o喤喤(횡횡)-큰 소리(釋義). o磬(경)-돌로 만든 타악기. o筦(관)-관(管)과 같은 자. 관악기(管樂器). o穰穰(양양)-많은 모양(毛傳). o簡簡(간간)-큰 모양(毛傳). o反反(반반)-근중(謹重)한 것(集傳), 곧 장중한 모양. o旣醉旣飽(기취기포)-신(神 : 尸)이 취하고 배부른 것. 제물(祭物)을 많이 드신 것이다. o反(반)-귀(歸)의 뜻(通釋), 곧 많이 돌아오는 것.

解說　이것은 무왕(武王)과 성왕(成王)·강왕(康王)을 제사하는 시이다(集傳). 〈모시〉에선 성강(成康)을 '성대공(成大功)하고 나라를 편안케 하는 것'으로 풀이하고 무왕을 제사하는 것이라 하였으나, 성강(成康)을 성왕과 강왕으로 본 주희의 견해가 무난한 듯하다.

10. 문덕 있으심(思文)

문덕 많으신 후직께서는 하늘의 짝이 되실 만한 어른일세.

우리 백성들이 안정된 것은 모두 그분의 은덕이네.

우리에게 보리와 밀씨 내리시어, 하나님은 백성들 두루 기르시게 하셨네.

이곳 저곳을 막론하고 온 중국 땅에 바른 도를 펴시었네.

[原文] 思文后稷은 克配彼天이시로다.

立我烝民이 莫匪爾極이시니라.

貽我來牟하사 帝命率育이시니라.

無此疆爾界하시고 陳常于時夏시로다.

[註解] ㅇ思(사)—조사(集傳). ㅇ文(문)—문덕(文德)의 뜻(鄭箋). ㅇ后稷(후직)—주나라의 시조 ㅇ立(입)—정(定)의 뜻(經義述聞·通釋). ㅇ烝民(증민)—중민(衆民), 인민(人民). ㅇ極(극)—중정(中正)의 뜻이나, 명사로 쓰일 때엔 '덕혜(德惠)', '은덕'의 뜻임(釋義). ㅇ貽(이)—주다, 내려주다. ㅇ來(래)—소맥(小麥), 밀(集傳). ㅇ牟(모)—보리. 옛날 요(堯)임금 때 홍수로 백성들은 굶주림에 시달렸는데, 이때 후직이 여러 가지 곡식을 재배하여 흉년을 건졌다 한다. ㅇ率(솔)—'다', '두루'의 뜻. ㅇ育(육)—백성들을 기르는 것. ㅇ此疆爾界(차강이계)—'이곳 저곳 할 것 없이'의 말. ㅇ陳(진)—펴다. ㅇ常(상)—상도(常道). ㅇ時(시)—시(是)의 뜻. ㅇ夏(하)—중국, 중원(中原).

[解說] 이 시는 후직(后稷)을 제사지낼 때 불렀던 노래이다. 《국어》주어(周語)에서는 채(祭)나라 공모보(公謀父)가 이 시를 인용, 주나라 문공(文公)의 작품이라 하였다.

제2 신공지습(臣工之什)

1. 관리들(臣工)

아아, 관리들이여! 신중히 직무를 수행하오!
임금님은 당신들이 이룩하는 업적을 기뻐하시니, 묻고 헤아리며 일
하여 주오.
아아, 신하들이여! 봄도 다 갔는데,
또 무엇을 바라고 있소?
일궈놓은 밭들이 있는데 어찌 그대로 있겠소?
아아, 아름다운 밀 보리여, 풍년이 들게 되었소.
밝으신 하느님께서 안락한 한 해를 마련해 주셨소.
우리 백성들께 명하여 가래와 호미를 준비토록 하오,
곧 곡식 거둬들이게 될 거요.

原文 嗟嗟臣工이여 敬爾在公이어다.

王釐爾成하시니 來咨來茹어다.

嗟嗟保介여 維莫之春이니

亦又何求오? 如何新畬오?

於皇來牟여 將受厥明이로다.

明昭上帝이 迄用康年이시로다.

命我衆人하여 庤乃錢鎛어다.

奄觀銍艾리로다.

註解 ㅇ嗟嗟(차차)—거듭 감탄하는 것(集傳). ㅇ臣工(신공)—군신(羣臣)

또는 백관(百官)의 뜻(集傳). ○敬(경)—신(愼)의 뜻(釋義). ○公(공)—공가(公家). 군신들의 직장임. ○釐(희)—희(喜)와도 통함(釋義), 기뻐하다. ○成(성)—일을 성취하여 농사가 풍년이 들도록 하는 것(通釋). ○來(래)—시(是)의 뜻. ○咨(자)—자(諮)와 통함, 묻다. ○茹(여)—헤아리다. ○保介(보개)—부관(副官)의 뜻. 원일(元日) 기곡제(祈穀祭) 뒤에 천자는 날을 가리어 친경적전(親耕籍田)을 했는데 공경대부들은 이때 임금을 따라 도왔다. 따라서 이곳의 보개(保介)는 이때의 부관격인 삼공(三公) 이하 제신(諸臣)들을 가리킨다(傳疏). ○新(신)—밭을 일군 지 2년 된 것(毛傳). ○畬(여)—일군 지 3년 된 밭. ○於(오)—탄사(歎詞). ○皇(황)—아름다운 것. ○來牟(내모)—밀 보리. 앞 '사문(思文)' 시에 보임. ○明(명)—성(成)과 옛날에는 통하였으며, 성(成)은 연곡풍숙(年穀豐熟)의 뜻임(經義述聞). ○迄(흘)—흘(汔)과 통하여, 서기(庶幾)의 뜻, 바람을 나타낸다(釋義). ○用(용)—이(以)와 통함. ○康(강)—낙(樂)과 통하여 강년(康年)은 《맹자》에 보이는 '낙세(樂歲)'의 뜻. 풍년이 들어 즐겁게 지내는 해. ○庤(치)—갖추다. ○錢(전)—조(銚)의 뜻(毛傳), 가래. ○鎛(반)—호미. ○奄(엄)—문득, 곧. ○銍(질)—확(穫)의 뜻(毛傳), 거둬들이는 것. ○艾(예)—예(刈)와 통하여 곡식을 베어 들이는 것.

解說 이 시는 봄에 풍년을 비는 기곡제(祈穀祭) 때 부른 노래인 듯하다(釋義). 〈모시서〉에선 조제(助祭)한 제후들을 묘에서 보낼 때의 악가(樂歌)라 하고, 《집전(集傳)》에선 농관(農官)을 훈계하는 시로 보았는데, 역시 굴만리(屈萬里)의 견해가 시의 내용과 가장 잘 부합된다.

2. 아아 (噫嘻)

아아, 성왕이시여! 신이 밝게 강림하셨네.
농부들을 거느리고 여러 가지 곡식을 심게 하오!
속히 그대들 밭을 갈아 넓은 땅 이루고,
밭갈이를 하는 일에는 모든 사람 동원하기를.

原文   噫嘻成王이여 旣昭假爾로다.

率時農夫하여 播厥百穀하라.
駿發爾私하여 終三十里하며
亦服爾耕하되 十千維耦하라.

註解 ○噫嘻(희희)—차차(嗟嗟)와 같은 감탄사. ○成王(성왕)—무왕(武王)의 아들. ○昭假(소격)—소격(昭格)과 같은 말로 신이 밝게 강림하시는 것(釋義). ○爾(이)—의(矣)와 같은 조사(經傳釋詞). ○時(시)—시(是)의 뜻. ○播(파)—씨뿌리다. ○駿(준)—빨리, 속히. ○發(발)—발토(發土)의 뜻으로 밭을 가는 것을 뜻함. ○終(종)—경(竟)의 뜻, 끝내다, 이룩하다. ○三十里(삼십리)—정현(鄭玄)은 '《주례(周禮)》에 무릇 야전(野田)을 다스림에 있어서 간(間)에는 수(遂)가 있고 수(遂) 위에는 경(徑)이 있으며, 십부(十夫)에겐 구(溝)가 있고 구(溝) 위에는 진(畛)이 있으며, 백부(百夫)에겐 혁(洫)이 있고 혁(洫) 위에는 도(塗)가 있으며, 천부(千夫)에겐 회(澮)가 있고 회(澮) 위에는 도(道)가 있으며, 만부(萬夫)에겐 천(川)이 있고 천(川) 위에는 노(路)가 있다 하였다. 이 만부(萬夫)의 땅을 계산하면 33리(里) 평방에 반리(半里)가 모자란다. 30 리란 그 개수(槪數)를 말한 것으로 만부의 땅을 말한다.'고 하였다. ○服(복)—일하다. ○十千(십천)—만인(萬人). ○耦(우)—쟁기를 들고 밭가는 것. 앞의 30리 평방이 만부(萬夫)의 땅이므로 만인(萬人)을 든 것이다.

解說 이 시는 봄과 여름에 하나님께 풍년을 빌 때 부르던 악가이다(〈모시서〉). 앞의 '신공(臣工)' 시와 비슷한 성격의 것이어서, 주희는 다같이 농관(農官)을 훈계하는 노래라 하였다.

3. 떼지어 나는 백로(振鷺)

떼지어 백로들이 서쪽 옹택으로 날고 있네.
우리 손님 오셨는데, 백로 같은 모습이네.
저쪽에서도 미워하지 않고 이쪽에서도 싫어하지 않으니,
일찍부터 밤 늦게까지 노력하여 영원히 기림받기 바라네.

原文　振鷺于飛하니 于彼西雝이로다.
　　　我客戾止하니 亦有斯容이로다.
　　　在彼無惡하며 在此無斁하니
　　　庶幾夙夜하여 以永終譽로다.

註解　ㅇ振(진)—떼지어 나는 모양(毛傳). ㅇ鷺(로)—백로. 백로를 조제(助祭)하러 내조하는 손님에 비유한 것이다. ㅇ雝(옹)—못 이름(毛傳), 옹택(雝澤). 옹수(雍水)가 괴어 이루어진 못으로, 기주(岐周)의 서남쪽에 있다(釋義引 朱右曾說). ㅇ客(객)—이왕(二王)의 후손(毛傳). 하(夏)나라의 후손인 기(杞)나라 제후와 은(殷)나라의 후손인 송(宋)나라 제후를 말한다(鄭箋). ㅇ戾(려)—이르다. ㅇ止(지)—조사. ㅇ亦有斯容(역유사용)—백로(白鷺)와 같은 결백한 용의(容儀)를 말한다. ㅇ斁(역)—싫어하다, 싫증내다. ㅇ庶幾(서기)—바람을 나타내며 다음 구에까지 걸린다. ㅇ夙夜(숙야)—부지런히 조제(助祭)함을 말한다. ㅇ終(종)—영(永)의 뜻(詩經新義). 영종(永終)은 영원의 뜻. ㅇ譽(예)—기림, 기리다.

解說　〈모시서〉에 이 시는 두 왕조의 후손들이 조제(助祭)하러 온 것을 노래한 악가라 하였다. 두 왕조의 후손이란 하(夏)나라의 후손인 기(杞)나라 제후와 은(殷)나라의 후손인 송(宋)나라 제후를 말한다.

4. 풍년(豐年)

풍년 들어 기장이며 벼가 풍성하여, 높다란 창고에는
한없이 많이 쌓여 있네.
술빚고 단술 걸러 조상들께 바치어
갖가지 예를 다하니, 내리시는 복 아름답기 짝이 없네.

原文　豐年多黍多稌하여 亦有高廩엔
　　　萬億及秭로다.
　　　爲酒爲醴하여 烝畀祖妣하여

以洽百禮하니 **降福孔皆**로다.

[註解] ㅇ稌(도)−도(稻)의 뜻, 벼. ㅇ廩(름)−쌀곳간, 창고. ㅇ秭(자)−만억(萬億). ㅇ萬億及秭(만억급자)−이루 헤아릴 수도 없는 많은 곡식을 형용한 말이다. ㅇ醴(례)−단술. ㅇ烝(증)−진(進)의 뜻(毛傳), 바치다, 올리다. ㅇ畀(비)−주다, 드리다. '증비(烝畀)'는 바쳐 올리는 것. ㅇ祖妣(조비)−할아버지 할머니의 양쪽 조상들. ㅇ洽(흡)−여러 가지 예절을 다 갖추는 것. ㅇ皆(개)− 가(嘉)의 뜻(通釋), 아름다운 것.

[解說] 이 시는 풍년에 추동(秋冬) 보제(報祭)에서 부르던 노래이다(〈모시서〉). 보제란 추수를 감사하는 제사. 추동의 보제 때엔 반드시 상제(上帝)로부터 곡식을 익게 하는 데 공이 있는 모든 신들에게 제사하며 이 노래를 불렀다(後箋).

5. 장님 악공(有瞽)

장님 악공이 주나라 종묘 뜰에 있네.
종틀 경틀 세우고, 종과 경 다는 판엔 오색 깃을 꽂았네.
작은북 큰북 달아 매고 손북과 축어도
다 갖추어 연주하니, 퉁소 피리도 이에 화하네.
덩덩 음악 소리가 엄숙하게 조화되게 울리니,
선조들께서 들으시고 손님들도 오셔서,
영원히 이 악장 즐기시리라.

[原文] 有瞽有瞽여 在周之庭이로다.
設業設虡하니 崇牙樹羽로다.
應田縣鼓와 鞉磬柷圉를
旣備乃奏하니 簫管備擧로다.
喤喤厥聲이 肅雝和鳴하니

先祖是聽하시며 我客戾止하여

永觀厥成이로다.

註解 ㅇ瞽(고)－장님. 옛날의 악관(樂官)은 모두가 장님이었다. ㅇ庭(정)－종묘의 뜰. ㅇ業(업)－종경(鐘磬) 틀의 횡목(橫木)인 순(栒)을 덮은 대판(大版). ㅇ虡(거)－종경가(鐘磬架)의 입목(立木). 이상 대아 '영대(靈臺)' 시에 보임. ㅇ崇牙(숭아)－업(業) 위에 종(鐘)이나 경(磬)을 매어다는 곳. ㅇ應(응)－작은북(毛傳). ㅇ縣鼓(현고)－주제(周制)로서 응(應)과 전(田)을 매어 달아 놓는 것(釋義). ㅇ鞉(도)－도(鼗)와 같은 글자로서 자루가 달린 손에 들고 흔드는 작은북. ㅇ柷(축)－음악이 시작할 때 울리는 악기. ㅇ圉(어)－어(敔)로서 음악을 그치게 할 때 울리는 악기. ㅇ簫(소)－통소. ㅇ管(관)－저(笛). ㅇ備擧(비거)－다 함께 연주하는 것. ㅇ肅(숙)－엄숙한 것. ㅇ雝(옹)－조화되는 것. ㅇ客(객)－이왕(二王)의 후손. 앞 '진로(振鷺)' 시 참조. ㅇ戾(려)－이르다. ㅇ止(지)－조사. ㅇ成(성)－소소구성(簫韶九成)의 성(成)으로서 악곡을 가리킨다(毛傳).

解說 이 시는 처음으로 음악을 작곡하여 태조(太祖)의 묘에서 합주할 때 부르던 것이다(〈모시서〉). 악곡을 만들어 가장 높은 태조의 묘에서 신에게 고하는 것은, 음악이 사람의 성정에 미치는 효과를 중국의 고인(古人)들은 굉장히 중시하였기 때문이다.

6. 물속(潛)

아아, 칠저수엔 물속에 고기가 많네.
전어며 유어가 있고 피라미며 날치며 메기며 잉어가 있네.
이를 잡아 제물로 삼아 제사지내며 큰 복을 비네.

原文 猗與漆沮엔 潛有多魚하니

有鱣有鮪하며 鰷鱨鰋鯉요

以享以祀하여 以介景福이로다.

[註解]　○猗與(의여)—탄미(歎美)하는 감탄사(鄭箋).　○漆沮(칠저)—물 이름.
소아(小雅) '길일(吉日)' 시 참조.　○潛(잠)—삼(椮)으로(毛傳), 나무를 물속
에 많이 집어 넣어 고기를 보호하여 기르도록 한 곳(孔疏). 혹 '잠길 잠'자
그대로 해석하여 '물속 깊이'라 해석하기도 한다(集傳).　○鱣(전)—전어.　○鮪
(유)—유어. 모두 위풍(衛風) '석인(碩人)' 시에 보임.　○鰷(조)—피라미.　○鱨
(상)—날치.　○鰋(언)—메기.　○鯉(리)—잉어.　○享(향)—앞에 나온 것 같은
물고기들을 잡아 제물로 바치는 것.　○介(개)—빌다.　○景(경)—큰 것.

[解說]　이 시는 늦은 겨울 고기를 제물로 바치고, 봄에 유어(鮪魚)를 바
쳐 제사하는 악가(樂歌)이다〈모시서〉. 《월령(月令)》에 의하면 계동(季
冬)엔 어사(漁師)에게 명하여 고기잡이를 시작하게 하고, 천자는 친히
가서 물고기맛을 보고 먼저 침묘(寢廟)에 물고기를 올린다. 그리고 계춘
(季春)에는 침묘에 유어를 올렸다 하였다. 이것은 그때 부르던 악가이다
(集傳).

7. 온화함(雝)

오시는 모습 온화하고 도착하신 모습 엄숙하네.
조제자는 제후들이고, 천자는 아름답네.
큰 짐승을 제물로 바치며 나를 도와 제물 들어 제사지내니,
위대한 아버님의 혼 강림하시어 이 자식 편케 해주시네.
밝고 어진 인품이셨으며 문덕 있고 무용 있는 임금이셨으니,
평화로움이 하늘에까지도 미치게 하시어 후손들 창성케 되었네.
나를 편히 수하게 하시며 많은 복으로 도우셨으니,
공 많으신 아버님께 제물 권하고, 문덕 많으신 어머님께도 제물 올
리네.

[原文]　有來雝雝하여　至止肅肅이로다.

相維辟公이요　天子穆穆이시로다.

於薦廣牡하여 相予肆祀하니

假哉皇考하사 綏予孝子로다.

宣哲維人이시며 文武維后시니

燕及皇天하여 克昌厥後시로다.

綏我眉壽하며 介以繁祉하여

旣右烈考요 亦右文母로다.

註解 ○有來(유래)-제자(祭者)들이 오는 것. ○雝雝(옹옹)-모습이 온화한 것. ○至(지)-묘(廟)에 이르는 것. ○止(지)-조사. ○肅肅(숙숙)-공경하는 모습, 엄숙한 모양. ○相(상)-조제자(助祭者)들. ○辟公(벽공)-제후들. ○穆穆(목목)-아름다운 모양(孔疏). ○於(오)-감탄사(感歎詞). ○薦(천)-제물을 올리는 것. ○廣(광)-대(大)의 뜻(毛傳). ○牡(무)-수컷. 제물로 쓰는 짐승. ○相(상)-돕다. ○肆(사)-제물로 바치는 짐승을 통째로 들어 올리는 것(通釋). ○假(가)-크다, 위대하다. ○皇考(황고)-아버지. 문왕(文王)을 가리킴. ○綏(수)-편안한 것. ○孝子(효자)-무왕(武王)이 자신을 가리키는 말. ○宣(선)-명(明)과 통함. ○維人(유인)-'사람됨', 문왕의 인품을 말함. ○文武(문무)-윤문윤무(允文允武), 문덕(文德)도 있고 무용(武勇)도 있는 것. ○維后(유후)-'임금됨', 임금으로서의 자질을 말함. ○燕(연)-편안하다, 평화롭다. ○後(후)-후손. ○眉壽(미수)-노수(老壽), 오래 살게 하는 것. ○介(개)-돕다. ○繁(번)-많은 것. ○祉(지)-복. ○右(우)-유(侑)와 통하여, 제물을 잡숫도록 권하는 것. ○烈考(열고)-공이 많은 아버지. 무왕이 문왕을 가리킨 말. ○文母(문모)-문덕(文德) 많으신 어머니.

解說 무왕(武王)이 문왕(文王)을 제사할 때 부르는 노래(集傳). 〈모시서〉에선 태조(太祖)의 묘(廟)에 큰 제사[禘]를 지낼 때 부른 악가라 하였으나 주희의 견해가 좋다.

8. 처음 뵘(載見)

천자님을 처음으로 뵙고 그분의 법도를 구하네.

용그린 깃발은 산뜻하고 수레와 깃대의 방울 짤랑거리며,

고삐 고리 달랑거리고 아름답게 광채가 나네.

다같이 무왕 묘 찾아가 제물 바쳐 제사지내며,

만수무강을 비네.

영원토록 수를 보전하며 크고 많은 복 누리기를.

공많고 문덕 있는 제후들이 많은 복 누리게 하여,

큰 복 계속 이어받게 되었네.

原文　載見辟王하여　曰求厥章이로다.

　　　龍旂陽陽하며　和鈴央央하며

　　　鞗革有鶬하니　休有烈光이로다.

　　　率見昭考하여　以孝以享하여

　　　以介眉壽로다.

　　　永言保之하여　思皇多祜어다.

　　　烈文辟公이　綏以多福하여

　　　俾緝熙于純嘏로다.

註解　○載見(재현)─처음으로 뵙는 것. ○辟王(벽왕)─천자. 성왕(成王)을
가리킴(鄭箋). ○曰(왈)─조사. ○厥(궐)─성왕(成王)을 가리킴. ○章(장)─법
도(集傳). 정현(鄭玄)은 거복례의(車服禮儀)의 문장제도(文章制度)로 보았는
데(鄭箋) 역시 통한다. ○旂(기)─청황교룡(靑黃交龍)을 그린 기. ○陽陽(양
양)─선명한 모양(釋義). ○和(화)─수레 앞턱나무 앞쪽에 달린 방울(毛傳).
○鈴(령)─기(旂) 위에 달린 방울(毛傳). ○央央(앙앙)─방울이 짤랑거리는
소리. ○鞗革(조혁)─고삐 끝에 고리가 달린 것. 앞에서 여러 번 보였음. ○鶬
(창)─창(鏘)과 통하여, 유창(有鶬)은 장연(鏘然)으로 짤랑거리는 것. ○休
(휴)─아름다운 것. ○烈光(열광)─광채. ○率(솔)─'다 같이'. ○昭考(소고)─
무왕(武王)을 가리킴(毛傳). ○孝(효)─향(享)과 같은 뜻, 제물을 바쳐 제사
지내는 것(通釋). ○思(사)─조사. ○皇(황)─큰 것. ○祜(호)─복. ○烈(열)─
공로가 많은 것. ○文(문)─문덕(文德)이 있는 것. ○辟公(벽공)─제후들, 옛
날의 제후들을 가리킨다. ○綏(수)─편히 누리게 하는 쭌 것. ○緝熙(즙희)─계

속되는 것(釋義). ○純(순)-대(大)의 뜻(釋義). ○嘏(가)-복.

解說 이 시는 성왕(成王)을 제후들이 처음으로 내조하여 뵙고 무왕(武王) 묘에 가 무왕을 제사하는 악가(樂歌)이다(略從 集傳). 〈모시서〉에서도 제후들이 처음으로 무왕 묘를 참배하는 악가라 하였다.

9. 손님(有客)

손님이 오시는데 그분의 말은 희기만 하네.
종자들이 많은데 그들은 잘 고른 사람들 같네.
손님을 묵고 또 묵게 하며,
말고삐 내어 주어 말을 매어놓게 하네.
손님을 전송하며 신하들이 편케 해드리네.
큰 덕이 있으시니 매우 큰 복 받으시겠네.

原文 有客有客이며 亦白其馬로다.
有萋有且하니 敦琢其旅로다.
有客宿宿하고 有客信信하며
言授之縶하여 以縶其馬로다.
薄言追之하니 左右綏之로다.
旣有淫威하니 降福孔夷로다.

註解 ○客(객)-미자(微子)를 가리킴. 미자는 은(殷)나라 주왕(紂王)의 서형(庶兄). 성왕(成王)은 은나라 후손인 무경(武庚)의 반란을 진압하고 송(宋)나라에 봉해졌던 미자로 하여금 은사(殷祀)를 받들도록 하였다. 미자는 그러한 명을 받고 내조하는 것이다(毛傳). ○有萋(유처)-처연(萋然)으로, 성한 모양. ○有且(유저)-저연(且然). 대아(大雅) '한혁(韓奕)' 시의 《모전(毛傳)》에 '저(且)는 많은 모양'이라 하였다. '유처유저(有萋有且)'는 미자의 종자들의 성다(盛多)함을 형용한 말임(釋義). ○敦(퇴)-마(磨)의 뜻, 갈다. ○琢(탁)-옥을 쪼아 다듬다. '돈탁(敦琢)'은 대아 '역박(棫樸)' 시의 '추탁(追琢)'

과 같은 말로 추탁은 조탁(彫琢)으로, 여기서는 정선을 뜻한다. ㅇ旅(려)-종자들을 가리킨다. ㅇ宿(숙)-하루 묵는 것. ㅇ信(신)-이틀 묵는 것. ㅇ縶(집)-말고삐, 말을 매어놓는 것. 말을 매어놓는다는 것은 미자가 돌아감을 만류함을 뜻한다. ㅇ薄言(박언)-조사. ㅇ追(추)-송(送)의 뜻(毛傳), '전송하는 것'. ㅇ左右(좌우)-성왕(成王)의 신하들. ㅇ淫(음)-대(大)의 뜻(毛傳). ㅇ威(위)-'덕(德)'의 뜻(廣雅). ㅇ夷(이)-대(大)의 뜻(通釋).

[解說] 이 시는 미자(微子)가 조묘(祖廟)를 찾아뵐 때 부른 악가(〈모시서〉). 앞 네 구는 미자가 올 때의 모습을, 다음 네 구는 천자인 성왕(成王)이 미자를 좋아하여 붙들고 오래 묵어가도록 하는 모습을, 끝 네 구는 복을 받고 미자가 돌아가는 모습을 노래한 것이다.

10. 무왕(武)

아아 위대한 무왕은 비길 데 없이 공 많으시네.
진실로 문덕 많으신 문왕은 후손들에게 길 열어 주셨네.
맏아들 무왕이 그것을 받아, 은나라를 이겨 포학한 정치 막으시어,
이러한 공을 세우셨네.

[原文] 於皇武王은 無競維烈이시로다.
允文文王은 克開厥後시로다.
嗣武受之하사 勝殷遏劉하여
耆定爾功이시로다.

[註解] ㅇ於(오)-탄사. ㅇ皇(황)-크다, 위대하다. ㅇ允(윤)-진실로. ㅇ文(문)-문덕(文德)이 많은 것. ㅇ開(개)-길을 열어 주는 것. ㅇ嗣(사)-사자(嗣子), '맏아들'. ㅇ武(무)-무왕(武王). ㅇ遏(알)-그치게 하다, 막다. ㅇ劉(류)-사람을 죽이는 것과 같은 포학한 정치. ㅇ耆(지)-치(致)의 뜻(毛傳), 이룩하다. ㅇ爾(이)-차(此)와 통함.

[解說] 〈모시서〉에 '무(武)는 대무(大武)를 출 때 노래하는 악가'라 하였

다. 대무는 주공(周公)이 무왕(武王)의 무공을 상징하기 위하여 만든 춤이다(集傳). 《여씨춘추(呂氏春秋)》〈고악(古樂)〉편에선 무왕이 은나라를 쳐부순 뒤 주공에게 명하여 대무를 짓게 하였다 하였고,《좌전(左傳)》선공(宣公) 12년에는 이 시를 무왕의 소작(所作)이라 하였다. 그러나 시에 무왕이란 시호를 쓰고 있으니 주공이 뒤에 지은 것으로 봄이 좋을 것이다. 그리고 《좌전》에 의하면 이 시는 대무의 수장(首章)임을 알 수 있다.

제3 **민여소자지습**(閔予小子之什)

1. 소자를 가엾게 여기소서(閔予小子)

소자를 가엾게 여기소서! 집안의 불행을 겪고
홀로 괴로워하고 있나이다. 아아, 아버님이시여!
영원히 효도를 다하게 해주시이다!
할아버님 생각하니 마치 뜰에 왔다갔다 하고 계신 듯하여,
이 소자는 일찍부터 밤늦게까지 공경히 지내고 있나이다.
아아, 할아버님과 아버님이시여! 끼치신 일 어김없이 계승하겠나이다.

原文　閔予小子이 遭家不造하여
　　　嬛嬛在疚하니 於乎皇考에!
　　　永世克孝케 하소서.
　　　念茲皇祖이 陟降庭止하시니
　　　維予小子이 夙夜敬止니이다.
　　　於乎皇王이여 繼序思不忘이로다.

註解　ㅇ閔(민)—憫(민)과 통함, 가엾게 여기다. ㅇ小子(소자)—성왕(成王)

이 자신을 가리키는 말. ㅇ遭(조)-만나다, 당하다. ㅇ造(조)-성(成)과 통하며(鄭箋), 성(成)은 또 선(善)과 뜻이 통한다. 부조(不造)는 불선 또는 불숙(不淑)과 같은 말로(通釋), 불행. 무왕(武王)이 돌아가신 일을 가리킨다(鄭箋). ㅇ嬛嬛(경경)-'경경(煢煢)' 또는 '경경(惸惸)'과 같은 말로, '의지할 곳 없이 외로운 것'(釋義). ㅇ皇考(황고)-성왕이 돌아가신 아버지 무왕을 가리켜 한 말. ㅇ皇祖(황조)-문왕(文王)을 가리킴. ㅇ陟降(척강)-왕래의 뜻. 대아 '문왕(文王)' 시에 보였음. 이 구절은 황조(皇祖)의 신령이 뜰에 왕래하고 있는 듯하다는 뜻. ㅇ皇王(황왕)-문왕과 무왕을 모두 가리킴. ㅇ序(서)-서(緒)와 통하여 황왕(皇王)들의 '유서(遺緒)'. ㅇ思(사)-조사. ㅇ忘(망)-망(亡)과 통하여, '불망(不忘)'은 어김없는 것.

解說 〈모시서〉에 '민여소자(閔予小子)는 사왕(嗣王)이 묘에 조(朝)하는 것'이라 하였는데《정전(鄭箋)》에 사왕은 성왕을 말한다 하였다. 주희는 '성왕이 복상(服喪)을 끝내고 처음으로 선왕들의 묘를 찾아갔을 때 부른 악가'로 보았다(集傳).

2. 처음부터 꾀하여(訪落)

처음부터 나는 계획을 세워 밝으신 아버님 따르려 하나,
아아, 그 길은 아득하기만 하여 나는 이르지 못하고 있네.
그러나 나는 나아가 그분의 도를 이어 크게 빛내리라.
이 소자는 집안의 많은 어려움을 감당 못하겠네.
신령께서 뜰 위아래 다니시며 집안에 왕래하고 계시니,
아름다우신 아버님따라 내 자신 밝게 보전하리라.

原文 訪予落止하여 率時昭考나
於乎悠哉라 朕未有艾로다.
將予就之하여 繼猶判渙이리라.
維予小子는 未堪家多難이로다.

紹庭上下하며 陟降厥家하시니
休矣皇考로 以保明其身하리라.

[註解] ㅇ訪(방)-모(謀)의 뜻(毛傳), 꾀하다, 계획하다. ㅇ落(락)-시(始)의 뜻(毛傳), 시작하다. ㅇ止(지)-조사. ㅇ率(솔)-따르다. ㅇ時(시)-시(是)의 뜻. ㅇ昭考(소고)-밝으신 아버님. 무왕(武王)을 가리킨다. 앞의 '재현(載見)' 시에 보였음. ㅇ艾(예)-예(乂)와 통하며, 불예(不艾)는 '이르지 못하는 것'. ㅇ猶(유)-유(猷)와 통함. 도, 법도 ㅇ判渙(판환)-대아 '권아(卷阿)' 시의 '반환(伴奐)'과 같은 말로 '크게 하는 것'. 곧 무왕의 도를 계승하여 광대케 하겠다는 뜻(通釋). ㅇ多難(다난)-무왕의 돌아가심을 뜻함. ㅇ紹(소)-소(昭)의 가차자인 듯하다(釋義). 곧 무왕의 신령이 밝힌다는 뜻임. ㅇ其身(기신)-성왕(成王) 자신을 말함. 대아 '증민(烝民)' 시의 '기명차철(旣明且哲), 이보기신(以保其身)'은 이 구절을 풀이한 것이라 볼 수 있겠다.

[解說] 이 시는 성왕(成王)이 묘(廟)를 찾아 뵙고 군신들과 정사를 모의한 것을 시인이 노래한 것이다(孔疏).

3. 공경하라(敬之)

　공경하고 공경하라, 하늘은 밝으시고
　하늘의 명은 간직하기 쉽지 않으니, 아무것도 모르면서 높이 위에 있는 것이라 여기지 마라.
　하늘은 해와 달을 오르락내리락하게 하시며 일을 하시고, 매일 아래 땅을 감시하고 계신다.
　이 소자는 총명하지 못하여 공경히 일을 잘하지 못하고 있으나,
　나날이 이루고 다달이 발전하며, 계속 공부하여 빛나고 밝은 경지에 이르리라.
　책임진 신하들은 나를 도와, 내게 밝은 덕으로 나아가는 길을 보여주기를!

原文 　敬之敬之어다 天維顯思요
　　　命不易哉니 無曰高高在上이어다.
　　　陟降厥士하여 日監在玆시니라.
　　　維予小子이 不聰敬止나
　　　日就月將하여 學有緝熙于光明하며
　　　佛時仔肩하여 示我顯德行하리라.

註解 　○顯(현)－하늘이 밝게 굽어 살피시고 계시다는 뜻. ○思(사)－조사. ○命(명)－천명. 국명(國命)이나 국운(國運)으로 보아도 좋다. ○不易(불이)－지탱하기 쉽지 않다는 뜻. ○陟降(척강)－하늘이 해와 달을 오르락내리락하게 하는 것. ○士(사)－사(事)의 뜻(毛傳). ○監(감)－살피다, 감시하다. ○在玆(재자)－어차(於此)의 뜻. 이곳. 아래 땅. ○聰(총)－총명. ○止(지)－조사. ○不(불)－총(聰)과 경(敬)에 모두 걸린다. ○就(취)－성취의 뜻. ○將(장)－나아가다, 발전하다. ○緝熙(즙희)－계속의 뜻(앞에 두 번 보였음). ○佛(불)－보(輔)의 뜻(鄭箋). 돕다, 보좌하다. ○仔肩(자견)－책임과 같은 말로, 일을 맡은 신하들을 가리킨다. ○示(시)－보여주다. ○行(행)－덕으로 '나아가는 길'.

解說 　이 시는 임금이 제사를 지내면서 자계(自戒)한 것이다. 〈모시서〉에선 군신들이 성왕(成王)에게 묘(廟)에서 진계(進戒)한 것이라 하였는데, 시의 내용으로 보아 임금이 자계하는 악가로 봄이 좋을 듯하다. 그리고 임금은 확증은 없지만 〈모시서〉대로 성왕일 가능성이 많다.

4. 일을 삼감(小毖)

　내가 경계함은 후환을 삼가는 것일세.

　나는 벌이 스스로 독한 바늘 가지고 남을 해치는 것 같은 짓을 하지 않도록 하려네.

　처음에는 정말 뱁새 새끼 같지만 뒤에는 펄펄 큰새 되어 날게 되는 법이네.

그러나 왕가(王家)의 많은 어려움 감당 못하여, 나는 여전히 뱁새 새끼처럼 여뀌풀 위에 앉아 있네.

原文 予其懲은 而毖後患이로다.
　　　莫予荓蜂으로 自求辛螫이로다.
　　　肇允彼桃蟲이러니 拚飛維鳥로다.
　　　未堪家多難이니 予又集于蓼로다.

註解 ○懲(징)─마음 아픈 바가 있어 경계하는 것(集傳). ○毖(비)─삼가다. ○荓(평)─사(使)의 뜻(集傳), 대아 '상유(桑柔)' 시 《모시(毛詩)》에도 보임. ○蜂(봉)─벌. ○辛(신)─신독(辛毒)의 뜻. ○螫(석)─벌레가 쏘는 바늘. 벌로 하여금 스스로 또 독한 바늘을 가지고 사람들을 해치지 않도록 하겠다는 것은, 악인들로 하여금 나쁜 일들을 못하도록 하겠다는 뜻. ○肇(조)─시초, 처음. ○允(윤)─진실로. ○桃蟲(도충)─초료(鷦鷯)라고도 부르는 조그만 벌레 같은 새, '뱁새'(?). 중국 풍속에 초료(鷦鷯)가 조(鵰), 곧 수리를 낳는다 한다. 그래서 《역림(易林)》에도 '도충생조(桃蟲生鵰)'라 하였다(釋義). ○拚(번)─나는 모양. 새끼였을 적에는 뱁새였던 것이 자라서는 커다란 수리가 되어 날 듯 자기 자신을 발전시키고 싶다는 말. ○蓼(료)─쓴 나물 이름, 여뀌. 이렇게 발전하고 싶지만 여전히 다난(多難)하여 뱁새가 여뀌에 앉아 있던 제자리걸음이라고 자책하는 것이다.

解說 앞의 '경지(敬之)' 시와 마찬가지로 임금이 자계(自戒)하는 악가이다. 〈모시서〉에선 성왕(成王)이 충신들의 도움을 구하는 노래라 보았으나 내용과 부합되지 않는다.

5. 풀뽑기(載芟)

풀을 베고 나무를 뽑고 펄썩펄썩 땅을 갈아엎네.
수많은 사람이 밭갈고 김매러 진펄로 밭둔덕 길로 나아가네.
가장과 맏아들과 작은아버지와 자제들과

품앗이꾼과 일꾼들이 맛있게 들밥을 먹는데,
밥 날라온 아름다운 부인들은 그들의 남편을 위로해 주고,
남편은 날카로운 쟁기로 양지 밭을 갈기 시작하네.
여러 가지 곡식 씨뿌리어, 곡식이 흙기운에 자라나니,
뾰죽뾰죽 싹이 솟아 아름답게 자라나고,
곡식 싹 무성하니 정성껏 김매 주네.
풍성한 곡식 거두니 커다란 노적가리가
한없이 많네.
술과 감주 담그어,
조상님께 바치며 모든 예절 갖추어 제사지내네.
향긋한 그 향기는 나라의 빛이며,
은은한 향기는 장수하여 안락 누리게 하네.
당연히 이렇게 될 것이 이렇게 된 게 아니며, 지금만 이러한 것이
아니라,
옛날부터 이러하였다네.

原文   載芟載柞하여 其耕澤澤이로다.
千耦其耘하니 徂隰徂畛이로다.
侯主侯伯과 侯亞侯旅와
侯彊侯以가 有嗿其饁이로다.
思媚其婦는 有依其士하며
有略其耜로 俶載南畝로다.
播厥百穀하여 實函斯活하니
驛驛其達하여 有厭其傑하며
厭厭其苗하니 緜緜其麃로다.
載穫濟濟하니 有實其積이
萬億及秭어늘.
爲酒爲醴하여

烝畀祖妣하여 以洽百禮로다.

有飶其香하니 邦家之光이며

有椒其馨하니 胡考之寧이로다.

匪且有且며 匪今斯今이라

振古如茲로다.

註解 　○載(재)—칙(則)의 뜻. ○芟(삼)—풀베다. ○柞(책)—나무를 베다. 이 구절은 풀을 베고 나무를 뽑은 뒤 밭을 일구는 것이다. ○澤澤(택택)—흙이 부드럽게 흩어지는 모양(鄭箋). ○耦(우)—쟁기로 밭을 가는 것. ○耘(운)—김을 매다. 앞의 ‘희희(噫嘻)’ 시의 ‘십천유우(十千維耦)’를 참조할 것. ○徂(조)—가다. ○隰(습)—진펄. ○畛(진)—밭 둔덕 길. ○侯(후)—유(維)와 같은 조사, 이하 같음. ○主(주)—가장(家長)(毛傳). ○伯(백)—장자(長子)(毛傳). ○亞(아)—중숙(仲叔)(毛傳). ○旅(려)—자제들(毛傳). ○彊(강)—백성들 가운데 여력이 있어 도우러 온 자(集傳). ○以(이)—품삯을 받고 일하는 일꾼. ○噉(탐)—여럿이 음식을 먹는 소리. ○饁(엽)—들점심 먹는 것. ○思(사)—조사. ○媚(미)—미(美)의 뜻(釋義). ○依(의)—애(愛)의 뜻(鄭箋). 여기서는 사랑으로 위로하는 것. ○士(사)—그의 남편(集傳). ○略(략)—날카로운 것. 유략(有略)은 약연(略然)으로 날카로운 모양. ○耜(사)—보습. ○俶(숙)—시작하는 것. ○載(재)—밭일을 하는 것. ○實(실)—곡식의 열매. ○函(함)—함(含)과 같은 뜻으로, 흙기운에 싸이는 것. ○活(활)—생(生)의 뜻으로 자라나는 것. ○驛驛(역역)—곡식 싹이 나는 모양(集傳). ○達(달)—땅 위로 돋는 것(鄭箋). ○厭(염)—염(壓)의 생략된 형(形)으로, 잘 자란 모양. ○傑(걸)—먼저 자란 곡식 싹을 말함(鄭箋). ○厭厭(염염)—많은 곡식 싹이 가지런히 무성한 모양(鄭箋). ○緜緜(면면)—빈틈없는 모양, 정성을 들이는 모양(集傳). ○麃(표)—김을 매는 것. ○載(재)—즉(則)의 뜻. ○濟濟(제제)—많은 모양. ○實(실)—대(大)의 뜻으로, ‘유실(有實)’은 실연(實然), 커다란 모양(釋義). ○積(적)—곡식을 노적하는 것. ○億(억)—만만(萬萬). ○秭(자)—만억(萬億). ○醴(례)—단술. ○烝(증)—진(進)의 뜻. ○畀(비)—주다. 증비(烝畀)는 제물을 바치며 제사지냄을 뜻한다. ○祖妣(조비)—조상들. ○洽(흡)—합하다, 갖추다. 이상 4구는 앞의 ‘풍년(豊年)’ 시에 보였음. ○有飶(유필)—필연(飶然), 음식이 맛있는 것. ○椒(초)—향기. 유초(有椒)는 초연(椒然)으로 향기가 나는 모

양. ○馨(향)―향내가 멀리 나는 것. ○胡考(호고)―장수를 하는 것. 호(胡)는 수(壽), 고(考)는 이룩되는 것(毛傳). ○之(지)―시(是)와 같은 말. ○且(저)― 여차(如此)의 뜻. ○振(진)―자(自)의 뜻으로(毛傳), 진고(振古)는 '예부터'.

解說 이 시는 봄에 임금이 몸소 밭갈며 농사를 권하고 사직(社稷)에 풍년을 비는 악가이다(〈모시서〉).

6. 좋은 보습(良耜)

날카로운 좋은 보습으로 양지 밭을 갈아 엎고,
여러 가지 곡식 씨뿌리니 곡식이 흙기운에 자라나네.
어떤 이 와서 그대를 돌보는데, 모난 광주리 둥근 광주리에
기장밥 지어다 주네.
삿갓 동여 쓰고 호미로 푹푹 파며
잡초들을 뽑아내네.
잡초들이 시드니 곡식 싹이 무성해지네.
써걱써걱 곡식을 베어 수북이 쌓아놓으니,
높기가 성벽 같고 빗살처럼 줄지어 섰고,
모든 집들 곡식 실어들이네.
모든 집에 곡식이 차니 처자들이 편히 먹고 사네.
누런 소를 잡고 보니 그 뿔만이 구부정하네.
제사를 계승하며 옛분들의 뜻을 잇네.

原文 畟畟良耜로 俶載南畝하여
　　　播厥百穀하니 實函斯活이로다.
　　　或來瞻女하니 載筐及筥로
　　　其饟伊黍로다.
　　　其笠伊糾며 其鎛斯趙로
　　　以薅荼蓼로다.

茶蓼朽止하니 黍稷茂止로다.

穫之挃挃하여 積之栗栗하니

其崇如墉하며 其比如櫛하니

以開百室이로다.

百室盈止하니 婦子寧止로다.

殺時犉牡하여 有捄其角이로다.

以似以續하여 續古之人이로다.

註解 ○畟畟(측측)―날카로운 모습. ○耜(사)―보습. 이상 3구는 앞 '재삼
(載芟)' 시에 보였음. ○或(혹)―부인. ○女(여)―일하는 남편 부인. 점심밥을
갖고와 바라본다는 것이다. ○筐(광)―모진 대광주리. ○筥(거)―둥근 대광주
리. ○饁(향)―향(餉)과 같은 자. 밥을 갖다 주는 것. ○黍(서)―기장밥. ○笠
(립)―삿갓. ○糾(규)―동여매다. ○鎛(박)―호미. ○趙(조)―땅을 파는 것.
○薅(호)―풀을 뽑는 것. ○茶(도)―육초(陸草), 마른 땅에 나는 풀(集傳).
○蓼(요)―수초(水草), 물에 자라는 풀(毛傳). 도료(茶蓼)는 밭이나 논에 자
라는 모든 잡초를 말한다. ○朽(후)―썩다. ○止(지)―조사. ○挃挃(질질)―벼
를 베는 소리. ○栗栗(율율)―중다(衆多)한 모양(毛傳). ○墉(용)―담. 성벽.
○櫛(즐)―빗. ○開(개)―집의 문을 열어놓고 곡식을 끌어들이는 것. ○百室
(백실)―모든 집들. ○犉(순)―누렇고 입술 꺼먼 소. 순무(犉牡)는 입술 까만
누런 황소. ○有捄(유구)―구연(捄然)으로 구부정한 모양. ○似(사)―사(嗣)
와 통함, 잇다, 계승하다. ○古之人(고지인)―고인(古人)들의 뜻을 말함.

解說 이 시는 가을에 추수를 감사드리는 뜻으로 사직에 제사지낼 때
부르던 노래이다(〈모시서〉).

7. 제복(絲衣)

제복은 정결하고 공손히 관을 쓰고 있네.
묘당에서 문전으로 나아가니,
양과 소 잡아놓은 것과

크고 작은 솥의 음식이 보이네.
소뿔 잔은 구부정한데
맛있는 술 잘 담겨 있네.
떠들지도 않고 오만한 행동도 않으니,
장수하는 복을 누리게 되네.

原文 絲衣其紑하며 載弁俅俅로다.
自堂徂基하며
自羊徂牛하며
鼐鼎及鼒로다.
兕觥其觩하니
旨酒思柔로다.
不吳不敖하니
胡考之休로다.

註解 ○絲衣(사의)―제복(祭服)(毛傳). ○紑(부)―옷이 정결한 것. ○載
(재)―조사. ○弁(변)―주(周)나라의 관(冠). ○俅俅(구구)―공순(恭順)한 모
양. ○徂(조)―나아가다. ○基(기)―문전의 터(毛傳), 곧 문전께를 말함. 제삿
날 다음에 또 지내는 역례(繹禮)에 의하면 문당(門堂)으로 올라갔다 여러 제
물과 제기들을 둘러보고 문기(門基)로 내려간다. ○自羊徂牛(자양저우)―제
물로 잡아놓은 양으로부터 소에 이르기까지 쭉 훑어보는 것. ○鼐(내)―큰솥.
○鼎(정)―솥. ○鼒(재)―작은 솥. 제물을 익히고 있는 여러 가지 솥들도 훑
어보는 것이다. ○兕(시)―외뿔난 들소. ○觥(굉)―뿔 술잔. ○其觩(기구)―뿔
이 구부정한 모양. ○旨酒(지주)―맛있는 술. ○思(사)―조사. ○柔(유)―가
(嘉)와 뜻이 통함(通釋), 훌륭한 것. ○吳(오)―화(譁)와 통하여, '떠드는 것'.
○敖(오)―오(傲)와 통함, 오만한 것. ○胡考(호고)―앞 '재삼(載芟)' 시에 보
였음. 수(壽)를 누리는 것. ○休(휴)―복을 받다.

解說 이 시는 역제(繹祭)에서 신의 역할을 한 시(尸)를 빈례(賓禮)로
대접할 때 부르던 악가이다. 역제란 제사를 지낸 다음날 또 간단히 지내
는 제사임.

8. 작(酌)

아아, 아름다운 임금님의 용병이여! 다스림이 어두웠던 세상을
크게 빛내시어 위대하고 훌륭하게 하셨네.
우리는 이러한 은혜 입었으니, 용맹스런 임금님의 업적이시네!
우리가 선인들의 유업 계승함은 실로 그 분의 공이니,
진실로 본받아야 할 분일세.

原文   於鑠王師여! 遵養時晦러니
　　　時純熙矣로 是用大介시로다.
　　　我龍受之하니 蹻蹻王之造로다.
　　　載用有嗣는 實維爾公이니
　　　允師로다.

註解 ○於(오)－감탄사, 아아. ○鑠(삭)－아름다운 것. ○師(사)－군대. 왕
사(王師)는 무왕(武王)의 용병(用兵)(孔疏). ○遵養(준양)－양(養)은 유월(兪
樾)이 《주례(周禮)》 정주(鄭注)를 인용하여 '치(治)'와 같은 뜻이라 하였으니,
세상을 다스리는 것(釋義). ○時(시)－시(是)의 뜻. ○晦(회)－어두운 정치.
은(殷)나라 주왕(紂王)의 정치를 가리킨다. ○時(시)－시(是)의 뜻. ○純(순)－
크게. ○熙(희)－빛나다. ○介(개)－《이아(爾雅)》에 '선(善)'의 뜻이라 하였
다. ○龍受(용수)－응수(膺受)로(通釋), 무왕의 은덕을 받는 것. ○蹻蹻(교
교)－무모(武貌)(毛傳), 용맹스런 모양. ○造(조)－업적의 뜻. ○載(재)－내
(乃)의 뜻(傳疏), 조사. ○有嗣(유사)－선인의 유업을 계승하는 것. ○公(공)－
공(功)의 뜻. ○允(윤)－진실로. ○師(사)－스승이 될 만한 분, 본받을 만한 분.

解說 이 시의 제목인 '작(酌)'은 《좌전》 선공(宣公) 12년엔 '작(汋)'으
로 인용하고 있는데, '작(汋)'이란 《의례(儀禮)》나 《예기(禮記)》에 보이는
'무작(舞勺)'의 '작(勺)'과 같은 말로 악무(樂舞)의 명칭이다. 엄찬(嚴粲)
은 《시집(詩緝)》에서 이는 '무(武)'의 1장인 듯하다고 하였다(釋義). 〈모
시서〉에선 위대한 무공(武功)을 이루었음을 고하는 악가로 보았는데, 《공

소(孔疏)》에선 주공이 섭정한 지 6년만에 무왕의 일을 상징하여 대무란 음악을 만들어 묘(廟)에 아뢰고, 작자가 또 그 악곡을 듣고 그 무공을 생각하며 이 악가를 지은 것이라 풀이하였다. 여하튼 주희(朱熹)의 견해대로 무왕을 칭송한 시임에는 틀림없다.

9. 용감함(桓)

온 세상 평화롭게 하시니, 풍년이 거듭 들고,
하늘의 명 게을리하지 않고 받드네.
용감한 무왕께서는 신하들을 보살피시어,
세상을 다스리게 하심으로써 나라를 안정시키시니,
아아, 하늘에 밝게 알리어져 하나님은 은나라 명을 대신케 하셨네.

[原文] 綏萬邦하시니 婁豊年이요
天命匪解로다.
桓桓武王은 保有厥士하사
于以四方하여 克定厥家하시니
於昭于天이라 皇以間之시로다.

[註解] ㅇ婁(루)-누(屢)와 통함, 풍년이 거듭 드는 것. ㅇ解(해)-해(懈)와 통함, 게을리하다. ㅇ桓桓(환환)-위무(威武)가 있는 모양(鄭箋) ㅇ士(사)-경사(卿士)의 사(士)로서 신하들을 가리킴. ㅇ于以(우이)-이용(以用)의 뜻. 우이사방(于以四方)은 그 신하들을 세상 다스리는 데 쓰는 것. ㅇ於(오)-감탄사. ㅇ皇(황)-황천(皇天)의 뜻(釋義). 〈이소(離騷)〉의 '척승황지혁희(陟升皇之赫戲)'에서도 황(皇)은 '천(天)'의 뜻임. ㅇ間(간)-대(代)의 뜻으로(毛傳), 간지(間之)는 무왕으로 은나라 주왕을 대신하여 세상을 다스리게 하셨다는 뜻.

[解說] 이것도 무왕의 공을 칭송한 시이다(集傳). 〈모시서〉에서는 강무(講武)를 하고 군대에서 유제(類祭)나 마제(禡祭)를 지낼 때 부르는 악

가라 하였다.

10. 은덕을 내리심(賚)

문왕께서 수고하여 이루신 업적을 우리 무왕이 물려받았으니,
이 문왕의 공덕 널리 펴며 잘 궁리해야겠네.
우리 무왕이 가서서 은나라를 친 것은 세상을 안정시키기 위해서였네.
이것은 주나라가 받은 천명이니,
아아, 잘 궁리해야겠네.

原文 文王旣勤止시어늘 我應受之하니
敷時繹思로다.
我徂維求定하되 時周之命이니
於繹思어다.

註解 ㅇ勤(근)—부지런히 일하신 것. ㅇ止(지)—조사. ㅇ應受(응수)—응수
(膺受), 문왕의 그러한 업적을 물려받는 것. ㅇ敷(부)—펴다. 부시(敷時)는
이러한 문왕의 덕을 펴는 것. ㅇ繹(역)—심역(尋繹)의 뜻, 궁리하다. ㅇ思
(사)—조사. ㅇ徂(조)—무왕이 은나라 주왕(紂王)을 치러 가는 것. ㅇ於(오)—
감탄사.

解說 이것은 문왕(文王)의 공을 칭송한 악가(樂歌)이다(集傳).《좌전
(左傳)》선공(宣公) 12년에서는 이를 '무(武)'의 제3장이라 하였다. 그리
고 〈모시서〉에서는 무왕이 주왕(紂王)을 쳐부수고 묘당에서 공신들을 제
후로 봉하며 부른 노래라 하였다.

11. 즐거움(般)

아아, 위대한 이 주나라여! 높은 산에 올라가 보니,

긴 산줄기며 높은 산들이 순조로이 물들을 황하로 합쳐지게 하네.
온 세상의 산들이 모여서 마주 대하고 있으니,
주나라의 명을 상징하는 듯하네.

[原文]　於皇時周이여 陟其高山하니
　　　　墮山喬嶽이 允猶翕河로다.
　　　　敷天之下를 裒時之對하니
　　　　時周之命이니라.

[註解]　○於(오)—감탄사.　○皇(황)—위대한 것.　○陟(척)—오르다.　○墮(타)—
산이 좁으면서도 길게 뻗어 있는 것(集傳).　○喬嶽(교악)—높은 산.　○允
(윤)—순(順)의 뜻(釋義).　○猶(유)—유(猷)와 통함(釋義).　○翕(흡)—합쳐지
다.　○河(하)—황하. 주나라의 산줄기들이 동서로 뻗어 황하를 중심으로 순조
롭게 모여 있다는 말.　○敷(부)—보(普)의 뜻, '널리' '모든'.　○裒(부)—산들이
모여 있는 것.　○對(대)—황하를 중심으로 마주 보고 또 자기를 대하고 있다
는 말.　○時(시)—시(是)의 뜻으로, 이러한 산천의 형세.

[解說]　이 시는 임금이 나라를 순수(巡守)하며 산천을 제사지내는 악가
이다.

노　송(魯頌)

　주나라 성왕(成王)은 주공(周公)의 맏아들 백금(伯禽)을 노(魯)나라에
봉하였는데 그 고성(故城)이 지금의 산동성 곡부현(曲阜縣)에 있다. 정
현(鄭玄)의 《시보(詩譜)》에 따르면 '처음에 성왕은 주공이 천하를 태평
케 하고 전법(典法)을 제정한 큰 공로가 있대서 백금에게 천자의 예로
하늘과 산천 및 바다를 제사지내도록 하였다. 그러므로 공자(孔子)는 왕
자(王者)의 후손과 마찬가지로 보고 그 시의 송(頌)을 채록한 것이다'라
고 하였다. 그러나 국풍(國風)을 보면 노시(魯詩)가 없고 노송(魯頌) 4

편은 모두 묘당에서 신을 제사하는 가사가 아니라 풍(風)과 아(雅)를 겸
한 풍격을 띤 것이어서 송과는 다르다. 그럼에도 이것을 '송' 사이에 끼
위놓은 것은 이 《시경》의 편집자가 노나라 사람이어서 노나라를 천자와
같이 높인 것이 아닌가 한다(釋義). 금문가(今文家)들은 이 노송 4편을
모두 노나라 희공(僖公) 때 사람인 해사(奚斯)의 작품이라 보고 있다. 이
것은 '비궁(閟宮)' 시의 문장을 잘못 읽어 '작묘(作廟)'를 '작송(作頌)'이
라 본 때문이다.

1. 살찌고 큼(駉)

　살찌고 튼튼한 수레 끄는 네 마리 말이 먼 들판에 달리고 있네.
　이 살찌고 튼튼한 네 마리 말 중에는 사타구니 흰 검은 말과 흰털
섞인 누런 말이 있고,
　검은 말과 누런 말이 있는데, 수레를 힘차게 끌고 있네.
　한없이 말들이 훌륭하기만 하네.

　살찌고 튼튼한 수레 끄는 네 마리 말이 먼 들판에 달리고 있네.
　이 살찌고 튼튼한 네 마리 말 중에는 푸르고 흰 얼룩말과 누렇고
흰 얼룩말이 있고,
　붉누런 말과 검푸른 말이 있는데, 수레를 잘 끌고 달리네.
　한없이 말의 재주 뛰어나네.

　살찌고 튼튼한 수레 끄는 네 마리 말이 먼 들판에 달리고 있네.
　이 살찌고 튼튼한 네 마리 말 중에는 돈점박이 말과 검은 갈기의
흰 말이 있고,
　검은 갈기의 붉은 말과 흰 갈기의 검은 말이 있는데, 수레를 끌고
잘도 달리네.
　싫증나지 않도록 말은 힘차게 뛰네.

살찌고 튼튼한 수레 끄는 네 마리 말이 먼 들판에 달리고 있네.

이 살찌고 튼튼한 네 마리 말 중에는 잿빛 흰빛 얼룩말과 붉고 흰 얼룩말이 있고,

정강이 흰 말과 양눈 흰 말이 있는데, 수레를 힘차게도 끌고 가네.

아무런 딴 생각 없이 말은 달려가고만 있네.

[原文]　駉駉牡馬이 在坰之野로다.

　　　　薄言駉者는 有驈有皇하며

　　　　有驪有黃하니 以車彭彭이로다.

　　　　思無疆하니 思馬斯臧이로다.

　　　　駉駉牡馬이 在坰之野로다.

　　　　薄言駉者는 有騅有駓하며

　　　　有騂有騏하니 以車伾伾로다.

　　　　思無期하니 思馬斯才로다.

　　　　駉駉牡馬이 在坰之野로다.

　　　　薄言駉者는 有驒有駱하며

　　　　有駵有雒하니 以車繹繹이로다.

　　　　思無斁하니 思馬斯作이로다.

　　　　駉駉牡馬이 在坰之野로다.

　　　　薄言駉者는 有駰有騢하며

　　　　有驔有魚하니 以車祛祛로다.

　　　　思無邪하니 思馬斯徂로다.

[註解]　ㅇ駉駉(경경)―말이 비대(肥大)한 모양, 살찌고 튼튼한 모양. ㅇ坰(경)―원야(遠野)의 뜻(毛傳). ㅇ薄言(박언)―조사. ㅇ驈(율)―사타구니가 흰 검은 말. ㅇ皇(황)―흰털이 섞여 있는 누런 말(毛傳). ㅇ驪(려)―검은 말. ㅇ黃(황)―누런 말. ㅇ彭彭(방방)―힘있게 수레를 끌고 가는 모양. ㅇ思(사)―조

사. ㅇ無疆(무강)-말의 성(盛)함이 한이 없는 것. ㅇ斯(사)-기(其)와 같은 뜻. ㅇ臧(장)-선(善)과 통하여 훌륭한 것. ㅇ騅(추)-창백잡모(蒼白雜毛)의 말(毛傳). ㅇ駓(비)-황백잡모(黃白雜毛)의 말(毛傳). ㅇ騂(성)-적황색의 말(毛傳). ㅇ騏(기)-청흑색의 말(集傳). ㅇ伾伾(비비)-초혼(招魂)의 '비비(駓駓)'와 같은 말로, 왕일(王逸) 주(注)에 '뛰는 모양'이라 하였다(釋義). 여기서는 말이 수레를 끌고 달리는 모양. ㅇ思無期(사무기)-'한없이'. 뒤의 마재(馬才)를 형용하는 말임. ㅇ才(재)-재능, 재질의 뜻(集傳). ㅇ騨(탄)-모색(毛色)에 심천(深淺)이 있고, 고기 비늘처럼 반점이 붙어 있는 말로서, 후세엔 연전식(連錢驄)이라 부른 말임(集傳). ㅇ駱(락)-검은 갈기의 흰 말. ㅇ騮(류)-검은 갈기의 붉은 말. 유(駵)와 같은 글자임. ㅇ雒(락)-흰 갈기의 검은 말(毛傳). ㅇ繹繹(역역)-말이 잘 달려가는 모양(毛傳). ㅇ無斁(무역)-호감이 가는 것. ㅇ作(작)-흥(興)과 통하여, '힘찬 것'. ㅇ駰(인)-음백잡모(陰白雜毛)의 말(毛傳). 음색(陰色)이란 엷은 흑색을 뜻함. ㅇ騢(하)-붉은 털과 흰털이 섞여 있는 말(毛傳). ㅇ驔(담)-정강이가 흰 말. ㅇ魚(어)-두 눈 언저리가 흰 말(毛傳). ㅇ祛祛(거거)-강건히 수레를 끌고 가는 모양(毛傳). ㅇ思無邪(사무사)-생각에 아무런 사악함이 없는 것. 말이 전념하고 있음을 말한 것이다. 공자(孔子)는 《논어(論語)》에서 이 구절을 인용하여 《시경》을 평하였다. ㅇ徂(조)-말이 수레를 끌고 달려가는 것.

解說 〈모시서〉에선 이 시를 노(魯)나라 희공(僖公)을 칭송한 것으로 사극(史克)의 작품이라 하였다. 그러나 무엇에 근거를 둔 것인지 알 길이 없다. 시의 내용을 보면 귀인을 태운 수레를 명마들이 끌고 가는 모양을 찬미한 것이다. 그 수레에는 물론 노(魯)나라의 임금이 타고 있었을 것이다.

2. 살찌고 억셈(有駜)

살찌고 억센 살찌고 억센 누런 네 마리 말이 수레 끌고 달리네.
일찍부터 밤늦게까지 관청 일 보니, 관청 일 밝게 다스려지네.
훨훨 나는 백로가 날아가다 내려앉네.

북소리 둥둥 울리는데 취하여 춤을 추니,
모두가 즐거워하네.

살찌고 억센 살찌고 억센 네 마리 수말이 수레 끌고 달리네.
일찍부터 밤늦게까지 관청 일 보고 관청에서 술마시네.
훨훨 백로들이 높이 날고 있네.
북소리 둥둥 울리는데 취하여 돌아가니,
모두가 즐거워하네.

살찌고 억센 살찌고 억센 검푸른 네 마리 말이 끄는 수레가 달려가네.
일찍부터 밤늦게까지 관청에서 일 보고 관청에서 잔치하네.
지금부터는 해마다 풍년이 들리라.
군자님은 녹이 있어 그것을 자손에게 물리시니,
모두가 즐거워하네.

原文 有駜有駜하니 駜彼乘黃이로다.
　　夙夜在公하니 在公明明이로다.
　　振振鷺여 鷺于下로다.
　　鼓咽咽이어늘 醉言舞하니
　　于胥樂兮로다.

　　有駜有駜하니 駜彼乘牡로다.
　　夙夜在公하니 在公飮酒로다.
　　振振鷺여 鷺于飛로다.
　　鼓咽咽이어늘 醉言歸하니
　　于胥樂兮로다.

　　有駜有駜하니 駜彼乘駽이로다.
　　夙夜在公하니 在公載燕이로다.
　　自今以始하여 歲其有로다.

君子有穀하여 詒孫子니
于胥樂兮로다.

註解 ○駜(필)−말이 살찌고 강해 보이는 것(毛傳). '유필(有駜)'은 필연
(駜然). ○乘黃(승황)−황색의 사마(四馬). ○明明(명명)−밝게 잘 다스려지
는 것(集傳). ○振振(진진)−여러 마리가 나는 모양(毛傳). ○鷺(로)−백로.
백로는 잔치하며 즐기는 군자들에 비유한 것이다. ○于(우)−원(爰)과 통하
여, 우하(于下)는 '원락하(爰落下)'의 뜻(釋義). ○咽咽(연연)−북소리가 심장
(深長)하게 울리는 것(集傳). ○言(언)−조사. ○于(우)−발성사(發聲詞)(傳
疏). ○胥(서)−'모두'의 뜻(鄭箋). ○駽(현)−청흑색의 말(毛傳). ○載(재)−
즉(則)의 뜻. ○燕(연)−잔치하다. ○有(유)−유년(有年)의 뜻으로, '풍년'을
뜻한다(毛傳).   왕질(王質)은 《시총문(詩總聞)》에서 '자금이시(自今以始)라
하였으니 앞 몇년 동안에는 풍년이 없었음을 말한다. 《춘추(春秋)》의 장공
(莊公)에서 민공(閔公)·희공(僖公)에 이르는 10여 년간만 보아도 장공 25년
에는 대수(大水)가 있었고, 27년에는 보리나 벼를 거두지 못하였으며, 29년
에는 메뚜기떼가 심했고, 희공 2년과 3년에는 봄·여름·가을을 거쳐 비가
오지 않았다. 이 시는 이 해 뒤의 작품일 것이다'라고 하였다. 이로 보아 이
시는 희공 때의 작품임을 알겠다. ○穀(곡)−녹(祿)의 뜻(集傳). ○詒(이)−
내려주다. ○孫子(손자)−자손.

解說 〈모시서〉에 이 시는 희공(僖公) 때 임금이나 신하가 모두 도(道)
가 있음을 기린 것이라 하였다. 주희는 또 잔치하고 술마시며 임금을 기
리고 풍년을 비는 노래라 하였다. 후자의 설이 더욱 내용과 잘 합치된다.

3. 반궁의 물(泮水)

즐거운 반궁의 물에서 미나리를 캐네.
노나라 임금 오시는데 그 깃발이 보이네.
깃발은 펄렁펄렁 방울 소리는 달랑달랑,
애 어른 할 것 없이 모두 임금따라 나아가네.

즐거운 반궁의 물에서 마름풀을 뜯네.
노나라 임금 오시는데 수레 끄는 말 억세게 보이네.
말은 억세고 방울 소리는 밝게 울리네.
얼굴은 온화하고 웃음 띠며 화내시는 일 없이 잘 가르쳐 주시네.

즐거운 반궁의 물에서 순나물을 뜯네.
노나라 임금 오셔서 반궁에서 술을 마시네.
맛있는 술 마시니 영원한 수명 내리시겠네.
저 큰 길을 따라 오랑캐 무리들 굴복해 오네.

점잖으신 노나라 임금님은 그의 덕을 공경히 밝히시네.
위의를 공경히 삼가시니 백성들의 본 되시겠네.
진실로 문덕과 무용을 함께 갖추시고, 공많은 조상들이 밝게 강림하
시니,
온전히 효도 다하여 스스로 복을 구하셨네.

밝고 밝은 노나라 임금님은 그의 덕을 밝히시네.
반궁을 이룩하니 회땅 오랑캐들 굴복해 오네.
용감한 장군들이 반궁에서 베어 온 적의 목 바치며,
고요처럼 잘 신문하는 이가 반궁에서 포로들을 심사하네.

많은 신하들이 덕 있는 마음 넓히어,
용감하게 정벌에 나서 동남쪽 오랑캐들 다스리고,
대단하고 굉장하지만 떠들지도 소리내지도 않고,
서로 다투는 일도 없이 반궁에서 공을 아뢰네.

뿔장식한 활은 구부정한데 화살은 다발로 묶여 있네.
병거는 매우 많고, 걷는 이 수레 모는 이 모두 기꺼이 따르고 있네.
회땅의 오랑캐 쳐부수니 양순하게 명을 거스리지 않게 되었네.
당신의 계책대로 다 되어 회땅의 오랑캐 모두 잡았네.

펄펄 나는 올빼미가 반궁 숲에 내려앉네.

오디를 따먹고는 내 호의를 생각하네.
각성한 회땅의 오랑캐들이 찾아와 보물을 바치는데,
큰 거북과 상아와 남쪽에서 나는 많은 금을 보냈네.

原文 思樂泮水여 薄采其芹이로다.
   魯侯戾止하시니 言觀其旂로다.
   其旂茷茷하며 鸞聲噦噦하니
   無小無大히 從公于邁로다.

   思樂泮水여 薄采其藻로다.
   魯侯戾止하시니 其馬蹻蹻로다.
   其馬蹻蹻하며 其音昭昭로다.
   載色載笑하시니 匪怒伊敎로다.

   思樂泮水에 薄采其茆로다.
   魯侯戾止하시니 在泮飮酒로다.
   旣飮旨酒하시니 永錫難老로다.
   順彼長道하사 屈此羣醜로다.

   穆穆魯侯는 敬明其德이로다.
   敬愼威儀하시니 維民之則이로다.
   允文允武하사 昭假烈祖하시니
   靡有不孝하여 自求伊祜로다.

   明明魯侯이 克明其德이시로다.
   旣作泮宮하니 淮夷攸服이로다.
   矯矯虎臣이 在泮獻馘하며
   淑問如皐陶이 在泮獻囚로다.

   濟濟多士이 克廣德心하여

桓桓于征하여 狄彼東南하니
烝烝皇皇하며 不吳不揚하며
不告于訩하여 在泮獻功이리로다.

角弓其觩하니 束矢其搜로다.
戎車孔博하며 徒御無斁이로다.
既克淮夷하니 孔淑不逆이로다.
式固爾猶하여 淮夷卒獲이로다.

翩彼飛鴞이 集于泮林하여
食我桑黮하고 懷我好音이로다.
憬彼淮夷이 來獻其琛하니
元龜象齒와 大賂南金이로다.

註解　ㅇ思(사)―조사.　ㅇ泮(반)―반궁(泮宮), 제후들의 학궁(學宮)으로 향사(鄕射)를 하던 곳. 천자의 학궁은 벽옹(辟廱)이라 하였다.　ㅇ泮水(반수)―반궁의 물. 반궁의 동서남쪽으로 반벽(半璧) 모양의 물이 있었는데, 그것은 꼭 벽옹(辟廱)의 물의 반쪽 모양이다. 그 물이 벽옹의 반이란 데서 '반(泮)'이란 이름이 붙여진 것이다.　ㅇ薄(박)―조사.　ㅇ芹(근)―미나리.　ㅇ戾(려)―이르다.　ㅇ止(지)―조사.　ㅇ魯侯(노후)―노나라 희공(僖公)을 가리키는 듯하다 (毛傳).　ㅇ言(언)―조사.　ㅇ旂(기)―노후(魯侯)의 여러 가지 깃발들.　ㅇ茷茷(패패)―깃발이 펄럭이는 모양(集傳).　ㅇ鸞(란)―말 재갈 양편에 달린 방울.　ㅇ噦噦(훼훼)―말방울 소리. 딸랑딸랑.　ㅇ小大(소대)―노소(老少)를 말함(釋義).　ㅇ邁(매)―나아가다.　ㅇ藻(조)―마름풀.　ㅇ蹻蹻(교교)―강건한 모양.　ㅇ音(음)―방울 소리.　ㅇ載(재)―즉(則)의 뜻.　ㅇ色(색)―부드러운 안색을 하는 것(鄭箋).　ㅇ匪怒伊敎(비노이교)―가르치기만 하고 성내지는 않는 것.　ㅇ茆(묘)―순나물.　ㅇ錫(석)―주다.　ㅇ難老(난로)―장수를 뜻함(鄭箋).　ㅇ長道(장도)―대로(大路)의 뜻(集傳).　ㅇ屈(굴)―굴복하여 오는 것.　ㅇ羣醜(군추)―추한 무리들. 뒤에 나오는 회이(淮夷)들을 가리킨다.　ㅇ穆穆(목목)―공경하는 것, 점잖은 것.　ㅇ昭假(소가)―밝게 신이 강림하는 것.　ㅇ祜(호)―복.　ㅇ淮夷(회이)―회수(淮水) 근방의 오랑캐.　ㅇ服(복)―굴복해 오는 것.　ㅇ矯矯(교교)―

용맹스런 모양. ㅇ虎臣(호신)―무신(武臣)들. ㅇ馘(괵)―목을 베어 온 것. 전공(戰功)의 증거로 옛날에는 죽은 적의 왼편 귀를 잘라다 바쳤다. ㅇ淑(숙)―선(善)과 통함. ㅇ問(문)―심문하는 것. ㅇ皐陶(고요)―순(舜)임금 때의 옥관(獄官)인 사(士)였던 사람으로, 그는 옥사를 잘 처리하였다. ㅇ囚(수)―적의 포로들. ㅇ德心(덕심)―선의의 뜻(集傳). ㅇ桓桓(환환)―용맹스런 모양. ㅇ狄(적)―척(剔)과 통하여 치(治)의 뜻(鄭箋). ㅇ東南(동남)―동남쪽에 있던 회이(淮夷)를 가리킴. ㅇ烝烝(증증)―황황(皇皇)과 함께 모두 성한 모양(集傳). ㅇ吳(오)―시끄럽게 떠드는 것. ㅇ揚(양)―양성(揚聲)으로 소리지르는 것. ㅇ訩(흉)―말로 다투다, 송사를 하다. '불고우흉(不告于訩)'은 서로 다투지 아니하는 것. ㅇ角弓(각궁)―뿔로 장식을 한 활. 소아 '각궁(角弓)' 시에 보였음. ㅇ其觩(기구)―활대가 구부정한 모양. ㅇ搜(수)―모아놓다. ㅇ博(박)―많은 것. ㅇ無斁(무역)―싫증내지 않다, 곧 기꺼워하는 것. ㅇ逆(역)―명을 거스리는 것. ㅇ式(식)―조사. ㅇ猶(유)―계책. ㅇ翩(편)―나는 모양. ㅇ鴞(효)―올빼미. 악조(惡鳥)로서 회이에 비긴 것이다. ㅇ黮(심)―오디. 심(葚)과 같은 자. 노나라 임금의 덕에 비유한 말임. ㅇ好音(호음)―선의의 뜻. 노나라 임금의 덕에 끌리어 착한 노나라 임금의 마음을 생각하게 된 것이다. ㅇ憬(경)―깨닫는 것. ㅇ琛(침)―보배. ㅇ元龜(원귀)―큰 거북으로, 거북점을 치는 데 있어서 거북이 클수록 영험하다 한다. ㅇ象齒(상치)―상아(象牙). ㅇ賂(로)―선물로 보내주는 것. ㅇ南金(남금)―형주(荊州)·양주(揚州) 등 남쪽 지방에서 나는 금(毛傳). ㅇ大賂(대로)―위아래로 걸리어 원귀(元龜)와 상아 및 남금(南金)을 많이 보내어 왔다는 뜻.

解說 〈모시서〉에서는 노나라 희공이 반궁(泮宮)을 잘 건사하였음을 노래한 것이라 하였다. 다시 굴만리(屈萬里)는 혜주척(惠周惕)의 설을 인용하여 '이 시는 시종 반궁에 있어서의 노후(魯侯)의 일을 읊고 있으니, 노후가 회이(淮夷)를 정벌한 뒤에 석채(釋菜)라는 간단한 제사를 지내고 손님들을 대접하는 것이다. 석전(釋奠)과 석채는 간략한 제사이며 춤이 없다. 시에 음악에 대한 언급이 없으니 이것은 석채임을 알 수 있다'라고 하였다. 《예기(禮記)》 왕제(王制)에는 '출정하여 반역자들을 잡으면 학궁(學宮)에서 석전을 지내며 적의 귀 벤 것을 바치고 포로들을 심문한다'고 하였다.

4. 비궁(閟宮)

강원의 묘 비궁은 조용한데 튼튼하고도 빈틈없이 지었네.
밝고 밝으신 강원은 덕에 어긋남이 없으시어,
하나님만을 의지하시니 재난도 해로움도 없으셨네.
열 달이 차자 어김없이 후직을 낳으셨네.
온갖 복이 함께 내려졌으니, 메기장 차기장과 이른 곡식 늦은 곡식에
올벼 늦벼와 콩과 보리였네.
이에 모든 나라들을 다스리시어 백성들로 하여금 농사짓게 하시니,
메기장과 차기장이 있게 되었고 벼와 검은 기장이 있게 되었으며,
이에 온 세상을 다스리시어 우임금의 유업을 계승하셨네.

후직의 손자가 바로 태왕이시니,
기산 남쪽 기슭에 거하시며 실은 상나라를 치기 시작하셨다네.
문왕과 무왕에 이르러 태왕의 유업을 계승하시어,
하늘의 벌주심을 목땅의 들에서 이루셨네.
딴 마음 갖지 말고 근심하지 말지니, 하나님이 당신 위에 임하고 계
시네.
상나라의 무리들을 쳐죽이어, 큰 공을 이루셨네.
성왕께서 말씀하시기를, '아저씨, 당신의 맏아들을 세워,
노나라의 제후를 삼노니, 당신의 나라를 크게 발전시키어,
주나라 왕실을 보좌하시오.'

이에 백금에게 명하시어 동녘 땅의 제후를 삼으시고,
산천과 땅과 이에 붙은 작은 나라들까지 함께 내려주셨네.
주공의 손자이며 장공의 아들 되는 희공이,
용 기 세우고 제사를 받들러 가시는데, 수레 모는 여섯 가닥의 말고
삐 철렁이네.

봄 가을로 태만함 없이 어김없이 제사지내어,
위대한 하나님과 위대한 할아버지 후직께
붉은 소 잡아 바치니, 제물을 받고 제사를 받아들여
많은 복을 내리셨네.
위대한 할아버지 주공께서도 당신에게 복을 주시네.

가을에 제사지내기 위하여 여름부터 제물로 쓸 소뿔에 나무를 대어
뜨개질 못하게 하는데,
흰 수소와 붉은 수소 모두 갖춰졌고, 술잔도 가지런하며,
통째로 굽기도 하고 고기 썰어 국도 끓이며, 여러 가지 제기 갖추었네.
만무 너울너울 추니 자손 희공께서 복받겠네.
당신을 창성케 하고, 당신을 수하고 잘되게 하여,
동쪽 나라를 보전하도록 하니, 노나라는 영원히 안정되어,
부숴지지도 무너지지도 않으며, 떨리지도 움직이지도 않게 되었네.
나이 수하신 분들과 벗하시어 산이나 언덕처럼 영원할 것이네.

희공의 수레는 천 개인데, 창에 붉은 수실 달고 활대엔 녹색 실을
감았으며,
두 개의 창과 두 개의 활 지니셨네.
희공의 무리는 3만 명인데, 조개 장식 갑옷을 붉은 실로 꿰맸으며,
많은 무리들 시끌시끌하네.
오랑캐들 무찌르고 남쪽 나라를 징계하니,
아무도 감히 우리에 맞서지 않네.
당신을 창성케 하며 당신을 수하고 부하게 하여,
나이 많은 분들과 서로 수를 견주며,
당신을 창성하고 크게 하며, 당신을 오래오래 살게 하여,
만세 천세토록 수하심에 아무런 해도 없을 것이네.

태산이 우뚝하여 노나라 어디서나 우러러보네.
그리고 구산과 몽산이 대동 지방에 군림하여

바닷가에까지 이르렀으니, 회땅의 오랑캐들 동쪽으로 와서,

모두가 우리를 따르니, 노나라 임금의 공로일세.

부산과 역산을 차지하고, 마침내는 서나라 땅까지 평정하여

바닷가에까지 이르니, 회땅을 비롯한 여러 오랑캐들과

남쪽 오랑캐들이 모두 순종하고

모두가 복종하여, 노나라 임금을 따르게 되었네.

하늘이 희공께 큰 복을 내리시니, 오래도록 노나라를 보전하게 되었네.

상땅과 허땅도 차지하여 주공의 나라를 회복하시니,

노나라 임금은 즐기며 기뻐하시는데, 착한 부인과 수하신 어머니도 함께 계시네.

대부들과 여러 관리들을 잘 거느리어 나라를 바로 다스리시니,

많은 복을 받으시어 늙으셨어도 아이들처럼 튼튼한 이 가지셨네.

조래산의 소나무와 신보산의 잣나무를

자르고 쪼개며 재고 말라서,

커다란 재목 만드니 웅장한 궁전 이룩되네.

새로운 묘당 큼지막한데, 이것도 함께 이룩한 것일세.

궁전과 묘당 길고 크니, 온 백성들 모두 순종하네.

原文 閟宮有侐하니 實實枚枚로다.

赫赫姜嫄은 其德不回하사

上帝是依하시니 無災無害로다.

彌月不遲하사 是生后稷하시고

降之百福하시니 黍稷重穋와

稙穉菽麥이로다.

奄有下國하사 俾民稼穡하시니

有稷有黍하며 有稻有秬하고

奄有下土하사 纘禹之緖시니라.

后稷之孫이 實維大王이시니
居岐之陽하사 實始翦商이시니라.
至于文武하사 纘大王之緖하사
致天之屆를 于牧之野하시니라.
無貳無虞어다 上帝臨女시니라.
敦商之旅하여 克咸厥功이니라.
王曰叔父여 建爾元子하여
俾侯于魯하노니 大啓爾宇하여
爲周室輔어다.

乃命魯公하사 俾侯于東하시고
錫之山川과 土田附庸이로다.
周公之孫이며 莊公之子이
龍旂承祀하시니 六轡耳耳로다.
春秋匪解하사 享祀不忒하사
皇皇后帝와 皇祖后稷께
享以騂犧하시니 是饗是宜하여
降福旣多니라.
周公皇祖도 亦其福女시니라.

秋而載嘗이라 夏而楅衡하니
白牡騂剛이며 犧尊將將하며
毛炰胾羹이며 籩豆大房이니라.
萬舞洋洋하니 孝孫有慶이로다.
俾爾熾而昌하며 俾爾壽而臧이로다.
保彼東方하여 魯邦是常하니라

不虧不崩하며 不震不騰이로다.
三壽作朋하니 如岡如陵이로다.

公車千乘이니 朱英綠縢이며
二矛重弓이로다.
公徒三萬이니 貝胄朱綬이며
烝徒增增이로다.
戎狄是膺하며 荊舒是懲하니
則莫我敢承이로다.
俾爾昌而熾하며 俾爾壽而富로다.
黃髮台背이 壽胥與試하며
俾爾昌而大하며 俾爾耆而艾하여
萬有千歲여 眉壽無有害로다.

泰山巖巖하니 魯邦所詹이로다.
奄有龜蒙하여 遂荒大東하여
至于海邦하니 淮夷來東하여
莫不率從하니 魯侯之功이로다.

保有鳧繹하여 遂荒徐宅하여
至于海邦하니 淮夷蠻貊과
及彼南夷이 莫不率從하며
莫敢不諾하여 魯侯是若이로다.

天錫公純嘏하시니 眉壽保魯하사
居常與許하여 復周公之宇시니라.
魯侯燕喜하시니 令妻壽母시니라.
宜大夫庶士하사 邦國是有하시니
旣多受祉하사 黃髮兒齒시로다.

徂來之松과 新甫之栢을
是斷是度하며 是尋是尺하여
松桷有舃하니 路寢孔碩이로다.
新廟奕奕하니 奚斯所作이로다.
孔曼且碩하니 萬民是若이로다.

註解 ○閟宮(비궁)—강원(姜嫄 : 后稷의 어머니)의 묘 이름(毛傳). ○有侐(유혁)—혁연(侐然)으로 청정(淸靜)한 모양(毛傳). ○實實(실실)—견고한 모양(集傳). 그 기지(基址)를 형용한 것임(釋義). ○枚枚(매매)—세밀한 것(孔疏). 기둥·서까래 등 재목의 구조를 형용한 말(釋義). ○姜嫄(강원)—대아 '생민(生民)' 시에 보였음. ○回(회)—사(邪)의 뜻, 잘못되는 것, 어긋나는 것. ○彌月(미월)—아기를 배어 열 달이 꼭 차는 것. ○不遲(부지)—늦지 않은 것, 곧 '제때에'. ○黍(서)—메기장. ○稷(직)—차기장. ○重(중)—늦곡식. ○穋(륙)—올곡식. 빈풍(豳風) '칠월' 시에도 이 구절이 보임. ○稙(직)—이른 벼. ○稺(치)—늦벼. ○菽(숙)—콩. ○秬(거)—검은 기장. ○纘(찬)—잇다, 계승하다. ○緒(서)—유서(遺緒), 유업(遺業)을 말한다. ○岐(기)—기산(岐山). ○陽(양)—산의 남쪽 기슭. ○翦(전)—토벌하는 것. ○屆(계)—극(殛)의 뜻으로, 주살(誅殺)하는 것. ○牧(목)—상(商)나라 도읍 조가(朝歌)의 교외 지명. 무왕은 이 목땅의 들에서 주(紂)의 군대들을 쳐부수었다. ○貳(이)—이심(二心), 딴 마음을 먹는 것. ○虞(우)—염려하다. 걱정하다. ○女(여)—너, 당신. ○敦(퇴)—대(譈)와 통하여, '쳐죽이는 것'. 대아 '상무(常武)' 시에 보였음. ○咸(함)—비(備)와 통하며, 비(備)는 또 성(成)과 뜻이 통함(通釋). ○王(왕)—성왕(成王). ○叔父(숙부)—주공(周公)을 말함(毛傳). 숙부 이하는 성왕이 한 말. ○元子(원자)—맏아들로, 노나라의 시조 백금(伯禽)임. ○啓(계)—발전시키는 것. ○宇(우)—국가의 뜻. ○輔(보)—보좌. ○魯公(노공)—백금(伯禽)을 가리킴. ○東(동)—동쪽 땅, 곧 노나라를 가리킴. ○錫(석)—주다. ○附庸(부용)—속성(屬城)과 같은 말로, 직접 천자에 예속되지 않고 큰 제후의 나라에 붙어 있는 소국(小國)(集傳). ○莊公(장공)—아들은 희공(僖公)임. ○龍旂(용기)—상공(上公)의 기(旂)로서, 주송(周頌) '재현(載見)' 시에 보임. ○六轡(육비)—사마(四馬)의 고삐. ○耳耳(이이)—부드럽게 철렁이는 모양. ○解(해)—해(懈)와 통함, 게으르다. ○忒(특)—어긋나는 것. ○皇皇(황황)—

위대한 것. ㅇ后帝(후제)―상제(上帝)로 하느님. ㅇ騂(성)―붉은 소. ㅇ犧(희)―순색(純色)의 제물. '성희(騂犧)'는 순적색의 희생(犧牲). ㅇ饗(향)―흠향하다. ㅇ宜(의)―신이 제사를 옳게 여기고 받아들이는 것. ㅇ載(재)―즉(則)의 뜻. ㅇ嘗(상)―가을 제사 이름. ㅇ楅衡(복형)―쇠뿔에 가로 막대기를 대어 사람을 뜨지 못하도록 하는 것. 여름부터 가을 제사에 쓸 희생을 골라 복형(楅衡)함으로써 불길을 막았던 것이다. 《주례(周禮)》 봉인(封人)에도 '모든 제사에는 그 우생(牛牲)을 장식하고 복형(楅衡)을 베푼다'고 하였다. ㅇ白牡(백무)―백색의 수소로, 주공을 제사지낼 때 쓰던 짐승(毛傳). ㅇ剛(강)―강(犅)의 가차로서, 노공(魯公)을 제사지낼 때 쓰던 붉은 수소(毛傳). ㅇ犧尊(희준)―짐승 모양으로 만든 그릇으로 그 속에 술을 담도록 되어 있다(釋義). ㅇ將將(장장)―엄정(嚴整)한 모양(釋義). ㅇ炰(포)―포(炮)와 같은 글자. 모포(毛炰)는 짐승을 털째로 진흙에 싸서 굽는 것. ㅇ胾(자)―썬 고기. '자갱(胾羹)'은 썬 고기를 넣어 끓인 국. ㅇ籩(변)―두(豆)와 함께 제기. ㅇ大房(대방)―반쪽의 생(牲)을 담는 제기. 다리 밑에 집의 방(房) 같은 받침이 있어 대방이라 부른다(集傳). ㅇ萬(만)―무명(舞名). 패풍(邶風) '간혜(簡兮)' 시 참조. ㅇ洋洋(양양)―춤의 가지수가 많은 모양(傳疏). ㅇ孝孫(효손)―희공을 가리킴. ㅇ慶(경)―복의 뜻(釋義). ㅇ熾(치)―성한 것. ㅇ臧(장)―선(善)의 뜻. ㅇ常(상)―영원한 것. ㅇ虧(휴)―일그러지다. ㅇ崩(붕)―무너지다. 노나라의 안정을 다음 구와 함께 형용한 말임. ㅇ震(진)―진동하다. ㅇ騰(등)―경동(驚動)의 뜻(集傳). ㅇ三壽(삼수)―상수(上壽)와 중수(中壽)·하수(下壽)를 말한다. 상수는 120세, 중수는 100세, 하수는 80세임(通釋). 이 삼세란 말은 금문 가운데 자주 보인다(釋義). ㅇ作朋(작붕)―삼수지인(三壽之人)과 희공의 수(壽)가 맞먹게 된다는 뜻. ㅇ千乘(천승)―대국(大國)의 수레 수임. ㅇ朱英(주영)―창의 장식으로 붉은 물을 들인 실을 감아 창의 장식을 만든 것(孔疏). ㅇ綠縢(녹등)―활대에 녹색의 실을 감은 것. ㅇ二矛重弓(이모중궁)―한 수레의 위에 두 개의 창과 두 개의 활이 있는 것. 정풍(鄭風) '청인(清人)' 시 참조. ㅇ貝冑(패주)―조개로써 갑옷을 장식한 것. ㅇ朱綅(주침)―붉은 실로 조개를 엮은 것(毛傳). ㅇ烝(증)―무리. ㅇ增增(증증)―많은 모양(毛傳). ㅇ戎(융)―본시 서융(西戎). 적(狄)은 본시 북적(北狄)이나, 여기서는 회이(淮夷)를 가리킨다(釋義). ㅇ膺(응)―《맹자(孟子)》 조기(趙岐) 주(注)에 '격(擊)'의 뜻이라 하였다, 치다. ㅇ荊(형)―초(楚)나라. 《춘추(春秋)》에서 희공 원년에 비로소 형을 초라 부른다. ㅇ舒(서)―형과 가까이하는 나라 이름(毛傳). 지금의 안휘성(安徽省) 합비(合肥) 일대였다. ㅇ懲(징)-징계하다. 희공 4년에 초나라를 쳤다는 기록이 《좌전》에 있다. ㅇ承(승)-어(禦)의 뜻(鄭箋), 곧 '당해 내는 것'. ㅇ黃髮(황발)-노인의 머리는 희어졌다가 다시 오래 가면 누레진다 한다(小雅 '南山有臺' 시 참조). ㅇ台背(태배)-노인의 등에 태어(鮐魚) 같은 무늬가 생기는 것(大雅 '行葦' 시 참조). 모두 노수(老壽)하는 모양임. ㅇ胥(서)-서로. ㅇ試(시)-서로 견주는 것(通釋). ㅇ耆(기)-늙도록 오래 사는 것. ㅇ艾(애)-늙은이, 늙도록 오래 살다. ㅇ眉壽(미수)-고수(高壽)의 뜻. 빈풍(豳風) '칠월' 시에 보임. ㅇ巖巖(암암)-높은 모양. 소아 '절남산(節南山)' 시에 보임. ㅇ詹(첨)-첨(瞻)과 통함.《한시외전(韓詩外傳)》 및《설원(說苑)》엔 모두 '첨(瞻)'으로 인용되어 있다. 우러러보다. ㅇ龜(귀)-산 이름. 지금의 산동성 사수현(泗水縣)에 있다. ㅇ蒙(몽)-산 이름. 지금의 산동성 몽음현(蒙陰縣)에 있다. ㅇ荒(황)-유(有)의 뜻(毛傳), 다스리게 된 것. ㅇ大東(대동)-노나라 동부 일대. 소아 '대동(大東)' 시에 보임. ㅇ海邦(해방)-해안 지방. ㅇ東(동)-동쪽 나라, 노나라를 가리킴. ㅇ鳧(부)-산 이름. 지금의 산동성 어대현(魚臺縣)에 있다. ㅇ繹(역)-역산(嶧山). 지금의 산동성 역현(嶧縣)에 있다. ㅇ徐宅(서택)-서(徐)나라 사람들이 사는 곳, 곧 서나라를 말함. ㅇ蠻(만)-남쪽 오랑캐. ㅇ貊(맥)-오랑캐. ㅇ諾(낙)-복종하다. ㅇ若(약)-순종하다. ㅇ錫(석)-내려주다. ㅇ純(순)-큰 것. ㅇ嘏(가)-복. ㅇ常(상)-당(棠)이라고도 쓰며, 지명으로 지금의 산동성 어대현에 있었다. 《국어(國語)》 제어(齊語)에 '반기침지당잠(反其侵地棠潛)'이라 하였는데, 《관자(管子)》 소광편(小匡篇)엔 '상잠(常潛)'으로 쓰고 있다. ㅇ許(허)-노나라의 고을 이름. 지금의 어디에 해당하는지 알 길이 없다. ㅇ宇(우)-강역(疆域)의 뜻. 상(常)과 허(許)는 모두 제(齊)나라에 침략당했었는데, 희공에 이르러 노나라가 되찾은 것이다. ㅇ燕(연)-즐기다. ㅇ令妻(영처)-훌륭한 처. 희공의 부인. ㅇ壽母(수모)-수고(壽考)하는 어머니로 희공의 어머니를 뜻한다. ㅇ宜(의)-적의(適宜)케 해주는 것. ㅇ庶士(서사)-여러 관리들. ㅇ兒齒(아치)-아이들처럼 튼튼하고 가지런한 이빨. ㅇ徂來(조래)-산 이름. 지금의 산동성 태안현(泰安縣) 동쪽에 있다. ㅇ新甫(신보)-양보산(梁甫山)을 뜻하는 듯하다. 지금의 산동성 신태현(新泰縣)에 있다(通釋). ㅇ度(탁)-탁(剫)의 생략 자임(通釋), 쪼개다. ㅇ尋(심)-8척, 길이의 단위. ㅇ桷(각)-네모진 서까래. ㅇ有舄(유석)-석연(舄然)으로 큰 모양. ㅇ路寢(노침)-왕궁의 정침(正寢). ㅇ奕奕(혁혁)-큰 모양, 웅대한 모양. ㅇ曼(만)-긴 것.

解說 이 시는 노나라 희공이 제(齊)나라에게 빼앗겼던 옛 땅을 되찾고 훌륭한 정치를 베푸는 것을 칭송한 것이다.

상 송(商頌)

‘나(那)’의 〈모시서〉에 ‘미자(微子)로부터 대공(戴公)에 이르기까지 사이에 예악이 폐하여져 없어졌다. 정고보(正考父)라는 사람이 주나라의 태사(大師)로부터 상송(商頌) 12편을 얻었는데 ‘나(那)’ 시가 첫머리에 있었다’고 하였다. 이는 《국어(國語)》 노어(魯語)의 설에 근거한 것인데 노어에서는 ‘상(商)나라의 명송(名頌) 12편을 교(校)하였다’라고 하였다. 그리고 《한시(韓詩)》와 《사기(史記)》에서는 모두 상송을 정고보(正考父)의 소작이라 하고 송(宋)나라 양공(襄公)을 기린 것이라 하였다. 마서진(馬瑞辰)은 ‘정고보(正考父)는 대공(戴公) · 무공(武公) · 선공(宣公)의 3대를 섬겼음이 《좌전》에 보인다. 또 그의 아들 공부가(孔父嘉)는 상공(殤公) 때의 대사마(大司馬)였음이 《좌전》에 보인다. 그 중간에 장공(莊公) · 민공(湣公) · 신군(新君) · 환공(桓公)을 거쳐 비로소 양공에게로 이르는데, 대공 · 무공 · 선공 때로부터 너무나 거리가 멀다. 정고보(正考父)가 양공을 기리는 송을 지을 수가 없었을 것이다.’(通釋)라고 하였다.

그런데 ‘은무(殷武)’ 시를 보면 송(宋)나라 양공을 기렸음에 틀림없다. 다만 정고보의 작품은 아닐 것이다. 다른 편들도 송 양공 때 작품인 듯하다. 양공은 인의(仁義)를 닦아 일시 패자(覇者)가 되었으며 스스로 은왕(殷王)의 후손임을 생각하고 예악을 제정하여 주나라를 본떴으니 이러한 송을 지었다는 것은 자연스러운 일이다. 마치 노나라의 희공(僖公)과 비슷하다. 지금은 12편 가운데 다섯 편만이 남아있는데 그 문사(文辭)는 주송(周頌)과 대아(大雅)의 형식을 따르고 있으며, ‘은무’에서 읊은 사실 같은 것은 송 양공이 아니면 못 읊을 내용이다. 상송은 상대(商代)에 지어진 것이 아니라 그 후손인 송(宋)나라에서 지어진 것이다(釋義).

1. 굉장하기도 해라(那)

굉장하기도 해라! 자루 달린 북 큰북 벌여놓고
둥둥 북 울리니, 우리 공 많으신 조상님들 즐거워하시네.
탕임금의 손자 양공이 신의 강림 비니, 많은 복을 내려 우리를 편케
하네.
자루 달린 북 큰북 덩덩 울리고, 삐삐 관악기 소리 나네.
조화되고 고르게 경 소리를 따르니,
아아, 빛나는 탕임금의 손자여! 그 소리 아름답기도 하네.
큰종과 북소리 한데 어울리며 춤은 무르익는데,
여기 참석한 손들도 크게 기꺼워하네.
옛날부터 선민들께서 이룩해 놓으신 규범이 있으니,
아침저녁으로 따듯이 공경하고 일을 함에 신중하셨다네.
우리 제사를 신께서 흠향하시는데, 이 제사는 탕임금의 손자가 올리
시는 거라네.

原文　猗與那與라 置我鞉鼓하여
　　　奏鼓簡簡하니 衎我烈祖로다.
　　　湯孫奏假하시니 綏我思成이로다.
　　　鞉鼓淵淵하며 嘒嘒管聲이로다.
　　　旣和且平하여 依我磬聲하니
　　　於赫湯孫이여 穆穆厥聲이로다.
　　　庸鼓有斁하며 萬舞有奕하니
　　　我有嘉客이 亦不夷懌이로다.
　　　自古在昔에 先民有作하니
　　　溫恭朝夕하여 執事有恪하니라.
　　　顧予烝嘗하시니 湯孫之將이니라.

註解 ㅇ猗那(의나)―의나(猗儺) 또는 아나(阿難)와 같은 말로, 미성(美盛)한 모양(通釋). ㅇ與(여)―조사. 혜(兮)와 같은 말(經傳釋詞). ㅇ鞉(도)―도(鼗)와 같은 글자로, 손에 들고 흔들도록 자루가 달린 작은북. 주송(周頌) '유고(有瞽)' 시에 보임. ㅇ簡簡(간간)―소리가 큰 모양(鄭箋). ㅇ衎(간)―낙(樂)의 뜻(毛傳), 즐거워하다. ㅇ烈祖(열조)―탕(湯)임금을 말함(毛傳). ㅇ湯孫(탕손)―주사자(主祀者)로, 송(宋)나라 양공(襄公)을 가리키는 듯하다(釋義). ㅇ奏(주)―진(進)의 뜻. ㅇ假(가)―격(格)의 뜻으로, 신이 내림(來臨)하는 것. '주가(奏假)'는 신이 내림하는 것, 또는 신의 내림을 비는 것. 여기서는 후자의 뜻임(釋義). ㅇ綏(수)―편안한 것. ㅇ思(사)―조사. ㅇ成(성)―비(備)와 통하여 '복(福)'의 뜻. 곧 '많은 복으로 우리를 편케 해주신다'는 뜻(通釋). ㅇ淵淵(연연)―북소리가 나직하고 굵게 울리는 모양. ㅇ嘒嘒(혜혜)―관악기의 소리를 형용한 것임. ㅇ和平(화평)―악기 소리가 잘 조화됨을 말한 것임. ㅇ於(오)―감탄사. ㅇ赫(혁)―빛나다. ㅇ穆穆(목목)―아름다운 것(鄭箋). ㅇ厥聲(궐성)―연주하는 악기들의 소리. ㅇ庸(용)―용(鏞). 큰 쇠북. ㅇ有斁(유역)―역연(斁然)으로 성(盛)한 모양(毛傳). ㅇ萬舞(만무)―문무(文舞)·무무(武舞)의 통칭. ㅇ有奕(유혁)―혁연(奕然)으로 역시 성한 모양(釋義). ㅇ嘉客(가객)―조제(助祭)하러 온 손님들. ㅇ不(불)―비(丕)의 뜻, 크게, 매우. ㅇ夷懌(이역)―기뻐하다. ㅇ有作(유작)―작위(作爲)가 있는 것, 곧 어떤 규범을 이룩하여 놓은 것을 말한다. 그리고 이 유작은 다음의 '조석(朝夕)'을 말한다. ㅇ朝夕(조석)―소아 '우무정(雨無正)'의 '막긍조석(莫肯朝夕)'의 조석과 같은 말로, 조석으로 조현(朝見)함을 말한다. 이 말은 조제자(助祭者)들에게 한 것이다. ㅇ恪(각)―삼가다, 신중히 하다. ㅇ顧(고)―탕(湯)임금의 신령이 돌아보는 것, 곧 제사를 흠향하는 것. ㅇ烝(증)―상(嘗)과 함께 제사의 이름. ㅇ將(장)―받들어 올리다.

解說 〈모시서〉에 이 시는 성탕(成湯)을 제사지내는 것이라 하였다. 그 후손인 송나라 양공이 은나라 부흥의 대야망을 품고 탕임금께 제사드리는 것일 게다(앞의 商頌 해설 참조). 위원(魏源)은 탕의 손자 태갑(太甲)이 탕을 제사지내는 시라 하였다(《詩古微》卷六).

2. 공 많으신 조상(烈祖)

아아, 공 많으신 조상이여! 받은 복 크기도 하네.
거듭 끝없이 내리시어 지금까지 이르렀네.
맑은 술 차려놓으니, 우리에게도 복을 내려주시며,
갖은 양념한 국은 조심조심 잘 간을 맞추었네.
정숙히 신의 강림을 빌어 아무런 다툼도 없게 되니,
우리를 오래도록 수하여 한없이 오래 살게 하실 걸세.
가죽으로 묶은 바퀴통과 문채 새긴 멍에 달린 수레 타고 오는데, 여덟 개 말방울만 짤랑짤랑 울리네.
신의 내림을 빌고 제사드리는데, 우리는 천자의 명을 받고 널리 제사를 돕네.
하늘이 강녕의 복 내리시어 풍성한 풍년이 드니,
신께서도 강림하셔 제사 흠향하시며 한없는 복 내려주시네.
우리 제사를 신께서 돌보시는데, 이 제사는 탕임금의 손자가 올리시는 거라네.

|原文| 嗟嗟烈祖여 有秩斯祜로다.
申錫無疆이니 及爾斯所로다.
旣載淸酤하니 賚我思成이며
亦有和羹이니 旣戒旣平이로다.
鬷假無言하여 時靡有爭하니
綏我眉壽하여 黃耇無疆이로다.
約軧錯衡이며 八鸞鶬鶬이로다.
以假以享하니 我受命溥將이로다.
自天降康하여 豊年穰穰하니
來降來饗하여 降福無疆이로다.

顧予烝嘗하시니 **湯孫之將**이니라.

[註解] ○嗟嗟(차차)─아아, 감탄사임. ○烈祖(열조)─여기에서도 탕(湯)임금을 가리킴. ○秩(질)─《경의술문(經義述聞)》에 '큰 모양[大貌]'이라 하였다. '유질(有秩)'은 질연(秩然). ○祜(호)─복. ○申(신)─거듭되는 것. ○錫(석)─내려주다. '신석(申錫)'은 거듭하여 복을 내리시는 것. ○斯所(사소)─이곳, 이때의 임금님을 가리킨다. 이때의 임금은 역시 송나라 양공일 가능성이 많다. ○載(재)─설(設)의 뜻, 차려놓다. 대아 '한록(旱麓)' 시 참조. ○酤(고)─술. ○賚(뢰)─주다. ○成(성)─복(福)의 뜻. 앞 '나(那)' 시 참조. ○和羹(화갱)─오미(五味)를 조화시켜 끓인 국(鄭箋). ○戒(계)─신중히 하다, 조심하다. ○平(평)─화(和)의 뜻으로 맛이 잘 조화되는 것(集傳). ○鬷假(종가)─《중용(中庸)》에 '주가(奏假)'로 인용되어 있으며(集傳), '신의 강림을 비는 것'. 앞 '나(那)' 시 참조. ○時靡有爭(시미유쟁)─다툼이 없는 것. ○耇(구)─오래 사는 것. ○約(약)─가죽으로 수레바퀴통을 묶는 것. ○軝(기)─수레바퀴통. ○錯(착)─문채(文彩)의 뜻. ○衡(형)─수레의 멍에. ○鸞(란)─말방울. 팔란(八鸞)은 사마(四馬)의 방울. ○鶬鶬(창창)─창창(瑲瑲)과 같은 말로, 방울 소리. 이상 2구는 소아 '채기(采芑)' 시에 보임. ○假(가)─신의 내림을 비는 것. ○享(향)─제사드리는 것. ○溥(부)─널리. ○將(장)─돕다, 제사를 돕는 것. ○降康(강강)─강녕(康寧)을 내려주시는 것. ○穰穰(양양)─풍성한 모양. ○來(래)─시(是)와 같은 조사. ○假(가)─신이 강림하시는 것. ○饗(향)─흠향하다.

[解說] 이것도 탕(湯)임금을 제사지내는 노래이다. 〈모시서〉에선 상(商)나라 중종(中宗 : 湯의 玄孫)을 제사하는 것이라 하였으나 알 수 없다. 내용으로 볼 때 탕임금을 송나라 양공이 제사지내는 것이라 봄이 가장 근리할 것이다.

3. 제비(玄鳥)

하늘이 제비에게 명하시어, 내려와 상나라 조상을 낳게 하시어,
커다란 은나라 땅을 다스리게 하셨네.

옛날 하나님이 용맹하신 탕임금께 명하시어, 온 세상의 땅을 바로
다스리게 하셨네.

그리고 널리 제후들에게 명하시어 모든 나라 다스리시니,

상나라의 옛 임금님들 받드신 명 잘 보전하시어,

손자 무정 임금에게까지 이르렀네.

손자 무정 임금은 용맹하신 탕임금만 못하신 것 없으시니,

용 기 꽂은 열 채의 수레로 많은 제물 갖다 바치네.

사방 천리의 왕기는, 백성들이 머물러 사는 곳인데,

여기서부터 온 세상 땅을 다스리셨네.

온 세상 제후들이 제사 도우러 시끌시끌 많이도 몰려오네.

큰 나라 땅은 황하에 걸쳐 있고, 은나라의 받은 명은 모두가 합당
하여

갖가지 복을 받게 되었네.

[原文] 天命玄鳥하사 降而生商하여

宅殷土芒芒이시로다.

古帝命武湯하사 正域彼四方하시니라.

方命厥后하사 奄有九有하시니

商之先后이 受命不殆라

在武丁孫子시니라.

武丁孫子는 武王靡不勝하시니

龍旂十乘으로 大糦是承이로다.

邦畿千里는 維民所止니

肇域彼四海로다.

四海來假하니 來假祁祁로다.

景員維河며 殷受命咸宜라

百祿是何로다.

[註解] ㅇ玄鳥(현조)-제비. 고신씨(高辛氏)의 비(妃) 간적(簡狄:有娀氏의 딸)은 제비 알을 삼키고는 설(契)을 낳았다 한다. 설은 요(堯)임금 때의 사도(司徒)로서 공을 세워 상(商)땅에 봉함을 받았다(鄭箋). ㅇ商(상)-상나라의 시조 설(契)을 말한다. ㅇ宅(택)-살며 다스리는 것. ㅇ殷土(은토)-은나라 땅. ㅇ芒芒(망망)-큰 모양(毛傳). ㅇ古帝(고제)-옛날의 상제(上帝). ㅇ武湯(무탕)-무공 있는 탕임금의 뜻. ㅇ正域(정역)-그 강토(疆土)를 바로 다스리는 것(通釋). ㅇ方(방)-방(旁)과 옛날에는 통하여, '두루', '널리'의 뜻. ㅇ后(후)-제후들(集傳). ㅇ九有(구유)-구역(九域), 모든 나라들.《문선(文選)》주(注)에는《한시(韓詩)》를 인용 '구역(九域)'으로 쓰고 있다. 옛날에는 '구주(九州)'의 뜻이라 하였으나, '구역(九域)'으로 봄이 옳다(釋義). ㅇ不殆(불태)-위태롭지 않게 정치를 잘하는 것. ㅇ武丁(무정)-은(殷)나라를 중흥시킨 임금. ㅇ孫子(손자)-자손의 뜻이며, 무정손자(武丁孫子), 손자무정(孫子武丁), 도문을 시켜 협운(協韻)케 한 것이다. ㅇ武王(무왕)-무공 있는 임금으로, 탕임금을 가리킨다(集傳). ㅇ靡不勝(미불승)-'아무것도 못한 것이 없었다'는 뜻. ㅇ龍旂(용기)-제후들이 꽂는 교룡(交龍)을 그린 깃발. ㅇ糦(치)-희(饎)와 같은 글자. '대치(大糦)'는 성찬(盛饌)을 말하며, 제사에 쓰이는 주식(酒食)들. ㅇ承(승)-진봉(進奉)의 뜻. 여기서는 제후들이 많은 주식(酒食)을 장만해 가지고 조제(助祭)하러 오는 것을 말한다. ㅇ邦畿(방기)-왕기(王畿)로서, 천자의 직할지(直轄地). ㅇ止(지)-머물러 사는 것. ㅇ肇域(조역)-세상 땅을 다스리기 시작하는 것. ㅇ假(가)-지(至)의 뜻(鄭箋). 본시는 신의 강림을 뜻하는 글자였으나 뒤에 일반화되어 '온다'는 뜻이 생긴 것이다. 여기서는 사해(四海)의 임금들이 조제하러 옴을 말한다(釋義). ㅇ祁祁(기기)-중다(衆多)한 것(鄭箋). ㅇ景(경)-큰 것. ㅇ員(원)-폭운(幅隕)의 뜻. ㅇ河(하)-황하. 이 구절은 광대한 은나라의 강역(疆域)이 황하에 걸쳐 있었다는 뜻. 은나라의 경계는 3면이 황하였다(釋義). ㅇ宜(의)-합당한 것. ㅇ何(하)-하(荷)와 통하여 복을 누리는 것.

[解說] 이 시는 은나라의 고종(高宗) 무정(武丁) 임금을 제사하는 것이다(〈모시서〉). 무정은 상(商)나라 제20대 임금으로 그의 백부(伯父) 반경(盤庚) 임금이 수도를 은(殷)으로 옮기고 국호를 은(殷)이라 고친 뒤, 상나라를 중흥시켰던 위대한 임금이다.

4. 오래 두고 나타남(長發)

예지 있고 명철한 상나라 임금에게 오래 두고 상서가 나타났네.
장마물이 질펀하자 우임금이 세상 땅을 다스리고,
밖의 큰 나라들을 강역 속에 집어넣어 나라 땅이 커졌네.
유융씨의 딸을 맞아오니, 하나님은 자식을 점지하여 상나라 조상을
낳게 하셨네.

설께서는 용감하시어 작은 나라를 맡아 정치를 통달케 하였고,
큰 나라를 맡아서도 정치가 통달하였네.
예법을 따라 도를 넘지 않으니, 두루 법도가 행하여지게 되었네.
설의 손자 상토도 위엄과 용기가 있으시어 나라 밖까지도 정제하게
하셨네.

하나님의 명은 어김없으시어, 탕임금에 이르러 성공하셨네.
탕임금은 꼭 알맞게 나오시어 그 성스럽고 공경하는 덕을 날로 높이
셨네.
오래 두고 신의 강림 비시며 하나님만을 공경하시니,
하나님은 모든 나라가 법도로 삼도록 명하시었네.

작은 법 큰 법 모두 하늘에서 받아 온 세상의 본보기가 되시니,
하늘의 복주심을 누리셨네.
다투지 않고 서두르지도 않고 강하지도 않고 부드럽지도 않게,
훌륭한 정치를 베푸시니 여러 가지 복이 다 모여들었네.

작은 법도 큰 법도 모두 하늘로부터 받아 세상 나라들을 크게 감싸
시어,
하늘의 은총을 누리시네.
그의 무용을 널리 펴시어 떨리지도 움직이지도 않게 하시며,
겁내지도 두려워하지도 않게 하시니, 여러 가지 녹이 다 모여들었네.

용맹하신 탕임금께선 깃발 세우시고 공경히 도끼 잡으시니,
불꽃이 훨훨 타오르듯 아무도 당해내지 못하였네.
하나라 뿌리에서 난 움 같은 세 나라들도 꼼짝을 못하게 되어,
모든 나라들이 모두 따르게 되고, 위나라와 고나라를 치시고
또 곤오를 친 다음 하나라 걸임금을 치셨네.

옛날 탕임금 전의 중세에서는 떨리고 위태로웠는데,
진실한 천자께 훌륭한 신하까지 내려주시니,
바로 아형 이윤이 그분이며, 그분이 상나라 임금님을 보좌하신 거
라네.

原文 濬哲維商에 長發其祥이로다.
洪水芒芒이어늘 禹敷下土方하사
外大國是疆하여 幅隕旣長이로다.
有娀方將일세 帝立子生商하시니라.

玄王桓撥하사 受小國是達이며
受大國是達이로다.
率履不越하시니 遂視旣發이로다.
相土烈烈하시니 海外有截이로다.

帝命不違하사 至于湯齊하시니라.
湯降不遲하시며 聖敬日躋하시니라.
昭假遲遲하시며 上帝是祗하시니
帝命式于九圍하시니라.

受小球大球하사 爲下國綴旒하사
何天之休하시니라.
不競不絿하시며 不剛不柔하사
敷政優優하시니 百祿是遒로다.

受小共大共하사 爲下國駿厖하사

何天之龍하시니라.

敷奏其勇하사 不震不動하시며

不戁不竦하시니 百祿是總이시로다.

武王載斾하고 有虔秉鉞하시니

如火烈烈하여 則莫我敢曷이로다.

苞有三蘖이 莫遂莫達하여

九有有截이어늘 韋顧旣伐하시고

昆吾夏桀이로다.

昔在中葉하여 有震且業이러니

允也天子께 降于卿士하시니

實維阿衡여 實左右商王이로다.

註解 ○濬(준)―마서진(馬瑞辰)은 예(睿)의 가차로서, 예지(睿智)의 뜻이라 하였다(通釋). ○哲(철)―명철(明哲)한 것. ○商(상)―상(商)나라 임금. ○長(장)―구(久)의 뜻(鄭箋), '오래 두고'. ○發(발)―상서가 '나타나는 것'. ○芒芒(망망)―광대한 모양. ○敷(부)―포(鋪)와 뜻이 통하여, '평(平)'의 뜻. 《맹자(孟子)》에도 '거순이부치언(擧舜而敷治焉)'이란 말이 있는데, '부치(敷治)'는 '평치(平治)'의 뜻이다(釋義). ○下土方(하토방)―하국(下國)의 뜻. 이 구절은 우(禹)가 치수(治水)한 이후로 상나라가 있게 되었다는 뜻임. ○外(외)―왕기(王畿)의 밖. ○大國(대국)―왕기 밖의 제후들. ○疆(강)―모두 강역(疆域) 안에 넣는 것. ○幅隕(폭원)―강역의 넓이. ○長(장)―장대(長大)의 뜻. ○有娀(유융)―나라 이름. 고지(故地)는 대략 지금의 산서성(山西省) 영제현(永濟縣) 근처에 있었다. 설(契)의 어머니 간적(簡狄)은 유융씨의 딸이었으므로, 여기서 유융은 간적을 가리킨다. ○將(장)―'백량장지(百兩將之)'의 장(將)과 같은 뜻으로, '영취(迎娶)'를 말한다(釋義). ○立子生商(입자생상)― 상제(上帝)가 제비에게 명하여 알을 보내어 간적이 이를 삼키고 설을 낳아 상나라의 선조가 되게 한 것을 말한다. ○玄王(현왕)―설(契)임(毛傳). ○桓撥(환발)―자(字)가 평렬(平列)될 때는 두 자 모두 '강용(剛勇)'의 뜻을 지닌

다(通釋). ｏ受(수)—천자로부터 위임받는 것. ｏ達(달)—정치가 통달되는 것. 요(堯)는 처음에 설을 소국(小國)에 봉하였는데, 순(舜) 말년에 이르러 땅을 더 붙여 주어 대국(大國)이 되었다 한다(鄭箋). ｏ率(솔)—따르다. ｏ履(리)— 예(禮)의 뜻(毛傳). ｏ不越(불월)—예법에 벗어나지 않는 것. ｏ遂(수)—‘두루’ (鄭箋). ｏ發(발)—법(灋)과 옛날에는 통용되어(詩經新證), 법도가 행하여지는 것. ｏ相土(상토)—설(契)의 손자(毛傳). ｏ烈烈(열렬)—위무(威武)가 있는 모양(鄭箋). ｏ海外(해외)—‘사해의 밖까지’. ｏ截(절)—정제(整齊)한 것. ‘유절(有截)’은 절연(截然)과 같은 말로, 사해의 밖까지 모두 깨끗이 다스려졌다는 뜻임. ｏ齊(제)—제(濟)와 통하여, 성공의 뜻(釋義). ‘지우탕제(至于湯齊)’는 ‘지탕이성공(至湯而成功)’임. ｏ降(강)—생(生)의 뜻(集傳). ｏ不遲(부지)—늦지 않고 때에 꼭 알맞은 것. ｏ日躋(일제)—날로 승진되는 것. ｏ昭假(소가)—신의 강림을 비는 것(釋義). ｏ遲遲(지지)—오랫동안(集傳). ｏ圍(위)—성(城)·유(有)와 모두 뜻이 통하여, ‘구위(九圍)’는 구역(九域)의 뜻(通釋). ｏ受(수)—하늘로부터 받는 것. ｏ球(구)—공(共)과 함께 모두 법의 뜻. 구(球)는 구(捄), 공(共)은 공(拱)과 같은 뜻인데, 《광아(廣雅)》에 ‘공(拱)과 구(捄)는 법의 뜻’이라 하였다(經義述聞). ｏ綴(체)—표(表)의 뜻(毛傳). ｏ旒(류)—장(章)의 뜻(毛傳). ‘체류(綴旒)’는 밑의 제후들의 나라의 표장(表章), 곧 ‘본보기’의 뜻. ｏ何(하)—하(荷)와 통함, 짊어지다. ｏ休(휴)—복의 뜻. ｏ不競(불경)—다투지 않는 것. ｏ不絿(불구)—서두르지 않는 것. ｏ敷(부)—펴다. ｏ優優(우우)—훌륭하고 부드러운 모양. ｏ遒(주)—모여들다. ｏ大共小共(대공소공)—앞의 ‘소구대구(小球大球)’ 주(註) 참조. ｏ厖(방)—《순자(荀子)》영욕(榮辱)편 및 《대대례(大戴禮)》장군문자(將軍文子)편에 모두 ‘몽(蒙)’으로 인용하고 있다. 몽(蒙)은 복피(覆被)의 뜻으로, ‘준방(駿厖)’은 하국(下國)들이 모두 그 보호를 받음을 뜻한다(通釋). ｏ龍(용)—총(寵)의 뜻(鄭箋). 은총. ｏ奏(주)—진(陳)의 뜻(釋義). ‘부주(敷奏)’는 포진(布陳)의 뜻. ｏ戁(난)—두려워하다. ｏ竦(송)—두려워하다. ｏ總(총)—모이다. ｏ武王(무왕)—탕(湯)임금(毛傳). ｏ旆(패)—깃발. 깃발을 세운다는 것은 전쟁을 하려는 것이다. ｏ有虔(유건)—건연(虔然), 경건한 모양. ｏ鉞(월)—무기로 쓰이던 도끼. ｏ曷(알)—알(遏)과 통함, 막다. 《순자》 의병(議兵)편, 《한서(漢書)》 형법지(刑法志)엔 모두 ‘알(遏)’로 인용되고 있다. ｏ苞(포)—밑뿌리. 하나라에 비유한 것임. ｏ三蘖(삼얼)—3개의 움. 뒤에 나오는 하나라의 여국(與國)인 위(韋)나라와 고(顧)나라 및 곤오(昆吾) 삼국을 말하는 것이다(集傳). ｏ遂(수)—달

(達)과 함께 모두 순조롭게 자라는 것. ㅇ九有(구유)-구역(九域). ㅇ有截(유절)-절연(截然)으로 모두가 정연히 귀부(歸附)하여 오는 것. ㅇ韋(위)-지금의 하남성 활현(滑縣)에 있던 나라. ㅇ顧(고)-지금의 산동성 범현(范縣)에 있던 나라. ㅇ昆吾(곤오)-지금의 하북성(河北省) 복양현(濮陽縣)에 있던 나라. 탕임금은 먼저 걸(桀)임금을 따르던 위·고·곤오의 세 나라를 친 다음 하나라를 쳤던 것이다. ㅇ中葉(중엽)-중세. 탕임금이 아직 일어나지 않았을 때. ㅇ業(업)-위(危)의 뜻(毛傳). ㅇ有震且業(유진차업)-나라의 정세가 불안했음을 말한다. ㅇ卿士(경사)-뒤의 아형(阿衡)을 가리킨다. ㅇ阿衡(아형)-관명(官名)으로 이윤(伊尹)을 말한다. 이윤은 탕임금의 재상으로 상나라를 세우는 데 지대한 공을 세운 사람이다. ㅇ左右(좌우)-좌우(佐佑)로서 보좌의 뜻.

解說 〈모시서〉에선 이 시는 대제(大禘) 때 부른 노래라 하였다. 대제란 하늘과 선조를 제사하는 나라의 큰 행사이다. 주희(朱熹)는 대제엔 군묘지주(羣廟之主)까지 제사하는 것은 아니므로 합제(祫祭) 때의 시인 듯하다고 했다. 합제란 선조들을 태조묘에서 합제(合祭)하는 것이다. 그러나 내용으로 볼 때 역시 송나라 양공이 그의 조상 탕임금을 제사지내는 시가 아닌가 한다.

5. 은나라의 무용(殷武)

씩씩한 은나라의 무용은 일어나 초나라를 쳐부수고,
그 험한 땅에까지 깊이 들어가 초나라의 군사들을 잡아,
그 나라를 다스리시니 탕임금의 자손 되시는 분의 공로일세.

그대들 초나라는 남쪽 땅을 차지하고 있네.
옛날 탕임금 때에는 그곳으로부터 저나라 강나라에 이르기까지,
모두 조공을 왔고 모두 천자로 섬기어,
상나라만을 받들었네.

하늘은 여러 제후들에게 명하시어, 우임금이 다스리신 땅에 나라를

세우셨네.
 해마다 내조(來朝)하여 섬기고 있으니, 우리를 너무 책하지 말지어다,
 농사일도 게을리하지 않고 있나니.

 하늘의 명은 엄연하시어 밑의 백성들을 보살피고 계시네.
 지나치거나 함부로 벌주지 않으시면서 조금도 게을리하지 않으시니,
 밑의 나라에 명하시어 땅을 떼어 주고 그곳을 다스리게 하셨네.
 상땅의 도읍은 정제하여 온 세상의 중앙이 되네.
 혁혁한 명성에 빛나는 명령일세.
 오래도록 수하시고 안녕하시어 우리 백성들 보호하시네.

 경산에 올라가니 소나무와 잣나무 쭉쭉 뻗어 있네.
 이것을 자르고 옮겨다가 깎고 자르고 하니,
 모진 서까래 길쭉길쭉하고, 많은 기둥 굵직굵직하며,
 편안히 궁전 이룩하네.

原文　撻彼殷武로　奮伐荊楚하사
　　　采入其阻하여　裒荊之旅하여
　　　有截其所하니　湯孫之緖시로다.

　　　維女荊楚이　居國南鄉이로다.
　　　昔有成湯이　自彼氐羌하여
　　　莫敢不來享하며　莫敢不來王하여
　　　曰商是常이러니라.

　　　天命多辟하사　設都于禹之績하시니
　　　歲事來辟하여　勿予禍適이어라
　　　稼穡匪解라　하니라.

　　　天命降監이니　下民有嚴이로다.
　　　不僭不濫하여　不敢怠遑하니

命于下國하사 封建厥福하시니라.

商邑翼翼하니 四方之極이로다.
赫赫厥聲이며 濯濯厥靈이러니
壽考且寧하여 以保我後生이시니라.

陟彼景山하니 松栢丸丸이로다.
是斷是遷하여 方斲是虔하니
松桷有梴하며 旅楹有閑하니
寢成孔安이로다.

註解 ㅇ撻(달)-무용(武勇)이 있는 모양(通釋). ㅇ殷武(은무)-은(殷)나라의 무력. 이 시는 송나라 양공을 기린 것으로서 춘추시대에는 송나라를 은상(殷商)이라 흔히 불렀다. ㅇ奮(분)-떨치고 일어나는 것. 송나라 양공이 초나라를 친 기사로는 《좌전》에 의하면 노(魯)나라 희공(僖公) 15년에 양공은 무구(牡丘)에서 제후들과 회맹하여 초나라를 쳐 서(徐)나라를 구할 것을 모의했고, 22년에는 초인(楚人)과 홍(泓)땅에서 싸워 송나라 군대들이 졌다. 송시(頌詩)엔 아무래도 과분한 찬사가 들어가기 마련이다. 또 전의 노나라 희공 4년에는 제(齊)나라를 따라 송나라 환공(桓公)이 초나라를 쳤는데 이것까지 아울러 노래하고 있는 것인지도 모른다(鄭箋). ㅇ采(미)-깊은 것. ㅇ阻(조)-초나라의 험조(險阻)한 곳. ㅇ袤(부)-부(捊)와 통하여, 취(取)의 뜻(經義述聞·通釋). ㅇ旅(려)-초나라 군사들. ㅇ有截(유절)-절연(截然)으로, 정제히 다스리는 것. ㅇ其所(기소)-'그곳', 초땅을 가리킴. ㅇ湯孫(탕손)-송나라 양공임. ㅇ緖(서)-공업(功業)의 뜻. 제1절은 송양공의 공적을 노래한 것이다. ㅇ南鄕(남향)-남향, 남방의 뜻. 초는 송나라 남방에 있었다. ㅇ彼(피)-초나라를 가리킴. ㅇ氐(저)-오랑캐 이름. ㅇ羌(강)-오랑캐. 저·강은 모두 서방에 있던 오랑캐 나라 이름. ㅇ享(향)-공물을 바쳐 오는 것. ㅇ來王(내왕)-천자로서 섬기는 것. ㅇ王(왕)-원방(遠方)의 제후가 1세(世)에 적어도 천자를 한 번은 알현하는 것(鄭箋). ㅇ曰(왈)-조사. ㅇ常(상)-尙(상)과 통용되어, '받드는 것'. 이 제2절은 송나라의 조상인 상나라 탕임금의 업적을 노래한 것이다. ㅇ辟(벽)-제후들. ㅇ設都(설도)-도읍을 이룩하는 것, 곧 나라를 세우는 것. ㅇ禹之績(우지적)-우(禹)임금이 치산치수(治山治水)한 땅을 말

함. ○歲事(세사)—세시조현(歲時朝見)하는 일(鄭箋). ○來辟(내벽)—앞의 내왕(來王)의 뜻. ○禍(화)—과(過)의 뜻(經義述聞). ○適(적)—적(謫)과 통함(通釋), 꾸짖다. ○稼穡(가색)—농사를 말함. ○解(해)—해(懈)와 통함, 게으르다. 이 제3절은 상나라가 강성할 때 제후들이 솔복(率服)하던 일을 노래한 것이며, 한편 주천자(周天子) 밑에 있는 송나라의 숨겨진 야망이 엿보인다. ○有嚴(유엄)—엄연의 뜻으로, 금문에 자주 뵈는 글귀임. 왕국유(王國維)는 〈여우인논시서중성어서(與友人論詩書中成語書)〉에서 '천명강감(天命降監), 하민유엄(下民有嚴)이란 말은 뜻으로 볼 때 천명유엄(天命有嚴), 강감하민(降監下民)이라 봄이 좋다. 이처럼 구절을 전도시킨 것은 운을 맞추기 위한 것이다'라고 하였다. ○降監(강감)—아래로 내려다보며 살피는 것임. ○僭(참)—분수에 지나친 것. ○濫(람)—형벌을 함부로 쓰는 것. ○不敢怠遑(불감태황)—잠시도 정치를 게을리하지 않는 것. ○封建(봉건)—땅을 떼어 주어 다스리게 하는 것. ○福(복)—복(服)과 통하여(詩經新證), 그곳을 다스리는 것. 이 제4절도 상나라 임금이 부지런히 정치에 종사하였음을 노래한 것이다. 송나라 양공은 이러한 위대한 전통을 계승하였다는 것이다. ○商邑(상읍)—송나라 도읍을 말한다. 송나라는 상구(商丘)에 도읍하고 있었다. ○翼翼(익익)—정연한 모양(集傳). ○極(극)—중앙, 가운데. ○赫赫(혁혁)—밝고 성한 모양. ○厥聲(궐성)—송나라 양공의 명성. ○濯濯(탁탁)—밝고 빛나는 모양(集傳). ○靈(령)—영(令)과 옛날에는 통용되어, 여기서는 양공의 정령(政令)을 말한다(釋義). 이 제5절은 앞에서 읊은 상나라의 전통을 계승한 송나라 양공의 치적을 노래한 것이다. ○景山(경산)—상구 부근에 있는 산 이름(王國維 〈說商頌〉 下). ○丸丸(환환)—곧은 모양(毛傳). ○遷(천)—운반의 뜻. ○斲(착)—깎다. ○虔(건)—절(截)의 뜻(集傳), 자르다. ○桷(각)—네모진 서까래. ○有梴(유천)—천연(梴然), 나무가 긴 모양. ○旅(려)—무리가 많은 것. ○楹(영)—기둥. ○有閑(유한)—한연(閑然)으로 큰 모양(集傳). ○寢(침)—침묘(寢廟)를 모두 가리킴, 곧 궁전과 묘당을 모두 대표함. 이 끝 절은 송나라 국위를 상징하는 궁전의 영건(營建)을 노래한 것이다.

[解說] 이 시는 송나라 양공을 기린 것이다. 〈모시서〉에선 은(殷)나라 고종(高宗)을 제사하는 시라 하였으나 역시 송나라 때의 시로 봄이 좋다. 초나라라는 칭호만 보더라도 《춘추(春秋)》에서 희공(僖公) 원년에 처음 보이는데, 이처럼 늦게 생긴 초나라라는 국호를 이곳에 쓰고 있다는 사실도 이 시가 상대(商代)나 서주(西周) 때의 작품이 아님을 말해 준다.

제국세계도(諸國世系圖)

상(商) 부(附) 〔**송**(宋)〕

설(契)－소명(昭明)－상토(相土)－창약(昌若)－조어(曹圉)－명(冥)－왕해(王亥)－왕항(王恒)－상갑미(上甲微)－보을(報乙)－보병(報丙)－보정(報丁)－시임(示壬)－시계(示癸)－탕(湯：天乙)－외병(外丙：湯의　次子)－중임(仲壬：外丙의　子)－태갑(太甲：湯의　嫡孫)－옥정(沃丁)－태경(太庚：沃丁의　弟)－소갑(小甲)－옹기(雍己：小甲의　弟)－태무(太戊：雍已의　弟)－중정(仲丁)－외임(外壬：仲丁의　弟)－하단갑(河亶甲：外壬의　弟)－조을(祖乙)－조신(祖辛)－옥갑(沃甲：祖辛의　弟)－조정(祖丁：祖辛의　子)－남경(南庚：沃甲의　子)－양갑(陽甲：祖丁의　子)－반경(盤庚：陽甲의　弟)－소신(小辛：盤庚의　弟)－소을(小乙：小辛의　弟)－무정(武丁)－조경(祖庚)－조갑(祖甲：祖庚의　弟)－늠신(廩辛)－경정(庚丁：廩辛의　弟)－무을(武乙)－태정(太丁)－제을(帝乙)－주(紂)－〔**송**(宋)〕미자(微子：紂의　庶弟)－미중(微仲：微子의　兄)－송공계(宋公稽)－정공(丁公)－민공(湣公)－양공(煬公：湣公의　弟)－여공(厲公：湣公의　子)－이공(釐公)－혜공(惠公)－애공(哀公)－대공(戴公)－무공(武公)－선공(宣公)－목공(穆公：宣公의　弟)－상공(殤公：宣公의　子)－장공(莊公：穆公의　子)－민공(湣公)－환공(桓公：湣公의　弟)－양공(襄公)－성공(成公)－소공(昭公)－문공(文公：昭公의　弟)－공공(共公)－평공(平公)－원공(元公)－경공(景公)－소공(昭公：元公의　庶曾孫)－도공(悼公)－휴공(休公)－벽공(辟公)－척성(剔成)－언(偃：剔成의　弟)

주(周) 부(附) 〔빈(豳)〕

후직(后稷 : 棄) ─불줄(不窋) ─국(鞠 : 左傳作 鞠陶) ─〔빈(豳)〕 공류(公劉) ─경절(慶節) ─황복(皇僕) ─차불(差弗) ─훼유(毁隃) ─공비(公非) ─고어(高圉) ─아어(亞圉) ─공숙조류(公叔祖類) ─〔**기주**(岐周)〕태왕(太王 : 古公亶父) ─왕계(王季 : 季歷) ─문왕(文王) ─〔**서주**(西周)〕무왕(武王) ─성왕(成王) ─강왕(康王) ─소왕 (昭王) ─목왕(穆王) ─공왕(共王) ─의왕(懿王) ─효왕(孝王 : 共王의 弟) ─이왕(夷王 : 懿王의 子) ─여왕(厲王) ─선왕(宣王) ─유왕(幽王) ─〔**동주**(東周)〕평왕(平王) ─환왕(桓王 : 平王의 孫) ─장왕(莊王) ─이왕(釐王) ─혜왕(惠王) ─양왕(襄王) ─경왕(頃王) ─광왕(匡王) ─정왕(定王 : 匡王의 弟) ─간왕(簡王) ─영왕(靈王) ─경왕(景王) ─경왕(敬王) ─원왕(元王) ─정정왕(貞定王) ─애왕(哀王) ─사왕(思王 : 哀王의 弟) ─고왕(考王 : 哀王의 弟) ─위열왕(威烈王) ─안왕(安王) ─열왕(烈王) ─현왕(顯王 : 烈王의 弟) ─신정왕(愼靚王) ─난왕(赧王)

노(魯) 후작(侯爵)

주공(周公) ─백금(伯禽) ─고공(考公) ─척공(煬公 : 考公의 弟) ─유공(幽公) ─위공(魏公 : 幽公의 弟) ─여공(厲公) ─헌공(獻公 : 厲公의 弟) ─진공(眞公) ─무공(武公 : 眞公의 弟) ─의공(懿公) ─백어(伯御 : 懿公의 姪) ─효공(孝公 : 懿公의 弟) ─혜공(惠公) ─은공(隱公) ─환공(桓公 : 隱公의 弟) ─장공(莊公) ─민공(閔公) ─희공(僖公 : 閔公 庶兄) ─문공(文公) ─선공(宣公) ─성공(成公) ─양공(襄公) ─소공(昭公) ─정공(定公 : 昭公의 弟) ─애공(哀公) ─도공(悼公) ─원공(元公) ─목공(穆公) ─공공(共公) ─강공(康公) ─경공(景公) ─평공(平公) ─경공(頃公)

연(燕)　후작(侯爵)

소공(召公 : 九世)－혜후(惠侯)－이후(釐侯)－경후(頃侯)－애후(哀侯)－정후(鄭侯)－목후(繆侯)－선후(宣侯)－상후(相侯)－장공(莊公)－양공(襄公)－선공(宣公)－소공(昭公)－무공(武公)－문공(文公)－의공(懿公)－혜공(惠公)－도공(悼公)－공공(共公)－평공(平公)－간공(簡公)－헌공(獻公)－효공(孝公)－성공(成公)－민공(湣公)－이공(釐公)－환공(桓公)－문공(文公)－이공(易公)－자쾌(子噲)－소왕(昭王)－혜왕(惠王)－무성왕(武成王)－효왕(孝王)－왕희(王喜)

위(衛)　후작(侯爵)

강숙(康叔)－강백(康伯)－효백(孝伯)－사백(嗣伯)－첩백(庫伯)－정백(靖伯)－정백(貞伯)－경후(頃侯)－이후(釐侯)－공백(共伯)－무공(武公 : 共伯의 弟)－장공(莊公)－환공(桓公)－선공(宣公 : 桓公의 弟)－혜공(惠公)－검모(黔牟 : 桓公의　子)－의공(懿公)－대공(戴公 : 公子頑의 子)－문공(文公 : 戴公의 弟)－성공(成公)－목공(穆公)－정공(定公)－헌공(獻公)－상공(殤公 : 定公의 弟)－양공(襄公 : 獻公의 子)－영공(靈公)－출공(出公 : 襄公의 孫)－장공(莊公 : 出公의 父)－반사(班師 : 襄公의 孫)－군기(君起 : 靈公의 子)－도공(悼公 : 出公의 季父)－경공(敬公)－소공(昭公)－회공(懷公 : 羣公의 子)－신공(愼公 : 敬公의 孫)－성공(聲公)－성후(成侯)－평후(平侯)－사군(嗣君)－회군(懷君)－원군(元君 : 嗣君의 弟)－군각(君角)

정(鄭)　백작(伯爵)

상공(相公)－무공(武公)－장공(莊公)－소공(昭公)－여공(厲公 : 昭公의 弟)－자미(子亹 : 昭公의 弟)－자영(子嬰 : 子亹의 弟, 左傳作 子

儀)—문공(文公：厲公의 子)—목공(穆公)—영공(靈公)—양공(襄公：靈公의 弟)—도공(悼公)—성공(成公：悼公의 弟)—이공(釐公)—간공(簡公)—정공(定公)—헌공(獻公)—성공(聲公)—애공(哀公)—공공(共公：聲公의 弟)—유공(幽公)—수공(繻公：幽公의 弟)—군을(君乙：幽公의 弟)

제(齊) 후작(侯爵)

태공(太公)—정공(丁公)—을공(乙公)—계공(癸公)—애공(哀公)—호공 (胡公：哀公의 弟)—헌공(獻公：哀公의 弟)—무공(武公)—여공(厲公)—문공(文公)—성공(成公)—장공(莊公)—이공(釐公)—양공(襄公)—환공(桓公：襄公의 弟)—효공(孝公)—소공(昭公：孝公의 弟)—의공(懿公：孝公의 弟)—혜공(惠公：孝公의 弟)—경공(頃公)—영공(靈公)—장공(莊公)—경공(景公：莊公의 弟)—안유자(晏孺子)—도공(悼公：景公의 子)—간공(簡公)—평공(平公：簡公의 弟)—선공(宣公)—강공(康公)

당(唐) 곧 〔진(晋)〕 후작(侯爵) 부(附) 〔곡옥(曲沃)〕

당숙(唐叔)—〔진(晋)〕 후섭(侯燮)—무후(武侯)—성후(成侯)—여후(厲侯)—정후(靖侯)—이후(釐侯)—헌후(獻侯)—목후(穆侯)—상후(殤侯：穆侯의 弟)—문후(文侯：穆侯의 子)—소후(昭侯)—효후(孝侯)—악후(鄂侯)—애후(哀侯)—소자후(小子侯)—민(緡：哀侯의 弟)……〔곡옥(曲沃)〕—환숙(桓叔：穆侯의 子)—장백(莊伯)—〔진(晋)〕 무공(武公)—헌공(獻公)—해제(奚齊)—탁자(卓子：奚齊의 子)—혜공(惠公：獻公의 子)—회공(懷公)—문공(文公：獻公의 子)—양공(襄公)—영공(靈公)—성공(成公：襄公의 弟)—경공(景公)—여공(厲公)—도공(悼公：襄公의 曾孫)—평공(平公)—소공(昭公)—경공(頃公)—정공(定公)—출공(出公)—애공(哀公：昭公 曾孫)—유공(幽公)—열공(烈公)—효공(孝公)—

정공(靜公)

진(秦) 백작(伯爵)

　비자(非子)－진후(秦侯)－공백(公伯)－진중(秦仲)－장공(莊公)－양공〔襄公〕－문공(文公)－영공(甯公 : 文公의 孫)－출자(出子)－무공(武公 : 甯公의 長子·出子의 兄)－덕공(德公 : 武公의 弟)－선공(宣公)－성공(成公 : 宣公의 弟)－목공(穆公 : 成公의 弟)－강공(康公)－공공(共公)－환공(桓公)－경공(景公)－애공(哀公)－혜공(惠公 : 哀公의 孫)－도공(悼公)－여공공(厲共公)－조공(躁公)－회공(懷公 : 躁公의 弟)－영공(靈公 : 懷公의 孫)－간공(簡公 : 懷公의 子)－혜공(惠公)－출자(出子)－헌공(獻公 : 靈公의 子)－효공(孝公)－혜문왕(惠文王)－무왕(武王)－소양왕(昭襄王 : 武王의 弟)－효문왕(孝文王)－장양왕(莊襄王)－시황제(始皇帝)－이세황제(二世皇帝)－자영(子嬰 : 二世皇帝의 弟)

진(陳) 후작(侯爵)

　호공(胡公)－신공(申公)－상공(相公 : 申公의 弟)－효공(孝公 : 申公의 子)－신공(愼公)－유공(幽公)－이공(釐公)－무공(武公)－이공(夷公)－평공(平公 : 夷公의 弟)－문공(文公)－환공(桓公)－여공(厲公 : 桓公의 弟)－이공(利公 : 桓公의 子)－장공(莊公 : 利公의 弟)－선공(宣公 : 莊公의 弟)－목공(穆公)－공공(共公)－영공(靈公)－성공(成公)－애공(哀公)－혜공(惠公 : 哀公의 孫)－회공(懷公)－민공(湣公)

조(曹) 백작(伯爵)

　진탁(振鐸)－태백(太伯)－중군(仲君)－궁백(宮伯)－효백(孝伯)－이백(夷伯)－유백(幽伯 : 夷伯의 弟)－대백(戴伯 : 幽伯의 弟)－혜백(惠

伯)-석보(石甫)-무공(繆公:石甫의 弟)-환공(桓公)-장공(莊公)-
이공(釐公)-소공(昭公)-공공(共公)-문공(文公)-선공(宣公)-성공
(成公:宣公의 弟)-무공(武公)-평공(平公)-도공(悼公)-성공(聲
公:悼公의 弟)-은공(隱公:平公의 弟)-정공(靖公:聲公의 弟)-백
양(伯陽)

색 인(索引)

[ㄱ]

[ㅁ]

[ㅇ]

［ㅈ］

[ㅋ]

[ㅌ]

화보(畫報)

1

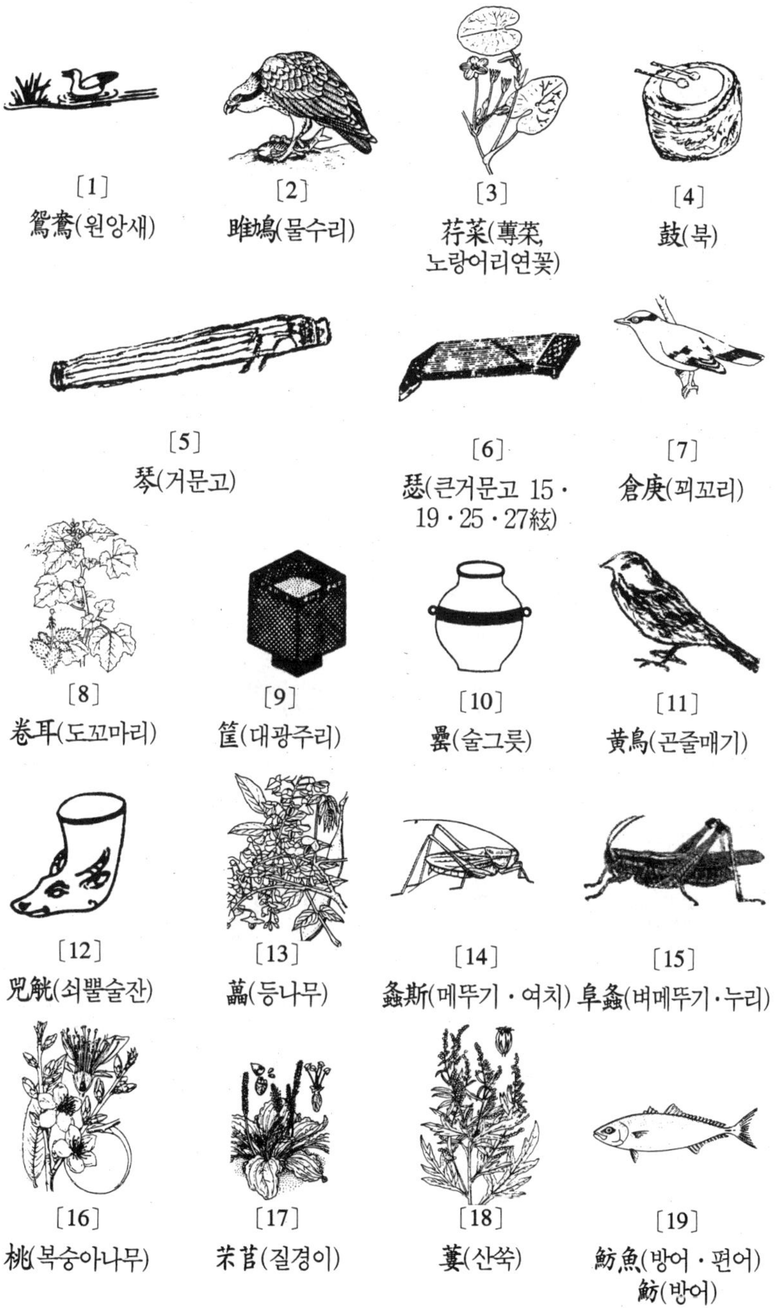

[1]
鴛鴦(원앙새)

[2]
雎鳩(물수리)

[3]
荇菜(蓴菜, 노랑어리연꽃)

[4]
鼓(북)

[5]
琴(거문고)

[6]
瑟(큰거문고 15·19·25·27絃)

[7]
倉庚(꾀꼬리)

[8]
卷耳(도꼬마리)

[9]
筐(대광주리)

[10]
罍(술그릇)

[11]
黃鳥(곤줄매기)

[12]
兕觥(쇠뿔술잔)

[13]
藟(등나무)

[14]
螽斯(메뚜기·여치)

[15]
阜螽(벼메뚜기·누리)

[16]
桃(복숭아나무)

[17]
芣苢(질경이)

[18]
蔞(산쑥)

[19]
魴魚(방어·편어)
魴(방어)

[20]
麟(기린)

[21]
鵲(까치)

[22]
蘩(쑥·다북쑥)·蓬(다북쑥)·蒿·苹·蕭·莪

[23]
草蟲(常羊·베짱이)
莎鷄(베짱이)

[24]
蕨(고사리)

[25]
蕨(고사리)

[26]
蕨(고사리)

[27]
薇(고비)

[28]
蘋(개구리밥·마름)

[29]
藻(마름)

[30]
筥(둥근광주리)

[31]
錡(세발가마)

[32]
甘棠(팥배나무)

[33]
雀(참새)

[34]
麕(노루)

[35]
白茅(흰띠풀), 茢(띠싹), 白華·白茅(띠풀)

[36]
鹿(사슴)
麀鹿(암사슴)

[37]
唐棣(산매자나무)

[38]
李(오얏·자두)

[39]
環(옥고리)

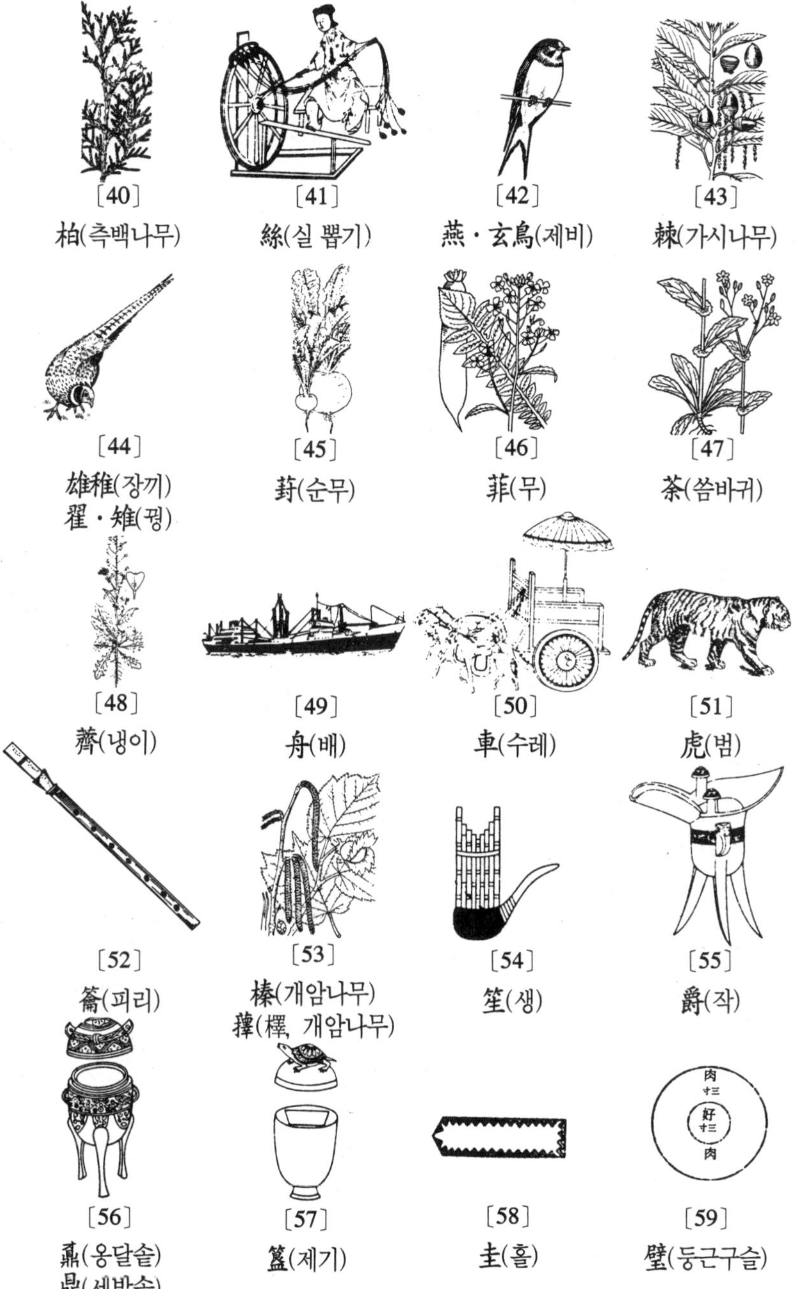

[40]
柏(측백나무)
[41]
絲(실 뽑기)
[42]
燕·玄鳥(제비)
[43]
棘(가시나무)
[44]
雄稚(장끼)
翟·雉(꿩)
[45]
葑(순무)
[46]
菲(무)
[47]
茶(씀바귀)
[48]
薺(냉이)
[49]
舟(배)
[50]
車(수레)
[51]
虎(범)
[52]
籥(피리)
[53]
榛(개암나무)
樤(㮕, 개암나무)
[54]
笙(생)
[55]
爵(작)
[56]
鬲(옹달솥)
鼎(세발솥)
[57]
簋(제기)
[58]
圭(홀)
[59]
璧(둥근구슬)

[60] 璋(반쪽서옥, 琢璋)　[61] 磬(경쇠, 편경)　[62] 大輅(천자수레)　[63] 豆(제기)

[64] 鵂(부엉이 비슷한 새)　[65] 觥(뿔술잔)　[66] 狐(여우)　[67] 烏(까마귀)

[68] 鴻(큰기러기) 雁(기러기)　[69] 茨(납가새・蒺藜・찔레)　[70] 唐(蒙菜・女蘿・담쟁이덩굴)　[71] 鶉(메추라기)

[72] 椅(의나무)　[73] 桐(오동나무)　[74] 梓(가래나무)　[75] 桑(뽕나무)

[76] 弁(고깔)　[77] 圭(홀)　[78] 鱣鮪(전어와 유어)　[79] 荚(물억새)

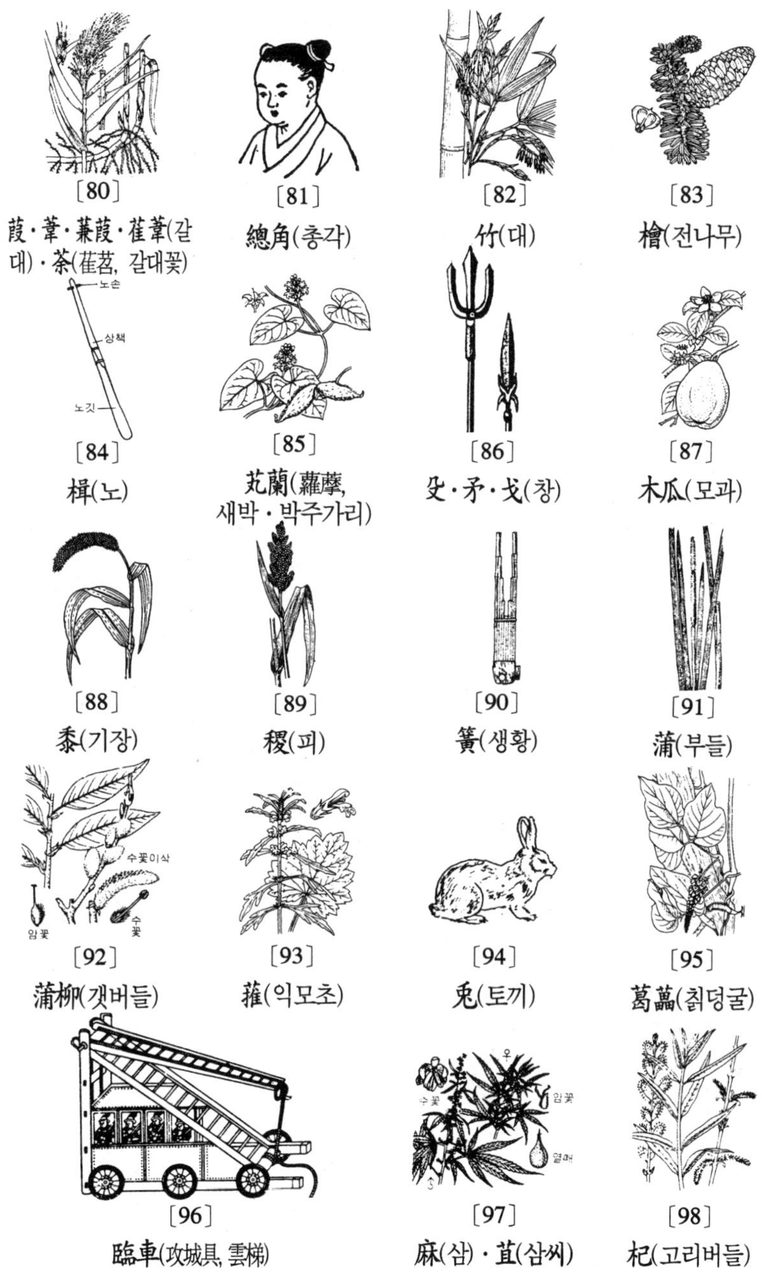

[80]
葭·葦·蒹葭·萑葦(갈대)·茶(萑苕, 갈대꽃)

[81]
總角(총각)

[82]
竹(대)

[83]
檜(전나무)

[84]
楫(노)

[85]
芄蘭(蘿藦, 새박·박주가리)

[86]
殳·矛·戈(창)

[87]
木瓜(모과)

[88]
黍(기장)

[89]
稷(피)

[90]
簧(생황)

[91]
蒲(부들)

[92]
蒲柳(갯버들)

[93]
蓷(익모초)

[94]
兔(토끼)

[95]
葛藟(칡덩굴)

[96]
臨車(攻城具, 雲梯)

[97]
麻(삼)·苴(삼씨)

[98]
杞(고리버들)

[99]
檀·柅(박달나무)

[100]
鷄(닭)

[101]
荷華·荷(연꽃)

[102]
蘢(개여뀌)

[103]
茹藘(꼭두서니)

[104]
斧(도끼)

[105]
蒡(가라지)

[106]
笱·罶(통발)

[107]
鱮(연어)

[108]
藚(쇠귀나물)

[109]
蟋蟀(귀뚜라미)

[110]
栲(붉나무, 山樗)

[111]
椒(후추, 山椒)

[112]
楚(싸리)

[113]
杜·棠棣(아가위)

[114]
鴇(너새, 느시)

[115]
稻(벼)·稙(이른벼)
·穉(늦벼)

[116]
粱(고량)

[117]
薇(가회톱)

[118]
苦(苦荼, 씀바귀)
荼(陸草)

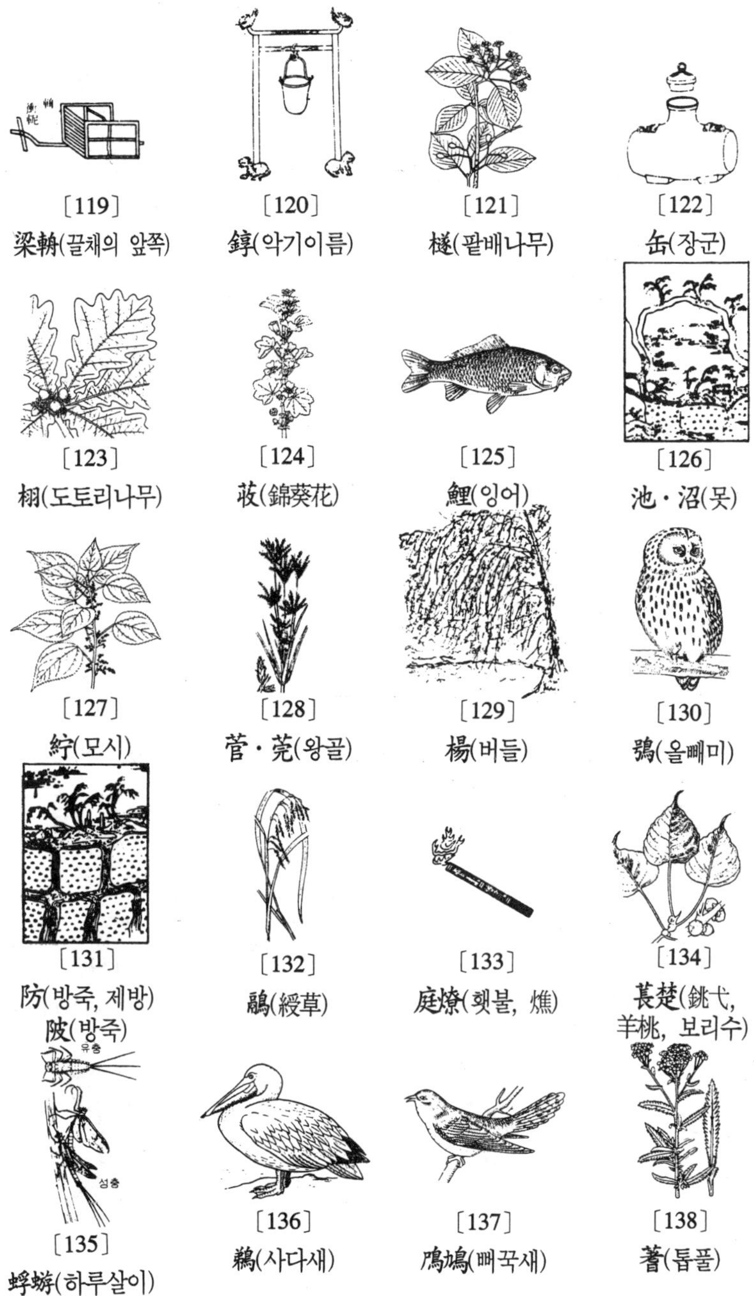

[119]
梁輈(끌채의 앞쪽)

[120]
錞(악기이름)

[121]
檖(팥배나무)

[122]
缶(장군)

[123]
栩(도토리나무)

[124]
菣(錦葵花)

[125]
鯉(잉어)

[126]
池·沼(못)

[127]
紵(모시)

[128]
菅·莞(왕골)

[129]
楊(버들)

[130]
鴞(올빼미)

[131]
防(방죽, 제방)
陂(방죽)

[132]
鷊(綬草)

[133]
庭燎(횃불, 爒)

[134]
萇楚(銚弋,
羊桃, 보리수)

[135]
蜉蝣(하루살이)

[136]
鵜(사다새)

[137]
鳲鳩(뻐꾹새)

[138]
蓍(톱풀)

[139] 蠶(누에)

[140] 葵(아욱)

[141] 鵁(왜가리)

[142] 蔞(애기풀)

[143] 貉(오소리)

[144] 狸(살쾡이)

[145] 蜩(매미)

[146] 菽(콩)

[147] 壺(호리병)

[148] 樗(개똥나무)

[149] 瓜(참외)

[150] 穋(올벼)

[151] 稷(찰기장)·黍(메기장)·秬(검은기장)

[152] 韭(부추)

[153] 鴟鴞(올빼미와 부엉이)

[154] 伊威(쥐며느리)

[155] 蠨蛸(납거미, 다리긴거미)

[156] 鸛(황새)

[157] 錡(끌 一種) 銶(끌)

[158] 籩(대제기)

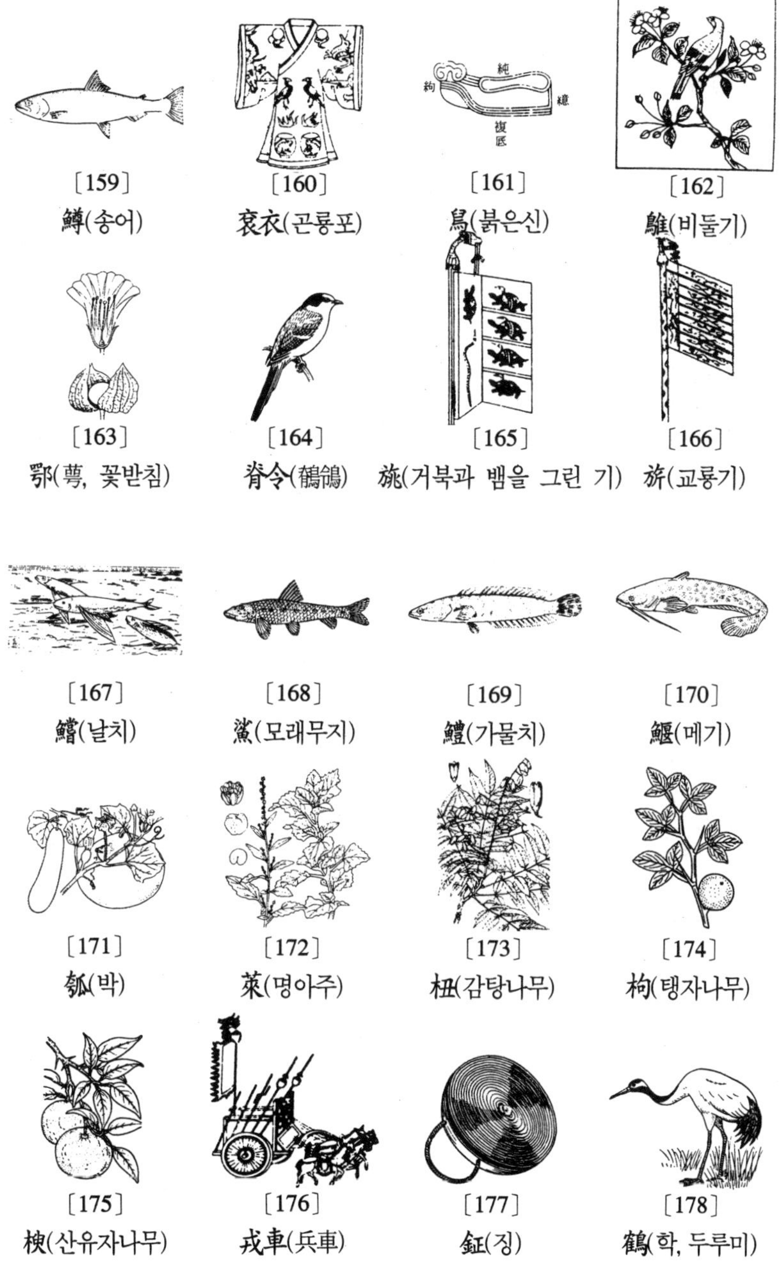

[159]
鱒(송어)

[160]
袞衣(곤룡포)

[161]
舃(붉은신)

[162]
雛(비둘기)

[163]
鄂(蕚, 꽃받침)

[164]
脊令(鶺鴒)

[165]
旐(거북과 뱀을 그린 기)

[166]
旂(교룡기)

[167]
鱕(날치)

[168]
鯊(모래무지)

[169]
鱧(가물치)

[170]
鰋(메기)

[171]
瓠(박)

[172]
莱(명아주)

[173]
杻(감탕나무)

[174]
枸(탱자나무)

[175]
橀(산유자나무)

[176]
戎車(兵車)

[177]
鉦(징)

[178]
鶴(학, 두루미)

[179]
栩(상수리나무)

[180]
鳴鳩(鶻鵰, 매)

[181]
螺蠃(나나니)

[182]
蝤蛑(뽕나무좀)

[183]
桑扈(靑雀, 竊脂)

[184]
杼(북)

[185]
柚(도투마리)

[186]
俎(제기)

[187]
鸞刀(방울이
달린 칼)

[188]
粱(수수)

[189]
螟(멸구)

[190]
螣(황충)

[191]
鴛鴦(원앙새)

[192]
蔦(겨우살이)

[193]
芹(미나리)

[194]
柞(갈참나무)

[195]
蠆(전갈,
蠍과 같음)

[196]
綠(녹두)

[197]
藍(쪽, 목람)

[198]
輂(駕)

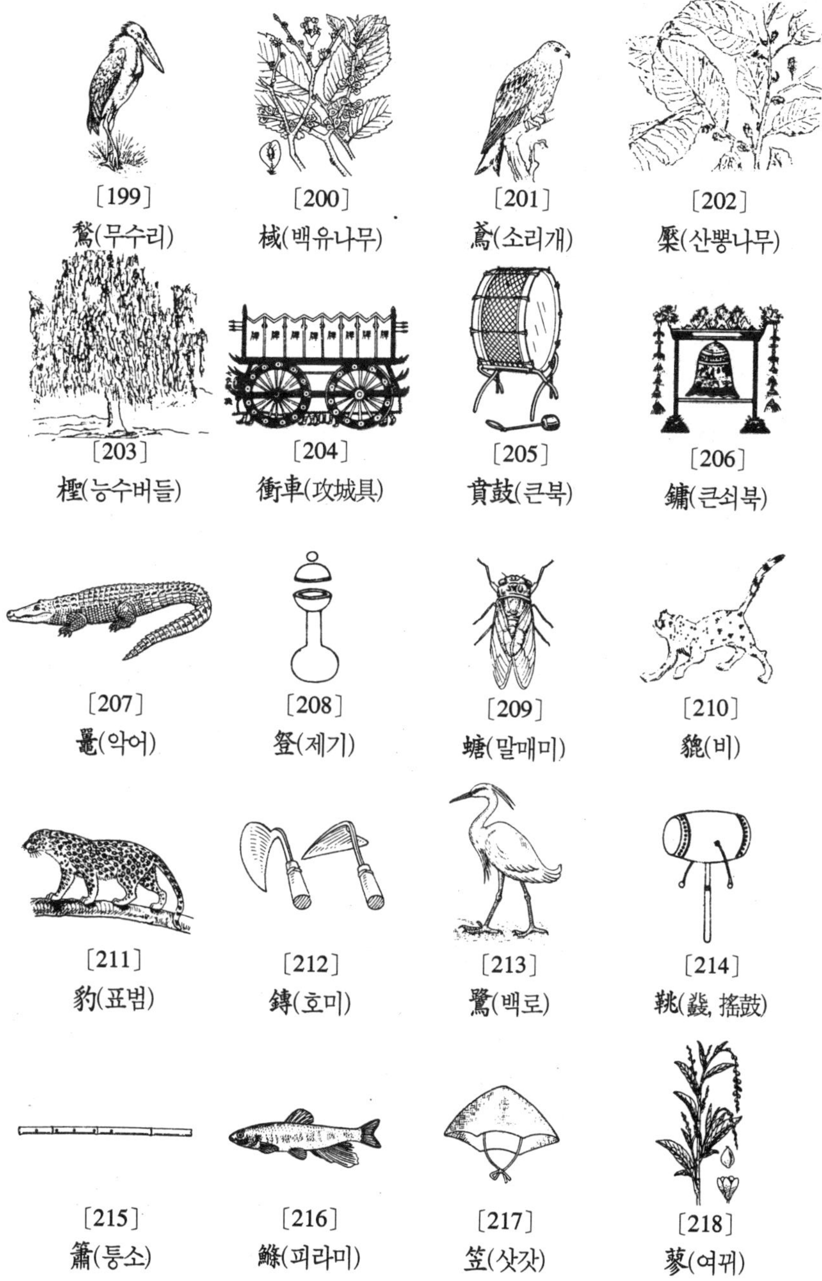

[199]
鶖(무수리)

[200]
棫(백유나무)

[201]
鳶(소리개)

[202]
檿(산뽕나무)

[203]
檉(능수버들)

[204]
衝車(攻城具)

[205]
賁鼓(큰북)

[206]
鏞(큰쇠북)

[207]
鼉(악어)

[208]
簜(제기)

[209]
蟪(말매미)

[210]
貔(비)

[211]
豹(표범)

[212]
鎛(호미)

[213]
鷺(백로)

[214]
鞉(鼗, 搖鼓)

[215]
簫(퉁소)

[216]
鰷(피라미)

[217]
笠(삿갓)

[218]
蓼(여뀌)

[219]

茆(순나물)

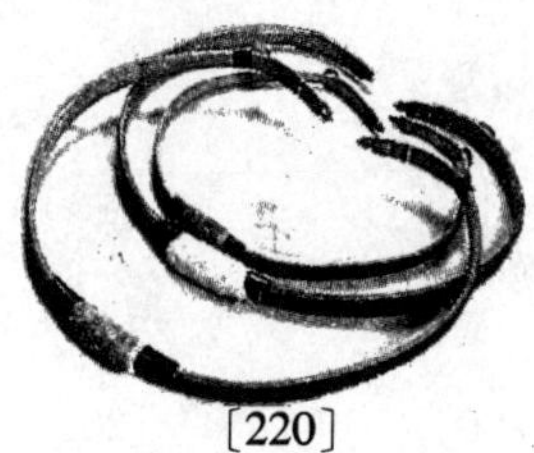

[220]

角弓(뿔장식 활)

[221]

犧尊(술항아리 일종)

[222]

冑(갑옷)

화보(畫報) 1 색인(索引)

十六劃

十七劃

十八劃

欇(산뽕나무)/825 [202]

十九劃

藟(등나무)/815 [13]
蠆(전갈, 蠍과 같음)/824 [195]
薺(쇠귀나물)/820 [108]
鏞(큰쇠북)/825 [206]
鎛(호미)/825 [212]
雛(비둘기)/823 [162]
鵲(까치)/816 [21]
鶉(메추라기)/818 [71]
麕(노루)/816 [34]

二十劃

犧尊(술항아리 일종)/826 [221]
藻(마름)/816 [25]
蘢(개여뀌)/820 [102]
蘋(개구리밥·마름)/816 [28]
鯷(메기)/823 [170]
鶖(무수리)/825 [199]

二十一劃

藙(가회톱)/820 [117]
蘩(쑥·다북쑥)·蓬(다북쑥)·蒿·
  苹·蕭·莪/816 [22]
罍(술그릇)/815 [10]
鷁(綬草)/821 [132]
鶴(학, 두루미)/823 [178]
鷄(닭)/820 [100]

二十二劃

蠨蛸(납거미, 다리긴거미)/822
  [155]
鰷(피라미)/825 [216]

二十三劃

籥(피리)/817 [52]
鱒(송어)/823 [159]
鷺(백로)/825 [213]
麟(기린)/816 [20]

二十四劃

蠶(누에)/822 [139]
鱧(가물치)/823 [169]
鱣鮪(전어와 유어)/818 [78]

二十五劃

籩(대제기)/822 [158]
鱛(날치)/823 [167]
鰱(연어)/820 [107]
鼉(악어)/825 [207]

二十九劃

鸛(황새)/822 [156]

三十劃

鸞刀(방울이 달린 칼)/824 [187]

화보(畫報)

2

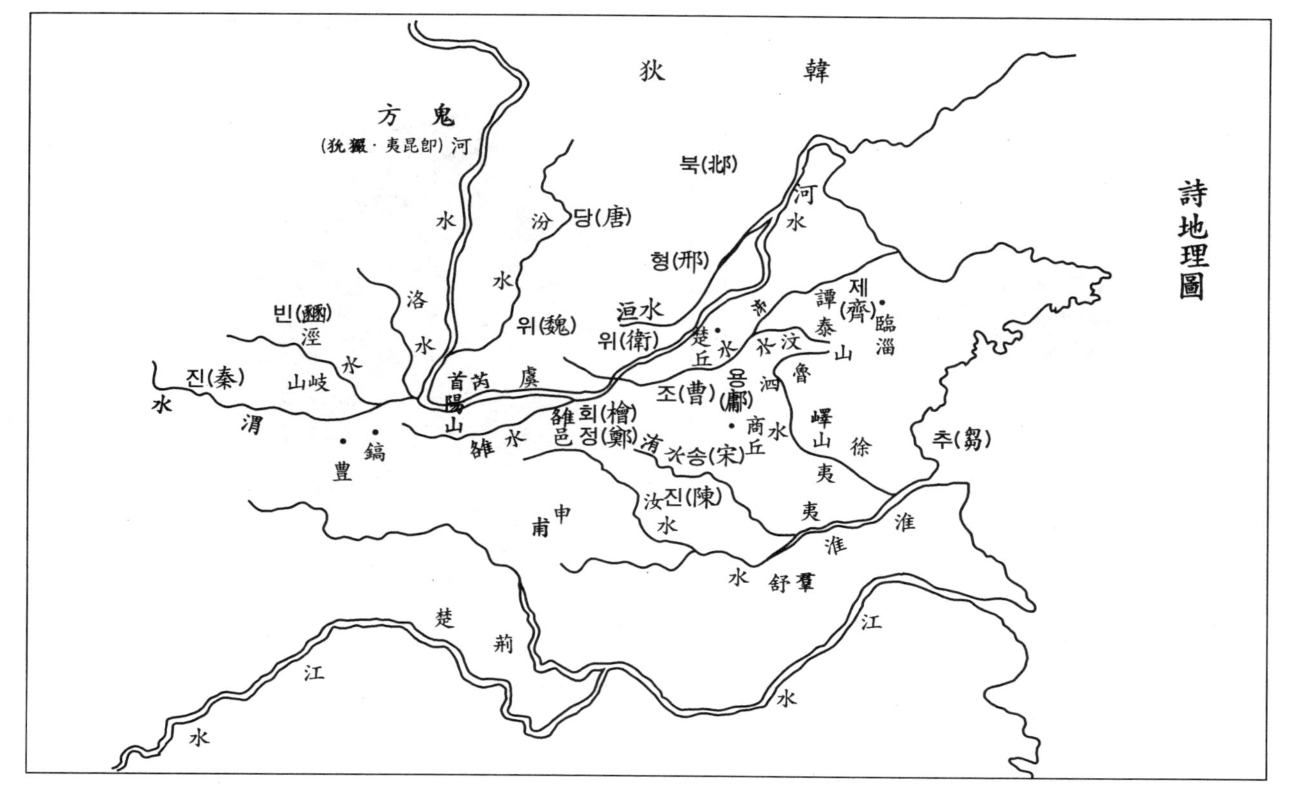

詩地理圖
狄
韓
鬼方
(犬戎·夷昆卽)河
북(邶)
河水
水
汾水
당(唐)
洛水
형(邢)
빈(豳)
涇
위(魏)
洹水
제(齊)·臨淄
水
위(衛)
譚
泰山
淄
진(秦)
山岐
水
楚丘
汶水
汸水
魯
水
渭
首陽山
芮虞
조(曹)
呂(鄜)
泗水
嶧山
徐
추(鄒)
鎬
雝水
회(檜)
정(鄭)
商丘
夷
豊
邑
淸水合(宋)
汝진(陳)
水
夷
淮
淮
甫申
水舒蓼
楚
荊
江
江
水
水

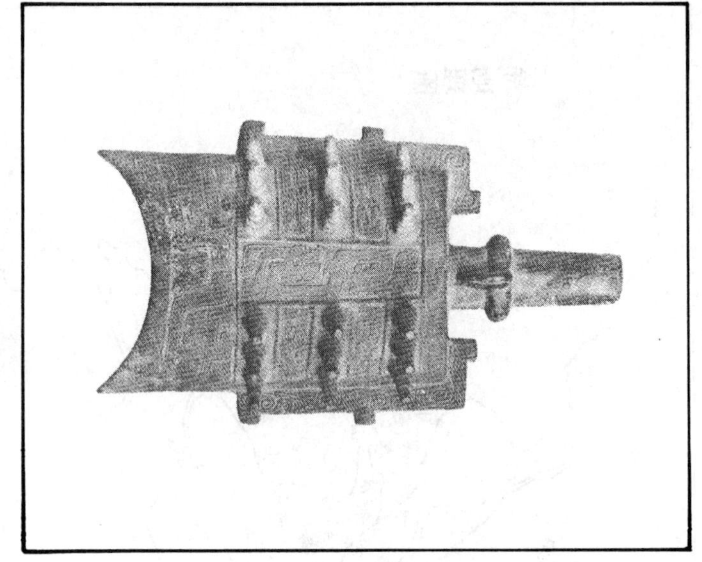

圖 一　李孝鐘(제기종)
貞松堂吉金圖

圖 二　癸丁尊(제정되)
海外吉金圖錄

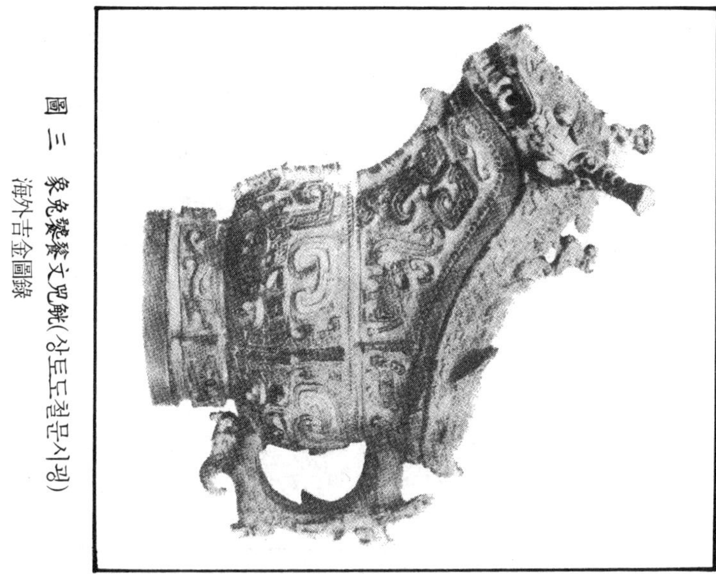

圖 三　象兔夔文兕觥(상토드청문시굉)
海外吉金圖錄

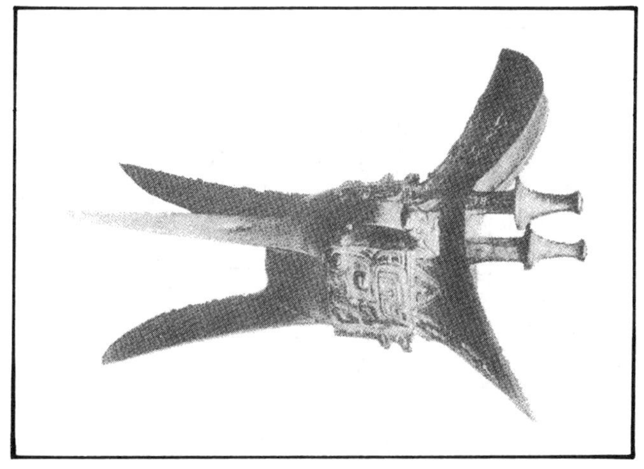

圖 四　父戊舟爵(부무주작)
雙劍誃吉金圖錄

圖 五　玉笄(옥계)
陶齋古玉圖

圖六　穀璧(곡벽)

周漢遺寶

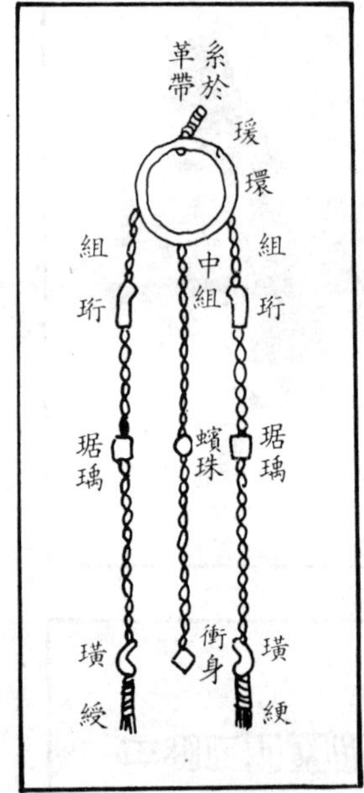

圖七　佩圖(패도)

詩毛氏傳疏 의거

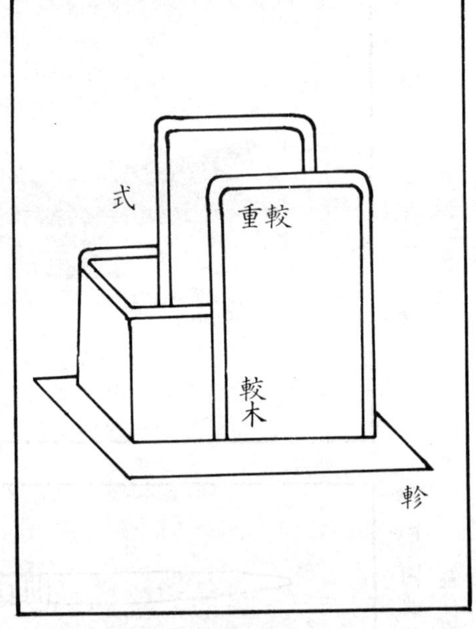

圖八　重較圖(중교도)

阮元《考工記》車制圖解 의거

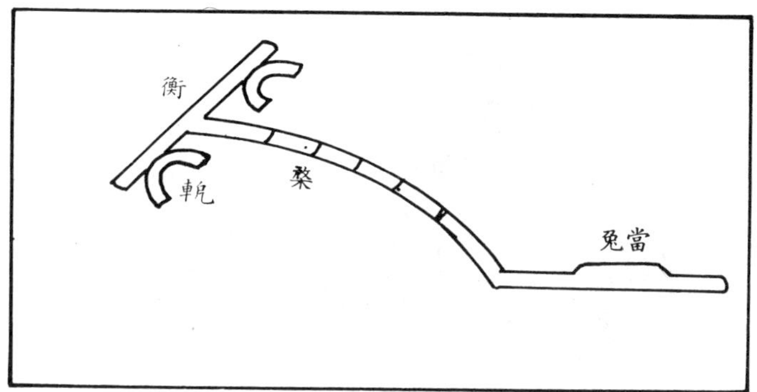

圖 九　軗圖(주도)

阮元《考工記》車制圖解 의거

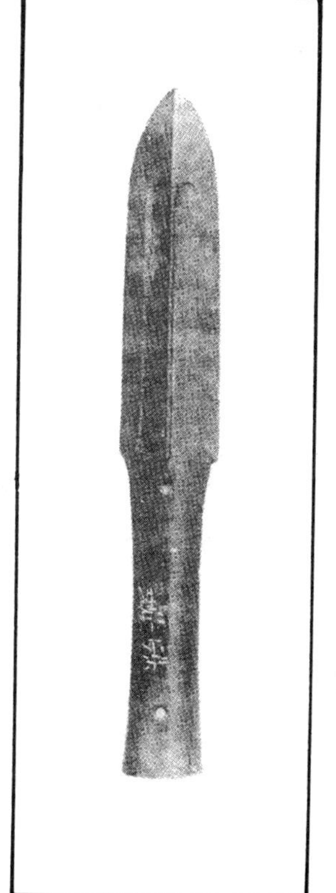

圖 十　武都矛(무도모)

雙劍誃吉金圖錄

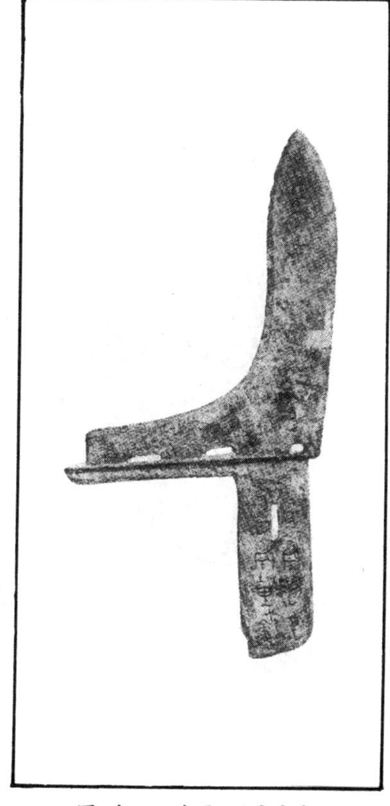

圖 十一　成陽戈(성양과)

雙劍誃吉金圖錄

圖 十二　侯戟(후극)
雙劍誃吉金圖錄

圖 十三　靜殷(정궤)
貞松堂吉金圖

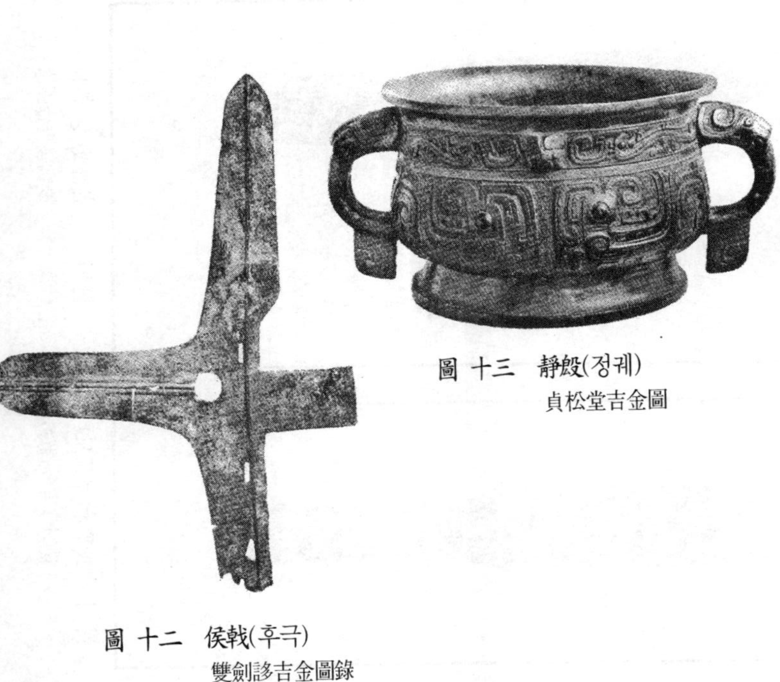

圖 十四　環耳豆(환이두)
海外吉金圖錄

圖 十五　大東星象圖(대동성상도)
詩經傳說彙纂 의거

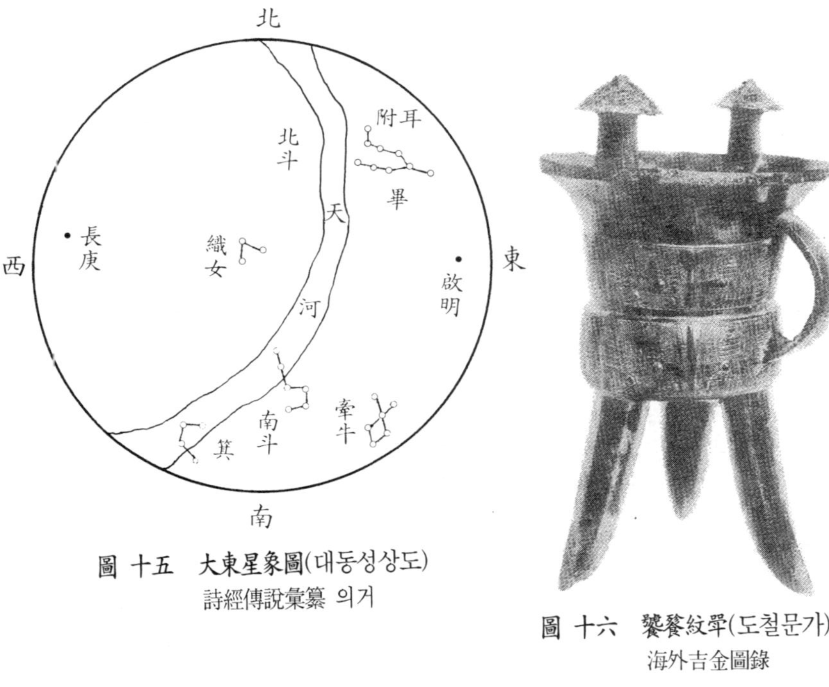

圖 十六　饕餮紋斝(도철문가)
海外吉金圖錄

圖 十七　中卣(중유)
貞松堂吉金圖

新完譯　詩　經

改訂 增補版 1刷 發行 ● 2002年　5月 20日
改訂 增補版 6刷 發行 ● 2026年　1月 28日

譯著者 ● 金 學 主
發行者 ● 金 東 求

發行處 ● 明 文 堂(1923. 10. 1 창립)
　　　　서울시 종로구 윤보선길 61(안국동)
　　　　우체국 010579-01-000682
　　　　전화 02)733-3039, 734-4798, 733-4748(영)
　　　　팩스 02)734-9209
　　　　Homepage www.myungmundang.net
　　　　E-mail mmdbook1@hanmail.net
　　　　등록 1977. 11. 19. 제1~148호

• 낙장 및 파본은 교환해 드립니다.
• 불허복제

정가 **25,000**원
ISBN 89-7270-685-X　94140
ISBN 89-7270-052-5　(세트)